广西交通投资集团有限公司
税务标准化操作指南

林 森 陈 君 王 东 主 编

人民交通出版社股份有限公司

北 京

内 容 提 要

本指南涵盖日常税务事项管理，增值税、企业所得税、个人所得税等税种的通用规定合规管理，公路、铁路、房地产、商贸物流、金融、交通信息化板块及其他业务的税务合规管理，企业特殊事项税务管理，税务风险管控及应对，涉税会计处理等方面内容，覆盖了全业务、全税种、全流程的税务管理要点，帮助企业办税人员快速掌握税务实操要领，提升企业税务管理规范化、标准化、流程化、精细化水平，增强企业防范和应对经营风险的能力，为企业打造和完善标准化财务管理体系提供参考。

图书在版编目(CIP)数据

广西交通投资集团有限公司税务标准化操作指南/林森,陈君,王东主编. —北京:人民交通出版社股份有限公司,2023.2

ISBN 978-7-114-18405-5

Ⅰ.①广… Ⅱ.①林… ②陈… ③王… Ⅲ.①交通运输企业—税收管理—广西—指南 Ⅳ.①F812.423-62

中国版本图书馆 CIP 数据核字(2022)第 252926 号

Guangxi Jiaotong Touzi Jituan Youxian Gongsi Shuiwu Biaozhunhua Caozuo Zhinan

书　　名：广西交通投资集团有限公司税务标准化操作指南

著 作 者：林　森　陈　君　王　东

责任编辑：齐黄柏盈　郭晓旭

责任校对：孙国靖　卢　弦

责任印制：张　凯

出版发行：人民交通出版社股份有限公司

地　　址：(100011) 北京市朝阳区安定门外外馆斜街 3 号

网　　址：http://www.ccpcl.com.cn

销售电话：(010) 59757973

总 经 销：人民交通出版社股份有限公司发行部

经　　销：各地新华书店

印　　刷：北京虎彩文化传播有限公司

开　　本：787×1092　1/16

印　　张：31.25

字　　数：663 千

版　　次：2023 年 2 月　第 1 版

印　　次：2023 年 2 月　第 1 次印刷

书　　号：ISBN 978-7-114-18405-5

定　　价：128.00 元

编写委员会

主办单位： 广西交通投资集团有限公司

总 顾 问： 胡 芳

主 编： 林 森 陈 君 王 东

编委委员： 宋书勇 王小雪 张天灵 韩 钢 黎庆元 韦炳朋 张 君 张阳平 苏 云 麦国芳 梁志林 张红霞

编写人员： 罗莉艳 刘志福 贺 磊 刘大鸿 李 懿 黄真诚 李 庄 潘文慧 彭 琴 梁 晓 黄 森 贾 欢 卢芝玲 覃丹薇 张伊凡 蒋 晴 秦竞雯 袁 平 周樱桃 黄 莹 覃楠笳 施炀琳 李东霞 张晓军 赖宸宇

咨询机构： 大华会计师事务所（特殊普通合伙）

PREFACE | 前言

广西交通投资集团有限公司（简称“集团公司”）成立于2008年7月，是广西壮族自治区人民政府直属国有独资企业。“十四五”时期，集团公司将以习近平新时代中国特色社会主义思想为指引，担当“发展交通、服务社会”使命，聚焦交通主业，稳步拓展经营，构建上下一体、横向协同、产融结合的“1核3链3提升”产业发展布局，大力推进拓展高速公路和铁路建设运营、土地开发与经营、商贸物流、产业投资与金融、锰矿开采及深加工、交通信息化等业务，努力成为广西交通建设的主力军、广西产业发展的重要力量、广西产融结合的典范。

国家财税政策改革的不断深入和国际国内税收监管环境的不断变化，对企业税务管理提出了更高要求，集团公司也迎来了新的改革机遇期。在机遇与挑战并存的形势下，2021年11月，集团公司成立税务管理专业组，正式启动《广西交通投资集团有限公司税务标准化操作指南》编制工作。

本指南以建立科学完整的税务管理标准化体系为目标，依据国家目前的主要财税政策，有针对性地对各成员单位的主要税种以及日常涉税业务流程进行全面梳理，旨在规范涉税业务操作、控制涉税风险、提升税务管理水平及筹划效益，逐步建立适应集团公司业务发展要求的税务管理体系，全面激活企业发展新动能。本指南将成为集团公司税务管理工作的重要指引，进一步提升集团公司税务精细化管理能力，指导财务工作人员夯实税务基础工作，准确、规范、快速地掌握实务操作要领，洞察税务风险，有效开展税务筹划，创造税务价值。

在本指南的编写过程中，我们向各成员单位进行了多次意见征集，非常感谢各成员单位提出的宝贵意见和建议。鉴于时间、编者经验和水平有限，本指南难免存在疏漏，希望各位同仁在使用过程中提出宝贵的改进意见，共同完善集团公司税务管理标准化体系，使税务管理工作更好地为企业高质量、可持续发展创造价值。

编　者

2022年6月于广西南宁

CONTENTS | 目录

第一部分 总　　则

第二部分 日常税务事项管理

第三部分 主要税种通用规定

第四部分　集团公司业务板块税务合规管理

第五部分　企业特殊事项税务管理

第六部分　税务风险管控及应对

第七部分　涉税会计处理

附　　录

第一部分　总　　则

第一章　目　　标

为积极贯彻落实中央和广西壮族自治区国有企业改革三年行动的重大决策，全面提升企业的竞争力、创新力、控制力、影响力和抗风险能力，实现企业经济效益提升和保值增值，广西交通投资集团有限公司（简称“集团公司”）努力提升集团范围内涉税业务管理水平，进一步加强全面税务管理，为实现财务管理转型和财务价值创造打下坚实基础。

全面税务管理，主要包括税务标准化操作、税务合规管理、税务风险管控三个方面：一是通过税务标准化操作，帮助税务会计快速准确地掌握税务实操要领，节约办税成本，助力企业提高市场竞争力和经营效益；二是通过合规的税务管理，帮助税务会计规范、夯实税务基础工作，提升税务精细化管理水平，为企业的经营和投资行为保驾护航；三是通过主动的税务风险管控，帮助企业防范经营过程中的税务风险，避免社会信誉和品牌形象的损坏，有效降低税收成本，实现企业价值最大化。

本指南是集团公司建立财务管理标准化体系的重要内容，旨在打造统一规范的税务管理模式，为各单位税务会计提供针对性强、指导性强、操作性强、实用性强的税务操作指引，使各单位的税务管理工作更加科学、规范、高效，税务管理水平再上新台阶。

第二章　概　　述

第一节　编制依据

本指南根据《中华人民共和国税收征收管理法》《中华人民共和国企业所得税法》《中华人民共和国个人所得税法》《中华人民共和国车船税法》《中华人民共和国环境保护税法》《中华人民共和国烟叶税法》《中华人民共和国船舶吨税法》《中华人民共和国车辆购置税法》《中华人民共和国耕地占用税法》《中华人民共和国资源税法》《中华人民共和国城市维护建设税法》《中华人民共和国契税法》《中华人民共和国印花税法》《中华人民共和国增值税暂行条例》《中华人民共和国消费税暂行条例》《中华人民共和国城镇土地使用税暂行条例》《中华人民共和国土地增值税暂行条例》《中华人民共和国房产税暂行条例》《中华人民共和国进出口关税条例》及相关的实施条例、实施细则、实施办法等法律法规，财政部、国家税务总局发布的税收政策以及地方性法规，结合集团公司实际情况，以截至2023年1月的最新税收法律、法规、规章制度为依据制定（部分按时更新）。

第二节　适用范围

本指南适用于集团公司及其下属各子公司的各级会计核算主体。设立在境外的子公司，除了适用所在国家和地区税收法律法规外，还应遵守本指南的规范要求；参股公司可参照执行。

第三节　基本框架

本指南主体包括总则、日常税务事项管理、主要税种通用规定、集团公司业务板块税务合规管理、企业特殊事项税务管理、税务风险管控及应对、涉税会计处理七大部分以及附录一“日常涉税事项办理流程示意图”、附录二“主要涉税业务备查备案资料清单”、附录三“税目税率表”、附录四“税收政策目录汇编”。

本指南以覆盖全业务、全税种、全流程的税务管理要点为总体要求，以目标导向、问题导向为指导方针，深入、全面地分析各板块业务和税务管理要点。

第二部分　日常税务事项管理

第一章　税务基本事项办理

第一节　税务登记

一、新设公司税务登记

（一）税务登记的对象

企业，企业在外地设立的分支机构和从事生产、经营的场所，个体工商户和从事生产、经营的事业单位，均应当按照《中华人民共和国税收征收管理法》《中华人民共和国税收征收管理法实施细则》和《税务登记管理办法》的规定办理税务登记。

上述规定以外的纳税人，除国家机关、个人和无固定生产、经营场所的流动性农村小商贩外，也应当按照《中华人民共和国税收征收管理法》《中华人民共和国税收征收管理法实施细则》和《税务登记管理办法》的规定办理税务登记。

根据税收法律、行政法规的规定，负有扣缴税款义务的扣缴义务人（国家机关除外），应当按照《中华人民共和国税收征收管理法》《中华人民共和国税收征收管理法实施细则》和《税务登记管理办法》的规定办理扣缴税款登记。

（二）实名认证

办税人员［代表纳税人办理涉税事项的人员，包括法定代表人（负责人、业主）、财务经理、办税员、领票人、税务代理人和经授权办理涉税事项的其他人员］在办理有关涉税事项时需进行实名信息验证。

1. 实名信息采集

实名信息采集时需要提供的相关材料见表2-1-1。

实名信息采集材料明细　　表2-1-1

序　号	材料名称	数　量
1	办税人员身份证件原件	1份
2	登记证件或者加盖纳税人印章的登记证件复印件	1份

存在以下情形的，还需要提供相应材料，见表2-1-2。

实名信息采集适用情形材料明细　　表 2-1-2

适用情形	材料名称	数　量
办税人员是财务经理、办税员、领票人或被授权的其他人员的	授权委托书原件	1 份
办税人员是税务代理人的	税务代理合同（协议）原件	1 份

2. 实名信息验证

实名信息验证时需要提供的相关材料见表 2-1-3。

实名信息验证材料明细　　表 2-1-3

材料名称	数　量	备　注
待实名认证的办税人员身份证件原件	1 份	查验后退回

（三）新设业务办理流程

已实行“多证合一、一照一码”登记模式的纳税人，首次办理涉税事宜时，对税务机关依据市场监督管理等部门共享信息制作的《“多证合一”登记信息确认表》进行确认，并补充不全的信息，同时更正不准确的信息。

1. 税务登记信息确认

首先，纳税人在市场监督管理部门办理加载统一社会信用代码的营业执照。

其次，纳税人向税务局提交资料，由税务机关进行补充信息采集。所需材料见表 2-1-4。

税务登记信息确认材料明细　　表 2-1-4

序号	材料名称	原件/复印件	数量	备　注
1	加载统一社会信用代码的营业执照	原件	1 份	原件核对后返还
2	有关合同、章程、协议书	复印件	1 份	—
3	法定代表人（负责人）居民身份证、护照或其他证明身份的合法证件	原件及复印件	1 份	原件核对后返还

2. 小规模纳税人认定

认定标准：年应征增值税销售额未超过财政部、国家税务总局标准的；年应税销售额超过小规模纳税人标准的其他个人按小规模纳税人纳税；非企业性单位、不经常发生应税行为的企业可选择按小规模纳税人纳税。所需材料见表 2-1-5。

小规模纳税人认定材料明细　　表 2-1-5

材料名称	数　量
《选择按小规模纳税人纳税的情况说明》	2 份

注意事项：

财政部、国家税务总局规定的增值税小规模纳税人标准为年应征增值税销售额 500 万元及以下。

纳税人年应税销售额超过财政部、国家税务总局规定的小规模纳税人标准，选择按小规模纳税人纳税的，应在年应税销售额超过规定标准的月份（季度）所属申报期结束后15日内办理；未按规定时限办理的，在接到主管税务机关《税务事项通知书》后5日内办理；逾期仍不办理的，次月起按销售额依照增值税税率计算的应纳税额不得抵扣进项税额，直至纳税人办理相关手续为止。

二、变更税务登记

（一）业务概述

纳税人税务登记或扣缴义务人扣缴信息内容发生变化的，应当向主管税务机关申报办理变更税务登记。本业务事项适用于设立登记变更业务和扣缴税款变更业务，不适用于实施“一照一码”的纳税人。其中，不涉及税务登记证件内容变化的变更登记业务适用省内同城通办。

（二）办理变更税务登记的情形

（1）税务登记内容发生变化，包括：

①改变单位名称；

②改变住所和经营地点（不涉及主管税务机关变动的）；

③改变法定代表人；

④改变经济性质；

⑤扩大或缩小生产经营范围，改变生产经营范围或方式、生产经营期限；

⑥增设或撤销分支机构；

⑦改变开户银行和账号；

⑧变更其他税务登记内容。

（2）纳税人发生解散、破产、撤销以及其他情形，依法终止纳税义务的。

（三）办理时限

代理变更税务信息确认事项时，应在以下时限内办理：

纳税人已在市场监督管理机关办理变更信息确认的，应当自市场监督管理机关变更信息确认之日起30日内，向原税务信息确认机关申报办理变更税务信息确认。

纳税人按照规定不需要在市场监督管理机关办理变更信息确认，或者其变更信息确认的内容与工商信息确认内容无关的，应当自税务信息确认内容实际发生变化或者自有关机关批准变更之日起30日内，向原税务登记机关申报办理变更税务登记。

（四）办理资格

变更涉证信息的，应先完成市场监督管理部门信息变更并领取载有新信息的营业执照。

（五）“一照一码”户信息变更

“一照一码”纳税人工商登记信息（除生产经营地、财务经理、核算方式等信息外）发生变更时，应向市场监督管理机关办理变更登记，市场监督管理机关核准后将变更信息即时共享至省级信息交换平台，税务机关接收工商变更信息并更新税务系统内纳税人对应信息。“一照一码”纳税人相关涉税基础信息和生产经营地、财务经理、核算方式等信息发生变化时，应向主管税务机关申请变更，省级税务局同时将变更后的生产经营地、财务经理、核算方式等信息即时共享至信息交换平台。

“一照一码”户信息变更所需材料见表2-1-6。

“一照一码”户信息变更材料明细　　表2-1-6

序号	材料名称	序号	材料名称
1	变更税务登记表	4	纳税人变更登记内容的有关证明文件
2	营业执照	5	与股权变动事项相关的董事会或股东会决议、会议纪要、章程修正案等资料复印件
3	经办人身份证明		

三、其他信息登记

（一）银税三方（委托）划缴协议

1. 业务概述

纳税人通过与税务机关、开户银行签署委托划转税款协议的方式，利用电子缴税系统缴纳税费、滞纳金和罚款。

2. 现场办理

银税三方（委托）划缴协议现场办理所需材料见表2-1-7。

银税三方（委托）划缴协议现场办理材料明细　　表2-1-7

序号	材料名称	数量	备注
1	《委托银行代缴税款三方协议（委托划转税款协议书）》	3份	—
2	经办人身份证件原件	1份	查验后退回

3. 网办流程

1）首次签订

首次签订三方协议的，纳税人应填写《存款账户账号报告》，操作流程为：登录电子税务局，点击【综合信息报告】—【制度信息报告】—【存款账户账号报告】，进入界面后根据实际情况填写账户性质、银行行别、开户银行、账户名称、账号等信息，核对无误后，点击【信息采集】，上传资料后进行提交。

2）非首次签订

非首次签订三方协议的，办税人员可登录电子税务局，选择【我要办税】—【综合信息报告】—【制度信息报告】—【网签三方协议】，点击【新增】，进入表单填写界面。选择【开户银行】，系统自动带出三方协议号及相关信息。如需上传资料，待表单保存成功后，点击【档案采集】，勾选所需上传的资料并保存。

4. 注意事项

（1）纳税人可通过办税服务厅、电子税务局获取《委托银行代缴税款三方协议（委托划转税款协议书)》文本。

（2）纳税人使用符合《中华人民共和国电子签名法》规定条件的电子签名，与手写签名或者盖章具有同等法律效力。

（3）纳税人在办理“银税三方（委托）划缴协议”事项前，必须先办理完成“存款账户账号报告”事项。

（二）区内跨区域迁移

1. 业务概述

纳税人在区内跨市或同一地（市）跨县（区）因经营地址发生变化需变更主管税务机关的，应向迁出地税务机关申请办理跨区迁移手续。

2. 办理材料

1）迁出地主管税务机关办理

迁出地主管税务机关办理所需材料见表2-1-8。

迁出地主管税务机关办理材料明细　　表2-1-8

材料名称	数　量	备注
经办人身份证明	1份	查验后退回

有以下情形的，还应提供相应材料，见表2-1-9。

迁出地主管税务机关办理适用情形材料明细　　表2-1-9

适用情形	材料名称	数量
非市场监管等部门登记信息发生变化	变更信息的有关资料或证明材料复印件	1份
委托代征的纳税人	委托代征证书原件、税收票证和结报手册	1份
出口退（免）税的纳税人	出口退（免）税备案变更申请表及相关资料	1份
领用发票的纳税人	结存未使用的发票	1份
	已开具未验旧的发票	1份

2）迁入地主管税务机关办理

迁入地主管税务机关办理所需材料见表2-1-10。

迁入地主管税务机关办理材料明细　　表2-1-10

材料名称	数　量	备注
经办人身份证明	1份	查验后退回

有以下情形的，还应提供相应材料，见表2-1-11。

迁入地主管税务机关办理适用情形材料明细　　表2-1-11

适用情形	材料名称
使用增值税税控系统开具发票的纳税人	增值税税控专用设备：金税盘（税控盘）、报税盘

3）注意事项

（1）纳税人申请跨区迁移前，应当办结未申报的记录、未报送的资料、未办结的税收违法行为、未办结的退抵税（费）审批、未办结的稽查案件、未终结的风险应对等未办结事项。

（2）为不影响纳税人在迁移之后涉税业务的办理，纳税人应于迁出之日起5个工作日内到迁入地主管税务机关进行迁入确认。

（三）跨地区税源登记

1. 业务概述

（1）纳税人跨省（自治区、直辖市和计划单列市）税务机关管辖区域经营或省（自治区、直辖市和计划单列市）内跨地（市）经营的，应按规定填报《跨区域涉税事项报告表》。

（2）《跨区域涉税事项报告表》以跨区域合同期限作为有效期限。

（3）异地不动产转让和租赁业务不适用跨区域涉税事项报验管理相关制度规定。

跨地区税源登记所需材料见表2-1-12。

跨地区税源登记材料明细　　表2-1-12

材料名称	数量
税务登记证副本原件或加盖纳税人印章的副本首页复印件，或者加载统一社会信用代码的营业执照副本原件或加盖纳税人印章的副本首页复印件	1份

注：已实行实名办税的纳税人只需要填报《跨区域涉税事项报告表》。

2. 现场办理

办理人到所属区域税务局办理税种登记。

3. 签署三方协议

办理流程参考本节“三、其他信息登记—（一）银税三方（委托）划缴协议”的相关步骤。

第二节　发票管理

一、发票票种核定

（一）业务概述

纳税人办理税务登记后需领用发票的，向主管税务机关申请办理发票领用手续。主管税务机关根据纳税人的经营范围和规模，确认领用发票的种类、数量、开票限额等事宜。

已办理发票票种核定的纳税人，当前领用发票的种类、数量或者开票限额不能满足经营需要的，可以向主管税务机关提出调整。

（二）办理材料

发票票种核定办理所需材料见表 2-1-13。

发票票种核定办理材料明细　　表 2-1-13

序号	材料名称	数量	备注
1	《纳税人领用发票票种核定表》	1 份	—
2	加载统一社会信用代码的营业执照（或税务登记证、组织机构代码证等）原件	1 份	查验后退回
3	经办人身份证件原件	1 份	查验后退回

（三）注意事项

（1）领用增值税专用发票的增值税一般纳税人和纳入自行开具增值税专用发票范围的增值税小规模纳税人，在完成票种核定后，还需办理增值税专用发票（增值税税控系统）最高开票限额审批事项。

（2）符合《国家税务总局关于新办纳税人首次申领增值税发票有关事项的公告》（国家税务总局公告 2018 年第 29 号）中规定的新办纳税人首次申领增值税发票条件的，主管税务机关应当自受理申请之日起 2 个工作日内办结，有条件的主管税务机关当日办结。

新办纳税人首次申领增值税发票主要包括发票票种核定、增值税专用发票（增值税税控系统）最高开票限额审批、增值税税控系统专用设备初始发行、发票领用等涉税事项。

自 2018 年 8 月 1 日起，首次申领增值税发票的新办纳税人办理发票票种核定，增值税专用发票最高开票限额不超过 10 万元，每月最高领用数量不超过 25 份；增值税普通发票最高开票限额不超过 10 万元，每月最高领用数量不超过 50 份。各省（自治区、直辖市）税务机关可以在此范围内结合纳税人税收风险程度，自行确定新办纳税人首次申领增值税发票票种核定标准。

（3）对于实行纳税辅导期管理的增值税一般纳税人，领用增值税专用发票实行按次限量控制，可以根据纳税人的经营情况核定每次专用发票的供应数量，但每次发放专用发票数量不得超过25份。

对于纳税信用评价为D级的纳税人，增值税专用发票领用按辅导期一般纳税人政策办理，普通发票的领用实行交（验）旧供新，严格限量供应。

（4）税务机关向需使用增值税税控系统的每一位纳税人发放《增值税税控系统安装使用告知书》（简称《使用告知书》），告知纳税人有关政策规定和享有的权利。服务单位凭《使用告知书》向纳税人销售专用设备，提供售后服务，严禁向未持有《使用告知书》的纳税人发售专用设备。

二、发票领用

（一）增值税发票申领

1. 业务概述

纳税人在发票票种核定的范围（发票的种类、领用数量、开票限额）内领用发票。

2. 申领流程

1）至税务局申领流程

纳税人首次申领发票的，属税务行政许可范围，需依据税务机关公示的要求，向主管税务机关提交材料，见表2-1-14。

增值税发票首次申领流程材料明细　　表2-1-14

序号	材料名称
1	《税务行政许可申请表》
2	《领取发票领购簿申请书》
3	财务专用章或发票专用章印模
4	《领购发票申请表》
5	经办人身份证明
6	营业执照副本

纳税人首次领购增值税专用发票的，除了提供上面1～6项的材料以外，还需要提交的材料见表2-1-15。

增值税发票首次申领流程补充材料明细　　表2-1-15

序号	材料名称
1	一般纳税人资格证明原件及复印件
2	申请防伪税控增值税专用发票最高开票限额的《税务行政许可决定书》
3	已经购置防伪税控开票系统设备的证明资料
4	《防伪税控机企业发票用量审核表》

非首次申领增值税专用发票的，纳税办理人携带身份证、金税盘或税控盘前往税务

局，至办税服务大厅将金税盘或税控盘插入自助机，选择需要领取的发票份数及类型即可领取空白发票。所需材料见表2-1-16。

增值税发票非首次申领流程材料明细　表2-1-16

材料名称	备注
经办人身份证件原件	查验后退回

有以下情形的，还应提供相应材料，见表2-1-17。

增值税发票非首次申领流程适用情形材料明细　表2-1-17

适用情形	材料名称	备注
领用增值税专用发票、机动车销售统一发票、增值税普通发票和增值税电子普通发票	金税盘（税控盘）、报税盘	网上领用，可不携带相关设备
领用税控收款机发票	税控收款机用户卡	—

2）内部领用流程

纳税办理人领回的空白发票应于当日移交至发票管理人，并做好移交登记以及发票台账登记。开票人以及业务经办人根据合同中约定的实际履约义务或与客户确认的结算进度提出开票申请，经审批通过后，再向发票保管人领用空白发票。

3. 注意事项

（1）纳税信用A级的纳税人可一次领取不超过3个月的增值税发票用量，纳税信用B级的纳税人可一次领取不超过2个月的增值税发票用量。以上两类纳税人生产经营情况发生变化，需要调整增值税发票用量，手续齐全的，按照规定即时办理。

（2）使用增值税发票管理系统的纳税人，非首次领用发票前，应联网上传发票开具信息，或者到税务机关抄报增值税发票数据，方便进行发票验旧。

（3）开具发票的单位和个人应当按照税务机关的规定存放和保管发票，不得擅自损毁。已经开具的发票存根联和发票登记簿，应当保存5年。

（4）对于实行纳税辅导期管理的增值税一般纳税人，一个月内多次领用专用发票的，应从当月第二次领用专用发票起，按照上一次已领用并开具的专用发票销售额的3%预缴增值税，未预缴增值税的，主管税务机关不得向其发售专用发票。

（5）对于实行纳税辅导期管理的增值税一般纳税人领用的专用发票未使用完而再次领用的，主管税务机关发放专用发票的份数不得超过核定的每次领用专用发票份数与未使用完的专用发票份数的差额。

（6）纳税信用D级的纳税人，增值税专用发票领用按辅导期一般纳税人政策办理，普通发票领用实行交（验）旧供新，严格限量供应。

（7）纳税人在运用增值税发票管理系统开具发票时，应认真检查系统中的发票代码、号码与纸质发票是否一致。如发现税务机关错填发票代码、号码的电子信息，应持纸质发票和增值税税控系统专用设备到税务机关办理退回手续。

（8）纳税人领用电子发票时需要使用电子发票服务平台。电子发票服务平台应提供电子发票版式文件的生成、打印查询和交付等服务。自建和第三方建设的电子发票服务平台应报税务机关备案。电子发票的号段，由税务后台征管系统同步至增值税电子发票系统，通过增值税电子发票系统赋予纳税人。

(9) 通行费类的冠名发票需根据用票情况至少提前一个月申领。

(10) 临时到本省（自治区、直辖市）以外从事经营活动的单位或者个人，凭所在地税务机关的证明，向经营地税务机关领用经营地的发票。

税务机关对外省（自治区、直辖市）来本辖区从事临时经营活动的单位和个人领用发票的，可以要求其提供保证人或者根据所领用发票的票面限额以及数量交纳不超过 1 万元的保证金，并限期缴销发票。按期缴销发票后，解除保证人的担保义务或者退还保证金。

提供保证人或者交纳保证金的具体范围由省级税务机关规定。

（二）通行费电子发票和冠名发票申领

为了明确新路开通税务票据申领、发行、使用等相关业务操作，新路项目需做好刻制发票专用章、票种核定、领用税控设备、领取纸质发票、领取电子发票等 5 项税务事项准备工作。

1. 刻制发票专用章

刻制发票专用章所需材料见表 2-1-18。

刻制发票专用章材料明细　　表 2-1-18

序号	材料名称
1	营业执照副本原件
2	经办人身份证原件
3	法人身份证复印件
4	公章

经办人携带以上材料到当地政务服务中心或有刻章资质的单位办理。

2. 票种核定

经办人到所属主管税务机关办理票种核定、领取发票领购簿并领购发票。所需材料见表 2-1-19。

票种核定材料明细　　表 2-1-19

序号	材料名称	备注
1	《纳税人领用发票票种核定表》	1 份
2	经办人身份证	原件，经办人需是已实名采集的办税人员
3	营业执照	原件，首次办理时提供
4	发票专用章	—

3. 领用税控设备

1）购买税控设备

纳税人与所属主管税务机关签订《增值税税控系统专用设备销售及技术维护协议》

后，可领取税控设备。

2）发行税控设备

在成功申请发票后，经办人携带身份证（原件）、营业执照、税控盘到税务局办税服务大厅办理税控设备的发行。

4. 领取纸质发票

1）申请印制冠名通用机打发票

办税人到税务局办税服务大厅办理申请印制冠名通用机打发票相关手续，所需材料见表2-1-20。

领取纸质发票材料明细　　表2-1-20

序号	材料名称	备　注
1	印有本单位名称的发票印制表	1份
2	申请印制发票的说明	加盖公章
3	发票领购簿（或电子申请单）	—
4	发票专用章印模	首次办理时提供
5	经办人身份证件	原件及复印件，经办人需是已实名采集的办税人员
6	营业执照	—

税务局审批通过后，发送同意印制冠名发票信息到印刷厂。该事项主要由税务局完成，公司应跟踪审批进度。

2）至印刷厂领取发票

印刷厂发送《企业印制冠名发票工本费及套色费确认函》，各公司负责核对金额、数量，确认后加盖公章并办理汇款手续，及时通知印刷厂印制发票，并做好跟踪工作（印刷厂印刷票据时间预计为15天）。印刷厂印制完发票后会将相关材料提交税务局，公司接到主管税务局通知后，携带发票领购簿（或电子确认单）到区税务局办理出库手续，并到印刷厂领取发票。

5. 领取电子发票

领取电子发票所需的材料与合同签订方行云数聚（北京）科技有限公司（简称“行云数聚公司”）对接报备，具体流程如下（新增开票方和受票方，在以下流程说明中均指要托管税控设备至行云数聚公司发票服务平台的公司）。

1）情况报备

新增开票方向所属省（自治区、直辖市）的省（自治区、直辖市）中心发函告知，提出在发票服务平台开通开票业务的申请，由省（自治区、直辖市）中心向部联网中心报备。

2）资料提交

已通车项目公司按要求填写《用户基础信息表》《核心板上架申请表》《电子发票专用章申请授权书》《签章申请表》《数字证书代办委托书》《数字证书表》，签字盖章后，将扫描件发送至行云数聚公司，原件后续与核心板一同寄送。

3）税控设备采购

已通车项目公司办税员按规定采购税控核心板，采购前提前与行云数聚公司负责人对接，由该负责人告知税控设备销售方具体联系人，完成税控设备的采购。

4）税控设备发行与领票

已通车项目公司拿到税控设备后，经办人去单位主管税务局办理税控设备的发行（票种发行）和发票领购。经办人去税务局办理票种发行及领票前需提前了解相关注意事项，特别要注意票种发行是发行“增值税电子普通发票（通行费）”，领购发票也是领购“增值税电子普通发票（通行费）”。

5）合同签订

新增开票方联系行云数聚公司负责人索要与行云数聚公司的合同版本和相关支撑文件，完成与行云数聚公司的服务合同签订工作，并在签订前后联系行云数聚公司负责人，要求其开设 boms. txffp. com 操作平台的账号。新增开票方拿到账号后，可在【涉税业务】—【帮助中心】下载平台的相关操作指南和用户手册，并下载安装发票管理助手，在操作的过程中如有问题可联系行云数聚公司运营中心负责人寻求帮助。

6）税控设备托管检测上架

税控设备发行和领票完成后，可联系行云数聚公司运营中心负责人，商议将税控设备托管至北京，进行税控设备检测和上架工作，税控设备上架成功后进行下一步工作。

7）发票分发

税控设备成功上架后，开票方需在 boms. txffp. com 网站进行分票操作，相关事宜可联系行云数聚公司运营中心负责人。

8）每月工作

完成上述工作后，开票方即可进行“增值税电子普通发票（通行费）”的开具。开票方每月要进行抄报税及反写、账单确认等日常运营管理工作。

三、发票开具

（一）开票方式

自 2020 年 2 月 1 日起，小规模纳税人（其他个人除外）发生增值税应税行为、需要开具增值税专用发票的，可以自愿使用增值税发票管理系统自行开具。

增值税电子普通发票的开票方和受票方需要纸质发票的，可以自行打印增值税电子普通发票的版式文件，其法律效力、基本用途、基本使用规定等与税务机关监制的增值税普通发票相同。

2021 年 4 月 1 日至 2022 年 12 月 31 日按照《国家税务总局关于小规模纳税人免征增值税征管问题的公告》（国家税务总局公告 2021 年第 5 号）规定：“已经使用金税盘、税控盘等税控专用设备开具增值税发票的小规模纳税人，月销售额未超过 15 万元的，可以继续使用现有设备开具发票，也可以自愿向税务机关免费换领税务 Ukey 开具发票。”

自 2023 年 1 月 1 日起按照《国家税务总局关于增值税小规模纳税人减免增值税等政策有关征管事项的公告》（国家税务总局公告 2023 年第 1 号）规定：“小规模纳税人取得应税销售收入，纳税义务发生时间在 2022 年 12 月 31 日前并已开具增值税发票，如发生销售折让、中止或者退回等情形需要开具红字发票，应开具对应征收率红字发票或免税红字发票；开票有误需要重新开具的，应开具对应征收率红字发票或免税红字发票，再重新开具正确的蓝字发票。”

（二）发票基本内容

发票的基本内容包括发票的名称、发票代码和号码、联次及用途、客户名称、开户银行及账号、商品名称或经营项目、计量单位、数量、单价、大小写金额、开票人、开票日期、开票单位（个人）名称（章）等，也包括票面的备注栏。未按规定进行备注的发票属于不合规票据，违反发票管理法规，由税务机关责令相关企业限期改正。

（三）发票填写规范

1. 提供建筑服务

纳税人自行开具或者税务机关代开增值税发票时，应在发票的备注栏注明建筑服务发生地县（市、区）名称及项目名称。

2. 提供货物运输服务

纳税人开具增值税专用发票和增值税普通发票时，应将起运地、到达地、车种车号以及运输货物信息等内容填写在发票备注栏中，如内容较多可另附清单。

3. 销售不动产

纳税人自行开具或者税务机关代开增值税发票时，应在发票“货物或应税劳务、服务名称”栏填写不动产名称及房屋产权证书号码（无房屋产权证书的可不填写），“单位”栏填写面积单位，备注栏注明不动产的详细地址。

4. 出租不动产

纳税人自行开具或者税务机关代开增值税发票时，应在发票的备注栏注明不动产的详细地址。

5. 按照现行政策规定适用差额征税办法缴纳增值税且不得全额开具增值税发票

纳税人自行开具或者税务机关代开增值税发票时，通过新系统中差额征税开票功能，录入含税销售额（或含税评估额）和扣除额，系统自动计算税额和不含税金额，备注栏自动打印“差额征税”字样，发票开具不应与其他应税行为混开。

6. 保险机构作为车船税扣缴义务人

在代收车船税并开具增值税发票时，应在增值税发票备注栏中注明代收车船税税款信息，具体包括保险单号、税款所属期（详细至月）、代收车船税金额、滞纳金金额、金额合计等。该增值税发票可作为纳税人缴纳车船税及滞纳金的会计核算原始凭证。

7. 互联网物流平台企业使用自有系统

互联网物流平台企业使用自有系统按3%的征收率代开专用发票时，应在发票备注栏注明纳税人名称和统一社会信用代码（或税务登记号码或组织机构代码）。

8. 预付卡

单用途商业预付卡：销售方与售卡方不是同一个纳税人的，销售方在收到售卡方结算的销售款时，应向售卡方开具增值税普通发票，并在备注栏注明“收到预付卡结算款”，不得开具增值税专用发票。

多用途商业预付卡：特约商户收到支付机构结算的销售款时，应向支付机构开具增值税普通发票，并在备注栏注明“收到预付卡结算款”，不得开具增值税专用发票。

9. 出口业务

国内生产企业向代办退（免）税的综合服务企业开具增值税专用发票，应在备注栏注明“代办退税专用”字样。

（四）未按规定填写备注栏的风险

1. 增值税

发票开具时，备注栏需要按照规定填写，符合条件但未按规定填写备注栏信息的增值税发票，将不能作为有效税收凭证。

2. 土地增值税

《国家税务总局关于营改增后土地增值税若干征管规定的公告》（国家税务总局公告2016年第70号）第五条规定，营改增后，土地增值税纳税人接受建筑安装服务取得的增值税发票，应按照《国家税务总局关于全面推开营业税改征增值税试点有关税收征收管理事项的公告》（国家税务总局公告2016年第23号）规定，在发票的备注栏注明建筑服务发生地县（市、区）名称及项目名称，否则不得计入土地增值税扣除项目金额。

四、发票冲销、作废

（一）开具红字增值税专用发票

增值税一般纳税人开具增值税专用发票后，发生销货退回、开票有误、应税服务中止等情形但不符合作废条件，或者因销货部分退回及发生销售折让，需要开具红字专用发票的，凭税务机关系统校验通过的信息表开具红字增值税专用发票。办理流程如下：

填写《开具红字增值税专用发票信息表》。

若申请方式为销售方申请，应填写对应蓝字发票号码、对应蓝字发票代码、申请理由；若申请方式为购买方申请，应填写对应蓝字专用发票抵扣增值税销项税额情况。

纳税人登录开票系统，点击【资料采集】按钮，选择对应资料名称，上传资料后返回表单界面，确认信息无误后点击保存，完成办理流程。

（二）发票作废

发票作废适用于销货退回、开票有误、应税服务中止的情形，当企业收到退回的发票联、抵扣联，且时间未超过销售方开票当月，销售方未抄税且未记账，购买方未认证或认证结果为“纳税人识别号认证不符”“增值税专用发票代码、号码认证不符”的，可以进行发票作废，重新开具。

发票作废需要开票人从过往的发票中挑出需要作废的发票，根据作废发票的内容调整账面情况并登记增值税发票管理台账。纳税人登录开票系统，点击【已开发票作废】，选中需要作废的发票，点击【作废】按钮，完成发票作废流程。

五、发票保管

从税务局领取的空白发票由发票管理人统一保管，其中空白发票与发票专用章应由不同人员进行管理，领用后的发票应及时开具（通行费发票除外）。发票开具后，开票人员应及时办理发票移交，将记账联移交至会计处，将发票联和抵扣联移交至经办人或客户，做好移交工作。如当日无法开具，应将空白发票退还给保管人员，并做好登记。

六、发票增量

发票增量的网办流程如下：

登录电子税务局网站，点击页面上的【事项办理】；进入事项办理界面后，点击【发票】模块；进入发票主界面后，点击【票种核定】；进入票种核定主界面后，勾选需要增量的发票类型，在下拉框选项中点击【变更】。

在页面中找到“申请每月最高领票数量”，在“申请每月最高领票数量”后面输入需要申请的发票增量数额。增量数额输入好后，在“从事经营”后面输入企业具体经营范围，在“预计全年销售额约为”后面输入预计企业全年的销售金额。核对数据无问题后，等待税务局审核即可。

七、发票遗失

若丢失发票联，可以抵扣联复印件作为记账凭证；若丢失抵扣联，可以发票联复印件作为退税凭证或抵扣凭证；若同时丢失发票联和抵扣联，可以加盖销售方发票专用章的相应发票记账联复印件作为增值税进项税额的抵扣凭证、退税凭证或记账凭证。上述复印件均应当加盖公章。纳税办理人需在发票抵扣明细台账中做好发票遗失的登记。

若遗失空白发票，纳税人可登录电子税务局办理“发票挂失”业务。登录电子税务局网站后，选择【纳税服务】，进入界面后在左上角点击【下载中心】，搜索并下载《发票挂失毁损报告表》。正确填写信息后，在《发票挂失毁损报告表》上加盖公章，并在电子税务局预约办理“发票挂失”业务，预约成功后携带所有资料（《发票挂失毁损报告表》、公司营业执照、办税人员身份证明）至税务局办税服务大厅现场办理。

八、发票退票

由于发票印制质量、发票发放错误、发票发放信息登记错误、纳税人领票信息电子数据丢失、税控设备故障等原因，税务机关需为纳税人办理退票。所需材料见表2-1-21。

发票退票材料明细　　表2-1-21

材料名称	数量
未使用的空白发票（使用增值税电子普通发票的，提供未使用发票的电子数据）	1份

有以下情形的，还应提供相应材料，见表2-1-22。

发票退票适用情形材料明细　　表2-1-22

适用情形	材料名称
纳税人使用增值税发票管理新系统开具发票的	增值税税控专用设备：金税盘（税控盘）、报税盘

九、增值税税控系统专用设备管理

（一）初始发行

1. 业务概述

纳税人在初次使用或重新领购增值税税控系统专用设备开具发票之前，需要税务机关对增值税税控系统专用设备进行初始化发行，将开票所需的各种信息载入增值税税控系统专用设备。

2. 政策依据

（1）《中华人民共和国税收征收管理法》第二十三条：

国家根据税收征收管理的需要，积极推广使用税控装置。纳税人应当按照规定安装、使用税控装置，不得损毁或者擅自改动税控装置。

（2）《增值税专用发票使用规定》第三条：

一般纳税人应通过增值税防伪税控系统（以下简称防伪税控系统）使用专用发票。使用，包括领购、开具、缴销、认证纸质专用发票及其相应的数据电文。

本规定所称防伪税控系统，是指经国务院同意推行的，使用专用设备和通用设备、运用数字密码和电子存储技术管理专用发票的计算机管理系统。

本规定所称专用设备，是指金税卡、IC卡、读卡器和其他设备。

本规定所称通用设备，是指计算机、打印机、扫描器具和其他设备。

（3）《国家税务总局关于全面推行增值税发票系统升级版有关问题的公告》（国家税务总局公告2015年第19号）全文。

（4）《增值税防伪税控系统管理办法》第十八条：

新纳入防伪税控系统的企业，在系统启用后十日内将启用前尚未使用完的专用发票

（包括误填作废的专用发票）报主管税务机关缴销。

第十九条：

防伪税控企业必须使用防伪税控系统开具专用发票，不得以其他方式开具手工版或电脑版专用发票。

增值税税控系统专用设备初始发行所需材料见表 2-1-23。

增值税税控系统专用设备初始发行材料明细 表 2-1-23

序号	材料名称	数量	备注
1	金税盘（税控盘）、报税盘	1 份	根据领购的税控系统专用设备报送
2	经办人身份证件原件	1 份	查验后退回
3	《税务事项通知书（发票票种核定通知）》或《准予税务行政许可决定书》	1 份	查验后退回

（二）认证报税

防伪税控企业应在纳税申报期限内将抄有申报所属月份纳税信息的 IC 卡和备份数据软盘向主管税务机关报税。

防伪税控企业和未纳入防伪税控系统管理的企业取得的防伪税控系统开具的专用发票抵扣联，应据增值税有关扣税规定核算当期进项税额，如期申报纳税，属于扣税范围的，应于纳税申报时或纳税申报前报主管税务机关认证。

十、电子发票管理

根据《财政部 国家档案局关于规范电子会计凭证报销入账归档的通知》（财会〔2020〕6 号），除法律和行政法规另有规定外，同时满足下列条件的，单位可以仅使用电子会计凭证进行报销入账归档：

一是接收的电子会计凭证经查验合法、真实。

二是电子会计凭证的传输、存储安全、可靠，对电子会计凭证的任何篡改能够及时被发现。

三是使用的会计核算系统能够准确、完整、有效接收和读取电子会计凭证及其元数据，能够按照国家统一的会计制度完成会计核算业务，能够按照国家档案行政管理部门规定格式输出电子会计凭证及其元数据，设定了经办、审核、审批等必要的审签程序，且能有效防止电子会计凭证重复入账。

四是电子会计凭证的归档及管理符合《会计档案管理办法》（财政部 国家档案局令第 79 号）等要求。

对于取得的电子发票，可采用 Excel 电子表格归档及电子发票报销管理系统归档的形式进行管理。

（一）Excel 电子表格归档

将所有的电子发票编码统一汇总在 Excel 表格中，从中筛选、排除相同的发票编码，可防范电子发票重复报销。也可以增加电子发票校验和鉴伪功能，如输入发票编码，即可判断发票的真假和是否为重复发票。

（二）电子发票报销管理系统归档

如果企业具有完善的会计信息系统，与电子发票相关的记账凭证、报销凭证等已全部实现电子化（不包括纸质凭证扫描），可将电子发票与相关的记账凭证、报销凭证等电子会计凭证通过归档接口或手工导入电子档案管理系统进行整理、归档并长期保存，归档方法可参照《企业电子文件归档和电子档案管理指南》（档办发〔2015〕4号）。

十一、金税盘(白盘)抄报清卡流程

具体操作流程见本指南“附录一　日常涉税事项办理流程示意图—二、发票管理—（二）发票开具—2. 网办流程—7）金税盘（白盘）抄报清卡流程”。

第三节　企业纳税信用等级管理

一、纳税信用管理与纳税信用信息采集

纳税信用管理，是指税务机关对纳税人的纳税信用信息开展的采集、评价、确定、发布和应用等活动。

纳税信用信息包括纳税人信用历史信息、税务内部信息、外部信息。税务机关会根据上述信息进行综合考量，最终得出评价结果。

纳税人信用历史信息包括基本信息和评价年度之前的纳税信用记录，以及相关部门评定的优良信用记录和不良信用记录。

税务内部信息包括经常性指标信息和非经常性指标信息。经常性指标信息是指涉税申报信息、税（费）款缴纳信息、发票与税控器具信息、登记与账簿信息等纳税人在评价年度内经常产生的指标信息；非经常性指标信息是指税务检查信息等纳税人在评价年度内不经常产生的指标信息。

外部信息包括外部参考信息和外部评价信息。外部参考信息包括评价年度相关部门评定的优良信用记录和不良信用记录；外部评价信息是指从相关部门取得的影响纳税人纳税信用评价的指标信息。

纳税信用信息采集工作由国家税务总局和省级税务机关组织实施，按月采集。税务机关每年4月确定上一年度纳税信用评价结果，并为纳税人提供自我查询服务。

二、纳税信用评价起评分标准

纳税信用评价采取年度评价指标得分和直接判级方式。

《国家税务总局关于纳税信用管理有关事项的公告》（国家税务总局公告2020年第15号）规定：

（1）非独立核算分支机构可自愿参与纳税信用评价。本公告所称非独立核算分支机构是指由企业纳税人设立，已在税务机关完成登记信息确认且核算方式为非独立核算的分支机构。

非独立核算分支机构参评后，2019年度之前的纳税信用级别不再评价，在机构存续期间适用国家税务总局纳税信用管理相关规定。

（2）自开展2020年度评价时起，调整纳税信用评价计分方法中的起评分规则。近三个评价年度内存在非经常性指标信息的，从100分起评；近三个评价年度内没有非经常性指标信息的，从90分起评。

（3）自开展2019年度评价时起，调整税务机关对D级纳税人采取的信用管理措施。对于因评价指标得分评为D级的纳税人，次年由直接保留D级评价调整为评价时加扣11分；税务机关应按照本条前述规定在2020年11月30日前调整其2019年度纳税信用级别，2019年度以前的纳税信用级别不做追溯调整。对于因直接判级评为D级的纳税人，维持D级评价保留2年、第三年纳税信用不得评价为A级。

三、纳税信用级别

（一）纳税信用级别评定标准

纳税信用级别评定标准见表2-1-24。

纳税信用级别评定标准 表2-1-24

等级	标　准
A	纳税信用年度评价指标得分90分以上的
B	纳税信用年度评价指标得分70分以上不满90分的
C	纳税信用年度评价指标得分40分以上不满70分的
D	纳税信用年度评价指标得分不满40分或者直接判级确定的

（二）纳税信用级别评定特别规定

（1）有下列情形之一的纳税人，本评价年度不能评为A级：

①实际生产经营期不满3年的；

②上一评价年度纳税信用评价结果为D级的；

③非正常原因一个评价年度内增值税或营业税连续3个月或者累计6个月零申报、负申报的；

④不能按照国家统一的会计制度规定设置账簿，并根据合法、有效凭证核算，向税务机关提供准确税务资料的。

（2）有下列情形之一的纳税人，本评价年度直接判为 D 级：

①存在逃避缴纳税款、逃避追缴欠税、骗取出口退税、虚开增值税专用发票等行为，经判决构成涉税犯罪的；

②存在前项所列行为，未构成犯罪，但偷税（逃避缴纳税款）金额 10 万元以上且占各税种应纳税总额 10% 以上，或者存在逃避追缴欠税、骗取出口退税、虚开增值税专用发票等税收违法行为，已缴纳税款、滞纳金、罚款的；

③在规定期限内未按税务机关处理结论缴纳或者足额缴纳税款、滞纳金和罚款的；

④以暴力、威胁方法拒不缴纳税款或者拒绝、阻挠税务机关依法实施税务稽查执法行为的；

⑤存在违反增值税发票管理规定或者违反其他发票管理规定的行为，导致其他单位或者个人未缴、少缴或者骗取税款的；

⑥提供虚假申报材料享受税收优惠政策的；

⑦骗取国家出口退税款，被停止出口退（免）税资格未到期的；

⑧有非正常户记录或者由非正常户直接责任人员注册登记或者负责经营的；

⑨由 D 级纳税人的直接责任人员注册登记或者负责经营的；

⑩存在税务机关依法认定的其他严重失信情形的。

四、纳税信用复评(核)

（一）业务概述

纳税人对纳税信用评价结果有异议的，可以书面向作出评价的税务机关申请复评。对指标评价情况有异议的，可在评价年度次年 3 月填写《纳税信用复评（核）申请表》，向主管税务机关提出复核，主管税务机关在开展年度评价时审核调整，并随评价结果向纳税人提供复核情况的自我查询服务。

（二）网办流程

纳税人登录电子税务局，按照【我要办税】—【纳税信用】—【纳税信用复评申请】流程，进入表单填写界面；在表单页面填写申请复评的年度、年度评价结果及申请原因等信息后进行保存，并点击【资料采集】上传资料并保存。

五、纳税信用补评

（一）业务概述

纳税人因《纳税信用管理办法（试行）》第十七条第三、四、五项所列情形解除，或者对当期未予评价有异议的，可填写《纳税信用补评申请表》，向主管税务机关申请补充纳税信用评价。纳税人主管税务机关应及时沟通，相互传递补评申请，按照《纳税信用管理办法（试行）》第三章的规定开展纳税信用补评工作。主管税务机关应自受理申请之日起15个工作日内完成补评工作，并向纳税人反馈纳税信用评价信息或提供评价结果的自我查询服务。

（二）内部审批流程

处理人员发起审批事项→财务部税务负责人审核→公司财务经理审核→法人审核→处理人员网上办理/现场办理。

六、纳税信用修复

（一）适用情形

《国家税务总局关于纳税信用评价与修复有关事项的公告》（国家税务总局公告2021年第31号）第一条规定，符合下列条件之一的纳税人，可向主管税务机关申请纳税信用修复：

（1）破产企业或其管理人在重整或和解程序中，已依法缴纳税款、滞纳金、罚款，并纠正相关纳税信用失信行为的。

（2）因确定为重大税收违法失信主体，纳税信用直接判为D级的纳税人，失信主体信息已按照国家税务总局相关规定不予公布或停止公布，申请前连续12个月没有新增纳税信用失信行为记录的。

（3）由纳税信用D级纳税人的直接责任人员注册登记或者负责经营，纳税信用关联评价为D级的纳税人，申请前连续6个月没有新增纳税信用失信行为记录的。

（4）因其他失信行为纳税信用直接判为D级的纳税人，已纠正纳税信用失信行为、履行税收法律责任，申请前连续12个月没有新增纳税信用失信行为记录的。

（5）因上一年度纳税信用直接判为D级，本年度纳税信用保留为D级的纳税人，已纠正纳税信用失信行为、履行税收法律责任或失信主体信息已按照国家税务总局相关规定不予公布或停止公布，申请前连续12个月没有新增纳税信用失信行为记录的。

（二）修复范围及标准

信用修复范围及标准明细见表2-1-25。

信用修复范围及标准（一）　　表2-1-25

序号	指标名称	指标代码	扣分分值	修复加分分值		
				30日内纠正	30日后本年纠正	30日后次年纠正
1	未按规定期限纳税申报※	010101	5分	涉及税款1000元以下的加5分，其他的加4分	2分	1分

续上表

序号	指标名称	指标代码	扣分分值	修复加分分值		
				30日内纠正	30日后本年纠正	30日后次年纠正
2	未按规定期限代扣代缴※	010102	5分	涉及税款1000元以下的加5分，其他的加4分	2分	1分
3	未按规定期限填报财务报表※	010103	3分	2.4分	1.2分	0.6分
4	从事进料加工业务的生产企业，未按规定期限办理进料加工登记、申报、核销手续的※	010304	3分	2.4分	1.2分	0.6分
5	未按规定时限报送财务会计制度或财务处理办法※	010501	3分	2.4分	1.2分	0.6分
6	使用计算机记账，未在使用前将会计电算化系统的会计核算软件、使用说明书及有关资料报送主管税务机关备案的※	010502	3分	2.4分	1.2分	0.6分
7	纳税人与其关联企业之间的业务往来应向税务机关提供有关价格、费用标准信息而未提供的※	010503	3分	2.4分	1.2分	0.6分
8	未按规定（期限）提供其他涉税资料的※	010504	3分	2.4分	1.2分	0.6分
9	未在规定时限内向主管税务机关报告开立（变更）账号的※	010505	5分	4分	2分	1分
10	未按规定期限缴纳已申报或批准延期申报的应纳税（费）款※	020101	5分	涉及税款1000元以下的加5分，其他的加4分	2分	1分
11	至评定期末，已办理纳税申报后纳税人未在税款缴纳期限内缴纳税款或经批准延期缴纳的税款期限已满，纳税人未在税款缴纳期限内缴纳的税款在5万元以上（含5万元）的※	020201	11分	8.8分	4.4分	2.2分
12	至评定期末，已办理纳税申报后纳税人未在税款缴纳期限内缴纳税款或经批准延期缴纳的税款期限已满，纳税人未在税款缴纳期限内缴纳的税款在5万元以下的※	020202	3分	涉及税款1000元以下的加3分，其他的加2.4分	1.2分	0.6分

续上表

序号	指标名称	指标代码	扣分分值	修复加分分值		
				30日内纠正	30日后本年纠正	30日后次年纠正
13	已代扣代收税款，未按规定解缴的※	020301	11分	涉及税款1000元以下的加11分，其他的加8.8分	4.4分	2.2分
14	未履行扣缴义务，应扣未扣，应收不收税款※	020302	3分	涉及税款1000元以下的加3分，其他的加2.4分	1.2分	0.6分
15	银行账户设置数大于纳税人向税务机关提供数※	—	11分	8.8分	4.4分	2.2分

注：①30日内纠正，即在失信行为被税务机关列入失信记录后30日内（含30日）纠正失信行为；30日后本年纠正，即在失信行为被税务机关列入失信记录后超过30日且在当年年底前纠正失信行为；30日后次年纠正，即在失信行为被税务机关列入失信记录后超过30日且在次年年底前纠正失信行为。

②带※内容，是指符合修复条件的破产重整企业或其管理人申请纳税信用修复时，扣分指标修复标准视同30日内纠正，直接判D指标修复标准不受申请前连续12个月没有新增纳税信用失信行为记录的条件限制。

存在以下情形的，信用修复范围及标准见表2-1-26。

信用修复范围及标准（二） 表2-1-26

序号	指标名称	指标代码	扣分分值	修复标准
1	有非正常户记录的纳税人※	040103	直接判D	履行相应法律义务并由税务机关依法解除非正常户状态，在被直接判为D级的次年年底前提出修复申请的，税务机关依据纳税人申请重新评价纳税信用级别，但不得评价为A级
				履行相应法律义务并由税务机关依法解除非正常户状态，在被直接判为D级的次年年底之后提出修复申请且申请前连续12个月没有新增纳税信用失信行为记录的，税务机关依据纳税人申请重新评价纳税信用级别，但不得评价为A级
2	非正常户直接责任人员注册登记或负责经营的其他纳税户	040104	直接判D	非正常户纳税人修复后纳税信用级别不为D级的，税务机关依据纳税人申请重新评价纳税信用级别

续上表

序号	指标名称	指标代码	扣分分值	修复标准
3	D级纳税人的直接责任人员注册登记或负责经营的其他纳税户	040105	直接判D	D级纳税人修复后纳税信用级别不为D级的，税务机关依据纳税人申请重新评价纳税信用级别
				D级纳税人未申请修复或修复后纳税信用级别仍为D级，被关联纳税人申请前连续6个月没有新增纳税信用失信行为记录的，税务机关依据纳税人申请重新评价纳税信用级别
4	在规定期限内未补交或足额补缴税款、滞纳金和罚款※	050107	直接判D	在税务机关处理结论明确的期限期满后60日内足额补缴（构成犯罪的除外），在被直接判为D级的次年年底之前提出修复申请的，税务机关依据纳税人申请重新评价纳税信用级别，但不得评价为A级
				在税务机关处理结论明确的期限期满后60日内足额补缴（构成犯罪的除外），在被直接判为D级的次年年底之后提出修复申请且申请前连续12个月没有新增纳税信用失信行为记录的，税务机关依据纳税人申请重新评价纳税信用级别，但不得评价为A级
				在税务机关处理结论明确的期限期满60日后足额补缴（构成犯罪的除外），申请前连续12个月没有新增纳税信用失信行为记录的，税务机关依据纳税人申请重新评价纳税信用级别，但不得评价为A级
5	确定为重大税收违法失信主体※	—	直接判D	重大税收违法失信主体信息已不予公布或停止公布，申请前连续12个月没有新增纳税信用失信行为记录的，税务机关依据纳税人申请重新评价纳税信用级别，但不得评价为A级

续上表

<table>
<tr><th>序号</th><th>指标名称</th><th>指标代码</th><th>扣分分值</th><th>修复标准</th></tr>
<tr><td rowspan="3">6</td><td rowspan="3">其他严重失信行为※</td><td>010401～010413</td><td>直接判 D</td><td rowspan="3">已纠正纳税信用失信行为、履行税收法律责任，申请前连续 12 个月没有新增纳税信用失信行为记录的，税务机关依据纳税人申请重新评价纳税信用级别，但不得评价为 A 级</td></tr>
<tr><td>030110～030115</td><td>直接判 D</td></tr>
<tr><td>060101
060102
060103
060201
060202</td><td>直接判 D</td></tr>
<tr><td>7</td><td>因上一年度纳税信用直接判为 D 级，本年度纳税信用保留为 D 级※</td><td>—</td><td>直接判 D</td><td>已纠正纳税信用失信行为、履行税收法律责任或重大税收违法失信主体信息已不予公布或停止公布，申请前连续 12 个月没有新增纳税信用失信行为记录的，税务机关依据纳税人申请重新评价纳税信用级别，但不得评价为 A 级</td></tr>
</table>

注：① 30 日内纠正，即在失信行为被税务机关列入失信记录后 30 日内（含 30 日）纠正失信行为；30 日后本年纠正，即在失信行为被税务机关列入失信记录后超过 30 日且在当年年底前纠正失信行为；30 日后次年纠正，即在失信行为被税务机关列入失信记录后超过 30 日且在次年年底前纠正失信行为。

②带※内容，是指符合修复条件的破产重整企业或其管理人申请纳税信用修复时，扣分指标修复标准视同 30 日内纠正，直接判 D 指标修复标准不受申请前连续 12 个月没有新增纳税信用失信行为记录的条件限制。

第二章　纳税申报管理

第一节　增值税及附加税费申报操作

一、一般纳税人月度/季度申报

（一）申请条件

增值税一般纳税人依照税收法律、法规、规章及其他有关规定，在规定的纳税期限内填报《增值税及附加税费申报表（一般纳税人适用）》、附列资料及其他相关资料，向税务机关进行纳税申报。

已办理税务登记的扣缴义务人应当自扣缴义务发生之日起30日内，向税务登记地税务机关申报办理扣缴税款登记。

根据税收法律、行政法规的规定可不办理税务登记的扣缴义务人，应当自扣缴义务发生之日起30日内，向机构所在地税务机关申报办理扣缴税款登记。

（二）资料收集（办理材料）

增值税一般纳税人纳税申报所需材料见表2-2-1。

增值税一般纳税人纳税申报材料明细　　表2-2-1

材料名称	数量
《增值税及附加税费申报表（一般纳税人适用）》及其附列资料	2份

有以下情形的，还应提供相应材料，见表2-2-2。

增值税一般纳税人纳税申报适用情形材料明细　　表2-2-2

适用情形	材料名称	数量	备注
增值税一般纳税人（称原纳税人）在资产重组过程中，将全部资产、负债和劳动力一并转让给其他增值税一般纳税人，原纳税人在办理注销登记前尚未抵扣的进项税额可结转至新纳税人处继续抵扣	《增值税一般纳税人资产重组进项留抵税额转移单》	1份	纳税人留存资料备查

续上表

适用情形	材料名称	数量	备注
纳税人取得的符合抵扣条件且在本期申报抵扣的相关凭证	①增值税专用发票（含税控机动车销售统一发票）的抵扣联； ②海关进口增值税专用缴款书、购进农产品取得的普通发票的复印件； ③税收完税凭证及其清单，书面合同、付款证明和境外单位的对账单或者发票； ④已开具的农产品收购凭证的存根联或备查联	1份	—
纳税人销售服务、不动产和无形资产，在确定服务、不动产和无形资产销售额时，按照有关规定从取得的全部价款和价外费用中扣除价款	①支付给境内单位或者个人的款项，以发票为合法有效凭证； ②支付给境外单位或者个人的款项，以该单位或者个人的签收单据为合法有效凭证，税务机关对签收单据有疑义的，可以要求其提供境外公证机构的确认证明； ③缴纳的税款，以完税凭证为合法有效凭证； ④扣除的政府性基金、行政事业性收费或者向政府支付的土地价款，以省级以上（含省级）财政部门监（印）制的财政票据为合法有效凭证； ⑤国家税务总局规定的其他凭证	1份	纳税人留存资料备查

（三）注意事项

（1）增值税、消费税分别与附加税费申报表整合后，按月度申报缴纳增值税、消费税及附加税费的纳税人，申报缴纳所属期2021年7月及以后的增值税、消费税及附加税费，适用《国家税务总局关于增值税 消费税与附加税费申报表整合有关事项的公告》（国家税务总局公告2021年第20号）的规定。按季度申报缴纳增值税、消费税及附加税费的纳税人，申报缴纳所属期2021年第3季度及以后的增值税、消费税及附加税费，适用上述公告的规定。纳税人调整以前所属期税费事项的，按照相应所属期的税费申报表相关规则调整。

（2）增值税的纳税期限分别为1日、3日、5日、10日、15日、1个月或者1个季度。纳税人的具体纳税期限，由主管税务机关根据纳税人应纳税额的大小分别核定；不能按照固定期限纳税的，可以按次纳税。纳税人以 1 个月或者 1 个季度为 1 个纳税期的，自期满之日起 15 日内申报纳税；以 1 日、3 日、5 日、10 日或者 15 日为 1 个纳税期的，自期满之日起 5 日内预缴税款，于次月 1 日起 15 日内申报纳税并结清上月应纳税款。纳税人进口货物，应当自海关填发海关进口增值税专用缴款书之日起 15 日内缴纳税款。纳税期限遇最后一日是法定休假日的，以休假日期满的次日为期限的最后一日；在期限内有连续 3 日以上法定休假日的，按休假日天数顺延。

（3）银行、财务公司、信托投资公司、信用社，以及财政部和国家税务总局规定的其他纳税人可选择按季申报。

（4）纳税人自办理税务登记至认定或登记为一般纳税人期间，未取得生产经营收入，未按照销售额和征收率简易计算应纳税额申报缴纳增值税的，其在此期间取得的增值税扣税凭证，可以在认定或登记为一般纳税人后抵扣进项税额。

（5）纳税人当月有增值税留抵税额，又存在欠税的，可办理增值税留抵抵欠业务；纳税人有多缴税金，又存在欠税，可办理抵缴欠税业务。

二、小规模纳税人纳税申报

（一）资格条件

非企业性单位、年应税销售额超过财政部、国家税务总局规定的增值税小规模纳税人标准且不经常发生应税行为的单位和个体工商户，可向主管税务机关提交书面说明，选择按照小规模纳税人纳税。

（二）办理材料

小规模纳税人纳税申报所需材料见表 2-2-3。

小规模纳税人纳税申报材料明细　　表 2-2-3

材料名称	数量
《增值税及附加税费申报表（小规模纳税人适用）》及其附列资料	2 份

有以下情形的，还应提供相应材料，见表 2-2-4。

小规模纳税人纳税申报适用情形材料明细　　表 2-2-4

适用情形	材料名称	数量	备　注
机动车经销企业的纳税人	已开具发票的存根联	1 份	报送要求由省（自治区、直辖市和计划单列市）税务机关确定
2015 年 4 月 1 日起使用增值税发票系统升级版的，按照有关规定不使用网络办税或不具备网络条件的纳税人	金税盘或税控盘	—	—

（三）注意事项

（1）纳税人提供的各项资料为复印件的，均须注明“与原件一致”并签章。

（2）按固定期限纳税的小规模纳税人可以选择以1个月或1个季度为纳税期限，一经选择，一个会计年度内不得变更。增值税小规模纳税人缴纳增值税、消费税、文化事业建设费，以及随增值税、消费税附征的城市维护建设税、教育费附加等税费，原则上实行按季申报。

（3）年应税销售额超过小规模纳税人标准的其他个人按小规模纳税人纳税；原增值税纳税人中非企业性单位、不经常发生应税行为的企业可选择按小规模纳税人规定申报缴纳增值税；营改增纳税人中年应税销售额超过规定标准但不经常发生应税行为的单位和个体工商户可选择按照小规模纳税人纳税。

（4）小微企业免征规定：

①自2021年4月1日至2022年12月31日，小规模纳税人发生增值税应税销售行为，合计月销售额未超过15万元（以1个季度为1个纳税期的，季度销售额未超过45万元，下同）的，免征增值税。

小规模纳税人发生增值税应税销售行为，合计月销售额超过15万元，但扣除本期发生的销售不动产的销售额后未超过15万元的，其销售货物、劳务、服务、无形资产取得的销售额免征增值税。

②自2021年4月1日起至2022年12月31日，增值税小规模纳税人月销售额不超过15万元的，当期因代开增值税专用发票已经缴纳的税款，在专用发票全部联次追回或者按规定开具红字专用发票后，可以向税务机关申请退还。

③适用增值税差额征税政策的增值税小规模纳税人，以差额后的销售额确定是否可以享受15万元以下免征增值税政策（自2023年1月1日起变为10万元，季度为30万元）。

④其他个人采取一次性收取租金的形式出租不动产，取得的租金收入可在租金对应的租赁期内平均分摊，分摊后的月租金收入不超过15万元（自2023年1月1日起变为10万元）的，可享受小微企业免征增值税优惠政策。

⑤自2021年4月1日起，以1个季度为纳税期限的增值税小规模纳税人，因在季度中间成立或注销而导致当期实际经营期不足1个季度，当期销售额未超过45万元（自2023年1月1日起变为30万元）的，免征增值税。

⑥自2021年4月1日起，增值税小规模纳税人按规定享受的增值税减征税额在《增值税减免税申报明细表》中反映，该表不包括仅享受月销售额不超过15万元（自2023年1月1日起变为10万元）免征增值税政策或未达起征点的增值税小规模纳税人。

⑦纳税人有多缴税金，又存在欠税，可办理抵缴欠税业务。

⑧纳税人享受减税、免税待遇的，在减税、免税期间应当按照规定办理纳税申报，填写申报表及其附表上的优惠栏目。

三、增值税就地预缴

提供建筑服务就地预缴流程如下：

（一）预缴资料准备

项目部财务人员应当收集整理项目部拟申报的销售数据、分包扣除相应的进项发票清单及相关合同。附件包括《分包台账——一般计税》《分包台账——简易计税》《发票登记认领表》。

各项目部在向建筑服务发生地主管税务机关预缴税款时，需提交以下材料：

①《增值税及附加税费预缴表》；

②与发包方签订的建筑合同复印件/清单（加盖纳税人公章）；

③与分包方签订的分包合同复印件/清单（加盖纳税人公章）；

④从分包方取得的发票复印件/清单（加盖纳税人公章）。

（二）编制工作底稿及申报表

项目部财务人员应当在增值税纳税义务发生当月或者在申请开票前办理增值税预缴申报，将本期销售额、已扣除分包款、已预缴税款等内容与账面数据进行核对，确认含税收入及分包扣除数据，编制《增值税及附加税费预缴表》。

（三）纳税申报及税款缴纳

项目部财务人员应在税务机关电子税务局系统中完成增值税预缴的网上申报或进行现场申报，网上申报流程见本指南“附录一　日常涉税事项办理流程示意图—四、增值税及附加税费申报操作—（二）增值税就地预缴”。

（四）文件归档

纳税申报及交款完成后，项目部财务人员应完成纳税申报的电子和纸质资料归档。同时，各项目部应建立预缴税款台账，区分不同县（市、区）和项目逐笔登记全部收入、支付的分包款已取得的发票清单、已扣除分包款的发票号码、已预缴税款以及预缴税款的完税凭证号码等，在建筑服务发生地主管税务机关完成预缴申报后发起开票流程时将下列数据资料传递给纳税主体办税人员：

①《分包发票扣除清单》电子版及分包发票扫描件；

②《增值税及附加税费预缴表》扫描件；

③预缴税款完税凭证及其附加税完税凭证扫描件。

（五）注意事项

（1）纳税人（不含其他个人）跨县（市）提供建筑服务向建筑服务发生地主管税务机关预缴的增值税税款，可以在当期增值税应纳税额中抵减，抵减不完的，结转下期继续抵减。纳税人以预缴税款抵减应纳税额，应以完税凭证作为合法有效凭证。

（2）不能自行开具增值税发票的小规模纳税人，可向建筑服务发生地主管税务机关按照其取得的全部价款和价外费用申请代开增值税发票。

四、销售不动产就地预缴

（一）编制申报表

房地产开发企业或不动产销售单位财务人员应当在增值税纳税义务发生当月或者在提前申请开票前办理增值税预缴申报，编制《增值税及附加税费预缴表》。

（1）财务人员在“预征项目和栏次”部分的第 2 栏“销售不动产”行次填写相关信息。

（2）在第 1 列“销售额”填写本期收取的预收款（含税），包括在取得预收款当月或主管税务机关确定的预缴期取得的全部预收价款和价外费用。

（3）在第 3 列“预征率”填写 3%。

（4）在第 4 列“预征税额”填写按照规定计算的应预缴税额。

（二）预缴纳税申报

房地产开发企业或不动产销售单位财务人员应当在税务机关电子税务局系统中完成增值税预缴的网上申报或进行现场申报。网上申报流程见本指南“附录一　日常涉税事项办理流程示意图—四、增值税及附加税费申报操作—（二）增值税就地预缴”。

（三）文件归档

纳税申报及交款完成后，房地产开发企业或不动产销售单位财务人员应完成纳税申报的电子和纸质资料归档。同时，各项目部应建立预缴税款台账，逐笔登记全部收入、已预缴税款以及预缴税款的完税凭证号码等。

五、出租不动产就地预缴

（一）编制申报表

不动产管理单位财务人员应当在增值税纳税义务发生当月或者在提前申请开票前办理增值税预缴申报，编制《增值税及附加税费预缴表》。

（1）财务人员在“预征项目和栏次”部分的第 3 栏“出租不动产”行次填写相关信息。

（2）在第 1 列“销售额”填写纳税人出租不动产取得的全部价款和价外费用（含税）。

（3）在第 3 列“预征率”填写纳税人预缴增值税适用的预征率或者征收率。

（4）在第 4 列“预征税额”填写按照规定计算的应预缴税额。

（二）预缴纳税申报

不动产管理单位财务人员应在税务机关电子税务局系统中完成增值税预缴的网上申报或进行现场申报。网上申报流程见本指南“附录一　日常涉税事项办理流程示意图—四、增值税及附加税费申报操作—（二）增值税就地预缴”。

（三）文件归档

纳税申报及交款完成后，项目部财务人员应完成纳税申报的电子和纸质资料归档。同时，各不动产管理单位应建立预缴税款台账，逐笔登记全部收入、已预缴税款以及预缴税款的完税凭证号码等。

六、增值税期末留抵税额退税申报

符合增值税期末留抵退税的纳税主体，应于符合留抵退税条件的次月起，在增值税纳税申报期内，完成本期增值税纳税申报后，通过电子税务局或办税服务厅提交《退（抵）税申请表》。通常税务机关接收后会向纳税人出具准予受理的《税务事项通知书》，税务机关自受理留抵退税申请之日起10个工作日内完成审核，并向纳税人出具准予、不予或终止留抵退税的《税务事项通知书》。

纳税主体应在收到税务机关准予留抵退税的《税务事项通知书》当期，以税务机关核准的允许退还的增量留抵税额冲减期末留抵税额，并在次月办理增值税纳税申报时，相应填写《增值税纳税申报表附列资料（二）（本期进项税额明细）》第22栏“上期留抵税额退税额”。

七、出口退税申报

（一）资料收集

出口企业应在办理对外贸易经营者备案登记或签订首份委托出口协议之日起30日内，填报《出口退（免）税资格认定申请表》，提供下列资料到主管税务机关办理出口退（免）税资格认定：

①加盖备案登记专用章的《对外贸易经营者备案登记表》或《中华人民共和国外商投资企业批准证书》；

②中华人民共和国海关进出口货物收发货人报关注册登记证书；

③未办理备案登记发生委托出口业务的生产企业提供委托代理出口协议，不需提供前两项资料。

（二）税款计算

纳税主体财务人员应当使用国家税务总局认可的出口货物退（免）税电子申报系统生成电子申报数据：报关单信息查询与读入，修改并确认报关单，若无读入的报关单数据，则忽略此步；录入出口明细并保存；数据一致性检查并确认明细；录入增值税表；录入汇总表；数据一致性检查并生成数据。

出口退税预申报时应确认明细数据，系统将生成免抵退税申报的数据包，包括明细数据和汇总数据，数据包在税务局进行预审。财务部门人员应根据税务局的预审意见修改申报数据。

（三）纳税申报

在当月的增值税纳税申报前将已经申报的并经征税部门签章的增值税纳税申报表中的部分信息录入出口退税申报系统，然后录入免抵退税申报汇总表（该表可以由出口退税申报系统自动计算得出），生成电子申报数据。

申报资料齐全后到退税部门进行正式申报。

生产企业出口退税申报所需材料见表2-2-5。

生产企业出口退税申报材料明细 表2-2-5

序号	材料名称
1	《免抵退税申报汇总表》及其附表
2	《免抵退税申报资料情况表》
3	《生产企业出口货物免抵退税申报明细表》
4	出口货物退（免）税正式申报电子数据
5	出口货物报关单（出口退税专用，以下未做特别说明的均为此联）（保税区内的出口企业可提供中华人民共和国海关保税区出境货物备案清单）
6	出口发票
7	委托出口的货物，还应提供受托方主管税务机关签发的代理出口货物证明和代理出口协议复印件

外贸企业出口退税申报所需材料见表2-2-6。

外贸企业出口退税申报材料明细 表2-2-6

序号	材料名称
1	《外贸企业出口退税汇总申报表》
2	《外贸企业出口退税进货明细申报表》
3	《外贸企业出口退税出口明细申报表》
4	出口货物退（免）税正式申报电子数据
5	出口货物报关单
6	增值税专用发票（抵扣联）、海关进口增值税专用缴款书
7	委托出口的货物，还应提供受托方主管税务机关签发的代理出口货物证明和代理出口协议副本
8	属应税消费品的，还应提供消费税专用缴款书或分割单、海关进口消费税专用缴款书（提供海关进口消费税专用缴款书的，还需同时提供进口货物报关单）

第二节　企业所得税申报操作

一、企业所得税月度/季度/年度申报

（一）申报准备

1. 提供财务报表数据

纳税主体核算人员应当对总机构合并层面财务报表金额（包含境外）做一定调整，同时对自身财务报表做相应调整，并将其提供给纳税主体财务人员。

财务报表数据源自财务系统，附件应包括《利润表》。

2. 提供项目预缴数据

纳税主体核算人员应当提供项目预缴数据。

项目部核算人员收集项目预缴数据，按月上传至纳税主体财务部门；将预缴纳税凭证原件传递到纳税主体作为会计凭证附件，项目部留存纳税凭证扫描件；将预缴数据完税凭证电子版（如有）报公司汇总并编制管理台账，根据纳税主体财务人员的期限要求上交。

3. 企业所得税纳税资料汇总收集

纳税主体财务人员汇总收集财务报表数据和项目预缴数据。

4. 计算与审核

1）编制工作底稿及申报表

纳税主体财务人员应当完成工作底稿及申报表的编制工作。

纳税主体财务人员应以核算人员提供的财务报表数据作为基础数据，取得分公司上个年度的资产、收入和职工薪酬三项数据并计算出分配比例。

纳税主体财务人员应准备申报表及汇总纳税分支机构所得税分配表。附件包括《汇总纳税分支机构所得税分配表》。

2）发起审批流程

纳税主体财务人员应在财务共享系统中或者线下发起审批流程。

（二）居民企业（查账征收）企业所得税月（季）度申报

实行查账征收方式的居民企业，应当就其来源于中国境内、境外的所得，在月（季）度终了后15日内向主管税务机关办理企业所得税月（季）度预缴申报。

1. 调整填报方式

一是《中华人民共和国企业所得税月（季）度预缴纳税申报表（A类）》（A200000）“附报事项”、第7行“减：免税收入、减计收入、加计扣除”、第8行“减：所得减免”、第13行“减：减免所得税额”行次下面分别增加空白的明细行次，由纳税人根据《企业

所得税申报事项目录》填写优惠事项或特定事项。

二是《资产加速折旧、摊销（扣除）优惠明细表》（A201020）第1行“加速折旧、摊销”和第2行“一次性扣除”行次下面分别增加空白的明细行次，由纳税人根据《企业所得税申报事项目录》填写优惠事项。

三是《企业所得税申报事项目录》在国家税务总局网站“纳税服务”栏目公布，并根据政策调整情况适时更新。今后如政策调整，一般不再修订表单，纳税人根据网站上发布的最新《企业所得税申报事项目录》，选择相应事项填报即可。

2. 资金审批与税款缴纳

资金审批完成后，纳税主体财务人员以及分支机构财务人员应分别通过银行转账或税库银三方协议完成税款缴纳，并获取完税凭证，确认缴款成功。

3. 税务档案管理

纳税申报及交款完成后，纳税主体财务人员及分支机构财务人员应分别完成纳税申报的电子和纸质资料归档。附件包括《企业所得税申报表》《企业所得税完税凭证》。

（三）居民企业清算所得税申报

纳税人有下列情形之一的，应办理居民企业清算所得税申报：

（1）因解散、破产、重组等原因终止生产经营活动的纳税人，应在办理注销登记之前，以整个清算期间作为一个纳税年度，计算清算所得及其应纳所得税，在清算结束之日起15日内办理申报。

（2）不再持续经营的纳税人，应在办理注销登记之前，以整个清算期间作为一个纳税年度，计算清算所得及其应纳所得税，在清算结束之日起15日内办理申报。

（3）企业由法人转变为个人独资企业、合伙企业等非法人组织，或将登记注册地转移至中华人民共和国境外（包括港澳台地区），应在办理注销登记之前，以整个清算期间作为一个纳税年度，计算清算所得及其应纳所得税，在清算结束之日起15日内办理申报。

二、项目部就地预缴申报

（一）资料收集

项目部财务人员应当进行项目预缴资料的收集。

不同地区预征税基不同，部分项目部所在地按增值税开票金额随增值税预征，部分地区按总包减分包价款后的余额计算。项目部需要提供相关完税凭证、对应发票、合同文件，完税凭证金额不能超过开票收入的0.2%。

（二）计算与审核

1. 编制工作底稿及申报表

项目部财务人员应当将项目部上报数据进行汇总，将本期销售额、已扣除分包款、已预缴税款等内容与账面数据进行核对，根据当地主管税务机关对项目部预缴企业所得税计税基础的不同口径，确认收入及分包款数据。

如果数据核对无误，则填报纳税申报表；如果数据核对有误，则与项目部沟通查明原因，确定数据无误后再填报纳税申报表。附件包括《企业所得税预缴税款表》等。

2. 资金审批

（1）准备税款支付审批单。完成网上申报后，项目部财务人员应当在线下准备税款支付审批单。

（2）资金审批。完成网上申报后，项目部负责审批的领导应在财务共享系统/资金系统中或者线下完成资金支付的审批。

（3）纳税申报。项目部报税员应在电子税务局系统中完成企业所得税预缴的网上申报或进行现场申报。

3. 税款缴纳

资金审批完成后，项目部财务人员应准备好税收缴款书，在银行或电子税务局进行完税，并获取完税凭证，确认缴款成功。

（三）税务档案管理

纳税申报及交款完成后，项目部财务人员应完成纳税申报的电子和纸质资料归档。

各项目部应定期将下列资料传递给分公司核算组：

（1）《分包发票扣除清单》电子版及分包发票扫描件；

（2）《企业所得税预缴税款表》扫描件；

（3）预缴企业所得税完税凭证原件及扫描件。

各分公司核算组将以上资料汇总到纳税主体，由纳税主体进行核对。

三、年度汇算清缴申报工作流程

（一）资料收集

1. 科目明细数据导出及财务报表数据准备

纳税主体财务人员应当完成数据准备工作，具体包括：

（1）从财务系统导出科目明细数据；

（2）提供审计后的财务报表数据文件。

2. 企业所得税纳税资料汇总收集

纳税主体财务人员应当完成企业所得税纳税资料的汇总收集，具体包括：

（1）收集各核算组的财务报表/序时账/凭证数据；

（2）收集各核算组的固定资产/无形资产台账；

（3）收集科目明细数据、财务报表数据及纳税调整台账。对调整项依照经验和以往年度的情况进行判断，通过抽凭等程序保证质量，同时由税务师事务所出具鉴证报告。

（二）计算与审核

纳税主体可选择自行完成汇算清缴，也可选择委托中介机构办理清算鉴证。若选择自行完成，纳税主体财务人员应当在每年度5月完成工作底稿及申报表的准备工作；若委托中介机构，则需要在每年度4月完成上述工作。在编制工作底稿、抽凭、反馈过程中，应当注意以下特殊事项：

纳税抵免：境外分公司项目部按年度取得境外的完税凭证。

纳税调整：境外分公司项目部境外分支机构收入、支出按照税收规定计算纳税调整额。企业经常涉及的特殊扣除标准及比例如下：

（1）企业发生的职工福利费支出，不超过工资薪金总额14%的部分，准予扣除。

（2）企业拨缴的工会经费，不超过工资薪金总额2%的部分，准予扣除。

（3）除国务院财政、税务主管部门另有规定外，企业发生的职工教育经费支出，不超过工资薪金总额8%的部分，准予扣除；超过部分，准予在以后纳税年度结转扣除。

（4）企业发生的与生产经营活动有关的业务招待费支出，按照发生额的60%扣除，但最高不得超过当年销售（营业）收入的5‰。

（5）企业发生的符合条件的广告费和业务宣传费支出，除国务院财政、税务主管部门另有规定外，不超过当年销售（营业）收入15%的部分，准予扣除；超过部分，准予在以后纳税年度结转扣除。

境外所得：第三方机构从境外获得的收入应按照中国税法做纳税调整，具体包括：

（1）工会经费；

（2）补充养老保险、补充医疗保险；

（3）跨期扣除；

（4）与取得收入无关的支出，如离退休补贴、住房补贴、通信费、商业保险；

（5）业务招待费；

（6）罚款滞纳金；

（7）未确认融资费用，如融资租赁设备存在暂时性税会差异调整；

（8）不合规票据；

（9）固定资产；

（10）资产损失；

（11）股息红利；

（12）研发费用加计扣除；

（13）残疾人工资加计扣除；

（14）免税收入；

（15）不征税收入。

（三）纳税申报

1. 内部审批流程

处理人填写《税金（费）审批表》→编制税费计算表→审批→用款申请→纳税申报→付款申请→税款缴纳。

2. 税务档案管理

纳税申报及交款完成后，纳税主体财务人员及分支机构财务人员应分别完成纳税申报的电子和纸质资料归档。附件包括《企业所得税汇算清缴申报表》《企业所得税完税凭证》。

3. 关联业务往来年度申报

实行查账征收的居民企业和在中国境内设立机构、场所并据实申报缴纳企业所得税的非居民企业向税务机关报送年度企业所得税纳税申报表时，应当就其与关联方之间的业务往来进行关联申报。

4. 同期文档

企业应当依据《中华人民共和国企业所得税法实施条例》第一百一十四条的规定，按纳税年度准备并按税务机关要求提供其关联交易的同期资料。同期资料包括主体文档、本地文档和特殊事项文档。

5. 国别报告

存在下列情形之一的居民企业，应当在报送年度关联业务往来报告表时，填报国别报告：一是该居民企业为跨国企业集团的最终控股企业，且其上一会计年度合并财务报表中的各类收入金额合计超过55亿元；二是该居民企业被跨国企业集团指定为国别报告的报送企业。国别报告主要披露最终控股企业所属跨国企业集团所有成员实体的全球所得、税收和业务活动的国别分布情况。

四、企业重组所得税特殊性税务处理报告办理流程

企业重组业务适用特殊性税务处理的，除《财政部 国家税务总局关于企业重组业务企业所得税处理若干问题的通知》（财税〔2009〕59号）第四条第（一）项所称企业发生其他法律形式简单改变情形外，重组各方应在该重组业务完成当年，办理企业所得税年度申报时，分别向各自主管税务机关报送《企业重组所得税特殊性税务处理报告表及附表》和申报资料。合并、分立中重组一方涉及注销的，应在尚未办理注销税务登记手续前进行申报。重组主导方申报后，其他当事方向其主管税务机关办理纳税申报。

对于居民企业资产（股权）划转特殊性税务处理，交易双方应在企业所得税年度汇算清缴时，分别向各自主管税务机关报送《居民企业资产（股权）划转特殊性税务处理申报表》和相关资料。

对于非货币性资产投资企业所得税处理，企业选择适用《关于非货币性资产投资企业

所得税有关征管问题的公告》（国家税务总局公告 2015 年第 33 号）第一条规定进行税务处理的，应在非货币性资产转让所得递延确认期间每年企业所得税汇算清缴时，填报《中华人民共和国企业所得税年度纳税申报表》（A 类，2017 年版）中“A105100 企业重组及递延纳税事项纳税调整明细表”第 12 行“非货币性资产对外投资”的相关栏目，并向主管税务机关报送《非货币性资产投资递延纳税调整明细表》。

《企业重组所得税特殊性税务处理报告表及附表》《居民企业资产（股权）划转特殊性税务处理申报表》和《非货币性资产投资递延纳税调整明细表》数据须随年度纳税申报表一并填报。

五、申报更正或作废

纳税人申报后发现申报有误需要进行变更或作废的，可登录电子税务局系统，在【税费申报及缴纳】—【申报更正或作废】中进行操作。

第三节　个人所得税申报操作

一、个人所得税代扣代缴申报操作

（一）资料收集

1. 提供考勤、工资计算标准等资料

人事部人员应当向纳税主体财务部门提供考勤表、工资计算标准、解除劳动关系取得一次性补偿收入等资料。

进行个人所得税代扣代缴申报前，应根据专项扣除规定计算应扣除金额。具体的专项扣除项目为：按照标准缴纳的基本养老保险、基本医疗保险、失业保险等社会保险费和住房公积金等；专项附加扣除，包括子女教育、继续教育、大病医疗、住房贷款利息或者住房租金、赡养老人等支出。专项附加扣除具体规定如下：

1）子女教育

纳税人年满 3 岁的子女接受学前教育和全日制学历教育的相关支出，按照每个子女每月 1000 元（每年 12000 元）的标准定额扣除。父母可以选择由其中一方按扣除标准的 100% 扣除，也可以选择由双方分别按扣除标准的 50% 扣除，具体扣除方式在一个纳税年度内不能变更。

2）继续教育

纳税人在中国境内接受学历（学位）继续教育的支出，在学历（学位）教育期间按照每月 400 元（每年 4800 元）定额扣除。同一学历（学位）继续教育的扣除期限不能超过 48 个月（4 年）。纳税人接受技能人员职业资格继续教育、专业技术人员职业资格继续教育的支出，在取得相关证书的当年，按照3600元定额扣除。

3）大病医疗

在一个纳税年度内，纳税人发生的与基本医保相关的医药费用支出，扣除医保报销后个人负担（指医保目录范围内的自付部分）累计超过15000元的部分，由纳税人在办理年度汇算清缴时，在80000元限额内据实扣除。

纳税人发生的医药费用支出可以选择由本人或者其配偶扣除；未成年子女发生的医药费用支出可以选择由其父母一方扣除。纳税人及其配偶、未成年子女发生的医药费用支出，应按前述规定分别计算扣除额。

4）住房贷款利息

纳税人本人或者配偶单独或者共同使用商业银行或者住房公积金个人住房贷款为本人或者其配偶购买中国境内住房，发生的首套住房贷款利息支出，在实际发生贷款利息的年度，按照每月1000元（每年12000元）的标准定额扣除，扣除期限最长不超过240个月（20年）。纳税人只能享受一套首套住房贷款利息扣除，这里所称的首套住房贷款是指购买住房享受首套住房贷款利率的住房贷款。经夫妻双方约定，可以选择由其中一方扣除，具体扣除方式在一个纳税年度内不能变更。

5）住房租金

纳税人在主要工作城市没有自有住房而发生的住房租金支出，可以按照以下标准定额扣除：

直辖市、省会（首府）城市、计划单列市以及国务院确定的其他城市，扣除标准为每月1500元（每年18000元）。除上述所列城市外，市辖区户籍人口超过100万的城市，扣除标准为每月1100元（每年13200元）；市辖区户籍人口不超过100万的城市，扣除标准为每月800元（每年9600元）。市辖区户籍人口，以国家统计局公布的数据为准。

6）赡养老人

纳税人赡养一位及以上被赡养人的赡养支出，统一按照以下标准定额扣除：

纳税人为独生子女的，按照每月2000元（每年24000元）的标准定额扣除；纳税人为非独生子女的，由其与兄弟姐妹分摊每月2000元（每年24000元）的扣除额度，每人分摊的额度不能超过每月1000元（每年12000元）。

这里所称的被赡养人是指年满60岁的父母，以及子女均已去世的年满60岁的祖父母、外祖父母。

7）3岁以下婴幼儿照护

根据《国务院关于设立3岁以下婴幼儿照护个人所得税专项附加扣除的通知》（国发〔2022〕8号）规定，自2022年1月1日起，纳税人照护3岁以下婴幼儿子女的相关支出，按照每个婴幼儿每月1000元的标准定额扣除。

父母可以选择由其中一方按扣除标准的100%扣除，也可以选择由双方分别按扣除标准的 50% 扣除，具体扣除方式在一个纳税年度内不能变更。

3 岁以下婴幼儿照护个人所得税专项附加扣除涉及的保障措施和其他事项，参照《个人所得税专项附加扣除暂行办法》有关规定执行。

8）个人养老金

自 2022 年 1 月 1 日起，对个人养老金实施递延纳税优惠政策。在缴费环节，个人向个人养老金资金账户的缴费，按照 12000 元/年的限额标准，在综合所得或经营所得中据实扣除。

2. 初始录入员工个税专项扣除信息

员工应当在入职后通过个人所得税 App 录入员工个税专项扣除信息（员工自行录入或财务部门统一组织录入）。

（二）计算与审核

1. 计算本月应发放的工资

纳税主体财务人员应当计算本月应发放的工资并报送税务部门。

2. 计算本月一次性补偿相关个税

纳税主体办税人员应当计算本月一次性补偿相关个税。

（三）纳税申报

1. 将计算结果导入个税平台

纳税主体办税人员应通过财务共享或者线下方式获取本月工资计算情况，并在个税申报系统导入计算结果。

2. 核对税务局和财务核算工资的个税扣缴数

纳税主体办税人员应通过财务共享或者线下方式获取工资数据，将工资单金额与税务局系统金额进行比对。

（四）文件归档

纳税主体财务人员应将电子文件归档。电子文件应包含工资发放计算结果表。

二、个人所得税更正申报

个人所得税申报成功后，如果发现内容错报或人员漏报，需要进行更正申报时，只要在申报表报送界面点击【启动更正】按钮，再按正常申报流程操作即可。

三、个人所得税优惠政策

为持续减轻个人所得税纳税人负担，缓解中低收入群体压力，2021 年 12 月 29 日，国务院总理李克强主持召开国务院常务会议，决定延续实施部分个人所得税优惠政策，相关政策如下：

一是将全年一次性奖金不并入当月工资薪金所得、实施按月换算税率单独计税的政策，延续至2023年底。

二是继续对年收入不超过12万元且需补税或年度汇算补税额不超过400元的免予补税，政策延续至2023年底。

三是将上市公司股权激励单独计税的政策，延续至2022年底。

第四节　其他税种申报操作

一、财产和行为税合并纳税申报

（一）申请条件

财产和行为税合并纳税申报，是指对财产和行为税（含城镇土地使用税、房产税、车船税、印花税、耕地占用税、资源税、土地增值税、契税、环境保护税、烟叶税，不含城市维护建设税，城市维护建设税分别与增值税、消费税合并申报）进行合并申报，支持不同纳税期限的税种同时申报，实现多税种“一张报表、一次申报、一次缴款、一张凭证”。

纳税人依照税收法律法规及相关规定确定的申报期限、申报内容，填报《财产和行为税纳税申报表》，进行财产和行为税的纳税申报。

（二）办理材料

财产和行为税合并纳税申报所需材料见表2-2-7。

财产和行为税合并纳税申报材料明细　　表2-2-7

材料名称	数量
《财产和行为税纳税申报表》	2份

有以下情形的，还应提供相应材料，见表2-2-8。

财产和行为税合并纳税申报适用情形材料明细　　表2-2-8

适用情形	材料名称	数量/备注
申报城镇土地使用税、房产税的纳税人	《城镇土地使用税、房产税税源明细表》	2份
申报车船税的纳税人	《车船税税源明细表》	2份
申报印花税的纳税人	《印花税税源明细表》	2份
申报烟叶税的纳税人	《烟叶税税源明细表》	2份
申报契税的纳税人	《契税税源明细表》	2份
申报土地增值税的纳税人	《土地增值税税源明细表》	2份
申报资源税的纳税人	《资源税税源明细表》	2份
申报耕地占用税的纳税人	《耕地占用税税源明细表》	2份
申报环境保护税的纳税人	《环境保护税税源明细表》	2份
享受财产和行为税优惠的纳税人	《财产和行为税减免税明细申报附表》、减免税证明材料	附表需2份，证明材料根据各税种申报规范确定

（三）纳税人注意事项

（1）纳税人未按照规定的期限办理纳税申报和报送纳税资料的，将影响纳税信用评价结果，并依照《中华人民共和国税收征收管理法》有关规定承担相应法律责任。

（2）纳税人享受减税、免税待遇的，在减税、免税期间应当按照规定办理纳税申报。

（3）财产和行为税纳税义务人在首次申报时，应办理“财产和行为税税源信息报告”。

（4）税务机关根据纳税人识别号及该纳税人当期有效的税源明细信息自动生成《财产和行为税纳税申报表》《财产和行为税减免税明细申报附表》。

二、财产和行为税纳税申报表更正及作废

具体操作流程见“附录一　日常涉税事项办理流程示意图—七、其他税种申报操作—（二）财产和行为税纳税申报表更正及作废”。

三、分税种申报准备

（一）印花税申报操作

1. 资料收集

公司核算组人员应当完成包括合同台账、合同扫描件等在内的印花税纳税资料的收集工作。

公司核算组人员自行扫描合同、维护台账（包含合同清单和金额等信息），同时向纳税主体提供台账＋合同扫描件、印花税税金计提表，由纳税主体统一汇总、核对数据。

需要注意的是：

（1）对于上报的印花税缴纳数据，纳税主体层面进行核对时应确认需要申报缴纳的印花税金额；

（2）纳税主体应按照一定频率定期检查合同完税情况。

2. 计算与申报

1）编制工作底稿

纳税主体财务人员应当完成印花税工作底稿准备工作，附件为《印花税应纳税凭证登记台账》。

2）编制申报表

纳税主体财务人员进行印花税申报表的准备工作。

3）发起审批流程

纳税主体财务人员发起线下审批或者财务共享系统审批流程，办税人员复核后由财务经理审批税款、留抵。

3. 纳税申报

纳税主体财务人员应在税务局系统中完成印花税的网上申报或进行现场申报。

4. 资金审批与税款缴纳

1）准备税款支付审批单

完成申报后，纳税主体财务人员应当在财务共享系统或者线下准备税款支付审批单，并提交审批流程。

2）缴纳税款

审批完成后，纳税主体财务人员应在申报期结束前，通过银行转账或电子税务局三方协议完成税款缴纳，并获取完税凭证，确认缴款成功。

5. 文件归档

纳税申报及交款完成后，纳税主体财务人员应完成纳税申报的电子和纸质资料归档。电子资料应包含申报表和完税凭证，纸质资料应包含审批单、申报表和完税凭证。

（二）房产税和城镇土地使用税申报操作

1. 资料收集

公司核算组人员完成房产税和城镇土地使用税资料的收集工作。附件为《房产、土地合同信息》。

公司房产、土地管理部门提供自有房产的信息和在城市、县城、建制镇、工矿区范围内自有土地的信息，并由相关人员在要求的时限内在税务局系统维护房产和土地基础信息，如果房产原值、土地面积、租赁信息无变化，则可沿用之前数据。

2. 所需材料

房产税和城镇土地使用税申报所需材料见表2-2-9。

房产税和城镇土地使用税申报材料明细　　表2-2-9

序号	材料名称	数量	备　注
1	《财产和行为税纳税申报表》	2份	—
2	《城镇土地使用税、房产税税源明细表》	2份	该表可从《财产和行为税税源明细表》中查询

3. 注意事项

（1）纳税人使用符合《中华人民共和国电子签名法》规定条件的电子签名，与手写签名或者盖章具有同等法律效力。

（2）纳税人未按照规定的期限办理纳税申报和报送纳税资料的，将影响纳税信用评价结果，并依照《中华人民共和国税收征收管理法》有关规定承担相应法律责任。

（3）房产税按年征收、分期缴纳。纳税期限由广西壮族自治区人民政府规定。遇最后一日是法定休假日的，以休假日期满的次日为期限的最后一日；在期限内有连续3日以上法定休假日的，按休假日天数顺延。

（4）房产税由产权所有人缴纳。房屋产权属于全民所有的，由经营管理的单位缴纳。产权出典的，由承典人缴纳。产权所有人、承典人不在房产所在地的，或者产权未确定及租典纠纷未解决的，由房产代管人或者使用人缴纳。

（5）每一宗土地填写一张《城镇土地使用税、房产税税源明细表》。同一宗土地跨两个土地等级的，按照不同等级分别填表。无土地证的，按照土地坐落地址分别填表。纳税人不得将多宗土地合并成一条记录填表。

（6）纳税人在纳税期内没有应纳税款的，也应当按照规定办理纳税申报。纳税人享受减税、免税待遇的，在减税、免税期间应当按照规定办理纳税申报。

（7）纳税义务人在首次申报或税源信息变更时，应办理“综合税源信息报告”。

4. 税款计算

1）编制工作底稿

纳税主体财务人员进行房产税和城镇土地使用税工作底稿的准备工作。

2）编制申报表

纳税主体财务人员进行房产税和城镇土地使用税申报表的准备工作。

5. 纳税申报

纳税主体财务人员在税务局系统中完成房产税和城镇土地使用税的网上申报或进行现场申报。

6. 资金审批与税款缴纳

1）准备税款支付审批单

完成申报后，纳税主体财务人员应当在财务共享系统或者线下准备税款支付审批单，并提交审批流程。

2）缴纳税款

审批完成后，纳税主体财务人员应在申报期结束前，通过银行转账或电子税务局三方协议完成税款缴纳，并获取完税凭证，确认缴款成功。

7. 文件归档

纳税申报及交款完成后，纳税主体财务人员应完成纳税申报的电子和纸质资料归档。电子资料应包含申报表和完税凭证，纸质资料应包含审批单、申报表和完税凭证。

（三）土地增值税申报操作

1. 房地产开发企业销售增量房申报

1）预缴申报

（1）资料收集。

房地产开发企业纳税人办理土地增值税预征申报之前，要先到税务机关办理土地增值税项目登记。纳税人需要向主管税务机关提供所开发项目的《土地出让合同》、国有土地使用证、建设用地规划许可证、建设工程规划许可证、建筑工程施工许可证、商品房预售许可证，上报预售资金回笼情况。

纳税人依据主管税务机关确定的项目填报《土地增值税项目登记表（从事房地产开发

的纳税人适用）》，报主管税务机关盖章后到办税服务大厅办理土地增值税项目登记。

纳税主体财务人员归集土地增值税预征数据，完成土地增值税预征资料收集。

在土地增值税清算时未转让的房地产，清算后销售或有偿转让的，纳税人应按规定进行土地增值税的纳税申报：

扣除项目金额 = 清算时的单位建筑面积成本费用 × 销售或转让面积；

清算时的单位建筑面积成本费用 = 清算时的扣除项目总金额 ÷ 清算的总建筑面积。

（2）计算与审核。

①编制工作底稿：纳税主体财务人员完成土地增值税预缴工作底稿的准备工作及尾盘销售申报工作底稿的准备工作。

填写申报表时必须按照不同的房产类型、不同的预征率分别填报。

土地增值税预征的计征依据指《土地增值税纳税申报表（一）（从事房地产开发的纳税人预征适用）》中的应税收入。

尾盘土地增值税预征的计征依据 = 预收款 − 应预缴增值税税款。

②编制申报表：纳税主体财务人员完成土地增值税预缴申报表及尾盘销售申报表的准备工作。

③发起审批流程：纳税主体审批人员发起线下审批或者财务共享系统的审批流程，办税人员复核后由财务经理审批税款、留抵。

2）纳税申报

纳税主体财务人员在税务局系统中完成土地增值税预缴的网上申报或进行现场申报。

3）资金审批与税款缴纳

（1）准备税款支付审批单。

完成申报后，纳税主体财务人员应当在财务共享系统或者线下准备税款支付审批单，并提交审批流程。

（2）缴纳税款。

审批完成后，纳税主体财务人员应在申报期结束前，通过银行转账或电子税务局三方协议完成税款缴纳，并获取完税凭证，确认缴款成功。

4）文件归档

纳税申报及交款完成后，纳税主体财务人员应完成纳税申报的电子和纸质资料归档。电子资料应包含申报表和完税凭证，纸质资料应包含审批单、申报表和完税凭证。

2. 房地产开发企业转让存量房申报

1）契税申报操作

纳税主体财务人员应在申报前完成契税资料收集。其中需注意的事项如下：

房地产开发企业取得土地使用权，依据国有土地使用权出让、土地使用权出售成交价格，按照3% ~5%适用税率缴纳契税。以自有房产作股投入本人独资经营的企业，免征契税。

签订土地权属转移合同的当天，或者取得其他具有土地权属转移合同性质凭证的当天为纳税义务发生时间。自纳税义务发生之日起10日内，纳税主体向土地所在地的契税征收机关办理纳税申报，并在契税征收机关核定的期限内缴纳税款。

2）计算与审核

（1）编制工作底稿：纳税主体财务人员应当在申报前完成契税工作底稿的准备工作。

（2）编制申报表：纳税主体财务人员应当在申报前完成契税申报表的准备工作。

（3）发起审批流程：纳税主体审批人员发起线下审批或者财务共享系统的审批流程，办税人员复核后由财务经理审批。

3）纳税申报

纳税主体财务人员应在申报期结束前，在税务局系统中完成契税的网上申报或进行现场申报。

4）资金审批与税款缴纳

（1）准备税款支付审批单。

完成申报后，纳税主体财务人员应当在财务共享系统或者线下准备税款支付审批单，并提交审批流程。

（2）缴纳税款。

审批完成后，纳税主体财务人员应在申报期结束前，通过银行转账或电子税务局三方协议完成税款缴纳，并获取完税凭证，确认缴款成功。

5）文件归档

纳税申报及交款完成后，纳税主体财务人员应完成纳税申报的电子和纸质资料归档。电子资料应包含申报表和完税凭证，纸质资料应包含审批单、申报表和完税凭证。

（四）环境保护税申报操作

1. 资料收集

（1）应税污染物测定。环保部门人员应当根据税务局要求的期限，协助税务局对应税污染物进行测量，提供税基数据。

（2）税务局提供税基数据。税务局应当在要求的时限内，提供税基数据。

（3）纳税资料汇总收集。纳税主体财务人员应当完成环保税纳税资料的汇总收集。

2. 计算与申报

1）计算与审核

（1）编制工作底稿。纳税主体财务人员应当在申报前完成环境保护税工作底稿的准备工作。

（2）编制申报表。纳税主体财务人员应当在申报前完成环境保护税申报表的准备工作。

（3）发起审批流程。纳税主体审批人员发起线下审批或者财务共享系统的审批流程，办税人员复核后由财务经理审批。

2）纳税申报

纳税主体财务人员应在申报期结束前，在税务局系统中完成环境保护税的网上申报或进行现场申报。

3）资金审批与税款缴纳

（1）准备税款支付审批单。

完成申报后，纳税主体财务人员应当在财务共享系统或者线下准备税款支付审批单，并提交审批流程。

（2）缴纳税款。

审批完成后，纳税主体财务人员应在申报期结束前，通过银行转账或电子税务局三方协议完成税款缴纳，并获取完税凭证，确认缴款成功。

4）文件归档

纳税申报及交款完成后，纳税主体财务人员应完成纳税申报的电子和纸质资料归档。电子资料应包含申报表和完税凭证，纸质资料应包含审批单、申报表和完税凭证。

（五）关税申报操作

1. 资料收集

纳税主体财务人员应完成关税数据的归集工作。《中华人民共和国海关法》相关要求如下：

（1）进口货物的报关时限为自运输工具申报进境之日起 14 日内；逾期报关的，海关将自第 15 日开始每天征收 0.05% 的滞报金。

（2）税款缴纳的时限为自海关填发税收缴款书之日起 15 日内；逾期缴纳的，由海关征收 0.05% 的滞纳金。

其中，需要特别注意的是：

公司采购部门负责资料收集：在进出口货物到港之时，根据海关要求，进出口企业要提供真实、准确、有效的报关单证，包括装箱单、发票、合同、保险证明、运费证明、机电证、原产地证、免税证明等；要在 14 日内报关，逾期海关将收取滞报金。可以由进出口货物收发货人自行办理报关纳税手续，也可以由进出口货物收发货人委托海关准予注册登记的报关企业办理报关纳税手续。

公司财务部门负责税款缴纳：海关将对进出口货物、进出境物品依法征税。进口货物的收货人、出口货物的发货人、进出境物品的所有人是关税的纳税义务人。进出口货物的纳税义务人应当自海关填发税收缴款书之日起 15 日内缴纳税款；逾期缴纳的，由海关征收滞纳金。

2. 计算与审核

1）编制工作底稿

纳税主体财务人员应当在申报前完成关税工作底稿的准备工作。

2）编制申报表

纳税主体财务人员应当在申报前完成关税申报表的准备工作。

3）发起审批流程

纳税主体审批人员发起线下审批或者财务共享系统的审批流程，办税人员复核后由财务经理审批。

3. 纳税申报

纳税主体财务人员应在申报期结束前，在税务局系统中完成关税的申报或进行现场申报。

4. 资金审批与税款缴纳

1）准备税款支付审批单

完成申报后，纳税主体财务人员应当在财务共享系统或者线下准备税款支付审批单，并提交审批流程。

2）缴纳税款

审批完成后，纳税主体财务人员应准备好税收缴款书，通过银行转账或电子税务局三方协议进行完税，并获取完税凭证，确认缴款成功。

5. 文件归档

纳税申报及交款完成后，纳税主体财务人员应完成纳税申报的电子和纸质资料归档。电子资料应包含申报表和完税凭证，纸质资料应包含审批单、申报表和完税凭证。

（六）资源税申报操作

1. 资料收集

1）资源税数据归集

纳税主体相关部门归集资源税数据并将其提交至纳税主体财务部门。

2）纳税资料汇总收集

纳税主体财务人员应当在申报结束前完成资源税纳税资料的汇总收集。

2. 计算与审核

1）编制工作底稿

纳税主体财务人员应当在申报前完成资源税工作底稿的准备工作。

2）编制申报表

纳税主体财务人员应当在申报前完成资源税申报表的准备工作。

3）发起审批流程

纳税主体审批人员发起线下审批或者财务共享系统的审批流程，办税人员复核后由财务经理审批。

3. 纳税申报

纳税主体财务人员应在申报期结束前，在税务局系统中完成资源税的申报或进行现场申报。

4. 资金审批与税款缴纳

1）准备税款支付审批单

完成申报后，纳税主体财务人员应当在财务共享系统或者线下准备税款支付审批单，并提交审批流程。

2）缴纳税款

审批完成后，纳税主体财务人员应准备好税收缴款书，通过银行转账或电子税务局三方协议进行完税，并获取完税凭证，确认缴款成功。

5. 文件归档

纳税申报及交款完成后，纳税主体财务人员应完成纳税申报的电子和纸质资料归档。电子资料应包含申报表和完税凭证，纸质资料应包含审批单、申报表和完税凭证。

（七）水资源税申报操作

1. 资料收集

1）提供水表读数图片

纳税主体行政管理部门人员应当在申报前将水表读数图片提供给纳税主体财务部门。

2）纳税资料汇总收集

纳税主体财务人员应当在申报结束前完成水资源税纳税资料的汇总收集。

2. 计算与审核

1）编制工作底稿

纳税主体财务人员应当在申报前完成水资源税工作底稿的准备工作。

2）编制申报表

纳税主体财务人员应当在申报前完成水资源税申报表的准备工作。

3）发起审批流程

纳税主体审批人员发起线下审批或者财务共享系统的审批流程，办税人员复核后由财务经理审批。

3. 纳税申报

1）业务描述

纳税人可以通过网报端填报《广西壮族自治区水资源税纳税申报表A》《广西壮族自治区水资源税纳税申报表B》及《广西壮族自治区水资源税纳税申报表附表》，实现纳税人在网报端申报水资源税功能。

2）注意事项

（1）税费种认定后会带出水资源税纳税申报表A/B菜单。

（2）申报前需要在【水资源税税源信息采集及变更】模块中进行水资源采集（取水为“特种行业”“其他行业”时），且进行税费种认定（认定的征收品目与采集中的水资源类型一致)，申报A表。

(3) 在【水资源税税源信息采集及变更】模块中进行水资源采集（取水为“农业”“城镇公共供水”或特殊用水类型的水资源税源时)，且进行税费种认定（认定的征收品目与采集中的水资源类型一致)，申报B表。

(4) 申报期内会自动带出当前所属期内未申报的信息。

(5) 同一纳税人，同一所属期、同一水资源税源编号不允许重复申报。

4. 资金审批与税款缴纳

1) 准备税款支付审批单

完成申报后，纳税主体财务人员应当在财务共享系统或者线下准备税款支付审批单，并提交审批流程。

2) 缴纳税款

审批完成后，纳税主体财务人员应准备好税收缴款书，通过银行转账或电子税务局三方协议进行完税，并获取完税凭证，确认缴款成功。

5. 文件归档

纳税申报及交款完成后，纳税主体财务人员应完成纳税申报的电子和纸质资料归档。电子资料应包含申报表和完税凭证，纸质资料应包含审批单、申报表和完税凭证。

(八) 耕地占用税申报操作

1. 资料收集

(1) 纳税主体实际占用的耕地面积的数据收集，即纳税主体办税人员获取实际占用的耕地面积的数据；

(2) 纳税资料汇总收集，即纳税主体财务人员在收到耕地手续的书面通知后及时完成耕地占用税纳税资料的汇总收集。

2. 计算与审核

1) 编制工作底稿

纳税主体财务人员应当在申报前完成耕地占用税工作底稿的准备工作。

2) 编制申报表

纳税主体财务人员应当在申报前完成耕地占用税申报表的准备工作。

3) 发起审批流程

纳税主体审批人员发起线下审批或者财务共享系统的审批流程，办税人员复核后由财务经理审批。

3. 纳税申报

纳税主体财务人员应在申报结束前，收到耕地手续的书面通知后在税务局系统中完成耕地占用税的申报。

4. 资金审批与税款缴纳

1）准备税款支付审批单

完成申报后，纳税主体财务人员应当在财务共享系统或者线下准备税款支付审批单，并提交审批流程。

2）缴纳税款

审批完成后，纳税主体财务人员应准备好税收缴款书，通过银行转账或电子税务局三方协议进行完税，并获取完税凭证，确认缴款成功。

5. 文件归档

纳税申报及交款完成后，纳税主体财务人员应完成纳税申报的电子和纸质资料归档。电子资料应包含申报表和完税凭证，纸质资料应包含审批单、申报表和完税凭证。

（九）残保金申报操作

1. 资料收集

（1）纳税主体职工人数等各项数据的收集，即纳税主体办税人员须获得上年当地社会平均工资、用人单位在职职工人数、用人单位实际安排的残疾人就业人数、用人单位在职职工年平均工资等各项数据。

（2）纳税资料汇总收集，即纳税主体财务人员应当在申报结束之前完成残保金纳税资料的汇总收集。

2. 计算与申报

（1）纳税主体办税人员按照各地税务机关、财政局、残疾人联合会出台的《残疾人就业保障金征收使用管理办法》所要求的本地区安排残疾人就业的最低比例，对照纳税主体的实际情况，并按照各地的具体规定计算缴纳残疾人就业保障金。

（2）计算公式。

残保金年缴纳额 =（上年用人单位在职职工人数 ×1.5% − 上年用人单位实际安排的残疾人就业人数）×上年用人单位在职职工年平均工资。

（3）发起审批流程。

纳税主体审批人员发起线下审批或者财务共享系统的审批流程，办税人员复核后由财务经理审批。

3. 资金审批与税款缴纳

1）准备税款支付审批单

完成申报后，纳税主体人力资源部负责人员应当在财务共享系统或者线下准备税款支付审批单，并提交审批流程。

2）缴纳税款

审批完成后，纳税主体财务人员应准备好税收缴款书，通过银行转账或电子税务局三方协议进行完税，并获取完税凭证，确认缴款成功。

4. 文件归档

纳税申报及交款完成后，纳税主体财务人员应完成残保金申报的电子和纸质资料归档。电子资料应包含残疾人就业保障金缴费申报表和完税凭证，纸质资料应包含审批单、申报表和完税凭证。

（十）对外付汇申报操作

1. 前期准备

（1）各单位在拟签订对外付汇合同（包括任何具有合同性质的法律文本）前，应与财务部门沟通判断是否需要代扣代缴税金以及需代扣代缴的税种和税款金额。

（2）按照现行规定，签订对外付汇合同之日起30日内须在主管税务机关完成合同备案。各单位需自合同签订之日起15日内将合同原件、复印件（包括中文翻译件）以及办理合同备案所需资料清单等相关资料提供给财务部门。

（3）财务部门在收到所需资料后，需审核资料的完整性与准确性，并及时到主管税务机关办理合同备案。

2. 企业所得税申报

非居民企业在中国境内未设立机构、场所的，或者虽设立机构、场所但取得的所得与其所设机构、场所没有实际联系的，应当就其来源于中国境内的所得缴纳企业所得税，实行源泉扣缴，以支付人为扣缴义务人。税款由扣缴义务人在每次支付或者到期应支付时，从支付或者到期应支付的款项中扣缴。

其中，支付人是指依照有关法律规定或者合同约定对非居民企业直接负有支付相关款项义务的单位或者个人；支付方式包括现金支付、汇拨支付、转账支付和权益兑价支付等货币支付和非货币支付；到期应支付的款项是指支付人按照权责发生制原则应当计入相关成本、费用的应付款项。

各单位在进行对外支付时需判断是否应履行代扣代缴义务，具体判断要点如下。

1）判断非居民企业是否在中国境内设立机构、场所

非居民企业判定包括两种情况，见表2-2-10。

非居民企业判定表　　表2-2-10

纳税人类型	具体情况
非居民企业	依照外国（地区）法律成立且实际管理机构不在中国境内，但在中国境内设立机构、场所的企业
	依照外国（地区）法律成立且实际管理机构不在中国境内，在中国境内未设立机构、场所，但有来源于中国境内所得的企业

机构、场所是指在中国境内从事生产经营活动的机构、场所，包括：①管理机构、营业机构、办事机构；②工厂、农场、开采自然资源的场所；③提供劳务的场所；④从事建筑、安装、装配、修理、勘探等工程作业的场所；⑤其他从事生产经营活动的机构、

场所。

非居民企业委托营业代理人在中国境内从事生产经营活动的，包括委托单位或者个人经常代其签订合同，或者储存、交付货物等，该营业代理人视为非居民企业在中国境内设立的机构、场所。

如果非居民企业所在国与中国签订了税收协定，则需要判定该非居民企业是否在中国构成常设机构。常设机构包括管理场所、分支机构、办事处、工厂、作业场所以及矿场、油井、气井、采石场或者其他开采自然资源的场所。另外，常设机构还包括建筑工地以及建筑、装配或安装工程或者与其有关的监督管理活动，但仅以该工地、工程或活动连续6个月以上的为限；一方企业直接或者通过雇员或者雇用的其他人员，在另一方为同一个项目或者相关联的项目提供的劳务，包括咨询劳务，仅以在任何12个月中连续或累计超过183天的为限。

2）判断企业所得税征税范围

上述两种类型的非居民企业在中国缴纳所得税的征税范围见表2-2-11。

非居民企业在中国缴纳所得税的征税范围　　表2-2-11

纳税人类型	征税范围	
非居民企业	依照外国（地区）法律成立且实际管理机构不在中国境内，但在中国境内设立机构、场所的企业	就其取得的来源于中国境内的所得，以及发生在中国境外但与其所设机构、场所有实际联系的所得，缴纳企业所得税
	依照外国（地区）法律成立且实际管理机构不在中国境内，在中国境内未设立机构、场所，但有来源于中国境内所得的企业	就其来源于中国境内的所得缴纳企业所得税

是否属于来源于中国境内的所得，应按表2-2-12进行判断。

应税范围具体类别及所得来源地确定表　　表2-2-12

所得类型		所得来源地的确定
销售货物所得		按照交易活动发生地确定
提供劳务所得		按照劳务发生地确定
转让财产所得	不动产转让所得	按照不动产所在地确定
	动产转让所得	按照转让动产的企业或者机构、场所所在地确定
	权益性投资资产转让所得	按照被投资企业所在地确定
股息、红利等权益性投资所得		按照分配所得的企业所在地确定
利息所得、租金所得、特许权使用费所得		按照负担、支付所得的企业或者机构、场所所在地确定，或者按照负担、支付所得的个人的住所地确定

3）判断适用税率

非居民企业在中国境内设立机构、场所的，应当就其所设机构、场所取得的来源于中国境内的所得，以及发生在中国境外但与其所设机构、场所有实际联系的所得（简称“积极所得”），按照25%的税率缴纳企业所得税。

非居民企业在中国境内未设立机构、场所的，或者虽设立机构、场所但取得的所得与其所设机构、场所没有实际联系的，应当就其来源于中国境内的所得按照20%（实际减按10%的税率征收）或按税收协定规定的其他税率缴纳企业所得税。非居民企业税率适用情况见表2-2-13。

非居民企业税率适用表 表2-2-13

所得类型		税率
销售货物所得		与机构、场所有关的境内外收入，25%；与机构、场所无关的境内外收入，20%
提供劳务所得		
转让财产所得	不动产转让所得	10%或税收协定规定的其他税率
	动产转让所得	
	权益性投资资产转让所得	
股息、红利等权益性投资所得		
利息所得、租金所得、特许权使用费所得		

判断完毕后，需对应代扣代缴税金进行计算。非居民企业在中国境内设立机构、场所的，其应纳税额的计算方法分为以下两种：

（1）查账征收。

应纳所得税额＝应纳税所得额×适用税率

应纳税所得额＝应税收入额×应税所得率

或：应纳税所得额＝成本（费用）支出额/（1－应税所得率）×应税所得率

（2）核定征收。

非居民企业因会计账簿不健全，资料残缺难以查账，或者其他原因不能准确计算并据实申报其应纳税所得额的，税务机关有权采取以下方法核定其应纳税所得额。非居民企业核定征收计算见表2-2-14。

非居民企业核定征收计算表 表2-2-14

情形	计算公式
按收入总额核定应纳税所得额	应纳税所得额＝收入总额×经税务机关核定的利润率
按成本费用核定应纳税所得额	应纳税所得额＝成本费用总额/（1－核定利润率）×核定利润率
按经费支出换算收入核定应纳税所得额	应纳税所得额＝经费支出总额/（1－核定利润率）×核定利润率

税务机关可按照以下标准确定非居民企业的利润率：

从事承包工程作业、设计和咨询劳务的，利润率为15%～30%；从事管理服务的，利润率为30%～50%；从事其他劳务或劳务以外经营活动的，利润率不低于15%。

税务机关有根据认为非居民企业的实际利润率明显高于上述标准的，可以按照比上述标准更高的利润率核定其应纳税所得额。

非居民企业应就源于中国境内的消极所得缴纳企业所得税，按照下列方法计算其应纳税所得额：

股息、红利等权益性投资收益和利息、租金、特许权使用费所得，以收入全额为应纳税所得额。

转让财产所得，以收入全额减除财产净值后的余额为应纳税所得额。

应纳所得税额 = 应纳税所得额 × 适用税率

3. 增值税

在中华人民共和国境内销售货物或者加工、修理修配劳务，销售服务、无形资产、不动产以及进口货物的单位和个人，为增值税的纳税人，应当缴纳增值税。中华人民共和国境外单位或者个人在境内发生应税行为，在境内未设有经营机构的，以购买方为增值税扣缴义务人。由于申报进入中国海关境内的货物的增值税由海关代征，本节只阐述在中国境内销售服务、无形资产或者不动产代扣代缴增值税的情形。

1）各单位在进行对外支付时需判断是否应履行代扣代缴义务

（1）判断是否在中国境内销售服务、无形资产或者不动产。

在境内销售服务、无形资产或者不动产，是指服务（租赁不动产除外）或者无形资产（自然资源使用权除外）的销售方或者购买方在境内，所销售或者租赁的不动产在境内，所销售自然资源使用权的自然资源在境内等。

（2）下列情形不属于在境内销售服务或者无形资产：

①境外单位或者个人向境内单位或者个人销售完全在境外发生的服务；

②境外单位或者个人向境内单位或者个人销售完全在境外使用的无形资产；

③境外单位或者个人向境内单位或者个人出租完全在境外使用的有形动产；

④为出境的函件、包裹在境外提供的邮政服务、收派服务；

⑤向境内单位或者个人提供的工程施工地点在境外的建筑服务、工程监理服务；

⑥向境内单位或者个人提供的工程、矿产资源在境外的工程勘察勘探服务；

⑦向境内单位或者个人提供的会议展览地点在境外的会议展览服务。

2）计算应代扣代缴税金

若境外机构属于上述在中国境内销售服务、无形资产或者不动产的情形，各单位需按照下列公式计算应扣缴税额：

应扣缴税额 = 购买方支付的价款/（1 + 税率）× 税率

4. 实操举例

1）境外项目向境外金融机构支付的保函费用

（1）企业所得税。

如果境外金融机构在中国境内构成常设机构，适用25%的税率缴纳企业所得税，付款方无须代扣代缴。但通常情况下，境外金融机构提供保函服务，不需要派人来到境内，不会构成常设机构，因此不需要缴纳企业所得税。

（2）增值税。

属于在中国境内销售服务，需按6%的税率代扣代缴增值税。

2）境外项目因并购聘请境外咨询机构支付的咨询费

（1）企业所得税。

需要根据具体的咨询服务判断是否需要扣缴企业所得税。如果提供咨询服务的供应商长期在中国境内服务，且在提供服务过程中根据上述规定已经在中国境内构成常设机构，则适用25%的税率缴纳企业所得税，付款方无须代扣代缴。但通常情况下，境外机构提供咨询服务，不需要长期派人来到境内，也很少在境内设立专门的机构、场所，不会构成常设机构，因此不需要缴纳企业所得税。

（2）增值税。

属于在中国境内销售服务，需按6%的税率代扣代缴增值税。

3）因境外发债平台资金集中等而发生的境内机构向其支付的利息

（1）企业所得税。

向境外资金平台支付的利息，属于境外机构从境内取得的所得，应按10%的税率代扣代缴企业所得税。

另外，如果中国与境外机构所在国签订了税收协定，则按税收协定约定的税率代扣代缴企业所得税。

（2）增值税。

属于在中国境内销售服务，需按6%的税率代扣代缴增值税。

4）境外项目向境外机构支付的建筑服务费

（1）企业所得税。

需要根据具体的建筑服务判断是否需要扣缴企业所得税。但通常情况下，境外机构在境内提供建筑服务，不需要长期派人来到境内，也很少在境内设立专门的机构、场所，不会构成常设机构，因此不需要缴纳企业所得税。

（2）增值税。

不属于在中国境内销售服务，无须代扣代缴增值税。

5）境外项目向境外机构支付的在境外使用的设备的租赁费

（1）企业所得税。

向境外机构支付的在境外使用的设备的租赁费，属于境外机构从境内取得的所得，应按10%的税率代扣代缴企业所得税。

另外，如果中国与境外机构所在国签订了税收协定，则按税收协定约定的税率代扣代缴企业所得税。

（2）增值税。

不属于在中国境内销售服务，无须代扣代缴增值税。

5. 纳税申报办理流程

各单位按照相关付款审批要求报请公司批准对外支付款项并代扣代缴税金，请示获批后将境外机构付汇要求文书（或发票）、公司批准文件复印件以及《办理纳税申报所需资料清单》《办理支付备案所需资料清单》中所列的资料提供给财务部门，办税人员审核无误后，向主管税务机关申请扣缴税款。

办税人员在计算代扣代缴税金时，除按照税法规定的适用税率计算应缴纳税款外，还应注意扣缴义务人支付或者到期应支付的款项以人民币以外的货币支付或计价的，分别按以下情形进行外币折算：

（1）按照扣缴义务发生之日人民币汇率中间价折合成人民币，计算非居民企业应缴纳税额。扣缴义务发生之日为相关款项实际支付或者到期应支付之日。

（2）取得收入的非居民企业在主管税务机关责令限期缴纳税款前自行申报缴纳应源泉扣缴税款的，应当按照填开税收缴款书之日前一日人民币汇率中间价折合成人民币，计算非居民企业应缴纳税额。

（3）主管税务机关责令取得收入的非居民企业限期缴纳应源泉扣缴税款的，应当按照主管税务机关作出限期缴税决定之日前一日人民币汇率中间价折合成人民币，计算非居民企业应缴纳税额。

6. 对外支付备案办理流程

对于单笔实际对外付汇金额在5万美元（含）或等值其他币种以下且需缴税的，办税人员在完成税款扣缴后应及时通知业务人员，业务人员按照公司的相关规定办理支付手续。

对于单笔实际对外付汇金额在5万美元或等值其他币种以上且需缴税的，办税人员在完成税款扣缴后应办理支付备案手续，并将《对外支付税务备案表》原件交给业务人员，业务人员按照公司的相关规定办理支付手续。

对于单笔实际对外付汇金额在5万美元或等值其他币种以上且无须缴税的，办税人员在收到备案资料后应办理支付备案手续，并将《对外支付税务备案表》原件交给业务人员，业务人员按照公司的相关规定办理支付手续。

对于单笔实际对外付汇金额在5万美元（含）或等值其他币种以下且无须缴税的，业务人员可按照公司的相关规定直接办理支付手续。

财务部门出纳人员根据合同约定的付款进度对办税人员审核后的对外付汇金额进行银行支付。

四、工会经费申报

登录电子税务局【我要办税】—【税费申报及缴纳】工会经费申报界面进行申报，

具体流程见“附录一　日常涉税事项办理流程示意图—七、其他税种申报操作—（五）工会经费申报”。

第五节　重点税源纳税申报工作

重点税源企业数据采集模块下有三个子模块，分别是重点税源（月报）、重点税源（季初报）和申报模块。具体操作流程见“附录一　日常涉税事项办理流程示意图—八、重点税源纳税申报工作”。

国家税务总局根据企业上一年度纳税情况选定填报重点税源企业，一般企业选定标准为上一年度增值税纳税额为500万元以上或消费税纳税额为100万元以上或企业所得税纳税额为500万元以上，特殊行业年度合计纳税额为300万元以上。

第三章　企业设立与注销操作

第一节　企业设立操作

一、法人公司设立登记

（一）前期准备

1. 核准名称

确定公司类型、名称、注册资本、股东及其出资比例后，经办人员可在市场监督管理局网站或者市场监督管理局现场填写《企业（字号）名称预先核准申请表》，提交核名申请。如果申请通过则可获得《企业名称预先核准通知书》，如果核名失败则需要重新核名。所需材料包括：

（1）股东身份证明原件。

（2）指定代表或委托代理人证明。

（3）指定代表或委托代理人身份证及其复印件。

2. 注册登记

名称核准通过后，公司即可办理注册登记申请，需要提供以下资料：

（1）《公司登记（备案）申请书》。

（2）公司章程（有限责任公司由全体股东签署，股份有限公司由全体发起人签署）。

（3）股东、发起人的主体资格证明或自然人身份证明。

股东、发起人为企业的，提交营业执照复印件；

股东、发起人为事业法人的，提交事业法人登记证书复印件；

股东、发起人为社团法人的，提交社团法人登记证书复印件；

股东、发起人为民办非企业单位的，提交民办非企业单位证书复印件；

股东、发起人为自然人的，提交身份证件复印件；

其他股东、发起人的，提交有关法律法规规定的资格证明复印件。

（4）法定代表人、董事、监事和经理的任职文件。

根据《中华人民共和国公司法》和公司章程的规定，有限责任公司提交股东决定或股东会决议，发起设立的股份有限公司提交股东大会会议记录（募集设立的股份有限公司提交创立大会会议记录)。《中华人民共和国公司法》和公司章程规定公司组织机构人员任职须经董事会、监事会等形式产生的，还需提交董事签字的董事会决议、监事签字的监事会决议等相关资料。

(5) 住所使用证明。

(6)《企业名称预先核准通知书》。

(7) 募集设立的股份有限公司提交依法设立的验资机构出具的验资证明。涉及发起人首次出资是非货币财产的，提交已办理财产权转移手续的证明文件。

(8) 募集设立的股份有限公司公开发行股票的，应提交国务院证券监督管理机构的核准文件。

(9) 法律、行政法规或者国务院决定规定设立公司必须报经批准，或者公司经营范围中属于法律、行政法规或者国务院决定规定在登记前须经批准的项目，应提交有关批准文件或者许可证件的复印件。

（二）领取执照与刻章

1. 领取营业执照

市场监督管理局对上述资料审核完成后，出具《准予设立登记通知书》，办理人携带《准予设立登记通知书》及本人身份证原件领取印有统一社会信用代码的营业执照。

2. 刻章

办税人员、法人代表持营业执照及法人代表身份证（原件）到公安局指定刻章办理处办理刻章业务。

（三）办理其他登记

1. 办理税务登记

自领取营业执照之日起30日内，向生产、经营地或者纳税义务发生地的主管税务机关申报办理税务登记或在广西电子税务局登录“新办纳税人套餐”模块做税务登记。

2. 开立基本账户

填写《开户申请书》，携带营业执照、公章、法人身份证（原件）等资料到银行开立基本账户。

3. 办理统计登记

填写《统计登记单位基本情况表》，携带营业执照到市场监督管理局内的统计局窗口领取统计登记证正、副本。

4. 社会保险登记

填写《社会保障登记表》，携带营业执照、法人身份证原件及复印件到社保中心领取社会保险登记证。

二、分公司设立登记

（一）注册登记

分公司办税人员应当在分公司所在地市场监督管理局进行注册登记，并获取营业执照。所需材料如下：

（1）公司法人签署的《分公司设立登记申请书》（公司加盖公章）；

（2）公司法人签署的《指定代表或委托代理人证明》（公司加盖公章）及指定代表或委托代理人身份证及其复印件；

（3）公司章程；

（4）公司营业执照副本的复印件；

（5）分公司营业场所使用证明；

（6）公司出具的分公司责任人的任职文件及身份证复印件；

（7）分公司申请登记的经营许可范围中有法律、行政法规或者国务院决定规定必须在登记前报经批准的项目，提交有关的批准文件或者许可证书复印件或者许可证明；

（8）法律、行政法规或者国务院决定规定设立分公司必须报经批准的，提交有关的批准文件或者许可证书复印件或者许可证明；

（9）《企业经营场所查验审核表》《私营企业党建情况统计表》（这两项视情况填写）。

（二）备案登记

分公司的公司登记机关准予登记的，发给其营业执照。公司应当自分公司登记之日起30日内，持分公司的营业执照到公司登记机关办理备案。需要准备的材料有：

（1）公司法定代表人签署的《公司备案申请书》（公司加盖公章）；

（2）公司法定代表人签署的《指定代表或者共同委托代理人的证明》（公司加盖公章）及指定代表或者共同委托代理人的身份证件复印件（应标明指定代表或者共同委托代理人的办理事项、权限、授权期限）；

（3）《公司备案申请书》《指定代表或者共同委托代理人的证明》可以通过国家市场监督管理总局网站下载或者到市场监督管理机关领取；

（4）分公司营业执照副本的复印件；

（5）法律、行政法规或者国务院决定规定公司设立分公司必须报经批准的，提交有关的批准文件或者许可证书复印件；

（6）总公司企业法人营业执照副本的复印件。

（三）刻章

备案登记后，分公司办税人员持营业执照及《公司设立通知书》到公安局指定刻章办理处办理刻章业务。

（四）开立银行账户

持《公司设立通知书》、营业执照等资料到银行填写开立申请书，开立银行账户。

（五）税务登记

分公司必须在营业执照打印之日起30天内携带相关材料到当地税务局申请办理税务登记证件，进行税务登记，其中复印件需加盖公章。

在税务局提交资料时，要注意与总公司确认好核算方式为独立核算还是非独立核算，并注意其他不同选项的区别。

三、项目部跨区域涉税事项报验

（一）《跨区域涉税事项报告表》填报

具备网上办税条件的，纳税人可通过网上办税系统自主填报《跨区域涉税事项报告表》。不具备网上办税条件的，纳税人向主管税务机关（办税服务厅）填报《跨区域涉税事项报告表》，并出示加载统一社会信用代码的营业执照副本或加盖纳税人公章的营业执照副本复印件；已实行实名办税的纳税人只需填报《跨区域涉税事项报告表》。

（二）跨区域涉税事项报验

纳税人首次在经营地办理涉税事宜时，向经营地的税务机关报验跨区域涉税事项。

（三）跨区域涉税事项信息反馈

跨区域涉税事项的报告、报验、延期、反馈等信息，通过信息系统在机构所在地和经营地的税务机关之间传递，实时共享。

纳税人跨区域经营活动结束后，应当结清经营地税务机关的应纳税款以及其他涉税事项，向经营地的税务机关填报《经营地涉税事项反馈表》。

经营地的税务机关核对《经营地涉税事项反馈表》后，及时将相关信息反馈给机构所在地的税务机关。纳税人不需要另行向机构所在地的税务机关反馈。

第二节　停业、复业登记

一、停业登记

（一）停业登记申请条件

实行定期定额征收的个体工商户或比照定期定额户进行管理的个人独资企业发生停业的，应当在停业前向税务机关书面提出停业报告；纳税人停业期满不能及时恢复生产经营的，应当在停业期满前到主管税务机关申报办理延长停业报告。

（二）所需材料

停业、复业登记所需材料见表2-3-1。

停业、复业登记材料明细 表2-3-1

材料名称	数 量
《停业复业报告书》	2份

有以下情形的，还应提供相应材料，见表2-3-2。

停业、复业登记适用情形材料明细 表2-3-2

适用情形	材料名称	数 量	备 注
纳税人存在未缴存税务登记证件	营业执照	1份	税务机关封存

（三）注意事项

（1）纳税人在停业期间发生纳税义务的，应当按照税收法律、行政法规的规定申报缴纳税款。

（2）纳税人在申报办理停业登记时，应如实填写《停业复业报告书》，说明停业理由、停业期限、停业前的纳税情况和发票的领、用、存情况，并结清应纳税款、滞纳金、罚款。

（3）纳税人按申报停业登记时的停业期限准期复业的，应当在停业到期前向主管税务机关申报办理复业登记；纳税人提前复业的，应当在恢复生产经营之前向主管税务机关申报办理复业登记。

（4）纳税人停业期满未按期复业又不申请延长停业的，视为已恢复生产经营，税务机关将其纳入正常管理，并按核定税额按期征收税款。

（5）纳税人的停业期限不得超过一年。

二、复业登记

已办理停业登记的纳税人应当于恢复生产经营之前，向主管税务机关申报办理复业登记。

三、注销税务登记

（一）需要办理注销税务登记的情形

纳税人发生以下情形的，向主管税务机关申报办理注销登记：

（1）因解散、破产、撤销以及其他情形，依法终止纳税义务的；

（2）按规定不需要在市场监督管理机关或者其他机关办理注销登记的，但经有关机关批准或者宣告终止的；

（3）被市场监督管理机关吊销营业执照或者被其他机关予以撤销登记的；

（4）因住所、经营地点变动，涉及改变税务登记机关的。

（二）业务描述

纳税人税务登记或扣缴义务人扣缴信息内容发生变化的，应当向主管税务机关申报办理变更税务登记。本业务事项适用于设立登记变更业务和扣缴税款变更业务，不适用于实施“一照一码”的纳税人。其中，不涉及税务登记证件内容变化的变更登记业务适用省内同城通办。

纳税人被市场监督管理机关吊销营业执照或者被其他机关予以撤销登记的，应当自营业执照被吊销或者被撤销登记之日起15日内，向原税务登记机关申报办理注销税务登记。

（三）企业注销基本流程

1. 企业出现解散事由后成立清算组

公司因公司章程规定的营业期限届满或者公司章程规定的其他解散事由出现、股东会或者股东大会决议解散、依法被吊销营业执照、责令关闭或者被撤销以及人民法院依照《中华人民共和国公司法》第一百八十二条的规定予以解散而解散的，应在解散事由出现之日起15日内成立清算组，开始清算活动。

2. 登录在线注销平台办理注销业务

清算组自成立之日起10日内，登录当地政务服务平台，通过企业注销网上服务专区访问或直接登录国家企业信用信息公示系统，向社会免费公示清算组信息，并于60日内通过国家企业信用信息公示系统发布债权人公告（也可在报纸上公告）。企业可通过企业注销网上服务专区，查询获知办理各项注销业务的流程指引、当前的待办事项以及办结状态等内容，按照各部门的指引准备相关材料，筹备待办事项。

3. 清算组开展清算活动

清算组依法制订清算方案并报股东会、股东大会或者人民法院确认，并编制资产负债表和财产清单，处理与清算有关的公司未了结的业务，清缴所欠税款以及清算过程中产生的税款，清理债权、债务等。

4. 申请注销税务登记

在申请注销税务登记之前，纳税人应当向税务机关结清应纳税款、滞纳金、罚款，缴销发票，如清缴欠税、办理企业所得税注销清算、办理土地增值税清算、结清出口退（免）税款、注销防伪税控企业信息、进行固定资产（车辆、设备、房产）处置等。存在涉税违法行为的纳税人应当接受处罚，缴纳罚款。纳税人向税务部门申请办理注销时，税务部门进行税务注销预检，检查纳税人是否存在未办结事项。

符合容缺即时办理条件的纳税人，在办理税务注销时，若资料不齐，可在作出承诺后，税务部门即时出具清税文书。纳税人应按承诺的时限补齐资料并办结相关事项，未履行承诺的，税务部门将该失信行为记入纳税人的法定代表人、财务经理的个人信用记录。

具体容缺条件是：

（1）办理过涉税事宜但未领用发票（含代开发票）、无欠税（滞纳金）及罚款的纳税人，主动到税务部门办理清税的。

（2）未处于税务检查状态、无欠税（滞纳金）及罚款、已缴销增值税专用发票及税控设备，且符合下列情形之一的纳税人：

①纳税信用级别为A级和B级的纳税人；

②控股母公司纳税信用级别为A级的M级纳税人；

③省级人民政府引进人才或经省级以上行业协会等机构认定的行业领军人才等创办的企业；

④未纳入纳税信用级别评价的定期定额个体工商户；

⑤未达到增值税纳税起征点的纳税人。

不符合承诺制容缺即时办理条件的（或虽符合承诺制容缺即时办理条件但纳税人不愿意承诺的），税务部门向纳税人出具《税务事项通知书》（告知未结事项），纳税人先行办理完毕各项未结事项后，方可申请办理税务注销。

5. 申请注销企业登记

公司清算结束后，清算组制作清算报告，报股东会、股东大会或者人民法院确认。清算组向公司登记机关提交公司注销登记申请书和其他材料申请注销公司登记。至税务局现场办理时，应提供的材料见表2-3-3。

申请注销企业登记材料明细　　表2-3-3

序号	材料名称	数量
1	《注销税务登记申请表》	2份
2	经办人身份证件原件	1份

有以下情形的，还应提供相应材料，见表2-3-4。

申请注销企业登记适用情形材料明细　　表2-3-4

适用情形	材料名称	数量	备注
上级主管部门、董事会决议注销	上级主管部门批复文件或董事会决议复印件	1份	已实行实名办税的纳税人免予提供
被市场监督管理机关吊销营业执照	市场监督管理机关发出的吊销营业执照决定复印件	1份	
办理税务登记、临时税务登记的纳税人	税务登记证件和其他税务证件	1份	
已领取发票领用簿的纳税人	《发票领用簿》	1份	

纳税人申报办理注销税务登记，应结清应纳税款、多退（免）税款、滞纳金和罚款，

缴销发票和其他税务证件。其中：企业所得税纳税人办理注销税务登记，就其清算所得向税务机关申报并依法缴纳企业所得税；纳税人未办理土地增值税清算手续的，应在办理注销税务登记前进行土地增值税清算；出口企业应在结清出口退（免）税款后，办理注销税务登记。

1）申请注销社会保险登记

企业应当自办理企业注销登记之日起 30 日内，向原社会保险登记机构提交注销社会保险登记申请和其他有关注销文件，办理注销社会保险登记手续。在办理注销社会保险登记前，应当清缴社会保险费欠费。

2）申请办理海关注销登记

企业登录“中国国际贸易单一窗口”（http：//www. singlewindow. cn）或者“互联网＋海关”（http：//online. customs. gov. cn）录入申请注销信息，将进出口货物收发货人注销书面申请提交所在地海关审核。

3）材料提交

（1）办理企业登记注销材料清单：

①《公司注销登记申请书》。

②公司依照《中华人民共和国公司法》作出解散的决议或者决定，人民法院的破产裁定、解散裁判文书，行政机关责令关闭或者公司被撤销的文件。

③税务部门出具的企业清税文书。

④股东会、股东大会、一人有限责任公司的股东、外商投资企业董事会或者人民法院、公司批准机关备案、确认的清算报告。

⑤国有独资公司申请注销登记，还应当提交国有资产监督管理机构的决定。其中，国务院确定的重要的国有独资公司，还应当提交本级人民政府的批准文件复印件。

⑥领取了纸质版营业执照的，缴回营业执照正、副本。

⑦仅通过报纸发布债权人公告的，需要提交依法刊登公告的报纸样张。

⑧市场监管部门和税务部门已共享企业清税信息的，无须提交纸质清税证明文书。

（2）办理税务登记注销材料清单：

①《清税申报表》或《注销税务登记申请审批表》。

②经办人身份证件。

③法律、行政法规规定的应当提交的其他文件：未启用统一社会信用代码的纳税人，提供税务登记证件和其他税务证件；被市场监督管理机关吊销营业执照的纳税人，提供市场监督管理机关发出的吊销营业执照决定复印件；单位纳税人提供上级主管部门批复文件或董事会决议复印件；非居民企业在中国境内承包建筑、安装、装配、勘探工程的，提供劳务项目完工证明、验收证明等相关文件复印件；持有增值税防伪税控设备及其他应收缴的设备的，提供其持有的增值税防伪税控设备和其他应收缴的设备。

（3）办理社会保险登记注销材料清单：

“社会保险登记证”原件（2016 年 10 月 1 日后新办企业无须提供）。

根据单位的不同情况，还需分别携带下列材料：

①登记证照注销或吊销、迁往外省（自治区、直辖市）的文书复印件。

②有关部门批准解散、撤销、终止的文书复印件。

③破产单位需携带人民法院正式宣告破产终结的文书复印件。

（4）办理海关注销材料清单：

注销申请书（含注销原因并加盖单位公章）。

（5）涉及国家规定准入特别管理措施的外商投资企业办理商务提前解散材料清单：

①行政许可事项申请书。

②行政许可事项授权委托书、受委托人身份证。

③关于经营期限届满前提前解散的股东会决议或董事会决议。

④外商投资企业批准证书正、副本。

6. 企业简易注销登记改革

1）适用情形

贯彻加快转变政府职能和简政放权改革要求，充分尊重企业自主权和自治权，对领取营业执照后未开展经营活动、申请注销登记前未发生债权债务或已将债权债务清算完结的有限责任公司、非公司企业法人、个人独资企业、合伙企业，由其自主选择适用一般注销程序或简易注销程序。

人民法院裁定强制清算或裁定宣告破产的，有关企业清算组、企业管理人可持人民法院终结强制清算程序的裁定或终结破产程序的裁定，向被强制清算人或破产人的原登记机关申请办理简易注销登记。

企业有下列情形之一的，不适用简易注销程序：涉及国家规定实施准入特别管理措施的外商投资企业；被列入企业经营异常名录或严重违法失信企业名单的；存在股权（投资权益）被冻结、出质或动产抵押等情形；有正在被立案调查或采取行政强制、司法协助、被予以行政处罚等情形的；企业所属的非法人分支机构未办理注销登记的；曾被终止简易注销程序的；法律、行政法规或者国务院决定规定在注销登记前需经批准的；不适用企业简易注销登记的其他情形。

2）申请前准备

企业申请简易注销登记应当先通过国家企业信用信息公示系统《简易注销公告》专栏主动向社会公告拟申请简易注销登记及全体投资人承诺等信息（强制清算终结和破产程序终结的企业除外），公告期为 45 日。登记机关应当同时通过国家企业信用信息公示系统将企业拟申请简易注销登记的相关信息推送至同级税务、人力资源和社会保障等部门，涉及外商投资企业的还要推送至同级商务主管部门。公告期内，有关利害关系人及相关政府部门可以通过国家企业信用信息公示系统《简易注销公告》专栏“异议留言”功能提出异议并简要陈述理由。公告期满后，企业方可向企业登记机关提出简易注销登记申请。

3）材料提交

将全体投资人作出解散的决议（决定）、成立清算组、经其确认的清算报告等文书合并简化为全体投资人签署的包含全体投资人决定企业解散注销及组织并完成清算工作等内容的《全体投资人承诺书》。企业在申请简易注销登记时只需要提交《申请书》《指定代表或者共同委托代理人授权委托书》《全体投资人承诺书》（强制清算终结的企业提交人民法院终结强制清算程序的裁定，破产程序终结的企业提交人民法院终结破产程序的裁定）及营业执照正、副本即可，不再提交清算报告、投资人决议、清税证明、清算组备案证明、刊登公告的报纸样张等材料（《企业登记申请文书规范》和《企业登记提交材料规范》2015 年版已相应修订）。

登记机关在收到申请后，应当对申请材料进行形式审查，也可利用国家企业信用信息公示系统对申请简易注销登记企业进行检索检查，对于不适用简易注销登记限制条件的申请，书面（电子或其他方式）告知申请人不符合简易注销条件；对于公告期内被提出异议的企业，登记机关应当在 3 个工作日内依法作出不予简易注销登记的决定；对于公告期内未被提出异议的企业，登记机关应当在 3 个工作日内依法作出准予简易注销登记的决定。

纳税申报是纳税人在发生纳税义务后按照税法规定的期限和内容向主管税务机关提交有关纳税书面报告的法律行为，是界定纳税人法律责任的主要依据，是税务机关税收管理信息的主要来源。企业的财务人员需要学习并掌握税务处理方法及申报内容，不断适应新的税务处理要求，以利于处理实际的纳税申报工作。本部分内容旨在规范公司纳税申报程序，确保纳税申报的及时、准确、完整，防范纳税风险。

第三部分　主要税种通用规定

第一章 增 值 税

第一节 纳税义务人

在中华人民共和国境内销售货物或者加工、修理修配劳务，销售服务、无形资产、不动产以及进口货物的单位和个人，为增值税的纳税人。其中，单位是指企业、行政单位、事业单位、军事单位、社会团体及其他单位，个人是指个体工商户和其他个人。

第二节 一般纳税人与小规模纳税人

财政部、税务总局《关于统一增值税小规模纳税人标准的通知》（财税〔2018〕33号）规定："为完善增值税制度，进一步支持中小微企业发展，现将统一增值税小规模纳税人标准有关事项通知如下：一、增值税小规模纳税人标准为年应征增值税销售额500万元及以下。"即企业提供金融服务的年应征增值税销售额超过500万元（含500万元）的为一般纳税人，未超过的为小规模纳税人。

第三节 纳税义务发生时间

增值税纳税义务发生时间为纳税人发生应税行为并收讫销售款项或者取得索取销售款项凭据的当天；先开具发票的，为开具发票的当天。

收讫销售款项，是指纳税人销售服务、无形资产、不动产过程中或者完成后收到款项。

取得索取销售款项凭据的当天，是指书面合同确定的付款日期；未签订书面合同或者书面合同未确定付款日期的，为服务、无形资产转让完成的当天或者不动产权属变更的当天。

各销售业务增值税纳税义务发生时间判断见表3-1-1。

各销售业务增值税纳税义务发生时间对应表　　表 3-1-1

序号	销售方式	纳税义务发生时间
1	采取直接收款方式销售货物	不论货物是否发出，均为收到销售款或者取得索取销售款项凭据的当天
2	采取托收承付和委托银行收款方式销售货物	为发出货物并办妥托收手续的当天
3	采取赊销和分期收款方式销售货物	为书面合同约定的收款日期的当天
4	采取预收货款方式销售货物	为货物发出的当天（注）
5	采用预收款方式提供租赁服务	为收到预收账款的当天
6	委托其他纳税人代销货物	为收到代销单位的代销清单或者收到全部或者部分货款的当天；未收到代销清单及货款的，为发出代销货物满 180 天的当天
7	销售应税劳务	为提供劳务同时收讫销售款或者取得索取销售款项凭据的当天
8	发生除代销以外的视同销售货物行为	为货物移送的当天
9	从事金融商品转让	为金融商品所有权转移的当天
10	纳税人发生视同销售服务、无形资产或者不动产情形	为服务、无形资产转让完成的当天或者不动产权属变更的当天
11	纳税人提供建筑服务，被工程发包方从应支付的工程款中扣押的质押金、保证金，未开具发票的	为纳税人实际收到质押金、保证金的当天

注：生产销售生产工期超过 12 个月的大型机械设备、船舶、飞机等货物，为收到预收款或者书面合同约定的收款日期的当天。

第四节　纳税期限

一、增值税纳税期限的规定

增值税的纳税期限分别为 1 日、3 日、5 日、10 日、15 日、1 个月或者 1 个季度。纳税人的具体纳税期限，由主管税务机关根据纳税人应纳税额的大小分别核定；不能按照固定期限纳税的，可以按次纳税。

二、增值税报缴税款期限的规定

纳税人以 1 个月或者 1 个季度为 1 个纳税期的，自期满之日起 15 日内申报纳税；以 1 日、3 日、5 日、10 日或者 15 日为 1 个纳税期的，自期满之日起 5 日内预缴税款，于次月 1 日起 15 日内申报纳税并结清上月应纳税款。

扣缴义务人解缴税款的期限，依照前两款规定执行。

纳税人进口货物，应当自海关填发海关进口增值税专用缴款书之日起15日内缴纳税款。

第五节　一般纳税人简易计税的情形

根据《财政部 国家税务总局关于全面推开营业税改征增值税试点的通知》（财税〔2016〕36号）附件2《营业税改征增值税试点有关事项的规定》第七款第一、二项规定：

“一般纳税人以清包工方式提供的建筑服务，可以选择适用简易计税方法计税。以清包工方式提供建筑服务，是指施工方不采购建筑工程所需的材料或只采购辅助材料，并收取人工费、管理费或者其他费用的建筑服务。

“一般纳税人为甲供工程提供的建筑服务，可以选择适用简易计税方法计税。甲供工程，是指全部或部分设备、材料、动力由工程发包方自行采购的建筑工程。”

不同承包方式下计税方式和税率（征收率）见表3-1-2。

不同承包方式下计税方式和税率（征收率）明细　　表3-1-2

承包方式	计税方式	税率（征收率）
清包工	简易计税	3%
甲供材	简易计税	3%
大包	一般计税	9%

注意事项：如果总包不是营改增老项目而是新项目，如果总包人是清包工，相应总包人进行分包，仍然属于清包工，分包人也可以选择简易计税；如果总包是甲供工程，总包选择简易计税，且总包分包给分包人的工程实行大包方式，即包工包料方式，则分包人不能选择简易计税。总包人以工程大包方式分包给分包人，分包人如果是一般纳税人，则不能选择简易计税。

根据《财政部 国家税务总局关于全面推开营业税改征增值税试点的通知》（财税〔2016〕36号）附件2《营业税改征增值税试点有关事项的规定》第七款第四、五项规定：

“一般纳税人跨县（市）提供建筑服务，适用一般计税方法计税的，应以取得的全部价款和价外费用为销售额计算应纳税额。纳税人应以取得的全部价款和价外费用扣除支付的分包款后的余额，按照2%的预征率在建筑服务发生地预缴税款后，向机构所在地主管税务机关进行纳税申报。

“一般纳税人跨县（市）提供建筑服务，选择适用简易计税方法计税的，应以取得的全部价款和价外费用扣除支付的分包款后的余额为销售额，按照3%的征收率计算应纳税额。纳税人应按照上述计税方法在建筑服务发生地预缴税款后，向机构所在地主管税务机关进行纳税申报。”

不同的计税方式下计税依据、税率（征收率）和预征率见表3-1-3。

不同计税方式下计税依据、税率（征收率）和预征率明细　　表3-1-3

计税方式	计税依据	税率（征收率）	项目所在地预征率
简易计税	全部价款和价外费用扣除支付的分包款的余额	3%	服务发生地预征3%
一般计税	全部价款和价外费用	9%	服务发生地预征2%

第六节　增值税加计抵减

一、政策依据

根据《关于深化增值税改革有关政策的公告》（财政部 税务总局 海关总署公告2019年第39号）、《关于促进服务业领域困难行业纾困发展有关增值税政策的公告》（财政部 税务总局公告2022年第11号）的规定，生产、生活性服务业增值税加计抵减政策执行期限延长至2022年12月31日，允许生产、生活性服务业纳税人按照当期可抵扣进项税额加计10%抵减应纳税额（简称“加计抵减政策”）。公告所称生产、生活性服务业纳税人，是指提供邮政服务、电信服务、现代服务、生活服务（简称“四项服务”）取得的销售额占全部销售额的比重超过50%的纳税人。根据《财政部 税务总局关于明确增值税小规模纳税人减免增值税等政策的公告》（财政部 税务总局2023年第1号）的规定，自2023年1月1日至2023年12月31日，上述加计抵减修改为5%。“四项服务”的具体范围按照《财政部 国家税务总局关于全面推开营业税改征增值税试点的通知》（财税〔2016〕36号）附件1所附《销售服务、无形资产、不动产注释》执行。公司提供物业管理服务，属于提供现代服务的，可以按照规定加计抵减当期可抵扣进项税额的10%（5%）。计算公式如下：

当期计提加计抵减额 = 当期可抵扣进项税额 × 10%（5%）

当期可抵减加计抵减额 = 上期末加计抵减额余额 + 当期计提加计抵减额 − 当期调减加计抵减额

二、涉税管理规定

（1）纳税人可计提但未计提的加计抵减额，可在确定适用加计抵减政策当期一并计提。

（2）按照现行规定不得从销项税额中抵扣的进项税额，不得计提加计抵减额；已计提加计抵减额的进项税额，按规定作进项税额转出的，应在进项税额转出当期，相应调减加计抵减额。

（3）纳税人应单独核算加计抵减额的计提、抵减、调减、结余等变动情况。

（4）纳税人应按照现行规定计算一般计税方法下的应纳税额（简称“抵减前的应纳税额”）后，区分以下情形加计抵减：

①抵减前的应纳税额等于零的，当期可抵减加计抵减额全部结转下期抵减。

②抵减前的应纳税额大于零，且大于当期可抵减加计抵减额的，当期可抵减加计抵减额全额从抵减前的应纳税额中抵减。

③抵减前的应纳税额大于零，且小于或等于当期可抵减加计抵减额的，以当期可抵减加计抵减额抵减应纳税额至零。未抵减完的当期可抵减加计抵减额，结转下期继续抵减。

（5）加计抵减政策执行到期后，纳税人不再计提加计抵减额，结余的加计抵减额停止抵减。

三、会计处理

增值税加计抵减会计处理见表3-1-4。

加计抵减会计处理　　表3-1-4

借	应交税费—应交增值税—进项税额加计抵减额
贷	其他收益

第七节　增值税留抵退税

一、留抵退税条件

《国家税务总局关于办理增值税期末留抵税额退税有关事项的公告》（国家税务总局公告2019年第20号）第一条规定："同时符合以下条件（以下称符合留抵退税条件）的纳税人，可以向主管税务机关申请退还增量留抵税额：

"（一）自2019年4月税款所属期起，连续六个月（按季纳税的，连续两个季度）增量留抵税额均大于零，且第六个月增量留抵税额不低于50万元；

"（二）纳税信用等级为A级或者B级；

"（三）申请退税前36个月未发生骗取留抵退税、出口退税或虚开增值税专用发票情形的；

"（四）申请退税前36个月未因偷税被税务机关处罚两次及以上的；

"（五）自2019年4月1日起未享受即征即退、先征后返（退）政策的。

"增量留抵税额，是指与2019年3月底相比新增加的期末留抵税额。"

《财政部 税务总局关于明确先进制造业增值税期末留抵退税政策的公告》（财政部 税务总局公告2021年第15号）第一条规定："自2021年4月1日起，同时符合以下条件的先进制造业纳税人，可以自2021年5月及以后纳税申报期向主管税务机关申请退还增量留抵税额：1. 增量留抵税额大于零；2. 纳税信用等级为A级或者B级；3. 申请退税前36个月未发生骗取留抵退税、出口退税或虚开增值税专用发票情形；4. 申请退税前36个月未因偷税被税务机关处罚两次及以上；5. 自 2019 年 4 月 1 日起未享受即征即退、先征后返（退）政策。”第二条规定：“本公告所称先进制造业纳税人，是指按照《国民经济行业分类》，生产并销售‘非金属矿物制品’、‘通用设备’、‘专用设备’、‘计算机、通信和其他电子设备’、‘医药’、‘化学纤维’、‘铁路、船舶、航空航天和其他运输设备’、‘电气机械和器材’、‘仪器仪表’销售额占全部销售额的比重超过 50% 的纳税人。”

《财政部 税务总局关于进一步加大增值税期末留抵退税政策实施力度的公告》（财政部 税务总局公告 2022 年第 14 号）规定：“一、加大小微企业增值税期末留抵退税政策力度，将先进制造业按月全额退还增值税增量留抵税额政策范围扩大至符合条件的小微企业（含个体工商户，下同），并一次性退还小微企业存量留抵税额。

“（一）符合条件的小微企业，可以自 2022 年 4 月纳税申报期起向主管税务机关申请退还增量留抵税额。在 2022 年 12 月 31 日前，退税条件按照本公告第三条规定执行。

“（二）符合条件的微型企业，可以自 2022 年 4 月纳税申报期起向主管税务机关申请一次性退还存量留抵税额；符合条件的小型企业，可以自 2022 年 5 月纳税申报期起向主管税务机关申请一次性退还存量留抵税额。

“二、加大‘制造业’、‘科学研究和技术服务业’、‘电力、热力、燃气及水生产和供应业’、‘软件和信息技术服务业’、‘生态保护和环境治理业’和‘交通运输、仓储和邮政业’（以下称制造业等行业）增值税期末留抵退税政策力度，将先进制造业按月全额退还增值税增量留抵税额政策范围扩大至符合条件的制造业等行业企业（含个体工商户，下同），并一次性退还制造业等行业企业存量留抵税额。

“（一）符合条件的制造业等行业企业，可以自 2022 年 4 月纳税申报期起向主管税务机关申请退还增量留抵税额。

“（二）符合条件的制造业等行业中型企业，可以自 2022 年 7 月纳税申报期起向主管税务机关申请一次性退还存量留抵税额；符合条件的制造业等行业大型企业，可以自 2022 年 10 月纳税申报期起向主管税务机关申请一次性退还存量留抵税额。”

此外，财政部 税务总局公告 2022 年第 14 号明确：“本公告所称增值税销售额，包括纳税申报销售额、稽查查补销售额、纳税评估调整销售额。适用增值税差额征税政策的，以差额后的销售额确定。

“对于工信部联企业〔2011〕300 号和银发〔2015〕309 号文件所列行业以外的纳税人，以及工信部联企业〔2011〕300 号文件所列行业但未采用营业收入指标或资产总额指标划型确定的纳税人，微型企业标准为增值税销售额（年）100 万元以下（不含 100 万元）；小型企业标准为增值税销售额（年）2000 万元以下（不含 2000 万元）；中型企业标准为增值税销售额（年）1 亿元以下（不含 1 亿元）。”

二、当期允许退还的增量留抵税额

一般企业允许退还的增量留抵税额 = 增量留抵税额 × 进项构成比例 × 60%

符合条件的制造业和小微、微型、中型企业允许退还的增量留抵税额=增量留抵税额×进项构成比例

（一）退税办理

纳税人申请办理留抵退税，应于符合留抵退税条件的次月起，在增值税纳税申报期内，完成本期增值税纳税申报后，通过电子税务局或办税服务厅提交《退（抵）税申请表》。

（二）申请留抵退税的附加税退税规定

《财政部 税务总局关于增值税期末留抵退税有关城市维护建设税 教育费附加和地方教育附加政策的通知》（财税〔2018〕80号）规定："对实行增值税期末留抵退税的纳税人，允许其从城市维护建设税、教育费附加和地方教育附加的计税（征）依据中扣除退还的增值税税额。"

第二章　附加税费

第一节　征税范围

城市维护建设税：在中华人民共和国境内缴纳增值税、消费税的单位和个人，为城市维护建设税的纳税人，应当依照规定缴纳城市维护建设税。

教育费附加、地方教育费附加：凡缴纳消费税、增值税、营业税的单位和个人，除按照《国务院关于筹措农村学校办学经费的通知》（国发〔1984〕174号）的规定，缴纳农村教育事业费附加的单位外，都应当依照规定缴纳教育费附加。

第二节　纳税义务发生时间

附加税费的纳税义务发生时间与增值税、消费税的纳税义务发生时间一致，分别与增值税、消费税同时缴纳。

第三章　印　花　税

第一节　纳税义务人

在中华人民共和国境内书立应税凭证、进行证券交易的单位和个人，为印花税的纳税人。

第二节　新印花税法的变化情况

《中华人民共和国印花税法》于2021年6月10日第十三届全国人民代表大会常务委员会第二十九次会议通过，自2022年7月1日起施行。与《中华人民共和国印花税暂行条例》相比，新印花税法做了如下调整：

（1）扩大了征收范围，除原有股票交易征收印花税以外，注册制后新上市的存托凭证也被纳入了印花税征收范围。

（2）保持证券交易印花税税率千分之一不变，且维持了2008年9月19日以来由双边改为单边的征收方式，即只对出让方征收，不对受让方征收。

（3）明确由证券登记结算机构作为证券交易印花税的扣缴义务人。

（4）明确了计税依据。

（5）《中华人民共和国印花税暂行条例》中未对计税依据是否含增值税作出明确规定，而新印花税法规定，应税合同、产权转移书据的计税依据为合同、产权转移书据所列的金额，不包括列明的增值税税款。应税合同、产权转移书据未列明金额的，印花税的计税依据按照实际结算的金额确定。

（6）调整了部分印花税税目及税率。

（7）购销合同（新法为买卖合同）“动产”买卖适用，但不包括个人之间的动产买卖合同。

（8）增加融资租赁合同为课税对象，计税方式为租金的万分之零点五。

（9）加工承揽合同（新法为承揽合同）、货物运输合同（新法为运输合同）及建设工程勘察设计合同，税率由原来的万分之五改为万分之三。

（10）“建筑安装工程承包合同”税目在新印花税法中变更为“建设工程合同”。

（11）“财产租赁合同”税目在新印花税法中变更为“租赁合同”。

（12）“仓储保管合同”税目在新印花税法中拆分为“仓储合同”及“保管合同”。

（13）对于产权转移书据（如不动产、股权、商标、专利等），明确了转移行为包括买卖（出售）、继承、赠与、互换、分割。

（14）对产权转移书据的种类加以明确划分，并将其中的商标专用权、著作权、专利权、专有技术使用权转让书据的税率由原来的万分之五调整为万分之三。

（15）运输合同明确不包括管道运输合同，此前对于管道运输是否属“货物运输合同”税目一直存在争议，新印花税法加以明确，对于管道运输合同不予征税。

（16）明确再保险合同不属于印花税纳税对象。

（17）明确土地承包经营权和土地经营权转移不属产权转移书据，应属承揽合同，按万分之三纳税。

（18）营业账簿税率由原来的万分之五改为万分之二点五（原条例规定为万分之五，但根据财税〔2018〕50 号，自 2018 年 5 月 1 日起减半征收，即 2018 年 5 月 1 日至 2022 年 6 月 30 日税率实际亦为万分之二点五）。

（19）新印花税法取消“权利、许可证照”税目。

（20）明确同一应税凭证适用两个及以上税目的，应分开计税，若金额无法区分，从高适用税率。

第三节　纳税义务发生时间

印花税的纳税义务发生时间为纳税人书立应税凭证或者完成证券交易的当日。证券交易印花税扣缴义务发生时间为证券交易完成的当日。

第四节　税款计征及缴纳

印花税按季、按年或者按次计征。实行按季、按年计征的，纳税人应当自季度、年度终了之日起 15 日内申报缴纳税款；实行按次计征的，纳税人应当自纳税义务发生之日起 15 日内申报缴纳税款。证券交易印花税按周解缴。证券交易印花税扣缴义务人应当自每周终了之日起 5 日内申报解缴税款以及银行结算的利息。

第四章　房　产　税

第一节　纳税义务人

房产税以在征税范围内的房屋产权所有人为纳税人。

产权属国家所有的，由经营管理单位纳税；产权属集体和个人所有的，由集体单位和个人纳税。

产权所有人、承典人不在房产所在地的或者产权未确定及租典纠纷未解决的，由房产代管人或者使用人缴纳房产税。

纳税单位和个人无租使用房产管理部门、免税单位及纳税单位的房产，应由使用人代为缴纳房产税。

第二节　征税范围

房产税在城市、县城、建制镇和工矿区征收。其中，城市是指经国务院批准设立的市，包括市区和郊区，不包括农村；县城是指未设立建制镇的县人民政府所在地；建制镇是指经省（自治区、直辖市）人民政府批准设立的建制镇；工矿区是指工商业比较发达，人口比较集中，符合国务院规定的建制镇标准，但尚未设立建制镇的大中型工矿企业所在地。

城市、县城、建制镇、工矿区的具体征税范围由省（自治区、直辖市）人民政府划定。

第三节　纳税义务发生时间

房产税纳税义务发生时间如下：

（1）纳税人将原有房产用于生产经营，从生产经营之月起，计征房产税。

（2）纳税人自行新建房屋用于生产经营，从建成之次月起，计征房产税。

（3）纳税人委托施工企业建设的房屋，从办理验收手续之次月起，计征房产税；对于在办理验收前已使用或出租、出借的新建房屋，应按规定计征房产税。

（4）纳税人购置新建商品房，自房屋交付使用之次月起，计征房产税。

（5）纳税人购置存量房，自办理房屋权属转移、变更登记手续，房地产权属登记机关签发房屋权属证书之次月起，计征房产税。

（6）纳税人出租、出借房产，自交付出租、出借房产之次月起，计征房产税。

（7）房地产开发企业自用、出租、出借该企业建造的商品房，自房屋使用或交付之次月起，计征房产税。

第五章　土地增值税

第一节　纳税义务人

转让国有土地使用权、地上的建筑物及其附着物并取得收入的单位和个人，为土地增值税的纳税义务人，应当依照规定缴纳土地增值税。

第二节　征 税 范 围

土地增值税的征税范围为有偿转让国有土地使用权、地上的建筑物及其附着物取得的增值额。

第三节　纳税义务发生时间

一、房地产企业预征管理

房地产企业纳税人应按月预缴土地增值税，于次月 15 日内向主管税务机关申报缴纳税款，并报送销（预）售的销控明细，内容应包括各类商品房的销售收入、已售商品房建筑面积、可售商品房建筑面积、销售比例等。

二、房地产企业清算管理

符合下列情形之一的，纳税人应进行土地增值税的清算：

（1）房地产开发项目全部竣工、完成销售的。

（2）整体转让未竣工决算房地产开发项目的。

（3）直接转让土地使用权的。

（4）申请注销税务登记但未办理土地增值税清算手续的。

符合下列情形之一的，主管税务机关可要求纳税人进行土地增值税清算：

（1）已竣工验收的房地产开发项目，已转让的房地产建筑面积占整个项目可售建筑面积的比例在 85% 以上，或已转让的房地产建筑面积与出租、自用的可售建筑面积合计占清算项目可售建筑面积的比例在85%以上的。

（2）取得项目最后一份销（预）售许可证满三年仍未销售完毕的。

（3）主管税务机关有根据认为纳税人有逃避纳税义务行为，可能造成税款流失，经县（市、区）级地方税务局局长批准的。

三、其他企业纳税义务发生时间

房地产企业以外的纳税人应当自转让房地产合同签订之日起7日内向房地产所在地主管税务机关办理纳税申报。

第六章　城镇土地使用税

第一节　纳税义务人

在城市、县城、建制镇、工矿区范围内使用土地的单位和个人，为城镇土地使用税的纳税人。

（1）拥有土地使用权的单位和个人是纳税人。

（2）拥有土地使用权的单位和个人不在土地所在地的，其土地的实际使用人和代管人为纳税人。

（3）土地使用权未确定的或权属纠纷未解决的，其实际使用人为纳税人。

（4）土地使用权共有的，共有各方都是纳税人，由共有各方分别纳税。

第二节　征 税 范 围

城镇土地使用税的征税范围为城市、县城、建制镇和工矿区的国家所有、集体所有的土地。上述范围之外的土地不属于城镇土地使用税的征税范围。

第三节　纳税义务发生时间

城镇土地使用税的纳税义务发生时间如下：

（1）以出让或转让方式有偿取得土地使用权的，应由受让方从合同约定交付土地时间的次月起缴纳城镇土地使用税；合同未约定交付土地时间的，由受让方从合同签订的次月起缴纳城镇土地使用税。

（2）纳税人新征用的耕地，自批准征用之日起满一年时开始缴纳土地使用税。

（3）出租、出借房产，自交付出租、出借房产之次月起缴纳城镇土地使用税。

（4）购置新建商品房，自房屋交付使用之次月起缴纳城镇土地使用税。

（5）购置存量房，自办理房屋权属转移、变更登记手续，房地产权属登记机关签发房屋权属证书之次月起缴纳城镇土地使用税。

（6）通过招标、拍卖、挂牌方式取得的建设用地，不属于新征用的耕地，纳税人应从合同约定交付土地时间的次月起缴纳城镇土地使用税；合同未约定交付土地时间的，从合同签订的次月起缴纳城镇土地使用税。

第七章 契 税

第一节 纳税义务人及税率

在中华人民共和国境内转移土地、房屋权属，承受的单位和个人为契税的纳税人，应当依照规定缴纳契税。

契税的税率为3% ~5%，具体税率由主管税务机关确定。广西目前执行的契税税率为3%。

第二节 计 税 依 据

契税的计税依据为不动产的价格。由于土地、房产权属转移方式不同、定价方法不同，应根据以下几种情况确定具体计税依据：

（1）土地使用权出让、出售，房屋买卖，为土地、房屋权属转移合同确定的成交价格，包括应交付的货币以及实物、其他经济利益对应的价款。

（2）土地使用权互换、房屋互换，为所互换的土地使用权、房屋价格的差额。

（3）土地使用权赠与、房屋赠与以及其他没有价格的转移土地、房屋权属行为，为税务机关参照土地使用权出售、房屋买卖的市场价格依法核定的价格。

（4）纳税人申报的成交价格、互换价格差额明显偏低且无正当理由的，由税务机关依照《中华人民共和国税收征收管理法》的规定核定。

第三节 税收优惠政策

根据《中华人民共和国契税法》的规定，因土地、房屋被县级以上人民政府征收、征用，重新承受土地、房屋权属，或者因不可抗力灭失住房，重新承受住房权属的，可由省（自治区、直辖市）决定免征或者减征契税。

第四节　税款申报及缴纳

一、纳税义务发生时间

契税的纳税义务发生时间为纳税人签订土地、房屋权属转移合同的当日，或者纳税人取得其他具有土地、房屋权属转移合同性质凭证的当日。

二、纳税期限

纳税人应当自纳税义务发生之日起 10 日内，向土地、房屋所在地的契税征收机关办理纳税申报，并在契税征收机关核定的期限内缴纳税款。

三、纳税地点

契税在土地、房屋所在地的税务机关缴纳。

第八章　耕地占用税

第一节　纳税义务人

在中华人民共和国境内占用耕地建设建筑物、构筑物或者从事非农业建设的单位和个人，为耕地占用税的纳税人，应依照规定缴纳耕地占用税。

第二节　征 税 范 围

耕地占用税的征税范围为国家所有和集体所有的耕地。占用园地、林地、草地、农田水利用地、养殖水面、渔业水域滩涂以及其他农用地建设建筑物、构筑物或者从事非农业建设的，依照规定缴纳耕地占用税。

第三节　纳税义务发生时间

耕地占用税的纳税义务发生时间为纳税人收到自然资源主管部门办理占用耕地手续的书面通知当日。未经批准占用耕地的，耕地占用税的纳税义务发生时间为纳税人实际占用耕地当天。

第九章　企业所得税

第一节　纳税义务人

在中华人民共和国境内，企业和其他取得收入的组织为企业所得税的纳税人，依照规定缴纳企业所得税。个人独资企业、合伙企业不适用。

企业分为居民企业和非居民企业。其中，居民企业，是指依法在中国境内成立，或者依照外国（地区）法律成立但实际管理机构在中国境内的企业；非居民企业，是指依照外国（地区）法律成立且实际管理机构不在中国境内，但在中国境内设立机构、场所的，或者在中国境内未设立机构、场所，但有来源于中国境内所得的企业。

第二节　征 税 对 象

居民企业应当就其来源于中国境内、境外的所得缴纳企业所得税。所得，包括销售货物所得、提供劳务所得、转让财产所得、股息红利所得等权益性投资所得、利息所得、租金所得、特许权使用费所得、接受捐赠所得和其他所得。

非居民企业在中国境内设立机构、场所的，应当就其所设机构、场所取得的来源于中国境内的所得，以及发生在中国境外但与其所设机构、场所有实际联系的所得，缴纳企业所得税。

非居民企业在中国境内未设立机构、场所的，或者虽设立机构、场所但取得的所得与其所设机构、场所没有实际联系的，应当就其来源于中国境内的所得缴纳企业所得税。

上述所称实际联系，是指非居民企业在中国境内设立的机构、场所拥有的据以取得所得的股权、债券，以及拥有、管理、控制据以取得所得的财产。

第三节　企业所得税所得来源地的确定

企业所得税所得来源地的确定标准如下：

（1）销售货物所得，按照交易活动发生地确定。

（2）提供劳务所得，按照劳务发生地确定。

（3）转让财产所得，不动产转让所得按照不动产所在地确定，动产转让所得按照转让动产的企业或者机构、场所所在地确定，权益性投资资产转让所得按照被投资企业所在地确定。

（4）股息、红利等权益性投资所得，按照分配所得的企业所在地确定。

（5）利息所得、租金所得、特许权使用费所得，按照负担、支付所得的企业或者机构、场所所在地确定，或者按照负担、支付所得的个人的住所地确定。

（6）其他所得，由国务院财政、税务主管部门确定。

第四节 收 入

一、一般收入

（1）销售货物收入，是指企业销售商品、产品、原材料、包装物、低值易耗品以及其他存货取得的收入。

（2）提供劳务收入，是指企业从事建筑安装、修理修配、交通运输、仓储租赁、金融保险、邮电通信、咨询经纪、文化体育、科学研究、技术服务、教育培训、餐饮住宿、中介代理、卫生保健、社区服务、旅游、娱乐、加工以及其他劳务服务活动取得的收入。

（3）转让财产收入，是指企业转让固定资产、生物资产、无形资产、股权、债权等财产取得的收入。

（4）股息、红利等权益性投资收益，是指企业因权益性投资从被投资方取得的收入。

（5）利息收入，是指企业将资金提供他人使用但不构成权益性投资，或者因他人占用本企业资金取得的收入，包括存款利息、贷款利息、债券利息、欠款利息等收入。

（6）租金收入，是指企业提供固定资产、包装物或者其他有形资产的使用权取得的收入。

（7）特许权使用费收入，是指企业提供专利权、非专利技术、商标权、著作权以及其他特许权的使用权取得的收入。

（8）接受捐赠收入，是指企业接受的来自其他企业、组织或者个人无偿给予的货币性资产、非货币性资产。

（9）其他收入，是指企业取得的除以上（1）~（8）项规定的收入外的其他收入，包括企业资产溢余收入、逾期未退包装物押金收入、确实无法偿付的应付款项、已作坏账损失处理后又收回的应收款项、债务重组收入、补贴收入、违约金收入、汇兑收益等。

二、不征税收入

不征税收入项目见表3-9-1。

不征税收入明细　　表 3-9-1

<table>
<tr><th>类　型</th><th colspan="2">具体规定</th></tr>
<tr><td>财政拨款</td><td colspan="2">各级政府对纳入预算管理的事业单位、社会团体等组织拨付的财政资金</td></tr>
<tr><td>依法收取并纳入财政管理的行政事业性收费、政府性基金</td><td colspan="2">①对企业依法收取并上缴财政的政府性基金和行政事业性收费，准予作为不征税收入，于上缴财政的当年在计算应纳税所得额时从收入总额中减除；未上缴财政的部分，不得从收入总额中减除；
②企业收取的各种基金、收费，应计入企业当年收入总额</td></tr>
<tr><td rowspan="2">国务院规定的其他不征税收入</td><td>属于国家投资和资金使用后要求归还本金的</td><td>不计入企业当年收入总额</td></tr>
<tr><td>专项用途财政性资金</td><td>不征税收入，在计算应纳税所得额时从收入总额中减除，用于支出形成的成本费用不得扣除，用于研发形成的研发支出不得加计扣除</td></tr>
</table>

三、免税收入

免税收入包括：

（1）国债利息收入。

（2）符合条件的居民企业之间的股息、红利等权益性投资收益。

（3）在中国境内设立机构、场所的非居民企业从居民企业取得与该机构、场所有实际联系的股息、红利等权益性投资收益。

（4）符合条件的非营利组织的收入。

第五节　税前扣除项目

成本，是指企业在生产经营活动中发生的销售成本、销货成本、业务支出以及其他耗费。

费用，是指企业在生产经营活动中发生的销售费用、管理费用和财务费用，已经计入成本的有关费用除外。

税金，是指企业发生的除企业所得税和允许抵扣的增值税以外的各项税金及其附加，即按规定缴纳的城市维护建设税、资源税、土地增值税、房产税、车船税、土地使用税、印花税、教育费附加等。项目公司建设期内发生的各类税金及附加计入在建工程，形成固定资产后再通过折旧或摊销税前扣除。

损失，是指企业在生产经营活动中发生的固定资产和存货的盘亏、毁损、报废损失，转让财产损失，呆账损失，坏账损失，自然灾害等不可抗力因素造成的损失以及其他损失。企业发生的损失，减除责任人赔偿和保险赔款后的余额，依照国务院财政、税务主管部门的规定扣除。

第六节　具体扣除项目的标准

一、工资薪金支出

企业发生的合理的工资薪金支出，准予税前据实扣除。

因雇用季节工、临时工、实习生、返聘离退休人员以及接受外部劳务派遣用工所实际发生的费用，应区分为工资、薪金支出和职工福利费支出。

企业在年度汇算清缴结束前向员工实际支付的已预提汇缴年度工资、薪金，准予在汇缴年度按规定扣除。

企业接受外部劳务派遣用工所实际发生的费用，应分两种情况按规定在税前扣除：一是按照协议（合同）约定直接支付给劳务派遣公司的费用，应作为劳务费支出；二是直接支付给员工个人的费用，应作为工资、薪金支出和职工福利费支出。

二、职工福利费、工会经费、职工教育经费

企业发生的职工福利费支出，不超过工资薪金总额14%的部分，准予扣除。

企业拨缴的工会经费，不超过工资薪金总额2%的部分，准予扣除。

企业发生的职工教育经费支出，自2018年1月1日起不超过工资、薪金总额8%的部分，准予扣除；超过部分，准予在以后纳税年度结转扣除。

三、社会保险费

依照政府规定的范围和标准为职工缴纳的“五险一金”，即基本养老保险费、基本医疗保险费、失业保险费、工伤保险费、生育保险费等基本社会保险费和住房公积金，准予扣除。

企业为投资者或者职工支付的补充养老保险费、补充医疗保险费，在国务院财政、税务主管部门规定的范围和标准内，准予扣除。企业依照国家有关规定为特殊工种职工支付的人身安全保险费和符合国务院财政、税务主管部门规定可以扣除的商业保险费，准予扣除。公司支付的企业年金（补充养老保险费）、补充医疗保险费，分别在不超过职工工资总额5%标准内的部分，在计算应纳税所得额时准予扣除；超过的部分，不予扣除。

企业参加财产保险，按照规定缴纳的保险费，准予扣除。企业为投资者或者职工支付的商业保险费，不得扣除。

四、借款费用

企业在生产经营活动中发生的合理的不需要资本化的借款费用，准予扣除。

企业为购置、建造固定资产、无形资产和经过12个月以上的建造才能达到预定可销售状态的存货发生借款的，在有关资产购置、建造期间发生的合理的借款费用，应当作为资本性支出计入有关资产的成本；转成固定资产或无形资产交付使用后发生的借款利息，可在发生当期扣除。

企业通过发行债券、取得贷款、吸收保户储金等方式融资而发生的合理的费用支出，符合资本化条件的，应计入相关资产成本；不符合资本化条件的，应作为财务费用，准予在企业所得税前据实扣除。

企业在生产经营活动中发生的下列利息支出，准予扣除：非金融企业向金融企业借款的利息支出、金融企业的各项存款利息支出和同业拆借利息支出、企业经批准发行债券的利息支出；非金融企业向非金融企业借款的利息支出，不超过按照金融企业同期同类贷款利率计算的数额的部分。

五、汇兑损失

企业在货币交易中，以及纳税年度终了时将人民币以外的货币性资产、负债按照期末即期人民币汇率中间价折算为人民币时产生的汇兑损失，除已经计入有关资产成本以及与向所有者进行利润分配相关的部分外，准予扣除。

六、业务招待费

企业发生的与生产经营活动有关的业务招待费支出，按照发生额的60%扣除，但最高不得超过当年销售（营业）收入的5‰。

七、广告费和业务宣传费

企业发生的符合条件的广告费和业务宣传费支出，除国务院财政、税务主管部门另有规定外，不超过当年销售（营业）收入15%的部分，准予扣除；超过部分，准予在以后纳税年度结转扣除。

八、公益性捐赠

企业发生的公益性捐赠支出，在年度利润总额12%以内的部分，准予在计算应纳税所得额时扣除；超过年度利润总额12%的部分，准予结转以后3年内在计算应纳税所得额时扣除。

九、其他扣除项目

差旅费、办公费、保险费、租赁费、劳动保护费、手续费等依照有关税法规定准予扣除。

十、不得扣除的项目

(1) 向投资者支付的股息、红利等权益性投资收益款项。

(2) 企业所得税税款。

(3) 税收滞纳金，是指纳税人或扣缴义务人不及时履行纳税义务而被税务机关处以的滞纳金。

(4) 罚金、罚款和被没收财物的损失，是指纳税人违反国家有关法律、法规规定，被有关部门处以的罚款，以及被司法机关处以的罚金和被没收财物。

(5) 超过规定标准的捐赠支出。

(6) 赞助支出，是指企业发生的与生产经营活动无关的各种非广告性质支出。

(7) 未经核定的准备金支出，是指不符合国务院财政、税务主管部门规定的各项资产减值准备、风险准备等准备金支出。

(8) 项目公司之间支付的管理费、项目公司内营业机构之间支付的租金和特许权使用费，以及非银行企业内营业机构之间支付的利息。

(9) 与取得收入无关的其他支出。

第十章 个人所得税

第一节 纳税义务人

在中国境内有住所，或者无住所而一个纳税年度内在中国境内居住累计满 183 天的个人，为居民个人。居民个人从中国境内和境外取得的所得，依照规定缴纳个人所得税。

在中国境内无住所又不居住，或者无住所而一个纳税年度内在中国境内居住累计不满 183 天的个人，为非居民个人。非居民个人从中国境内取得的所得，依照规定缴纳个人所得税。

第二节 扣缴义务人

凡支付个人应纳税所得的单位或个人，都应当履行代扣代缴个人所得税义务。

第三节 征 税 对 象

个人所得税的征税对象包括：

（1）工资、薪金所得；

（2）劳务报酬所得；

（3）稿酬所得；

（4）特许权使用费所得；

（5）经营所得；

（6）利息、股息、红利所得；

（7）财产租赁所得；

（8）财产转让所得；

（9）偶然所得；

（10）对企事业单位的承包经营、承租经营所得；

（11）其他所得。

居民个人取得上述（1）~（4）项所得（简称“综合所得”），按纳税年度合并计算个人所得税；非居民个人取得上述（1）~（4）项所得，按月或者按次分项计算个人所得税。纳税人取得上述（5）~（11）项所得，依照规定分别计算个人所得税。

第四节　应纳税所得额的计算

居民个人的综合所得，以每一纳税年度的收入额减除费用6万元以及专项扣除、专项附加扣除和依法确定的其他扣除后的余额，为应纳税所得额。

经营所得，以每一纳税年度的收入总额减除成本、费用以及损失后的余额，为应纳税所得额。

财产租赁所得，每次收入不超过4000元的，减除费用800元；4000元以上的，减除20%的费用，其余额为应纳税所得额。

财产转让所得，以转让财产的收入额减除财产原值和合理费用后的余额为应纳税所得额。

利息、股息、红利所得和偶然所得，以每次收入额为应纳税所得额。

劳务报酬所得、稿酬所得、特许权使用费所得以收入减除20%的费用后的余额为收入额。稿酬所得的收入额减按70%计算。

个人将其所得对教育、扶贫、济困等公益慈善事业进行捐赠，捐赠额未超过纳税人申报的应纳税所得额30%的部分，可以从其应纳税所得额中扣除；国务院规定对公益慈善事业捐赠实行全额税前扣除的，从其规定。

第五节　个人所得税手续费返还涉税管理

根据《财政部 国家税务总局关于全面推开营业税改征增值税试点的通知》（财税〔2016〕36号）附件1所附《销售服务、无形资产、不动产注释》销售服务的第六条第（八）项规定，经纪代理服务，是指各类经纪、中介、代理服务，包括金融代理、知识产权代理、货物运输代理、代理报关、法律代理、房地产中介、职业中介、婚姻中介、代理记账、拍卖等。代扣代缴个人所得税手续费返还属于经纪代理服务，因此，需要缴纳增值税。

根据《中华人民共和国企业所得税法实施条例》第十五条规定，企业所得税法第六条第（二）项所称提供劳务收入，是指企业从事建筑安装、修理修配、交通运输、仓储租赁、金融保险、邮电通信、咨询经纪、文化体育、科学研究、技术服务、教育培训、餐饮住宿、中介代理、卫生保健、社区服务、旅游、娱乐、加工以及其他劳务服务活动取得的收入。代扣代缴个人所得税手续费返还属于中介代理服务，因此，需要缴纳企业所得税。

第四部分　集团公司业务板块税务合规管理

第一章　公路、铁路板块

第一节　公路、铁路建设业务

本节以公路、铁路建设企业在开展建设项目过程中的前期筹备、施工建设、交工结算等业务流程构建框架思路，主要从项目规划、项目采购业务进项税管理、取得的试运行通行费收入等方面详细解读公路、铁路建设企业的各项涉税事项及税务管理要点。

公路、铁路建设业务全生命周期流程如图 4-1-1 所示。

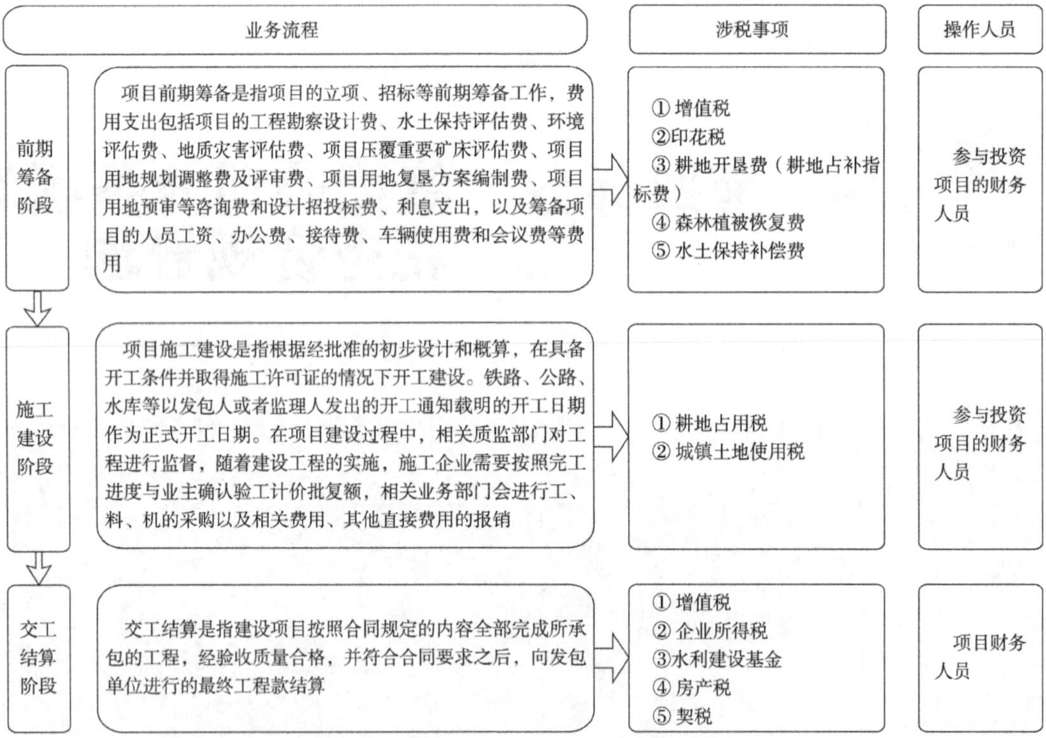

图 4-1-1　公路、铁路建设业务全生命周期流程图

一、业务描述

（一）前期筹备阶段

项目前期筹备是指项目的立项、招标等前期筹备工作，费用支出包括项目的工程勘察设

计费、水土保持评估费、环境评估费、地质灾害评估费、项目压覆重要矿床评估费、项目用地规划调整费及评审费、项目用地复垦方案编制费、项目用地预审等咨询费和设计招投标费、利息支出，以及筹备项目的人员工资、办公费、接待费、车辆使用费和会议费等费用。

（二）施工建设阶段

在施工建设阶段，企业根据经批准的初步设计和概算，在具备开工条件并取得施工许可证后开工建设。铁路、公路、水库等以发包人或者监理人发出的开工通知载明的开工日期作为正式开工时间。在项目建设过程中，相关质监部门对工程进行监督，随着建设工程的开展，施工企业需要按照完工进度与业主确认验工计价批复额，相关业务部门会进行工、料、机的采购以及相关费用、其他直接费用的报销。

（三）交工结算阶段

交工结算是指建设项目按照合同规定的内容全部完成所承包的工程，经验收质量合格，并符合合同要求之后，向发包单位进行的最终工程款结算。

二、涉税事项

（一）前期筹备阶段涉税事项

项目前期筹备阶段主要涉及技术服务合同、股东投入资本金等，需要计算缴纳印花税，涉及耕地开垦费、森林植被恢复费、水土保持补偿费的涉税事项管理。前期筹备阶段涉税事项管理见表4-1-1。

前期筹备阶段涉税事项管理明细　　表4-1-1

种类	计税依据及税率	税款计算	纳税义务发生时间	涉税管理
印花税	不含增值税合同金额	计税金额×税率	项目公司书立应税凭证或者完成证券交易的当日	纳税人自行计算应纳税额，依照印花税法规定缴纳印花税
耕地开垦费（耕地占补指标费）	按建设项目占用永久基本农田和一般耕地及地类、耕地质量等因素分别确定征收标准	占地面积×适用标准	收到通知之日	在规定时间内向广西壮族自治区自然资源厅一次性缴纳
森林植被恢复费	实际占地面积	占地面积×适用标准	经县级以上林业主管部门审核批准用地后	按林业部门通知要求在规定时间内缴纳
水土保持补偿费	实际占地面积	占地面积×适用标准	①开办一般性生产建设项目的，缴纳义务人应当在项目开工前一次性缴纳； ②从事其他生产建设活动的，缴纳时限由县级水行政主管部门确定	生产建设单位应当自收到缴费通知书之日起7日内缴费

（二）施工建设阶段涉税事项

在施工建设期，建设工程占用耕地需要缴纳耕地占用税，取得土地使用权需要缴纳土地使用税，对外签订技术服务合同、股东投入资本金等需要计算缴纳印花税，取得个人所得税手续费返还、取得处置固定资产等收入时需要缴纳增值税。不含税收入属于企业所得税应税收入，取得政府补助收入时需判断其是否属于企业所得税应税收入。施工建设阶段涉税事项管理见表4-1-2。

施工建设阶段涉税事项管理明细 表4-1-2

种类	计税依据	税款计算	纳税义务发生时间	涉税管理
耕地占用税	实际占用的属于耕地占用税征税范围的土地面积，实行一次性征收	应纳税额＝应税土地面积×适用税额	收到自然资源主管部门办理占用耕地手续的书面通知的当日	①应当在耕地所在地申报纳税； ②应当自纳税义务发生之日起30日内申报缴纳
城镇土地使用税	使用城市、县城、建制镇、工矿区的土地面积，适用税额按各地区税务局约定	土地面积×适用税额	①新征用的耕地：批准征用之日起满一年； ②非新征用的耕地：批准征用的次月	按年计算，分期缴纳，缴纳期限由省（自治区、直辖市）人民政府确定

（三）交工结算阶段涉税事项

项目工程交工进入通车试运营期后，在试运营期间取得的通行费收入，需要计算申报增值税、水利建设基金、企业所得税。项目交工验收后办理不动产权证需要申报缴纳契税、房产税以及城镇土地使用税。运营期收入的税务处理及会计处理是项目公司的关键控制点。交工结算阶段涉税事项管理见表4-1-3。

交工结算阶段涉税事项管理明细 表4-1-3

种类	计税依据及税率	税款计算	纳税义务发生时间	涉税管理
增值税（简易计税）	通行费收入（不含增值税）； 税率：不动产经营租赁5%减按3%缴纳增值税	清分收入/（1＋5%）×3%	收讫销售款项或者取得索取销售款项凭据的当天；先开具发票的，为发票开具当天	根据主管税务机关核定确认具体纳税期限。以1个月或1个季度为纳税期的，自期满之日起15日内申报纳税
增值税（一般计税）	通行费收入（不含增值税）；税率：9%	当期销项税额［清分收入/（1＋9%）×9%］－当期进项税额		

续上表

种类	计税依据及税率	税款计算	纳税义务发生时间	涉税管理
水利建设基金	不含税通行费； 税率：1‰	通行费收入（不含税）×1‰	—	—
房产税（从价计征）	房产计税余值； 税率：1.2%	房产原值×（1－扣除比例）×1.2%	①纳税人自行新建房屋用于生产经营的，从建成之次月起缴纳房产税； ②纳税人出租、出借房产，自交付出租、出借房产之次月起缴纳房产税	①按年征收，分期缴纳。纳税期限由省（自治区、直辖市）人民政府规定。各地一般按季或者半年征收。 ②在房产所在地缴纳
房产税（从租计征）	房产租金收入； 税率：12%	不含增值税租金收入×12%		
契税	不动产的价格； 税率：3%～5%，具体税率由税务主管机关确定	计税依据×适用税率	签订土地、房屋权属转移合同的当日，或者取得其他具有土地、房屋权属转移合同性质凭证的当日	—

三、税务管理要点

（一）前期筹备阶段税务管理要点

1. 增值税

1）强化进项发票管理

开工日期在2016年4月30日之后的高速公路项目属于一般计税项目，企业应强化进项税的管理要求，加强与供应商的结算管理，坚持“先取票、后付款”原则，并在采购合同条款中予以明确，确保及时取得增值税专用发票，及时抵扣进项税。

2）合同范本管理

负责采购管理的部门以及法律相关部门应在采购合同范本中加入条款，以明确供应商应提供的发票类型、适用税率和开票时间。此外，考虑到未来增值税税率可能进一步变化，如调低，建议企业在对外签订分包或采购合同时，通过合同条款明确未来税率变化情况下原合同不含税价不变，以确保采购方/发包方享受减税降费红利。

3）强化进项发票获取管理

企业应加强办税人员的取票意识，具体注意事项如下：

（1）业务人员在采购货物或应税劳务时，应主动向供应商索取增值税扣税凭证，依据合法的扣税凭证实现进项税额的抵扣。

（2）业务人员在取得合法扣税凭证后，为保证其认证和抵扣，应对票面信息进行审核，并与供应商签署发票交接表，降低发票丢失风险。

(3) 扣税凭证经手人员应妥善保管扣税凭证，并及时传递至财务人员（增值税发票管理人员）处。

(4) 对于应开具增值税专用发票而未开具的，业务经办人员应要求对方重新开具专用发票，如无法取得专用发票，应做详细说明。

4）注意事项

实际采购过程中，如果供应商确实无法提供增值税专用发票，企业也应该及时从供应商处获取增值税普通发票作为企业所得税税前扣除凭证，以避免在未取得合法有效票据的情况下，相关成本费用不能在企业所得税税前扣除的风险，造成额外损失。

2. 耕地开垦费（耕地占补指标费）

1）征收范围

《中华人民共和国土地管理法》第三十条规定："国家保护耕地，严格控制耕地转为非耕地。国家实行占用耕地补偿制度。非农业建设经批准占用耕地的，按照'占多少，垦多少'的原则，由占用耕地的单位负责开垦与所占用耕地的数量和质量相当的耕地；没有条件开垦或者开垦的耕地不符合要求的，应当按照省、自治区、直辖市的规定缴纳耕地开垦费，专款用于开垦新的耕地。省、自治区、直辖市人民政府应当制定开垦耕地计划，监督占用耕地的单位按照计划开垦耕地或者按照计划组织开垦耕地，并进行验收。"

2）征收对象

部分项目公司根据《广西壮族自治区补充耕地指标交易管理实施细则》内容要求，通过向人民政府购买补充耕地指标的方式，以达到占补平衡，无须另外缴纳耕地开垦费。非农业建设经批准占用耕地的项目公司，没有条件开垦的，应当缴纳耕地开垦费。自行开垦耕地应当按批准的耕地开垦项目和开垦期限开垦耕地，并在办理批准手续时预缴耕地开垦费，预缴耕地开垦费的退还办法，由自治区人民政府另行规定。

3）征收标准

《广西壮族自治区财政厅 广西壮族自治区自然资源厅 广西壮族自治区发展和改革委员会关于规范和调整我区耕地开垦费征收标准和使用管理政策的通知》（桂财税〔2019〕35号）第二条规定，综合考虑耕地开发成本、补充耕地地力培肥、后期管护、占用耕地耕作层剥离利用等因素，按建设项目占用永久基本农田和一般耕地及地类、耕地质量等因素分别确定耕地开垦费的征收标准。具体征收标准详见表4-1-4。

广西耕地开垦费征收标准　　表4-1-4

类　型	地　类	档　次	国家级利用等级	征收标准	
				元/平方米	万元/公顷
永久基本农田	水田（水浇地）			80	80
	旱地			40	40

续上表

类　型	地　类	档　次	国家级利用等级	征收标准	
				元/平方米	万元/公顷
一般耕地	水田（水浇地）	优等	1～4	40	40
		高等	5～8	30	30
		中等	9～12	20	20
	旱地	高等	7～8	20	20
		中等	9～12	15	15

对经依法批准占用永久基本农田的，缴费标准按照耕地开垦费最高标准的两倍执行。批次用地、单独选址项目等非农建设（含基础设施重大项目）经批准占用耕地，无法自行落实占补平衡的，应当按照上述标准缴纳耕地开垦费。

《广西壮族自治区自然资源厅 广西壮族自治区发展和改革委员会 广西壮族自治区财政厅 广西壮族自治区交通运输厅关于印发进一步明确重大交通项目落实耕地占补平衡有关措施的通知》（桂自然资发〔2020〕74号）规定："二、对于其他重大交通项目耕地占补平衡，项目建设单位应严格按照国家和自治区有关文件精神，切实履行补充耕地义务，通过土地整治、补充耕地指标交易平台购买或自治区补充耕地指标有偿调剂方式，自行补充所占用耕地数量、质量相当的耕地。项目建设单位确实无法落实的，由项目建设单位委托项目所在市、县（市、区）人民政府代为补充，并由项目建设单位按照桂财税〔2019〕35号文件规定标准足额缴纳耕地开垦费。对于建设项目耕地占补平衡所需费用，在编制工程可行性研究报告（估算）以及初步设计（概算）文件时参照《广西壮族自治区自然资源厅 广西壮族自治区财政厅关于调整广西补充耕地指标交易指导价格的通知》（桂自然资发〔2020〕41号）所规定的广西补充耕地指标交易指导价格最低价，即补充耕地数量指标每亩1.5万元、水田规模每亩15万元、粮食产能每亩每百公斤0.7万元的标准计列项目投资估算及工程概算中（后续将根据今后补充耕地指标交易指导价格调整而动态调整）。对于基础设施重大项目补充耕地指标交易均可采取协议方式出让。

"三、市、县（市、区）补充耕地指标储备库指标，应优先保障自治区重大交通项目耕地占补平衡。涉及补充耕地指标部分应先从项目所在市、县（市、区）补充耕地指标储备库中划转补充耕地指标（耕地数量、水田规模、粮食产能）予以调剂落实。项目所在市、县补充耕地指标储备库指标不足的，可由项目所在市人民政府向自治区申请有偿调剂，调剂费用按照《广西壮族自治区自然资源厅 广西壮族自治区财政厅关于印发自治区补充耕地指标调剂库方案的通知》（桂自然资发〔2019〕49号）有关标准缴纳，即补充耕地数量指标每亩1万元、水田规模每亩10万元、粮食产能每亩每百公斤0.5万元的标准缴纳调剂费用，调剂费用由项目所在市人民政府负责统筹落实。"

4）落实耕地占补平衡的责任主体

非农建设占用耕地的建设单位通过土地整治、补充耕地指标交易平台购买或自治区补充耕地指标有偿调剂方式，自行补充所占用耕地数量、质量相当的耕地，所补充耕地符合“占一补一、占优补优、占水田补水田”要求的，不再缴纳耕地开垦费。

5）确定耕地开垦费征收标准及收缴程序

（1）批次用地耕地开垦费缴纳义务人为市、县人民政府，单独选址项目耕地开垦费缴纳义务人为项目建设用地单位。耕地开垦费由市、县人民政府或项目建设用地单位在向自治区人民政府申请办理农用地转用或土地征收审批手续时，向自治区自然资源厅一次性缴纳。

（2）自治区自然资源厅依据批准的国土空间规划（土地利用总体规划）和土地利用年度计划对申报用地的缴纳义务人报送的农用地转用方案、补充耕地方案或“先补后占”验收结果进行审查，审定其是否应缴纳耕地开垦费，以及应缴纳耕地开垦费的征收标准及数额，并下达《耕地开垦费缴款通知书》。

（3）《耕地开垦费缴款通知书》应明确缴纳义务人的名称、建设用地的地类和面积、耕地开垦费的征收标准和具体数额。

（4）缴纳义务人根据《耕地开垦费缴款通知书》的要求，在规定时间内将应缴纳的耕地开垦费全额缴入自治区自然资源厅非税收入汇缴专户。自治区自然资源厅统一征收后，及时足额缴入自治区本级国库，实行收支两条线管理。

（5）自治区自然资源厅根据缴纳义务人已足额缴纳耕地开垦费的有效凭证，或者经审查符合免缴耕地开垦费条件的，依法上报办理农用地转用审批手续。未按规定缴纳耕地开垦费的，不予办理农用地转用审批手续。

（6）属于自治区人民政府授权或委托设区市人民政府批准的乡镇批次用地农用地转用和土地征收用地、设区市人民政府批准不涉及征收土地的农用地转用缴纳耕地开垦费，由设区市自然资源主管部门参照上述程序组织征收。

6）会计处理

耕地开垦费具体会计处理见表4-1-5。

耕地开垦费会计处理　　表4-1-5

借	在建工程—土地征用及迁移补偿费—耕地开垦费（耕地占补平衡费）
贷	银行存款

3. 森林植被恢复费

1）征收对象

森林植被恢复费的征收对象为勘查、开采矿藏和修建道路、水利、电力、通信等各项建设工程需要占用、征用或者临时占用林地，经县级以上林业主管部门审核同意或批准的用地单位。

2）征收标准

《财政部 国家林业局关于调整森林植被恢复费征收标准引导节约集约利用林地的通知》（财税〔2015〕122 号）第二条规定："森林植被恢复费征收标准应当按照恢复不少于被占用征收林地面积的森林植被所需要的调查规划设计、造林培育、保护管理等费用进行核定。具体征收标准如下：

"（一）郁闭度 0.2 以上的乔木林地（含采伐迹地、火烧迹地）、竹林地、苗圃地，每平方米不低于 10 元；灌木林地、疏林地、未成林造林地，每平方米不低于 6 元；宜林地，每平方米不低于 3 元。

"各省、自治区、直辖市财政、林业主管部门在上述下限标准基础上，结合本地实际情况，制定本省、自治区、直辖市具体征收标准。

"（二）国家和省级公益林林地，按照第（一）款规定征收标准 2 倍征收。

"（三）城市规划区的林地，按照第（一）、（二）款规定征收标准 2 倍征收。

"（四）城市规划区外的林地，按占用征收林地建设项目性质实行不同征收标准。属于公共基础设施、公共事业和国防建设项目的，按照第（一）、（二）款规定征收标准征收；属于经营性建设项目的，按照第（一）、（二）款规定征收标准 2 倍征收。

"公共基础设施建设项目包括：公路、铁路、机场、港口码头、水利、电力、通信、能源基地、电网、油气管网等建设项目。公共事业建设项目包括：教育、科技、文化、卫生、体育、环境和资源保护、防灾减灾、文物保护、社会福利、市政公用等建设项目。经营性建设项目包括：商业、服务业、工矿业、仓储、城镇住宅、旅游开发、养殖、经营性墓地等建设项目。"

3）预征管理

《广西壮族自治区森林植被恢复费征收使用管理实施办法》（桂财综〔2003〕8 号）第二章第四条规定："凡勘查、开采矿藏和修建道路、水利、电力、通信等各项建设工程需要占用、征用或者临时占用林地，经县级以上林业主管部门审核同意或批准的，用地单位应当按照本实施办法规定向县级以上林业主管部门预缴森林植被恢复费。"

4）退费管理

《森林植被恢复费征收使用管理暂行办法》（财综〔2002〕73 号）第十一条规定："占用、征用或者临时占用林地未被批准，有关林业主管部门需要将预收的森林植被恢复费退还用地单位时，应当由有关林业主管部门汇总实际发生的退还金额，并附有关证明材料，按照财政部规定的退库项目，向同级财政部门申请办理森林植被恢复费退库手续。"

5）会计处理

森林植被恢复费具体会计处理见表 4-1-6。

森林植被恢复费会计处理　　表 4-1-6

借	在建工程—土地征用及迁移补偿费—森林植被恢复费
贷	银行存款

森林植被恢复费征收流程如图 4-1-2 所示。

（法定办结时限：无；承诺办结时限：3 个工作日）

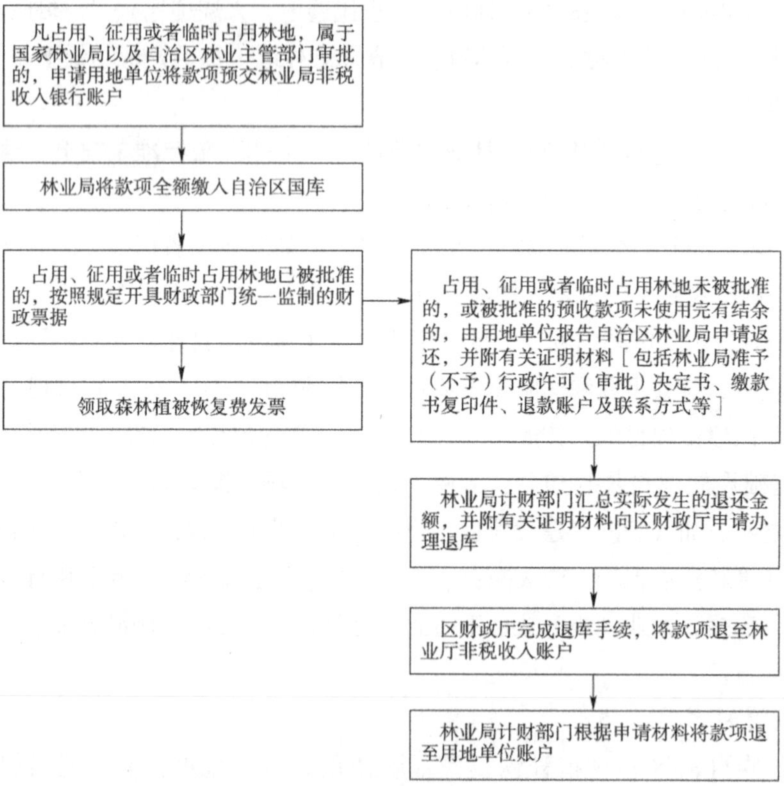

图 4-1-2　森林植被恢复费征收流程图

4. 水土保持补偿费

1）征收范围

《关于印发广西壮族自治区水土保持补偿费征收使用管理实施办法的通知》（桂财税〔2016〕37 号）第五条规定："凡在本自治区行政区域内山区、丘陵区、风沙区以及水土保持规划确定的容易发生水土流失的其他区域开办生产建设项目或者从事其他生产建设活动，损坏水土保持设施、地貌植被，不能恢复原有水土保持功能的单位和个人，应当缴纳水土保持补偿费。"

2）征收方式

（1）一般性生产建设项目水土保持补偿费，按照征占用土地面积计征。

（2）取土、挖砂、采石以及烧制砖、瓦、瓷、石灰的，按照取土、挖砂、采石量计征。

（3）排放废弃土、石、渣的，按照排放量计征。对缴纳义务人已按照前三种方式计征水土保持补偿费的，其排放废弃土、石、渣，不再按照排放量重复计征。

3）征收标准

《广西壮族自治区物价局 财政厅 水利厅关于调整我区水土保持补偿费征收标准有关问题的通知》（桂价费〔2017〕37 号）规定：

（1）对一般性生产建设项目，按照征占用土地面积每平方米 1.1 元一次性计征。对水利水电工程建设项目，水库淹没区不在水土保持补偿费计征范围之内。

（2）取土、挖砂（河道采砂除外）、采石以及烧制砖、瓦、瓷、石灰的，根据取土、挖砂、采石量，按照每立方米 1 元计征（不足 1 立方米的按 1 立方米计）。对缴纳义务人已按前两种方式计征水土保持补偿费的，不再重复计征。

（3）排放废弃土、石、渣的，根据土、石、渣量，按照每立方米 1 元计征（不足 1 立方米的按 1 立方米计）。对缴纳义务人已按前三种方式计征水土保持补偿费的，不再重复计征。

4）缴纳时间

开办一般性生产建设项目的，缴纳义务人应当在项目开工前一次性缴纳水土保持补偿费。

从事其他生产建设活动的，缴纳水土保持补偿费的时限由县级水行政主管部门确定。

5）会计处理

水土保持补偿费具体会计处理见表 4-1-7。

水土保持补偿费会计处理　　表 4-1-7

借	在建工程—土地征用及迁移补偿费—水土保持补偿费
贷	银行存款

水土保持补偿费征收流程如图 4-1-3 所示。

（二）施工建设阶段税务管理要点

1. 耕地占用税

纳税人为建房或从事其他非农业建设而占用国家所有和集体所有的耕地时，应缴纳耕地占用税。建筑施工企业，尤其是公路、铁路工程企业，在施工过程中租用村民耕地用于料场、项目办公、混凝土拌和场等时，经常会涉及耕地占用税的问题。

1）适用税率

《中华人民共和国耕地占用税法》第七条规定：“铁路线路、公路线路、飞机场跑道、停机坪、港口、航道、水利工程占用耕地，减按每平方米二元的税额征收耕地占用税。”

减税的公路线路，具体范围限于经批准建设的国道、省道、县道、乡道和属于农村公路的村道的主体工程以及两侧边沟或者截水沟。专用公路和城区内机动车道占用耕地的，按照当地适用税额缴纳耕地占用税。

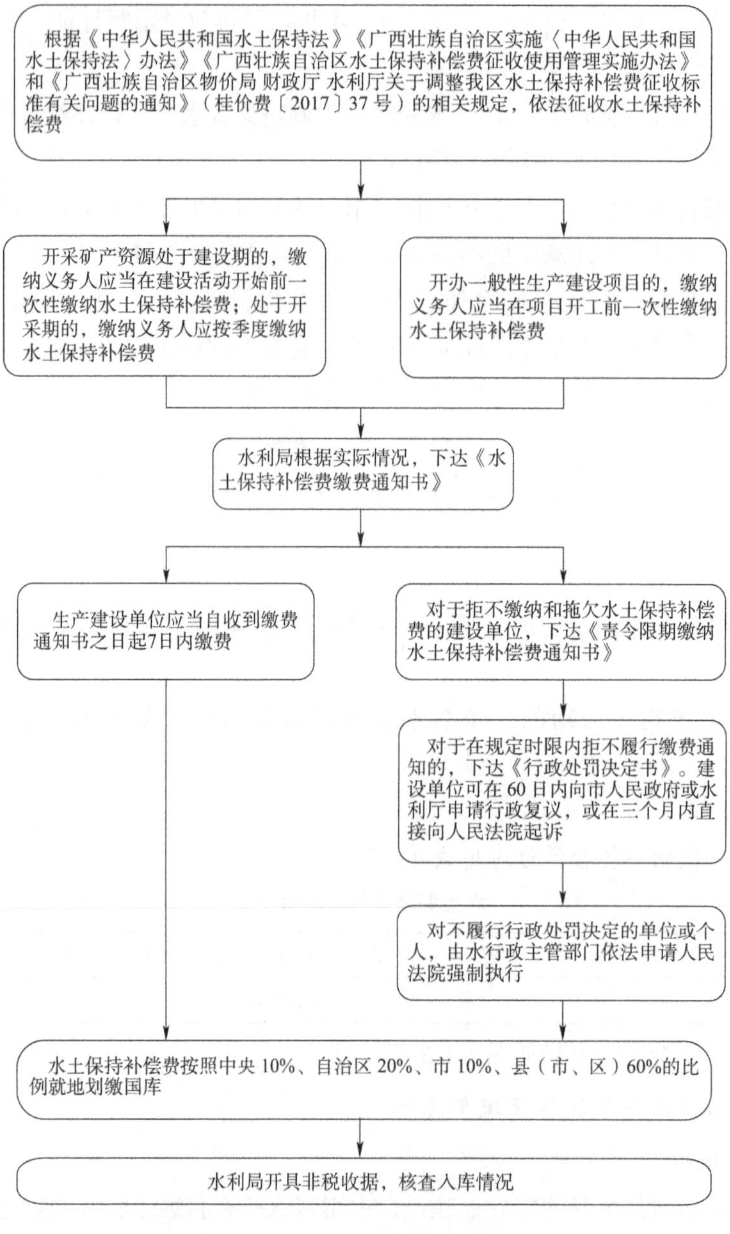

图4-1-3　水土保持补偿费征收流程图

减税的铁路线路，具体范围限于铁路路基、桥梁、涵洞、隧道及其按照规定两侧留地、防火隔离带。专用铁路和铁路专用线占用耕地的，按照当地适用税额缴纳耕地占用税。

2）临时占用耕地退税

企业因建设项目施工或者地质勘查临时占用耕地应缴纳耕地占用税，在批准临时占用耕地期满之日起一年内依法复垦，恢复种植条件的，全额退还已经缴纳的耕地占用税。

3）注意事项

项目施工用地，尽可能规划在红线范围内，控制临时用地面积，避免耕地占用，一旦取得国土部门临时用地批文，在占用手续办理之日起30日内主动与税务局沟通协调，力争在征收标准上获得就低征收，按时申报缴纳，避免滞纳金和罚款。项目结束后，及时办理复垦并取得相关验收资料，及时到税务机关办理退税。

《中华人民共和国耕地占用税法实施办法》第十七条规定："根据税法第八条的规定，纳税人改变原占地用途，不再属于免征或减征情形的，应自改变用途之日起30日内申报补缴税款，补缴税款按改变用途的实际占用耕地面积和改变用途时当地适用税额计算。"

4）会计处理

耕地占用税具体会计处理见表4-1-8。

耕地占用税会计处理　　　表4-1-8

借	在建工程—土地征用及迁移补偿费—耕地占用税
贷	银行存款

2. 城镇土地使用税

城镇土地使用税以纳税人实际占用的土地面积为计税依据，土地面积计量标准为每平方米，即税务机关根据纳税人实际占用的土地面积，按照规定的税额计算应纳税额，向纳税人征收城镇土地使用税。

（1）由省（自治区、直辖市）人民政府确定的单位组织测定土地面积的，以测定的面积为准。

（2）尚未组织测定，但纳税人持有政府部门核发的土地使用证书的，以证书确认的土地面积为准。

（3）尚未核发土地使用证书的，应由纳税人申报土地面积，并据以纳税，待核发土地使用证书以后再做调整。

（4）对在城镇土地使用税征税范围内单独建造的地下建筑用地，按规定征收城镇土地使用税。其中，已取得地下土地使用权证的，按土地使用权证确认的土地面积计算应征税款；未取得地下土地使用权证或地下土地使用权证上未标明土地面积的，按地下建筑垂直投影面积计算应征税款。对上述地下建筑用地暂按应征税款的50%征收城镇土地使用税。

（三）交工结算阶段税务管理要点

1. 房产税

《国家税务总局关于房产税部分行政审批项目取消后加强后续管理工作的通知》（国税函〔2004〕839号）第一条规定："纳税人因房屋大修导致连续停用半年以上的，在房屋大修期间免征房产税，免征税额由纳税人在申报缴纳房产税时自行计算扣除，并在申报表附表或备注栏中作相应说明。”

《财政部 税务总局关于房产税若干具体问题的解释和暂行规定》（财税地字〔1986〕8号）第二十一条规定：“凡是在基建工地为基建工地服务的各种工棚、材料棚、休息棚和办公室、食堂、茶炉房、汽车房等临时性房屋，不论是施工企业自行建造还是由基建单位出资建造交施工企业使用的，在施工期间，一律免征房产税。但是，如果在基建工程结束以后，施工企业将这种临时性房屋交还或者估价转让给基建单位的，应当从基建单位接收的次月起，依照规定征收房产税。”

2. 增值税

1）一般纳税人简易计税

《财政部 国家税务总局关于全面推开营业税改征增值税试点的通知》（财税〔2016〕36号）附件2《营业税改征增值税试点有关事项的规定》第一条第（九）项不动产经营租赁服务中规定：“公路经营企业中的一般纳税人收取试点前开工的高速公路的车辆通行费，可以选择适用简易计税方法，减按3%的征收率计算应纳税额。试点前开工的高速公路，是指相关施工许可证明上注明的合同开工日期在2016年4月30日前的高速公路。”

根据《财政部 国家税务总局关于进一步明确全面推开营改增试点有关劳务派遣服务、收费公路通行费抵扣等政策的通知》（财税〔2016〕47号）第二条第（二）项规定，一般纳税人收取试点前开工的一级公路、二级公路、桥、闸通行费，可以选择适用简易计税方法，按照5%的征收率计算缴纳增值税。试点前开工，是指相关施工许可证注明的合同开工日期在2016年4月30日前。

因此，符合条件的高速公路车辆通行费可以减按3%的征收率计算缴纳增值税，符合条件的一级公路、二级公路、桥、闸通行费可以按照5%的征收率计算缴纳增值税。通行费收入增值税税率见表4-1-9。

通行费收入增值税具体税率表 表4-1-9

公路类型	开工日期	计税方式	税率（征收率）
高速公路	2016年4月30日前	简易计税	5%减按3%
	2016年5月1日后	一般计税	9%
其他收费公路	2016年4月30日前	简易计税	5%
	2016年5月1日后	一般计税	9%

2）增值税留抵退税

采用一般计税方法的公路建设企业由于建设阶段留抵税额较大，在试运行阶段实际抵扣进项税额较小，满足增值税留抵退税条件的项目公司可向税务机关申请增值税留抵退税。具体条件和办理流程见“第三部分 主要税种通用规定—第一章 增值税—第七节 增值税留抵退税”。

3）取得政府还贷收费公路通行费收入税务处理

（1）开具票据。

由于政府还贷公路的投资主体是地方人民政府交通运输主管部门或其不以营利为目的的专门机构，经营管理单位取得的车辆通行费收入可以开具省级以上（含省级）财政部门监（印）制的财政票据。政策依据为《交通运输部 财政部 国家税务总局 国家档案局关于收费公路通行费电子票据开具汇总等有关事项的公告》（交通运输部公告2020年第24号）第二条："（二）收费公路通行费财政票据（电子）（以下简称通行费财政电子票据）。客户通行政府还贷公路，由经营管理者开具财政部门统一监制的通行费财政电子票据。通行费财政电子票据先行选择部分地区进行试点。试点期间，非试点地区暂时开具不征税发票。试点完成后，在全国范围内全面实行通行费财政电子票据。"

（2）免征增值税依据。

《财政部 国家税务总局关于全面推开营业税改征增值税试点的通知》（财税〔2016〕36号）第十条规定："销售服务、无形资产或者不动产，是指有偿提供服务、有偿转让无形资产或者不动产，但属于下列非经营活动的情形除外：

"（一）行政单位收取的同时满足以下条件的政府性基金或者行政事业性收费。

"1. 由国务院或者财政部批准设立的政府性基金，由国务院或者省级人民政府及其财政、价格主管部门批准设立的行政事业性收费；

"2. 收取时开具省级以上（含省级）财政部门监（印）制的财政票据；

"3. 所收款项全额上缴财政。"

项目公司经营管理还贷性公路取得的通行费收入开具财政票据的，按规定可以申请增值税减免税。

4）水利建设基金

项目公司取得车辆通行费的，按照当年收入总额的3%缴纳水利建设基金（除另有减免政策以外）。

5）企业所得税

（1）收入确认。

项目公司办理交工验收后进行试运行期间收取的通行费，会计处理时分别确认收入和成本。

政策依据：《企业会计准则解释第15号》第一条第（一）项："企业将固定资产达到预定可使用状态前或者研发过程中产出的产品或副产品对外销售（以下统称试运行销售）的，应当按照《企业会计准则第14号——收入》、《企业会计准则第1号——存货》等规定，对试运行销售相关的收入和成本分别进行会计处理，计入当期损益，不应将试运行销售相关收入抵销相关成本后的净额冲减固定资产成本或者研发支出。"第一条第（三）项："对于在首次施行本解释的财务报表列报最早期间的期初至本解释施行日之间发生的试运行销售，企业应当按照本解释的规定进行追溯调整；追溯调整不切实可行的，企业应当从可追溯调整的最早期间期初开始应用本解释的规定，并在附注中披露无法追溯调整的具体原因。”从执行新规定后，企业试运行期间产生的收入与企业所得税法收入确认不再存在暂时性差异，因此不需要进行纳税调整。

（2）税收优惠。

项目公司从事国家重点扶持的公共基础设施项目的投资经营的所得，自取得第一笔生产经营收入所属纳税年度起，第 1 年至第 3 年免征企业所得税，第 4 年至第 6 年减半征收企业所得税。第一笔生产经营收入，是指公共基础设施项目建成并投入运营（包括试运营）后所取得的第一笔主营业务收入。

6）取得政府补助税务处理

（1）增值税处理。

业主方从政府部门取得与公路通行费密切相关的补助款应作为销售对价组成部分计算缴纳增值税。其他情形取得的政府补助不需缴纳增值税。

《国家税务总局关于取消增值税扣税凭证认证确认期限等增值税征管问题的公告》（国家税务总局公告 2019 年第 45 号）第七条规定：“纳税人取得的财政补贴收入，与其销售货物、劳务、服务、无形资产、不动产的收入或者数量直接挂钩的，应按规定计算缴纳增值税。纳税人取得的其他情形的财政补贴收入，不属于增值税应税收入，不征收增值税。”

（2）企业所得税。

业主方从政府部门取得与公路通行费密切相关的补助款应作为企业所得税的应税收入计算缴纳企业所得税，如满足以下条件可作为不征税收入：

①企业能够提供规定资金专项用途的资金拨付文件；

②财政部门或其他拨付资金的政府部门对该资金有专门的资金管理办法或具体管理要求；

③企业对该资金以及以该资金发生的支出单独进行核算。

第二节 公路运营业务

开展高速公路运营的企业通常按高速路段提供路面保养、路面清障以及重大路面及附属设施修复等服务。本节以企业签订委托代管协议及日常管理流程安排框架思路，主要从印花税、增值税、企业所得税等方面详细解读高速公路运营企业各项涉税事项及税务管理要点。

一、委托管养业务税务合规管理

委托管养业务全生命周期流程如图 4-1-4 所示。

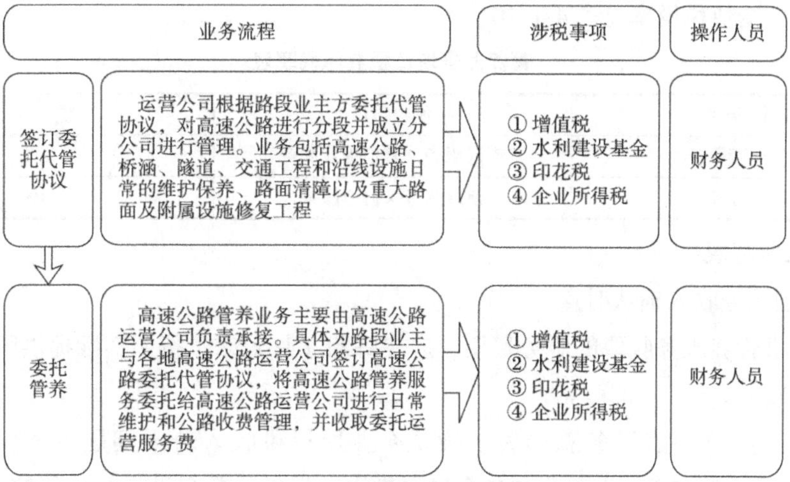

图 4-1-4 委托管养业务全生命周期流程图

（一）业务描述

高速公路管养业务主要由高速公路运营公司负责承接。具体为路段业主与各地高速公路运营公司签订高速公路委托代管协议，将高速公路管养服务委托给高速公路运营公司进行日常维护和公路收费管理，并收取委托运营服务费。养护业务包括高速公路、桥涵、隧道、交通工程和沿线设施日常的维护保养以及重大路面及附属设施修复工程。

（二）涉税事项

企业提供日常管养服务取得的收入主要涉及增值税、印花税、水利建设基金、企业所得税。

（三）税务管理要点

1. 增值税

根据《财政部 国家税务总局关于全面推开营业税改征增值税试点的通知》（财税〔2016〕36 号）附件 1 所附《销售服务、无形资产、不动产注释》，商务辅助服务，包括企业管理服务、经纪代理服务、人力资源服务、安全保护服务。企业管理服务，是指提供总部管理、投资与资产管理、市场管理、物业管理、日常综合管理等服务的业务活动。据此，运营公司提供的养护业务税目为“现代服务 × 其他现代服务”，税率 6%。

根据《财政部 国家税务总局关于全面推开营业税改征增值税试点的通知》（财税〔2016〕36 号）附件 1 所附《销售服务、无形资产、不动产注释》，建筑服务，是指各类建筑物、构筑物及其附属设施的建造、修缮、装饰，线路、管道、设备、设施等的安装以及其他工程作业的业务活动，包括工程服务、安装服务、修缮服务、装饰服务和其他建筑服务。修缮服务，是指对建筑物、构筑物进行修补、加固、养护、改善，使之恢复原来的使用价值或者延长其使用期限的工程作业。据此，运营公司提供的养护业务税目为“建筑服务 × 修缮服务”，税率 9%。

管养业务增值税税率见表4-1-10。

管养业务增值税具体税率表 表4-1-10

业务类型	税目	税率
委托运营服务	现代服务×其他现代服务	6%
养护业务	建筑服务×修缮服务	9%

2. 企业所得税

1）管理服务收入确认时点

企业提供管养服务收取的服务费用，应在每期（月）末，按照实际提供服务的进度确认管理服务收入。

政策依据：《国家税务总局关于确认企业所得税收入若干问题的通知》（国税函〔2008〕875号）第二条："企业在各个纳税期末，提供劳务交易的结果能够可靠估计的，应采用完工进度（完工百分比）法确认提供劳务收入。

"（一）提供劳务交易的结果能够可靠估计，是指同时满足下列条件：

"1. 收入的金额能够可靠地计量；

"2. 交易的完工进度能够可靠地确定；

"3. 交易中已发生和将发生的成本能够可靠地核算。

"（二）企业提供劳务完工进度的确定，可选用下列方法：

"1. 已完工作的测量；

"2. 已提供劳务占劳务总量的比例；

"3. 发生成本占总成本的比例。

"（三）企业应按照从接受劳务方已收或应收的合同或协议价款确定劳务收入总额，根据纳税期末提供劳务收入总额乘以完工进度扣除以前纳税年度累计已确认提供劳务收入后的金额，确认为当期劳务收入；同时，按照提供劳务估计总成本乘以完工进度扣除以前纳税期间累计已确认劳务成本后的金额，结转为当期劳务成本。"

2）养护业务收入确认时点

运营公司提供养护服务施工期限超过一年的，在年度汇算清缴时应按照实际施工年度内完工进度或者完成的工作量确认收入。

政策依据：《中华人民共和国企业所得税法实施条例》第二十三条第二项："企业受托加工制造大型机械设备、船舶、飞机，以及从事建筑、安装、装配工程业务或者提供其他劳务等，持续时间超过12个月的，按照纳税年度内完工进度或者完成的工作量确认收入的实现。"

二、服务区经营业务税务合规管理

高速公路服务区经营业务是指高速公路服务区的场地出租，便利店商品批发、零售以及服务区便利店广告位出租等业务，主营单位为服务区经营公司。高速公路服务区经营公司可以在服务区预留部分场地自营服务区经营公司业务，空余场地通常会对外出租。本部分以上述业务流程为基础，按对外租赁、采购、销售流程安排框架思路，主要从印花税、增值税、房产税等方面详细解读服务区管理业务的各项涉税事项及税务管理要点。服务区经营业务全生命周期流程如图 4-1-5 所示。

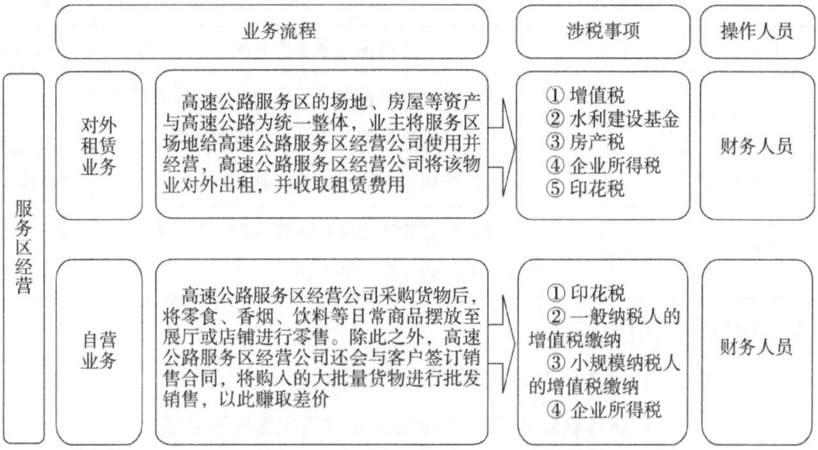

图 4-1-5　服务区经营业务全生命周期流程图

（一）业务描述

1. 对外租赁业务

高速公路服务区的场地、房屋等资产与高速公路为统一整体，业主将服务区场地给高速公路服务区经营公司使用并经营，高速公路服务区经营公司可将服务区物业对外出租，并收取租赁费用。

2. 自营业务

高速公路服务区经营公司采购货物后，将零食、香烟、饮料等日常商品摆放至展厅或店铺进行零售。除此之外，高速公路服务区经营公司还会与客户签订销售合同，将购入的大批量货物进行批发销售，以此赚取差价。

（二）涉税事项

1. 对外租赁业务

企业在对外出租不动产时，应注意签订合同缴纳印花税及收取租金缴纳增值税的情形。此外，由于租赁类型的不同，税法上对于房产税的缴纳有特殊规定的，应根据税法要求进行缴纳。对外租赁业务具体涉税处理参照本部分第二章“房地产板块”第三节“不动产租赁税务合规管理”。

2. 自营业务

采购业务“购销合同”税目需要缴纳印花税，应注意印花税的适用税目及合同价款规范要求。对于销售业务，企业需要根据一般纳税人及小规模纳税人的适用政策缴纳增值税。

（三）税务管理要点

1. 增值税税率区分

1）一般纳税人增值税税率

服务区经营业务一般纳税人增值税税率见表4-1-11。

服务区经营业务一般纳税人具体税率表　　表4-1-11

税目	计税依据	税率	纳税义务发生时间	涉税管理
销售货物	销售额	13%、9%、0%	取得销售款或者取得索取销售款项凭据的当天；先开具发票的，为开具发票的当天	纳税人自行计算应纳税额，向主管税务机关申报缴纳
餐饮服务	销售额	6%	现场消费业务为提供餐饮服务的当天	
展示品陈列	销售额	6%	收到服务款项或者实物商品的当天；先开具发票的，为开具发票的当天	

2）小规模纳税人增值税征收率

服务区经营业务小规模纳税人增值税管理要点见表4-1-12。

服务区经营业务小规模纳税人增值税管理要点表　　表4-1-12

税目	计税依据	征收率	纳税义务发生时间	涉税管理
销售货物	销售额	3%	取得销售款或者取得索取销售款项凭据的当天；先开具发票的，为开具发票的当天	纳税人自行计算应纳税额，向主管税务机关申报缴纳

2. 增值税缴纳方式

1）分别申报缴纳

总机构和分支机构不在同一县（市）的，原则上应分别向各自所在地主管税务机关申报纳税。

2）统一申报缴纳

服务区经营单位在省（自治区、直辖市）内跨区域经营业务，可由公司总部向其所在地主管税务机关汇总缴纳增值税。

3. 有关商业折扣的注意事项

纳税人采取折扣方式销售货物，销售额和折扣额在同一张发票上分别注明，即销售额和折扣额在同一张发票上的“金额”栏分别注明的，可按折扣后的销售额征收增值税。未在同一张发票“金额”栏注明折扣额，而仅在发票的备注栏注明折扣额的，折扣额不得从销售额中减除。

三、光缆管道租赁业务税务合规管理

本部分以企业提供光缆管道租赁业务的业务流程安排框架思路，主要从印花税、增值税方面详细解读涉税事项及税务管理要点。光缆管道租赁业务涉税管理框架如图 4-1-6 所示。

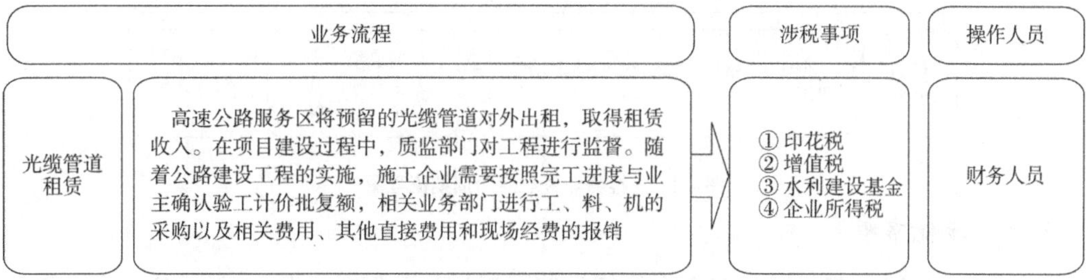

图 4-1-6　光缆管道租赁业务涉税管理框架

（一）业务描述

项目公司在建设高速公路的初期，通常会根据通信需求预留光缆管道，在高速公路建设完成后，将预留的光缆管道对外出租，以收取租赁费用。

（二）涉税事项

企业将光缆管道对外出租时，通常签订租赁合同，以明确光缆管道的地点、长度等，并以此计算租赁费用。在此过程中需要缴纳的税种有印花税和增值税。

（三）税务管理要点

1. 适用税目及计税要点

光缆管道属于构筑物的范畴，因此企业对外租赁光缆管道，应按照“有形动产租赁”缴纳增值税。

2. 一般纳税人适用简易计税的情形

《财政部 国家税务总局关于全面推开营业税改征增值税试点的通知》（财税〔2016〕36 号）附件 2《营业税改征增值税试点有关事项的规定》第一条第（六）项规定：“一般纳税人发生下列应税行为可以选择适用简易计税方法计税：……4. 以纳入营改增试点之日前取得的有形动产为标的物提供的经营租赁服务。5. 在纳入营改增试点之日前签订的尚未执行完毕的有形动产租赁合同。”

四、排障业务税务合规管理

本部分以企业提供路面清障服务时收取清障费用的业务流程安排框架思路，主要从增值税方面详细解读涉税事项及税务管理要点。排障业务全生命周期流程如图 4-1-7 所示。

（一）业务描述

当车辆在高速路面发生故障时，由高速公路运营公司所属路段分公司与发生故障车辆的车主采用即时交易方式进行交易，即非要式合同交易。企业对公路路段发生故障的车辆等障碍物进行排障后，向车主收取排障费用。

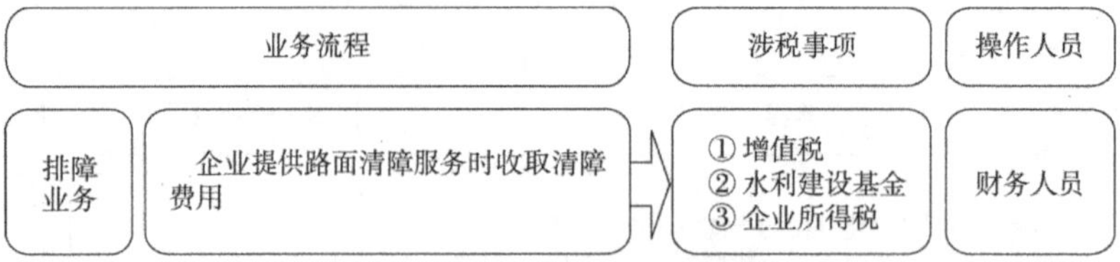

图 4-1-7 排障业务全生命周期流程图

（二）涉税事项

由于高速公路运营公司与车主在处理故障时采用的是即时交易方式，因此该过程未签订合同，亦无须缴纳印花税，但应根据收取的费用缴纳增值税。

（三）税务管理要点

1. 适用税目及计税要点

《财政部 国家税务总局关于全面推开营业税改征增值税试点的通知》（财税〔2016〕36号）附件1所附《销售服务、无形资产、不动产注释》第一条第（七）项规定：“生活服务，是指为满足城乡居民日常生活需求提供的各类服务活动。包括文化体育服务、教育医疗服务、旅游娱乐服务、餐饮住宿服务、居民日常服务和其他生活服务。”“其他生活服务，是指除文化体育服务、教育医疗服务、旅游娱乐服务、餐饮住宿服务和居民日常服务之外的生活服务。”

企业提供拖车救援服务，应按照“生活服务—其他生活服务”缴纳增值税，计税要点见表4-1-13。

计税要点表 表4-1-13

税目	计税依据	税率	纳税义务发生时间	涉税管理
生活服务—其他生活服务	销售额	6%	取得销售款或者取得索取销售款项凭据的当天；先开具发票的，为开具发票的当天	纳税人自行计算应纳税额，向主管税务机关申报缴纳

2. 汇总纳税要点

出于提高救援效率的目的，高速公路运营公司需要指派所属路段的分公司进行救援，分公司收取的费用汇总至高速公路运营公司。《中华人民共和国增值税暂行条例》第二十二条第（一）项规定：“固定业户应当向其机构所在地的主管税务机关申报纳税。总机构和分支机构不在同一县（市）的，应当分别向各自所在地的主管税务机关申报纳税；经国务院财政、税务主管部门或者其授权的财政、税务机关批准，可以由总机构汇总向总机构所在地的主管税务机关申报纳税。”

高速公路运营公司根据不同路段设立分公司，且不在同一县（市）的应分别纳税，经批准后可汇总纳税；处于同一县（市）的，应做汇总纳税处理。

第二章　房地产板块

第一节　土地整治项目税务合规管理

本节以企业土地整治、旱改水项目中的前期调查、项目建设、取得项目回款及项目退出等业务流程安排框架思路，主要从各个阶段涉及的印花税、增值税、水利建设基金、企业所得税等主要税种方面详细解读各项涉税事项及税务管理要点。土地整治项目全生命周期流程如图 4-2-1 所示。

图 4-2-1　土地整治项目全生命周期流程图

一、业务描述

（一）前期调查阶段

在前期调查阶段，项目公司需要聘请设计公司或测绘公司等对拟进行整治的土地进行调研。在此阶段，项目公司需要与上述公司签订合同。

（二）项目建设阶段

在项目建设阶段，项目公司按照土地整治总体规划采用工程建设措施，对田地进行综合整治，达到整治目标并通过相关政府部门的验收。

（三）取得项目回款阶段

项目建设完成后，由政府委托当地自然资源局或土地交易储备中心进行交易。交易成功后，由政府根据协议中约定的比例将交易收入转入项目公司。

（四）项目退出阶段

项目公司完成经营使命后可以进行注销清算。项目公司注销前要处置所有资产、负债，结清所有税款。项目公司注销过程中涉及的税种有增值税、企业所得税等。

二、涉税事项

（一）前期调查阶段涉税事项

项目公司在前期调查阶段签订的各项建筑工程勘察设计合同需要缴纳印花税。

（二）项目建设阶段涉税事项

项目公司在开发建设阶段签订的合同应当按照规定缴纳印花税。需要缴纳印花税的合同有购销合同、货物运输合同、加工承揽合同、仓储保管合同、建筑工程勘察设计合同、借款合同、建筑安装工程合同、财产保险合同等。采购业务应注意增值税发票的取得及进项税额抵扣的问题。

（三）取得项目回款阶段涉税事项

通过交易中心出售耕地占补平衡指标取得的收入涉及增值税计算与缴纳、水利建设基金与附加税计算与缴纳、企业所得税计算与缴纳。取得项目回款阶段涉税事项见表4-2-1。

取得项目回款阶段涉税事项管理明细　　表4-2-1

税　种	计税依据及税率	税款计算	纳税义务发生时间	涉税管理
增值税	销售合同不含税金额，税率6%	含税收入÷（1+6%）×6%	发生应税行为并收讫销售款项或者取得索取销售款项凭据的当天	以1个月为1个纳税期，自期满之日起15日内申报纳税
城市维护建设税、教育费附加、地方教育费附加	①按实际缴纳的增值税为计税依据； ②税率：城市维护建设税7%，教育费附加3%，地方教育费附加2%	①城市维护建设税：应交增值税×7%； ②教育费附加：应交增值税×3%； ③地方教育费附加：应交增值税×2%	与增值税的纳税义务发生时间一致	扣缴义务发生时间为扣缴增值税的当天，与增值税同时缴纳

续上表

税　　种	计税依据及税率	税款计算	纳税义务发生时间	涉税管理
水利建设基金	不含税收入，税率0.1%	不含税收入×0.1%	与增值税的纳税义务发生时间一致	扣缴义务发生时间为扣缴增值税的当天，与增值税同时缴纳

（四）项目退出阶段涉税事项

项目退出阶段应主要考虑项目交易指标完成后，项目公司注销时完成各项税费的清算、股权转让时进行相关登记等问题。

三、税务管理要点

（一）前期调查阶段税务管理要点

依照《国家税务局关于印花税若干具体问题的规定》（国税地字〔1988〕25号），纳税人应在合同签订时按合同所载金额计税贴花。因此，对已履行并贴花的合同，发现实际结算金额与合同所载金额不一致的，一般不再补贴印花，即如果租赁合同未履行或履行期限短于合同约定期限，亦不再退回印花税。

根据上述规定，合同签订时即应贴花，履行完税手续。因此，不论合同是否兑现或能否按期兑现，都一律按照规定贴花。

同一应税凭证载有两个或者两个以上经济事项并分别列明价款或者报酬的，按照各自适用税目、税率计算应纳税额；未分别列明价款或者报酬的，按税率高的计算应纳税额。

（二）项目建设阶段税务管理要点

项目公司在取得对方开出的增值税发票时应注意以下要点：

（1）发票开具单位是否与合同签订单位一致，是否与收款单位一致；

（2）发票开具的项目与税率是否与提供的应税行为相符；

（3）对于建筑安装服务发票，应注意备注栏是否按照税法要求填写，具体要求为应在发票的备注栏注明建筑服务发生地县（市、区）名称及项目名称。

（三）取得项目回款阶段税务管理要点

1. 增值税

项目公司完成补充耕地指标交易取得收入的当天，应按“销售无形资产”税目缴纳增值税，税率为6%。

政策依据：《国家税务总局关于明确中外合作办学等若干增值税征管问题的公告》

（国家税务总局公告2018年第42号）第三条：“纳税人通过省级土地行政主管部门设立的交易平台转让补充耕地指标，按照销售无形资产缴纳增值税，税率为6%。本公告所称补充耕地指标，是指根据《中华人民共和国土地管理法》及国务院土地行政主管部门《耕地占补平衡考核办法》的有关要求，经省级土地行政主管部门确认，用于耕地占补平衡的指标。”

2. 企业所得税

在交易成功后，交易中心将交易款项转入项目公司，此时公司应根据相关规定计算缴纳企业所得税。在计算企业所得税时，应注意收入的确认及相关费用的税前扣除问题。

1）收入确认

项目公司通过交易该项目补充耕地指标取得的收入，应在指标交易完成并收到交易款项时确认提供服务取得收入的实现。

2）相关支出的税前扣除

项目公司可根据真实、合法的有效凭据，在计算应纳税所得额时扣除青苗补偿费等相关支出。同时，支付的青苗补偿费等不需要为农民代扣代缴个人所得税。

政策依据：《中华人民共和国企业所得税法》第八条：“企业实际发生的与取得收入有关的、合理的支出，包括成本、费用、税金、损失和其他支出，准予在计算应纳税所得额时扣除。”此外，《国家税务总局关于个人取得青苗补偿费收入征免个人所得税的批复》中明确表示，乡镇企业的职工和农民取得的青苗补偿费，属种植业的收益范围。

3）涉税注意事项

由于向农民支付相关补偿费无法取得相应的发票或财政票据，为了能够在税前扣除相关成本费用，企业应采用以下方法控制税收风险：

（1）必须与获得青苗补偿费、拆迁补偿款和土地补偿款的农户或相关的企业签订补偿合同，在合同中必须按照国家相关补偿规定，明确载明补偿标准。

（2）如果青苗补偿费、拆迁补偿款和土地补偿款的获得者是个人，必须收集个人身份证复印件，接受补偿的个人必须在其身份证复印件上签字。

（3）获得青苗补偿费、拆迁补偿款和土地补偿款者必须向支付人提供收据。

（4）应收集乡镇政府发放给农民的补偿款银行回单、毁损补偿误耕补助费公示及发放表（上有政府盖章、农民签字按手印），并分项目单独保存。

（四）项目退出阶段税务管理要点

1. 增值税清税的进项税处理

在项目公司清算注销时，如果符合《关于深化增值税改革有关政策的公告》（财政部 税务总局 海关总署公告2019年第39号）第八条的规定，则可以申请增值税增量留抵退税；如不符合规定，项目公司注销时的增值税留抵税额税务机关不予退还。

2. 发生资产重组

1）转让货物时不需要缴纳增值税的情形

根据《国家税务总局关于纳税人资产重组有关增值税问题的公告》（国家税务总局公告2011年第13号）的规定，纳税人在资产重组过程中，通过合并、分立、出售、置换等方式，将全部或者部分实物资产以及与其相关联的债权、负债和劳动力一并转让给其他单位和个人，不属于增值税的征税范围，其中涉及的货物转让，不征收增值税。

根据《国家税务总局关于纳税人资产重组有关增值税问题的公告》（国家税务总局公告2013年第66号）的规定，纳税人在资产重组过程中，通过合并、分立、出售、置换等方式，将全部或者部分实物资产以及与其相关联的债权、负债经多次转让后，最终的受让方与劳动力接收方为同一单位和个人的，仍适用《国家税务总局关于纳税人资产重组有关增值税问题的公告》（国家税务总局公告2011年第13号）的相关规定，其中货物的多次转让行为均不征收增值税。资产的出让方需将资产重组方案等文件资料报其主管税务机关。

基于上述规定，项目退出时对相关资产的转让符合条件的不征收增值税，否则应按规定缴纳增值税。

2）重组时未抵扣的进项税处理

根据《国家税务总局关于纳税人资产重组增值税留抵税额处理有关问题的公告》（国家税务总局公告2012年第55号）的规定，增值税一般纳税人在资产重组过程中，将全部资产、负债和劳动力一并转让给其他增值税一般纳税人，并按程序办理注销税务登记的，其在办理注销登记前尚未抵扣的进项税额可结转至新纳税人处继续抵扣。

3. 企业所得税清算

企业清算的所得税处理，是指企业在不再持续经营，发生结束自身业务、处置资产、偿还债务以及向所有者分配剩余财产等经济行为时，对清算所得、清算所得税、股息分配等事项的处理。企业应当在办理注销登记前，就其清算所得向税务机关申报并依法缴纳企业所得税。

第二节 房地产开发税务合规管理

本节以房地产开发企业在房地产开发过程中的可行性研究、取得土地准备开发、开发建设、开盘预售、竣工交房及项目退出等业务流程安排框架思路，主要从土地价款、销售收入、预缴税款、发票开具等方面详细解读房地产开发企业的各项涉税事项及税务管理要点。房地产开发全生命周期流程如图4-2-2所示。

业务流程		涉税事项	操作人员
取得土地前可行性研究阶段	取得土地前的可行性研究是房地产开发项目投资决策的依据和首要环节。此阶段房地产开发企业用适当的研究方法进行全面系统的分析，对开发项目做出可行或不可行的判断	① 土地取得方式和未来开发主体选择的考量 ② 成本费用扣除凭证可靠性考量 ③ 税收政策对税费核算的影响 ④ 开发项目经营模式对收入确认、成本费用结转的影响 ⑤ 项目所在地土地增值税清算要求对土地增值税的影响 ⑥ 项目融资方式对税金扣除的影响	参与投拓项目的财务人员
取得土地准备开发阶段	土地使用权的取得方式包括土地使用权出让、土地使用权划拨、土地使用权转让、投资入股以及收购、兼并、重组等	① 土地取得方式的影响 ② 土地取得时间的影响 ③ 土地开发主体的影响	参与投拓项目的财务人员
开发建设阶段	在开发建设阶段，项目公司要先取得工程规划许可证，而后委托有施工资质的施工单位进行施工。此阶段的主要工作包括材料及设备供应、工程发包、建筑和安装施工等，并产生大量费用	① 增值税 ② 城镇土地使用税 ③ 印花税 ④ 房产税 ⑤ 土地增值税	项目财务人员
开盘预售阶段	开盘预售阶段是房地产开发企业将正在施工建设中的商品房预先出售给承购人，并由承购人支付定金或者房价款的阶段	① 预缴增值税及附加 ② 预缴土地增值税 ③ 预缴企业所得税 ④ 印花税 ⑤ 房产税 ⑥ 城镇土地使用税	项目财务人员
竣工交房阶段	竣工交房阶段是房地产开发企业取得收入、实现资金回笼的重要阶段。项目完成建设并取得竣工备案表后，房地产开发企业确认销售收入并结转计税成本	① 增值税及附加 ② 土地增值税 ③ 企业所得税 ④ 房产税 ⑤ 城镇土地使用税 ⑥ 水利建设基金	项目财务人员
项目退出阶段	项目的退出包括完工房产进行出租或自用、项目公司注销、项目公司被转让等	① 房产出租或自用时缴纳房产税 ② 项目公司注销时清算申报 ③ 股权转让的管理要点	项目财务人员

图 4-2-2　房地产开发全生命周期流程图

一、业务描述

（一）取得土地前可行性研究阶段

房地产开发项目可行性研究是房地产开发项目投资决策的依据和首要环节。在此阶段，房地产开发企业运用适当的研究方法对房地产拟建设项目进行全面、系统的分析，并对房地产开发项目作出可行或不可行的判断。

（二）取得土地准备开发阶段

房地产开发企业取得土地使用权的方式包括土地使用权出让、土地使用权划拨、土地使用权转让、投资入股以及收购、兼并、重组等。

（三）开发建设阶段

开发建设阶段是将建筑材料、设备物资等通过建造施工作业形成开发产品的过程，始于领取“建筑施工许可证”开工建设，终于开发项目竣工验收、交付。在开发建设阶段，房地产企业通常会对未完工开发产品进行预售，以更快地收回成本，回笼资金。开发建设阶段是房地产开发项目成本费用发生的主要期间。

（四）开盘预售阶段

开盘预售阶段是房地产开发企业取得预售许可证后将正在施工建设中的商品房预先出售给承购人，并由承购人支付定金或者房价款的阶段。

（五）竣工交房阶段

竣工交房阶段是房地产开发企业取得收入、实现资金回笼的重要阶段。项目完成建设并取得竣工备案表后，房地产开发企业确认销售收入并结转计税成本。

（六）项目退出阶段

对单个房地产开发项目而言，项目的退出形式主要有以下三种：

（1）完工房产进行出租或自用。房地产开发项目竣工后，完工产品由项目公司自用或自持，会产生不同的商业模式和经营方式。项目公司将完工产品出租涉及的税种有企业所得税、增值税及附加、房产税、城镇土地使用税、印花税等。项目公司将完工产品自用涉及的税种有房产税、城镇土地使用税、印花税等。

（2）项目公司注销。项目公司完成经营使命后可以进行注销清算。项目公司注销前要处置所有资产、负债，结清所有税款。项目公司注销过程中涉及的税种有增值税及附加、土地增值税、企业所得税等。

（3）项目公司被转让。项目公司的股权被转让给其他公司也是项目退出的一种形式。项目公司被转让时，其还将持续运营，但是更换股东时，需要完成市场监督、税务等部门的登记变更流程。

二、涉税事项

（一）取得土地前可行性研究阶段涉税事项

初步规划及可行性研究时，应统筹考虑影响未来税费核算的多种因素，包括但不限于土地取得方式对增值税核算的影响、各项成本费用凭证取得的可靠性对测算结果的影响、当地税收政策对税费的影响、项目未来收入情况及成本费用结转对税费的影响等。

（二）取得土地准备开发阶段涉税事项

在取得土地使用权并进行开发准备时，需要依据土地使用权取得方式的不同考虑需要缴纳的税种。

在签订土地使用权出让合同或协议、取得不动产权证前，需要按照产权转移书据适用税率缴纳印花税及契税；若取得的土地为耕地，需要按适用税额一次性缴纳耕地占用税；取得土地使用权后，需要按期缴纳城镇土地使用税。取得土地准备开发阶段涉税事项见表4-2-2。

取得土地准备开发阶段涉税事项管理明细　　表4-2-2

税　种	计税依据及税率	税款计算	纳税义务发生时间	涉税管理
契税	土地价款，税率3%～5%	土地价款×税率（3%～5%）	为纳税人签订土地、房屋权属转移合同的当日，或者纳税人取得其他具有土地、房屋权属转移合同性质凭证的当日	在依法办理土地、房屋权属登记手续前，向土地、房屋所在地的契税征收机关办理纳税申报及缴纳税款
城镇土地使用税	实际占用土地面积；符合条件的配套建设及符合免税条件的廉租房、经济适用房等可免征	实际占用土地面积×城镇土地使用税每平方米年税额	合同约定交付的次月，若合同未约定则为合同签订的次月	城镇土地使用税按年计算，分期缴纳。终止缴纳的时间按“商品房交付和不动产登记时间孰先”原则执行
印花税	产权转移书据，税率0.5‰	土地出让合同金额×0.5‰	书立土地出让合同之时	纳税人自行计算应纳税额，向主管税务机关申报缴纳
耕地占用税	实际占用的耕地面积，税率由省（自治区、直辖市）人民政府提出	实际占用的耕地面积×适用税率	收到自然资源主管部门办理占用耕地手续的书面通知的当日	纳税人应当自纳税义务发生之日起30日内申报缴纳耕地占用税

（三）开发建设阶段涉税事项

该阶段主要是项目成本的形成阶段及未完工开发产品的销售阶段，涉税风险点主要包括：

（1）成本对象的划分和确定；

（2）计税成本的归集和分摊；

（3）开发产品完工条件的判断；

(4) 预售收入的确定及企业所得税和土地增值税的计算和缴纳。

在开发建设阶段，需要考虑不同发包方式对增值税的影响、供应商选择时的税务要求、合同签订的涉税条款、费用确认、税费缴纳以及特殊情况下在建工程整体转让的税款计算及缴纳。

开发建设阶段需要缴纳的税种有城镇土地使用税、印花税、房产税。尚未出售的商品房无须缴纳增值税，尚未开始使用的房产无须缴纳房产税，但在建设过程中应注意建设过程的控制，以取得可以抵扣的相关票据。开发建设阶段涉税事项见表4-2-3。

开发建设阶段涉税事项管理明细 表4-2-3

税种	计税依据及税率	税款计算	纳税义务发生时间	涉税管理
城镇土地使用税	未售面积占总可售面积的比例，税率以当地税务局下发文件为准	未售面积占总可售面积的比例×税率	合同约定交付的次月，若合同未约定则为合同签订的次月	房地产开发企业城镇土地使用税可按月计算，分期缴纳。终止缴纳的时间按“商品房交付和不动产登记时间孰先”原则执行
印花税	勘察设计、加工承揽、建筑安装工程承包合同等	合同中的不含税金额×适用税率	书立合同或书据之时	纳税人自行计算应纳税额，向主管税务机关申报缴纳
房产税（自用）	房产原值一次减除10%～30%后的余值，税率1.2%	房产原值一次减除10%～30%后的余值×1.2%	见房产税纳税义务发生时间	按年计算，分期缴纳

（四）开盘预售阶段涉税事项

此阶段所涉及的税种主要有增值税及附加、企业所得税、土地增值税、城镇土地使用税、房产税和印花税。其中，企业所得税根据预收收入采用预计毛利率计算应纳税所得额，增值税及土地增值税均根据预售收入和预征率进行预缴。

（五）竣工交房阶段涉税事项

此阶段主要涉及开具销售发票、增值税及附加申报、土地增值税清算、企业所得税汇算清缴、房产税和城镇土地使用税申报等工作。

（六）项目退出阶段涉税事项

此阶段应主要考虑完工项目在出租和自用期间的房产税、城镇土地使用税如何缴纳，项目公司注销时清算各项税费，股权转让时进行相关登记等问题。

三、税务管理要点

（一）取得土地前可行性研究阶段税务管理要点

1. 土地取得方式和未来开发主体选择的考量

（1）关于取得土地的票据。

土地成本对房地产开发企业的增值税、企业所得税及土地增值税清算有较大影响，土地成本的计税基础主要是取得土地的合法票据。

不同的土地取得方式，如土地使用权出让、土地使用权划拨、土地使用权转让、土地使用权投资等，将影响项目缴纳增值税、企业所得税和土地增值税时是否可以扣除土地价款。对于无法取得增值税发票或财政票据的土地使用权，应提前规划如何取得其他支撑资料。

取得土地票据应注意以下事项：

①土地成本合法票据的索取需以真实交易为背景，以交易合同为依据。

②土地的构成成本与实际土地状况是否合理。

③注意票据要素的准确、完整，如发票抬头、金额大小写、开具单位印章等要素是否齐全，还应注意检查票据抬头与合同协议签订方、资金实际支付方是否一致。

④取得土地前考虑是否能够取得可以抵扣的有效凭据。在计算销售额时从全部价款和价外费用中扣除土地价款，应当取得省级以上（含省级）财政部门监（印）制的财政票据。

通常构成土地成本的合法票据包括省级以上（含省级）财政部门监（印）制的土地出让金专用收据、不动产转让发票、被拆迁人签字的收据等。通过股权收购、资产重组等渠道间接取得的土地，应尤为关注被收购企业土地成本是否取得上述合法票据。不同的土地取得方式及应获取的相关票据见表4-2-4。

不同土地取得方式的凭证和扣除情况表　　表4-2-4

方　式	取得的凭证类型	增值税进项抵扣	企业所得税前扣除	土地增值税扣除
出让	财政票据	可以抵减销项税额	可以扣除	可以扣除
划拨		可以抵减销项税额	可以扣除	可以扣除
转让	增值税专用发票	可以抵扣	可以扣除	可以扣除
投资		可以抵扣	可以扣除	可以扣除

（2）不同的取得土地使用权的方式和土地使用权的未来用途，将影响土地出让金的金额和契税的计税依据。

（3）确认开发主体时，如果需要项目公司开发，需要其与政府签订补充协议，明确财政票据接受方，避免出现拿地主体（票据接收方）及开发主体不一致导致不能抵扣增值税的情况。

2. 成本费用扣除凭证可靠性考量

在进行税费测算时，需要根据往期经验及合规要求，合理估计可取得的凭证对增值税、土地增值税和企业所得税的影响。

3. 税收政策对税费核算的影响

测算各项税费时，要充分结合项目所在地的税务机关对于各项税费的预征率或税率的判定或核定结果，以及最新的税收政策要求。税收政策对税费核算的影响见表4-2-5。

各项税费的预征率或税率明细 表4-2-5

税种	征收率或税率	制定依据
土地增值税	核定征收率原则上不低于5%。 预征率： ①房地产开发企业开发的保障性住房：暂不预征。 ②房地产开发企业开发的普通住房：预征率为1%。 ③房地产开发企业开发的非普通住房：预征率为2%～3%。 ④房地产开发企业开发的商铺和其他房产：预征率为3%～5%	《国家税务总局广西壮族自治区税务局关于调整土地增值税预征率的公告》（国家税务总局广西壮族自治区税务局公告2018年第3号）
城镇土地使用税	南宁市每平方米年税额如下： 一级土地15元/平方米；二级土地13元/平方米；三级土地9.5元/平方米；四级土地5.5元/平方米；五级土地3.5元/平方米；六级土地1.5元/平方米	各市、县确定所辖地区的适用税额幅度
契税	3%～5%	契税的具体适用税率，由省（自治区、直辖市）人民政府在规定的税率幅度内提出，报同级人民代表大会常务委员会决定，并报全国人民代表大会常务委员会和国务院备案

4. 开发项目经营模式对收入确认、成本费用结转的影响

需要考虑房地产开发项目的用途和未来获取利益的方式对收入确认、成本费用结转和项目利润的影响。

5. 项目所在地土地增值税清算要求对土地增值税的影响

在进行项目土地增值税测算时，要结合项目所在地税务机关对土地增值税清算的要求，影响因素包括但不限于清算对象的划分、项目房产类型、房产面积大小、容积率等普通住宅标准、不同业态房产增值率等。

6. 项目融资方式对税金测算的影响

在进行房地产开发项目税金测算时，需要考虑不同融资方式对企业所得税汇算清缴扣

除、土地增值税清算产生的影响。

（二）取得土地准备开发阶段税务管理要点

1. 土地取得方式的影响

不同土地取得方式对应的契税计税依据见表4-2-6。

不同土地取得方式对应的契税计税依据表　　表4-2-6

土地取得方式	计税依据
国有土地使用权出让	土地使用权出让、出售、房屋买卖的计税依据为土地、房屋权属转移合同确定的成交价格，包括应交付的货币以及实物、其他经济利益对应的价款。土地使用权出让的，计税依据包括土地出让金、土地补偿费、安置补助费、地上附着物和青苗补偿费、征收补偿费、城市基础设施配套费、实物配建房屋等应交付的货币以及实物、其他经济利益对应的价款
土地使用权出售	
房屋买卖	
以土地、房屋权属作价投资、入股、抵债	
土地使用权赠与	由征收机关参照土地使用权出售、房屋买卖的市场价格核定
房屋赠与	
以获奖方式承受土地、房屋权属	
土地使用权交换	交换价格的差额部分
房屋交换	
土地使用权与房屋相互交换	
以划拨方式取得土地使用权，经有批准权的人民政府依法批准转让房地产的	补交的土地使用权出让费用或者土地收益

2. 土地取得时间的影响

1）契税

契税的纳税义务发生时间及计税依据如上表所示。

2）城镇土地使用税

房地产开发企业获得土地后，无论是否取得土地使用证，均需要从合同约定交付土地时间的次月起缴纳城镇土地使用税。因此，在签订土地使用权出让合同或土地使用权转让合同时，需要考虑是否可以按规定时间取得土地。若土地交付时间可能延期，未签订合同的情况下则可以考虑修改交付时间；若已经签订了合同，则可以考虑签订补充协议重新约定交付时间，以此为依据确认城镇土地使用税的纳税义务发生时间。还需要注意，如果未明确交付时间，则需要从合同签订时间的次月起缴纳城镇土地使用税，因此应考虑是否能够及时获得土地使用权，避免合同签订与实际获取土地使用权间隔时间过长而增加税收负担。

纳税人因房产、土地的实物或权利状态发生变化而依法终止房产税、城镇土地使用税纳税义务的，其应纳税款的计算应截止到房产、土地的实物或权利状态发生变化的当月末。因此，对房地产开发企业建造商品房用地，在商品房出售之前，应依照规定征收城镇土地使用税，终止缴纳的时间按“商品房交付和不动产登记时间孰先”原则执行。

房地产企业产生城镇土地使用税纳税义务后，应按未售建筑面积占总可售建筑面积的比例计算城镇土地使用税，具体计算公式为：

本月应交城镇土地使用税 =（总可售建筑面积 − 上月累计已售建筑面积）÷ 总可售建筑面积 × 土地面积 × 单位税额 ÷ 12

总可售建筑面积 = 地上可售建筑面积 + 地下可售建筑面积

注意事项：

（1）累计已售建筑面积为已交付商品房建筑面积或已办理不动产登记商品房建筑面积。

（2）城镇土地使用税应每月计算一次，分期缴纳。

关于上述计算公式中的总可售建筑面积，企业应与主管税务机关保持沟通，根据项目所在地主管税务机关的规定，准确界定总可售建筑面积是否仅包括计容部分总可售建筑面积，在降低税收风险的同时尽可能地节约税款。

3）印花税

印花税的纳税义务发生时间为书立土地出让合同时。与城镇土地使用税相似，书立土地出让合同时应考虑实际取得土地的时间。

签订合同或书据时，应分别列明含税金额以及增值税税率与税额，避免增加应缴税额。2016 年国家税务总局视频会议解读中明确表示，合同中所载金额和增值税如果分别注明的，按照不包含增值税的合同金额确定计税依据；没有分别注明的，则需要以价税合计数为印花税的计税依据。

3. 土地开发主体的影响

开发房地产项目时，可能存在取得土地主体和开发项目主体不一致的情况。如存在企业受让土地使用权，又成立项目公司对该土地进行开发的情形，需要考虑在土地使用权转移后，未来项目公司在销售房屋计算缴纳增值税时是否可以扣除土地价款。

1）取得土地的主体直接开发

由取得土地的主体直接开发是一种常规业务模式，按照一般开发模式进行税务管理即可。

2）由项目公司取得土地后直接开发

由项目公司取得土地后直接开发，与母公司取得土地直接开发的流程相似，亦可按一般开发模式进行税务管理。

3）设立项目公司开发

设立项目公司开发，是指取得土地使用权的公司在项目当地新设立项目公司，独立负责房地产开发项目运作。新设立项目公司是以新的法人单位的形式进行项目的立项、规划、报批、报建、建设、验收等所有程序，最终完成项目的开发并获取投资回报。设立项目公司进行核算，有利于项目销售完毕后进行各项税收清算，从而避免留存，减少税务机关评估检查带来的隐患。

土地使用权从取得土地的公司转给新设立的项目公司，如果符合《关于明确金融 房地产开发 教育辅助服务等增值税政策的通知》（财税〔2016〕140 号）第八条规定的条件，项目公司可以扣除房地产开发企业向政府部门支付的土地价款。需要满足的条件为：

（1）房地产开发企业、项目公司、政府部门三方签订变更协议或补充合同，将土地受让人变更为项目公司。

（2）政府部门出让土地的用途、规划等条件不变的情况下，签署变更协议或补充合同时，土地价款总额不变。

（3）项目公司的全部股权由受让土地的房地产开发企业持有。

4. 涉税风险

不同的土地取得主体及开发主体将会带来增值税抵扣的风险。上述条件对母公司拿地、项目公司开发的情况作出规定，即在政府与母公司出让土地的条件不变的情况下，所支付的土地价款可以在计算增值税时扣除。不能满足以上条件的土地使用权转移，很可能导致项目公司需要缴纳较高的增值税、企业所得税及土地增值税。

5. 税收优惠政策

1）免征城镇土地使用税及印花税

对改造安置住房建设用地免征城镇土地使用税。对改造安置住房经营管理单位、开发商与改造安置住房相关的印花税以及购买安置住房的个人涉及的印花税予以免征。

在商品住房等开发项目中配套建造安置住房的，依据政府部门出具的相关材料、房屋征收（拆迁）补偿协议或棚户区改造合同（协议），按改造安置住房建筑面积占总建筑面积的比例免征城镇土地使用税、印花税。

2）免征土地增值税

企事业单位、社会团体以及其他组织转让旧房作为改造安置住房房源且增值额未超过扣除项目金额 20% 的，免征土地增值税。

3）免征契税

对经营管理单位回购已分配的改造安置住房继续作为改造安置房源的，免征契税。

（三）开发建设阶段税务管理要点

1. 增值税

在项目建设过程中，企业应注意是否能够取得可抵扣的增值税专用发票及审核取得的发票的合规性。发票的审核要点如下：

（1）发票开具单位是否与合同签订单位一致，是否与收款单位一致。

（2）发票开具的项目与税率是否与提供的应税行为相符。

（3）增值税专用发票上注明的进项税额是否可以抵扣。

（4）对于建筑安装服务发票，应注意备注栏是否按照税法要求填写。具体要求为应在发票的备注栏注明建筑服务发生地县（市、区）名称及项目名称。

2. 城镇土地使用税

房地产开发企业建造的商品房用地，在商品房出售之前，应依照规定征收城镇土地使用税，终止缴纳的时间按“商品房交付和不动产登记时间孰先”原则执行。在开发建设阶段，土地使用税的税款计算缴纳与取得土地准备开发阶段一致。

3. 印花税

房地产开发企业在开发建设阶段涉及各种合同的签订，应当按照规定缴纳印花税。需要贴花的合同有购销合同、货物运输合同、加工承揽合同、仓储保管合同、建筑工程勘察设计合同、借款合同、建筑安装工程合同、财产保险合同等。

4. 房产税

1）商品房的房产税

根据《国家税务总局关于房产税城镇土地使用税有关政策规定的通知》（国税发〔2003〕89 号）第一条的规定，鉴于房地产开发企业开发的商品房在出售前，对房地产开发企业而言是一种产品，因此，对房地产开发企业建造的商品房，在售出前，不征收房产税；但对售出前房地产开发企业已使用或出租、出借的商品房应按规定征收房产税。

2）临时性建筑物的房产税

（1）在基建工地为基建工地服务的临时性建筑。

《财政部 税务总局关于房产税若干具体问题的解释和暂行规定》（财税地字〔1986〕8 号）第二十一条规定：“凡是在基建工地为基建工地服务的各种工棚、材料棚、休息棚和办公室、食堂、茶炉房、汽车房等临时性房屋，不论是施工企业自行建造还是由基建单位出资建造交施工企业使用的，在施工期间，一律免征房产税。但是，如果在基建工程结束以后，施工企业将这种临时性房屋交还或者估价转让给基建单位的，应当从基建单位接收的次月起，依照规定征收房产税。”由此可知，“临时性建筑物”必须同时满足两个条件：一是为基建工地服务，二是处于施工期间。相反，如果基建工程结束，临时性建筑物归基建单位使用，则须从基建单位使用的次月起缴纳房产税。

（2）为销售房屋而建造的相关营销设施。

为销售房屋而建造的售楼部、临时设施、临时样板间等营销设施，应自建造完毕次月起缴纳房产税。根据上述规定，房地产开发企业的售楼部等临时建筑物显然并非为基建工地服务，而是为售楼服务，因而不能满足免征房产税的两个条件。如果这一临时建筑物为施工单位所建，且已经交与开发公司，开发公司也已经在实质使用，则应当从开发公司接受临时建筑物的次月起缴纳房产税。

5. 土地增值税

税务机关备案要求：应在取得土地使用权并获得房地产开发项目第一份“建设工程施

工许可证”后30日内，向主管税务机关填报《土地增值税项目清算单位确认表》，同时提供以下书面资料：

（1）房地产项目立项批文；

（2）国有土地使用权出让（转让）合同、土地使用权证或不动产权证书；

（3）建设用地规划许可证；

（4）建设工程规划许可证；

（5）建设工程施工许可证。

房地产开发项目涉及保障性住房项目的，纳税人还需提供政府主管部门制发的相关文件。

主管税务机关应在收到纳税人提交的《土地增值税项目清算单位确认表》之日起30日内确认清算单位并告知纳税人。纳税人在收到《土地增值税项目清算单位确认表》之日起30日内，根据主管税务机关确认的清算单位填报《土地增值税项目登记表》，办理土地增值税项目信息登记。

6. *在建工程整体转让的特殊情形*

在建工程转让，是指转让方将出让国有土地使用权及附着于该土地上的未建成的建筑物、构筑物、附属设施一并转让给受让方，并由受让方支付转让价款的民事法律行为。转让方涉税情况分析如下：

1）增值税

根据《财政部 国家税务总局关于全面推开营业税改征增值税试点的通知》（财税〔2016〕36号）附件1所附《销售服务、无形资产、不动产注释》，转让建筑物有限产权或者永久使用权的，转让在建的建筑物或者构筑物所有权的，以及在转让建筑物或者构筑物时一并转让其所占土地的使用权的，按照销售不动产缴纳增值税。在此需要注意的是，应区分在建工程是老项目还是新项目，其所适用的计税方法是不同的。房地产老项目，是指“建筑工程施工许可证”注明的合同开工日期在2016年4月30日前的房地产项目，以及“建筑工程施工许可证”未注明合同开工日期或者未取得“建筑工程施工许可证”但建筑工程承包合同注明的开工日期在2016年4月30日前的建筑工程项目。

2）土地增值税

《中华人民共和国土地增值税暂行条例》第二条规定，转让国有土地使用权、地上的建筑物及其附着物并取得收入的单位和个人，为土地增值税的纳税义务人，应当依照本条例缴纳土地增值税。

在建项目转让方按销售不动产税目计征增值税，与此同时转让方在计缴土地增值税时，应按照《中华人民共和国土地增值税暂行条例》第七条规定的税率计算。

3）企业所得税

根据《中华人民共和国企业所得税法》规定，转让在建项目可视为企业财产的销售转让，应计缴企业所得税。转让方也应按销售不动产适用税率，给受让方开具相应的增值税发票或其他合理的扣税凭证，以免受让方企业所得税前无法正常扣除。

4）印花税

根据《中华人民共和国印花税暂行条例》及实施细则规定，在建项目的转让应依据产权转移书据项目缴纳印花税。其计税依据应为在建项目转让合同列示的不含税价款。

（四）开盘预售阶段税务管理要点

1. 预缴税款

1）增值税

增值税是以商品（含应税劳务）在流转过程中产生的增值额为计税依据而征收的一种流转税。《营业税改征增值税试点有关事项的规定》第一条第（八）项规定："房地产开发企业采取预收款方式销售所开发的房地产项目，在收到预收款时按照3%的预征率预缴增值税。"因此，房地产项目销售的增值税缴纳分为预售阶段的预缴和项目交付阶段的汇总缴纳。

（1）签订房屋预售合同或房屋销售合同。

①明确约定合同签订时间和交房时间。合同中需要载明实际签约时间，还需要载明房屋交付时间。

②明确约定房屋面积。合同中需要载明购房者购买房屋的实际面积。

（2）发票开具与管理。

①预售时开具发票。

根据《国家税务总局关于营改增试点若干征管问题的公告》（国家税务总局公告2016年第53号）中第九条第（十一）项规定，"未发生销售行为的不征税项目"下设602"销售自行开发的房地产项目预收款"，使用"未发生销售行为的不征税项目"编码，发票税率栏应填写"不征税"，不得开具增值税专用发票。因此，收到预收款时应向购房者开具增值税普通发票，不得开具增值税专用发票。其"不征税"发票等同于以前的预售款收据，同时需要预缴3%的增值税。

购房者采取按揭贷款方式购房的，需要凭预售发票向银行申请贷款。各地税务机关对于预售发票是否需要从购房者手中取回红冲后才可以开具房屋销售发票的规定不一致，因此，房地产开发企业在购房者处领取发票时，应提醒购房者妥善保管发票，以保证房地产开发企业在需要收回预售发票时可以从购房者处取得原始发票。

②发票管理要求。

项目财务部门应根据发票管理制度的规定，建立发票管理台账，详细登记发票领购、使用、作废情况，定期对发票的结存数量进行检查、核对，并根据发票需求情况按税务机关的要求领取发票。

对外开具增值税发票时，需完成相应的审批流程。

开票人员不得转借、转让、代开发票，不得虚开、乱开发票，对作废的发票须在防伪税控系统中将相应的数据电文按“作废”处理，在纸质发票各联次上注明“作废”字样，全联次留存。

（3）预缴税款。

房地产开发企业采取预收款方式销售自行开发的房地产开发项目，应在收到预收款时按照3%的预征率向不动产所在地主管税务机关预缴增值税。预收款是指房地产开发企业实际取得的售房款，包括分期取得的预收款，具体含首付款、按揭款、尾款等，以及全款取得的预收款。一般纳税人与小规模纳税人的涉税处理如下：

①一般纳税人。

一般纳税人预缴增值税计算过程见表4-2-7。

一般纳税人预缴增值税计算表 表4-2-7

一般纳税人	计算方式
一般计税	应预缴税款＝预收款÷（1＋9%）×3%
简易计税	应预缴税款＝预收款÷（1＋5%）×3%

一般纳税人预缴税款的会计处理见表4-2-8。

一般纳税人预缴增值税会计处理表 表4-2-8

一般纳税人	会计分录
一般计税	借：应交税费—预交增值税 贷：银行存款
简易计税	借：应交税费—简易计税 贷：银行存款

②小规模纳税人。

属于小规模纳税人的房地产开发企业采取预收款方式销售自行开发的房地产项目，在收到预收款时纳税义务尚未发生，需要按照3%的预征率预缴增值税，计算过程见表4-2-9。

小规模纳税人预缴增值税计算表 表4-2-9

小规模纳税人	计算方式
简易计税	应预缴税款＝预收款÷（1＋5%）×3%

小规模纳税人预缴税款的会计处理见表4-2-10。

小规模纳税人预缴增值税会计处理表 表4-2-10

小规模纳税人	会计分录
简易计税	借：应交税费—简易计税 贷：银行存款

房地产开发企业销售自行开发的房地产项目进行预缴增值税申报时，应填报《增值税

预缴税款表》，完成申报后，应取得完税凭证作为增值税纳税申报凭证。

（4）注意事项。

《房地产开发企业销售自行开发的房地产项目增值税征收管理暂行办法》（国家税务总局公告2016年第18号）第十条规定："一般纳税人采取预收款方式销售自行开发的房地产项目，应在收到预收款时按照3%的预征率预缴增值税。"

房地产开发企业在将房屋交付给业主之前收取的款项，一般不包含签订房地产销售合同之前收取的诚意金、认筹金和定金等。但根据以上规定，对于上述款项及代收代付的各项价外费用，国家税务总局尚未明确是否作为销售未完工开发产品收入，若界定为销售未完工开发产品收入的组成部分，将面临企业所得税纳税风险。关于上述问题，企业应与主管税务机关保持沟通，根据项目所在地主管税务机关的规定，准确界定销售未完工开发产品所取得的收入，以降低税收风险。

2）土地增值税

房地产开发项目实施先预征后清算的征管模式。根据《国家税务总局关于营改增后土地增值税若干征管规定的公告》（国家税务总局公告2016年第70号）第一条：为方便纳税人，简化土地增值税预征税款计算，房地产开发企业采取预收款方式销售自行开发的房地产项目的，可按照以下方法计算土地增值税预征计征依据：

土地增值税预征的计征依据 = 预收款 − 应预缴增值税税款

应预缴税款 = （预收款 − 应预缴增值税税款） × 预征率

公式中预征率按各市的预征率执行，各市可实行差别化预征率。地区预征率见表4-2-11。

土地增值税预征率明细　　表4-2-11

税务机关所在地	普通住宅	非普通住宅	其他类型
南宁市	1%	3%	4%
柳州市	1%	3%	4%
其他区内城市	1%	2%	3%

注：①住宅小区建筑容积率在1.0（含1.0）以上；

②单套建筑面积在144平方米（含144平方米）以下；

③实际成交价低于同区域享受优惠政策住房平均交易价格的1.44倍以下。

纳税人应按月预缴土地增值税，填制《土地增值税纳税申报表》，于次月15日内向主管税务机关申报缴纳税款，并报送销（预）售的销控明细，内容应包括各类商品房的销售收入、已售商品房建筑面积、可售商品房建筑面积、销售比例等。

3）企业所得税

对于销售未完工开发产品取得的收入，根据《房地产开发经营业务企业所得税处理办法》（国税发〔2009〕31号）第九条规定，应先按预计计税毛利率分季（或月）计算出预计毛利额，计入当期应纳税所得额。

（1）预计毛利率的规定。

《广西壮族自治区人民政府关于降低实体经济企业成本若干措施的意见》（桂政发〔2016〕20号）第二条第（六）项规定："从2016年4月1日起，将我区房地产开发经营业务企业所得税计税毛利率统一调低为：开发项目位于南宁市城区和郊区的，不低于15%；开发项目位于地级市所在地城区及郊区的，不低于10%；开发项目位于其他地区的，不低于5%；开发项目属于经济适用房、限价房和危改房的，不低于3%。"

区内各城市的企业所得税预计计税毛利率统计（不包括经济适用房、限价房和危改房）见表4-2-12。

企业所得税预计计税毛利率明细 表4-2-12

税务机关所在地	预计计税毛利率
南宁市市区内	15%
其他区内地级市内	10%
其他区内县、县级市	5%

（2）预缴企业所得税的计算方式。

企业销售未完工开发产品取得的收入，应先按预计计税毛利率分季（或月）算出预计毛利额，计入当期应纳税所得额。预计毛利额计算见表4-2-13。

企业所得税预计毛利额明细 表4-2-13

一般纳税人	预计毛利额计算方式
一般计税	预计毛利额＝预收房款÷（1＋9%）×预计计税毛利率
简易计税	预计毛利额＝预收房款÷（1＋5%）×预计计税毛利率

2. 销售佣金在新收入准则下的税会差异

《企业会计准则第14号——收入》第四章第二十八条规定："企业为取得合同发生的增量成本预期能够收回的，应当作为合同取得成本确认为一项资产；但是，该资产摊销期限不超过一年的，可以在发生时计入当期损益。"

1）账务处理

未确认收入时：

借：合同取得成本—房地产销售佣金

　　应交税费—应交增值税（待认证进项税额）

　　贷：银行存款等

交付房屋确认销售收入时：

借：销售费用—代理费及佣金

　　贷：合同取得成本—房地产销售佣金

2）税务处理

《财政部 国家税务总局关于企业手续费及佣金支出税前扣除政策的通知》（财税〔2009〕29号）第一条规定："企业发生与生产经营有关的手续费及佣金支出，不超过以下规定计算限额以内的部分，准予扣除；超过部分，不得扣除。""2. 其他企业：按与具有合法经营资格中介服务机构或个人（不含交易双方及其雇员、代理人和代表人等）所签订服务协议或合同确认的收入金额的5%计算限额。"第四条规定："企业已计入固定资产、无形资产等相关资产的手续费及佣金支出，应当通过折旧、摊销等方式分期扣除，不得在发生当期直接扣除。"

因此，企业应在相应收入确认并摊销该资产计入损益时税前扣除该佣金支出，还需接受房屋销售合同确认的收入金额的5%限额等条件的约束，对于超过5%限额部分的佣金，应在摊销并税前扣除时进行纳税调整。

3. 取得违约金收入的税务处理

在预售阶段，房地产开发企业通常会因购房人产生违约行为而收取违约金。对于该部分违约金收入，应根据合同履约情况分析其是否属于增值税应税收入及土地增值税的征税收入范围。

1）增值税

《财政部 国家税务总局关于全面推开营业税改征增值税试点的通知》（财税〔2016〕36号）附件1《营业税改征增值税试点实施办法》第一条明确，在中华人民共和国境内销售服务、无形资产或者不动产的单位和个人，为增值税纳税人。

《中华人民共和国增值税暂行条例》第六条规定："销售额为纳税人发生应税销售行为收取的全部价款和价外费用，但是不包括收取的销项税额。"

《中华人民共和国增值税暂行条例实施细则》第十二条规定："条例第六条第一款所称价外费用，包括价外向购买方收取的手续费、补贴、基金、集资费、返还利润、奖励费、违约金、滞纳金、延期付款利息、赔偿金、代收款项、代垫款项、包装费、包装物租金、储备费、优质费、运输装卸费以及其他各种性质的价外收费。"

（1）产生应税销售行为情形。

根据上述规定，房地产开发企业销售不动产时因购房人违反条款规定收取违约金，但未解除销售合同的，纳税义务已发生，企业应将收取的违约金作为价外费用计入销售额中缴纳增值税，并按要求预缴增值税。

（2）未产生应税销售行为情形。

根据上述规定，房地产企业因与购房人解除销售合同而取得的对方支付的违约金等补偿，由于收款方销售服务、无形资产、不动产等应税行为尚未发生，不属于发生应税行为而取得的价款；同时，正因为应税行为尚未发生，也不属于销售价款以外收取的各种性质的收费。因此，此情况下无须就该部分违约金缴纳增值税。违约金增值税征税情况见表4-2-14。

违约金增值税征税情况表 表 4-2-14

情　　形	违约金是否征收增值税	应交增值税计算
解除合同	不征收增值税	不征税
未解除合同	征收增值税	违约金收入/（1＋适用税率或征收率）×适用税率或征收率

2）土地增值税

（1）产生应税销售行为情形。

《广西壮族自治区房地产开发项目土地增值税管理办法（试行）》（广西壮族自治区地方税务局公告 2018 年第 1 号）第三十一条第（三）项规定："因转让房地产而收取的定（订）金、违约金、赔偿金、分期付款（延期付款）利息以及其他各种性质的经济收益，应并入房地产转让收入。"

根据上述规定，房地产开发企业销售不动产时因购房人违反条款规定收取违约金，但未解除销售合同的，应将收取的违约金并入转让收入缴纳土地增值税。

（2）未产生应税销售行为情形。

上述公告第三十一条第（四）项规定："因房地产购买方违约，导致房地产未能转让，转让方收取的定（订）金、违约金不作为与转让房地产有关的经济利益，不确认为房地产转让收入。"

根据上述规定，房地产企业因与购房人解除销售合同而取得对方支付的违约金等补偿无须缴纳土地增值税。

3）企业所得税

《中华人民共和国企业所得税法》第六条规定："企业以货币形式和非货币形式从各种来源取得的收入，为收入总额。"其中，收入总额包括"其他收入"。同时，《中华人民共和国企业所得税法实施条例》第二十二条规定："企业所得税法第六条第（九）项所称其他收入，是指企业取得的除企业所得税法第六条第（一）项至第（八）项规定的收入外的其他收入，包括企业资产溢余收入、逾期未退包装物押金收入、确实无法偿付的应付款项、已作坏账损失处理后又收回的应收款项、债务重组收入、补贴收入、违约金收入、汇兑收益等。"违约金收入企业所得税计算见表 4-2-15。

违约金收入企业所得税计算表 表 4-2-15

情　　形	违约金是否含增值税	收入确认金额
解除合同	不含增值税	违约金收入全额
未解除合同	含增值税	违约金收入/（1＋适用税率或征收率）

（五）竣工交房阶段税务管理要点

1. 增值税

1）税款计算及缴纳

纳税义务发生时间：纳税人发生应税行为是纳税义务发生的前提。根据房地产开发项目的销售特点，以房地产开发企业将不动产交付给买受人或公告交付的当天作为增值税应税行为发生的时间。

税率：房地产开发企业中的一般纳税人，采用一般计税方法的税率为9%；销售自行开发的房地产老项目，可以选择适用简易计税方法按照5%的征收率计税。房地产开发企业中的小规模纳税人，销售自行开发的房地产项目，按照5%的征收率计税。

（1）一般纳税人采用一般计税方法。

房地产开发企业中的一般纳税人销售其开发的房地产项目（选择简易计税方法的房地产老项目除外），以取得的全部价款和价外费用扣除受让土地时向政府部门支付的土地价款后的余额为销售额。根据销售额及适用税率计算出销项税额后，扣减当期可抵扣的进项税、留抵税额即可得到当期应缴纳的增值税。计算公式为：

A. 销项税额 = 销售额 ×9%

B. 销售额 = （全部价款和价外费用 – 当期允许扣除的土地价款）/（1 +9%）

当期允许扣除的土地价款 = （当期销售房地产项目建筑面积 ÷ 房地产项目可供销售建筑面积） × 支付的土地价款

其中，当期销售房地产项目建筑面积，是指当期进行纳税申报的增值税销售额对应的建筑面积；房地产项目可供销售建筑面积，是指房地产项目可以出售的总建筑面积，不包括销售房地产项目时未单独作价结算的配套公共设施的建筑面积。当期销售房地产项目建筑面积和房地产项目可供销售建筑面积，是指计容积率地上建筑面积，不包括地下车位建筑面积。

一般纳税人应建立台账登记土地价款的扣除情况，扣除的土地价款不得超过纳税人实际支付的土地价款。

C. 应纳增值税额 = 销项税额 – 进项税额（为取得的增值税专用发票上标明的增值税额及通行费增值税电子普通发票国内旅客运输服务增值税电子普通发票按要求计算的购进国内旅客运输服务进项税，如机票、动车票等）

（2）一般纳税人采用简易计税方法。

房地产老项目适用简易方法的，应纳增值税额 = 全部价款和价外费用/（1 +5%） ×5%。

房地产老项目，是指“建筑工程施工许可证”注明的合同开工日期在2016年4月30日前的房地产项目，以及“建筑工程施工许可证”未注明合同开工日期或者未取得“建筑工程施工许可证”但建筑工程承包合同注明的开工日期在2016年4月30日前的建筑工程项目。

一般纳税人销售自行开发的房地产老项目适用简易计税方法计税的，以取得的全部价款和价外费用为销售额，不得扣除对应的土地价款。

增值税在预售阶段预缴以及项目交付阶段汇总缴纳的相关处理见表4-2-16。

增值税计税明细表　　表 4-2-16

环节	计税基础	税率	会计处理
预缴（一般计税）	预收款	3%	借：应交税费—预交增值税 贷：银行存款
预缴（简易计税）	预收款	3%	借：应交税费—简易计税 贷：银行存款
销项税（一般计税）	计税销售额	9%	借：合同负债 应交税费—待转销项税 贷：主营业务收入 应交税费—应交增值税—销项税额
销项税（简易计税）	计税销售额	5%	借：合同负债 贷：营业收入 应交税费—简易计税
销项税抵扣	当期允许抵扣的土地价款	9%	借：应交税费—应交增值税—销项税额抵减 贷：营业成本

2）开具不动产销售发票

房地产开发企业取得全部房屋价款，向购房者开具不动产销售发票时，“货物或应税劳务、服务名称”栏填写不动产名称及房屋产权证书号码（无房屋产权证书的可不填写），“单位”栏填写面积单位，“备注”栏注明不动产的详细地址。如果预售阶段已开具“不征税”增值税普通发票，可能需先将购房者手中的增值税普通发票予以冲红，同时开具全额增值税发票，具体应以当地主管税务机关要求为准。

3）注意事项

房地产开发企业在计算缴纳增值税时，应注意以下方面：

（1）价外费用指价外收取的各种性质的收费，但不包括代为收取的政府性基金或者行政事业性收费，以及以委托方名义开具发票代委托方收取的款项，如房地产主管部门或其指定机构、公积金管理中心、开发企业以及物业管理单位代收的住宅专项维修资金，为购房者代理办证并取得购房者名义的票据的费用。

（2）一般纳税人销售自行开发的，兼有一般计税方法计税、简易计税方法计税、免征增值税的房地产开发项目而无法划分不得抵扣的进项税额的，应以“建筑工程施工许可证”注明的“建设规模”为依据进行划分，即项目建设的面积。在计算简易计税和免税房地产开发项目对应的“不得抵扣的进项税额”时，应以面积为计算单位，而不能以套、层、单元、栋等作为计算依据。

（3）购房者违约造成合同无法如期履行的，如办理按揭贷款不能按时拨款，需要按照实质重于形式的原则，以实际交房时间作为纳税义务发生时间。

（4）如果房地产开发企业转让地下车位的使用权，采用“以租代售”签订租赁合同，如果该车位无产权，则在销售时需要按照不动产租赁服务缴纳增值税。

2. 水利建设基金

纳税义务发生时间：根据房地产开发项目的销售特点，在预售阶段预缴增值税不需要缴纳水利建设基金，应以将不动产交付给买受人或公告交付的当天作为水利建设基金纳税义务发生时间。

3. 土地增值税

1）土地增值税清算条件

土地增值税清算包括查账征收和核定征收两种方式。对于分期开发的房地产项目，各期清算的方式原则上保持一致，具体由主管税务机关确定。土地增值税清算应坚持查账征收为原则，核定征收为例外。

《广西壮族自治区房地产开发项目土地增值税管理办法（试行）》（广西壮族自治区地方税务局公告 2018 年第 1 号）第二十条规定，符合下列情形之一的，纳税人应进行土地增值税的清算：

（1）房地产开发项目全部竣工、完成销售的。

（2）整体转让未竣工决算房地产开发项目的。

（3）直接转让土地使用权的。

（4）申请注销税务登记但未办理土地增值税清算手续的。

第二十一条规定，符合下列情形之一的，主管税务机关可要求纳税人进行土地增值税清算：

（1）已竣工验收的房地产项目，已转让的房地产建筑面积占整个项目可售建筑面积的比例在 85% 以上，或已转让的房地产建筑面积与出租、自用的可售建筑面积合计占清算项目可售建筑面积比例在 85% 以上的。

（2）取得项目最后一份销售（预售）许可证满三年仍未销售完毕的。

（3）主管税务机关有根据认为纳税人有逃避纳税义务行为，可能造成税款流失，经县（市、区）级地方税务局局长批准的。

2）土地增值税清算情形及范围

房地产开发企业一般通过土地使用权、地上的建筑物及其附着物的产权是否发生转让来准确界定土地增值税的征税范围。

凡土地使用权、房产产权未转让的（如房地产的出租），均不征收土地增值税。房地产权属的变更包括房地产转让和土地使用权出让，土地增值税的征税范围不包括国有土地使用权出让行为。

根据上述规定，土地增值税的清算情形见表 4-2-17。

土地增值税清算情形规定表 表4-2-17

清算情形	清算期限	备注
强制性清算	满足条件之日起90日内办理清算手续	①清算单位应以县（市、区）级（含）以上发展改革部门下达的项目立项（核准、备案）文件或建设规划主管部门下发的“建设用地规划许可证”为依据。纳税人分期分批开发的项目，根据实际情况确定清算单位。 ②开发项目中同时包含普通住宅、非普通住宅和其他类型房地产的，应分别计算增值额
选择性清算	由主管税务机关确定是否进行清算。对于确定需要进行清算的项目，由主管税务机关下达《税务事项通知书》并附清算资料清单，纳税人应当在收到清算通知之日起90日内办理清算手续	

土地增值税具体清算范围见表4-2-18。

土地增值税清算范围明细表 表4-2-18

类型	详细情况	是否属于清算范围
以出售方式转让土地使用权、地上建筑物及附着物	出售土地使用权	清算
	取得土地使用权后进行房屋开发建造后出售	清算
	存量房地产的买卖	清算
房地产的出租	房地产的出租	不清算
房地产的抵押	抵押期间	不清算
	待抵押期满后，房地产转让	清算
	待抵押期满后，房地产不转让	不清算
房地产的交换	企业之间互换	清算
	个人之间互换	不清算
房地产的继承	房地产的继承	不清算
房地产的赠与	赠与直系亲属或直接赡养义务人，通过中国境内非营利性社会团体、国家机关将房屋产权、土地使用权赠与教育、民政和其他社会福利、公益事业的	不清算

3）应纳税额的计算

土地增值税的计税基础为转让房地产所得的增值额，应纳税额的计算可以分为以下三个步骤：

（1）应税收入的计算。

土地增值税应税收入＝营改增前转让房地产取得的收入＋营改增后转让房地产取得的不含增值税收入。

土地增值税应税收入包括转让房地产的全部价款及有关的经济收益，包括货币收入、实物收入和其他收入。其中，货币收入一般比较容易确定；实物收入是指纳税人转让房地产而取得的各种实物形态的收入，如钢材、水泥等建材、房屋、土地等，其价值不太容易确定，一般需要对其进行估价；其他收入是指纳税人转让房地产而取得的无形资产收入或具有财产价值的权利，如专利权、商标权、著作权、专有技术使用权、土地使用权、商誉等，其价值需要进行专门的评估。

房地产开发企业土地增值税清算时，已全额开具商品房销售发票的，按照发票所载金额确认收入；未开具发票或未全额开具发票的，以交易双方签订的销售合同所载的售房金额及其他收益确认收入。销售合同所载商品房面积与有关部门实际测量面积不一致，在清算前已发生补、退房款的，应在计算土地增值税时予以调整。

房地产开发企业适用增值税一般计税方法的，转让房地产的土地增值税应税收入不含增值税销项税额；适用简易计税方法的，转让房地产的土地增值税应税收入不含增值税应纳税额。

房地产开发企业将开发产品用于职工福利、奖励、对外投资、分配给股东或投资人、抵偿债务、换取其他单位和个人的非货币性资产等，发生所有权转移时应视同销售房地产，其收入按下列方法和顺序确认：

①按本企业在同一地区、同一年度销售的同类房地产的平均价格确定；

②由主管税务机关参照当地当年同类房地产的市场价格或评估价值确定。

房地产开发企业用建造的本项目房地产安置回迁户的，安置用房视同销售处理，按照上述方法和顺序确认收入。

房地产开发企业将开发的部分房地产转为企业自用或用于出租等商业用途时，如果产权未发生转移，不征收土地增值税，在税款清算时不列收入，不扣除相应的成本和费用。

土地增值税扣除项目见表4-2-19。

土地增值税扣除明细表　　表4-2-19

序号	扣除项目	内　容	对应成本
1	取得土地使用权所支付的金额	为取得土地使用权所支付的地价款和按国家统一规定缴纳的有关费用，如登记、过户手续费和契税等	土地成本
2	房地产开发成本	房地产开发项目实际发生的成本，包括土地征用及拆迁补偿费、前期工程费、建筑安装工程费、基础设施费、公共配套设施费、开发间接费用	开发成本
3	新建房及配套设施的成本、费用，或者旧房及建筑物的评估价格	①开发土地和新建房及配套设施的费用，是指与房地产开发项目有关的销售费用、管理费用、财务费用。 ②旧房及建筑物的评估价格，是指在转让已使用的房屋及建筑物时，由政府批准设立的房地产评估机构评定的重置成本价乘以成新度折扣率后的价格。评估价格须经当地税务机关确认	开发费用

续上表

序号	扣除项目	内　　容	对应成本
4	与转让房地产有关的税金	①企业实际缴纳的城建税、教育费附加，凡是能够按清算项目准确计算的，允许据实扣除。 ②与转让房产有关的税金 = 营改增前实际缴纳的营业税、城建税、教育费附加 + 营改增后实际缴纳的城建税、教育费附加。 ③凡不能准确计算的，按该清算项目预缴增值税时实际缴纳的城建税、教育费附加扣除	—
5	财政部规定的其他扣除项目	适用于房地产开发企业的新建房转让，可按 1、2 项计算的金额之和加计 20% 予以扣除，即：（取得土地使用权所支付的金额 + 房地产开发成本）×20%	（土地成本 + 建造成本）×20%

（2）各扣除项目的要点。

①取得土地成本的确认。

纳税人取得土地使用权所支付的金额，是指为取得土地使用权所支付的地价款和按国家统一规定缴纳的有关费用。如果是以协议、招标和拍卖等出让方式取得土地使用权的，地价款为纳税人所支付的土地出让金；如果是以行政划拨方式取得土地使用权的，地价款为按照国家有关规定补交的土地出让金；如果是以转让方式取得土地使用权的，地价款为向原土地使用人实际支付的地价款。

房地产开发企业在取得土地使用权时按国家统一规定缴纳的有关费用，包括在取得土地使用权过程中为办理有关手续，按国家统一规定缴纳的有关登记、过户手续费。

根据《广西壮族自治区房地产开发项目土地增值税管理办法（试行）》（广西壮族自治区地方税务局公告 2018 年第 1 号）第四十条第一项规定，房地产开发企业为取得土地使用权所支付的契税，计入“取得土地使用权所支付的金额”准予扣除。因容积率调整等原因补缴的土地出让金及契税，准予扣除。

纳税人在取得土地使用权时，应政府要求承担的红线外道路、桥梁等市政建设支出，提供与本项目有关的证明材料，凭合法有效的凭证据实扣除，取得的收益抵减相应的扣除项目金额，但取得土地使用权支付的拍卖佣金不得扣除。

②开发成本的确认。

房地产开发成本是指房地产开发项目实际发生的成本，包括土地征用及拆迁补偿费、前期工程费、建安工程费、基础设施费、公共配套设施费和开发间接费用等。

土地征用及拆迁补偿费，包括土地征用费、耕地占用税、劳动力安置费及有关地上、地下附着物拆迁补偿的净支出、安置动迁用房支出等。

拆迁补偿费必须是真实发生并实际支出的。支付给被拆迁人的拆迁补偿费应与拆迁

（回迁）合同、支付凭证和个人签收花名册或签收凭据一一对应。

房地产开发企业用建造的本项目房地产安置回迁户的，安置用房按视同销售处理，并按照《广西壮族自治区房地产开发项目土地增值税管理办法》第三十二条的规定确认收入，同时将此确认为房地产开发项目的拆迁补偿费。纳税人支付给回迁户的补差价款，计入拆迁补偿费。回迁户支付给纳税人的补差价款，应当抵减本项目拆迁补偿费。

纳税人采取异地安置，异地安置的房屋属于自行开发建造的，房屋价值按《广西壮族自治区房地产开发项目土地增值税管理办法》第三十二条的规定计算，计入本项目的拆迁补偿费。异地安置的房屋属于购入的，以实际支付的购房支出计入拆迁补偿费。

前期工程费，包括项目开发前期发生的政府许可规费、招标代理费，以及水文、地质、勘察、测绘、规划、设计、项目可行性研究、“七通一平”等前期费用。

建筑安装工程费，是指以出包方式支付给承包单位的建筑安装工程费，以自营方式发生的建筑安装工程费。

采用自营方式自行施工建设的，应准确核算施工人工费、材料费、机械台班使用费等。

纳税人在工程竣工验收后，根据合同约定扣留的质量保证金，在清算截止日已取得建筑安装施工企业发票的，按发票所载金额予以扣除。未取得发票的，扣留的质保金不得计算扣除。

纳税人应确保所取得发票的真实性和所载金额的准确性，以及所提供建筑安装工程费与其施工方登记的建安项目开票信息保持一致。

纳税人自购建筑材料时，自购建材成本不得重复计算扣除。

纳税人销售已装修的房屋，发生的合理装修费用可计入房地产开发成本：A. 纳税人销售已装修房屋，应当在《房地产买卖合同》或补充合同（协议）中明确约定。没有明确约定的，其装修费用不得计入房地产开发成本。上述装修费用不包括纳税人自行采购或委托装修公司购买的家用电器、可移动家具、日用品、可移动装饰用品（如窗帘、装饰画等）所发生的支出。B. 纳税人销售已装修的房屋时，随房屋一同出售的家具、家电，如果安装后不可移动，成为房屋的组成部分，并且拆除后影响或丧失其使用功能的，如整体中央空调、户式小型中央空调、固定式衣柜橱柜等，其外购成本计入开发成本予以扣除。

基础设施费，包括开发小区内道路、供水、供电、供气、排污、排洪、通讯、照明、环卫、绿化等工程发生的支出。

公共配套设施费，包括纳税人开发建造的与清算项目配套的居委会和派出所用房、会所、停车场（库）、物业管理场所、变电站、热力站、水厂、文体场馆、学校、幼儿园、托儿所、医院、邮电通讯等为公共事业建造的公共设施。应按以下原则处理：

A. 建成后产权属于全体业主所有，符合以下情形的，其成本、费用可以扣除：

a. 法律法规规定属于全体业主所有的，纳税人应提供移交全体业主的相关证明材料。

b. 经人民法院裁决属于全体业主共有的，纳税人应提供人民法院裁决文书和移交给全体业主的相关证明材料。

c. 商品房销售合同、协议或合同性质凭证中注明有关公共配套设施归业主共有的，纳税人应提供移交给全体业主的相关证明材料。

d. 税务机关认可的其他情形。

B. 建成后无偿移交给政府、公用事业单位用于非营利性社会公共事业的，其成本、费用可以扣除：

a. 纳税人建设的公共配套设施产权无偿移交给政府、公用事业单位用于非营利性社会公共事业的，应当提供政府、公用事业单位书面接收文件。

b. 纳税人建设的公共配套设施应由政府、公用事业单位接收，但因政府、公用事业单位原因不能接收或未能及时接收的，经接收单位或者政府主管部门出具书面材料证明相关设施确属公共配套设施，且说明不接收或未及时接收具体原因的，经主管税务机关审核确定后，其成本、费用予以扣除。

C. 建成后有偿转让并取得产权的，应计算土地增值税收入，并准予扣除成本、费用。建成后有偿转让但未取得产权的，不计算土地增值税收入，不扣除相应的成本、费用，其相应的面积计入其他类型房地产可售面积。

D. 纳税人预提的公共配套设施费不得扣除。纳税人分期开发房地产项目但公共配套设施滞后建设的，在部分公共配套设施已建设、费用已实际发生并且已取得合法有效凭证的情况下，可按照各分期清算项目可售建筑面积占项目总可售建筑面积的比例计算清算项目可扣除的公共配套设施费，但不得超过已实际发生的金额。

E. 纳税人未移交的公共配套设施和公共配套设施被纳税人或物业公司实际占有、使用、收益的，不予扣除相应的成本、费用，其相应的面积计入其他类型房地产可售面积。

针对不可售、公共配套及应移交的设施，应在竣工后、土地增值税清算前，及时进行产权移交手续并取得移交材料，避免清算时被税务机关认定为可售未售面积而预留相关的成本，造成成本的少结转，多缴纳土地增值税。

开发间接费用，是指直接组织、管理开发项目发生的费用，包括工资、职工福利费、折旧费、修理费、办公费、水电费、劳动保护费、周转房摊销等：

A. 行政管理部门、财务部门或销售部门等发生的管理费用、财务费用、销售费用以及企业行政管理部门（总部）为组织和管理生产经营活动而发生的管理费用不得列入开发间接费。

B. 开发间接费用与纳税人的期间费用应按照现行企业会计准则或企业会计制度的规定分别核算。划分不清、核算混乱的开发间接费用，全部作为房地产开发费用扣除。

纳税人修建的售楼部、样板房等营销设施，按以下方法处理：a. 纳税人在主体内修建售楼部、样板房的，其发生的设计、建造、装修等费用，建成后有偿转让，且《房地产买卖合同》明确约定装修价值体现在转让价款中的，应计算收入并准予在房地产开发成本中扣除。售楼部、样板房内电视机、冰箱等可移动资产的购置性支出不得在房地产开发成本中列支。b. 纳税人在主体外修建建筑物作为售楼部、样板房的，其发生的设计、建造、装修等费用，不得计入房地产开发成本。

单位建筑安装工程费明显偏高的，主管税务机关应要求纳税人提供书面说明，纳税人拒不提供或无正当理由的，按照以下方法处理：a. 主管税务机关可参照当地建设工程造价管理部门公布的建安造价定额资料，结合房屋结构、用途、区位等因素，核定建筑安装工程费，并据以计算扣除。b. 主管税务机关可委托当地建设工程造价管理部门进行评估，根据建设工程造价管理部门出具的建安造价报告确认建筑安装工程费的单位面积金额标准，并据以计算扣除。

在实务中，房地产开发成本的扣除有以下几个常见问题：

开发的地下建筑可分为三类：未经许可建设的地下建筑、作为公共配套（包括人防设施）的地下建筑、可售地下建筑。未经许可建设的地下建筑，需要按合理方法计算应分摊的成本，在计算土地增值税时不作为扣除项目；作为公共配套（包括人防设施）的地下建筑，按规定予以扣除；可售地下建筑，按合计方法计算应分摊的成本，并在已售和未售之间进行分配。

房地产开发企业逾期开发缴纳的土地闲置费不得扣除。

③开发费用的确认。

房地产开发费用是指开发土地和新建房及配套设施的费用，包括与房地产开发项目有关的销售费用、管理费用、财务费用。房地产开发费用按以下原则处理：

A. 财务费用中的利息支出，凡能够按转让房地产项目计算分摊并提供金融机构证明的，允许据实扣除，但最高不得超过按商业银行同类同期贷款利率计算的金额。其他房地产开发费用，按照“取得土地使用权所支付的金额”与“房地产开发成本”金额之和的5%计算扣除。

B. 凡不能按转让房地产项目计算分摊利息支出或不能提供金融机构证明的，房地产开发费用按照“取得土地使用权所支付的金额”与“房地产开发成本”金额之和的10%计算扣除。全部使用自有资金，没有利息支出的，按照以上方法扣除。

C. 纳税人既向金融机构借款，又有其他借款的，其房地产开发费用计算扣除时不能同时适用以上两种办法。

D. 纳税人向银行贷款使用的借据（借款合同）、利息结算单据等，视同金融机构证明。

E. 纳税人为建造房地产开发项目向金融机构借款发生的利息支出，属于该项目开发产品最后一份竣工证明材料报备前发生的，计入房地产开发费用的利息支出中按规定予以扣除。

F. 纳税人向金融机构借款，支付的筹资顾问费、咨询费，因逾期还款，金融机构收取的超过贷款期限的利息、罚息等款项，不得作为利息支出扣除。

土地增值税清算时，已经计入房地产开发成本的利息支出，应调整至财务费用中计算扣除。

此外，《财政部 国家税务总局关于土地增值税一些具体问题规定的通知》（财税字〔1995〕48 号）第八条还对扣除项目金额中利息支出的计算问题做了两点专门规定：一是利息的上浮幅度按国家的有关规定执行，超过上浮幅度的部分不允许扣除；二是对于超过贷款期限的利息部分和加罚的利息不允许扣除。

④与转让房地产有关的税金。

与转让房地产有关的税金是指在转让房地产时缴纳的营业税、城市维护建设税、教育费附加、地方教育费附加等，不包括增值税和转让房产的印花税。地方教育费附加具体扣除标准依当地政策而定。

对于县级及县级以上人民政府要求纳税人在售房时代收的各项费用，如果计入房价中向购买方一并收取的，作为转让房地产所取得的收入计税。如果代收费用是在房价之外单独收取的，不作为转让房地产的收入。对于代收费用作为转让收入计税的，在计算扣除项目金额时，可予以扣除，但不允许作为加计 20% 扣除的基数。对于代收费用未作为转让房地产的收入计税的，在计算扣除项目金额时不允许扣除。

《财政部 国家税务总局关于土地增值税一些具体问题规定的通知》（财税字〔1995〕48 号）第九条中规定了关于计算增值额时扣除已缴纳印花税的问题：“细则中规定允许扣除的印花税，是指在转让房地产时缴纳的印花税。房地产开发企业按照《施工、房地产开发企业财务制度》的有关规定，其缴纳的印花税列入管理费用，已相应予以扣除。其他的土地增值税纳税义务人在计算土地增值税时允许扣除在转让时缴纳的印花税。”

《国家税务总局关于营改增后土地增值税若干征管规定的公告》（国家税务总局公告〔2016〕70 号）规定，营改增后，房地产开发企业实际缴纳的城市维护建设税、教育费附加，凡能够按清算项目准确计算的，允许据实扣除；凡不能按清算项目准确计算的，则按该清算项目预缴增值税时实际缴纳的城市维护建设税、教育费附加扣除。

⑤其他扣除项目。

对从事房地产开发的纳税人，可按取得土地使用权所支付的金额和房地产开发成本之和加计 20% 扣除。此条优惠只适用于从事房地产开发的纳税人，除此之外的其他纳税人不适用。

（3）计算应纳税额。

土地增值税采用四级超率累进税率，是我国唯一采用超率累进税率的税种，计算公式为：

应缴纳的土地增值税 = 增值额（应税收入 − 扣除项目金额）× 适用税率（由增值率确定，增值率 = 增值额 ÷ 扣除项目金额 × 100%）− 扣除项目金额 × 速算扣除系数土地增值税税率见表4-2-20。

土地增值税税率明细表　　表4-2-20

级数	增值额与扣除项目金额的比例	税率	速算扣除系数	计算公式
1	不超过50%的部分	30%	0	增值额×30%
2	超过50%~100%的部分	40%	5%	增值额×40%－扣除项目金额×5%
3	超过100%~200%的部分	50%	15%	增值额×50%－扣除项目金额×15%
4	超过200%的部分	60%	35%	增值额×60%－扣除项目金额×35%

注：纳税人建设普通住宅出售的，增值额未超过扣除项目金额20%的，免征土地增值税。——《中华人民共和国土地增值税暂行条例实施细则》（财法字〔1995〕第6号）第十一条文。

4）土地增值税清算核算中税务机关重点关注的相关事项

（1）装修支出。

（2）公共配套设施费。

（3）开发间接费用。

（4）项目红线外的支出。

（5）销售行为中的买房送车位的价格分配问题。

买房送车位，应按公允价格分别就商品房、车位进行收入的分配，避免赠送车位的价格被税务机关认定为偏低而进行调整。

（6）建筑安装工程。

税务机关重点关注发生的费用是否与决算报告、审计报告、工程结算报告、工程施工合同记载的内容相符，参照当地当期同类开发项目单位平均建安成本或当地建设部门公布的单位定额成本，验证建筑安装工程费支出是否存在异常。

（7）取得土地使用权支付金额和土地征用及拆迁补偿费。

税务机关重点关注同一宗土地有多个开发项目时，相关费用是否予以分摊，分摊办法是否合理、合规，具体金额的计算是否正确；拆迁补偿费是否实际发生，尤其是支付给个人的拆迁补偿款、拆迁（回迁）合同和签收花名册或签收凭证是否一一对应。

（8）清算时的公共配套设施是否及时移交。

各地税务机关实际执行中可能会将土地增值税清算时应移交而未及时移交的公共配套设施视同应销未销处理，予以预留成本，不利于成本的扣除。

（9）扣除项目的有效凭证。

①经济业务应当是真实发生且合法、相关的。

②扣除项目金额中所归集的各项成本和费用，必须实际发生并取得合法有效凭证。纳税人办理土地增值税清算时计算与清算项目有关的扣除项目金额，应根据《中华人民共和国土地增值税暂行条例》第六条及《中华人民共和国土地增值税暂行条例实施细则》第七条的规定执行。此处所称合法有效凭证，一般是指：A. 支付给境内单位或者个人的款

项，且该单位或者个人发生的行为属于营业税或者增值税征收范围的，以开具的发票为合法有效凭证。纳税人接受建筑安装服务取得的增值税发票应在发票的备注栏注明建筑服务发生地县（市、区）名称及项目名称，否则不得计入土地增值税扣除项目金额。B. 支付的行政事业性收费或者政府性基金，以开具的财政票据为合法有效凭证。C. 支付给境外单位或者个人的款项，以该单位或者个人的签收单据为合法有效凭证，税务机关对签收单据有疑义的，可以要求纳税人提供境外公证机构的确认证明。属于境内代扣代缴税款的，按税务机关相关规定执行。D. 符合法律、行政法规和国家税务总局规定的合法有效凭证，包括法院判决书、裁定书、调解书，以及仲裁裁决书、公证债权文书。E. 财政部、国家税务总局规定的其他合法有效凭证。

③纳税人的预提费用，除另有规定外，不得扣除。

④扣除项目金额应当准确地在各扣除项目中分别归集，不得混淆。

⑤纳税人支付的罚款、滞纳金和因逾期开发支付的土地闲置费等罚没性质款项，不允许扣除。

5）后续管理

根据《广西壮族自治区房地产开发项目土地增值税管理办法（试行）》（广西壮族自治区地方税务局公告2018年第1号）第五十四条规定，主管税务机关作出清算审核结果后，纳税人转让的房地产（简称“清算审核后再转让房地产”），按以下规定办理：

（1）清算审核后再转让房地产的纳税人应在每月终了后15日内进行纳税申报（含零申报）。

（2）清算审核后再转让房地产应当区分普通住宅、非普通住宅和其他类型房地产分别计算增值额、增值率，缴纳土地增值税。

（3）清算审核后再转让房地产扣除项目金额按清算审核结果确认的普通住宅、非普通住宅和其他类型房地产单位建筑面积成本费用乘以转让面积确认。

单位建筑面积成本费用 = 清算审核时的扣除项目总金额 ÷ 清算的总可售建筑面积

上述“清算审核时的扣除项目总金额”不包括与转让房地产有关的税金。

（4）清算审核后再转让房地产的有关税金在本次申报缴纳土地增值税时予以扣除。

（5）清算审核后再转让的房地产，按照上述方式计算的增值率未超过20%的普通住宅，免征土地增值税。增值率超过20%的，应征收土地增值税。

（6）实行核定征收的，核定后再转让的房地产，按核定时确定的核定征收率计征土地增值税。

（7）清算审核后再转让房地产的，应缴土地增值税按照清算时的方式计征。

4. 企业所得税

1）企业所得税汇算清缴

（1）完工条件确认。

《房地产开发经营业务企业所得税处理办法》（国税发〔2009〕31号）第三条规定：

企业房地产开发经营业务包括土地的开发，建造、销售住宅、商业用房以及其他建筑物、附着物、配套设施等开发产品。除土地开发之外，其他开发产品符合下列条件之一的，应视为已经完工：①开发产品竣工证明材料已报房地产管理部门备案；②开发产品已开始投入使用；③开发产品已取得了初始产权证明。

（2）收入确认。

开发产品销售收入的范围为销售开发产品过程中取得的全部价款，包括现金、现金等价物及其他经济利益。企业代有关部门、单位和企业收取的各种基金、费用和附加等，凡纳入开发产品价内或由企业开具发票的，应按规定全部确认为销售收入；未纳入开发产品价内并由企业之外的其他收取部门、单位开具发票的，可作为代收代缴款项进行管理。

企业通过正式签订房地产销售合同或房地产预售合同所取得的收入，应确认为销售收入的实现。具体见表4-2-21。

收入确认明细表　　　　表4-2-21

收款方式	确认收入时点
一次性全额收款	实际收讫价款或者取得索取价款凭据（权利）之日
分期收款	按销售合同或者协议约定的价款和付款日确认收入的实现。付款方提前付款的，在实际付款日确认收入的实现
银行按揭	按销售合同或者协议约定的价款确定收入额，其首付款应于实际收到日确认收入的实现，余款在银行按揭贷款办理转账之日确认收入的实现
支付手续费方式委托销售开发产品	按销售合同或协议约定的价款，于收到受托方已销开发产品清单之日确认收入的实现
视同买断方式委托销售开发产品	①属于企业与购买方签订销售合同或协议，或企业、受托方、购买方三方共同签订销售合同或协议的，如果销售合同或者协议中约定的价格高于买断价格，则应按销售合同或者协议中约定的价格计算的价款于收到受托方已销开发产品清单之日确认收入的实现。 ②如果属于前两种情况中销售合同或者协议中约定的价格低于买断价格，以及属于受托方与购买方签订销售合同或协议的，则应按买断价格计算的价款于收到受托方已销开发产品清单之日确认收入的实现
基价（保底价）并实行超基价双方分成方式委托销售开发产品	①属于由企业与购买方签订销售合同或协议，或企业、受托方、购买方三方共同签订销售合同或者协议的，如果销售合同或者协议中约定的价格高于基价，则应按销售合同或者协议中约定的价格计算的价款于收到受托方已销开发产品清单之日确认收入的实现，企业按规定支付受托方的分成额，不得直接从销售收入中减除。 ②如果销售合同或者协议约定的价格低于基价，则应按基价计算的价款于收到受托方已销开发产品清单之日确认收入的实现。属于由受托方与购买方直接签订销售合同的，则应按基价加上按规定取得的分成额于收到受托方已销开发产品清单之日确认收入的实现

此外，还应注意以下事项的确认时点：

视同销售收入的确认：企业将开发产品用于捐赠、赞助、职工福利、奖励、对外投资、分配给股东或投资人、抵偿债务、换取其他企事业单位和个人的非货币性资产等行为，应视同销售，于开发产品所有权或使用权转移，或于实际取得利益权利时确认收入（或利润）的实现。确认收入（或利润）的方法和顺序为：按本企业近期或本年度最近月份同类开发产品市场销售价格确定；由主管税务机关参照当地同类开发产品市场公允价值确定；按开发产品的成本利润率确定，成本利润率不得低于15%，具体比例由主管税务机关决定。

代收费用的确认：对于配套性收费，如果房地产开发企业向购房者开具收款收据，则房地产开发企业应将其确认为销售收入，否则收取的款项不确认为销售收入。

（3）计税成本确认。

①对当期实际发生的各项支出，应按其性质、经济用途及发生的地点、时间区进行整理、归类，并将其区分为应计入成本对象的成本和应在当期税前扣除的期间费用。同时还应按规定对有关预提费用和待摊费用进行计量与确认。

②对应计入成本对象的各项实际支出、预提费用、待摊费用等，应合理地划分为直接成本、间接成本和共同成本，并按规定将其合理地归集、分配至已完工成本对象、在建成本对象和未建成本对象。

③对前期已完工成本对象应负担的成本费用，应按已销开发产品、未销开发产品和固定资产进行分配。其中，应由已销开发产品负担的部分，在当期纳税申报时进行扣除；未销开发产品应负担的成本费用待其实际销售时再予扣除。

④对本期已完工成本对象，分类为开发产品和固定资产并对其计税成本进行结算。其中属于开发产品的，应按可售面积计算其单位工程成本，据此再计算已销开发产品计税成本和未销开发产品计税成本。对本期已销开发产品的计税成本，准予在当期扣除，未销开发产品计税成本待其实际销售时再予扣除。具体如企业单独建造的停车场所，应作为成本对象单独核算；利用地下基础设施形成的停车场所，作为公共配套设施进行处理。

⑤对本期未完工和尚未建造的成本对象应当负担的成本费用，应分别建立明细台账，待开发产品完工后再予结算。

⑥开发产品完工以后，企业可在完工年度企业所得税汇算清缴前选择确定计税成本核算的终止日，不得滞后。凡已完工开发产品在完工年度未按规定结算计税成本，主管税务机关有权确定或核定其计税成本，据此进行纳税调整，并按《中华人民共和国税收征收管理法》的规定对其进行处理。

⑦企业在结算计税成本时其实际发生的支出应当取得但未取得合法凭据的，不得计入计税成本，待实际取得合法凭据时，再按规定计入计税成本。

（4）特殊事项调整项目。

会计上，房地产开发企业销售未完工开发产品取得的预售收入作为合同负债进行核算，待符合收入确认条件时，再确认为销售收入。

从事房地产开发等特定业务的纳税人，填报按照税收规定计算的特定业务的应纳税所得额。房地产开发企业销售未完工开发产品取得的预售收入，按照税收规定的预计计税毛利率计算出预计毛利额。

根据会计与税务的不同规定，房地产开发企业需要对销售未完工开发产品取得的收入进行纳税调整，调整方法如下：

①计算销售未完工开发项目取得的收入，即会计核算未进行收入确认的销售收入金额。

②计算销售未完工开发项目预计毛利额。销售未完工开发产品预计毛利额＝销售未完工开发产品取得的收入×预计计税毛利率。

③计算销售未完工开发项目实际发生的土地增值税。

④纳税调整金额＝销售未完工开发产品预计毛利额－实际发生的税金及附加税、土地增值税。

房地产开发企业可单独设置“销售未完工开发产品预计毛利额调整备查簿”，分项目登记每一笔预计毛利额产生、转回的时间及金额。根据税法规定，在年度纳税申报时，企业须出具对该项开发产品实际毛利额与预计毛利额之间差异调整情况的报告以及税务机关需要的其他相关资料。

（5）预提费用的扣除。

①出包工程未最终办理结算而未取得全额发票的，在证明资料充分的前提下，其发票不足金额可以预提，但最高不得超过合同总金额的10%。

②公共配套设施尚未建造或尚未完工的，可按预算造价合理预提建造费用。此类公共配套设施必须符合已在售房合同、协议或广告、模型中明确承诺建造且不可撤销，或按照法律法规规定必须配套建造的条件。

③应向政府上交但尚未上交的报批报建费用、物业完善费用可以按规定预提。物业完善费用是指按规定应由企业承担的物业管理基金、公建维修基金或其他专项基金。

（6）扣除类调整项目。

①企业在进行成本、费用的核算与扣除时，必须按规定区分期间费用和开发项目计税成本、已销开发项目计税成本与未销开发项目计税成本。

②已发生的期间费用、已销开发项目计税成本、已发生的附加税、已发生的土地增值税准予当期按规定扣除。

③已销开发项目的计税成本，按当期已实现销售的可售面积和可售面积单位工程成本确认。可售面积单位工程成本和已销开发项目的计税成本按下列公式计算确定：

可售面积单位工程成本＝成本对象总成本/成本对象总可售面积

已销开发产品的计税成本＝已实现销售的可售面积×可售面积单位工程成本

将已计入销售收入的共用部位、共用设施设备维修基金按规定移交给有关部门、单位的，应于移交时扣除。

企业在开发区内建造的会所、物业管理场所、电站、热力站、水厂、文体场馆、幼儿园等配套设施，按以下规定进行处理：属于非营利性且产权属于全体业主的，或无偿赠与地方政府、公用事业单位的，可将其视为公共配套设施，其建造费用按公共配套设施费的有关规定进行处理；属于营利性的，或产权归企业所有的，或未明确产权归属的，或无偿赠与地方政府、公用事业单位以外其他单位的，应当单独核算其成本。除企业自用应按建造固定资产进行处理外，其他一律按建造开发产品进行处理。

企业在开发区内建造的邮电通信、学校、医疗设施应单独核算成本。其中，由企业与国家有关业务管理部门、单位合资建设，完工后有偿移交的，国家有关业务管理部门、单位给予的经济补偿可直接抵扣该项目的建造成本，抵扣后的差额应调整当期应纳税所得额。

企业采取银行按揭方式销售开发产品的，凡约定企业为购买方的按揭贷款提供担保的，其销售开发产品时向银行提供的保证金（担保金）不得从销售收入中减除，也不得作为费用在当期税前扣除，但实际发生损失时可据实扣除。

企业为建造开发项目借入资金而发生的符合税收规定的借款费用，可按企业会计准则的规定进行归集和分配，其中属于财务费用性质的借款费用，可直接在税前扣除；企业集团或其成员企业统一向金融机构借款分摊集团内部其他成员企业使用的，借入方凡能出具从金融机构取得借款的证明文件，可以在使用借款的企业间合理地分摊利息费用，使用借款的企业分摊的合理利息准予在税前扣除。

2）企业所得税退税

房地产开发企业按规定对开发项目进行土地增值税清算后，当年企业所得税汇算清缴出现亏损且有其他后续开发项目的，该亏损应按照税法规定向以后年度结转，用以后年度所得弥补，后续开发项目是指正在开发以及中标的项目；没有后续开发项目的可申请退税，按照以下方法，计算出该项目由于土地增值税原因导致的项目开发各年度多缴企业所得税税款，并申请退税：

（1）该项目缴纳的土地增值税总额，应按照该项目开发各年度实现的项目销售收入占整个项目销售收入总额的比例，在项目开发各年度进行分摊，具体按以下公式计算：

各年度应分摊的土地增值税 = 土地增值税总额 ×（项目年度销售收入/整个项目销售收入总额）

销售收入包括视同销售房地产的收入，但不包括企业销售的增值额未超过扣除项目金额 20% 的普通标准住宅的销售收入。

（2）该项目开发各年度应分摊的土地增值税减去该年度已经在企业所得税税前扣除的土地增值税后，余额属于当年应补充扣除的土地增值税；企业应调整当年度的应纳税所得额，并按规定计算当年度应退的企业所得税税款；当年度已缴纳的企业所得税税款不足退税的，应作为亏损向以后年度结转，并调整以后年度的应纳税所得额。

（3）按照上述方法进行土地增值税分摊调整后，导致相应年度应纳税所得额出现正数的，应按规定计算缴纳企业所得税。

（4）企业按上述方法计算的累计退税额，不得超过其在该项目开发各年度累计实际缴纳的企业所得税；超过部分作为项目清算年度产生的亏损，向以后年度结转。

（5）企业在申请退税时，应向主管税务机关提供书面材料说明应退企业所得税款的计算过程，包括该项目缴纳的土地增值税总额、项目销售收入总额、项目年度销售收入额、各年度应分摊的土地增值税和已经税前扣除的土地增值税、各年度的适用税率，以及是否存在后续开发项目等情况。

5. 房产税

对于未出售且未转换性质的房产，应提前决策其未来用途。如果房产改为自持状态，则应办理相关购置手续，并按自用缴纳房产税。在缴纳房产税时，需要注意转为自用时的房产价格。

6. 城镇土地使用税

在竣工交房阶段，随着房屋交付面积的增加和城镇土地使用税应税面积的减少，项目财务人员应建立应税面积台账，及时进行应税面积维护。

（六）项目退出阶段税务管理要点

1. 房产出租或自用

1）房产税缴纳

完工的房产项目出租或自用均为改变了房产的用途，需要关注改变用途的时间和缴纳房产税时的计税依据。

房产税租金收入计税依据为不含增值税的租金收入。

租赁双方签订的租赁合同约定有免收租金期限的，免收租金期间由产权所有人按照房产原值缴纳房产税。

对依照房产原值计税的房产，不论是否记载在会计账簿固定资产科目中，均应按照房屋原值计算缴纳房产税。房屋原值应根据国家有关会计制度规定进行核算，未按国家会计制度规定核算并记载的，应按规定予以调整或重新评估。

凡在房产税征收范围内的具备房屋功能的地下建筑，包括与地上房屋相连的地下建筑以及完全建在地面以下的建筑、地下人防设施，均应当依照有关规定征收房产税。对于与地上房屋相连的地下建筑，如房屋的地下室、地下停车场、商场的地下部分等，应将地下部分与地上房屋视为一个整体，按照地上房屋建筑的有关规定计算征收房产税。

对居民住宅区内业主共有的经营性房产，由实际经营（包括自营和出租）的代管人或使用人缴纳房产税。

在基建工地为基建工地服务的各种工棚、材料棚、休息棚和办公室、食堂、茶炉房、汽车房等临时性房屋，如果在基础设施建设工程结束以后，施工企业将这种临时性房屋交还或者估价转让给项目公司的，应当从项目公司接收的次月起，依照规定征收房产税。

2）增值税缴纳

完工房产转为出租时按照不动产租赁缴纳增值税。

3）企业所得税缴纳

房产出租时，取得的租赁收入应并入当年所得，计算缴纳企业所得税。房产转为出租或自用时，从下月起按照资产折旧原则计提折旧。

2. 项目公司清算

1）增值税清算

增值税清算参见本章第一节土地整治项目的退出阶段的增值税清算内容。

2）土地增值税清算

土地增值税清算参见本章节竣工交房阶段的土地增值税清算内容。

3）企业所得税清算

企业清算的所得税处理，是指企业在不再持续经营，发生结束自身业务、处置资产、偿还债务以及向所有者分配剩余财产等经济行为时，对清算所得、清算所得税、股息分配等事项的处理。企业应当在办理注销登记前，就其清算所得向税务机关申报并依法缴纳企业所得税。

3. 项目公司股权转让

（1）由于集团内下设公司属于国有资产，在进行股权转让时，要按照国有资产转让的监管要求进行处理，完成内部决策程序后层报有决策权限的机构审批，一般为集团公司，履行专项审计、国有资产评估备案、公开挂牌转让、签订协议、产权登记、变更手续等流程。

（2）在项目公司的股东变更时，项目公司需要完成市场监督、税务等部门的合规登记流程。需要注意新股东是否会增资，如果有资本金的变动，则需要就变动部分缴纳印花税。

（3）对于项目公司的股东，在进行股权转让时，如果项目公司的股权受让方为集团外第三方公司，则以评估价值转让，项目公司股东需要考虑该股权是否有增值。股东应于转让协议生效且完成股权变更手续时，确认收入的实现，扣除为取得该股权所发生的成本后，确认股权转让所得，并入股东确认收入当年的企业所得税汇算清缴进行纳税申报。如果项目公司的股权受让方为集团内其他法人公司，则应注意该股权转让价值是否公允，如果转让价值不公允，则需要按照转让给第三方的价格确认收入和转让所得。

第三节　不动产租赁税务合规管理

本节以企业取得不动产及不动产租赁的业务流程安排框架思路，主要从各个阶段涉及的印花税、增值税、水利建设基金、房产税、城镇土地使用税、契税及企业所得税等主要税种方面详细解读各项涉税事项及税务管理要点。不动产租赁业务全生命周期流程如图 4-2-3 所示。

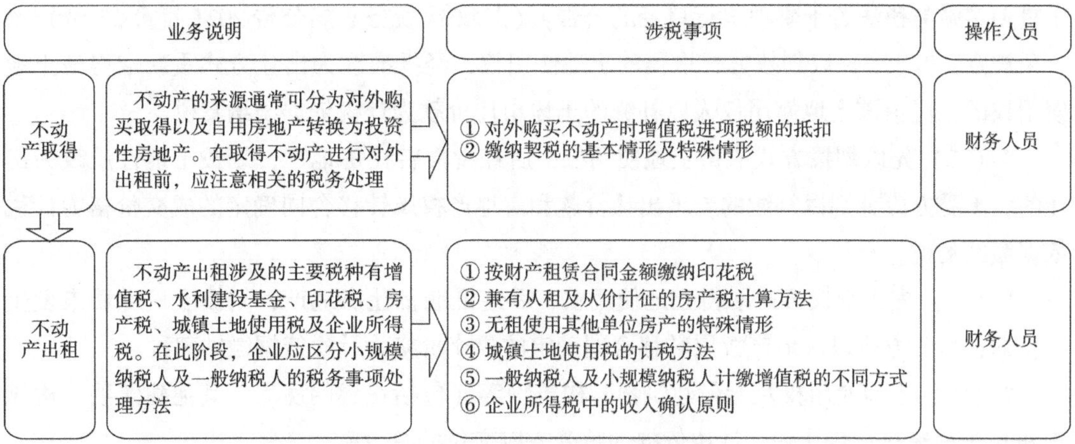

图 4-2-3　不动产租赁业务全生命周期流程图

一、业务描述

不动产租赁业务，是指在约定时间内将不动产让渡他人使用且租赁物所有权不变更的业务活动。不动产包括建筑物、构筑物、住房、商业用房、办公楼、厂房等。

二、涉税事项

企业将不动产进行经营租赁的，作为投资性房地产进行核算，涉及的税费有增值税、房产税、印花税、城镇土地使用税。如果通过购买获得不动产，还涉及契税。

三、税务管理要点

（一）不动产的来源及税务处理

1. 对外购买

1）增值税进项税额的抵扣

根据《关于深化增值税改革有关政策的公告》（财政部 税务总局 海关总署公告 2019 年第 39 号）第五条规定，“纳税人取得不动产或者不动产在建工程的进项税额不再分 2 年抵扣”，即购进的进项税额可以在当年一次性抵扣完毕。

2）契税

（1）缴纳契税的基本情形。

根据 2021 年 9 月 1 日生效的《中华人民共和国契税法》第一条规定，“在中华人民共和国境内转移土地、房屋权属，承受的单位和个人为契税的纳税人”，企业在购进不动产时，应作为纳税义务人缴纳契税。

（2）缴纳契税的特殊情形。

企业在取得不动产时，通常会一并获得停车位等房屋附属设施，《财政部 税务总局关于贯彻实施契税法若干事项执行口径的公告》（财政部 税务总局公告 2021 年第 23 号）第二条规定：“（一）以划拨方式取得的土地使用权，经批准改为出让方式重新取得该土地使用权的，应由该土地使用权人以补缴的土地出让价款为计税依据缴纳契税。

“（二）先以划拨方式取得土地使用权，后经批准转让房地产，划拨土地性质改为出让的，承受方应分别以补缴的土地出让价款和房地产权属转移合同确定的成交价格为计税依据缴纳契税。

“（三）先以划拨方式取得土地使用权，后经批准转让房地产，划拨土地性质未发生改变的，承受方应以房地产权属转移合同确定的成交价格为计税依据缴纳契税。

“（四）土地使用权及所附建筑物、构筑物等（包括在建的房屋、其他建筑物、构筑物和其他附着物）转让的，计税依据为承受方应交付的总价款。

“（五）土地使用权出让的，计税依据包括土地出让金、土地补偿费、安置补助费、地上附着物和青苗补偿费、征收补偿费、城市基础设施配套费、实物配建房屋等应交付的货币以及实物、其他经济利益对应的价款。

“（六）房屋附属设施（包括停车位、机动车库、非机动车库、顶层阁楼、储藏室及其他房屋附属设施）与房屋为同一不动产单元的，计税依据为承受方应交付的总价款，并适用与房屋相同的税率；房屋附属设施与房屋为不同不动产单元的，计税依据为转移合同确定的成交价格，并按当地确定的适用税率计税。

“（七）承受已装修房屋的，应将包括装修费用在内的费用计入承受方应交付的总价款。

“（八）土地使用权互换、房屋互换，互换价格相等的，互换双方计税依据为零；互换价格不相等的，以其差额为计税依据，由支付差额的一方缴纳契税。

“（九）契税的计税依据不包括增值税。”

获得房屋附属设施的计税情形见表 4-2-22。

房屋附属设施契税计税情形表 表 4-2-22

情　形	内　容	纳税义务人	是否征收	是否为同一单元	适用税率
获得停车位、机动车库、非机动车库、顶层阁楼、储藏室及其他房屋附属设施	涉及土地使用权和房屋所有权变动	土地、房屋权属承受方	是	是	适用与房屋相同的契税税率
				否	3%～5%
	不涉及土地使用权和房屋所有权变动	—	否	—	—

（3）计税依据及税款计算。

契税计算见表4-2-23。

契税计算明细表　　表4-2-23

纳税情形	计税依据	纳税义务发生时间	适用税率	税款计算
土地使用权及所附建筑物、构筑物等	承受方应交付的总价款	纳税人签订土地、房屋权属转移合同的当日，或者纳税人取得其他具有土地、房屋权属转移合同性质凭证的当日	3%～5%	承受方应交付的总价款×适用税率
与房屋为同一不动产单元的房屋附属设施	承受方应交付的总价款		适用与房屋相同的契税税率	承受方应交付的总价款×适用税率
与房屋为不同不动产单元的房屋附属设施	转移合同确定的成交价格		3%～5%	转移合同确定的成交价格×适用税率

2. 自用房地产转换为投资性房地产

自用房地产转换为投资性房地产，主要为不动产的用途发生改变，但未改变土地及房屋的权属，因此不涉及契税的缴纳。

（二）不动产租赁

1. 房产税

房产税按照房屋建筑物的实际用途征收，分为从价计征和从租计证两种征收方式。从价计征房产税依照房产原值一次减除10%至30%后的余值计算缴纳。具体减除幅度，由省（自治区、直辖市）人民政府规定。没有房产原值作为依据的，由房产所在地税务机关参考同类房产核定。房产出租的，以房产租金收入为房产税的计税依据。房产税计算见表4-2-24。

房产税计算明细表　　表4-2-24

用途	计税方式	计税依据	税率	纳税义务发生时间	税款计算
租赁	从租计证	房产租金收入	12%	交付出租、出借房产之次月	租金收入×12%
出租兼自用	从价计征	（房产原值－出租房产原值）	1.2%	自建的房屋，为建成的次月	（房产原值－出租房产原值）×（1－减除比例）×1.2%
住房租赁企业	从租计证	房产租金收入	4%	交付出租、出借房产之次月	租金收入×4%

1）住房租赁企业特殊规定

（1）税率。

《财政部 税务总局 住房城乡建设部关于完善住房租赁有关税收政策的公告》（财政部

税务总局 住房城乡建设部公告2021年第24号）第二条规定："对企事业单位、社会团体以及其他组织向个人、专业化规模化住房租赁企业出租住房的，减按4%的税率征收房产税。"

专业化规模化住房租赁企业的标准为：企业在开业报告或者备案城市内持有或者经营租赁住房1000套（间）及以上或者建筑面积3万平方米及以上，各省（自治区、直辖市）住房城乡建设部门会同同级财政、税务部门，可根据租赁市场发展情况，对本地区全部或者部分城市在50%的幅度内下调标准。

（2）资料留存。

享受以上优惠政策的企业应将不动产权属、房屋租赁合同、保障性租赁住房项目认定书等相关资料留存备查。

2）地价原值的确定

根据《财政部 国家税务总局关于安置残疾人就业单位城镇土地使用税等政策的通知》（财税〔2010〕121号）第三条规定，对按照房产原值计税的房产，无论会计上如何核算，房产原值均应包含地价，包括为取得土地使用权支付的价款、开发土地发生的成本费用等。宗地容积率低于0.5的，按房产建筑面积的2倍计算土地面积并据此确定计入房产原值的地价。具体计算方法见表4-2-25。

计入房产原值的地价计算明细表　　表4-2-25

容积率计算	容积率是否低于0.5	计入房产原值的地价
容积率＝建筑面积÷土地面积	是	地价款＝建筑面积×土地单价×2
	否	为取得土地使用权支付的价款、开发土地发生的成本费用等

3）地下部分房产原值的确定

《财政部 国家税务总局关于具备房屋功能的地下建筑征收房产税的通知》（财税〔2005〕181号）规定：

"一、凡在房产税征收范围内的具备房屋功能的地下建筑，包括与地上房屋相连的地下建筑以及完全建在地面以下的建筑、地下人防设施等，均应当依照有关规定征收房产税。

"上述具备房屋功能的地下建筑是指有屋面和维护结构，能够遮风避雨，可供人们在其中生产、经营、工作、学习、娱乐、居住或储藏物资的场所。

"二、自用的地下建筑，按以下方式计税：

"1. 工业用途房产，以房屋原价的50%～60%作为应税房产原值。

"应纳房产税的税额＝应税房产原值×［1－（10%～30%）］×1.2%。

"2. 商业和其他用途房产，以房屋原价的70%～80%作为应税房产原值。

"应纳房产税的税额＝应税房产原值×［1－（10%～30%）］×1.2%。

"房屋原价折算为应税房产原值的具体比例，由各省、自治区、直辖市和计划单列市财政和地方税务部门在上述幅度内自行确定。

"3. 对于与地上房屋相连的地下建筑，如房屋的地下室、地下停车场、商场的地下部分等，应将地下部分与地上房屋视为一个整体按照地上房屋建筑的有关规定计算征收房产税。

"三、出租的地下建筑，按照出租地上房屋建筑的有关规定计算征收房产税。"

4）兼有从租及从价计征的房产税计算

对兼有从租与从价计税的房屋，根据房产税政策应分别缴纳房产税。操作步骤是：先并，即在不考虑房屋出租的情形下，将地价款、地下建筑按规定的计算方法（如上所述）计入房屋原值；再剔，将出租房屋原值按比例法扣除10%～30%，得出经营自用房屋的原值；后分，通过上述计算，分别按计税余值、租金收入计算申报房产税。具体计算过程如下：

（1）计算整套房产的计税原值。

房产计税原值＝土地价款＋房屋原值

（2）计算出租房产的面积占比。

租赁面积占比＝租赁面积/房屋建筑面积

（3）计算自用房产的计税基础。

自用房产的计税基础＝房产计税原值×（1－租赁面积占比）

（4）计算缴纳房产税。

自用部分的房产税＝自用房产的计税基础×（1－减除比例）×1.2%

出租部分的房产税＝租金收入×12%

5）免租的特殊情形

《财政部 国家税务总局关于安置残疾人就业单位城镇土地使用税等政策的通知》（财税〔2010〕121号）第二条规定："对出租房产，租赁双方签订的租赁合同约定有免收租金期限的，免收租金期间由产权所有人按照房产原值缴纳房产税。"

6）无租使用其他单位房产的特殊情形

《财政部 国家税务总局关于房产税 城镇土地使用税有关问题的通知》（财税〔2009〕128号）第一条规定："无租使用其他单位房产的应税单位和个人，依照房产余值代缴纳房产税。"

"无租"与"免租"不同，无租使用为无偿使用，如关联方直接无偿提供房屋等，出租方并未获得租金收入，而承租方获得了免费使用房屋的权利，因此，应由承租方代为缴纳房产税。

7）会计核算

借：税金及附加

贷：应交税费—应交房产税

2. 城镇土地使用税

1）税费计算及缴纳

不动产租赁过程中出租人应缴纳城镇土地使用税，具体计算方法见表4-2-26。

城镇土地使用税涉税管理明细表　　表4-2-26

税　种	计税依据	税款计算	纳税义务发生时间	会计处理
城镇土地使用税	实际占用的土地面积，税率以各地税务机关有关文件为准	土地使用权面积×税率	有偿取得的土地为合同约定交付土地的次月，若合同未约定则为合同签订的次月	借：税金及附加 贷：应交税费—应交城镇土地使用税

2）税务管理

根据《国家税务总局南宁市税务局关于调整南宁市房产税和城镇土地使用税纳税期限的公告》（国家税务总局南宁市税务局公告2019年第4号）规定，南宁市房产税和城镇土地使用税实行按年征收，分上半年、下半年两期申报缴纳。具体纳税期限调整为：上半年申报缴纳期限为6月1日—15日，下半年申报缴纳期限为12月1日—15日，遇法定节假日按相关规定顺延。

3. 增值税

1）一般纳税人出租不动产

《财政部 国家税务总局关于纳税人异地预缴增值税有关城市维护建设税和教育费附加政策问题的通知》（财税〔2016〕74号）第一条规定："纳税人跨地区提供建筑服务、销售和出租不动产的，应在建筑服务发生地、不动产所在地预缴增值税时，以预缴增值税税额为计税依据，并按预缴增值税所在地的城市维护建设税适用税率和教育费附加征收率就地计算缴纳城市维护建设税和教育费附加。"即出租的不动产在其他地区的，应按规定预缴增值税。

《纳税人提供不动产经营租赁服务增值税征收管理暂行办法》（国家税务总局公告2016年第16号）第三条规定："一般纳税人出租不动产，按照以下规定缴纳增值税：

"（一）一般纳税人出租其2016年4月30日前取得的不动产，可以选择适用简易计税方法，按照5%的征收率计算应纳税额。

"不动产所在地与机构所在地不在同一县（市、区）的，纳税人应按照上述计税方法向不动产所在地主管税务机关预缴税款，向机构所在地主管税务机关申报纳税。

"不动产所在地与机构所在地在同一县（市、区）的，纳税人向机构所在地主管税务机关申报纳税。

"（二）一般纳税人出租其2016年5月1日后取得的不动产，适用一般计税方法计税。

"不动产所在地与机构所在地不在同一县（市、区）的，纳税人应按照3%的预征率向不动产所在地主管税务机关预缴税款，向机构所在地主管税务机关申报纳税。

“不动产所在地与机构所在地在同一县（市、区）的，纳税人应向机构所在地主管税务机关申报纳税。

“一般纳税人出租其2016年4月30日前取得的不动产适用一般计税方法计税的，按照上述规定执行。”

根据上述规定，一般纳税人出租不动产，根据不动产不同的取得时间，增值税计税情况见表4-2-27。

增值税计税明细表

表4-2-27

不动产取得时间	计税方法	预　　缴	申　　报
2016年4月30日前	简易计税	销项税＝含税销售额÷（1+5%）×5%	销项税＝含税销售额÷（1+5%）×5%－预缴税额
2016年5月1日后	一般计税	销项税＝含税销售额÷（1+9%）×3%	销项税＝含税销售额÷（1+9%）×9%－预缴税额

同时，根据不动产所在地与机构是否相同，需要在不同机构缴纳增值税，见表4-2-28。

增值税缴纳情况表

表4-2-28

不动产取得时间	不动产所在地与机构是否相同	预 缴 地 点	申报纳税地点
2016年4月30日前	是	—	机构所在地主管税务机关
	否	不动产所在地主管税务机关	
2016年5月1日后	是	—	
	否	不动产所在地主管税务机关	

2）小规模纳税人出租不动产

《纳税人提供不动产经营租赁服务增值税征收管理暂行办法》（国家税务总局公告2016年第16号）中第四条第一项规定，单位和个体工商户出租不动产（不含个体工商户出租住房），按照5%的征收率计算应纳税额。计税情况见表4-2-29。

小规模纳税人增值税计税情况表

表4-2-29

计税方法	预　　缴	申　　报
简易计税	销项税＝含税销售额÷（1+5%）×5%	销项税＝含税销售额÷（1+5%）×5%－预缴税额

《国家税务总局关于小规模纳税人免征增值税征管问题的公告》（国家税务总局公告2021年第5号）第一条规定：“小规模纳税人发生增值税应税销售行为，合计月销售额未超过15万元（以1个季度为1个纳税期的，季度销售额未超过45万元，下同）的，免征增值税。小规模纳税人发生增值税应税销售行为，合计月销售额超过15万元，但扣除本期发生的销售不动产的销售额后未超过15万元的，其销售货物、劳务、服务、无形资产取得的销售额免征增值税。”第五条规定：“按照现行规定应当预缴增值税税款的小规模纳税人，凡在预缴地实现的月销售额未超过15万元的，当期无需预缴税款。”根据《国家税务总局关于增值税小规模纳税人减免增值税等政策有关征管事项的公告》（国家税务总局公告2023年第1

号)，自2023年1月1日起，相关额度由15万元、45万元变更为10万元、30万元。

小规模纳税人跨地区租赁不动产，其预缴增值税的规定与一般纳税人相同。

3）增值税会计处理

小规模纳税人增值税会计处理见表4-2-30。

小规模纳税人增值税会计处理　　表4-2-30

简易计税	一般计税
收到预收款项： 借：银行存款 　　贷：预收账款—租赁款 　　贷：应收账款—租赁款 　　贷：应交税费—简易计税	收到预收款项： 借：银行存款 　　贷：预收账款—租赁款 　　贷：应收账款—租赁款 　　贷：应交税费—应交增值税—销项税额
预缴税款： 借：应交税费—简易计税 　　贷：银行存款	预缴税款： 借：应交税费—预缴增值税 　　贷：银行存款 月底结转预缴税款到未交增值税： 借：应交税费—未交增值税 　　贷：应交税费—预缴增值税

4）税务管理

（1）纳税义务发生时间。

根据《财政部 税务总局关于建筑服务等营改增试点政策的通知》（财税〔2017〕58号）规定，纳税人提供租赁服务采取预收款方式的，其纳税义务发生时间为收到预收款的当天。

（2）纳税期限。

以1个月或1个季度为1个纳税期，自期满之日起15日内申报纳税。

（3）开具发票。

纳税人向其他个人出租不动产，不得开具或申请代开增值税专用发票。

4. 企业所得税

《中华人民共和国企业所得税法实施条例》第十九条规定："租金收入，按照合同约定的承租人应付租金的日期确认收入的实现。"此外，《国家税务总局关于贯彻落实企业所得税法若干税收问题的通知》（国税函〔2010〕79号）第一条中规定："如果交易合同或协议中规定租赁期限跨年度，且租金提前一次性支付的，根据《实施条例》第九条规定的收入与费用配比原则，出租人对上述已确认的收入，在租赁期内，分期均匀计入相关年度收入。"

根据上述规定，企业在预收租金收入确认上有选择权，即企业提前一次性收到租赁期跨年度的租金收入，既可以按照合同或协议规定的应付租金的日期确认收入，也可以在租赁期内根据权责发生制原则，分期均匀计入相关年度收入。

第三章　商贸物流板块

第一节　物资贸易业务

结合物资贸易业务基本现状，本节将简要概述其业务描述、涉税事项以及税务管理要点等内容。物资贸易业务全生命周期流程如图 4-3-1 所示。

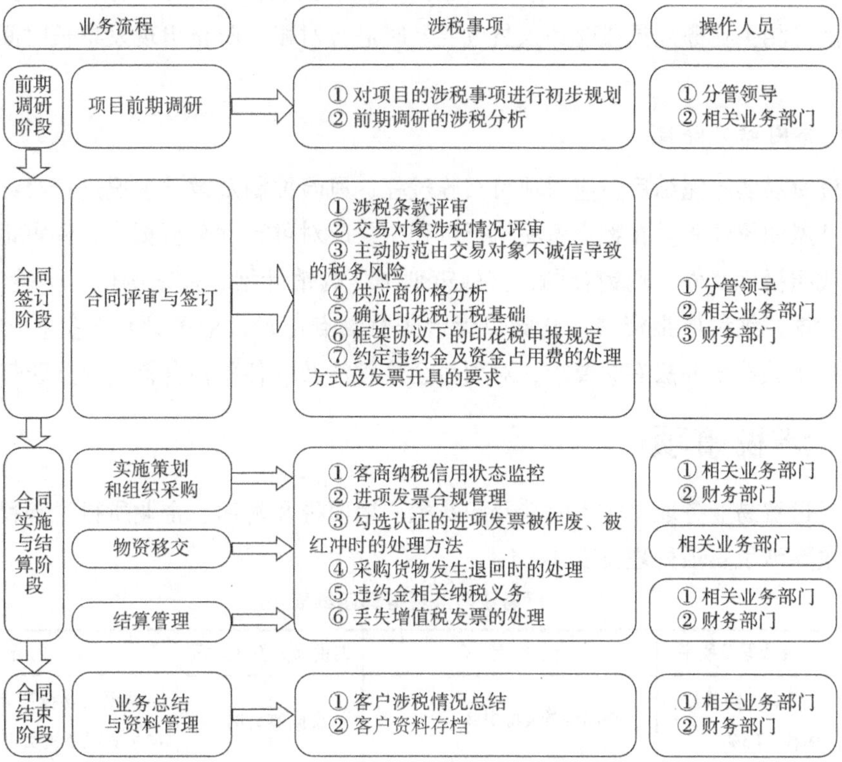

图 4-3-1　物资贸易业务全生命周期流程图

一、业务描述

（一）前期调研阶段

业务部门对拟开展大宗物资采购及销售的真实性、合法性、可行性等进行调查。对重大物资采购，公司贸易管理领导小组应派人员组织调查，对拟开展项目进行可行性分析，形成可行性分析报告。

（二）合同签订阶段

各单位可根据采购需要，分析采购需求状况与市场环境，编制采购方案，上报经营管理部。经营管理部根据采购项目资料，明确采购项目的供应范围、质量技术标准、供应规模、价格控制目标、收益预期、融资要求、资金支持等采购需求，作为供应商选择与协议谈判的基础，并根据项目的金额测算出将承担的税负成本。

（三）合同实施与结算阶段

对于通过评审的物资贸易，要按照签订的物资贸易合同结合前期评审情况实施采购。销售合同管理应结合业务实际情况，按实施策划书确定的销售方式进行。

在物资贸易实施过程中，应对业务实施效果与实施策划预期效益进行对比分析，查找偏离原因和存在的问题，制定优化措施，持续降低项目风险，提升项目效益；按照合同要求，及时与交易对象开展业务结算、对账签认、发票获取、付款等工作，控制预付款规模和付款时间。相关业务人员或财务人员也要及时进行对账，防止出现发票长时间未入账的情况。

（四）合同结束阶段

在物资贸易实施完结后，应对项目实施过程、风险控制及效益情况进行总结分析，为同类业务开展积累经验。在物资贸易执行过程中，应对可行性分析报告、评审记录、合同洽谈记录或招投标文件、购销合同、实施策划书、购销计划、往来函件、交验签认单据、结算对账凭据、纳税申报资料、仓储保管台账及盘点记录、业务评价等资料进行妥善保管，并根据相关档案办法有关要求，对项目全流程涉及的各税种资料进行整理归档。

二、涉税事项

企业通过贸易业务取得收入时涉及印花税、增值税及附加、企业所得税等税费的计算与缴纳。主要涉税事项处理见表4-3-1。

贸易业务涉税管理明细表　　表4-3-1

税种	计税依据及税率	税款计算	纳税义务发生时间	涉税管理
印花税	买卖合同价款，税率0.03%	合同价款×0.03%	合同签订时	纳税人自行计算应纳税额，向主管税务机关申报缴纳
增值税	销售价款及价外费用，税率13%	销售货物不含税价×13%（一般纳税人）/3%（小规模纳税人）	销售货物同时收讫销售款当天	纳税人自行计算应纳税额，于每月15日前向主管税务机关申报缴纳

三、税务管理要点

（一）前期调研阶段税务管理要点

从引入税务规划管理机制至业务实际开始前，确保税务管理工作在业务全生命周期的参与，从税务专业角度评价项目开展的可行性，合理优化项目收益、规避潜在税务合规风险，优化企业资源的合理配置。具体工作包括以下几方面。

1. 对项目的涉税事项进行初步规划

财务人员需要对未来合同条款的涉税事项进行初步规划，主要包括：

（1）根据项目需求规划交易方纳税人身份要求，如要求其为增值税一般纳税人。

（2）规划兼营及计价情况。

根据项目需求规划是否存在兼营的情况，如存在，则设计拆分计价机制，适用不同税率或者征收率的，应当分别核算适用不同税率或者征收率的销售额。如果是无法拆分且税率不同的情况，应税率从高。

（3）规划增值税发票获取及开具需求。

根据项目需求规划增值税发票获取及开具需求，包括发票种类、内容、开具时间等。

（4）规划税收政策变化特别条款。

增值税虽是价外税，但是与定价存在密切关系，通常也是谈判的重要考虑事项。因此，应根据项目需求规划设计应对条款，如签订不含税价合同，避免引发纠纷。

（5）规划关联交易定价情况。

结合项目需求，识别项目潜在的关联交易情况，根据股份公司制定的关联交易管理要求，初步规划未来关联交易定价机制。

2. 前期调研的涉税分析

（1）进项税分析：审核确认各类费用是否能够取得发票、是否为增值税专用发票以及相关发票的税率。如果相关应税物资交易对方由于资质原因无法开具相关发票，则需要公司考虑我方增值税的税负能力以及对方的涉税信用，以判断我方是否接受此次交易。

（2）现金流分析：财务部门需配合业务部门根据项目预计开展情况预计现金流，估算垫资金额、税费缴纳等情况。

（二）合同签订阶段税务管理要点

1. 涉税条款评审

对合同中的涉税条款进行评审，分析涉税条款是否齐全、内容是否明确，包括供货期限条款、货物运输条款及运费结算方式、收付款期限条款、合同金额及对应增值税税额税率、发票条款等信息。确认合同价款是否包含增值税，以明确印花税的计税基础。确认是否明确合同执行期内国家政策变化导致增值税税率变动的应对条款。确认是否明确合同履行过程中因一方违约而形成的资金占用费、违约金等的处理方式及发票开具要求。

2. 交易对象涉税情况评审

对交易对象的纳税基本信息、涉税资质和信用情况进行分析，识别交易对象及其法人、实际控制人等相关实体或人员的历史交易情况，包括是否存在重大涉税违规情况、是否曾经发生走逃发票等情况信息。

3. 主动防范由交易对象不诚信导致的税务风险

及时调查、跟踪交易对象的涉税信用情况，建立交易对象档案信息库和黑白名单，通过合法途径及时掌握交易对象的真实状况。主动防范走逃发票等涉税风险，提升税务管理效率，规避潜在税务风险。

业务人员要持续关注交易公司的经营情况，若发现税务风险及时与公司财务人员联系。

4. 供应商价格分析

1）对于执行简易计税方法的项目

执行简易计税方法的项目，物资采购可以直接按照各投标人投标含税总价进行比较。

2）对于执行一般计税方法的项目

执行一般计税方法的项目，要求投标人的报价实行价税分离，应注明不含税价和税额。

5. 关联方定价

从集团内部采购的产品，采购价格由双方协商确定。在制定价格时，财务人员应与业务部门密切沟通，关注利润率等关键指标，对比市场上同类、同规格产品的价格，确保交易价格符合独立交易原则。

6. 确认印花税计税基础

合同价款约定方式将影响印花税缴纳金额，应区分不含税金额和增值税税额，在缴纳印花税时需要注意总包合同金额是否注明了不含税金额、税额。如果合同金额为增值税价税合计价款，无法明确区分增值税税额，则需要就合计金额全额缴纳印花税；如果合同金额为不含增值税价款或可以明确区分增值税税额，则仅就不含增值税价款缴纳印花税。

7. 框架协议下的印花税申报规定

针对无明确合同金额的框架协议，按照实际结算金额缴纳印花税。《中华人民共和国印花税法》第六条规定："应税合同、产权转移书据未列明金额的，印花税的计税依据按照实际结算的金额确定。计税依据按照前款规定仍不能确定的，按照书立合同、产权转移书据时的市场价格确定；依法应当执行政府定价或者政府指导价的，按照国家有关规定确定。"

8. 约定违约金及资金占用费的处理方式及发票开具要求条款

合同中应明确合同履行过程中因一方违约而形成的资金占用费、违约金等的处理方式及发票开具要求。

（1）购买方支付违约金：①如果合同未履行，经营业务未发生，购买方因违约支付违约金的，不属于价外费用，不征收增值税，不需开具发票；②如果合同已经履行，购买方由于延迟付款等原因按合同约定支付一定的违约金或资金占用费的，属于《中华人民共和国增值税暂行条例》规定的增值税价外费用，与收取的货物一并计缴增值税。

（2）销售方支付违约金：①如果合同未履行，经营业务未发生，销售方因违约支付违约金的，不属于价外费用，不征收增值税，不需开具发票；②如果合同已经履行，销售方由于售出商品质量不符合要求等原因支付违约金的，应视同在售价上给予的减让，属于销售折让，应按照规定流程由销售方开具红字发票冲减销售额及销售税额，购买方按规定冲减成本费用及进项税额。

（三）合同实施与结算阶段税务管理要点

1. 客商纳税信用状态监控

及时监控客商纳税信用状态，包括客商的进项来源是否正规、是否存在过票和套票现象、是否存在多次发票失控状况等情况，规避潜在增值税风险。同时，对于收到的进项发票，要对其进行真伪查验，并于第一时间完成入账，及时进行发票认证工作。对于状态异常的发票，若尚未申报抵扣增值税进项税额，则暂不抵扣；若已经申报抵扣增值税进项税额，则需做进项税额转出处理，经核实，符合现行增值税进项税抵扣相关规定的，可继续申报抵扣。对于客商存在的发票失控情况，应要求其出具相关情况说明，我方需登记备查。对于多次出现此类情况的客商，要记入客户信用档案。

2. 勾选认证的进项发票被作废、被红冲时的处理方法

与对方及时进行沟通，及时重新开具发票，确认作废原因并做记录。在报税之前再次检查已认证发票中是否有异常发票，如发现异常发票，则不应进行抵扣；若已进行抵扣，则需根据相关规定，做进项转出处理，同时做好相关事项的详细记录，以备税务机关检查。

3. 采购货物发生退回时的处理

根据相关法规规定，企业购进货物发生退回时，购货方已取得的增值税专用发票应区分两种情况处理：

（1）购货方在未付货款并且未做账务处理的情况下，须将原发票联和税款抵扣联主动退还销售方；销售方收到后，应在该发票联和税款抵扣联及有关的存根联、记账联上注明“作废”字样，作为扣减当期销项税额的凭证。开具时发现有误的，可即时作废。

（2）在购货方已付货款，或者货款未付但已做账务处理，发票联及抵扣联无法退还的情况下，购货方必须登录开票系统开具退货增值税红字专用发票信息表，作为销售方开具红字专用发票的合法依据；销售方在未收到证明单以前，不得开具红字专用发票，收到证明单后，根据退回货物的数量、价款向购货方开具红字专用发票。其存根联、记账联作为销售方扣减当期销项税额的凭证，发票联、抵扣联作为购买方扣减进项税额的凭证。

4. 违约金相关纳税义务

根据《中华人民共和国增值税暂行条例实施细则》第十二条规定，违约金属于销售货物或者应税劳务时向购买方收取的，应根据相关业务情况计算缴纳增值税。

根据《中华人民共和国企业所得税法实施条例》第二十二条规定，违约金收入是指企业取得的其他收入，应根据相关法规规定计算缴纳企业所得税。

5. 企业所得税收入确认

企业销售收入的确认，必须遵循权责发生制原则和实质重于形式原则。

（1）销售商品采取预收款方式的，在发出商品时确认收入。

（2）销售商品采用托收承付方式的，在办妥托收手续时确认收入。

（3）企业为促进商品销售而在商品价格上给予的价格扣除属于商业折扣，商品销售涉及商业折扣的，应当按照扣除商业折扣后的金额确定销售商品收入金额。

（4）债权人为鼓励债务人在规定的期限内付款而向债务人提供的债务扣除属于现金折扣，销售商品涉及现金折扣的，应当按扣除现金折扣前的金额确定销售商品收入金额，现金折扣在实际发生时作为财务费用扣除。

（5）企业因售出商品的质量不合格等原因而在售价上给予的减让属于销售折让，企业因售出商品质量、品种不符合要求等原因而发生的退货属于销售退回。企业已经确认销售收入的售出商品发生销售折让和销售退回，应当在发生当期冲减当期销售商品收入。

（6）以分期收款方式销售货物的，按照合同约定的收款日期确认收入。

（四）合同结束阶段税务管理要点

1. 客户涉税情况总结

对合同评审期中交易对象的纳税基本信息、涉税资质和信用情况进行总结，并将各项分析材料分类整理、归档并指定专人管理。

2. 涉税资料存档

各单位应指定专人负责保管税务证件及各种纳税资料，建立纳税申报管理制度。税务档案资料包括税务登记（备案）资料、发票领购簿、纳税申报表、增值税专用发票抵扣联、已开具发票的记账联及申请资料、税务风险评估资料、税务稽查报告、中介机构出具的税务鉴证报告、向税务局报批的资料、税务机关的批复资料及其他涉税档案资料等。

各单位应对各项电子及书面税务档案资料进行统一标准化管理。各税种申报完成后应及时生成电子档案和纸质档案，对于办理资产损失、享受优惠等事项的备查资料需归档保管。税务档案管理人员应对各类税务资料进行分类，编制目录或索引，分别存放，妥善保管。

此外，各单位应定期对已到保管期限的税务档案进行鉴定，并形成税务档案鉴定意见书。经鉴定，仍需继续保存的税务档案，应重新组卷，编制案卷号，确定保管期限，并在案卷备考表中注明有关问题；对保管期满，确无保存价值的税务档案，按照相应程序进行销毁。

第二节　成品油零售业务

本节以成品油经营企业的管理流程及相关税费缴纳流程安排框架思路，主要从增值税、营销活动中提供赠品的税务处理等方面详细解读成品油零售业务各项涉税事项及税务管理要点。成品油零售业务全生命周期流程如图 4-3-2 所示。

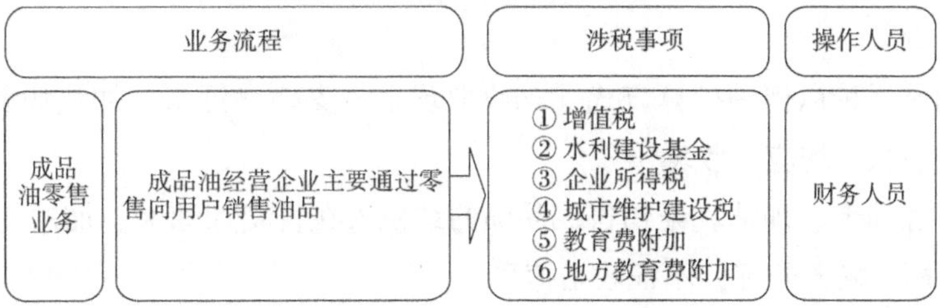

图 4-3-2　成品油零售业务全生命周期流程图

一、业务描述

成品油零售指通过零售网络（加油站、石油商店、农村及水上网点）向社会上的用户供应成品油的销售活动。

二、涉税事项

企业通过采购、销售、调配、存储、传递信息、提供销售服务等取得的收入涉及增值税、印花税、城市维护建设税、教育费附加、地方教育费附加、企业所得税等税费的计算与缴纳。主要涉税事项处理见表 4-3-2。

成品油零售业务涉税管理明细表　　　　表 4-3-2

税种	计税依据及税率	税款计算	纳税义务发生时间	涉税管理
增值税	销售价款及价外费用，税率 13%	（当月全部成品油销售数量 - 允许扣除的成品油数量）× 油品单价/（1 + 13%）× 13%	销售油品同时收讫销售款当天	纳税人自行计算应纳税额，于每月 15 日前向主管税务机关申报缴纳
水利建设基金	不含税销售收入，税率 0.1%	不含税销售收入 × 0.1%	与增值税的纳税义务发生时间一致	水利建设基金的申报缴纳期限按增值税申报缴纳期限执行

三、税务管理要点

（一）增值税

1. 明确一般纳税人身份

《国家税务总局关于加油站一律按照增值税一般纳税人征税的通知》（国税函〔2001〕882号）规定："为了加强对加油站成品油销售的增值税征收管理，经研究决定，从2002年1月1日起，对从事成品油销售的加油站，无论其年应税销售额是否超过180万元，一律按增值税一般纳税人征税。"因此，成品油零售企业一律认定为增值税一般纳税人。

2. 征税范围

（1）加油站无论以何种结算方式［如收取现金、支票、汇票、加油凭证（簿）、加油卡等］收取售油款，均应征收增值税。

（2）发售加油卡、加油凭证销售成品油的纳税人在售卖加油卡、加油凭证时，应按预收账款方法做相关账务处理，不征收增值税。

（3）对统一核算，且经税务机关批准汇总缴纳增值税的成品油销售单位跨县市调配成品油的，不征收增值税。

3. 应税销售额计算

成品油应税销售额=（当月全部成品油销售数量－允许扣除的成品油数量）×油品单价

其中，允许在当月成品油销售数量中扣除的情形如下：

（1）经主管税务机关确定的加油站自有车辆自用油。

（2）外单位购买的，利用加油站的油库存放的代储油。

加油站发生代储油业务时，应凭委托代储协议及委托方购油发票复印件向主管税务机关申报备案。

（3）加油站本身倒库油。

加油站发生成品油倒库业务时，须提前向主管税务机关报告说明，由主管税务机关派专人实地审核监控。

（4）加油站检测用油（回罐油）。

对于上述允许扣除的成品油数量，加油站月终应根据《加油站月销售油品汇总表》统计的数量向主管税务机关申报。

4. 成品油销售日常管理

（1）加油站销售成品油必须按不同品种分别核算，准确计算应税销售额。

（2）加油站必须按规定建立《加油站日销售油品台账》登记制度。加油站应按日登记台账，按日或交接班次填写，完整、详细地记录当日或本班次的加油情况，月终汇总登记《加油站月销售油品汇总表》。台账须按月装订成册，按会计原始账证的期限保管，以备主管税务机关检查。

5. 成品油专用发票开具管理

（1）加油站以收取加油凭证（簿）、加油卡方式销售成品油时，不得向用户开具增值税专用发票。预售单位在发售加油卡或加油凭证时可开具普通发票，如购油单位要求开具增值税专用发票，则待用户凭加油卡或加油凭证加油后，根据加油卡或加油凭证回笼记录，向购油单位开具增值税专用发票。接受加油卡或加油凭证销售成品油的单位与预售单位结算油款时，接受加油卡或加油凭证销售成品油的单位根据实际结算的油款向预售单位开具增值税专用发票。

（2）所有成品油发票均须通过增值税发票管理新系统中成品油发票开具模块开具。

①成品油发票是指销售汽油、柴油、航空煤油、石脑油、溶剂油、润滑油、燃料油等成品油所开具的增值税专用发票（简称“成品油专用发票”）和增值税普通发票。

②纳税人需要开具成品油发票的，由主管税务机关开通成品油发票开具模块。

③开具成品油发票时，应遵守以下规则：

A. 正确选择商品和服务税收分类编码。

B. 发票“单位”栏应选择“吨”或“升”，蓝字发票的“数量”栏为必填项且不为“0”。

C. 开具成品油专用发票后，发生销货退回、开票有误以及销售折让等情形的，应按规定开具红字成品油专用发票。

销货退回、开票有误等原因涉及销售数量的，应在《开具红字增值税专用发票信息表》中填写相应数量，销售折让的不填写数量。

D. 成品油经销企业某一商品和服务税收分类编码的油品可开具成品油发票的总量，应不大于所取得的成品油专用发票、海关进口消费税专用缴款书对应的同一商品和服务税收分类编码的油品总量。

成品油经销企业开具成品油发票前，应登录增值税发票选择确认平台确认已取得的成品油专用发票、海关进口消费税专用缴款书信息，并通过成品油发票开具模块下载上述信息。

6. 纳税义务发生时间

纳税义务发生时间为纳税人发生应税行为并收讫销售款项或者取得索取销售款项凭据的当天；先开具发票的，为开具发票的当天。

收讫销售款项，是指纳税人销售服务、无形资产、不动产过程中或者完成后收到款项。

取得索取销售款项凭据的当天，是指书面合同确定的付款日期；未签订书面合同或者书面合同未确定付款日期的，为服务、无形资产转让完成的当天或者不动产权属变更的当天。成品油销售业务增值税纳税义务发生时间见表4-3-3。

成品油销售业务增值税纳税义务发生时间对应表　　表4-3-3

序号	销售方式	纳税义务发生时间
1	采取直接收款方式销售货物	不论货物是否发出，均为收到销售款项或者取得索取销售款项凭据的当天
2	采取预收货款方式销售货物	为货物发出的当天
3	委托其他纳税人代销货物	为收到代销单位的代销清单或者收到全部或者部分货款的当天；未收到代销清单及货款的，为发出代销货物满180天的当天
4	发生除代销以外的视同销售货物行为	为货物移送的当天

7. 汇总纳税规定

采取统一配送成品油方式设立的非独立核算的加油站，在同一县市的，由总机构汇总缴纳增值税。在同一省（自治区、直辖市）内跨县市经营的，是否汇总缴纳增值税，由省级税务机关确定。跨省经营的，是否汇总缴纳增值税，由国家税务总局确定。

（二）营销活动中提供赠品的税务处理

加油站在营销活动中以赠品、抽奖等方式，向个人或其他单位赠送现金、消费券、物品、服务等，应根据不同的情形进行如下税务处理。

1. 增值税

向个人或其他单位提供赠品、物品、服务等应税行为的增值税视同销售处理。根据《中华人民共和国增值税暂行条例实施细则》第四条规定，单位或者个体工商户将自产、委托加工或者购进的货物无偿赠送其他单位或者个人的，视同销售货物。

2. 企业所得税

企业将资产移送他人用于市场推广或销售，因资产所有权属已发生改变而不属于内部处置资产，应按规定视同销售确定收入。企业自制的资产，应按企业同类资产同期对外销售价格确定销售收入；属于外购的资产，可按购入时的价格确定销售收入。

3. 个人所得税

《财政部 国家税务总局关于企业促销展业赠送礼品有关个人所得税问题的通知》（财税〔2011〕50号）规定：

（1）企业在销售商品（产品）和提供服务过程中向个人赠送礼品，属于下列情形之一的，不征收个人所得税：

①企业通过价格折扣、折让方式向个人销售商品（产品）和提供服务。

②企业在向个人销售商品（产品）和提供服务的同时给予赠品，如通信企业对个人购

买手机赠话费、入网费，或者购话费赠手机等。

③企业对累积消费达到一定额度的个人按消费积分反馈礼品。

（2）企业向个人赠送礼品，属于下列情形之一的，取得该项所得的个人应依法缴纳个人所得税，税款由赠送礼品的企业代扣代缴：

①企业在业务宣传、广告等活动中，随机向本单位以外的个人赠送礼品，对个人取得的礼品所得，按照“其他所得”项目，全额适用20%的税率缴纳个人所得税。

②企业在年会、座谈会、庆典以及其他活动中向本单位以外的个人赠送礼品，对个人取得的礼品所得，按照“其他所得”项目，全额适用20%的税率缴纳个人所得税。

③企业对累积消费达到一定额度的顾客，给予额外抽奖机会，个人的获奖所得，按照“偶然所得”项目，全额适用20%的税率缴纳个人所得税。

（3）企业赠送的礼品是自产产品（服务）的，按该产品（服务）的市场销售价格确定个人的应税所得；是外购商品（服务）的，按该商品（服务）的实际购置价格确定个人的应税所得。

第三节　物流园及边贸服务业务

物流园业务是指在物流园区内与客户发生的交易事项，一般包含不动产租赁、物流业务、冷链业务、仓储服务、园区管理、电商业务、集采业务、供应链金融、加工修理修缮等业务。根据提供的业务，涉及的税种有增值税及附加、水利建设基金、印花税、房产税、城镇土地使用税、企业所得税。

边贸服务业务是指对于过关的客户按照入关时的货物重量收取一定的过磅费，并在此基础上为客户提供货物停放、商铺租赁等增值服务的业务。根据提供的服务，涉及的税种有增值税及附加、水利建设基金、印花税、房产税、城镇土地使用税、企业所得税。

物流园、边贸服务业务全生命周期流程如图4-3-3所示。

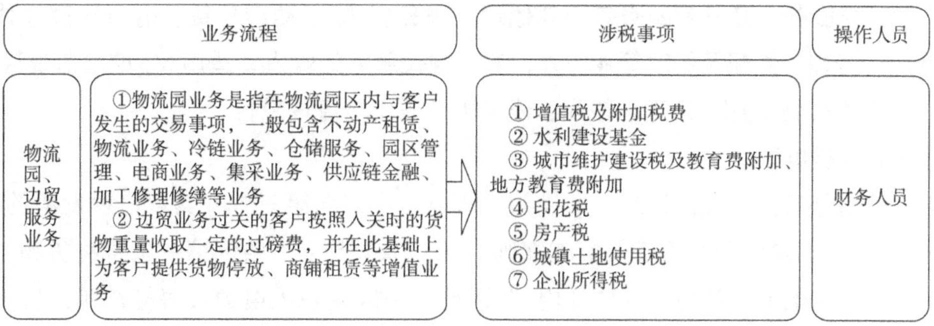

图4-3-3　物流园、边贸服务业务全生命周期流程图

一、临时性收入业务

（一）业务描述

物流园、边贸服务公司在与零星客户的经济业务发生时收取款项实现的收入，属于临时性收入，一般不需要签订合同。

（二）涉税事项

一般纳税人收取款项时，产生了增值税纳税义务，需要进行增值税的申报和缴纳。临时性收入业务涉税管理见表4-3-4。

临时性收入业务涉税管理明细表

表4-3-4

税种	计税依据及税率	税款计算	纳税义务发生时间	涉税管理
增值税	除不动产租赁、电力转售（代扣代缴）等业务外，属于现代服务；税率6%	含税收入÷（1+6%）×6%	提供服务并收讫款项或者取得索取款项凭据的当天；先开具发票的，为开具发票的当天	以1个月为1个纳税期，纳税人自行计算应纳税额，于每月15日前向主管税务机关申报缴纳
	电力转售（代扣代缴）及加工修理、修缮等业务，税率13%	含税收入÷（1+13%）×13%	收到预收款时；先开具发票的，为开具发票的当天	以1个月为1个纳税期，纳税人自行计算应纳税额，于每月15日前向主管税务机关申报缴纳

（三）税务管理要点

1. 边贸服务适用增值税税目

（1）《财政部 国家税务总局关于全面推开营业税改征增值税试点的通知》（财税〔2016〕36号）附件1所附《销售服务、无形资产、不动产注释》规定：“现代服务，是指围绕制造业、文化产业、现代物流产业等提供技术性、知识性服务的业务活动。包括研发和技术服务、信息技术服务、文化创意服务、物流辅助服务、租赁服务、鉴证咨询服务、广播影视服务、商务辅助服务和其他现代服务。”除不动产租赁、电力转售（代扣代缴）及加工修理、修配及修缮等业务外，属于现代服务的收入，适用6%的增值税税率。

（2）电力转售及加工修理、修配、修缮服务适用增值税税目。

①代收代缴电费。

电力转售是指，纳税人为第三方代扣代缴电费，并向第三方开具增值税发票的行为。《中华人民共和国增值税暂行条例实施细则》第二条规定：“条例第一条所称货物，是指有形动产，包括电力、热力、气体在内。”因此，一般纳税人电力转售应按照销售货物缴纳增值税。

②加工修理、修配服务。

《中华人民共和国增值税暂行条例实施细则》第三条规定："条例第一条所称提供加工、修理修配劳务（以下称应税劳务），是指有偿提供加工、修理修配劳务。"因此，加工修理、修配服务属于销售劳务的范畴。

《中华人民共和国增值税暂行条例》规定："纳税人销售货物、劳务、有形动产租赁服务或者进口货物，除本条第二项、第四项、第五项另有规定外，税率为17%。"《关于深化增值税改革有关政策的公告》（财政部 税务总局 海关总署公告2019年第39号）中，销售劳务的适用税率变更为13%。

③修缮服务。

《财政部 国家税务总局关于全面推开营业税改征增值税试点的通知》（财税〔2016〕36号）附件1所附《销售服务、无形资产、不动产注释》规定："修缮服务，是指对建筑物、构筑物进行修补、加固、养护、改善，使之恢复原来的使用价值或者延长其使用期限的工程作业。"因此，修缮服务属于"销售服务—建筑服务"的范畴，按9%的税率缴纳增值税。

2. 增值税加计抵减

参照第三部分"主要税种通用规定"第一章第六节"增值税加计抵减"。

二、订立合同业务

（一）业务描述

1. 合同签订阶段

所有合同签订前，业务人员都以合同评审表的形式组织相关部门进行合同评审；在参与合同评审过程中，财务部门主要针对商业条款进行评审，如客户付款条款、结算条款等，并提出意见。财务部门要在合同签订阶段进行风险审核，制定或修改涉税条款，以免对后续享受税收优惠政策等造成不利影响。

2. 合同履行阶段

合同订立后，经济业务发生时，达到纳税义务发生时间，需要根据业务类型计算缴纳各项税费，财务部门需要准确识别各项业务的纳税义务，并及时申报缴纳。边贸服务收入包括货场修缮收入、物流辅助服务收入、商铺租赁收入，各类服务的收入确认时点有所不同。

（二）涉税事项

合同签订阶段重点是对合同签订类型、种类以及涉税条款进行把关审核，分析不同业务合同的印花税的征税范围。在边贸服务合同履行阶段，应根据合同条款准确确定增值税纳税义务、增值税发票开具信息及纳税申报事项。订立合同业务涉税管理见表4-3-5。

订立合同业务涉税管理明细表 表 4-3-5

税种	计税依据及税率	税款计算	纳税义务发生时间	涉税管理
增值税	现代服务收入，税率 6%	含税收入 ÷（1 + 6%）×6%	提供服务并收讫款项或者取得索取款项凭据的当天；先开具发票的，为开具发票的当天	以 1 个月为 1 个纳税期，纳税人自行计算应纳税额，于每月 15 日前向主管税务机关申报缴纳
	修缮费收入，税率 13%	含税收入 ÷（1 + 13%）×13%	提供服务并收讫款项或者取得索取款项凭据的当天；先开具发票的，为开具发票的当天	以 1 个月为 1 个纳税期，纳税人自行计算应纳税额，于每月 15 日前向主管税务机关申报缴纳
	商铺不动产租赁合同约定的租金；简易计税征收率 5%，一般计税征收率 9%	含税收入 ÷（1 + 征收率或税率）×征收率或税率	收到预收款时或者合同约定的日期；先开具发票的，为开具发票的当天	以 1 个月为 1 个纳税期，纳税人自行计算应纳税额，于每月 15 日前向主管税务机关申报缴纳
房产税	从价计征：(房产原值 - 出租房产原值)，税率 1.2%	（房产原值 - 出租房产原值）×（1 - 减除比例）×1.2%	自建的房屋，为建成的次月	房产税按年征收、分期缴纳，并由房产所在地的税务机关征收
	从租计征：租金收入，税率 12%	租金收入×12%	交付出租、出借房产的次月	
城镇土地使用税	使用城市、县城、建制镇、工矿区的土地面积，适用税额按各地区税务局约定	土地面积×适用税额	①新征用的耕地：自批准征用之日起满一年； ②非新征用的耕地：批准征用的次月	城镇土地使用税按年计算，分期缴纳，缴纳期限由省（自治区、直辖市）人民政府确定
企业所得税	应纳税所得额，税率 15%（西部大开发）	应纳税所得额×15%	按合同规定应收代管费的当月	自年度终了之日起 5 个月内，报送年度企业所得税纳税申报表，并进行汇算清缴
企业所得税	应纳税所得额，税率 9%（北部湾优惠政策）	应纳税所得额×9%	按合同规定应收代管费的当月	自年度终了之日起 5 个月内，报送年度企业所得税纳税申报表，并进行汇算清缴

（三）税务管理要点

1. 增值税

1）适用税目及税率

订立合同业务的增值税税目及税率情况见表4-3-6。

订立合同业务的增值税税目及税率对应表　　表4-3-6

应 税 项 目	增值税税目	增值税税率
货场修缮费收入	加工、修理修配劳务	13%
物流辅助服务收入	现代服务业	6%
商铺不动产出租收入	不动产经营租赁	简易计税5%，一般计税9%

根据《中华人民共和国增值税暂行条例》第一条的规定，“在中华人民共和国境内销售货物或者加工、修理修配劳务（以下简称劳务），销售服务、无形资产、不动产以及进口货物的单位和个人，为增值税的纳税人，应当依照本条例缴纳增值税”，货场修缮费收入适用13%的增值税税率。

根据《财政部 国家税务总局关于全面推开营业税改征增值税试点的通知》（财税〔2016〕36号）附件1所附《销售服务、无形资产、不动产注释》的规定，“现代服务，是指围绕制造业、文化产业、现代物流产业等提供技术性、知识性服务的业务活动。包括研发和技术服务、信息技术服务、文化创意服务、物流辅助服务、租赁服务、鉴证咨询服务、广播影视服务、商务辅助服务和其他现代服务”，物辅助服务收入适用6%的增值税税率。

根据《纳税人提供不动产经营租赁服务增值税征收管理暂行办法》第三条第一项的规定，“一般纳税人出租其2016年4月30日前取得的不动产，可以选择适用简易计税方法，按照5%的征收率计算应纳税额”，商铺不动产出租收入适用5%的增值税税率。

2）识别预收款相关增值税纳税义务

商铺租赁业务对于合同中约定了预收租金条款的，需要关注预收款的纳税义务时点。《财政部 税务总局关于建筑服务等营改增试点政策的通知》（财税〔2017〕58号）第二条规定：“《营业税改征增值税试点实施办法》（财税〔2016〕36号印发）第四十五条第（二）项修改为‘纳税人提供租赁服务采取预收款方式的，其纳税义务发生时间为收到预收款的当天’。”

3）增值税发票开具管理

增值税发票开具应以真实交易为基础，不得开具与实际经营业务不相符的发票。严禁开具无真实交易背景的虚假发票。开具发票要坚持“三流一致”原则，即资金流、实物流、票据流要一致，同时要与合同主体相一致。严禁无合同和无申请单及销售单开具发票。对于首次开具发票的合同，业务人员填写《增值税发票开具申请表》，同时附列合同、单据、加盖公章或财务章的受票方税务登记证明等资料，经部门领导或分管领导审批同意后，财务人员根据开票申请的内容开具增值税发票。非首次申请开票的合同，无须重复提供合同、客户信息表、加盖公章或财务章的受票方税务登记证明等资料（客户信息有变更的需重新提供）。

2. 企业所得税

1）预收租金企业所得税的计算

《中华人民共和国企业所得税法实施条例》第十九条规定："租金收入，按照合同约定的承租人应付租金的日期确认收入的实现。"此外，《国家税务总局关于贯彻落实企业所得税法若干税收问题的通知》（国税函〔2010〕79号）第一条规定："如果交易合同或协议中规定租赁期限跨年度，且租金提前一次性支付的，根据《实施条例》第九条规定的收入与费用配比原则，出租人可对上述已确认的收入，在租赁期内，分期均匀计入相关年度收入。"

根据上述税收法规的规定，企业在预收租金收入确认上有选择权，即企业提前一次性收到租赁期跨年度的租金收入，既可以按照合同或协议规定的应付租金的日期确认收入，也可以在租赁期内根据权责发生制原则，分期均匀计入相关年度收入。

2）物流园、边贸服务的收入

《中华人民共和国企业所得税法实施条例》第九条规定："企业应纳税所得额的计算，以权责发生制为原则，属于当期的收入和费用，不论款项是否收付，均作为当期的收入和费用；不属于当期的收入和费用，即使款项已经在当期收付，均不作为当期的收入和费用。本条例和国务院财政、税务主管部门另有规定的除外。"因此，企业应将会计上根据权责发生制确认的收入作为企业所得税计算缴纳的收入。

3）关注现有的税收优惠政策执行时效，并关注未来新颁布政策的影响

边贸服务公司需要及时关注政策的时效性以及新政策和新法规的颁布、实施，其目前享受的税收优惠政策如下：

（1）《财政部 税务总局关于继续实施农产品批发市场 农贸市场房产税 城镇土地使用税优惠政策的通知》（财税〔2019〕12号）第一条："自2019年1月1日至2021年12月31日，对农产品批发市场、农贸市场（包括自有和承租，下同）专门用于经营农产品的房产、土地，暂免征收房产税和城镇土地使用税。对同时经营其他产品的农产品批发市场和农贸市场使用的房产、土地，按其他产品与农产品交易场地面积的比例确定征免房产税和城镇土地使用税。"应关注有效期：自2019年1月1日至2021年12月31日。

（2）西部大开发企业所得税优惠政策。

西部大开发企业所得税优惠政策适用行业共包括两部分：一是国家现有产业目录中的鼓励类产业，二是西部地区新增鼓励类产业。其中，国家现有产业目录中的鼓励类产业包括《产业结构调整指导目录（2019年本）》（中华人民共和国国家发展和改革委员会令第29号）以及《鼓励外商投资产业目录（2020年版）》（中华人民共和国国家发展和改革委

员会 中华人民共和国商务部令第38号）中的鼓励类产业，西部地区新增鼓励类产业按省（自治区、直辖市）分列。2021年3月1日起《西部地区鼓励类产业目录（2020年本）》正式施行，2014年发布的《西部地区鼓励类产业目录》同时废止，未来也将根据实际情况适时修订；如所列产业被国家相关产业目录明确为限制、淘汰、禁止等类型产业，其鼓励类属性自然免除。

（3）北部湾经济区产业发展税收优惠政策。

《广西壮族自治区人民政府关于延续和修订促进广西北部湾经济区开放开发若干政策规定的通知》（桂政发〔2014〕5号）规定：

新办的享受国家西部大开发减按15%税率征收企业所得税的企业，免征属于地方分享部分的企业所得税。

新认定的减按10%税率征收企业所得税的国家规划布局内重点软件企业和集成电路设计企业，新办的实行减按15%税率征收企业所得税的高新技术企业、享受国家减半征收税收优惠政策的软件及集成电路设计和生产企业，均免征属于地方分享部分的企业所得税。

新办的符合本政策第三条规定的国家鼓励类工业企业，其主营业务收入占总收入50%以上的，自项目取得第一笔生产经营收入所属纳税年度起，第1年至第5年免征属于地方分享部分的企业所得税，第6年至第7年减半征收。

新办的以本政策第三条规定的国家鼓励类产业为主营业务，且主营业务收入占总收入50%以上的企业，免征企业自用土地的城镇土地使用税和自用房产的房产税。

新办的从事国家非限制和禁止行业的小型微利企业，从开办之日所属纳税年度起，免征5年属于地方分享部分的企业所得税。

对企业从事符合条件的公共污水处理、公共垃圾处理、沼气综合开发利用、节能减排技术改造、海水淡化等环境保护、节能节水项目，在享受国家企业所得税减半征收期，免征属于地方分享部分的企业所得税。

经济区内经批准开山填海整治的土地和改造的废弃土地，从使用之月起免征城镇土地使用税5年，第6年至第10年减半征收。

《关于促进新时代广西北部湾经济区高水平开放高质量发展的若干政策》（桂政发〔2020〕42号）规定适用范围包括南宁、北海、防城港、钦州、玉林和崇左6个设区市所辖行政区域，该政策执行期限为2021年1月1日至2025年12月31日。在执行期限内，如国家有新规定的，从其规定。按《广西壮族自治区人民政府关于延续和修订促进广西北部湾经济区开放开发若干政策规定的通知》（桂政发〔2014〕5号）享受优惠政策的企业，至2020年12月31日执行未满的，仍按桂政发〔2014〕5号文件执行至期满。

第四节　物流业务

物流业务是指使用不同的运输工具为客户提供货物运输服务，并可能会伴随提供装卸搬运、车辆租赁服务。物流业务全生命周期流程如图 4-3-4 所示。

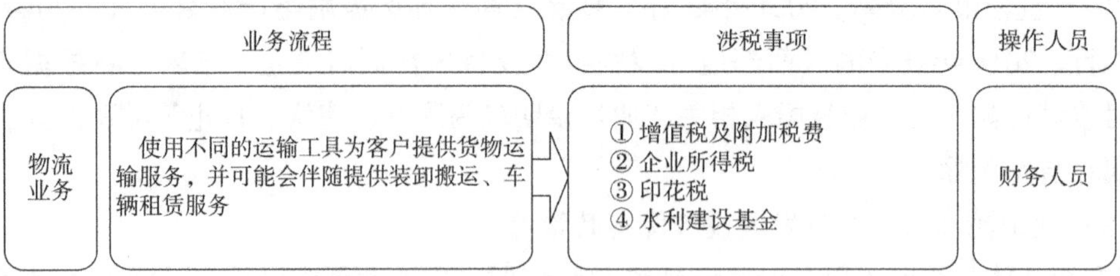

图 4-3-4　物流业务全生命周期流程图

一、业务描述

（一）销售业务

公司内部各部门根据权限对合同签订进行评审，评审通过后，签订相关商业合同；根据合同约定，履行合同义务，为客户提供物流运输服务、装卸搬运服务、车辆租赁服务。

（二）采购业务

物流劳务采购合同的订立有两种方式：①协商签订合同，包括公路运输采购合同、铁路运输采购合同、装卸搬运服务采购合同；②招标，包括公路运输招标。应按照合同要求，及时与交易对象开展业务结算、对账签认、发票获取、付款等工作，控制预付款规模和付款时间。相关业务人员或财务人员要及时进行对账，防止出现发票长时间未入账的情况。

二、涉税事项

销售业务主要涉及针对提供物流运输、装卸搬运、车辆租赁服务时取得的收入计算缴纳增值税及附加、水利建设基金、企业所得税。物流业务涉税管理见表 4-3-7。

物流业务涉税管理明细表　　表 4-3-7

税种	计税依据及税率	税款计算	纳税义务发生时间	涉 税 管 理
印花税	物流业务：货物运输合同不含增值税合同金额，税率 0.3‰	合同收入 × 税率	合同签订时	纳税人自行计算应纳税额，向主管税务机关申报缴纳
	动产租赁：租赁合同不含增值税金额，税率 1‰			

续上表

税种	计税依据及税率	税款计算	纳税义务发生时间	涉税管理
增值税	物流运输收入不含税金额，税率9%	含税收入÷（1+9%）×9%	提供服务的同时收讫销售款或者取得索取销售款项凭据的当天	以1个月为1个纳税期，自期满之日起15日内申报缴纳
	有形动产租金收入不含税金额，税率13%	含税收入÷（1+13%）×13%	收讫租金或者取得索取租金凭据的当天；先开具发票的，为开具发票的当天	
	装卸搬运收入不含税金额，税率6%	含税收入÷（1+6%）×6%	提供服务的同时收讫销售款或者取得索取销售款项凭据的当天	

三、税务管理要点

（一）合同管理

1. 涉税条款评审

对合同中的涉税条款进行评审，分析涉税条款是否齐全、内容是否明确，包括货物运输条款及运费结算方式、收付款期限条款、合同金额及对应增值税税额税率、发票条款等信息。确认合同价款是否包含增值税，以明确印花税的计税基础。确认是否明确合同执行期内国家政策变化导致增值税税率变动的应对条款。确认是否明确合同履行过程中违约金等的处理方式和发票开具要求。

2. 关联方定价

公路物流业务主要是为集团内的企业提供物流运输服务，在制定价格时，办税人员应与业务部门密切沟通，关注利润率等关键指标，对比市场上同类、同规格产品的价格，确保交易价格符合独立交易原则。

（二）增值税

1. 在提供运输服务的同时提供装卸搬运服务的税务管理

《财政部 国家税务总局关于全面推开营业税改征增值税试点的通知》（财税〔2016〕36号）第四十条规定：“一项销售行为如果既涉及服务又涉及货物，为混合销售。”公司在提供物流服务时可能会为客户提供物流运输和装卸搬运服务，如果两项业务未分别签订合同，而在同一合同中体现，则该业务可能属于混合销售业务，即同时涉及不同应税项目的服务，公司应当在合同中注明物流运输和装卸搬运服务的销售额，避免出现不同税率的业务混合，导致企业需要按最高税率统一纳税的情况。

2. 增值税适用税目及税率

物流业务增值税税目及税率情况见表4-3-8。

物流业务增值税税目及税率对应表

表4-3-8

应 税 项 目	增值税税目	增值税税率
物流运输服务	交通运输	9%
车辆租赁服务	有形动产租赁	13%
装卸搬运服务	现代服务业	6%

《财政部 税务总局关于调整增值税税率的通知》(财税〔2018〕32号)第一条规定:“纳税人发生增值税应税销售行为或者进口货物,原适用17%和11%税率的,税率分别调整为16%、10%。”

《财政部 税务总局 海关总署关于深化增值税改革有关政策的公告》(财政部 税务总局 海关总署公告2019年第39号)第一条规定:“增值税一般纳税人(以下称纳税人)发生增值税应税销售行为或者进口货物,原适用16%税率的,税率调整为13%;原适用10%税率的,税率调整为9%。”

(三)企业所得税

1. 西部大开发企业所得税优惠

参照本章第三节“物流园及边贸服务业务”第二项第三点“税务管理要点”中的西部大开发企业所得税优惠政策。

2. 北部湾经济区产业发展税收优惠

参照本章第三节“物流园及边贸服务业务”第二项第三点“税务管理要点”中的北部湾经济区产业发展税收优惠政策。

第四章　金融板块

目前金融行业的税收政策尚不完善，金融业务创新产品多、形式多样、变化快，这给不同金融产品的税务处理带来了更多的难点和风险点。另外，金融行业外部监管严格，大多数产品在架构上受到各种形式的限制，使得企业很难发现有效的税务规划点。在这种情况下，金融行业企业更需要紧跟税收政策变化，其税务部门应与业务部门保持紧密的联系，及时了解业务发展动态，以判断如何与税务法规相结合，做到有效把握税收风险的同时控制整体税负。

本章将分别介绍投资业务（包括权益工具投资及债务工具投资）、信贷业务、融资租赁业务、商业保理业务、担保业务、基金业务以及资产证券化业务税务合规管理流程及要点。

第一节　投资业务税务合规管理

为获取预期收益或股权增值，企业通常进行用资金购买股票、债券等金融资产的投资活动，主要包括债权性投资和权益性投资两大类。

投资业务全生命周期流程图如图 4-4-1 所示。

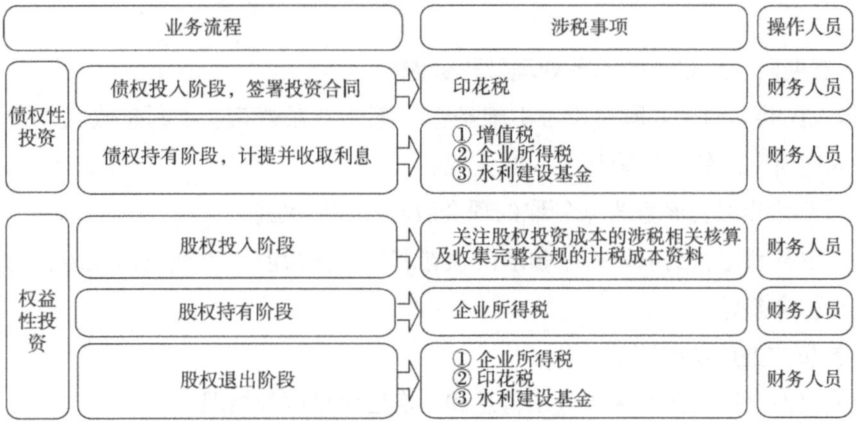

图 4-4-1　投资业务全生命周期流程图

一、债权性投资

（一）业务描述

债权性投资是指为取得债权所进行的投资，如购买公司债券、以债权形式提供融资资金等。企业进行这种投资不是为了获得其他企业的剩余资产，而是为了获取高于银行存款利率的利息，并保证按期收回本息。

（二）涉税事项

在企业与合作方签署合同阶段，涉及印花税的计缴。投资持有期间，因利息的计提和收取，涉及增值税、企业所得税的计算。

（三）税务管理要点

1. 增值税

《财政部 国家税务总局关于全面推开营业税改征增值税试点的通知》（财税〔2016〕36号）附件1所附《销售服务、无形资产、不动产注释》规定："以货币资金投资收取的固定利润或者保底利润，按照贷款服务缴纳增值税。"据此，一般纳税人债权性投资利息收入应按照6%缴纳增值税。小规模纳税人提供金融服务的增值税征收率为3%。

2. 企业所得税

1）计税基础的确认

《中华人民共和国企业所得税法实施条例》第七十一条规定："企业所得税法第十四条所称投资资产，是指企业对外进行权益性投资和债权性投资形成的资产。企业在转让或者处置投资资产时，投资资产的成本，准予扣除。"

投资资产按照以下方法确定成本：

（1）通过支付现金方式取得的投资资产，以购买价款为成本。

（2）通过支付现金以外的方式取得的投资资产，以该资产的公允价值和支付的相关税费为成本。

2）持有期间利息收入的税务处理及税会差异

《中华人民共和国企业所得税法实施条例》第十八条规定："利息收入，按照合同约定的债务人应付利息的日期确认收入的实现。"

（1）收到取得时已经宣告未领取的现金股利和债券利息。

会计和税务都把收到取得时未领取的债券利息，作为前期垫资收回处理，均不做收入处理，故无税会差异。

（2）投资收益确认时间的差异。

对于债权性投资，需要区分分期付息和一次性付息两种情况：

①对于分期付息的债权性投资，会计上每个会计期间确认投资收益，税务上也会按照合同约定的应付利息确认投资收益的实现，如果都在一个年度内则会计处理与税务处理之间无差异，如果跨年度则存在差异。

②对于一次性付息的债权性投资，会计上按照权责发生制原则在资产负债表日确认投资收益，而税务上仍然会按照合同约定的应付利息确认投资收益的实现，二者存在明显的税会差异。

（3）投资收益计算方式的差异。

投资收益的会计处理是按照实际利率法计算，税务处理是按面值乘以票面利率计算，二者计算的数额在各个期间存在差异，但是总体金额不存在差异，属于暂时性差异。

（4）存在免税收入的税会差异。

企业因投资于不同种类的债券（国债、地方政府债、企业债、金融债等）而定期取得的利息收入符合企业所得税法规定的免税收入时，在会计上确认收益，但是税务上免税，在年度汇算清缴时应调减应纳税所得额。

以下是符合减免税规定的债券利息收入：

①国债利息收入。

《中华人民共和国企业所得税法实施条例》第八十二条规定："国债利息收入，是指企业持有国务院财政部门发行的国债取得的利息收入。"

②地方政府债券利息收入。

《财政部 国家税务总局关于地方政府债券利息免征所得税问题的通知》（财税〔2013〕5号）规定："一、对企业和个人取得的2012年及以后年度发行的地方政府债券利息收入，免征企业所得税和个人所得税。二、地方政府债券是指经国务院批准同意，以省、自治区、直辖市和计划单列市政府为发行和偿还主体的债券。"

③铁路债券利息收入。

《财政部 税务总局关于铁路债券利息收入所得税政策的公告》（财政部 税务总局公告2019年第57号）第一条规定："对企业投资者持有2019—2023年发行的铁路债券取得的利息收入，减半征收企业所得税。"第三条规定："铁路债券是指以中国铁路总公司为发行和偿还主体的债券，包括中国铁路建设债券、中期票据、短期融资券等债务融资工具。"

3. 到期前转让的税务处理及税会差异

《中华人民共和国企业所得税法实施条例》第十六条规定："企业所得税法第六条第（三）项所称转让财产收入，是指企业转让固定资产、生物资产、无形资产、股权、债权等财产取得的收入。"第七十一条规定："企业在转让或者处置投资资产时，投资资产的成本，准予扣除。"到期前转让的债权性投资税会差异见表4-4-1。

到期前转让的债权性投资税会差异表　　表4-4-1

项目	会计处理	税务处理
债权性投资处置	处置产生的投资收益 = 转让价款 - 账面价值（上一个资产负债表日的公允价值），前期累积的"债权投资减值准备"或"坏账准备"也要转入"投资收益"	处置收入 = 转让价款 - 计税基础（历史成本）。若金融资产没有发生过资产减值，会计处理与税务处理不会存在税会差异；若发生过资产减值就会存在税会差异

二、权益性投资

（一）业务描述

权益性投资是指为获取其他企业的权益或净资产所进行的投资，如认购基金份额、认购定增份额、以股权形式投资项目或子基金等。

（二）涉税事项

1. 股权投入阶段涉税事项

该阶段主要涉及合同涉税条款约定。取得股权时，需要关注股权投资成本的涉税相关核算及收集完整合规的计税成本资料。

2. 股权持有阶段涉税事项

企业在持有权益工具期间，因权益工具公允价值变动造成其账面价值与计税基础不同，两者产生的暂时性差异未来将增加或减少税款的支付，在符合确认条件时该项暂时性差异会涉及递延所得税确认。此外，持有期间获取的股利收入涉及企业所得税的计缴。

3. 股权退出阶段涉税事项

投资企业从被投资企业撤回或减少投资，主要涉及增值税及附加税费、企业所得税、印花税的计缴。

（三）税务管理要点

1. 股权投入阶段税务管理要点

1）印花税

根据《中华人民共和国印花税暂行条例》第二条规定，印花税的应纳税凭证为：购销、加工承揽、建设工程承包、财产租赁、货物运输、仓储保管、借款、财产保险、技术合同或者具有合同性质的凭证，产权转移书据，营业账簿，权利、许可证照，经财政部确定征税的其他凭证。由该规定可知，股权投资签订的合同不在印花税的征税范围内，因此签订股权投资合同无须缴纳印花税。但在沪深证券交易所、全国中小企业股份转让系统买卖、继承、赠与优先股所书立的股权转让书据，均依书立时实际成交金额，由出让方按1‰的税率计算缴纳证券交易印花税（单边征收）。

2）税务登记变更

企业对外投资股权应及时办理股权变更登记手续，并归集相关股权投资合法性证据资料。根据《税务登记管理办法》（国家税务总局令2015年第36号）第十九条规定，纳税人已在工商行政管理机关办理变更登记的，应当自工商行政管理机关[1]变更登记之日起30

[1] 2018年3月，十三届全国人大一次会议第四次全体会议上，根据国务院机构改革方案，不再保留国家工商行政管理总局、国家质量监督检验检疫总局、国家食品药品监督管理总局，组建国家市场监督管理总局。

日内，向原税务登记机关如实提供下列证件、资料，申报办理变更税务登记：①工商登记变更表及工商营业执照；②纳税人变更登记内容的有关证明文件；③税务机关发放的原税务登记证件（登记证正、副本和登记表等）；④其他有关资料。

2. 股权持有阶段税务管理要点

股权持有阶段主要涉及企业所得税的相关事宜，具体如下。

1）递延所得税

企业持有的权益性投资在持有期间发生的公允价值变动确认的投资收益或损失不计入当期应纳税所得额。《财政部 国家税务总局关于执行〈企业会计准则〉有关企业所得税政策问题的通知》（财税〔2007〕80 号）第三条规定："企业以公允价值计量的金融资产、金融负债以及投资性房地产等，持有期间公允价值的变动不计入应纳税所得额，在实际处置或结算时，处置取得的价款扣除其历史成本后的差额应计入处置或结算期间的应纳税所得额。"

递延所得税 =（递延所得税负债的期末余额 - 递延所得税负债的期初余额） - （递延所得税资产的期末余额 - 递延所得税资产的期初余额）

企业持有权益工具期间，因权益工具公允价值变动造成其账面价值与计税基础不同，两者产生的暂时性差异未来将增加或减少税款的支付，在符合确认条件时该项暂时性差异会涉及递延所得税确认。公允价值变动递延所得税确认见表 4-4-2。

公允价值变动递延所得税确认情况表　　　　表 4-4-2

序　号	资产变动情况		递延所得税确认
1	权益工具 公允价值上升	账面价值 > 计税基础	产生应纳税暂时性差异，确认递延所得税负债
2	权益工具 公允价值下降	账面价值 < 计税基础	产生可抵扣暂时性差异，确认递延所得税资产

注：①资产、负债的账面价值与其计税基础不同产生可抵扣暂时性差异的，在估计未来期间能够取得足够的应纳税所得额用以利用该可抵扣暂时性差异时，应当以很可能取得用来抵扣可抵扣暂时性差异的应纳税所得额为限，确认相关的递延所得税资产。

②一项资产或者负债只能确认一项递延所得税，不能同时确认递延所得税资产和递延所得税负债。比如，在确认一项资产或者负债的递延所得税资产的时候，如果前期已经确认过递延所得税负债，则应该先将递延所得税负债转回，差额再继续确认递延所得税资产。

2）当期所得税

当期所得税，是指企业按照税法规定计算确定的针对当期发生的交易和事项，应交纳给税务部门的所得税金额，即应交所得税，应以适用的税收法规为基础计算确定。应交所得税 = 应纳税所得额 × 所得税税率，应纳税所得额 = 税前会计利润 + 纳税调整增加额 - 纳税调整减少额。

企业持有权益工具期间涉及主要纳税调整事项见表 4-4-3。

企业持有权益工具期间涉及主要纳税调整事项明细表 表4-4-3

序号	调 整 原 因	项目	涉及税收条款或调整依据
1	免征 企业所得税	股权持有期间 股利收入	《中华人民共和国企业所得税法》第二十六条规定："企业的下列收入为免税收入：……（二）符合条件的居民企业之间的股息、红利等权益性投资收益；……" 《中华人民共和国企业所得税法实施条例》（中华人民共和国国务院令第512号）第八十三条规定："企业所得税法第二十六条第（二）项所称符合条件的居民企业之间的股息、红利等权益性投资收益，是指居民企业直接投资于其他居民企业取得的投资收益。企业所得税法第二十六条第（二）项和第（三）项所称股息、红利等权益性投资收益，不包括连续持有居民企业公开发行并上市流通的股票不足12个月取得的投资收益。"
2	应纳税所得额 调减	权益法核算的 长期股权投资	《企业会计准则第2号——长期股权投资》规定，企业持有的长期股权投资，应根据投资企业对被投资单位的影响程度及是否存在活跃的市场、公允价值能否可靠取得等进行划分，并分别采用成本法及权益法进行核算。 权益法情况下，投资企业在每个会计年度末，应根据权责发生制基本假设的要求，以取得投资时被投资单位的各项可辨认资产的公允价值为基础，对被投资单位的净利润或净亏损进行调整后，按应享有或应分担的份额确认投资收益或损失。即被投资企业的净利润，要根据相对应的份额反映在投资企业的会计账上，这部分投资收益在税收上不予确认，应做应纳税所得额调减。 根据新金融工具准则的规定，以公允价值计量且其变动计入当期损益的金融资产确认的投资收益在年度企业所得税汇算清缴时应做应纳税所得额调减
3	符合条件时 可扣除	股权投资 损失	《财政部 国家税务总局关于企业资产损失税前扣除政策的通知》（财税〔2009〕57号）第六条规定：企业的股权投资符合下列条件之一的，减除可收回金额后确认的无法收回的股权投资，可以作为股权投资损失在计算应纳税所得额时扣除： ①被投资方依法宣告破产、关闭、解散、被撤销，或者被依法注销、吊销营业执照的； ②被投资方财务状况严重恶化，累计发生巨额亏损，已连续停止经营3年以上，且无重新恢复经营改组计划的； ③对被投资方不具有控制权，投资期限届满或者投资期限已超过10年，且被投资单位因连续3年经营亏损导致资不抵债的； ④被投资方财务状况严重恶化，累计发生巨额亏损，已完成清算或清算期超过3年以上的； ⑤国务院财政、税务主管部门规定的其他条件

3）股利收入确认时点

《国家税务总局关于贯彻落实企业所得税法若干税收问题的通知》(国税函〔2010〕79号）第四条规定："企业权益性投资取得股息、红利等收入，应以被投资企业股东会或股东大会作出利润分配或转股决定的日期，确定收入的实现。"

3. 股权退出阶段税务管理要点

1）增值税

(1) 征税范围及税率。

根据《财政部 国家税务总局关于全面推开营业税改征增值税试点的通知》（财税〔2016〕36号）附件1所附《销售服务、无形资产、不动产注释》规定："金融商品转让，是指转让外汇、有价证券、非货物期货和其他金融商品所有权的业务活动。其他金融商品转让包括基金、信托、理财产品等各类资产管理产品和各种金融衍生品的转让。"因此，企业转让上市公司的股权需要按照金融商品转让缴纳相应增值税；转让非上市公司的股权不属于金融商品转让，不在增值税应税范围内，不需要缴纳增值税。股权转让增值税征收情况见表4-4-4。

股权转让增值税征收情况表　　表4-4-4

<table>
<tr><th>转让标的类型</th><th>转　让　方</th><th>税率</th><th>纳税义务发生时间</th><th>税务管理规定</th></tr>
<tr><td rowspan="2">上市公司股权</td><td>一般纳税人</td><td>6%</td><td rowspan="2">纳税人从事金融商品转让的，为金融商品所有权转移的当天</td><td>不得开具增值税专用发票</td></tr>
<tr><td>小规模纳税人</td><td>3%</td><td>不得开具增值税专用发票</td></tr>
<tr><td rowspan="2">非上市公司股权</td><td>一般纳税人</td><td>—</td><td>不属于征税范围</td><td>不得开具增值税发票</td></tr>
<tr><td>小规模纳税人</td><td>—</td><td>不属于征税范围</td><td>不得开具增值税发票</td></tr>
</table>

(2) 税款计算。

①销售额确定。

《财政部 国家税务总局关于全面推开营业税改征增值税试点的通知》（财税〔2016〕36号）附件2《营业税改征增值税试点有关事项的规定》第一条第（三）款规定："金融商品转让，按照卖出价扣除买入价后的余额为销售额。转让金融商品出现的正负差，按盈亏相抵后的余额为销售额。若相抵后出现负差，可结转下一纳税期与下期转让金融商品销售额相抵，但年末时仍出现负差的，不得转入下一个会计年度。"

根据以上规定，金融商品转让销售额可以用以下公式表示：

A. 含税销售额 = Σ（当期卖出价 − 买入价）− 当年前期负差（卖出价和买入价产生的手续费和佣金的税费不可以抵扣）

B. 不含税销售额 = 含税销售额 ÷（1 + 税率或征收率）

如果第一步含税销售额的计算结果为负数，则不需进一步计算；如果计算结果为正数，则进一步计算不含税销售额。

②买入价确定。

财税〔2016〕36号文件附件2第一条第（三）款规定："金融商品的买入价，可以选择按照加权平均法或者移动加权平均法进行核算，选择后36个月内不得变更。"

单位将其持有的限售股在解禁流通后对外转让的，按照以下规定确定买入价：

A. 上市公司实施股权分置改革时，在股票复牌之前形成的原非流通股股份，以及股票复牌首日至解禁日期间由上述股份孳生的送、转股，以该上市公司完成股权分置改革后股票复牌首日的开盘价为买入价。

B. 公司首次公开发行股票并上市形成的限售股，以及上市首日至解禁日期间由上述股份孳生的送、转股，以该上市公司股票首次公开发行（IPO）的发行价为买入价。

C. 因上市公司实施重大资产重组形成的限售股，以及股票复牌首日至解禁日期间由上述股份孳生的送、转股，以该上市公司因重大资产重组股票停牌前一交易日的收盘价为买入价。

D. 上市公司因实施重大资产重组形成的限售股，以及股票复牌首日至解禁日期间由上述股份孳生的送、转股，因重大资产重组停牌的，按照重组股票停牌前一交易日的收盘价为买入价；在重大资产重组前已经暂停上市的，以上市公司完成资产重组后股票恢复上市首日的开盘价为买入价。

E. 纳税人无偿转让股票时，转出方以该股票的买入价为卖出价，按照"金融商品转让"计算缴纳增值税；在转入方将上述股票再转让时，以原转出方的卖出价为买入价，按照"金融商品转让"计算缴纳增值税。

（3）免征增值税规定。

财税〔2016〕36号文件附件3《营业税改征增值税试点过渡政策的规定》第一条二十二项规定，下列金融商品转让收入免征增值税：

①合格境外投资者（QFII）委托境内公司在我国从事证券买卖业务。

②香港市场投资者（包括单位和个人）通过沪港通买卖上海证券交易所上市A股。

③对香港市场投资者（包括单位和个人）通过基金互认买卖内地基金份额。

④证券投资基金（封闭式证券投资基金、开放式证券投资基金）管理人运用基金买卖股票、债券。

⑤个人从事金融商品转让业务。

2）企业所得税

（1）应纳税所得额的计算。

应纳税所得额 =（收入总额 − 计税成本 − 合理费用）× 税率

不同的股权退出形式应纳税所得额计算见表4-4-5。

不同股权退出形式企业所得税计算明细表 表4-4-5

序号	退出形式	应纳税所得额	政策依据
1	企业转让股权	企业在计算股权转让所得时，不得扣除被投资企业未分配利润等股东留存收益中按该项股权所可能分配的金额	《国家税务总局关于贯彻落实企业所得税法若干税收问题的通知》（国税函〔2010〕79号）第三条“关于股权转让所得确认和计算问题”规定：转让股权收入扣除为取得该股权所发生的成本后，为股权转让所得。企业在计算股权转让所得时，不得扣除被投资企业未分配利润等股东留存收益中按该项股权所可能分配的金额
2	企业撤回投资	投资企业从被投资企业撤回或减少投资，其取得的资产中，相当于初始出资的部分，应确认为投资收回；相当于被投资企业累计未分配利润和累计盈余公积按减少实收资本比例计算的部分，应确认为股息所得；其余部分确认为投资资产转让所得	《国家税务总局关于企业所得税若干问题的公告》（国家税务总局公告2011年第34号）第五条“投资企业撤回或减少投资的税务处理”规定：投资企业从被投资企业撤回或减少投资，其取得的资产中，相当于初始出资的部分，应确认为投资收回；相当于被投资企业累计未分配利润和累计盈余公积按减少实收资本比例计算的部分，应确认为股息所得；其余部分确认为投资资产转让所得。被投资企业发生的经营亏损，由被投资企业按规定结转弥补；投资企业不得调整减低其投资成本，也不得将其确认为投资损失

（2）收入确认。

①股权转让收入属于转让财产收入。《中华人民共和国企业所得税法》第六条规定：“企业以货币形式和非货币形式从各种来源取得的收入，为收入总额。包括：……（三）转让财产收入……”《中华人民共和国企业所得税法实施条例》第十六条规定：“企业所得税法第六条第（三）项所称转让财产收入，是指企业转让固定资产、生物资产、无形资产、股权、债权等财产取得的收入。”

②收入确认时点为转让协议生效且完成股权变更手续时。《国家税务总局关于贯彻落实企业所得税法若干税收问题的通知》（国税函〔2010〕79号）第三条规定：“企业转让股权收入，应于转让协议生效、且完成股权变更手续时，确认收入的实现。”

不同税务处理方式的应纳税所得额见表4-4-6。

不同税务处理方式的应纳税所得额明细表　　表 4-4-6

序号	税务处理方式	应纳税所得额	政策依据
1	一般税务处理	一次性计入确认收入的年度计算缴纳企业所得税	根据《国家税务总局关于企业取得财产转让等所得企业所得税处理问题的公告》（国家税务总局公告 2010 年第 19 号）规定：企业取得财产（包括各类资产、股权、债权等）转让收入、债务重组收入、接受捐赠收入、无法偿付的应付款收入等，以货币形式体现的应一次性计入确认收入的年度计算缴纳企业所得税
2	特殊税务处理（注）	对交易中股权支付部分暂不确认有关资产的转让所得或损失	《财政部 国家税务总局关于企业重组业务企业所得税处理若干问题的通知》（财税〔2009〕59 号）第六条规定：重组交易各方按本条（一）至（五）项规定对交易中股权支付暂不确认有关资产的转让所得或损失的，其非股权支付仍应在交易当期确认相应的资产转让所得或损失，并调整相应资产的计税基础。非股权支付对应的资产转让所得或损失 =（被转让资产的公允价值 − 被转让资产的计税基础）×（非股权支付金额 ÷ 被转让资产的公允价值）

注：股权收购，收购企业购买的股权不低于被收购企业全部股权的 50%，且收购企业在该股权收购发生时的股权支付金额不低于其交易支付总额的 85%，可以选择按以下规定处理：

①被收购企业的股东取得收购企业股权的计税基础，以被收购股权的原有计税基础确定。

②收购企业取得被收购企业股权的计税基础，以被收购股权的原有计税基础确定。

③收购企业、被收购企业的原有各项资产和负债的计税基础和其他相关所得税事项保持不变。

（3）计税成本确认。

①计税成本以历史成本为基础。《中华人民共和国企业所得税法》第十四条规定：“企业对外投资期间，投资资产的成本在计算应纳税所得额时不得扣除。”《中华人民共和国企业所得税法实施条例》第五十六条规定：“企业的各项资产，包括固定资产、生物资产、无形资产、长期待摊费用、投资资产、存货等，以历史成本为计税基础。前款所称历史成本，是指企业取得该项资产时实际发生的支出。企业持有各项资产期间资产增值或者减值，除国务院财政、税务主管部门规定可以确认损益外，不得调整该资产的计税基础。”

②非货币性资产对外投资以非货币性资产的原计税成本为计税基础分 5 年期逐年调整。《财政部 国家税务总局关于非货币性资产投资企业所得税政策问题的通知》（财税〔2014〕116 号）规定：“一、居民企业（以下简称企业）以非货币性资产对外投资确认

的非货币性资产转让所得，可在不超过5年期限内，分期均匀计入相应年度的应纳税所得额，按规定计算缴纳企业所得税。……三、企业以非货币性资产对外投资而取得被投资企业的股权，应以非货币性资产的原计税成本为计税基础，加上每年确认的非货币性资产转让所得，逐年进行调整。被投资企业取得非货币性资产的计税基础，应按非货币性资产的公允价值确定。”

③被投资企业将股权（票）溢价所形成的资本公积转为股本的，不作为投资方企业的股息、红利收入，投资方企业也不得增加该项长期投资的计税基础。盈余公积转增股本的，税法尚未明确可增加计税成本。

第二节　信贷业务税务合规管理

信贷业务主要是通过放款收回本金和利息，扣除成本后获得利润的活动，主要包括资金借贷和票据贴现两大类。

信贷业务全生命周期流程如图4-4-2所示。

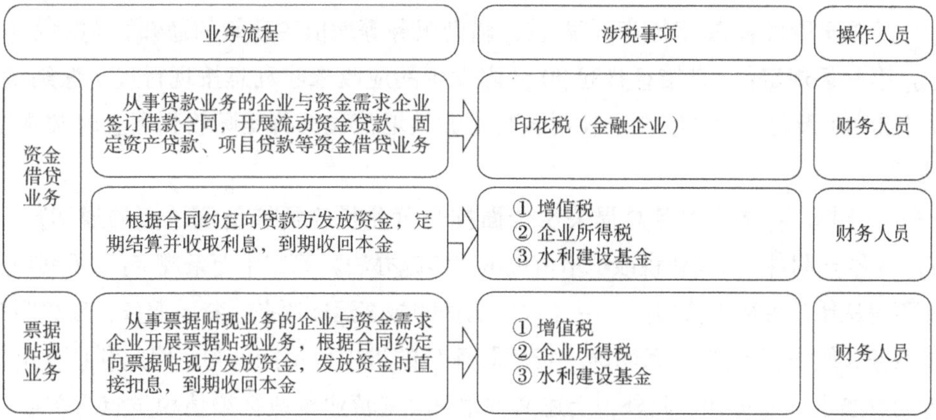

图4-4-2　信贷业务全生命周期流程图

一、资金借贷业务

（一）业务描述

从事贷款业务的企业与资金需求企业签订借款合同，开展流动资金贷款、固定资产贷款、项目贷款等资金借贷业务；根据合同约定向贷款方发放资金，定期结算并收取利息，到期收回本金。

（二）涉税事项

借贷双方签署借款合同，同时按合同约定定期结算利息，此过程中涉及印花税、增值税、企业所得税。

（三）税务管理要点

1. 增值税

1）贷款利息收入缴纳增值税

《财政部 国家税务总局关于全面推开营业税改征增值税试点的通知》（财税〔2016〕36号）附件1所附《销售服务、无形资产、不动产注释》规定："贷款服务，是指将资金贷与他人使用而取得利息收入的业务活动。各种占用、拆借资金取得的收入，包括金融商品持有期间（含到期）利息（保本收益、报酬、资金占用费、补偿金等）收入、信用卡透支利息收入、买入返售金融商品利息收入、融资融券收取的利息收入，以及融资性售后回租、押汇、罚息、票据贴现、转贷等业务取得的利息及利息性质的收入，按照贷款服务缴纳增值税。"根据上述规定，贷款利息收入应按照6%缴纳增值税。

2）行业特殊规定

（1）根据《财政部 税务总局关于租入固定资产进项税额抵扣等增值税政策的通知》（财税〔2017〕90号）第五条第一项规定，提供贷款服务，以2018年1月1日起产生的利息及利息性质的收入为销售额。

（2）《关于明确金融 房地产开发 教育辅助服务等增值税政策的通知》（财税〔2016〕140号）第三条规定："自结息日起90天内发生的应收未收利息按现行规定缴纳增值税，自结息日起90天后发生的应收未收利息暂不缴纳增值税，待实际收到利息时按规定缴纳增值税。"

（3）《财政部 国家税务总局关于全面推开营业税改征增值税试点的通知》（财税〔2016〕36号）附件1《营业税改征增值税试点实施办法》第二十七条规定："下列项目的进项税额不得从销项税额中抵扣：……（六）购进的旅客运输服务、贷款服务、餐饮服务、居民日常服务和娱乐服务。"此条明确"贷款服务"的进项税不能抵扣，因此利息支出即使取得了专用发票也不能抵扣。此外，上述文件附件2《营业税改征增值税试点有关事项的规定》第二条第（一）项第5点明确：纳税人接受贷款服务向贷款方支付的与该笔贷款直接相关的投融资顾问费、手续费、咨询费等费用，其进项税额不得从销项税额中抵扣。

3）增值税税收优惠政策

根据《财政部 国家税务总局关于全面推开营业税改征增值税试点的通知》（财税〔2016〕36号）附件3《营业税改征增值税试点过渡政策的规定》第一条第（十九）项的规定，下列利息收入免征增值税：

（1）2016年12月31日前，金融机构农户小额贷款。

（2）人民银行对金融机构的贷款。

（3）统借统还业务中，企业集团或企业集团中的核心企业以及集团所属财务公司按不高于支付给金融机构的借款利率水平或者支付的债券票面利率水平，向企业集团或者集团内下属单位收取的利息。

此外，该文件还规定，金融同业往来（包括金融机构与人民银行所发生的资金往来业务、银行联行往来业务、金融机构间的资金往来业务、金融机构之间开展的转贴现业务）利息收入免征增值税。

2. 企业所得税

1）收入确认

利息收入按照合同约定的债务人应付利息的日期确认收入的实现。《中华人民共和国企业所得税法实施条例》第十八条规定："企业所得税法第六条第（五）项所称利息收入，是指企业将资金提供他人使用但不构成权益性投资，或者因他人占用本企业资金取得的收入，包括存款利息、贷款利息、债券利息、欠款利息等收入。利息收入，按照合同约定的债务人应付利息的日期确认收入的实现。"

《财政部 税务总局关于小额贷款公司有关税收政策的通知》（财税〔2017〕48 号）第二条规定："自 2017 年 1 月 1 日至 2019 年 12 月 31 日，对经省级金融管理部门（金融办、局等）批准成立的小额贷款公司取得的农户小额贷款利息收入，在计算应纳税所得额时，按 90% 计入收入总额。"《财政部 税务总局关于延续实施普惠金融有关税收优惠政策的公告》（财政部 税务总局公告 2020 年第 22 号）对于 2019 年 12 月 31 日执行到期的税收优惠政策，实施期限延长至 2023 年 12 月 31 日。

2）贷款损失准备金税前扣除

《财政部 税务总局关于金融企业涉农贷款和中小企业贷款损失准备金税前扣除有关政策的公告》（财政部 税务总局公告 2019 年第 85 号）第一条规定："金融企业根据《贷款风险分类指引》（银监发〔2007〕54 号），对其涉农贷款和中小企业贷款进行风险分类后，按照以下比例计提的贷款损失准备金，准予在计算应纳税所得额时扣除：

"（一）关注类贷款，计提比例为 2%；

"（二）次级类贷款，计提比例为 25%；

"（三）可疑类贷款，计提比例为 50%；

"（四）损失类贷款，计提比例为 100%。"

《财政部 税务总局关于金融企业贷款损失准备金企业所得税税前扣除有关政策的公告》（财政部 税务总局公告 2019 年第 86 号）规定：

"一、准予税前提取贷款损失准备金的贷款资产范围包括：

"（一）贷款（含抵押、质押、保证、信用等贷款）；

"（二）银行卡透支、贴现、信用垫款（含银行承兑汇票垫款、信用证垫款、担保垫款等）、进出口押汇、同业拆出、应收融资租赁款等具有贷款特征的风险资产；

"（三）由金融企业转贷并承担对外还款责任的国外贷款，包括国际金融组织贷款、外国买方信贷、外国政府贷款、日本国际协力银行不附条件贷款和外国政府混合贷款等资产。

"二、金融企业准予当年税前扣除的贷款损失准备金计算公式如下：准予当年税前扣

除的贷款损失准备金＝本年末准予提取贷款损失准备金的贷款资产余额×1%－截至上年末已在税前扣除的贷款损失准备金的余额

“金融企业按上述公式计算的数额如为负数，应当相应调增当年应纳税所得额。

“五、金融企业涉农贷款和中小企业贷款损失准备金的税前扣除政策，凡按照《财政部 税务总局关于金融企业涉农贷款和中小企业贷款损失准备金税前扣除有关政策的公告》（财政部 税务总局公告2019年第85号）的规定执行的，不再适用本公告第一条至第四条的规定。”

因此，金融企业涉农贷款和中小企业贷款损失准备金税前扣除存在两种扣除方式，企业可选择任意一种方式扣除。

二、票据贴现业务

（一）业务描述

从事票据贴现业务的企业与需求企业开展票据贴现业务，根据合同约定向票据贴现方发放资金，发放款项时直接扣息，到期收回本金。

（二）涉税事项

从事票据贴现业务的企业向票据贴现方发放资金并收取一定的手续费，涉及增值税、企业所得税的计算。

（三）税务管理要点

1. 增值税

1）票据贴现收入缴纳增值税

《财政部 国家税务总局关于全面推开营业税改征增值税试点的通知》（财税〔2016〕36号）附件1所附《销售服务、无形资产、不动产注释》规定：“贷款，是指将资金贷与他人使用而取得利息收入的业务活动。各种占用、拆借资金取得的收入，包括金融商品持有期间（含到期）利息（保本收益、报酬、资金占用费、补偿金等）收入、信用卡透支利息收入、买入返售金融商品利息收入、融资融券收取的利息收入，以及融资性售后回租、押汇、罚息、票据贴现、转贷等业务取得的利息及利息性质的收入，按照贷款服务缴纳增值税。”根据上述规定，票据贴现利息收入应按照6%缴纳增值税。

2）行业政策变化

《关于建筑服务等营改增试点政策的通知》（财税〔2017〕58号）规定：“自2018年1月1日起，金融机构开展贴现、转贴现业务，以其实际持有票据期间取得的利息收入作为贷款服务销售额计算缴纳增值税。此前贴现机构已就贴现利息收入全额缴纳增值税的票据，转贴现机构转贴现利息收入继续免征增值税。”

自2018年1月1日起，金融机构开展贴现、转贴现业务需要就贴现利息开具发票的，由贴现机构按照票据贴现利息全额向贴现人开具增值税普通发票，转贴现机构按照转贴现利息全额向贴现机构开具增值税普通发票。

2. 企业所得税

《中华人民共和国企业所得税法实施条例》第十八条规定："企业所得税法第六条第（五）项所称利息收入，是指企业将资金提供他人使用但不构成权益性投资，或者因他人占用本企业资金取得的收入，包括存款利息、贷款利息、债券利息、欠款利息等收入。利息收入，按照合同约定的债务人应付利息的日期确认收入的实现。"因此，企业取得的贴现息应在贴现日确认收入，计缴企业所得税。

第三节　融资租赁业务税务合规管理

融资租赁服务，是指具有融资性质和所有权转移特点的租赁活动，即出租人根据承租人所要求的规格、型号、性能等条件购入有形动产或者不动产租赁给承租人，合同期内租赁物所有权属于出租人，承租人只拥有使用权，合同期满付清租金后，承租人有权按照残值购入租赁物，以拥有其所有权。不论出租人是否将租赁物销售给承租人，均属于融资租赁。按照租赁资产投资来源不同，融资租赁可分为直接租赁、转租赁和售后回租。

融资租赁业务全生命周期流程如图 4-4-3 所示。

图 4-4-3　融资租赁业务全生命周期流程图

一、业务描述

（一）确定租赁意向阶段

融资租赁企业在了解承租人的基本情况和业务需求后，设计可行的租赁方案，并与承租人进行意向谈判，根据承租人的需求确定租赁要求与租赁方式。

（二）签订租赁合同阶段

融资租赁公司（出租人）根据意向谈判的结果及会议决议与承租人签订租赁合同。合同内容主要包括租赁物、租金、租赁期限、合同的解除、合同争议的解决等。

出租人应注意与承租人约定租金金额和租金构成：在经营租赁合同中，一般直接约定租金金额；在融资租赁合同中，租金金额一般为租赁成本加上以租赁费率计算的利息，另外还应约定租金支付期限、方式和币种。如当事人未约定租金，则一般应根据购买租赁物的大部分或全部成本以及出租人的合理利润确定。

（三）租赁项目运营阶段

出租人根据承租人对租赁设备的特定要求和对供货人的选择，以自有资金或通过向银行等金融机构融资获取资金，向供货人购买租赁设备，租给承租人使用，并从承租人处收取融资租赁业务中的手续费以及定期收取租金。

（四）租赁项目终止阶段

租赁期结束后，出租人将资产低价转让给承租人。在财务部门与业务部门对完结项目（包括提前还款与合同终止）的所有应收款项的实收情况核对无误后，业务部门应按照项目实际情况办理与客户的往来款清算手续，并会同相关部门办理项目租赁物所有权转移交接、抵质押物解押、保单变更等事项的交接手续。

二、涉税事项

（一）确定租赁意向和签订租赁合同阶段涉税事项

在合同签订前，需要由业务部门、财务部门人员共同参加合同评审，就合同中涉税事项进行审阅并出具意见。该阶段主要涉及合同涉税条款约定及印花税缴纳。

（二）租赁项目运营阶段涉税事项

在该阶段，从收入角度，涉税事项主要包括不同租赁方式适用的税务处理，并开具不同类型的增值税发票。从支出角度，涉税事项主要包括采购设备支出、利息支出的税务处理，以及不同类型发票的获取。

（三）租赁项目终止阶段涉税事项

根据租赁方式的不同，在资产低价转让的过程中所涉及的增值税及印花税有所区别。

三、税务管理要点

（一）确定租赁意向和签订租赁合同阶段税务管理要点

自2019年4月1日起，有形动产租赁的税率从16%调整为13%，而对于贷款服务的税率保持6%不变（2016年5月1日以后的售后租回业务适用）。

有形动产租赁的税率早在2018年3月已进行过调整，税率从17%调整为16%。考虑到融资租赁业务（直租）的期限可能较长，对于存量业务来说，其采购设备时按17%/16%进行了进项抵扣，而自2019年4月1日起上述存量业务的租赁收入仅需缴纳13%的增值税销项税金。从税收成本角度，上述新政策会给存量直租业务带来一定的节税效益。

如合同中增值税条款约定增值税基于价格之外另行收取，则该合同项下收费较容易进行调整，以适应新的增值税税率，如只需要租金（直租）的适用税率由16%变为13%即可。然而，当合同中增值税条款约定基于含税价时，需要额外关注税率调整带来的问题。对于直租业务，在降低增值税税率后，承租人获得的可抵扣的增值税进项税额会减少，如果按照原先约定的含税总金额支付租金的话，其成本会有所上升。因此，承租人可能会要求租赁公司就相关条款进行调整。租赁公司也可以根据具体情况判断是否主动和承租人进行谈判，以避免发生开出发票后承租人要求变更开票数据的情况。

（二）租赁项目运营阶段税务管理要点

1. 租赁收入

1）手续费收入

融资租赁合同约定租赁期初向承租人一次性收取手续费的，在实操中，将手续费作为价外费用，即直租手续费按13%缴纳增值税，售后回租手续费按6%缴纳增值税，并开具增值税发票。其中，直租项目开具增值税专用发票，回租项目开具增值税普通发票。

2）租金收入

（1）直租业务。

出租人提供融资租赁服务，以取得的全部价款和价外费用，扣除支付的借款利息（包括外汇借款和人民币借款利息）、发行债券利息和车辆购置税后的余额为销售额。一般纳税人提供有形动产融资租赁服务，税率为13%。

应纳税销售额 = （取得的全部价款 + 价外费用 − 借款利息 − 发行债券利息 − 车辆购置税）

出租人根据合同约定的日期向承租人收取租金，并于收取时开具增值税专用发票。

因承租方是将融资租赁资产作为自有固定资产并通过折旧的方式分期扣除的，所以，对于出租方而言，应将融资租赁作为分期收款销售有形动产或不动产，根据《中华人民共和国企业所得税法实施条例》第二十三条第（一）项，“以分期收款方式销售货物的，按照合同约定的收款日期确认收入的实现”；同时，根据《中华人民共和国企业所得税法》第八条及《中华人民共和国企业所得税法实施条例》第九条规定的配比性原则和权责发生制原则，分期确认租赁资产的成本。计算公式如下：

纳税年度应确认的资产转让所得＝本期应收租赁费－租出资产的计税基础×（本期应收租赁费/应收租赁费总额）

租赁期满，出租人收到的购买款在实际收到时确认计税收入。

（2）回租业务。

出租人提供融资性售后回租服务，以取得的全部价款和价外费用（不含本金），扣除对外支付的借款利息（包括外汇借款和人民币借款利息）、发行债券利息后的余额作为销售额。一般纳税人进行融资性售后回租视同贷款，按6%的税率缴纳增值税。

应纳税销售额＝（取得的全部价款＋价外费用－借款利息－发行债券利息－车辆购置税）

另外，《财政部 国家税务总局关于全面推开营业税改征增值税试点的通知》（财税〔2016〕36号）附件3《营业税改征增值税试点过渡政策的规定》第二条的规定：“经人民银行、银监会或者商务部批准从事融资租赁业务的试点纳税人中的一般纳税人，提供有形动产融资租赁服务和有形动产融资性售后回租服务，对其增值税实际税负超过3%的部分实行增值税即征即退政策。”需要注意的是，不动产融资租赁服务和融资性售后回租服务不能享受“即征即退”优惠政策。

即征即退税额＝（当期融资租赁服务取得的全部价款和价外费用＋当期融资性售后回租服务取得的全部价款和价外费用）×［当期实际缴纳增值税额÷（当期融资租赁服务取得的全部价款和价外费用＋当期融资性售后回租服务取得的全部价款和价外费用）×100%－3%］

出租人根据合同约定的日期向承租人收取租金，并于收取时开具增值税普通发票。

对于融资性售后回租业务，因承租方支付的租赁费属于利息支出计入“财务费用”，所以，出租方取得的收入属于利息收入。根据《中华人民共和国企业所得税法实施条例》第十八条第二款，“利息收入，按照合同约定的债务人应付利息的日期确认收入的实现”。

2. 租赁成本

1）直租业务的借款利息支出

出租人购买资产如大型设备的款项通常来自外部银行借款及集团公司内部借款以及发行资产证券化产品募集的资金。利息支出通常取得增值税普通发票作为企业所得税税前扣除以及增值税差额计算的凭证。

（1）发票获取。

出租人从外部银行及集团公司内部进行购买资产的融资，支付相应的利息支出，取得增值税普通发票。

（2）增值税的扣除凭证。

贷款服务的进项税额不得从销项税额中抵扣。但在融资租赁的直租业务及回租业务中，以取得的全部价款和价外费用（不含本金），扣除对外支付的借款利息（包括外汇借款和人民币借款利息，也包括向境外银行借款的利息）、发行债券利息后的余额作为销售额。

在实操中，出租人的利息支出会根据与银行沟通时在借款合同中约定或项目计划等资料中的投放比例在经营租赁、直租与回租中分配，并根据前期项目计划对应到各个项目。

从税务角度来看，需要注意的是，融资租赁和融资租赁售后回租业务在计算增值税时，借款利息支出可以在增值税销售额中扣除，但没有明确规定借款利息不能完全对应项目的情况下要如何进行扣除，以及需要哪些资料作为扣除凭证。实际业务运行过程中，借款和融资租赁项目无法一对一匹配，存在一笔借款对应多个项目以及一个项目分别从多家银行融资的情况。在实操中，存在融资租赁公司以借款利息支出按资金需求规划分配到不同项目上抵扣相应增值税作为计税依据的情况，可能尚未被税务机关质疑。但考虑到税法政策没有明确规定，上述操作可能存在不允许抵扣增值税的风险。

（3）企业所得税扣除凭证。

出租人可以将取得的利息支出的增值税普通发票作为企业所得税税前扣除凭证。

（4）缴纳印花税。

与银行签订的借款合同，立合同人按借款金额的0.005%缴纳印花税。

2）回租业务的借款利息支出

同1）直租业务的借款利息支出的内容。

（三）租赁项目终止阶段税务管理要点

1. 直租业务

1）缴纳增值税

在融资租赁业务的直租模式下，根据合同中约定的回购价格及对资产剩余账面价值的评估确定回购价格，并按销售固定资产13%的增值税税率缴纳增值税。

2）缴纳企业所得税

出租人出售固定资产所得应按财产转让所得并入当期应纳税所得额计算缴纳企业所得税。

3）缴纳印花税

购销合同立合同人按购销金额的0.3‰贴花。

2. 回租业务

1）缴纳增值税

在融资租赁业务的售后回租模式下，回租合同中约定有名义回购价格，收取承租人的款项作为租金的一部分按6%的税率缴纳增值税。

2）缴纳企业所得税

出租人出售固定资产所得应按财产转让所得并入当期应纳税所得额计算缴纳企业所得税。

3）缴纳印花税

在融资性售后回租业务中，对承租人、出租人因出售租赁资产及购回租赁资产所签订的合同，不征收印花税。

3. 资料保存

下列税务资料应当进行归档：

（1）原始凭证，包括增值税专用发票抵扣联（区分一般和简易计税项目）、作废或红冲退回的发票、开出及收到的红字增值税专用发票信息表等。

（2）应税凭证，包括所有税种涉及的月度、季度、年度纳税申报表及相关的清单，特殊事项资料，代征代扣税款结报单，预缴税款通知单。

（3）增值税开票资料，区分增值税专用发票和普通发票，分别装订，建立目录，按月装订成册。

（4）其他税务资料，包括企业所得税汇算清缴报告及其各类备查资料，企业分支机构新办、变更、注销税务登记的有关资料，企业申请税收优惠资料，涉税文书证明及其他具有保存价值的税务资料。

各业务部门工作活动中形成的具有使用和保存价值的税务文件材料在办理完毕后，由各部门负责档案管理的人员整理并移交财务部门。

第四节　商业保理业务税务合规管理

商业保理业务是指销售商（债权人）将其与买方（债务人）订立的货物销售（服务）合同所产生的应收账款转让给商业保理公司，由商业保理公司为其提供贸易融资、应收账款管理与催收等综合性商贸服务。应收账款具体包括下列情况：

（1）销售产生的债权，包括销售货物、知识产权使用许可等；

（2）提供服务产生的债权，包括提供施工服务、技术服务等；

（3）出租产生的债权，包括出租动产或不动产；

（4）其他。

商业保理公司从事商业保理业务与卖方（债权人）就应收账款保理签订商业保理合同。卖方（债权人）将应收账款债权转让给保理商，提前收回全部或部分应收账款；后续买方（债务人）将债务资金归还至卖方（债权人）与保理商的银行共管账户，由保理商收取。

商业保理业务全生命周期流程如图4-4-4所示。

图 4-4-4　商业保理业务全生命周期流程图

一、业务描述

（一）保理业务调研阶段

保理公司在获得客户业务需求后，根据业务情况确定项目组。项目组根据尽职调查情况及客户提供的相关资料，撰写项目报告。保理项目组应根据经相关审批机构审批通过的项目方案，按照由风控部门制定的标准保理业务合同文本及相关法律文件范本制作保理业务合同及相关法律文件。

（二）保理业务运营阶段

项目组就已经签署的保理业务合同及相关法律文件，办理应收账款登记手续。同时，业务部门应组织客户经理及时受理融资人通过保理服务平台提交的融资申请并上传应收账款权属资料、交易合同、贸易发票等基础资料。待保理服务平台按照规定完成审核放款后，财务部门完成发票开具工作。

（三）保理业务结束阶段

在保理业务开展之后，保理公司根据供应商的业务情况、销售情况开展应收账款的管理，监督供应商的货物流向、进货情况、销售动向，并对其日常状况进行充分了解，控制结算风险，保证货款回收。

针对有可能出现的逾期未偿还的应收账款，保理公司依据保理协议的约定，对相关债务人进行催收，在出现商业纠纷的情况下要求债权人回购。若未能在约定期限内解决纠纷，保理公司有权行使追索权。

二、涉税事项

（一）保理业务调研阶段涉税事项

在保理业务实施前的调研阶段，涉税事项主要包括对原始票情况的审阅。

（二）保理业务运营阶段涉税事项

保理公司取得的手续费、融资收入均需要按6%的税率缴纳增值税，同时需要注意利息支出应取得相应企业所得税税前扣除凭证，还需要注意资产转让产生的成本在企业所得税税前扣除相关税务事项。

（三）保理业务结束阶段涉税事项

应关注坏账损失在企业所得税税前扣除需要满足的要求。

三、税务管理要点

（一）保理业务调研阶段税务管理要点

应针对原始发票核实发票的真伪。同时，在业务层面还应确保除发票上列明的供应商提供给买方的销售折让以外，不存在其他任何导致应收账款债权减少的情况，包括但不限于债务抵消、反诉、赔偿损失、对消账面、留置或者其他扣减等，针对发现的问题及时提示业务部门。

（二）保理业务运营阶段税务管理要点

保理公司取得的手续费、融资收入均需要按6%的税率缴纳增值税，同时需要注意利息支出应取得相应企业所得税税前扣除凭证，还需要注意资产转让产生的成本在企业所得税税前扣除相关税务事项。

1. 收入

1）保理业务收入

保理公司、原始债权人、债务人（暗保理情况下债务人或不参与）签署保理合同。签约过程中应严格遵循签约流程及盖章管理制度，签约资料应在出账前经审核通过后归档保存。每笔融资均应单独签约，不存在多笔融资共用一份签约文件的情况。财务人员应重点审核合同条款中的下列信息：

（1）放款时点。

合同条款中应明确发放贷款的具体时点。

（2）增值税发票开具金额。

合同中应明确合同价款是否包含增值税，如手续费为含税金额。

（3）增值税发票开具对象。

合同中应明确约定增值税发票的开具对象，并注明发票开具信息，包括纳税人名称、地址、纳税人识别号或统一社会信用代码、电话、开户银行及其账号；明确交易方纳税人身份，注明是一般纳税人或小规模纳税人，必要时可将营业执照复印件、一般纳税人资格认定复印件作为合同的附件。

（4）增值税发票开具时点。

合同中应明确增值税发票的开具时点。

（5）增值税发票的类型。

保理融资，按贷款服务处理，税率6%，不可开具增值税专用发票。

保理服务，按直接收费的金融服务处理，税率6%，可开具增值税专用发票。

应收债权转让，按金融商品转让处理，一年内盈亏相抵后计算销售额，税率6%，不可开具增值税专用发票。

（6）增值税发票的具体税率。

合同条款中应明确相关业务适用的增值税税率，即手续费、融资利息收入适用6%的税率。

（7）资金支付时点及方式。

合同中应明确约定资金支付的具体时点，如按季或者按年支付，以及资金支付的方式，如通过银行转账等。

2）保理手续费收入

（1）收入确认时点与增值税申报时点。

保理公司通常在完成融资放款前收取保理手续费，应遵循权责发生制原则确认收入，每季度预缴企业所得税，但在取得手续费的当月全额按照6%的税率缴纳增值税。

（2）发票开具要求。

保理公司在收到保理手续费后为债权人开具发票，开票类型参照保理业务收入发票的类型。

2. 利息成本

针对保理公司将融资方的应收账款持有到期的情况，其主要成本为保理公司通过向外部借款和关联公司借款所产生的利息支出，均需要取得相关发票。

在合同评审中，财务人员应主要关注合同中的下列信息：

(1）增值税发票开具金额。

合同中应明确合同价款是否包含增值税。借款合同通常为含税金额。

(2）增值税发票开具对象。

合同中应明确约定增值税发票的开具对象，并注明发票开具信息，包括纳税人名称、地址、纳税人识别号或统一社会信用代码、电话、开户银行及其账号；明确交易方纳税人身份，注明是一般纳税人或小规模纳税人，必要时可将营业执照复印件、一般纳税人资格认定复印件作为合同的附件。

(3）增值税发票开具时点。

合同中应明确增值税发票的开具时点。

(4）增值税发票的类型。

合同中应明确约定增值税发票的类型是增值税普通发票还是增值税专用发票。

(5）增值税发票的具体税率。

合同中应明确相关业务适用的增值税税率，即利息收入适用6%的税率。

(6）资金支付时点及方式。

合同中应明确约定资金支付的具体时点，如按季或者按年支付，以及资金支付的方式，如通过银行转账等。

3. 印花税缴纳

对于保理公司与集团财务公司及外部银行等金融机构签订的贷款合同，需要按照借款金额的0.05‰缴纳印花税。若与非金融机构签订的借款合同不属于印花税征收范围，则不缴纳印花税。

4. 发票取得要求

合同中应明确发票取得时间。尽管利息支出取得的增值税发票无法抵扣增值税，但其可以作为企业所得税税前扣除凭证，因此如果发票取得时间太晚，可能会出现超出汇算清缴抵扣时效的情况，从而增加企业所得税税负。所以，应在合同条款中约定增值税发票的取得时间，优先选择约定先取得发票后付款的方式。

若为关联公司借款，保理公司作为资金的使用方向关联公司支付利息时，应取得对方开具的增值税普通发票，但不得抵扣进项税。

5. 企业所得税扣除

若为关联公司借款，根据《国家税务总局关于发布〈企业所得税税前扣除凭证管理办法〉的公告》（国家税务总局公告2018年第28号）规定，对于境内发生的增值税应税项目支出，对方为已办理税务登记的增值税纳税人的，需以发票作为企业所得税税前扣除凭证。因此，保理公司发生的贷款利息支出，应从兄弟公司取得增值税发票作为企业所得税税前扣除凭证。

（三）保理业务结束阶段税务管理要点

1. 坏账损失在企业所得税税前扣除

保理公司需要根据《国家税务总局关于发布〈企业资产损失所得税税前扣除管理办法〉的公告》（国家税务总局公告2011年第25号）的要求，准备相应的证明债务人无法偿还的债务凭证，主要包括相关事项协议，人民法院的破产清算公告，人民法院的判决书或裁决书或仲裁机构的仲裁书，工商部门注销、吊销营业执照证明，公安机关等有关部门对债务人个人的死亡、失踪证明，债务重组协议及其债务人重组收益纳税情况说明，债务人受灾情况说明以及放弃债权申明等。

2. 资料留存

下列税务资料应当进行归档：

（1）原始凭证，包括增值税专用发票抵扣联（区分一般和简易计税项目）、作废或红冲退回的发票、开出及收到的红字增值税专用发票信息表等。

（2）应税凭证，包括所有税种涉及的月度、季度、年度纳税申报表及相关的清单，特殊事项资料，代征代扣税款结报单，预缴税款通知单。

（3）增值税开票资料，区分增值税专用发票和普通发票，分别装订，建立目录，按月装订成册。

（4）其他税务资料，包括企业所得税汇算清缴报告及其各类备查资料，企业分支机构新办、变更、注销税务登记的有关资料，企业申请税收优惠资料，涉税文书证明及其他具有保存价值的税务资料。

业务部门工作活动中形成的具有使用和保存价值的税务文件材料在办理完毕后，由各部门负责档案管理的人员整理并移交财务部门。

第五节　担保业务税务合规管理

担保业务全生命周期流程如图4-4-5所示。

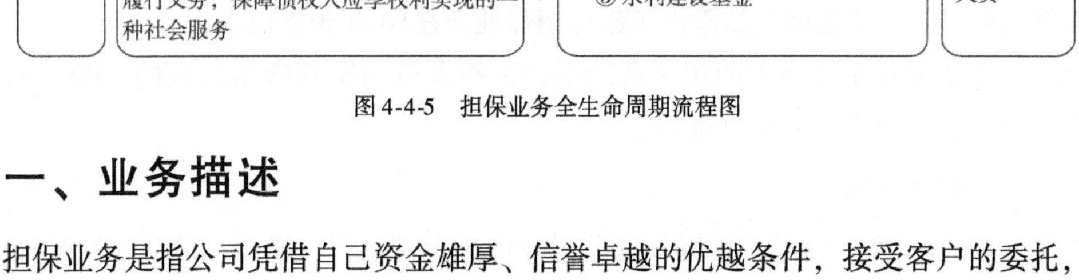

图4-4-5　担保业务全生命周期流程图

一、业务描述

担保业务是指公司凭借自己资金雄厚、信誉卓越的优越条件，接受客户的委托，以自有财产为其提供担保，保证其能切实履行义务，保障债权人应享权利实现的一种社会服务。担保是由主合同当事人以外的第三人应合同债务人的要求，以保证人名义开立，当债务人不能履行合同义务时由保证人履行的书面保函。同时，担保公司因为承担了一定的风险责任会向投保人收取一定的担保费。

二、涉税事项

担保公司就其因为承担了一定的风险责任而向投保人收取的担保费定期计算缴纳增值税、企业所得税。

三、税务管理要点

（一）增值税

1. 担保费收入缴纳增值税

《财政部 国家税务总局关于全面推开营业税改征增值税试点的通知》（财税〔2016〕36号）之附件1所附《销售服务、无形资产、不动产注释》规定：“直接收费金融服务，是指为货币资金融通及其他金融业务提供相关服务并且收取费用的业务活动。包括提供货币兑换、账户管理、电子银行、信用卡、信用证、财务担保、资产管理、信托管理、基金管理、金融交易场所（平台）管理、资金结算、资金清算、金融支付等服务。”根据上述规定，收取的担保费应按照6%的税率缴纳增值税。

2. 增值税税收优惠政策

同时符合以下规定条件的担保机构从事中小企业信用担保或者再担保业务取得的收入（不含信用评级、咨询、培训等收入）3年内免征增值税：

（1）已取得监管部门颁发的融资性担保机构经营许可证，依法登记注册为企（事）业法人，实收资本超过2000万元。

（2）平均年担保费率不超过银行同期贷款基准利率的50%。平均年担保费率＝本期担保费收入/（期初担保余额＋本期增加担保金额）×100%。

（3）连续合规经营2年以上，资金主要用于担保业务，具备健全的内部管理制度和为中小企业提供担保的能力，经营业绩突出，对受保项目具有完善的事前评估、事中监控、事后追偿与处置机制。

（4）为中小企业提供的累计担保贷款额占其2年累计担保业务总额的80%以上，单笔800万元以下的累计担保贷款额占其累计担保业务总额的50%以上。

（5）对单个受保企业提供的担保余额不超过担保机构实收资本总额的10%，且平均单笔担保责任金额最多不超过3000万元。

（二）企业所得税

根据《财政部 税务总局关于延长部分税收优惠政策执行期限的公告》（财政部 税务

总局2021年第6号）第四条规定，《财政部 国家税务总局关于证券行业准备金支出企业所得税税前扣除有关政策问题的通知》（财税〔2017〕23号）到期后继续执行。特殊事项税前扣除见表4-4-7。

特殊事项税前扣除明细表　　表4-4-7

享受主体	优惠内容	享受条件
符合条件的中小企业融资（信用）担保机构	自2016年1月1日起，对于符合条件的中小企业融资（信用）担保机构提取的以下准备金准予在企业所得税税前扣除： ①按照不超过当年年末担保责任余额1%的比例计提的担保赔偿准备，允许在企业所得税税前扣除，同时将上年度计提的担保赔偿准备余额转为当期收入； ②按照不超过当年担保费收入50%的比例计提的未到期责任准备，允许在企业所得税税前扣除，同时将上年度计提的未到期责任准备余额转为当期收入； ③中小企业融资（信用）担保机构实际发生的代偿损失，符合税收法律法规关于资产损失税前扣除政策规定的，应冲减已在税前扣除的担保赔偿准备，不足冲减部分据实在企业所得税税前扣除	符合条件的中小企业融资（信用）担保机构，必须同时满足以下条件： ①符合《融资性担保公司管理暂行办法》（银监会等七部委令2010年第3号）相关规定，并具有融资性担保机构监管部门颁发的经营许可证； ②以中小企业为主要服务对象，当年中小企业信用担保业务和再担保业务发生额占当年信用担保业务发生总额的70%以上（上述收入不包括信用评级、咨询、培训等收入）； ③中小企业融资担保业务的平均年担保费率不超过银行同期贷款基准利率的50%； ④财政、税务部门规定的其他条件

第六节　基金业务税务合规管理

基金业务包括产业基金及私募基金。产业基金由集团公司成员单位作为投资项目发起人，联合集团内部基金公司共同投标，中标后由基金公司募集资金组建。产业基金的形式包括合伙制、契约制和公司制，可以根据项目情况灵活运用。私募基金由基金公司发起募集资金，并进行相应投资。基金公司依据基金合同收取认购费、销售手续费、销售服务费、管理费、业绩报酬等。

基金业务全生命周期流程如图4-4-6所示。

一、业务描述

（一）产业基金成立前的准备阶段

集团公司成员单位根据自身业务以及项目需求，向集团公司提出业务申请。同时，基金公司应做好与集团公司投资公司管理部和集团公司成员单位的对接，主动开展产业基金业务推介，牵头发起产业基金项目。

业务流程		涉税事项	操作人员
产业基金成立前的准备阶段	集团公司成员单位根据自身业务以及项目需求，向集团公司提出业务申请。同时，基金公司应做好与集团公司投资公司管理部和集团公司成员单位的对接，主动开展产业基金业务推介，牵头发起产业基金项目	税务部门需要通过对基金潜在的模式架构进行全角度、全维度的评估，整体把握产品的相应税务影响	参与投拓项目的财务人员
产业基金成立阶段	基金公司牵头完成注册基金的各项工作，结合参股基金公司其他股东方现有金融资源和合作机构情况综合分析判断，选择合适的基金管理公司以适当的基金结构参与投资项目运作	①印花税 ②增值税 ③个人所得税 ④水利建设基金	参与投拓项目的财务人员
产业基金运营阶段	基金公司作为基金产品管理人，负责对产业基金的日常运营工作，并收取相应管理费。基金公司按照相关协议或合同约定，做好基金产品投资收益收取，管理费、托管费等费用计算与支付，按国家法律法规规定缴纳税费，向投资人支付投资收益等，结合投资项目情况完善基金产品投后报告，并完成中基协（中国证券投资基金业协会）系统管理	①增值税 ②企业所得税 ③个人所得税 ④水利建设基金	项目财务人员
产业基金退出阶段	项目运营期满后，项目公司根据投资项目合同的约定，通过股权转让、撤资或清算等方式使得资金安全退出。产业基金到期清算，则按照基金合同、合伙协议规定成立基金财产清算小组，按约定计提相关费用，缴纳相关税费，完成基金财产的分配，编制基金财产清算账册，清算完成后，注销基金相关账户	针对不同层面及不同退出方式，涉及的税种及税务处理会有所差异，需要就具体情况进行分析	项目财务人员

图4-4-6 基金业务全生命周期流程图

（二）产业基金成立阶段

基金公司牵头完成注册基金的各项工作，结合参股基金公司其他股东方现有金融资源和合作机构情况综合分析判断，选择合适的基金管理公司以适当的基金结构参与投资项目运作。

（三）产业基金运营阶段

基金公司作为基金产品管理人，或者与其他基金管理公司共同设立的公司作为管理人，负责产业基金的日常运营工作，并收取相应管理费。基金公司按照基金合同、合伙投资协议或财务顾问协议等约定，做好基金产品投资收益收取，管理费、托管费等费用计算与支付，按国家法律法规规定缴纳税费，向投资人支付投资收益等，结合投资项目情况完善基金产品投后报告，并完成中基协（中国证券投资基金业协会）系统管理。

（四）产业基金退出阶段

项目运营期满后，项目公司根据投资项目合同的约定，通过股权转让、撤资或清算等方式使得资金安全退出。产业基金到期清算，则按照基金合同、合伙协议规定成立基金财产清算小组，按约定计提相关费用，缴纳相关税费，完成基金财产的分配，编制基金财产清算账册，清算完成后，注销基金相关账户。

二、涉税事项

（一）产业基金成立前的准备阶段涉税事项

此阶段本身虽然不涉及具体税务处理，但是基金结构的搭建及退出方式等的不同选择会对基金本身乃至基金公司的整体税负率产生影响。因此，此阶段财务部门需要通过对基金潜在的模式架构进行全角度全维度的评估，整体把握产品的相应税务影响。

（二）产业基金成立阶段涉税事项

目前基金形式主要为企业合伙制，此阶段主要涉及印花税、增值税、个人所得税的计缴。

（三）产业基金运营阶段涉税事项

1. 基金公司层面

基金公司直接作为财务顾问及产品管理人的股东就不同类型收入按税法要求缴纳增值税及所得税。

2. 基金产品层面

基金产品需要针对不同产品架构根据具体情况缴纳相关税费，如增值税、企业所得税、个人所得税。

3. 被投产品层面

基金公司通常以股权形式投资标的公司，被投公司作为独立纳税主体按正常生产经营情况缴纳相关税费，如增值税、企业所得税、个人所得税。

（四）产业基金退出阶段涉税事项

针对不同层面及不同退出方式，涉及的税种及税务处理会有所差异，需要就具体情况进行分析。

三、税务管理要点

（一）产业基金成立前的准备阶段税务管理要点

1. 基金公司层面

在项目标前评审环节，财务人员需要根据基金的不同架构、基金公司在不同基金架构下的不同角色、取得收益的不同类型进行增值税及企业所得税匡算。例如，有限合伙制结构下的产业基金，基金公司作为管理人收取管理费，并缴纳相应增值税及企业所得税；而在公司制结构下的产业基金，基金公司可能同时作为管理机构及股东，同时收取管理费及股息红利，相应增值税及企业所得税的处理与有限合伙制基金的处理有所不同。

另一方面，对于产品相关的成本费用，可以针对产品收益情况、能否获取增值税发票等情况，考虑由基金公司自身承担或者由基金产品本身承担。例如，如果为契约型基金，产品收益由管理人按照3%简易征收的方式缴纳增值税，相应的无票支出可以考虑放在产品层面。

2. 基金产品层面

根据基金投资架构和方式的不同，针对基金本身未来可能取得的收益类型进行增值税及企业所得税匡算，以判断其对产品收益的影响。

（二）产业基金成立阶段税务管理要点

1. 基金法律形式的选择

根据基金组织形式的不同，产业基金可以分为合伙制基金、契约制基金和公司制基金。

（1）合伙制基金。

合伙制基金作为独立的纳税主体，除企业所得税外，增值税、印花税及其他税种均需要以自身为主体独立按相关税收法规缴纳。

合伙制基金无须缴纳企业所得税，仅对合伙人征收个人所得税：个人合伙人针对有限合伙企业取得的生产经营所得按5%~35%累进税率、股息红利所得按20%缴纳相应个人所得税。针对有限合伙企业取得的财产转让收入，个人合伙人相关个人所得税由有限合伙企业代为申报。

企业合伙人需要就有限合伙企业取得的生产经营所得按自身适用的企业所得税率正常缴纳企业所得税，有限合伙企业从被投单位取得的股息红利收入在穿透至企业合伙人时不可以按免税处理。合伙制基金在纳税申报所属期内，即使收入、成本和费用均为0，企业也要进行零申报。

（2）契约制基金。

对于契约制基金运营过程中产生的收益，其管理人需要按3%的税率缴纳增值税。契约制基金不涉及所得税及其他税种。

目前，常见的投资方式为单独设立契约制基金对基金产品进行投资。

（3）公司制基金。

公司制基金具有管理规范、监管机制健全、运作压力小等优点。在税务管理方面，公司制基金相关法律法规健全，企业能够更好地降低税务风险，避免税务稽查，但同时也存在着管理成本高昂、公司本身及股东双重赋税等问题。

公司制基金作为独立的法人主体，针对日常运营过程中产生的各类收益以自身作为独立纳税人完成相关纳税义务。

2. 出资成立产业基金

1）出资方式

基金资金的来源主要由财政部专项资金、央企资金、保险资金、经过审核符合标准的供应商以及少数个人投资人及管理人自有资金共同构成。

在设立有限合伙制基金的情况下，基金公司自身作为普通合伙人，或者与其基金管理合营公司合作共同设立主体作为普通合伙人出资设立基金。

2）合同签订

（1）涉税条款审核。

针对基金管理合同，应重点关注下列信息：

①管理费类型及收费时点。

合同中应明确管理人取得的管理费的类型及收取时点。

②增值税发票开具金额。

合同中应明确合同价款是否包含增值税。

③增值税发票开具对象。

合同中应明确约定增值税发票的开具对象，并注明发票开具信息，包括纳税人名称、地址、纳税人识别号或统一社会信用代码、电话、开户银行及其账号；明确交易方纳税人身份，注明是一般纳税人或小规模纳税人，必要时可将营业执照复印件、一般纳税人资格认定复印件作为合同的附件。

④增值税发票开具时点。

合同中应明确增值税发票的开具时点。

⑤增值税发票的类型。

合同中应明确约定增值税发票的类型是增值税普通发票还是增值税专用发票。通常情况下为专用发票。

⑥增值税发票的具体税率。

合同中应明确相关业务适用的增值税税率，即管理人取得固定管理费和浮动管理费均适用6%的税率。

（2）针对投资合同，除上述增值税发票信息外，还应重点关注：

①分配收益时点。

②对产品层面的税费承担问题的说明。

履行合同评审程序时，由业务部门发起合同评审及用印流程，对基金合同及其补充协议、托管协议、募集监督协议等进行评审。合同经评审后方可签署，未经评审或未按评审意见修改完善的合同不得签订。

（3）印花税缴纳。

新设立合伙制基金应按照资金账簿记载的实收资本和资本公积缴纳万分之二点五的印花税。

需要注意的是，在实操中，合伙制基金资本金是否需要缴纳印花税目前存在争议。在实务中，一部分合伙制基金针对收到的投资款并没有缴纳印花税，因为合伙企业的财务账簿一般用“合伙人缴入资本”核算投资者投入的本金，而不使用“注册资本”和“资本公积”科目，各地税务局的处理方式也不一样。

从法理上的概念来说，实收资本指的是实际收到的注册资本，而注册资本是法定资本，是公司制企业章程规定的全体股东或发起人认缴的出资额或认购的股本总额，并在公司登记机关依法登记。在实际生活中也可以看到，有限合伙企业的营业执照中其实并没有注明注册资本，而有限公司的营业执照中会注明注册资本。所以，实收资本的概念不适用于合伙制企业，有限合伙企业是否需要就取得的资本金缴纳印花税存在一定争议。

通常情况下，上述基金管理合同及投资合同不需要缴纳印花税。

3）与当地税务局的沟通

由于我国金融行业发展迅猛，金融产品的更新迭代速度快，在很多金融产品的界定上，税法并没有给出明确的规定，应以各地方实际操作为准。针对这种情况，前期应与当地税务机关沟通，明确相应税收处理办法，同时针对核定征收等特殊税务处理进行及时沟通，以保证优惠政策落地。例如，部分地区针对有限合伙企业各税种采用核定征收的方式，但该政策为地方性政策，并没有全国性政策作为支持，其合法性和持续性存在不确定性。因此，如果有限合伙企业选择在这类地区设立，需要考虑相应政策落地风险。

（三）产业基金运营阶段税务管理要点

1. 产业基金公司层面

1）管理费收入

（1）增值税。

基金公司作为管理人取得固定管理费和浮动管理费均需要缴纳6%的增值税。对于基金公司作为财务顾问取得的管理费法规较为明确，需要按照6%的税率计算缴纳增值税。对于浮动管理费，其通常被理解为业绩报酬，是否和管理费性质一样按照“直接收费金融服务”征收增值税存在一定的疑问，难以定性。大部分业绩报酬是根据有限合伙企业的业绩比较基准计提，超过这个业绩比较基准部分的收益能够收取一定的业绩报酬，也就是业绩报酬是在收益达到一定标准之后的提成，和投资收益有些类似。资产管理、信托管理、基金管理本质上都属于资产管理服务，其收取的费用不管是固定的还是浮动的都需要按照直接收费金融服务缴纳增值税。

（2）企业所得税。

对于基金公司作为管理人取得的管理费应并入生产经营纳税所得额按25%计算缴纳企

业所得税。

2）分红收入

（1）增值税。

基金公司与其他基金管理人合资设立的主体作为基金产品管理人的情况下，基金公司从该主体取得分红收入，不需要缴纳增值税。

（2）企业所得税。

由于该主体为非上市居民企业，基金公司从该主体取得的分红收入，可以免征企业所得税。

2. 基金层面

1）合伙制基金

（1）增值税。

根据《财政部 税务总局关于资管产品增值税有关问题的通知》（财税〔2017〕56 号）的有关规定，如为契约型基金，其基金管理人需要按 3% 的税率缴纳基金所产生的投资收益对应的增值税。

针对财税〔2017〕56 号文件中提及的运营业务，通常理解为将募集来的资金用于投资各类金融产品或者项目。资管产品管理人仍需按照《关于明确金融 房地产开发 教育辅助服务等增值税政策的通知》（财税〔2016〕140 号）的要求，从“保本”与“非保本”和“是否持有至到期”的角度，结合其他因素（如是否享受免税政策），对资产投资过程中产生的收益或利得进行增值税处理的判断。与投资相关的增值税应税项目一般也就只有“贷款服务”和“金融商品转让”两项，保本产品的收入相当于贷款服务，金融商品转让一般是买卖股票、债券等金融产品。

①对于金融商品转让而言，证券投资基金（封闭式证券投资基金、开放式证券投资基金）管理人运用基金买卖股票、债券，可以免征增值税。但是，税务局通常认为证券投资基金不包括私募基金。

②转让金融商品出现的正负差，按盈亏相抵后的余额作为销售额。若相抵后出现负差，可结转下一纳税期与下期转让金融商品销售额相抵，但年末时仍出现负差的，不得转入下一个会计年度。

（2）企业所得税。

合伙企业不需缴纳企业所得税。

（3）个人所得税。

合伙企业需要向主管税务机关申报缴纳个人合伙人的个人所得税。

2）契约制基金

（1）增值税。

合伙制基金持有项目公司股权，项目公司按照持股比例分配税后净利润，向基金支付的股息红利，不属于增值税征税范围。合伙制基金取得的其他类型的收益按不同应税项目及对应税率缴纳增值税。合伙制基金在运营过程中发生的各项支出，除人工成本费用外，均应取得相应增值税专用发票或其他合规凭证作为抵扣进项税的依据。

（2）企业所得税。

契约制基金本身不是企业所得税的纳税主体。

3）公司制基金

（1）增值税。

公司制基金持有项目公司股权，项目公司按照持股比例分配税后净利润，向基金支付的股息红利，不属于增值税征税范围。公司制基金取得的其他类型的收益按不同应税项目及对应税率缴纳增值税。公司制基金在运营过程中发生的各项支出，除人工成本费用外，均应取得相应增值税专用发票或其他合规凭证作为抵扣进项税的依据。

（2）企业所得税。

在公司制基金模式下，根据《中华人民共和国企业所得税法》第二十六条第（二）项的规定，符合条件的居民企业之间的股息、红利等权益性投资收益，免交企业所得税。公司制基金取得的其他类型的应税所得需根据《中华人民共和国企业所得税法》相关规定缴纳企业所得税。公司制基金在运营过程中发生的各项支出，需要及时取得对应凭证，作为在企业所得税税前扣除的依据。

（四）产业基金退出阶段税务管理要点

1. 产业基金从被投企业退出

1）股权转让

（1）合同条款审阅。

签订合同时，需要明确双方税费的承担情况，明确付款安排。

（2）印花税申报。

股权转让合同的双方当事人为印花税纳税义务人，需按0.5‰申报缴纳股权转让印花税。

（3）增值税。

非上市企业的股权转让不属于增值税的应税范围。

（4）企业所得税。

公司制及合伙制基金转让被投企业股权，其合伙制基金合伙人需要分别缴纳相应所得税。转让股权收入，应于转让协议生效且完成股权变更手续时，确认收入的实现。转让股权收入扣除为取得股权所发生的成本（即实际投资成本）后为股权转让所得，企业需要按照自身税率缴纳企业所得税，合伙企业的个人合伙人需要按5%～35%缴纳个人所得税。企业计算股权转让所得时，不得扣除被投资企业未分配利润等股东留存收益中按该项股权所可能分配的金额。

如果为公司制基金，对于在股权转让前项目公司存在大额留存收益的，可以先要求项目公司分配利润，相关收益免征企业所得税，从而减少股权转让所得对应的企业所得税。

（5）个人所得税。

合伙企业需要向主管税务机关申报缴纳个人合伙人的个人所得税。

2）被投企业清算、注销

（1）合伙制基金。

①企业所得税。

企业合伙人需要针对有限合伙企业根据上述法规的规定计算的应纳税所得额按约定比例对应的部分结合自身税率缴纳企业所得税。

②个人所得税。

个人合伙人需要针对有限合伙企业根据《中华人民共和国个人所得税法》和《中华人民共和国个人所得税法实施条例》的规定计算的应纳税所得额按约定比例对应的部分以生产经营所得缴纳5%～35%的个人所得税。合伙企业需要向主管税务机关申报缴纳个人合伙人的个人所得税。

（2）公司制基金。

①企业所得税。

在企业的股东取得清算分配的资产时，应根据《财政部 国家税务总局关于企业清算业务企业所得税处理若干问题的通知》（财税〔2009〕60号）按规定确认为股息所得和财产转让所得（或损失），同时应对股东从被清算企业分得的资产按可变现价值或实际交易价格确定计算基础。

具体来说，股东分得的资产的金额相当于被清算企业累计未分配利润和累计盈余公积中按该股东所占股份比例计算的部分，应确认为股息所得；而减除股息所得后的余额超过或低于股东投资成本的部分，应确认为股东的投资转让所得或损失。公司制基金应在分得资产的当年按上述规定进行正确的税务处理，将分得的资产并入本企业的正常经营所得和其他所得，依法申报企业所得税。

②个人所得税。

个人股东分得的资产的金额相当于被清算企业累计未分配利润和累计盈余公积中按该股东所占股份比例计算的部分，应确认为股息所得，按20%缴纳个人所得税；而减除股息所得后的余额超过或低于股东投资成本的部分，应确认为股东的投资转让所得或损失，按20%缴纳个人所得税。

3）产业基金从被投企业减资、撤资

（1）合伙制基金。

①企业所得税。

企业合伙人需要针对有限合伙企业根据《国家税务总局关于企业所得税若干问题的公

告》（国家税务总局公告 2011 年第 34 号）的规定计算的应纳税所得额按约定比例对应的部分结合自身税率缴纳企业所得税。

②个人所得税。

个人合伙人需要针对有限合伙企业根据上述法规计算的应纳税所得额按约定比例对应的部分以生产经营所得缴纳 5% ~35% 的个人所得税。合伙企业需要向主管税务机关申报缴纳个人合伙人的个人所得税。

（2）公司制基金。

①企业所得税。

投资方在项目公司运营期发生撤资的情形时，可以根据《国家税务总局关于企业所得税若干问题的公告》（国家税务总局公告 2011 年第 34 号）规定进行判定：公司制基金从被投企业撤资取得的资产中，相当于初始出资的部分，应确认为投资收回，不缴纳企业所得税。公司制基金从被投企业撤资取得的资产中，相当于被投资企业累计未分配利润和累计盈余公积按减少实收资本比例计算的部分，应确认为股息所得，根据《中华人民共和国企业所得税法》第二十六条第（二）项的规定，符合条件的居民企业之间的股息、红利等权益性投资收益，免缴纳企业所得税。

公司制基金从被投企业撤资取得的资产中，除去相当于初始投资、股息红利部分，剩余所得应确认为投资资产转让所得。

按照上述顺序计算的投资资产转让所得大于零时并入当年应纳税所得额计算缴纳企业所得税。

②个人所得税。

个人股东分得的资产的金额相当于被清算企业累计未分配利润和累计盈余公积中按该股东所占股份比例计算的部分，应确认为股息所得，按 20% 缴纳个人所得税；而减除股息所得后的余额超过或低于股东投资成本的部分，应确认为股东的投资转让所得或损失，按 20% 缴纳个人所得税。

2. 合伙人从合伙企业退出

1）有限合伙人转让份额

（1）增值税。

非上市企业的股权转让不属于增值税的应税范围。

（2）企业所得税。

有限合伙人需要就股权转让价格扣减全部投资成本后的余额计算应纳税所得额。个人合伙人适用税率为 20%，企业合伙人适用自身税率。

2）有限合伙人从合伙企业退伙

（1）增值税。

股权撤回不属于增值税的征收范围，不征收增值税。

（2）企业所得税。

①投资方在项目公司运营期发生撤资的情形时，可以根据《国家税务总局关于企业所得税若干问题的公告》（国家税务总局公告 2011 年第 34 号）第五条规定进行判定：公司制合伙人从被投企业撤资取得的资产中，相当于初始出资的部分，应确认为投资收回，不缴纳企业所得税。

②公司制合伙人从被投资企业撤资取得的资产中，相当于被投资企业累计未分配利润和累计盈余公积按减少实收资本比例计算的部分，应确认为股息所得，根据《中华人民共和国企业所得税法》第二十六条第（二）项规定，符合条件的居民企业之间的股息、红利等权益性投资收益，免缴纳企业所得税。

③公司制合伙人从被投企业撤资取得的资产中，除去相当于初始投资、股息红利部分，剩余所得应确认为投资资产转让所得。

④按照上述顺序计算的投资资产转让所得大于零时并入当年应纳税所得额计算缴纳企业所得税。

3. 资料留存

下列税务资料应区分基金公司层面和基金层面进行归档：

（1）原始凭证，包括增值税专用发票抵扣联（区分一般和简易计税项目）、作废或红冲退回的发票、开出及收到的红字增值税专用发票信息表等。

（2）应税凭证，包括所有税种涉及的月度、季度、年度纳税申报表及相关的清单，特殊事项资料，代征代扣税款结报单，预缴税款通知单。

（3）增值税开票资料，区分增值税专用发票和普通发票，分别装订，建立目录，按月装订成册。

（4）其他税务资料，包括企业所得税汇算清缴报告及其各类备查资料，企业分支机构新办、变更、注销税务登记的有关资料，企业申请税收优惠资料，涉税文书证明及其他具有保存价值的税务资料。

各业务部门工作活动中形成的具有使用和保存价值的税务文件材料在办理完毕后，由各部门负责档案管理的人员整理并移交财税管理部门。

第七节　资产证券化业务税务合规管理

资产证券化（Asset-backed Securities，ABS）是指发起人将流动性不足但具有未来现金收入的资产打包成流动性强的证券，并用信用增强措施，通过证券发行的方式出售给资本市场上的投资人。资产证券化业务类型包括应收账款 ABS、权益 ABS、供应链 ABS、租赁 ABS，未来拟开展房地产投资信托基金（REITs）业务以及资产支持票据（ABN）等。

资产证券化业务全生命周期流程如图 4-4-7 所示。

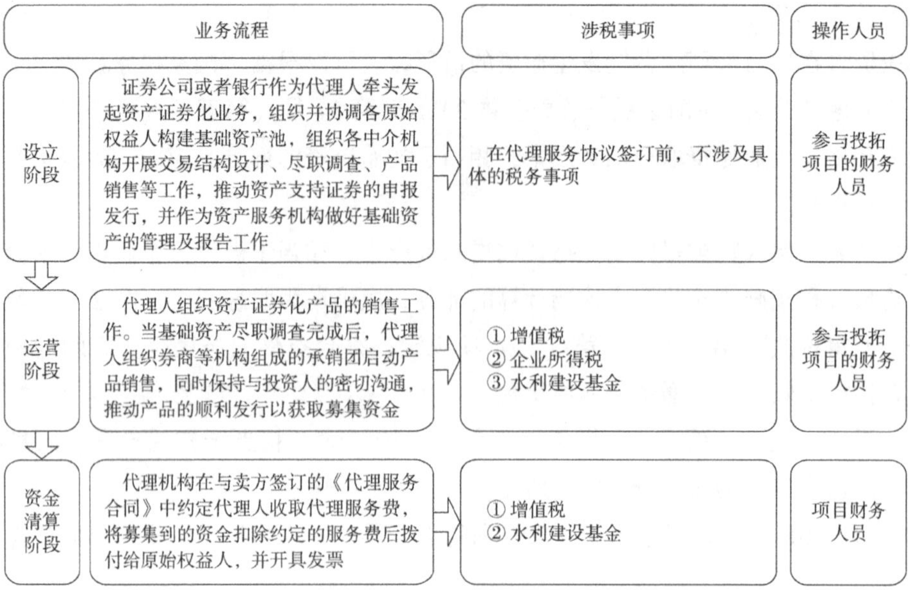

图 4-4-7　资产证券化业务全生命周期流程图

一、业务描述

（一）设立阶段

证券公司或者银行作为代理人牵头发起资产证券化业务，组织并协调各原始权益人构建基础资产池，组织各中介机构开展交易结构设计、尽职调查、产品销售等工作，推动资产支持证券的申报发行，并作为资产服务机构做好基础资产的管理及报告工作。

在应收账款 ABS 项目评估中，除关注现金流、收益预测、运营收益期、合同约定的各细则条款、支持预测的行业研究报告、历史表现、行业对标分析等方面外，还应重点关注应收账款折价无法取得税前扣除发票对原始权益人企业所得税税负的影响。

（二）运营阶段

代理人组织资产证券化产品的销售工作。当基础资产尽职调查完成后，代理人组织券商等机构组成的承销团启动产品销售，同时保持与投资人的密切沟通，推动产品的顺利发行以获取募集资金。

（三）资金清算阶段

代理机构在与卖方签订的《代理服务合同》中约定代理人收取代理服务费，将募集到的资金扣除约定的服务费后拨付给原始权益人，并开具发票。

二、涉税事项

（一）设立阶段涉税事项

在代理服务协议签订前，需要由业务部门、财务部门人员共同参加合同评审，财务部门人员需要审阅合同性质、付款方信息、收款方信息、服务费率、付款时点、开票方式等涉税条款。

（二）运营阶段涉税事项

在该阶段，需要注意从外部中介机构采购服务、支付给中国证券登记结算有限责任公司登记费，应取得增值税专用发票。

（三）资金清算阶段涉税事项

与原始权益人签订的《代理服务合同》中明确了管理服务费收取的时间，一般以年度为单位收取，代理机构向各原始权益人开具税率为6%的服务费增值税专用发票。产品发行方，即券商向集团公司成员单位开具增值税发票。

三、税务管理要点

（一）设立阶段税务管理要点

设立阶段税务管理要点，主要为考虑应收账款资产证券化税务影响。

在评估阶段需要考虑设立、运行和退出环节的整体税负影响，应从以下不同实体考虑税务影响。

1. 集团公司成员单位（原始权益人）

企业所得税：资产折价转让时，如果将应收账款折价部分确认为财务费用或投资收益，由于对应的支出很可能与在当年汇算清缴前取得的增值税发票不能完全对应，企业所得税税前扣除时点会存在税会差异，在当年需要就该差异在企业所得税税前进行调整，同时在未来抹平差异时做反向调整。

资产折价转让时，如果将应收账款折价部分确认为资产损失，《企业资产损失所得税税前扣除管理办法》（国家税务总局公告2011年第25号）并没有针对应收账款、应付账款转让的具体要求，则该损失是否可以在企业所得税税前扣除存在一定的不确定性。

原始权益人按照应收账款项目损失在企业所得税税前扣除，需要提供债务人无法偿还的相关证据，但可能并不符合实际情况。如果作为其他资产损失扣除企业所得税的，上述文件中要求以拍卖、询价、竞争性谈判、招标等市场方式出售，则该资产转让有可能不满足上述条件。所以，在扣除损失的情况下，原始权益人需要完整保存资产损失相关资料，保证该项损失的真实性、合法性，并在必要的情况下准备中介机构出具的专项报告，以应对税务机关的检查。

2. 证券公司或银行（代理人）

（1）增值税：ABS/ABN的代理人取得代理费收入，需要按照6%的税率缴纳增值税，并向委托人开具增值税专用发票。

（2）企业所得税：委托代理服务收入作为企业所得税收入需要缴纳企业所得税。

3. 券商（产品发行方）

资管计划取得基础资产，券商作为其管理人不涉及税务处理。

（二）运营阶段税务管理要点

1. 资产评估中介服务费发票获取

1）增值税进项税额抵扣要求

代理人采购中介机构评级及其他服务，与供应商签订合同，并取得增值税专用发票作为增值税扣税凭证，税率6%。

取得发票的过程中，应关注以下工作：

（1）业务人员在采购货物或应税劳务时，应主动向供应商（服务商）索取增值税扣税凭证。

（2）对于应开具增值税扣税凭证而未开具的，业务经办人员应要求对方开具增值税扣税凭证。如无法取得增值税扣税凭证，应做详细说明。

（3）业务人员在取得合法合规的增值税扣税凭证后，应对票面内容进行审核。

（4）取得增值税扣税凭证的经手人员应妥善保管，并及时将其传递至增值税发票管理人员处。

2）企业所得税税前扣除要求

代理人应在当年汇算清缴前取得相关发票。

2. 发行费与登记费成本

代理人从证券承销商及中国证券登记结算有限责任公司取得发行费与登记费增值税专用发票，税率6%。

代理人应先取得发行费发票，再进行付款。由于中国证券登记结算有限责任公司需先支付相关费用才能开具发票，相关业务人员在进行相关费用支付后，应在1个月内取得支付登记费的发票。

增值税与企业所得税相关扣除要求同资产评估中介服务费。

3. 资产证券化产品发行人增值税处理

发行人（原始权益人）将兑付优先级的利息及登记费、服务费等确认为利息支出，由代理人向发行人（原始权益人）开具增值税普通发票作为企业所得税扣除依据［发票金额通常会大于发行人确认的利息支出，原因为代理人以基础资产中的收入为计税依据开具发票，但发行人（原始权益人）应以实际利息支出在企业所得税税前扣除］。

（三）资金清算阶段税务管理要点

1. 收取服务费

（1）发票、合同、资金流向一致性要求。

从签订合同至收到款项的过程中，发票流、资金流、货物流应当统一，具体是指一张发票上的收款方、发货方、销售方（发票抬头上的销售方）应为同一主体，且付款方、收货方、购买方（发票抬头上的购买方）也应为同一主体。若三流不一致，则很可能面临虚开增值税发票的风险。

资产证券化涉及较多主体方，需要明确各收款方对应的开票义务。特别是针对资产证券化产品发行方从集团公司成员单位收取的利息收入，应向其开具增值税发票，该义务不由代理人承担。

（2）增值税纳税义务发生时点。

根据《财政部 国家税务总局关于全面推开营业税改征增值税试点的通知》（财税〔2016〕36号）的规定，代理人应以合同中约定的收取服务费的时点及开票时点为增值税纳税义务发生的时点。

2. 资产证券化产品发行方增值税处理

资产证券化产品发行方，即券商，作为资管产品管理人，需要就产品取得的利息收入/保本收益缴纳3%的增值税，并向集团公司成员单位，即原始权益人开具增值税普通发票。

3. 资料留存

下列税务资料应当进行归档：

（1）原始凭证，包括增值税专用发票抵扣联（区分一般和简易计税项目）、作废或红冲退回的发票、开出及收到的红字增值税专用发票信息表等。

（2）应税凭证，包括所有税种涉及的月度、季度、年度纳税申报表及相关的清单，特殊事项资料，代征代扣税款结报单，预缴税款通知单。

（3）增值税开票资料，区分增值税专用发票和普通发票，分别装订，建立目录，按月装订成册。

（4）其他税务资料，包括企业所得税汇算清缴报告及其各类备查资料，企业分支机构新办、变更、注销税务登记的有关资料，企业申请税收优惠资料，涉税文书证明及其他具有保存价值的税务资料。

各业务部门工作活动中形成的具有使用和保存价值的税务文件材料在办理完毕后，由各部门负责档案管理的人员整理并移交财税管理部门。

第五章　锰矿深加工板块

结合集团锰矿深加工业务基本现状，本章将简要概述其业务描述、涉税事项以及税务管理要点等内容，涵盖的主要涉税业务包括物资采购阶段涉税事项、生产制造阶段涉税事项、销售收入确认及收款阶段涉税事项等。锰矿深加工业务全生命周期流程如图 4-5-1 所示。

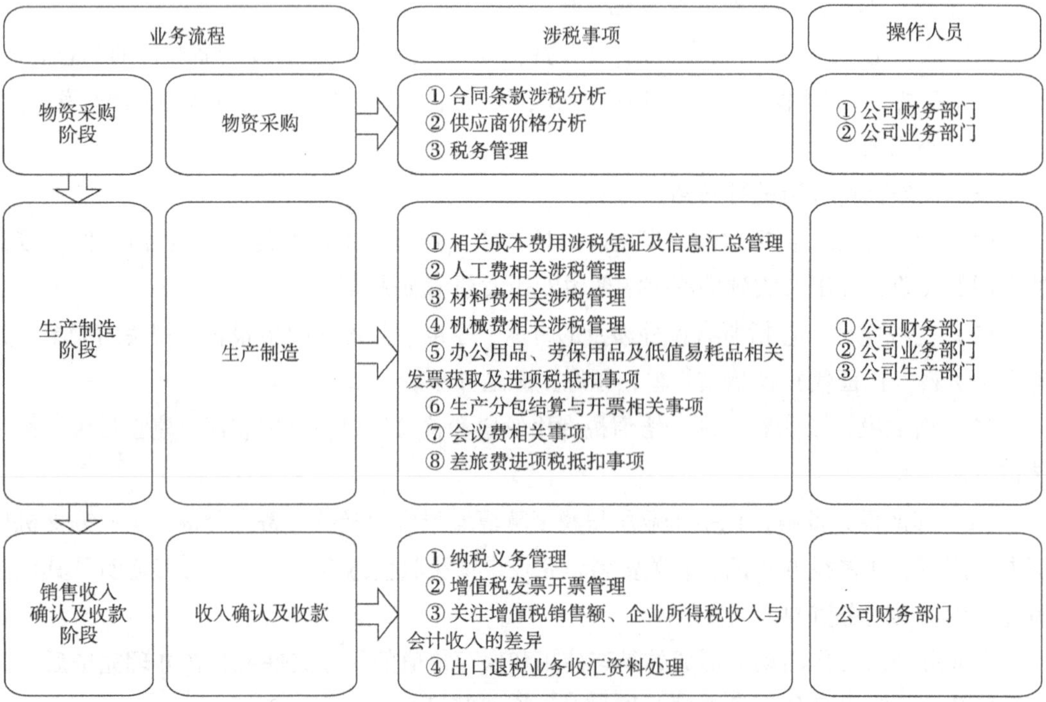

图 4-5-1　锰矿深加工业务全生命周期流程图

一、业务描述

（一）物资采购阶段

采购管理涉及企业成本费用支出的多方面内容，常见的采购项目包括大宗材料物资采购、地材和零星采购、设备采购（租赁）、各类劳务及服务采购等。其中，劳务及服务采购包括分包劳务、运输服务、设计服务、租赁服务等采购业务。本阶段的主要采购模式为集中采购模式、外部第三方采购模式、框架协议模式。

（二）生产制造阶段

生产制造阶段为生产制造车间依据生产作业计划，按照车间产品施工流程开展生产制造活动，待工业品生产完成后进行计价结算，生产方开具增值税专用发票，采购方支付产品销售款。生产过程中主要涉及直接成本、间接成本、相关费用及研发费用。

（三）销售收入确认及收款阶段

按照合同要求，及时与交易对象开展业务结算、对账签认、发票开具、收付款等工作，及时回笼资金，控制应收账款规模。

二、涉税事项

（一）物资采购阶段涉税事项

在物资采购阶段，应重点关注招标费相关收入增值税申报事宜、采购合同条款信息、增值税发票等凭证获取及存档等工作。

（二）生产制造阶段涉税事项

在生产制造阶段，应重点关注成本费用涉税凭证及信息管理，保证合规的企业所得税税前扣除及增值税进项抵扣处理。

（三）销售收入确认及收款阶段涉税事项

在销售收入确认及收款阶段，应根据合同条款准确确定增值税纳税义务、增值税发票开具信息及纳税申报事项。

三、税务管理要点

（一）物资采购阶段税务管理要点

1. 招标费相关增值税处理

由业务部门根据各招标项目实际收取标书费的情况发起开票申请，财务部门对业务部门提供的开票清单进行核对，无误后根据业务部门提供的开票信息开具招标代理服务发票。购买标书后，部分投标人不需要发票，需申报缴纳未开票收入相关增值税。

2. 框架协议印花税处理

若以框架协议方式取得原材料，办税人员应当密切关注合同签订的方式和涉及的主体。例如，若框架协议仅表明合作意向，不涉及具体产品、规格、价格及交付等实质性条款，在采购时签订具体合同，则无须就该框架协议缴纳印花税，在签订具体采购合同时仅就当次采购涉及的金额缴纳印花税。若框架协议已经含有实质性条款，在采购时仅对交付等内容进行补充，则可能被税务机关判定为已经构成商品销售，在签订框架协议时即需要就整个框架全额缴纳印花税。此种情况下，纳税时点和印花税的税基均会导致企业资金被大量占用。

签订采购合同后，经办人员应负责及时取得各类成本费用的增值税进项抵扣凭证和企业所得税税前扣除凭证，财务人员负责进行增值税专用发票的台账登记、更新、归档等基础工作。

（二）生产制造阶段税务管理要点

1. 相关成本费用涉税凭证及信息汇总管理

生产过程中如发生直接成本、间接成本、相关费用及研发费用等各项成本费用，经办人员应及时获得其增值税进项抵扣凭证和企业所得税税前扣除凭证，财务人员负责进行增值税专用发票的台账登记、更新、归档等基础工作。

2. 挂靠劳务队伍相关增值税发票“三流一致”的问题

挂靠劳务队伍，即生产企业将生产劳务作业分包给挂靠于某劳务企业的劳务队伍。劳务企业与挂靠队伍及被挂靠方之间的合同、发票及资金关系存在以下两种情况：

（1）生产企业与被挂靠方签订劳务分包协议，并取得被挂靠方开具的发票，但分包价款由生产企业直接支付给挂靠队伍，收款方与合同主体、发票开具主体不一致。

（2）生产企业与挂靠队伍签订劳务分包协议，并向挂靠队伍支付分包款，但取得的发票为被挂靠方向生产企业开具的，发票开具主体与合同主体、收款方不一致。

对于与挂靠的劳务队伍合作的劳务分包，由于合同主体、发票开具主体、收款方存在不一致的情况，不符合业务流、资金流、发票流“三流一致”的要求，生产企业即使取得挂靠方开具的增值税专用发票，也存在不能抵扣进项税的风险。

3. 以工资单形式结算的劳务队伍无法取得发票的问题

以工资单形式结算的劳务队伍包括临时工、季节工等，为生产企业根据需要聘请的特定劳务队伍或临时性、季节性作业人员，双方签订作业分包协议或临时用工协议。这种用工形式均以工资单形式结算和支付分包价款或劳务费，生产企业不能取得发票。因此，该部分劳务分包成本并无可抵扣的进项税，在一定程度上将导致总包方的增值税税负增加。在实操过程中应尽可能避免此类情况。

4. 人工费相关涉税事项的管理措施

为有效解决上述问题，生产企业应从分包商梳理与选择、规范挂靠方式下劳务专用发票的取得两方面加强对此类人工费的管理。

1）分包商梳理与选择

生产企业应对现有的劳务分包商进行梳理，根据分包商的资质、规模及组织形式确定其纳税人身份，并调整和完善“合格劳务供方名录”；同时制定劳务分包资质准入制度，要求通过招（议）标方式选择劳务队伍，优先选用“合格劳务供方名录”中的核心型和紧密型劳务企业，并要求分包方提供承包或劳务资质证明和能够开具增值税专用发票的证明文件（如增值税一般纳税人资格证明）；清理无资质的劳务分包商，尽可能避免与挂靠的劳务队伍和以工资单形式结算的劳务队伍合作。

2）规范挂靠方式下劳务专用发票的取得

如果确需与挂靠的劳务队伍合作，生产企业应按照《国家税务总局关于纳税人对外开具增值税专用发票有关问题的公告》（国家税务总局公告 2014 年第 39 号）的相关规定及其解读，规范劳务分包相关的合同、发票、资金及核算管理，满足增值税层面业务流、资金流、发票流“三流一致”的要求，取得合法有效的增值税扣税凭证，实现合规化的进项税抵扣操作。在明确分包商应提供发票的类型、适用税率以及提供时间等的基础上，进一步明确分包商在验工计价确认后的一定时期内开具增值税专用发票，发包方取得发票后，再向其拨付分包制造款项。

5. 材料费相关涉税管理事项

生产企业财务人员在材料费相关涉税管理工作中，应按照以下原则对相关事项进行有效管理。

1）供应商资质管理及采购方式的确认

选择材料的供应商时，应遵循综合采购成本最低、利润最大化原则。生产企业可结合材料的特点，在充分调查地材资源市场的前提下，建立片区合格供应商名录，掌握潜在供应商纳税人的身份，为设定适合的招标采购条款做充分准备。此外，在网络采购逐渐扩大实施的基础上，可将电商平台现有物资系统对接，统一管理材料的采购，建立片区辅助材料合格供应商目录，利用现有物资平台实现“统谈、分签、分付”。

2）材料费发票获取情况管理

针对各类发票获取情况，生产企业应采取不同的管理措施，具体包括：

（1）预计能够取得发票的材料。

对于预计能够取得发票的材料，生产企业应根据成本效益原则，在测算、比较“自行采购的方式”与“纳入劳务分包的方式”的综合采购成本，对比、分析两种方式利弊的基础上，考虑选择自行采购或是将其纳入劳务分包。

（2）预计不能取得发票的材料。

对于预计不能取得发票的材料，由于其采购成本存在不能在企业所得税税前扣除的风险，生产企业应考虑将此类材料纳入外部劳务分包的范围，由分包方进行采购，并统一开具增值税发票。

（3）生产过程中领用的直接材料。

对生产过程中领用的直接材料应严格划分正确用途，对用于非增值税应税项目、免征增值税项目、集体福利或者个人消费的材料以及管理不善导致的非正常材料损失，应及时做增值税进项税转出处理。

6. 机械费相关涉税管理事项

通常情况下，用于生产制造的外部租赁设备主要是通用设备，一般采取连人带机械设备一起租赁的方式，即出租方在出租设备的同时配备相应的操作人员。租赁双方签订设备租赁合同，出租方需按照现代服务缴纳增值税并开具相关增值税发票。

1）与个人出租方或被挂靠方签订合同相关增值税发票“三流一致”的问题

由于出租方为个人，较大部分采取挂靠的方式经营，即以其他租赁企业的名义出租设备。与向挂靠类供应商采购材料类似，生产企业与个人出租方及被挂靠方之间的合同、发票及资金关系也存在以下两种情况：

（1）生产企业与被挂靠方签订设备租赁合同，并取得被挂靠方开具的租赁费发票，但货款由生产企业直接支付给个人出租方，收款方与合同主体、发票开具主体不一致。

（2）生产企业与个人出租方签订设备租赁合同，并向个人出租方支付货款，租赁发票为被挂靠方向生产企业开具的，发票开具主体与合同主体、收款方不一致。

由于供应商多为个人，只能取得小规模纳税人代开的征收率为3%的增值税专用发票而抵扣较少的进项税，这在一定程度上将造成生产企业实际税负增加。对于向挂靠类出租方租赁设备的，由于合同主体、发票开具主体、收款方存在不一致的情况，不符合增值税层面业务流、资金流、发票流“三流一致”的要求，生产企业即使取得被挂靠方开具的增值税专用发票，也存在不能抵扣进项税的风险。

2）机械费相关涉税事项的管理措施

（1）出租方选择及信息管理。

从外部租入设备，实质上是购买有形动产租赁服务。因此，在选择设备的出租方时，应遵循综合租赁成本最低、利润最大化原则，淘汰不能提供发票的出租方。生产企业应首先对现有的设备出租方进行梳理，确定各自的纳税人身份，以便准确判断可取得发票的类型，为确定采购定价和选择供应商做好准备；同时根据需要建立设备租赁供应商管理信息库，并定期维护和更新。

（2）规范挂靠方式下设备租赁专用发票的取得。

如果选择与挂靠类出租方合作，生产企业应按照《国家税务总局关于纳税人对外开具增值税专用发票有关问题的公告》（国家税务总局公告2014年第39号）的相关规定及其解读，规范劳务分包相关的合同、发票、资金及核算管理，满足增值税层面业务流、资金流、发票流“三流一致”的要求，取得合法有效的增值税扣税凭证，实现合规化的进项税抵扣操作。

7. 办公用品、劳保用品及低值易耗品相关发票获取及进项抵扣事项

企业采购办公用品、劳保用品及低值易耗品的渠道通常为商贸公司、大型超市或其他商业批发零售企业，多数情况下供应商只能提供增值税普通发票，导致企业难以取得增值税专用发票，相关物品的进项税无法抵扣。

因此，生产企业应对现有采购渠道及供应商进行梳理，将零星采购变为小体量的集中采购和批量采购，尽可能取得增值税专用发票，实现进项税充分抵扣。

（三）销售收入确认及收款阶段税务管理要点

销售收入确认及收款阶段税务管理要点主要为出口退税业务收汇资料处理。

出口企业申报退（免）税的出口货物，须在退（免）税申报期截止之日前收汇并提供相关资料。若出口企业出口货物因“出口合同约定全部收汇最终日期在申报退（免）税截止期限以后”而不能收汇的，应提供相应的证明材料，报主管税务机关，经主管税务机关审核确认后，视同收汇处理，否则只能按照增值税免税政策执行。

1. 计算与审核

（1）使用国家税务总局认可的出口货物退（免）税电子申报系统生成电子申报数据。

纳税主体财务人员应当使用国家税务总局认可的出口货物退（免）税电子申报系统生成电子申报数据。

具体步骤为：报关单信息查询与读入，修改并确认报关单，若无读入的报关单数据，则忽略此步；录入出口明细并保存；数据一致性检查并确认明细；录入增值税表；录入汇总表；数据一致性检查并生成数据。

出口退税预申报时应确认明细数据，系统将生成免抵退申报的数据包，包括明细数据和汇总数据，将数据包在税务局进行预审。财务部门人员应根据税务局的预审意见修改申报数据。

（2）申报表审核。

纳税主体财务部长应完成生成数据的审核，办税人员复核后由财务部长审批税款。

2. 注意事项

出口企业应在办理对外贸易经营者备案登记或签订首份委托出口协议之日起30日内，填报《出口退（免）税资格认定申请表》，携带下列资料到主管税务机关办理出口退（免）税资格认定：

（1）加盖备案登记专用章的《对外贸易经营者备案登记表》或中华人民共和国外商投资企业批准证书；

（2）中华人民共和国海关进出口货物收发货人报关注册登记证书；

（3）未办理备案登记发生委托出口业务的生产企业提供委托代理出口协议，不需提供前两项资料。

第六章　交通信息化板块

交通信息化行业的企业通常会提供交通智能设备的研发、代收通行费等服务。本章以交通信息企业在日常管理活动中的管理流程及相关税费缴纳流程安排框架思路，主要从高新技术企业资质认定、研发阶段、销售阶段方面详细解读交通信息化业务涉税事项及税务管理要点。交通信息化业务全生命周期流程如图 4-6-1 所示。

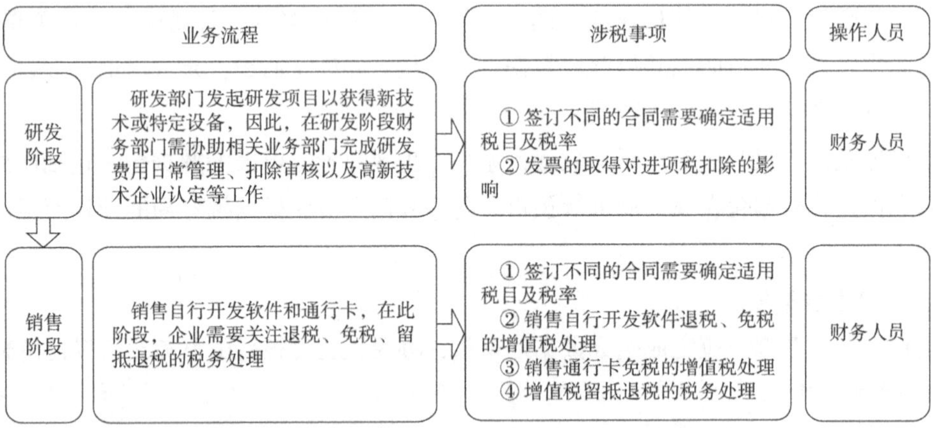

图 4-6-1　交通信息化业务全生命周期流程图

一、业务描述

根据业务发展需要，研发部门发起研发项目以获得新技术或特定设备，因此，在研发阶段财务部门需协助相关业务部门完成研发费用日常管理、扣除审核以及高新技术企业认定等工作。销售自行开发的软件和通行卡时，企业需要关注退税、免税、留抵退税的税务处理。

二、涉税事项

交通信息化业务需关注高新技术企业资质维护、研发费用管理情况、销售自行开发软件退税、进项税加计抵减，根据法规规定完成高新技术企业资质认定资料、研发费用加计扣除资料等的准备工作。

本业务涉及的税种有印花税、增值税、城市维护建设税、教育费附加、地方教育费附加、水利建设基金、企业所得税。涉及的主要税收事项管理见表 4-6-1。

交通信息化业务涉税管理明细表　　表4-6-1

税种	计税依据及税率	税款计算	纳税义务发生时间	涉税管理
印花税	技术开发及维护：技术合同不含增值税金额，税率0.3‰	不含增值税金额×0.3‰	合同签订时	纳税人自行计算应纳税额，向主管税务机关申报缴纳
	销售自行开发软件：买卖合同不含增值税金额，税率0.3‰			
增值税	技术开发及维护：按开发进度确认收入金额，税率6%或免税	含税收入÷（1+6%）×6%； 提供技术转让、技术开发和与之相关的技术咨询、技术服务，免征增值税	提供技术服务的同时收讫销售款或者取得索取销售款项凭据的当天	纳税人自行计算应纳税额，于每月15日前向主管税务机关申报缴纳
	销售合同不含税金额，税率13%	含税收入÷（1+13%）×13%	采取直接收款方式销售货物，不论货物是否发出，均为收到销售款或者取得索取销售款项凭据的当天	以1个月为1个纳税期，自期满之日起15日内申报缴纳
城市维护建设税、教育费附加、地方教育费附加	①按实际缴纳的增值税为计税依据； ②税率：城市维护建设税7%，教育费附加3%，地方教育费附加2%	①城市维护建设税：应交增值税×7%； ②教育费附加：应交增值税×3%； ③地方教育费附加：应交增值税×2%	与增值税的纳税义务发生时间一致	扣缴义务发生时间为扣缴增值税的当天，与增值税同时缴纳
水利建设基金	营业收入，税率0.1%×50%	不含税收入×0.1%	与增值税的纳税义务发生时间一致	扣缴义务发生时间为扣缴增值税的当天，与增值税同时缴纳

三、税务管理要点

（一）高新技术企业资质认定及维护

1. 日常管理工作

按月度跟进研发立项的预算完成进度，按研究阶段归集研发费用，并按研发费用列支编制《研发项目费用发生情况归集表》《企业年度研究开发费用结构明细表》等。

2. 信息申报工作

完成高新技术企业认定工作的网络信息填报工作；所得税汇算清缴时按税法规定计算研发支出，办理加计扣除申报。资格有效期内，累计两年未填报年度发展情况表，将被取消资格。

3. 高新技术企业资质数据指标监控管理

（1）获取经具有高新技术企业认定资质的会计师事务所审计的，最近3个会计年度的审计报告和财务报表。

（2）复算加计最近3个会计年度的销售收入总额。根据《高新技术企业认定申请书》填报说明，销售收入是指产品收入和技术服务收入之和。复算加计最近3个会计年度的研究开发费用总额。

（3）复算研究开发费用总额占销售收入总额的比例，与企业计算的结果核对是否一致；复算在中国境内发生的研究开发费用总额占全部研究开发费用总额的比例，与企业计算的结果核对是否一致。

（4）被认定为高新技术企业后，还需要接受有关部门的日常管理，发现不符合认定条件的，认定机构将复核认定条件。还应积极关注高新产品（服务）收入占比、科技人员占比、研发费用占比及知识产权等情况。

（5）高新技术企业资格有效期为3年，到期需要重新认定的企业要提前做好工作安排（知识产权、成果转化等各项工作）。

4. 发生重大变化后应及时向认定机构报告情况

若发生更名或认定条件发生重大变化（分立、合并、重组及经营业务发生变化等），应于3个月内向认定机构报告，并接受重新认定。

5. 高新技术企业异地搬迁

跨认定机构管理区域整体迁移的高新技术企业须向迁入地认定机构提交有效期内的《高新技术企业证书》及迁入地市场监督等登记管理机关核发的完成迁入的相关证明。完成整体迁移的，高新技术企业资格继续有效，编号和有效期不变；部分搬迁的，由迁入地认定机构重新认定。

6. 资料存档管理

及时收集研发支出涉及的高新技术企业及相关研发费用基础资料，妥善保管留存备查。

（二）研发阶段税务管理要点

1. 研发费用管理

1）合理分摊研发人员工资及相关成本

（1）重点检查应付工资、管理费用明细账，全年各月份工资表，全年个人所得税申报表，研发人员的劳动合同、教育背景（必要时通过检查学历证明确定研发人员是否具备相关专业背景）、工作经验和参加社会保险等资料，结合研究开发部门人员名单，确定研发人员的工资费用是否真实，计算是否准确。

（2）对受雇的研发人员，需取得累计实际工作时间在183天以上的证据。

（3）对存在多个研究开发项目的，按实际参与的项目进行归集。若研发人员同时参与两个或两个以上项目，应按统计的工作量进行分摊。如因不能准确地对工作量进行统计而常采用其他方法进行分摊，应检查其分摊的合理性。

（4）其他人员工资相关成本，如给科研人员发放的与科研活动相关的奖励款，属于研发人员的工资薪金范围，可以作为公司的科研经费列支。

（5）研发人员人工费用同时包含外聘研发人员的劳务费用，包括按照协议（合同）约定支付给劳务派遣企业，且由劳务派遣企业实际支付给外聘研发人员的工资薪金等费用。

（6）企业研发活动日益增加，为了提高研发人员福利水平，应组织对研发人员的定期体检。但根据《国家税务总局关于研发费用税前加计扣除归集范围有关问题的公告》（国家税务总局公告〔2017〕40号）和《财政部 国家税务总局 科技部关于完善研究开发费用税前加计扣除政策的通知》（财税〔2015〕119号）的相关规定，体检费用未包含在人员人工费用范围内，所以不能在人员人工费用中扣除，应在其他费用中扣除。

2）严格检查研发费用直接投入

（1）对于日常生产领用材料和研究开发领用材料的区分，除通过重点检查管理费用、原材料明细账，原材料购入、发出、结存明细表，相关费用分配表等外，还可以考虑进行如下分析判断：

①总量领用的合理性判断。

②研究开发材料领用的月均波动情况是否合理。

（2）进行领用材料与研究开发项目的相关性判断，必要时可以考虑利用外部专家工作，如聘请行业专家，对研究开发项目有关直接投入的品种、数量、质量等因素的合理性、相关性进行评价。

（3）重点对研究开发材料所形成的实物成果进行盘点及对残次品的销售进行综合判断。

（4）对于直接购入的能源、材料等，需要通过检查购入发票、运输单据、入库单、领料单等确认其真实性，并聘请相关行业专家，确定购入的能源、材料等与研究开发项目的相关性。

（5）加强生产成本相关的财务信息化建设，对动力费用以及共同使用的模具、样品、样机和一般测试手段购置费等，可以采用信息化手段，分摊计入各研究开发项目成本。

3）判断、区分装备调试相关研发费用和生产成本

（1）检查是否属于准备过程中研究开发活动所发生的费用，如研制生产机器、模具和工具，改变生产和质量控制程序或制定新方法及标准等。

（2）检查相关费用的核准、支付是否符合内部管理办法的规定，是否与原始凭证相符。

（3）检查是否存在列入为大规模批量化和商业化生产所进行的常规性准备的情形。

4）复核其他费用性质，严控总额比例

（1）重点检查管理费用明细账、费用分摊表，确认费用支出与研究开发项目的相关性及费用分摊的合理性。

（2）关注如办公费、通信费、专利申请维护费、高新科技研究开发保险费等其他费用是否属于因研究开发活动所发生的，是否存在列入与研究开发项目无关的其他费用的情形。

（3）检查相关费用的核准和支付是否符合企业内部管理的规定，是否与原始凭证相符。

（4）复算检查列报的其他费用是否超过研究开发费用总额的10%。

5）委托研发费用加计扣除处理

《国家税务总局关于企业研究开发费用税前加计扣除政策有关问题的公告》（国家税务总局公告2015年第97号）第三条规定："企业委托外部机构或个人开展研发活动发生的费用，可按规定税前扣除；加计扣除时按照研发活动发生费用的80%作为加计扣除基数。委托个人研发的，应凭个人出具的发票等合法有效凭证在税前加计扣除。"同时，委托非关联方从事研发活动，委托方加计扣除时不再需要提供研发项目的费用支出明细情况。

《财政部 税务总局 科技部关于企业委托境外研究开发费用税前加计扣除有关政策问题的通知》（财税〔2018〕64号）第一条规定："委托境外进行研发活动所发生的费用，按照费用实际发生额的80%计入委托方的委托境外研发费用。委托境外研发费用不超过境内符合条件的研发费用三分之二的部分，可以按规定在企业所得税前加计扣除。

"上述费用实际发生额应按照独立交易原则确定。委托方与受托方存在关联关系的，受托方应向委托方提供研发项目费用支出明细情况。"

6）研发活动直接形成产品或作为组成部分形成的产品对外销售的，其研发费用中材料费用的涉税处理

根据《国家税务总局关于研发费用税前加计扣除归集范围有关问题的公告》（国家税

务总局公告 2017 年第 40 号）规定，企业研发活动直接形成产品或作为组成部分形成的产品对外销售的，研发费用中对应的材料费用不得加计扣除。产品销售与对应的材料费用发生在不同纳税年度且材料费用已计入研发费用的，可在销售当年以对应的材料费用发生额直接冲减当年的研发费用，不足冲减的，结转以后年度继续冲减。

7）企业研发活动中形成的下脚料等特殊物品的处置收入的涉税处理

根据国家税务总局公告 2017 年第 40 号的规定，企业取得研发过程中形成的下脚料、残次品、中间试制品等特殊收入，在计算确认收入当年的加计扣除研发费用时，应从已归集研发费用中扣减该特殊收入，不足扣减的，加计扣除研发费用按零计算。

8）用于研发的自有固定资产的折旧费用的涉税处理

用于研发活动的仪器、设备，同时用于非研发活动的，需对仪器设备使用情况做必要记录，并将其实际发生的折旧费按实际工时占比等合理方法在研发费用和生产经营费用间分配，未分配的不得加计扣除。

9）符合条件但未及时享受研发费用加计扣除政策的处理

根据《财政部 国家税务总局 科技部关于完善研究开发费用税前加计扣除政策的通知》（财税〔2015〕119 号）和《国家税务总局关于进一步做好企业研究开发费用税前加计扣除政策贯彻落实工作的通知》（税总函〔2016〕685 号）的规定，符合规定的研发费用加计扣除条件而在 2016 年 1 月 1 日以后未及时享受该项税收优惠的，可以追溯享受并履行备案手续，追溯期限最长为 3 年。

10）研发失败项目相关费用的涉税处理

进行研发活动，符合对新产品、新工艺、新技术的创新活动，即使研发失败，也允许对发生的研发费用进行加计扣除。

11）研发费用加计扣除留存备查资料管理

研发费用加计扣除留存备查资料的保存期限为 10 年，主要包括：

（1）自主、委托、合作研究开发项目计划书和企业有关部门关于自主、委托、合作研究开发项目立项的决议文件；

（2）自主、委托、合作研究开发专门机构或项目组的编制情况和研发人员名单；

（3）经科技行政主管部门登记的委托、合作研究开发项目的合同；

（4）从事研发活动的人员和用于研发活动的仪器、设备、无形资产的费用分配说明；

（5）集中开发项目研发费决算表、《集中研发项目费用分摊明细情况表》和实际分享比例等资料；

（6）“研发支出”辅助账及汇总表；

（7）企业如果已取得地市级（含）以上科技行政主管部门出具的鉴定意见，应将其作为资料留存备查；

（8）其他资料。

2. 进项税加计抵减的涉税处理

具体涉税处理参照第三部分“主要税种通用规定”第一章第六节“增值税加计抵减”。

（三）销售阶段税务管理要点

1. 销售自行开发软件退税的涉税处理

根据《财政部 国家税务总局关于软件产品增值税政策的通知》（财税〔2011〕100号）及相关调整规定，增值税一般纳税人销售其自行开发生产的软件产品，按13%税率征收增值税后，对其增值税实际税负超过3%的部分实行即征即退政策。

软件产品，是指信息处理程序及相关文档和数据，包括计算机软件产品、信息系统和嵌入式软件产品。

满足下列条件的软件产品，经主管税务机关审核批准，可以享受本通知规定的增值税政策：

（1）取得省级软件产业主管部门认可的软件检测机构出具的检测证明材料；

（2）取得软件产业主管部门颁发的“软件产品登记证书”或著作权行政管理部门颁发的“计算机软件著作权登记证书”。

增值税一般纳税人在销售软件产品的同时销售其他货物或者应税劳务的，对于无法划分的进项税额，应按照实际成本或销售收入比例确定软件产品应分摊的进项税额；对专用于软件产品开发生产设备及工具的进项税额，不得进行分摊。纳税人应将选定的分摊方式报主管税务机关备案，并自备案之日起一年内不得变更。

专用于软件产品开发生产的设备及工具，包括但不限于用于软件设计的计算机设备、读写打印器具设备、工具软件、软件平台和测试设备。

2. 销售自行开发软件免税的涉税处理

根据《财政部 国家税务总局关于全面推开营业税改征增值税试点的通知》（财税〔2016〕36号）附件3《营业税改征增值税试点过渡政策的规定》第一条第二十六项规定，纳税人提供技术转让、技术开发和与之相关的技术咨询、技术服务免征增值税。

（1）技术转让、技术开发，是指《销售服务、无形资产、不动产注释》中“转让技术”“研发服务”范围内的业务活动。技术咨询，是指就特定技术项目提供可行性论证、技术预测、专题技术调查、分析评价报告等业务活动。

与技术转让、技术开发相关的技术咨询、技术服务，是指转让方（或者受托方）根据技术转让或者开发合同的规定，为帮助受让方（或者委托方）掌握所转让（或者委托开发）的技术而提供的技术咨询、技术服务业务，且这部分技术咨询、技术服务的价款与技术转让或者技术开发的价款应当在同一张发票上开具。

（2）备案程序。试点纳税人申请免征增值税时，须持技术转让、开发的书面合同，到纳税人所在地省级科技主管部门进行认定，并持有关的书面合同和科技主管部门审核意见证明文件报主管税务机关备查。

3. 销售通行卡免税的涉税处理

《国家税务总局关于营改增试点若干征管问题的公告》（国家税务总局公告2016年第53号）规定：

“三、单用途商业预付卡（以下简称‘单用途卡’）业务按照以下规定执行：

“（一）单用途卡发卡企业或者售卡企业（以下统称‘售卡方’）销售单用途卡，或者接受单用途卡持卡人充值取得的预收资金，不缴纳增值税。售卡方可按照本公告第九条的规定，向购卡人、充值人开具增值税普通发票，不得开具增值税专用发票。

“发卡企业，是指按照国家有关规定发行单用途卡的企业。售卡企业，是指集团发卡企业或者品牌发卡企业指定的，承担单用途卡销售、充值、挂失、换卡、退卡等相关业务的本集团或同一品牌特许经营体系内的企业。”

“四、支付机构预付卡（以下称‘多用途卡’）业务按照以下规定执行：

“（一）支付机构销售多用途卡取得的等值人民币资金，或者接受多用途卡持卡人充值取得的充值资金，不缴纳增值税。支付机构可按照本公告第九条的规定，向购卡人、充值人开具增值税普通发票，不得开具增值税专用发票。

“支付机构，是指取得中国人民银行核发的《支付业务许可证》，获准办理‘预付卡发行与受理’业务的发卡机构和获准办理‘预付卡受理’业务的受理机构。

“多用途卡，是指发卡机构以特定载体和形式发行的，可在发卡机构之外购买货物或服务的预付价值。”

“九、……（十一）增加6‘未发生销售行为的不征税项目’，用于纳税人收取款项但未发生销售货物、应税劳务、服务、无形资产或不动产的情形。

“‘未发生销售行为的不征税项目’下设601‘预付卡销售和充值’、602‘销售自行开发的房地产项目预收款’、603‘已申报缴纳营业税未开票补开票’。

“使用‘未发生销售行为的不征税项目’编码，发票税率栏应填写‘不征税’，不得开具增值税专用发票。”

根据上述规定，无论是销售通行的单用途卡还是多用途卡，对于售卡方，在售卡或接收充值时，不缴纳增值税，但可向购卡或充值方开具“不征税”的增值税普通发票，不得开具增值税专用发票。对于实际销售方，在持卡人实际购买货物或服务时，按规定缴纳增值税，但不得向持卡人开具增值税发票。对于购买方，在购买或冲回环节，取得税率栏为“不征税”的普通发票，作为“预付账款”进行核算管理，相关支出不得税前扣除；在发放环节，凭相关内部凭证，证明预付卡所有权已发生转移，并根据使用用途进行归类，按照税法规定进行税前扣除。发放给职工的，可作为工资、福利，用于交际应酬的，作为业务招待费进行税前扣除。企业内部使用的预付卡，在相关支出实际发生时，凭相关凭证，如购物小票等，在税前扣除。

4. 增值税留抵退税

具体涉税处理参照第三部分“主要税种通用规定”第一章“增值税”第七节“增值税留抵退税”。

5. 质保金的纳税义务发生时间

根据《国家税务总局关于在境外提供建筑服务等有关问题的公告》（国家税务总局公告2016年第69号）第四条规定，纳税人提供建筑服务，被工程发包方从应支付的工程款中扣押的质押金、保证金，未开具发票的，以纳税人实际收到质押金、保证金的当天为纳税义务发生时间，开具发票的以开具发票的当天为纳税义务发生时间。除建筑服务外的质押金、保证金按照《财政部 国家税务总局关于全面推开营业税改征增值税试点的通知》（财税〔2016〕36号）附件1《营业税改征增值税试点实施办法》第四十五条确定纳税义务发生时间。

第七章　其他业务

第一节　酒店业务税务合规管理

开展酒店经营业务的企业通常会提供住宿服务、会议服务、租赁服务等。本节以酒店经营企业的管理流程及相关税费缴纳流程安排框架思路，主要从增值税、城镇土地使用税、房产税、水利建设基金、企业所得税等方面详细解读酒店业务各项涉税事项及税务管理要点。酒店业务全生命周期流程如图 4-7-1 所示。

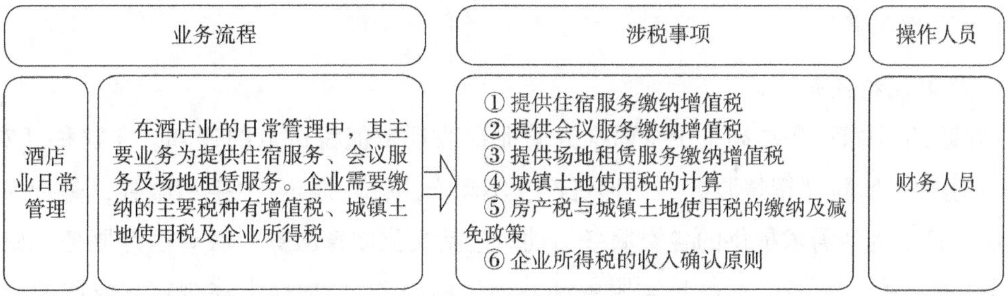

图 4-7-1　酒店业务全生命周期流程图

一、业务描述

开展酒店经营业务的企业通常利用一定的场所、设备和工具，通过提供住宿服务、会议服务、餐饮服务、商品经营服务取得经营业务收入。部分企业还同时涉及对外出租闲置场所、收取水电费业务收入。

二、涉税事项

企业针对提供住宿服务、会议服务、餐饮服务、商品经营服务所取得的经营收入定期计算缴纳增值税、企业所得税、水利建设基金。

有房产的企业定期计算缴纳房产税、城镇土地使用税，对外出租的，按从租计征缴纳房产税。酒店业务涉税管理见表 4-7-1。

酒店业务涉税管理明细表　　表 4-7-1

税　种	计税依据及税率	税款计算	纳税义务发生时间	会计处理
城镇土地使用税	实际占用的土地面积，适用税率	土地使用权面积×税率	合同约定交付的次月，若合同未约定则为合同签订的次月	借：税金及附加 贷：应交税费—应交城镇土地使用税
房产税（从租）	房产租金收入，税率 12%	房产租金收入×12%	交付出租、出借房产之次月	借：税金及附加 贷：应交税费—应交房产税
房产税（自用）	（房产原值－出租房产原值），税率 1.2%	房产余值×1.2%	自建的房屋，为建成的次月	借：税金及附加 贷：应交税费—应交房产税

三、税务管理要点

（一）增值税

1. 提供住宿服务

《财政部 国家税务总局关于全面推开营业税改征增值税试点的通知》（财税〔2016〕36 号）附件 1 所附《销售服务、无形资产、不动产注释》规定："生活服务，是指为满足城乡居民日常生活需求提供的各类服务活动。包括文化体育服务、教育医疗服务、旅游娱乐服务、餐饮住宿服务、居民日常服务和其他生活服务。"根据上述规定，收取的客房住宿费用应按照 6% 的税率缴纳增值税。

2. 提供会议服务

《财政部 国家税务总局关于明确金融 房地产开发 教育辅助服务等增值税政策的通知》（财税〔2016〕140 号）第十条规定：宾馆、旅馆、旅社、度假村和其他经营性住宿场所提供会议场地及配套服务的活动，按照"会议展览服务"缴纳增值税。上述规定中强调"提供会议场地"及"配套服务"，如提供场地租赁的同时提供会议服务，如会场布置、会议设备安排、茶水服务，应按照"会议展览服务"按 6% 的税率缴纳增值税。如不涉及会议服务，只进行场地租赁，则按照不动产租赁业务缴纳增值税。

3. 对外出租闲置场所

对外租赁业务具体涉税处理参照本部分第二章"房地产板块"第三节"不动产租赁税务合规管理"。

4. 季节性产品销售

酒店销售季节性产品如端午节粽子、中秋节月饼等按销售货物缴纳增值税，税率为 13%。

5. 增值税加计抵减

具体涉税处理参照第三部分“主要税种通用规定”第一章第六节“增值税加计抵减”。

6. 增值税留抵退税

具体涉税处理参照第三部分“主要税种通用规定”第一章第七节“增值税留抵退税”。

(二) 房产税与城镇土地使用税的减免政策

1. 减免规定

《国家税务总局广西壮族自治区税务局房产税 城镇土地使用税困难减免管理办法》(国家税务总局广西壮族自治区税务局公告2019年第14号)第三条第五项规定:“纳税人连续3年亏损且3年加权平均亏损率超过10%(含)以上,或纳税人连续3年亏损且累计亏损额占当年末资产总额35%(含)以上的,减免其当年度房产税、城镇土地使用税。”据此,计算方法如下:

$$年度亏损率=年度亏损额/年度收入总额\times 100\%$$

$$3年加权平均亏损率=\sum 连续3年亏损额/\sum 连续3年总收入\times 100\%$$

本处所称连续3年是指从申报减免税款所属年度算起连续3年。

本处所称总收入、主营业务收入、亏损额和资产总额,均以企业按国家各项会计制度和准则核算的年度会计报表数据为准。

除上述第五项规定外,企业亦可根据国家税务总局广西壮族自治区税务局公告2019年第14号第三条中列出的其他情形,申请减免房产税和城镇土地使用税。

2. 申请流程

申请困难减免税的,由纳税人向主管税务机关提出书面申请,报经有核准权限的税务机关审核批准后执行。未按规定申请或虽申请但未经有核准权限的税务机关核准的,纳税人不得享受减免税。

纳税人申请困难减免税,应当在规定的期限内,向主管税务机关提出书面申请并报送所需材料,见表4-7-2。

申请减免房产税和城镇土地使用税所需资料明细表 表4-7-2

序　号	申请材料
1	减免税申请报告,列明申请减免税的理由、依据、所属年度、金额等
2	纳税人减免税申请核准表
3	证明纳税人困难的受灾财产损失鉴定证明等相关材料

(三) 企业所得税

收入确认:企业提供餐饮住宿服务取得的餐费、房费收入,应按照权责发生制确认收入,即无论客户何时结清款项,均应在实际提供服务当天确认收入。

第二节　物业管理税务合规管理

物业管理企业通常为物业产权人、使用人提供公共卫生清洁、公用设施维修和保安、绿化、停车等服务。本节以企业签订物业管理合同及日常管理流程安排框架思路，主要从印花税、增值税、水利建设基金、企业所得税等方面详细解读物业管理企业各项涉税事项及税务管理要点。物业管理业务全生命周期流程如图4-7-2所示。

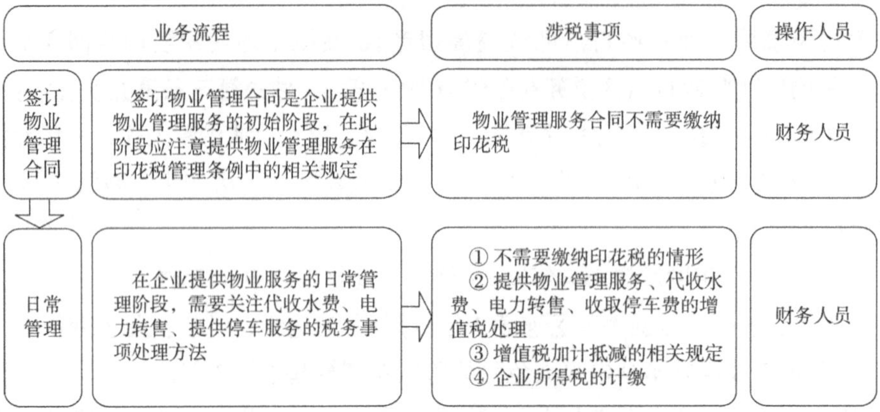

图4-7-2　物业管理业务全生命周期流程图

一、业务描述

物业管理企业为物业产权人、使用人提供公共卫生清洁、公用设施维修和保安、绿化、停车等公共性服务收取的物业费、水电费、停车费，因代收代交有关费用等应付给有关单位的款项，如代收的煤气费、有线电视费、电话费等都属于收取业主费用。

二、涉税事项

物业管理服务的日常主要涉税事项包括记载资金的账簿缴纳的印花税，提供物业管理服务和收取水费、电费（代扣代缴）、停车费的增值税计算及缴纳，增值税加计抵减管理，企业所得税计算及缴纳。

三、税务管理要点

（一）增值税

1. 收取物业管理费

《财政部 国家税务总局关于全面推开营业税改征增值税试点的通知》（财税〔2016〕36号）附件1所附《销售服务、无形资产、不动产注释》规定：“企业管理服务，是指提供总部管理、投资与资产管理、市场管理、物业管理、日常综合管理等服务的业务活动。”因此，企业从事物业管理服务，应按照“现代服务—商务辅助服务—企业管理服务”缴纳增值税。

2. 代收水费

《国家税务总局关于物业管理服务中收取的自来水水费增值税问题的公告》（国家税务总局公告2016年第54号）规定：“提供物业管理服务的纳税人，向服务接受方收取的自来水水费，以扣除其对外支付的自来水水费后的余额为销售额，按照简易计税方法依3%的征收率计算缴纳增值税。”据此，计税公式如下：

销项税 =（收取的水费收入 – 对外支付的水费）×3%

3. 电费（代收代缴）

电力公司向物业管理公司开具发票，物业管理公司以自己的名义向住户开具发票的，属于转售电力的行为，应分别按照适用税率或征收率缴纳增值税。营改增后提供物业服务的一般纳税人代收代付电费，没有特殊简易计税方法，按照适用的税率或征收率缴纳增值税。一般纳税人采用一般计税方法，增值税税率为13%；小规模纳税人采用简易计税方法，征收率为3%。

4. 停车费

《财政部 国家税务总局关于全面推开营业税改征增值税试点的通知》（财税〔2016〕36号）附件1所附《销售服务、无形资产、不动产注释》规定：“车辆停放服务、道路通行服务（包括过路费、过桥费、过闸费等）等按照不动产经营租赁服务缴纳增值税。”根据上述规定，企业提供停车服务收取的停车费，应按照9%的税率缴纳增值税。

5. 会务费

《财政部 国家税务总局关于全面推开营业税改征增值税试点的通知》（财税〔2016〕36号）附件1所附《销售服务、无形资产、不动产注释》规定：“会议展览服务，是指为商品流通、促销、展示、经贸洽谈、民间交流、企业沟通、国际往来等举办或者组织安排的各类展览和会议的业务活动。”会议展览服务属于现代服务的范畴，因此按照会议主办方要求，在物业服务范围内提供保证会议顺利有序开展的配套服务而收取的费用，应按照“现代服务”以6%的税率缴纳增值税。物业管理业务涉税管理见表4-7-3。

物业管理业务涉税管理明细表　　表4-7-3

业务类型	计税依据及税率	税款计算	纳税义务发生时间	涉税管理
物业管理费	按月收取的物业管理费，税率6%	物业管理费×6%	收到预收款时或者合同约定的日期/开具发票的当天	以1个月为1个纳税期，自期满之日起15日内申报纳税
代收水费	差额征税，税率3%	（收取的水费收入 – 对外支付的水费）×3%	收讫款项/开具发票的当天	以1个月为1个纳税期，自期满之日起15日内申报纳税

续上表

业务类型	计税依据及税率	税款计算	纳税义务发生时间	涉税管理
代收电费	全额征税，税率13%	代收电费款×13%	收讫款项/开具发票的当天	以1个月为1个纳税期，自期满之日起15日内申报纳税
停车费	提供停车服务收取的停车费，税率9%	停车费×9%	收讫款项/开具发票的当天	以1个月为1个纳税期，自期满之日起15日内申报纳税

6. 增值税加计抵减

具体涉税处理参照第三部分“主要税种通用规定”第一章“增值税”第六节“增值税加计抵减”。

（二）企业所得税

提前收取的物业费收入确认方法：《国家税务总局关于确认企业所得税收入若干问题的通知》（国税函〔2008〕875号）规定：“长期为客户提供重复的劳务收取的劳务费，在相关劳务活动发生时确认收入。”因此，跨年收取的物业费，应在对应期间内进行分摊，在实际发生物业管理服务时进行确认。

第三节　广告经营业务合规管理

开展广告经营业务的企业通过媒介为商品经营者或者服务提供者介绍商品或者服务等。本节以广告经营企业的管理流程及相关税费缴纳流程安排框架思路，主要从增值税、水利建设基金、企业所得税等方面详细解读广告经营业务各项涉税事项及税务管理要点。广告经营业务全生命周期流程如图4-7-3所示。

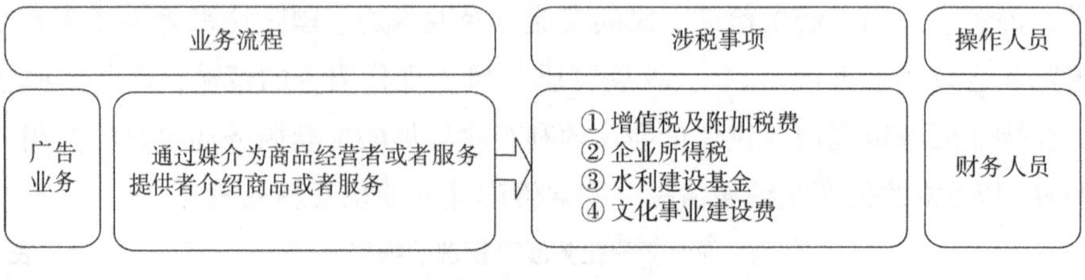

图4-7-3　广告经营业务全生命周期流程图

一、业务描述

广告经营业务是指企业通过一定媒介和形式为商品经营者或者服务提供者直接或者间接地介绍商品或者服务的业务。

二、涉税事项

开展广告经营业务取得的经营收入涉及印花税、增值税、城市维护建设税、教育费附加、地方教育费附加、文化事业建设费、企业所得税。广告经营业务涉税管理见表4-7-4。

广告经营业务涉税管理明细表　表4-7-4

税　种	计税依据及税率（征收率）	税款计算	纳税义务发生时间	涉税管理
增值税	广告业务收入；6%、3%（一般纳税人税率6%、小规模纳税人征收率3%）	一般纳税人：含税收入÷（1+6%）×6% 小规模纳税人：含税收入÷（1+3%）×3%	提供广告服务并同时收讫销售款或者取得索取销售款项凭据的当天；先开具发票的，为开具发票的当天	纳税人自行计算应纳税额，于每月15日前向主管税务机关申报缴纳（参照财税〔2016〕36号文件全文及解析第四十五条）
城市维护建设税、教育费附加、地方教育费附加	实际缴纳的增值税；城市维护建设税7%、教育费附加3%、地方教育费附加2%	①城市维护建设税：应交增值税×7%； ②教育费附加：应交增值税×3%； ③地方教育费附加：应交增值税×2%	与增值税的纳税义务发生时间一致	扣缴义务发生时间为扣缴增值税的当天，与增值税同时缴纳
水利建设基金	不含税销售收入；0.1%	不含税销售收入×0.1%	与增值税的纳税义务发生时间一致	水利建设基金的申报缴纳期限按增值税申报缴纳期限执行
文化事业建设费	含税价款和价外费用－支付的含税广告发布费；3%	（含税价款和价外费用－支付的含税广告发布费）×3%	与增值税的纳税义务发生时间一致	扣缴义务发生时间为扣缴增值税的当天，与增值税同时缴纳

三、税务管理要点

（一）增值税

1. 增值税税目及税率

《财政部 国家税务总局关于全面推开营业税改征增值税试点的通知》（财税〔2016〕36号）附件1所附《销售服务、无形资产、不动产注释》规定："现代服务，是指围绕制造业、文化产业、现代物流产业等提供技术性、知识性服务的业务活动。包括研发和技术服务、信息技术服务、文化创意服务、物流辅助服务、租赁服务、鉴证咨询服务、广播影视服务、商务辅助服务和其他现代服务。”文化创意服务包括设计服务、知识产权服务、广告服务和会议展览服务。营改增后一般纳税人提供广告服务按照现代服务6%的税率计算缴纳增值税。

2. 增值税加计抵减

具体涉税处理参照第三部分“主要税种通用规定”第一章“增值税”第六节“增值税加计抵减”。

（二）文化事业建设费

1. 扣缴义务人

（1）在中华人民共和国境内提供广告服务的广告媒介单位和户外广告经营单位。

（2）中华人民共和国境外的广告媒介单位和户外广告经营单位在境内提供广告服务，在境内未设有经营机构的，以广告服务接受方为文化事业建设费的扣缴义务人。

2. 征收范围

文化事业建设费的征收范围包括广告服务和娱乐服务，不包括广告策划、广告设计、广告制作、广告咨询、会议展览服务。

3. 销售额计算

应缴费额 = 计费销售额 × 3%

计费销售额，为缴纳义务人提供广告服务取得的全部含税价款和价外费用，减除支付给其他广告公司或广告发布者的含税广告发布费后的余额。

缴纳义务人减除价款的，应当取得增值税专用发票或国家税务总局规定的其他合法有效凭证，否则不得减除。

4. 缴纳义务发生时间

文化事业建设费的扣缴义务发生时间，为缴纳义务人的增值税纳税义务发生时间。

5. 优惠政策

《财政部关于调整部分政府性基金有关政策的通知》（财税〔2019〕46号）第一条规定：“自2019年7月1日至2024年12月31日，对归属中央收入的文化事业建设费，按照缴纳义务人应缴费额的50%减征；对归属地方收入的文化事业建设费，各省（区、市）财政、党委宣传部门可以结合当地经济发展水平、宣传思想文化事业发展等因素，在应缴费额50%的幅度内减征。”

文化事业建设费申报见表4-7-5。

（三）企业所得税

《国家税务总局关于确认企业所得税收入若干问题的通知》（国税函〔2008〕875号）第二条第四点规定：“宣传媒介的收费。应在相关的广告或商业行为出现于公众面前时确认收入。广告的制作费，应根据制作广告的完工进度确认收入。”

文化事业建设费申报表

表 4-7-5

缴纳人识别号																				

缴纳人名称（公章）：　　　　　　　　金额单位：　　元（列至角分）

费款所属期：　　年　　月　　日至　　年　　月　　日　　　　填表日期：　　年　　月　　日

项目			栏次	本月（期）数	本年累计
计费收入	应征收入		1		
	免征收入		2		
费额计算	减除项目期初金额		3		—
	减除项目本期发生额		4		
	本期减除额	应征收入减除额	5		
		免征收入减除额	6		
	减除项目期末余额		7 = 3 + 4 − 5 − 6		
	计费销售额		8 = 1 − 5		
	费率		9		—
	应缴费额		10 = 8 × 9		
费额缴纳	期初未缴费额（多缴为负）		11		—
	本期已缴费额		12 = 13 + 14 + 15		
	其中：本期预缴费额		13		
	本期缴纳上期费额		14		
	本期缴纳欠费额		15		
	期末未缴费额（多缴为负）		16 = 10 + 11 − 12		
	其中：欠缴费额（≥0）		17 = 11 − 14 − 15		—
	本期应补（退）费额		18 = 10 − 13		—
	本期检查已补缴费额		19		

缴纳人或代理人声明：	
此申报表是根据国家相关规定填报的，我确定填报内容是真实的、可靠的、完整的。	如缴纳人申报，由缴纳人填写以下各项： 经办人员（签章）： 财务负责人（签章）： 法定代表人（签章）： 联系电话：
	如委托代理人申报，由代理人填写以下各项： 代理人名称： 经办人（签章）： 代理人（公章）： 联系电话：

第四节　香港公司税务合规管理

一、业务描述

2013 年 1 月，集团公司在香港投资注册子公司。作为集团公司金融板块的重要成员单位，香港子公司发挥着集团公司对外“窗口”的功能，主营业务为境外大宗建材及矿产品贸易、境外投资及融资业务。以下主要对在香港注册的公司开展业务涉及的税务合规问题予以详述。

二、涉税事项

香港以属地为征收税项的基础，只对来自香港的利润及收入征税，主要为直接税和间接税：

（一）涉及的直接税税种主要为利得税、物业税、薪俸税（工资税）、个人入息课税（个人所得税），不征收流转税（如增值税、消费税等）、进出口税（除烟酒等特殊品外）、资本增值税（如股息、分红）、遗产税（2006 年 2 月停征）。

（二）涉及的间接税税种较多，如差饷、地税、印花税、博彩及彩票税、商品税、酒店房租税、车辆登记税、专利税和特权税等。由于这些税种主要针对香港居民和香港本地经营的特种行业，内地客商及其注册的香港企业并不会过多涉及。

三、税务管理要点

（一）利得税

利得税是指以在香港经营业务时，从该业务获得的在香港产生的或者来自香港的所有利润为依据所征收的一种税。

1. 纳税人

根据香港《2018 年税务（修订）（第 3 号）条例》（《修订条例》）规定，利得税的纳税人是指在香港经营业务、服务而获得利润的公司或个别人士。

2. 课税范围

在香港经营任何行业、专业或业务而从该行业、专业或业务获得于香港产生或得自香港的所有利润（由出售资本资产所得的利润除外）的人士，包括法团、合伙商号、信托人或团体，均须缴税。反之，取得来自海外的利润则无须在香港纳税，即使将款项汇回香港，亦无须纳税。业务是否在香港经营及利润是否来自香港，主要根据经营事实而定，如任何人士出售楼宇或物业属于盈利计划的一部分，则该人士会被视为经营一项业务，并需就任何赚取的利润纳税。

3. 应纳税所得额

利得税是对特定课税年度的应评税利润支付。计算应评税利润时，需考虑的情况如下：

1）豁免

（1）从已缴付利得税的公司取得的股息或投资收益，可不计入应评税利润；

（2）存放于认可机构的存款所获取的利息豁免缴付利得税。

2）可以扣除情形

纳税人为赚取利润而付出与该经营相关联的支出，均可获准在税前扣除。其中包括：

（1）为赚取该项利润产生的借款利息支出；

（2）坏账及呆账；

（3）研究和开发费用；

（4）董事酬金。

3）不可扣除情形

（1）任何非为产生该项利润而付出的款项；

（2）资本的亏损或撤回、用于改进方面的成本及任何资本性的开支；

（3）可按保险计划或弥补合约收回的损失；

（4）非为产生利润而占用或使用楼宇所支付的租金及有关费用；

（5）缴纳的各种税款；

（6）因违反法例，需要支付的交通罚款。

香港企业有营运年度的亏损可以在以后年度无限期弥补，无营运年度的亏损不能带到以后年度弥补。

4. 税率

有限公司利得税税率为16.5%，独资或合伙企业利得税税率为15%。香港自2018年4月1日起正式实施利得税两级制，具体税率见表4-7-6。

利得税税率明细表　　表4-7-6

序号	获取利润	法团	非法团业务
1	首200万港元	8.25%	7.5%
2	超过200万港元	16.5%	15%

注：非法团业务，主要是合伙及独资经营业务。

利得税两级制惠及有应评税利润的合格企业，不论其规模。在有关的课税年度，如某实体在评税基期完结时，有一间或多间有关联实体，两级制利得税率则只适用于获提名的其中一间有关联实体，其余的有关联实体将不适用于两级制利得税率。

此外，香港特区政府在每年的财政预算案中，还会对香港企业应缴税金进行减免。

5. 评税基期

香港企业可以选择任何一天作为审计的年结日，但大部分企业会选择12月31日和

3 月 31 日，因为这两个年结日可以在报税时申请延期约 8 个月，每一个账期是 12 个月。如后续香港企业想变更年结日，随时可以向税务局提出申请。评税基期见表 4-7-7。

评税基期明细表

表 4-7-7

序号	年　结　日	提交日期可延展至
1	12 月 31 日	次年 8 月 15 日
2	3 月 31 日	当年 11 月 15 日

6. 税务优惠

（1）购买机械、文仪设备等资产，其初期的折旧额为资本开支的 60%；

（2）购买计算机硬件软件所产生的开支可全部据实扣除；

（3）工商业为翻修商用楼宇工程所支付的资本开支可分 5 个课税年度等额扣除；

（4）香港企业如在国内开设来料加工厂，只需将利润的 50% 评定为源自香港，缴纳利得税。

7. 申报和缴纳时间

香港公司报税，必须经过做账审计。香港税期是从 4 月 1 日到下年 3 月 31 日，每年只需要申报一次。

新注册的香港企业，通常会在成立后的 18 个月左右收到第一份利得税报税表，需要在 3 个月内向税务局提交审计报告和利得税报税表。非首次做账审计的企业，税务局一般会在每年 4 月的第一个工作日发出利得税报税表，企业需要在发出日期后的 1 个月内提交审计报告，但也可以根据情况申请延期。如果超期提交报表，税务局可能会向企业下发罚款信。利得税申报和缴纳时间见表 4-7-8。

利得税申报和缴纳时间明细表

表 4-7-8

序号	项　　目	税表下发日期	截止申报日期
1	第一份利得税报税表	从公司成立之日后的 18 个月左右	下发之日起 3 个月内
2	此后的利得税报税表	每年 4 月的第一个工作日	下发之日起 1 个月内

如果是通过网上电子报税，可以向税务局申请额外延期两个星期。如果香港企业之前年度被评估为无须缴税，那么税务局一般不会每年都给企业下发报税表，实际以香港税务局下发为准。

利得税是根据每个课税年度的应评税利润征收的，而应评税利润须待有关年度完结之后才能确定。因此，税务局会在有关年度完结前征收暂缴税。待税务局其后评定有关课税年度的应评税利润并作出评税时，已缴付的暂缴税款会用来抵消所评定的利得税。

8. 报税逾期情况

如果香港企业不能在到期日或延长的到期日前提交利得税报税表，履行报税和纳税义务，税务局将会收取附加税或罚款，也可能直接发出自动估税的通知书，即对涉及企业直接评税，参考上一年度的数据按照最高的税来评，涉及企业甚至可能被起诉。具体逾期处理情况如下：

（1）首次逾期报税，罚款1200港元，需在14天内处理，否则罚款将增加至3000港元；

（2）第二次逾期报税，罚款3000港元，同样需要在14天内处理，否则罚款将增加至8000港元；

（3）罚款视企业的情况而定，最高罚款金额为5万港元，以及没有缴纳税额的3倍罚款和监禁3年。

9. 资料留存

审计报告和做账审计资料需要保留至少7年。资料保存与做账审计的法律责任包括：

（1）没有保留适当的会计记录，即属犯罪，可处罚款30万美元，如属故意就会加上监禁12个月；

（2）没有保留数据7年，即属犯罪，可处公司董事罚款30万美元，如属故意就会加上监禁12个月；

（3）董事需要每年拟备财务报表，如没有即属犯罪，可处公司董事罚款30万美元，如属故意就会加上监禁12个月。

（二）物业税

如果香港企业持有物业，并用于出租，出租房需要缴纳物业税。物业税是在香港有真实办公室的企业才会涉及，一般由出租方缴纳。

（三）薪俸税

在香港产生或来自香港的职位、受雇工作及退休金而获得的入息，均须缴纳薪俸税。而入息是否在香港或来自香港，决定于受雇工作的地点。薪俸税税率可以累计税率或标准税率计算，以缴税较少者为准：标准税率以净入息总额的15%计算和以薪俸税累进税率计算。

香港企业在香港实际聘请员工即需要缴纳薪俸税，否则无须缴纳。因为内地注册香港公司一般为离岸操作，并没有在香港实际办公及聘请员工，一般只需处理利得税。

四、关联交易

（一）关联关系判定标准

当一方企业直接或者间接参与另一方企业的管理、直接或间接控股的股份达25%以上时，两个企业之间的商业或财务关系不同于独立企业之间的关系，因此，本应由其中一个企业取得，但由于这些情况而没有取得的利润，可以计入该企业的利润，并据以征税。

（二）关联交易主要类型

关联交易的主要类型为关联财产（动产或不动产，不包括财务资产及无形资产）转让、关联财务资产交易、关联无形资产（如特许权使用费）交易及其他交易（如关联劳务交易）。

（三）关联交易申报管理

香港特区税务局在2019年1月公布了新的公司利得税报税表（BIR51）及附加表格，自2018/2019课税年度起，香港纳税人须在BIR51和转让定价附加表格S2中披露和确认关联交易信息及转让定价文档合规情况。其中，香港纳税人须在BIR51中提供以下信息：

（1）填写该实体主要业务对应的香港标准行业分类编码；

（2）确认该实体：①在评税时期内是否与非香港税务居民关联方进行交易；②是否已申请预约定价安排并适用于本评税时期；③在本评税时期内是否属于任何在香港或其他地方具有国别报告申报义务的跨国企业集团。

如纳税实体符合上述①至③项任意一项描述（确认为“是”），则必须填写转让定价附加表格S2，申报以下内容：①与纳税实体发生关联交易的非香港税务居民关联方的税收管辖地；②该实体是否需要准备总体档案（主体文档）与分部档案（本地文档）；③预约定价安排的信息，包括预约定价安排的档案号码、纳税实体是否按照该预约定价安排填写BIR51、预约定价安排所涉及的关联交易是否有任何重大变化、预约定价安排下的关联交易总额；④确认纳税实体或其在香港的关联公司是否已向香港特区税务局提交国别报告通知，如未提交则需填写所属集团的最终母公司或代理母公司信息。

五、转让定价的调查

（一）原则

两个关联企业之间通过一项或多项交易订立或施加某项条款，该条款与非关联企业之间订立或施加的条款不同，使交易中的一方获得与香港税项有关的潜在利益（即为“获益人”），则就香港税项而言，获益人的收入或亏损须在视为订立或施加独立交易条款而非该实际条款的情况下计算。在此视为订立或施加独立交易条款的情况下计算所得的收入或亏损，为独立交易款额。如获益人未能证明其申报的收入或亏损即为独立交易款额，香港特区税务局可以按照独立交易款额对获益人作出评税、补加评税、减少其亏损金额等转让定价调整。

（二）转让定价主要方法

香港税务条例释义及执行指引第46号（简称“第46号税务指引”）采用了经济合作与发展组织（OECD）指南规定的传统以交易为基础的转让定价方法（可比非受控价格法、再销售价格法、成本加成法）及以利润为基础的方法（交易净利润法和利润分割法）。

第46号税务指引并未将交易净利润法和利润分割法视为最后被选用的方法。但规定转让定价方法的选取旨在为每一个案例选用最合适的方法，且应考虑可比性分析及数据获取。然而，指引也提及，当以交易为基础的方法和以利润为基础的方法均适用时，应优先选用以交易为基础的方法。如果传统的转让定价方法不适合实际情况，企业可以采用OECD 指南没有描述的方法（其他方法）确定独立交易价格。然而，如果采用了其他方法，那么该方法的选取必须有资料加以支持，这些资料应解释所采用的其他方法较传统方法更为适当的原因。

（三）转让定价调整

1. 根据独立交易款额作出转让定价调整及相应宽免

不论是否已对获益人作出评税，或者是否已就该人发出亏损计算表，香港特区税务局均可向获益人发出通知，要求该人在该通知注明的合理时间内，证明可以使香港特区税务局相信该人的报税表所申报的该人的收入或亏损的款额属独立交易款额。如获益人未能证明其申报的收入或亏损即为独立交易款额，则香港特区税务局须估算出一个数额，作为独立交易款额，并在考虑该估算数额后：

（1）对该人作出评税或补加评税。

（2）对该人发出亏损计算表，或修改该人的亏损计算表，以减少亏损数额。

如获益人能够证明与香港特区税务局所估算数额不同的另一数额同样可靠地（或更可靠地）反映独立交易款额，则以该数额为独立交易款额。根据独立交易款额作出的转让定价调整，存在以下宽免：

①不涉及外地税项的宽免（针对获益人）：获益人在香港税项方面由实际交易而获得潜在利益，如果其在该交易中所产生的收入或亏损已按独立交易条款的基础予以计算，且交易对方产生的收入或亏损也按规定计算香港税项，则可以不对获益人作转让定价调整。

②涉及外地税项的宽免（针对受损人）：获益人在有安排地区的外地税项方面获实际交易条款赋予的潜在利益，而其交易对方即受损人产生的收入或亏损就香港税项被计算，如受损人依据在有关税收协定（或税收安排）下的相互协商程序的条文提出申索，则应按照该条文已适用的情况计算受损人香港税项下的收入或亏损。

2. 根据税收协定（或税收安排）进行转让定价调整

香港税收协定（或税收安排）第 7 条“营业利润”规定了在归属常设机构的利润时，应将其视为根据独立交易原则营运的独立企业。根据该方法，香港的常设机构会被当成一个独立的实体，且对其关联交易会根据转让定价原则进行分析。然而，需要注意的是，香港与内地、比利时和越南等签署的税收协定（或税收安排）在确定常设机构的利润时，不计算总部与分公司之间佣金、特许权使用费或利息（银行企业除外）的支出或收入。但第46 号税务指引并没有明确表明，在对待与香港未有签署税收协定（或税收安排）的国家（地区）所辖企业的常设机构时，上述独立实体的方法是否会凌驾于《税务规则》第 5

条。在香港企业与其税收协定（或税收安排）另一方的关联企业之间的交易不符合独立交易原则时，香港税收协定（或税收安排）第 9 条“联属企业”赋予了香港特区税务局对其进行转让定价调整的权力。在这种情况下，香港特区税务局有权调高香港企业的利润，使其符合独立交易原则。需要注意的是，“联属企业”这一专有名词在税收协定（或税收安排）中并没有具体的认定标准。

3. 税收协定（或税收安排）对双重征税的免除

根据香港税收协定（或税收安排）第 9 条，当位于缔约另一方的关联公司受到转让定价调整时，香港企业可以要求香港特区税务局对其利润进行适当调整，以避免双重征税。香港特区税务局在第 45 号税务指引中表示，只有当其在原则上同意该调整及所调整的数额时，才会进行“适当的调整”。因此，按照税收安排第 9（2）条规定，只有当缔约另一方已对非独立交易进行纠正调整并且调整数额符合独立交易原则时，香港特区税务局才会考虑进行相应的适当调整。

4. 香港《税务条例》第 61A 条对税务利益的抵消

当避税是“唯一或主要”目的时，香港特区税务局有权根据《税务条例》第 61A 条的反避税条款进行转让定价调整，以抵消纳税人通过不符合独立交易原则的交易取得的税务利益。第 46 号税务指引内容包括重点讨论没有商业目的的通过关联交易作出避税行为的税务计划。香港特区税务局明确指出，若企业通过转让定价将利润转移到海外公司，将会行使第 61A 条抵消其所获得的税务利益。若此等税务计划有不诚实或蓄意瞒税的意图，香港特区税务局会处以高达 300% 的罚款。

尽管第 61A 条可能适用于任何公司间的关联交易，无论是跨境还是境内的，但香港特区税务局仍需证明避税是该交易的“唯一或主要”目的。这一要求可能在实际操作上限制第 61A 条的适用性，因为香港特区税务局不可以只是简单假设那些不符合公平原则交易的案例都是以避税为“唯一或主要”目的。

5.《税务条例》其他条款赋予的权利

香港特区税务局认为其同样有权根据《税务条例》第 16（1）条和 17（1）（b）条实施独立交易原则。通常情况下，第 16（1）条允许扣除为产生应税利润而发生的费用及开支，而第 17（1）（b）条则不允许扣除并非为产生应税利润而发生的费用。香港特区税务局在第 46 号税务指引中的立场是，其有权根据上述两项条款，不允许扣除支付给关联公司的不符合独立交易原则的支出，因为上述支出的目的不是为了纳税人的营运，而是为了接受方的营运。

第 46 号税务指引中表明，可以根据《税务条例》第 20（2）条，对依照转让定价方案被转移给“有密切联系”的非居民企业的利润予以评税。第 20（2）条是目前《税务条例》中明确提及转让定价的条款。根据该条款，如果一家香港企业与其非居民关联企业的交易不符合独立交易原则，导致该香港企业的利润少于通常可预期的利润，则香港特区税务局可将该非居民企业与香港关联企业的交易视为在香港经营的业务而进行评税，该香港企业将被视为非居民企业的代理人。

尽管第 20（2）条可以广泛用于处理不符合独立交易原则的交易，但由于该条款具有对非居民企业强制征税这一不常见的处理方法，香港特区税务局在实际操作中极少使用该条款。鉴于第 46 号税务指引并没有提及香港特区税务局应用该条款的方式及适用范围，香港特区税务局是否会应用第 20（2）条来处理转让定价问题仍需视实际案例而定。

第五部分　企业特殊事项税务管理

第一章　企业重组事项税务管理

第一节　业务描述

企业重组是对企业的资金、资产、劳动力、技术、管理等要素进行重新配置，构建新的生产经营模式，使企业在变化中保持竞争优势的过程。企业重组贯穿企业发展的每一个阶段。企业重组是针对企业产权关系和其他债务、资产、管理结构所展开的企业的改组、整顿与整合的过程，以此从整体上和战略上改善企业经营管理状况，强化企业在市场上的竞争能力，推进企业创新，主要表现形式为企业法律形式改变、债务重组、股权收购、资产收购、合并、分立等。

第二节　涉税事项

在企业重组中，重组各方通常会涉及企业所得税、增值税、土地增值税、印花税、契税中的一种或多种。对企业重组影响最为显著的是所得税，特别是企业所得税。

第三节　税务管理要点

一、与企业重组相关的企业所得税税务处理

企业重组的税务处理区分不同条件分别适用一般性税务处理规定和特殊性税务处理规定。

（一）一般性税务处理

1. 企业所得税一般性税务处理的主要原则

企业所得税一般性税务处理的主要原则见表5-1-1。

企业所得税一般性税务处理的主要原则 表 5-1-1

重组形式	内容	税务处理
法人变为非法人，或者登记注册地转移至境外	企业由法人转变为个人独资企业、合伙企业等非法人组织，或者将登记注册地转移至中华人民共和国境外（含港澳台地区）	视同企业进行清算、分配，股东重新投资成立新企业。企业的全部资产以及股东投资的计税基础均应以公允价值*为基础确定
债务重组	以非货币性资产清偿债务	分解为转让相关非货币性资产、按非货币性资产公允价值清偿债务两项业务，确认相关资产的所得或损失
	债权转股权	分解为债务清偿和股权投资两项业务，确认有关债务清偿的所得或损失
	以低于债务计税基础的金额偿还债务	债务人按照支付的债务清偿额低于债务计税基础的差额，确认债务重组所得；债权人确认债务重组损失
股权收购	一家企业购买另一家企业的股权，以实现对收购企业的控制的交易	①被收购方应确认股权、资产转让所得或损失； ②收购方取得股权或资产的计税基础以公允价值为基础确定； ③被收购企业的相关所得税事项原则上保持不变
资产收购	一家企业购买另一家企业实质经营性资产的交易	
企业合并	一家或多家企业将其全部资产和负债转让给另一家现存或新设企业，被合并企业股东换取合并企业股权或非股权支付，实现两个或两个以上企业的依法合并	①合并企业应按公允价值确定接受被合并企业各项资产和负债的计税基础； ②被合并企业及其股东都应按清算进行所得税处理； ③被合并企业的亏损不得在合并企业结转弥补
企业分立	一家企业将部分或全部资产分离转让给现存或新设企业，被分立企业股东换取分立企业股权或非股权支付，实现企业的依法分立	①被分立企业对分立出去的资产应按公允价值确认资产转让所得或损失； ②分立企业应按公允价值确认接受资产的计税基础； ③被分立企业继续存在时，其股东取得的对价应视同被分立企业分配进行处理； ④被分立企业不再继续存在时，被分立企业及其股东都应按清算进行所得税处理； ⑤分立相关企业的亏损不得相互结转弥补

续上表

重组形式	内　容	税务处理
非货币性资产投资	以非货币性资产出资设立新的居民企业，或者将非货币性资产注入现存的居民企业	①以非货币性资产对外投资应分解为转让非货币性资产和按非货币性资产公允价值投资两项业务，并确认相关资产转让所得或损失； ②以非货币性资产的公允价值为计税基础，被投资企业取得非货币性资产的计税基础，应按非货币性资产的公允价值确定

注：* 公允价值，通常是指熟悉市场情况的无关联买卖双方在公平交易的条件下和自愿的情况下所确定的价格。在公允价值难以认定时，一般会参考独立专业评估机构的评估值。

2. 一般性税务处理中应关注的收入确认时点

（1）企业发生债务重组应在债务重组合同或协议生效时确认收入的实现。

（2）企业转让股权收入应于转让协议生效且完成股权变更手续时确认收入的实现。

（3）企业以非货币性资产对外投资，应于投资协议生效并办理股权登记手续时，确认非货币性资产转让收入的实现。

（二）特殊性税务处理

1. 适用特殊性税务处理的企业重组条件

企业重组同时符合下列条件的，可以适用特殊性税务处理规定：

①反避税：具有合理的商业目的，且不以减少、免除或者推迟缴纳税款为主要目的。

②重大性：被收购、合并或分立部分的资产或股权比例符合《财政部 国家税务总局关于企业重组业务企业所得税处理若干问题的通知》（财税〔2009〕59 号）和《财政部国家税务总局关于促进企业重组有关企业所得税处理问题的通知》（财税〔2014〕109 号）规定的比例。

③经营连续性：企业重组后的连续 12 个月内不改变重组资产原来的实质性经营活动。

④股权支付金额：重组交易对价中涉及的股权支付金额符合《财政部 国家税务总局关于企业重组业务企业所得税处理若干问题的通知》（财税〔2009〕59 号）和《财政部国家税务总局关于促进企业重组有关企业所得税处理问题的通知》（财税〔2014〕109 号）规定的比例。

⑤持股连续性：企业重组中取得股权支付的原主要股东，在重组后连续 12 个月内，不得转让所取得的股权。

企业重组符合以上五条规定条件的，交易各方对其交易中的股权支付部分，可以按以下规定进行特殊性税务处理。

2. 企业所得税特殊性税务处理的主要原则

企业所得税特殊性税务处理的主要原则见表 5-1-2。

企业所得税特殊性税务处理的主要原则　　表 5-1-2

<table>
<tr><th>重组方式</th><th>特殊性税务处理条件</th><th>特殊性税务处理</th></tr>
<tr><td>债务重组</td><td>债务重组确认的应纳税所得额占该企业当年应纳税所得额 50% 以上</td><td>可以在 5 个纳税年度内，均匀计入各年度的应纳税所得额</td></tr>
<tr><td>股权收购</td><td>收购企业购买的股权不低于被收购企业全部股权的 50%，且收购企业在股权收购发生时的股权支付* 金额不低于其交易支付总额的 85%</td><td rowspan="4">①对交易中的股权支付暂不确认有关资产的转让所得或损失；
②对交易中的非股权支付应在交易当期确认相应的资产转让所得或损失，并调整相应资产的计税基础；
③合并中的亏损弥补：被合并企业合并前的亏损可由合并企业弥补，限额以被合并企业净资产公允价值和截至合并业务发生当年年末国家发行的最长期限的国债利率确定；
④被分立企业未超过法定弥补期限的亏损可按分立资产占全部资产的比例进行分配，由分立企业继续弥补</td></tr>
<tr><td>资产收购</td><td>受让企业收购的资产不低于转让企业全部资产的 50%，且受让企业在该资产收购发生时的股权支付金额不低于其交易支付总额的 85%</td></tr>
<tr><td>企业合并</td><td>企业股东在该企业合并发生时取得的股权支付金额不低于其交易支付总额的 85%，以及同一控制下且不需要支付对价的企业合并</td></tr>
<tr><td>企业分立</td><td>企业股东在该企业合并发生时取得的股权支付金额不低于其交易支付总额的 85%，以及同一控制下且不需要支付对价的企业合并</td></tr>
<tr><td>资产划转（股权划转）</td><td>对 100% 直接控制的居民企业之间，以及受同一或相同多家居民企业 100% 直接控制的居民企业之间按账面净值划转股权或资产，凡具有合理商业目的，不以减少、免除或者推迟缴纳税款为主要目的，股权或资产划转后连续 12 个月内不改变被划转股权或资产原来实质性经营活动，且划出方企业和划入方企业均未在会计上确认损益的</td><td>①划出方企业和划入方企业均不确认所得；
②划入方企业取得被划转股权或资产的计税基础，以被划转股权或资产的原账面净值确定；
③划入方企业取得的被划转资产，应按其原账面净值计算折旧扣除</td></tr>
</table>

续上表

重组方式	特殊性税务处理条件	特殊性税务处理
非货币性资产投资	以非货币性资产出资设立新的居民企业，或将非货币性资产注入现存的居民企业	①确认的非货币性资产转让所得，可在不超过5年期限内，分期均匀计入相应年度的应纳税所得额，按规定计算缴纳企业所得税； ②以非货币性资产的原计税成本为计税基础，加上每年确认的非货币性资产转让所得，逐年进行调整； ③企业在对外投资5年内转让上述股权或投资收回的，应停止执行递延纳税政策，并就递延期内尚未确认的非货币性资产转让所得，在转让股权或投资收回当年的企业所得税年度汇算清缴时，一次性计算缴纳企业所得税

注：* ①股权支付，是指企业重组中购买、换取资产的一方支付的对价中，以本企业或其控股企业的股权、股份作为支付的形式；非股权支付，是指以本企业的现金、银行存款、应收款项、本企业或其控股企业股权和股份以外的有价证券、存货、固定资产、其他资产以及承担债务等作为支付的形式。

②企业需特别关注财税〔2009〕59号、国家税务总局公告2015年第40号、财税〔2014〕109号、财税〔2014〕116号及相关文件的具体规定。

3. 适用特殊性税务处理应关注的重点

1）特殊性税务处理的递延纳税效果（非免税效果）

在股权收购和资产收购的特殊性税务处理方法下，转让方可以在递延纳税的基础上取得受让方的股权。由于受让方仅能继承所收购资产/股权的原始计税成本，其未来处置该股权时，将承受相应的企业所得税。

具体而言，如果受让方之后转让已收购的资产/股权（假设收购时适用了特殊性税务处理），则其发生的转让所得的计算是按转让收入（公允价值）减去所继承的标的资产的原始计税成本。与之相反，如果受让资产/股权的交易适用了一般性税务处理，则受让方再次转让标的资产/股权时，其发生的转让所得的计算是按转让收入（公允价值）减去所继承的标的资产的实际对价。

另外，特殊性税务处理下，转让方获得受让方给予的股权支付，如未来再次转让，其发生的转让所得的计算也是按照转让收入（公允价值）减去所继承的标的资产的原始计税成本，即适用特殊性税务处理的交易双方未来再次转让其获得的股权时，都有可能承担该项交易中被递延的所得税。

2）以股权支付为条件的特殊性税务处理对集团内持股结构的影响

特殊性税务处理的适用条件要求股权和资产收购的交易对价以一定比例的股权形式进行支付，其中包括增资扩股、回收投资、定向增资等情形。以股权支付交易对价，可能引起重组参与方之间的参股，带来股权摊薄、控制权丧失、合并报表范围变化等一系列影响。

因此，企业拟利用特殊性税务处理时，应充分评估以股权支付交易对价的安排对现有股权结构的影响。特别需要注意的是，如果重组涉及步骤多、时间跨度大的分步骤交易安排，应综合考虑股权结构变化对后续步骤的连续影响。

3）重组主导方

在适用特殊性税务处理时，通常会由重组中的主导方向其主管税务机关进行申报，其他当事方向其主管税务机关办理纳税申报。实践中，应按相关规定明确重组主导方。

重组当事各方企业适用特殊性税务处理时应按如下规定确定重组主导方：

（1）债务重组，主导方为债务人。

（2）股权收购，主导方为股权转让方，且涉及两个或两个以上股权转让方的，由转让被收购企业股权比例最大的一方作为主导方（转让股权比例相同的可协商确定主导方）。

（3）资产收购，主导方为资产转让方。

（4）合并，主导方为被合并企业，涉及同一控制下多家被合并企业的，以净资产最大的一方为主导方。

（5）分立，主导方为被分立企业。

4）重组日的确定

因为适用特殊性税务处理需要满足很多条件，其中经常会涉及“企业重组后的连续12个月内不改变重组资产原来的实质性经营活动”“在重组后连续12个月内，不得转让所取得的股权”等规定，同时确定重组完成年度并确认相应的纳税义务发生年度也要依赖重组日的确定，所以重组日的确定就显得尤为重要。

企业重组日的确定，应按以下规定处理：

（1）债务重组，以债务重组合同（协议）或法院裁定书生效日为重组日。

（2）股权收购，以转让合同（协议）生效且完成股权变更手续日为重组日。关联企业之间发生股权收购，转让合同（协议）生效后12个月内尚未完成股权变更手续的，应以转让合同（协议）生效日为重组日。

（3）资产收购，以转让合同（协议）生效且当事各方已进行会计处理的日期为重组日。

（4）合并，以合并合同（协议）生效、当事各方已进行会计处理且完成工商新设登记或变更登记日为重组日。按规定不需要办理工商新设登记或变更登记的合并，以合并合同（协议）生效且当事各方已进行会计处理的日期为重组日。

（5）分立，以分立合同（协议）生效、当事各方已进行会计处理且完成工商新设登记或变更登记日为重组日。

5）特殊性税务重组的备案

企业发生符合特殊性重组条件并选择特殊性税务处理的，当事各方应在该重组业务完成当年企业所得税年度申报时，向主管税务机关提交书面备案资料，证明其符合各类特殊性税务重组规定的条件。企业在实际业务中应按照主管税务机关的要求进行备案。

6）特殊性税务重组的申报

企业重组业务适用特殊性税务处理的，除《财政部 国家税务总局关于企业重组业务企业所得税处理若干问题的通知》（财税〔2009〕59号）第四条第（一）项所称“企业发生其他法律形式简单改变”情形外，重组各方应在该重组业务完成当年办理企业所得税年度申报时，分别向各自主管税务机关报送《企业重组所得税特殊性税务处理报告表及附表》和申报资料。合并、分立中重组一方涉及注销的，应在办理注销税务登记手续前进行申报。

重组主导方申报后，其他当事方向其主管税务机关办理纳税申报。申报时还应附送重组主导方经主管税务机关受理的《企业重组所得税特殊性税务处理报告表及附表》（复印件）。

企业重组业务适用特殊性税务处理的，申报时应从以下方面逐条说明企业重组具有合理的商业目的：

（1）重组交易的方式；

（2）重组交易的实质结果；

（3）重组各方涉及的税务状况变化；

（4）重组各方涉及的财务状况变化。

企业重组业务适用特殊性税务处理的，申报时当事各方还应向主管税务机关提交重组前连续12个月内有无与该重组相关的其他股权、资产交易情况的说明，并说明这些交易与该重组是否构成分步交易，是否作为一项企业重组业务进行处理。

适用特殊性税务处理的企业，在以后年度转让或处置重组资产（股权）时，应在年度纳税申报时对资产（股权）转让所得或损失情况进行专项说明，包括特殊性税务处理时确定的重组资产（股权）计税基础与转让或处置时的计税基础的比对情况，以及递延所得税负债的处理情况等。

企业重组所得税特殊性税务处理申报（具体申报资料还需与主管税务机关确认）备案具体资料见“附录二　主要涉税业务备查备案资料清单—二、特殊税务事项—附表2-0-4特殊税务事项备案留存备查资料明细表”。

二、与企业重组相关的增值税特殊性税务处理

（一）涉及货物、不动产、土地使用权转让

《国家税务总局关于纳税人资产重组有关增值税问题的公告》（国家税务总局公告2011年第13号）规定：“纳税人在资产重组过程中，通过合并、分立、出售、置换等方

式，将全部或者部分实物资产以及与其相关联的债权、负债和劳动力一并转让给其他单位和个人，不属于增值税的征税范围，其中涉及的货物转让，不征收增值税。”

如不能适用资产、负债和劳动力同时转让的，在转让过程中涉及货物、不动产、土地使用权转让的，需要按照货物适用税率（通常为13%或9%或5%）计算缴纳增值税。

（二）涉及货物的多次转让行为

《国家税务总局关于纳税人资产重组有关增值税问题的公告》（国家税务总局公告2013年第66号）规定：“纳税人在资产重组过程中，通过合并、分立、出售、置换等方式，将全部或者部分实物资产以及与其相关联的债权、负债经多次转让后最终的受让方与劳动力接收方为同一单位和个人的，仍适用《国家税务总局关于纳税人资产重组有关增值税问题的公告》（国家税务总局公告2011年第13号）的相关规定，其中货物的多次转让行为均不征收增值税。资产的出让方需将资产重组方案等文件资料报其主管税务机关。”

如不适用上述政策，则每次转让过程中涉及货物转让的均需要计算缴纳增值税。

（三）涉及留抵进项税

1. 税法依据

《国家税务总局关于纳税人资产重组增值税留抵税额处理有关问题的公告》（国家税务总局公告2012年第55号）第一条规定：“增值税一般纳税人（以下称‘原纳税人’）在资产重组过程中，将全部资产、负债和劳动力一并转让给其他增值税一般纳税人（以下称‘新纳税人’），并按程序办理注销税务登记的，其在办理注销登记前尚未抵扣的进项税额可结转至新纳税人处继续抵扣。”

此项增值税留抵退税继承的税收政策，仅针对原纳税人转让全部资产负债和劳动力并在重组完成后注销的情况。实践中，新纳税人对原纳税人直接进行吸收合并也可参照国家税务总局公告2012年第55号的规定，继承原纳税人尚未抵扣的进项税额。

2. 业务办理规定

原纳税人应填写《增值税一般纳税人资产重组进项留抵税额转移单》和资产重组相关资料，交主管税务机关核查。

新纳税人主管税务机关应将原纳税人主管税务机关传递来的《增值税一般纳税人资产重组进项留抵税额转移单》与纳税人报送资料进行认真核对，对原纳税人尚未抵扣的进项税额，在确认无误后，允许新纳税人继续申报抵扣。

三、与企业重组相关的契税和土地增值税特殊性税务处理

如重组中涉及土地使用权、房产的转移，则可能涉及出让方的土地增值税和受让方的契税纳税义务。现行法规对重组相关的契税和土地增值税提供了减免税政策，具体见表5-1-3。

2018年1月1日起执行的改制重组契税和土地增值税政策 表5-1-3

交易类型	契税政策	土地增值税政策
企业改制	原企业投资主体存续并在改制后的公司中所持股权（股份）比例超过75%，对改制（变更）后公司承受原企业土地、房屋权属，免征契税（注）	暂不征税
事业单位改制	原投资主体存续并在改制后企业中出资（股权、股份）比例超过50%，对改制（变更）后公司承受原企业土地、房屋权属，免征契税	暂不征税
企业合并	对合并后承受原合并各方土地、房屋权属，免征契税	暂不征税
企业分立	对分立后承受原合并各方土地、房屋权属，免征契税	暂不征税
企业破产	对债权人（包括破产企业职工）承受破产企业抵偿债务的土地、房屋权属，免征契税；对非债权人承受破产企业抵偿债务的土地、房屋权属，按照《中华人民共和国劳动法》等国家有关法律法规妥善安置原企业全部职工的规定，与原企业全部职工签订服务年限不少于3年的劳务用工合同的，免征契税，若与原企业超过30%的职工签订服务年限不少于3年的劳务用工合同的，减半征收契税	无优惠政策
资产划转	以下交易免征契税： ①承受县级以上政府或国有资产管理部门按规定进行调整、划转的国有土地和房屋的单位； ②同一投资主体内部所属企业之间土地、房屋权属的划转，包括母公司与其全资子公司之间，同一公司所属全资子公司之间，同一自然人与其设立的个人独资企业，一人有限公司之间土地、房屋权属的划转； ③母公司以土地、房屋权属对全资子公司的增资	对以房地产投资入股暂不征税
债转股	经国务院批准的债转股，新设公司承受原企业的土地、房屋权属，免征契税	无优惠政策
以不动产投资入股	无优惠政策	单位、个人在改制重组时以房地产投资入股暂不征税
股权转让	不征税	一次性转让100%的股权，且这些以股权形式表现的资产主要是土地使用权、地上建筑物及其附着物，对此应按土地增值税的规定征税

注：①改制重组的任意一方为房地产开发企业的均不适用该土地增值税暂不征税政策。

②企业应特别关注《关于继续实施企业改制重组有关土地增值税政策的公告》（财政部 税务总局公告2021年第21号）和《关于继续执行企业 事业单位改制重组有关契税政策的公告》（财政部 税务总局公告2021年第17号）的相关规定。

四、与企业重组相关的印花税特殊性税务处理

（一）合并或分立

新启用的资金账簿记载的资金，凡原已贴花的部分可不再贴花，未贴花的部分和以后新增加的资金按规定贴花。

（二）企业改制

改制过程中成立的新企业（重新办理法人登记的），其新启用的资金账簿记载的资金或因企业建立资本纽带关系而增加的资金，凡原已贴花的部分可不再贴花，未贴花的部分和以后新增加的资金按规定贴花。

企业改制前签订但尚未履行完的各类应税合同，改制后需要变更执行主体的，对仅改变执行主体、其余条款未做变动且改制前已贴花的，不再贴花。

改制过程中，产权转移书据免予贴花。因此，在改制过程中，资产（股权）划转所立书据免于贴花。

上述（一）~（二）点的前置条件为经县级以上人民政府及企业主管部门批准改制的企业。

（三）企业资产（股权）划转

除《国家税务总局关于办理上市公司国有股权无偿转让暂不征收证券（股票）交易印花税有关审批事项的通知》（国税函〔2004〕941号）第一条规定“对经国务院和省级人民政府决定或批准进行的国有（含国有控股）企业改组改制而发生的上市公司国有股权无偿转让行为，暂不征收证券（股票）交易印花税。对不属于上述情况的上市公司国有股权无偿转让行为，仍应征收证券（股票）交易印花税”外，目前对于企业资产（股权）划转尤其是无偿划转行为是否需要缴纳印花税并无税收法律法规进行明确。

1. 资产（股权）划转涉及产权及股权变更的部分

产权转移书据的范围：根据《中华人民共和国印花税暂行条例》税率税目表中的规定，产权转移书据包括财产所有权和版权、商标专用权、专利权、专有技术使用权等转移书据。根据《国家税务局关于印花税若干具体问题的解释和规定的通知》（国税发〔1991〕155号）第十条的规定，财产所有权转移书据的征税范围是：经政府管理机关登记注册的动产、不动产的所有权转移所立的书据，以及企业股权转让所立的书据。

产权转移书据所包含的行为：根据《中华人民共和国印花税暂行条例施行细则》第五条规定，产权转移书据，是指单位和个人产权的买卖、继承、赠与、交换、分割等所立的书据。

印花税计税依据：《中华人民共和国印花税法》第五条第二款规定：“应税产权转移书据的计税依据，为产权转移书据所列的金额，不包括列明的增值税税款。”

根据上述文件规定，印花税为行为税，针对无偿划转协议等并不缴纳印花税，但是在划转过程中涉及产权变更并立书据的，无论有偿无偿，均应按照上述规定计算缴纳印花税。

2. 资产（股权）划转导致“实收资本”与“资本公积”增加的部分

根据《中华人民共和国印花税法》和《中华人民共和国印花税暂行条例施行细则》的规定，已缴纳印花税的营业账簿，以后年度记载的实收资本（股本）、资本公积合计金额比已缴纳印花税的实收资本（股本）、资本公积合计金额增加的，按照增加部分计算应纳税额。

因此，由划转导致接受单位实收资本与资本公积两项合计金额增加的部分需要补缴印花税。

鉴于资产（股权）划转在实际中存在各种不同的情况，具体印花税的减免情况还需要与主管税务机关进行沟通确认。

第四节　企业重组税收策划注意事项

一、事前安排

为确保企业重组税收策划顺利实施，重组发起单位和参与单位应成立专项小组，由项目负责人根据项目的复杂程度、风险状况和时间要求等情况，在实施企业重组税收策划业务前，编制企业重组税收策划总体业务计划和具体业务计划。

业务计划应确定工作目标、工作方案、时间安排、业务范围、人员分工、沟通协调、执行程序等事项。

项目负责人设计可能存在的不同税收策划方案，分析和确定各项重组标的资产在不同重组方案下的各税种的税收成本、税收风险、资金需求及可操作性。重组税收策划方案应尽可能详细地分步骤设计，并须明确提出方案实施的前置条件、政策依据、步骤顺序、实操要领等。

提供重组税收策划方案时，可根据目标实现及业务实际情况，选择重组方式。制订不同税收策划方案时应注意以下事项。

（一）法律形式改变税收策划的注意事项

选择法律形式改变税收策划方式时，应关注以下事项：

（1）对利用公司、自然人、个体户、合伙企业以及个人独资企业股东身份而改变企业为有限责任公司的，视同企业进行清算、分配，股东重新投资成立新企业处理。

（2）对其他法律形式简单改变的，可直接变更税务登记，有关企业纳税事项由变更后的企业承继。

（二）资产收购税收策划的注意事项

选择资产收购税收策划方式时，应关注以下事项：

（1）合理策划享受企业所得税递延纳税政策，对股权支付比例与收购资产比例符合特殊性税务处理条件的，转让企业（被收购企业）无须确认转让所得。

（2）资产收购选择特殊性税务处理，在重组后的连续 12 个月内，取得资产方不改变重组资产原来的实质性经营活动，转让企业（被收购企业）股东不转让所取得股权。

（3）合理利用整体并购策略，收购标的企业全部或者部分实物资产以及与其相关联的债权、负债和劳动力，享受增值税优惠政策。

（4）合理利用作为非债权人收购破产企业土地、房屋权属时安置员工达到一定比例的契税优惠政策。

（5）收购标的资产是否涉及不征税收入等税收优惠，关注税收优惠延续性。

（6）对于 100% 直接控制的居民企业母子公司之间以及受同一或相同多家母公司 100% 直接控制的子公司之间的资产收购，关注资产划转和资产收购的区别及适用性。

（三）股权收购税收策划的注意事项

选择股权收购税收策划方式时，应关注以下事项：

（1）合理策划享受企业所得税递延纳税政策，股权支付比例与收购股权比例符合条件时，被收购企业股东无须确认股权转让所得，收购企业、被收购企业的原有各项资产和负债的计税基础和其他相关企业所得税事项保持不变。

（2）股权收购若选择一般性税务处理，则合理策划，通过提前分配利润，将应税转让所得转为免税分配所得，降低股权转让税收负担。

（3）对于 100% 直接控制的居民企业母子公司之间以及受同一或相同多家母公司 100% 直接控制的子公司之间的股权收购，关注股权划转和股权收购的区别及适用性。

（四）企业合并税收策划的注意事项

选择企业合并税收策划方式时，应关注以下事项：

（1）合理策划享受税收优惠政策，符合条件的企业合并，享受企业所得税、增值税、契税及印花税等税收免征或递延纳税政策，合并双方可以享受免征土地增值税，除任意一方为房地产开发企业的均不适用该土地增值税暂不征税政策。

（2）合理策划亏损弥补事项，根据情况选择一般性税务处理或特殊性税务处理。对特殊性税务处理，被吸收合并企业亏损按限额在规定年度内由吸收合并方弥补；对一般性税务处理，被吸收合并方按清算、分配处理，股东按收回股权投资处理。

（3）企业合并选择特殊性税务处理时，取得股权的原主要股东，在重组后连续 12 个月内，不得转让所取得的股权，合并企业 12 个月内不改变被合并企业资产原来的实质性经营活动。

(4) 合理策划增值税留抵税额结转，将被合并企业注销时留抵税额转移至合并方抵扣。应取得被合并企业所在主管税务机关填写的《增值税一般纳税人资产重组进项留抵税额转移单》。该转移单一式三份，被合并企业主管税务机关留存一份，交被合并企业一份，传递给合并企业主管税务机关一份。

(五) 企业分立税收策划的注意事项

选择企业分立税收策划方式时，应关注以下事项：

(1) 合理策划享受税收优惠政策，对符合条件的企业分立事项，享受企业所得税、增值税、契税、印花税等税收免征或递延纳税政策，合并双方可以享受免征土地增值税，除任意一方为房地产开发企业的均不适用该土地增值税暂不征税政策。

(2) 企业分立选择特殊性税务处理，须满足分立企业在重组后的连续 12 个月内不改变资产原来的实质性经营活动，分立企业原主要股东在重组后连续 12 个月内不得转让所取得的股权的条件。

(3) 被分立企业未超过法定弥补期限的亏损额可按分立资产占全部资产的比例进行分配，由分立企业继续弥补。

(六) 资产（股权）划转税收策划的注意事项

选择资产（股权）划转税收策划方式时，应关注以下事项：

(1) 资产（股权）划转特殊性税务处理和会计处理应符合相关规定。

(2) 合理策划享受企业所得税递延纳税政策，对 100% 直接控制的居民企业之间以及受同一或相同多家居民企业 100% 直接控制的居民企业之间按账面净值划转股权或资产符合条件的，双方不确认所得。

(3) 资产（股权）划转选择特殊性税务处理，须满足股权或资产划转后连续 12 个月内不改变被划转股权或资产原来实质性经营活动的条件。

(4) 合理策划享受企业接收股东划入资产作为资本金（包括资本公积）可以不计入收入总额的优惠政策，对新增的资本金（包括资本公积）应按照相关规定缴纳印花税。

(5) 合理利用划转资产行为免征契税等税收优惠政策。

(七) 非货币性资产投资税收策划的注意事项

选择非货币性资产投资税收策划方式时，应关注以下事项：

(1) 合理策划享受以非货币性资产对外投资递延纳税政策，对以非货币性资产投资按公允价值计算确认转让所得，在不超过 5 个纳税年度分期均匀确认企业应纳税所得额。

(2) 对外投资分期确认所得，投资项目 5 年内注销或转让的，应在注销或转让当年一次性确认所得。

(3) 合理策划享受非货币性资产对外投资土地增值税、契税等税收优惠政策。

二、事中监督

在重组计划实施过程中，项目负责人应对项目过程中的数据与信息进行复核及整理，监督重组项目的进展，关注包括但不限于以下事项：

（1）审核收集的数据及信息在财务核算和纳税申报方面是否存在差错；

（2）分析收集的数据及信息是否恰当、真实和完整；

（3）分析收集的数据及信息是否与服务需求紧密契合，是否足够支撑方案完成；

（4）对外股权投资前应委托具有胜任能力的第三方中介机构对被投资单位进行全面的财务、税务尽职调查，投资单位财务办税人员应充分识别被投资单位的财务、税务风险，为投资决策提供专业的意见。

三、事后追踪

在重组结束后，项目负责人应留存相关资料，需注意企业在重组后的连续 12 个月内符合特殊性税务处理的条件是否发生改变。

当事方的其中一方在规定时间内发生生产经营业务、公司性质、资产或股权结构等情况变化，致使重组业务不再符合特殊性税务处理条件的，应在情况发生变化的 30 天内书面通知其他所有当事方。重组主导方在接到通知后 30 日内将有关变化通知其主管税务机关。

以上所述情况发生变化后 60 日内，应按照《财政部 国家税务总局关于企业重组业务企业所得税处理若干问题的通知》（财税〔2009〕59 号）第四条的规定调整重组业务的税务处理。原交易各方应各自按原交易完成时资产和负债的公允价值计算重组业务的收益或损失，调整交易完成纳税年度的应纳税所得额及相应的资产和负债的计税基础，并向各自主管税务机关申请调整交易完成纳税年度的企业所得税年度申报表。逾期不调整申报的，按照《中华人民共和国税收征收管理法》的相关规定处理。办税人员应慎用特殊性税务处理，避免因使用不当面临被税务机关处罚的风险。

第二章　集团内关联交易税务管理

第一节　关联方定义

企业与其他企业、组织或者个人具有下列关系之一的，即构成关联企业：

（1）一方直接或者间接持有另一方的股份总和达到25%以上；双方直接或者间接同为第三方所持有的股份达到25%以上。

如果一方通过中间方对另一方间接持有股份，只要其对中间方持股比例达到25%以上，则其对另一方的持股比例按照中间方对另一方的持股比例计算。

两个以上具有夫妻、直系血亲、兄弟姐妹以及其他抚养、赡养关系的自然人共同持股同一企业，在判定关联关系时持股比例合并计算。

（2）双方存在持股关系或者同为第三方持股，虽持股比例未达到第（1）项规定，但双方之间借贷资金总额占任一方实收资本比例达到50%以上，或者一方全部借贷资金总额的10%以上由另一方担保（与独立金融机构之间的借贷或者担保除外）。

借贷资金总额占实收资本比例＝年度加权平均借贷资金/年度加权平均实收资本，其中：

年度加权平均借贷资金＝i笔借入或者贷出资金账面金额×i笔借入或者贷出资金年度实际占用天数/365

年度加权平均实收资本＝i笔实收资本账面金额×i笔实收资本年度实际占用天数/365

（3）双方存在持股关系或者同为第三方持股，虽持股比例未达到第（1）项规定，但一方的生产经营活动必须由另一方提供专利权、非专利技术、商标权、著作权等特许权才能正常进行。

（4）双方存在持股关系或者同为第三方持股，虽持股比例未达到第（1）项规定，但一方的购买、销售、接受劳务、提供劳务等经营活动由另一方控制。

上述控制是指一方有权决定另一方的财务和经营政策，并能据以从另一方的经营活动中获取利益。

（5）一方半数以上董事或者半数以上高级管理人员（包括上市公司董事会秘书、经理、副经理、财务负责人和公司章程规定的其他人员）由另一方任命或者委派，或者同时担任另一方的董事或者高级管理人员；或者双方各自半数以上董事或者半数以上高级管理人员同为第三方任命或者委派。

（6）具有夫妻、直系血亲、兄弟姐妹以及其他抚养、赡养关系的两个自然人分别与双方具有第（1）至（5）项关系之一。

（7）双方在实质上具有其他共同利益。

除第（2）项规定外，上述关联关系年度内发生变化的，关联关系按照实际存续期间认定。

第二节　关联交易类型

关联交易主要有以下几种类型：

（1）有形资产使用权或者所有权的转让。有形资产包括商品、产品、房屋建筑物、交通工具、机器设备、工具器具等。

（2）金融资产的转让。金融资产包括应收账款、应收票据、其他应收款项、股权投资、债权投资和衍生金融工具形成的资产等。

（3）无形资产使用权或者所有权的转让。无形资产包括专利权、非专利技术、商业秘密、商标权、品牌、客户名单、销售渠道、特许经营权、政府许可、著作权等。

（4）资金融通。资金包括各类长短期借贷资金（含集团资金池）、担保费、各类应计息预付款和延期收付款等。

（5）劳务交易。劳务包括市场调查、营销策划、代理、设计、咨询、行政管理、技术服务、合约研发、维修、法律服务、财务管理、审计、招聘、培训、集中采购等。

第三节　关联方申报

实行查账征收的居民企业和在中国境内设立机构、场所并据实申报缴纳企业所得税的非居民企业向税务机关报送年度企业所得税纳税申报表时，应当就其与关联方之间的业务往来进行关联申报，附送《中华人民共和国企业年度关联业务往来报告表》。

第四节　同期资料管理

企业应按纳税年度准备并按税务机关要求提供其关联交易的同期资料。同期资料包括主体文档、本地文档和特殊事项文档。

一、主体文档

符合下列条件之一的企业，应当准备主体文档：

（1）年度发生跨境关联交易，且合并该企业财务报表的最终控股企业所属企业集团已准备主体文档；

（2）年度关联交易总额超过10亿元。

主体文档主要披露最终控股企业所属企业集团的全球业务整体情况，包括以下内容。

（一）组织架构

企业应以图表形式说明企业集团的全球组织架构、股权结构和所有成员实体的地理分布。成员实体是指企业集团内任一营运实体，包括公司制企业、合伙企业和常设机构等。

（二）企业集团业务

（1）企业集团业务描述，包括利润的重要价值贡献因素。

（2）企业集团营业收入前五位以及占营业收入超过5%的产品或者劳务的供应链及其主要市场地域分布情况。供应链情况可以采用图表形式进行说明。

（3）企业集团除研发外的重要关联劳务及简要说明，说明内容包括主要劳务提供方提供劳务的胜任能力、分配劳务成本以及确定关联劳务价格的转让定价政策。

（4）企业集团内各成员实体主要价值贡献分析，包括执行的关键功能、承担的重大风险以及使用的重要资产。

（5）企业集团会计年度内发生的业务重组，产业结构调整，集团内企业功能、风险或者资产的转移。

（6）企业集团会计年度内发生的企业法律形式改变、债务重组、股权收购、资产收购、合并、分立等。

（三）无形资产

（1）企业集团开发、应用无形资产及确定无形资产所有权归属的整体战略，包括主要研发机构所在地和研发管理活动发生地及其主要功能、风险、资产和人员情况。

（2）企业集团对转让定价安排有显著影响的无形资产或者无形资产组合，以及对应的无形资产所有权人。

（3）企业集团内各成员实体与其关联方的无形资产重要协议清单，重要协议包括成本分摊协议、主要研发服务协议和许可协议等。

（4）企业集团内与研发活动及无形资产相关的转让定价政策。

（5）企业集团会计年度内重要无形资产所有权和使用权关联转让情况，包括转让涉及的企业、国家以及转让价格等。

（四）融资活动

（1）企业集团内部各关联方之间的融资安排以及与非关联方的主要融资安排。

（2）企业集团内提供集中融资功能的成员实体情况，包括其注册地和实际管理机构所在地。

（3）企业集团内部各关联方之间融资安排的总体转让定价政策。

（五）财务与税务状况

（1）企业集团最近一个会计年度的合并财务报表。

（2）企业集团内各成员实体签订的单边预约定价安排、双边预约定价安排以及涉及国家之间所得分配的其他税收裁定的清单及简要说明。

（3）报送国别报告的企业名称及其所在地。

二、本地文档

年度关联交易金额符合下列条件之一的企业，应当准备本地文档：

（1）有形资产所有权转让金额（来料加工业务按照年度进出口报关价格计算）超过2亿元。

（2）金融资产转让金额超过1亿元。

（3）无形资产所有权转让金额超过1亿元。

（4）其他关联交易金额合计超过4000万元。

本地文档主要披露企业关联交易的详细信息，包括以下内容。

（一）企业概况

（1）组织结构，包括企业各职能部门的设置、职责范围和雇员数量等。

（2）管理架构，包括企业各级管理层的汇报对象及其主要办公地点等。

（3）业务描述，包括企业所属行业的发展概况、产业政策、行业限制等影响企业和行业的主要经济和法律问题，以及主要竞争者等。

（4）经营策略，包括企业各部门、各环节的业务流程、运营模式、价值贡献因素等。

（5）财务数据，包括企业不同类型业务及产品的收入、成本、费用及利润。

（6）涉及本企业或者对本企业产生影响的重组或者无形资产转让情况，以及对本企业的影响分析。

（二）关联关系

（1）关联方信息，包括直接或者间接拥有企业股权的关联方，以及与企业发生交易的关联方，内容涵盖关联方名称、法定代表人、高级管理人员的构成情况、注册地址、实际经营地址，以及关联个人的姓名、国籍、居住地等情况。

（2）上述关联方适用的具有所得税性质的税种、税率及相应可享受的税收优惠。

（3）本会计年度内，企业关联关系的变化情况。

（三）关联交易

1. 关联交易概况

（1）关联交易描述和明细，包括关联交易相关合同或者协议副本及其执行情况的说明，交易标的的特性，关联交易的类型、参与方、时间、金额、结算货币、交易条件、贸易形式，以及关联交易与非关联交易业务的异同等。

（2）关联交易流程，包括关联交易的信息流、物流和资金流，与非关联交易业务流程的异同。

（3）功能风险描述，包括企业及其关联方在各类关联交易中执行的功能、承担的风险和使用的资产。

（4）交易定价影响要素，包括关联交易涉及的无形资产及其影响，成本节约、市场溢价等地域特殊因素。地域特殊因素应从劳动力成本、环境成本、市场规模、市场竞争程度、消费者购买力、商品或者劳务的可替代性、政府管制等方面进行分析。

（5）关联交易数据，包括各关联方、各类关联交易涉及的交易金额。分别披露关联交易和非关联交易的收入、成本、费用和利润，不能直接归集的，按照合理比例划分，并说明该划分比例的依据。

2. 价值链分析

（1）企业集团内业务流、物流和资金流，包括商品、劳务或者其他交易标的的设计、开发、生产制造、营销、销售、交货、结算、消费、售后服务、循环利用等各环节及其参与方。

（2）上述各环节参与方最近会计年度的财务报表。

（3）地域特殊因素对企业创造价值贡献的计量及其归属。

（4）企业集团利润在全球价值链条中的分配原则和分配结果。

3. 对外投资

（1）对外投资基本信息，包括对外投资项目的投资地区、金额、主营业务及战略规划。

（2）对外投资项目概况，包括对外投资项目的股权架构、组织结构，高级管理人员的雇佣方式，项目决策权限的归属。

（3）对外投资项目数据，包括对外投资项目的营运数据。

4. 关联股权转让

（1）股权转让概况，包括转让背景、参与方、时间、价格、支付方式，以及影响股权转让的其他因素。

（2）股权转让标的的相关信息，包括股权转让标的所在地，出让方获取该股权的时间、方式和成本，股权转让收益等信息。

（3）尽职调查报告或者资产评估报告等与股权转让相关的其他信息。

5. 关联劳务

（1）关联劳务概况，包括劳务提供方和接受方，劳务的具体内容、特性、开展方式、定价原则、支付形式，以及劳务发生后各方受益情况等。

（2）劳务成本费用的归集方法、项目、金额、分配标准、计算过程及结果等。

（3）企业及其所属企业集团与非关联方存在相同或者类似劳务交易的，还应当详细说明关联劳务与非关联劳务在定价原则和交易结果上的异同。

（4）与企业关联交易直接相关的，中国以外其他国家税务主管当局签订的预约定价安排和作出的其他税收裁定。

（四）可比性分析

（1）可比性分析考虑的因素，包括交易资产或者劳务特性，交易各方功能、风险和资产，合同条款，经济环境，经营策略等。

（2）可比企业执行的功能、承担的风险以及使用的资产等相关信息。

（3）可比对象搜索方法、信息来源、选择条件及理由。

（4）所选取的内部或者外部可比非受控交易信息和可比企业的财务信息。

（5）可比数据的差异调整及理由。

（五）转让定价方法的选择和使用

（1）被测试方的选择及理由。

（2）转让定价方法的选择及理由，无论选择何种转让定价方法，均须说明企业对集团整体利润或者剩余利润所做的贡献。

（3）确定可比非关联交易价格或者利润的过程中所做的假设和判断。

（4）运用合理的转让定价方法和可比性分析结果，确定可比非关联交易价格或者利润。

（5）其他支持所选用转让定价方法的资料。

（6）关联交易定价是否符合独立交易原则的分析及结论。

三、特殊事项文档

特殊事项文档包括成本分摊协议特殊事项文档和资本弱化特殊事项文档。

企业签订或者执行成本分摊协议的，应当准备成本分摊协议特殊事项文档。

企业关联债资比例超过标准比例需要说明符合独立交易原则的，应当准备资本弱化特殊事项文档。

（一）成本分摊协议特殊事项文档

成本分摊协议特殊事项文档包括以下内容：

（1）成本分摊协议副本。

（2）各参与方之间达成的为实施成本分摊协议的其他协议。

（3）非参与方使用协议成果的情况、支付的金额和形式，以及支付金额在参与方之间的分配方式。

（4）本年度成本分摊协议的参与方加入或者退出的情况，包括加入或者退出的参与方名称、所在国家和关联关系，加入支付或者退出补偿的金额及形式。

（5）成本分摊协议的变更或者终止情况，包括变更或者终止的原因、对已形成协议成果的处理或者分配。

（6）本年度按照成本分摊协议发生的成本总额及构成情况。

（7）本年度各参与方成本分摊的情况，包括成本支付的金额、形式和对象，作出或者接受补偿支付的金额、形式和对象。

（8）本年度协议预期收益与实际收益的比较以及由此作出的调整。

（9）预期收益的计算，包括计量参数的选取、计算方法和改变理由。

（二）资本弱化特殊事项文档

资本弱化特殊事项文档包括以下内容：

（1）企业偿债能力和举债能力分析。

（2）企业集团举债能力及融资结构情况分析。

（3）企业注册资本等权益投资的变动情况说明。

（4）关联债权投资的性质、目的及取得时的市场状况。

（5）关联债权投资的货币种类、金额、利率、期限及融资条件。

（6）非关联方是否能够并且愿意接受上述融资条件、融资金额及利率。

（7）企业为取得债权性投资而提供的抵押品情况及条件。

（8）担保人状况及担保条件。

（9）同类同期贷款的利率情况及融资条件。

（10）可转换公司债券的转换条件。

（11）其他能够证明符合独立交易原则的资料。

企业执行预约定价安排的，可以不准备预约定价安排涉及关联交易的本地文档和特殊事项文档，且关联交易金额不计入以上年度关联交易金额范围。

企业仅与境内关联方发生关联交易的，可以不准备主体文档、本地文档和特殊事项文档。

主体文档应当在企业集团最终控股企业会计年度终了之日起 12 个月内准备完毕；本地文档和特殊事项文档应当在关联交易发生年度次年 6 月 30 日之前准备完毕。同期资料应当自税务机关要求之日起 30 日内提供。

企业因不可抗力无法按期提供同期资料的，应当在不可抗力消除后 30 日内提供同期资料。

同期资料应当使用中文，并标明引用信息资料的出处来源。

同期资料应当加盖企业印章，并由法定代表人或者法定代表人授权的代表签章。

企业合并、分立的，应当由合并、分立后的企业保存同期资料。

同期资料应当自税务机关要求的准备完毕之日起保存10年。

第五节　关联交易转让定价

企业发生关联交易以及税务机关审核、评估关联交易均应遵循独立交易原则，选用合理的转让定价方法。转让定价方法包括可比非受控价格法、再销售价格法、成本加成法、交易净利润法、利润分割法及其他符合独立交易原则的方法。

选用合理的转让定价方法应进行可比性分析。可比性分析因素主要包括以下五个方面：

(1) 交易资产或者劳务特性，包括有形资产的物理特性、质量、数量等，无形资产的类型、交易形式、保护程度、期限、预期收益等，劳务的性质和内容，金融资产的特性、内容、风险管理等。

(2) 交易各方执行的功能、承担的风险和使用的资产。功能包括研发、设计、采购、加工、装配、制造、维修、分销、营销、广告、存货管理、物流、仓储、融资、管理、财务、会计、法律及人力资源管理等；风险包括投资风险、研发风险、采购风险、生产风险、市场风险、管理风险及财务风险等；资产包括有形资产、无形资产、金融资产等。

(3) 合同条款，包括交易标的、交易数量、交易价格、收付款方式和条件、交货条件、售后服务范围和条件、提供附加劳务的约定、变更或者修改合同内容的权利、合同有效期、终止或者续签合同的权利等。合同条款分析应当关注企业执行合同的能力与行为，以及关联方之间签署合同条款的可信度等。

(4) 经济环境，包括行业概况、地理区域、市场规模、市场层级、市场占有率、市场竞争程度、消费者购买力、商品或者劳务可替代性、生产要素价格、运输成本、政府管制，以及成本节约、市场溢价等地域特殊因素。

(5) 经营策略，包括创新和开发、多元化经营、协同效应、风险规避及市场占有策略等。

第六节　内部关联交易的税务处理

一、集团内部企业资金拆借业务

（一）业务描述

集团内部企业资金拆借是指关联企业将暂时闲置的资金按照一定的价格或者条件让渡给其他关联企业使用的行为。

（二）涉税事项

集团内部企业资金拆借行为需要考虑合同是否约定借款利息。若合同未约定借款利息，则根据税法规定可以免征增值税，需要考虑不同的利息支付时间对应的纳税义务发生时间。资金出借方获取的利息收入涉及增值税计算与缴纳、企业所得税计算与缴纳。

（三）税务管理要点

1. 增值税

《财政部 税务总局关于明确养老机构免征增值税等政策的通知》（财税〔2019〕20号）第三条规定："自2019年2月1日至2020年12月31日，对企业集团内单位（含企业集团）之间的资金无偿借贷行为，免征增值税。"《财政部 税务总局关于延长部分税收优惠政策执行期限的公告》（财政部 税务总局公告2021年第6号）第一条规定："《财政部 税务总局关于设备 器具扣除有关企业所得税政策的通知》财税〔2018〕54号等16个文件规定的税收优惠政策凡已经到期的，执行期限延长至2023年12月31日。"上述延长期限政策包含了财税〔2019〕20号文件。

《财政部 国家税务总局关于全面推开营业税改征增值税试点的通知》（财税〔2016〕36号）附件1所附《销售服务、无形资产、不动产注释》规定："各种占用、拆借资金取得的收入，包括金融商品持有期间（含到期）利息（保本收益、报酬、资金占用费、补偿金等）收入、信用卡透支利息收入、买入返售金融商品利息收入、融资融券收取的利息收入，以及融资性售后回租、押汇、罚息、票据贴现、转贷等业务取得的利息及利息性质的收入，按照贷款服务缴纳增值税。"内部关联方企业借款利息增值税处理见表5-2-1。

内部关联方企业借款利息增值税征税情况 表5-2-1

集团公司收取利息方式	计税基础及税率	税款计算	税务管理
未约定利息	免税	—	—
约定利息	利息收入，6%	利息收入×6%	收讫按合同约定结息时点应收的利息

2. 企业所得税

《财政部 国家税务总局关于企业关联方利息支出税前扣除标准有关税收政策问题的通知》（财税〔2008〕121号）规定："一、……企业实际支付给关联方的利息支出，除符合本通知第二条规定外，其接受关联方债权性投资与其权益性投资比例为：（一）金融企业，为5∶1；（二）其他企业，为2∶1。

"二、企业如果能够按照税法及其实施条例的有关规定提供相关资料，并证明相关交易活动符合独立交易原则的；或者该企业的实际税负不高于境内关联方的，其实际支付给境内关联方的利息支出，在计算应纳税所得额时准予扣除。"

超出关联方债资比企业所得税前不得扣除的利息支出计算如下：

不得扣除的利息支出 = 年度实际支付的全部关联方利息 ×（1 − 标准比例/关联债资比例）

关联债资比例 = 年度各月平均关联债权投资之和/年度各月平均权益投资之和

其中：

各月平均关联债权投资 =（关联债权投资月初账面余额 + 月末账面余额）/2

各月平均权益投资 =（权益投资月初账面余额 + 月末账面余额）/2

权益投资为企业资产负债表所列示的所有者权益金额。如果所有者权益小于实收资本（股本）与资本公积之和，则权益投资为实收资本（股本）与资本公积之和；如果实收资本（股本）与资本公积之和小于实收资本（股本）金额，则权益投资为实收资本（股本）金额。

二、统借统还业务

（一）业务描述

统借统还业务，是指：

（1）企业集团或者企业集团中的核心企业向金融机构借款或对外发行债券取得资金后，将所借资金分拨给下属单位（包括独立核算单位和非独立核算单位，下同），并向下属单位收取用于归还金融机构或债券购买方本息的业务。

（2）企业集团向金融机构借款或对外发行债券取得资金后，由集团所属财务公司与企业集团或者集团内下属单位签订统借统还贷款合同并分拨资金，并向企业集团或者集团内下属单位收取本息，再转付企业集团，由企业集团统一归还金融机构或债券购买方的业务。

（二）涉税事项

企业集团公司对外取得资金后将所借资金分拨给下属公司，需要考虑利率水平是否高于取得借款的利率水平，若高于取得借款的利率水平，则就取得的利息收入全额计算增值税。企业需要与主管税务机关确定下属公司取得的借款是否属于向关联方借款，若认定为向关联方借款，则应受到弱化资本限制，在所得税汇算清缴时进行纳税调整。

（三）税务管理要点

1. 增值税处理

《财政部 国家税务总局关于全面推开营业税改征增值税试点的通知》（财税〔2016〕36号）附件3《营业税改征增值税试点过渡政策的规定》明确："统借统还业务中，企业集团或企业集团中的核心企业以及集团所属财务公司按不高于支付给金融机构的借款利率水平或者支付的债券票面利率水平，向企业集团或者集团内下属单位收取的利息。统借方向资金使用单位收取的利息，高于支付给金融机构借款利率水平或者支付的债券票面利率水平的，应全额缴纳增值税。"统借方对收取的利息费用应向资金使用单位开具增值税发票。统借统还利息增值税处理见表5-2-2。

统借统还利息增值税征税情况　　表5-2-2

集团公司收取利息方式	计税基础及税率	税款计算	税务管理
不高于借款利率	免税	—	融资主体（统借方）借入资金后，统一调拨，且仅限一级调拨
高于借款利率	利息收入，6%	利息收入 ×6%	收讫按合同约定结息时点应收的利息

统借统还免征增值税应同时满足以下条件：

（1）资金来源必须是金融机构。如果是从非金融机构的借款，不适用该政策；如果是集团内部资金委托金融机构进行的委托贷款，也不适用该政策。

（2）融资主体（统借方）必须是集团企业，或者集团中的核心企业。该核心企业可以是集团的财务公司，也可以是集团中的某个公司。

（3）资金由融资主体（统借方）统一借入，归还时也必须由融资主体（统借方）统一归还。

（4）融资主体（统借方）借入资金后，统一调拨，且仅限一级调拨，如果二级或者多级转拨，则不适用该政策。

2. 企业所得税处理

企业集团统借统还的企业所得税处理，在现有国家税收政策层面自从国税函〔2002〕837号文件废止后主要以以下税收文件为判断依据：

（1）《中华人民共和国企业所得税法》第四十六条规定："企业从其关联方接受的债权性投资与权益性投资的比例超过规定标准而发生的利息支出，不得在计算应纳税所得额时扣除。"

（2）《财政部 国家税务总局关于企业关联方利息支出税前扣除标准有关税收政策问题的通知》（财税〔2008〕121号）规定："一、……企业实际支付给关联方的利息支出，除符合本通知第二条规定外，其接受关联方债权性投资与其权益性投资比例为：（一）金融企业，为5∶1；（二）其他企业，为2∶1。

"二、企业如果能够按照税法及其实施条例的有关规定提供相关资料，并证明相关交易活动符合独立交易原则的；或者该企业的实际税负不高于境内关联方的，其实际支付给境内关联方的利息支出，在计算应纳税所得额时准予扣除。

"三、企业同时从事金融业务和非金融业务，其实际支付给关联方的利息支出，应按照合理方法分开计算；没有按照合理方法分开计算的，一律按本通知第一条有关其他企业的比例计算准予税前扣除的利息支出。

"四、企业自关联方取得的不符合规定的利息收入应按照有关规定缴纳企业所得税。"

（3）《中华人民共和国企业所得税法实施条例》第三十八条第二款规定："企业在生产经营活动中发生的下列利息支出，准予扣除：（一）……；（二）非金融企业向非金融企业借款的利息支出，不超过按照金融企业同期同类贷款利率计算的数额的部分。"

（4）《房地产开发经营业务企业所得税处理办法》（国税发〔2009〕31号）第二十一条规定："企业的利息支出按以下规定进行处理：（一）企业为建造开发产品借入资金而发生的符合税收规定的借款费用，可按企业会计准则的规定进行归集和分配，其中属于财务费用性质的借款费用，可直接在税前扣除。（二）企业集团或其成员企业统一向金融机构借款分摊集团内部其他成员企业使用的，借入方凡能出具从金融机构取得借款的证明文件，可以在使用借款的企业间合理地分摊利息费用，使用借款的企业分摊的合理利息准予在税前扣除。"

（5）《广西壮族自治区地方税务局关于集团公司借款利息税前扣除问题的批复》（桂

地税字〔2009〕106号）规定："实行'集团公司统一贷款，所属企业申请使用'的资金管理模式，只是资金管理方式的变化，不影响所属企业使用的银行信贷资金的性质，不属于关联企业之间的借款，集团公司能够出具从金融机构取得贷款的证明文件，且其所属企业使用集团公司统一向金融机构借款所支付的利息，不高于金融机构同类同期贷款利率的部分，准予在企业所得税前扣除。"本条规定的依据为国税函〔2002〕837号，但此文件废止后，上述规定不具有法律依据。

统借统还应提供以下有效凭证备查：

（1）母公司与金融部门借款合同复印件（可以证明是母公司向金融部门的借款）。

（2）母子公司签订的统借统还合同（结合母公司与金融部门签订的借款合同就可以证明符合统借统还）。

（3）计提利息，应有分段计算利息的说明及公式。房地产开发企业要有在使用借款的企业间分摊合理利息的《利息分摊表》（集团公司利息分摊办法、分摊企业名单等）。

（4）支付利息，需要有母公司收取利息的收款凭证（银行回单、收据等）。

第七节　关联交易税务管理流程

一、确定关联方关系，完成关联方清单

每年初由集团公司财务部确定集团公司内部、外部的关联方清单，清单中应该列示所有关联方，无论它们之间有无交易发生。在年终企业所得税汇算清缴时应填报《企业年度关联往来报告表》。

二、市场公允价格证明材料的收集和整理

税务管理人员需要针对关联方交易收集、整理相应的市场公允价格，为关联交易定价提供充足的依据。

三、关联交易定价

税务管理人员应就关联交易定价提供分析报告，指明税务风险。

四、关联交易定价相关资料的保管

税务管理人员应根据关联交易合同分别管理定价资料。

五、关联交易定价相关资料的更新

每年初税务管理人员需要审核上年关联交易定价相关资料是否需要更新，以确保相关资料的内容可以及时根据最新变化予以更新。

第三章　其他特殊事项税收管理

第一节　视同销售

一、增值税

（1）单位或者个体工商户的下列行为，视同销售货物：

①将货物交付其他单位或者个人代销。

②销售代销货物。

③设有两个以上机构并实行统一核算的纳税人，将货物从一个机构移送其他机构用于销售，但相关机构设在同一县（市）的除外。

④将自产或者委托加工的货物用于非增值税应税项目。

⑤将自产、委托加工的货物用于集体福利或者个人消费。

⑥将自产、委托加工或者购进的货物作为投资，提供给其他单位或者个体工商户。

⑦将自产、委托加工或者购进的货物分配给股东或者投资者。

⑧将自产、委托加工或者购进的货物无偿赠送其他单位或者个人。

（2）下列情形视同销售服务、无形资产或者不动产：

①单位或者个体工商户向其他单位或者个人无偿提供服务，但用于公益事业或者以社会公众为对象的除外。

②单位或者个人向其他单位或者个人无偿转让无形资产或者不动产，但用于公益事业或者以社会公众为对象的除外。

③财政部和国家税务总局规定的其他情形。

（3）纳税人发生应税行为价格明显偏低或者偏高且不具有合理商业目的的，或者发生视同销售服务、无形资产或者不动产行为而无销售额的，主管税务机关有权按照下列顺序确定销售额：

①按照纳税人最近时期销售同类服务、无形资产或者不动产的平均价格确定。

②按照其他纳税人最近时期销售同类服务、无形资产或者不动产的平均价格确定。

③按照组成计税价格确定。组成计税价格的公式为：

组成计税价格 = 成本 ×（1 + 成本利润率）

成本利润率由国家税务总局确定。

不具有合理商业目的，是指以谋取税收利益为主要目的，通过人为安排，减少、免除、推迟缴纳增值税税款，或者增加退还增值税税款。

二、企业所得税

（1）企业将资产移送他人的下列情形，因资产所有权属已发生改变而不属于内部处置资产，应按规定视同销售确定收入：

①用于市场推广或销售。

②用于交际应酬。

③用于职工奖励或福利。

④用于股息分配。

⑤用于对外捐赠。

⑥其他改变资产所有权属的用途。

企业自制的资产，应按企业同类资产同期对外销售价格确定销售收入；属于外购的资产，可按购入时的价格确定销售收入。

（2）企业发生下列情形的处置资产，除将资产转移至境外以外，由于资产所有权属在形式和实质上均不发生改变，可作为内部处置资产，不视同销售确认收入，相关资产的计税基础延续计算：

①将资产用于生产、制造、加工另一产品。

②改变资产形状、结构或性能。

③改变资产用途（如自建商品房转为自用或经营）。

④将资产在总机构及其分支机构之间转移。

⑤上述两种或两种以上情形的混合。

⑥其他不改变资产所有权属的用途。

第二节　资产损失申报扣除管理

一、非正常资产损失进项税处理

非正常损失是指因管理不善造成货物被盗、丢失、霉烂变质，以及因违反法律法规造成货物或者不动产被依法没收、销毁、拆除的情形。下列非正常损失资产的进项税额不得从销项税额中抵扣：

（1）非正常损失的购进货物，以及相关的加工修理修配劳务和交通运输服务。

（2）非正常损失的在产品、产成品所耗用的购进货物（不包括固定资产）、加工修理修配劳务和交通运输服务。

(3) 非正常损失的不动产，以及该不动产所耗用的购进货物、设计服务和建筑服务。

(4) 非正常损失的不动产在建工程所耗用的购进货物、设计服务和建筑服务。纳税人新建、改建、扩建、修缮、装饰不动产均属于不动产在建工程。

二、资产损失的所得税申报扣除相关规定

准予在企业所得税税前扣除的损失，是指企业在生产经营活动中发生的固定资产和存货的盘亏、毁损、报废损失，转让财产损失，呆账损失，坏账损失，自然灾害等不可抗力因素造成的损失以及其他损失。

企业以前年度发生的资产损失未能在当年税前扣除的，可以按照规定，向税务机关说明并进行专项申报扣除。属于实际资产损失，准予追补至该项损失发生年度扣除，其追补确认期限一般不得超过五年，但因计划经济体制转轨过程中遗留的资产损失、企业重组上市过程中因权属不清出现争议而未能及时扣除的资产损失、因承担国家政策性任务而形成的资产损失以及政策定性不明确而形成资产损失等特殊原因形成的资产损失，其追补确认期限经国家税务总局批准后可适当延长。属于法定资产损失，应在申报年度扣除。

企业因以前年度实际资产损失未在税前扣除而多缴的企业所得税税款，可在追补确认年度企业所得税应纳税款中予以抵扣，不足抵扣的，向以后年度递延抵扣。

企业实际资产损失发生年度扣除追补确认的损失后出现亏损的，应先调整资产损失发生年度的亏损额，再按弥补亏损的原则计算以后年度多缴的企业所得税税款，并按前款办法进行税务处理。

三、资产损失的计算

(1) 企业清查出的现金短缺减除责任人赔偿后的余额，作为现金损失在计算应纳税所得额时扣除。

(2) 企业将货币性资金存入法定具有吸收存款职能的机构，因该机构依法破产、清算，或者政府责令停业、关闭等原因，确实不能收回的部分，作为存款损失在计算应纳税所得额时扣除。

(3) 企业除贷款类债权外的应收、预付账款符合下列条件之一的，减除可收回金额后确认的无法收回的应收、预付款项，可以作为坏账损失在计算应纳税所得额时扣除：

①债务人依法宣告破产、关闭、解散、被撤销，或者被依法注销、吊销营业执照，其清算财产不足清偿的；

②债务人死亡，或者依法被宣告失踪、死亡，其财产或者遗产不足清偿的；

③债务人逾期3年以上未清偿，且有确凿证据证明已无力清偿债务的；

④与债务人达成债务重组协议或法院批准破产重整计划后，无法追偿的；

⑤因自然灾害、战争等不可抗力导致无法收回的；

⑥国务院财政、税务主管部门规定的其他条件。

（4）企业经采取所有可能的措施和实施必要的程序之后，符合下列条件之一的贷款类债权，可以作为贷款损失在计算应纳税所得额时扣除：

①借款人和担保人依法宣告破产、关闭、解散、被撤销，并终止法人资格，或者已完全停止经营活动，被依法注销、吊销营业执照，对借款人和担保人进行追偿后，未能收回的债权；

②借款人死亡，或者依法被宣告失踪、死亡，依法对其财产或者遗产进行清偿，并对担保人进行追偿后，未能收回的债权；

③借款人遭受重大自然灾害或者意外事故，损失巨大且不能获得保险补偿，或者以保险赔偿后，确实无力偿还部分或者全部债务，对借款人财产进行清偿和对担保人进行追偿后，未能收回的债权；

④借款人触犯刑律，依法受到制裁，其财产不足归还所借债务，又无其他债务承担者，经追偿后确实无法收回的债权；

⑤由于借款人和担保人不能偿还到期债务，企业诉诸法律，经法院对借款人和担保人强制执行，借款人和担保人均无财产可执行，法院裁定执行程序终结或终止（中止）后，仍无法收回的债权；

⑥由于借款人和担保人不能偿还到期债务，企业诉诸法律后，经法院调解或经债权人会议通过，与借款人和担保人达成和解协议或重整协议，在借款人和担保人履行完还款义务后，无法追偿的剩余债权；

⑦由于上述①至⑥项原因借款人不能偿还到期债务，企业依法取得抵债资产，抵债金额小于贷款本息的差额，经追偿后仍无法收回的债权；

⑧开立信用证、办理承兑汇票、开具保函等发生垫款时，凡开证申请人和保证人由于上述①至⑦项原因，无法偿还垫款，金融企业经追偿后仍无法收回的垫款；

⑨银行卡持卡人和担保人由于上述①至⑦项原因，未能还清透支款项，金融企业经追偿后仍无法收回的透支款项；

⑩经国务院专案批准核销的贷款类债权及国务院财政、税务主管部门规定的其他条件。

（5）企业的股权投资符合下列条件之一的，减除可收回金额后确认的无法收回的股权投资，可以作为股权投资损失在计算应纳税所得额时扣除：

①被投资方依法宣告破产、关闭、解散、被撤销，或者被依法注销、吊销营业执照的；

②被投资方财务状况严重恶化，累计发生巨额亏损，已连续停止经营 3 年以上，且无

重新恢复经营改组计划的；

③对被投资方不具有控制权，投资期限届满或者投资期限已超过10年，且被投资单位因连续3年经营亏损导致资不抵债的；

④被投资方财务状况严重恶化，累计发生巨额亏损，已完成清算或清算期超过3年以上的；

⑤国务院财政、税务主管部门规定的其他条件。

（6）对企业盘亏的固定资产或存货，以该固定资产的账面净值或存货的成本减除责任人赔偿后的余额，作为固定资产或存货盘亏损失在计算应纳税所得额时扣除。

（7）对企业毁损、报废的固定资产或存货，以该固定资产的账面净值或存货的成本减除残值、保险赔款和责任人赔偿后的余额，作为固定资产或存货毁损、报废损失在计算应纳税所得额时扣除。

（8）对企业被盗的固定资产或存货，以该固定资产的账面净值或存货的成本减除保险赔款和责任人赔偿后的余额，作为固定资产或存货被盗损失在计算应纳税所得额时扣除。

（9）企业因存货盘亏、毁损、报废、被盗等原因不得从增值税销项税额中抵扣的进项税额，可以与存货损失一起在计算应纳税所得额时扣除。

（10）企业在计算应纳税所得额时已经扣除的资产损失，在以后纳税年度全部或者部分收回时，其收回部分应当作为收入计入收回当期的应纳税所得额。

（11）企业境内、境外营业机构发生的资产损失应分开核算，对境外营业机构由于发生资产损失而产生的亏损，不得在计算境内应纳税所得额时扣除。

（12）企业对其扣除的各项资产损失，应当提供能够证明资产损失确属已实际发生的合法证据，包括具有法律效力的外部证据、具有法定资质的中介机构的经济鉴证证明、具有法定资质的专业机构的技术鉴定证明等。

四、资产损失确认证据

（1）企业资产损失相关的证据包括具有法律效力的外部证据和特定事项的企业内部证据。

（2）具有法律效力的外部证据，是指司法机关、行政机关、专业技术鉴定部门等依法出具的与本企业资产损失相关的具有法律效力的书面文件，主要包括：

①司法机关的判决或者裁定；

②公安机关的立案结案证明、回复；

③市场监督管理部门出具的注销、吊销及停业证明；

④企业的破产清算公告或清偿文件；

⑤行政机关的公文；

⑥专业技术部门的鉴定报告；

⑦有法定代表人、主要负责人和财务负责人签章证实有关损失的书面申明；

⑧保险公司对投保资产出具的出险调查单、理赔计算单等保险单据；

⑨符合法律规定的其他证据。

（3）特定事项的企业内部证据，是指会计核算制度健全、内部控制制度完善的企业，对各项资产发生毁损、报废、盘亏、死亡、变质等内部证明或承担责任的声明，主要包括：

①有关会计核算资料和原始凭证；

②资产盘点表；

③相关经济行为的业务合同；

④企业内部技术鉴定部门的鉴定文件或资料；

⑤企业内部核批文件及有关情况说明；

⑥对责任人由于经营管理责任造成损失的责任认定及赔偿情况说明；

⑦法定代表人、企业负责人和企业财务负责人对特定事项真实性承担法律责任的声明。

五、货币资产损失的确认

（1）企业货币资产损失包括现金损失、银行存款损失和应收及预付款项损失等。

（2）现金损失应依据以下证据材料确认：

①现金保管人确认的现金盘点表（包括倒推至基准日的记录）；

②现金保管人对于短缺的说明及相关核准文件；

③对责任人由于管理责任造成损失的责任认定及赔偿情况的说明；

④涉及刑事犯罪的，应有司法机关出具的相关材料；

⑤金融机构出具的假币收缴证明。

（3）企业因金融机构清算而发生的存款类资产损失应依据以下证据材料确认：

①企业存款类资产的原始凭据；

②金融机构破产、清算的法律文件；

③金融机构清算后剩余资产分配情况资料；

④金融机构应清算而未清算超过三年的，企业可将该款项确认为资产损失，但应有法院或破产清算管理人出具的未完成清算证明。

（4）企业应收及预付款项坏账损失应依据以下相关证据材料确认：

①相关事项合同、协议或说明；

②属于债务人破产清算的，应有人民法院的破产、清算公告；

③属于诉讼案件的，应出具人民法院的判决书或裁决书或仲裁机构的仲裁书，或者被法院裁定终（中）止执行的法律文书；

④属于债务人停止营业的，应有市场监督管理部门注销、吊销营业执照证明；

⑤属于债务人死亡、失踪的，应有公安机关等有关部门对债务人个人的死亡、失踪证明；

⑥属于债务重组的，应有债务重组协议及其债务人重组收益纳税情况说明；

⑦属于自然灾害、战争等不可抗力而无法收回的，应有债务人受灾情况说明以及放弃债权申明。

(5) 企业逾期三年以上的应收款项在会计上已作为损失处理的，可以作为坏账损失，但应说明情况，并出具专项报告。

(6) 企业逾期一年以上，单笔数额不超过5万或者不超过企业年度收入总额万分之一的应收款项，会计上已经作为损失处理的，可以作为坏账损失，但应说明情况，并出具专项报告。

六、非货币资产损失的确认

(1) 企业非货币资产损失包括存货损失、固定资产损失、无形资产损失、在建工程损失、生产性生物资产损失等。

(2) 存货盘亏损失，为其盘亏金额扣除责任人赔偿后的余额，应依据以下证据材料确认：

①存货计税成本确定依据；

②企业内部有关责任认定、责任人赔偿说明和内部核批文件；

③存货盘点表；

④存货保管人对盘亏情况的说明。

(3) 存货报废、毁损或变质损失，为其计税成本扣除残值及责任人赔偿后的余额，应依据以下证据材料确认：

①存货计税成本的确定依据；

②企业内部关于存货报废、毁损、变质、残值情况说明及核销资料；

③涉及责任人赔偿的，应当有赔偿情况说明；

④该项损失数额较大的（指占企业该类资产计税成本10%以上，或减少当年应纳税所得、增加亏损10%以上，下同），应有专业技术鉴定意见或法定资质中介机构出具的专项报告等。

(4) 存货被盗损失，为其计税成本扣除保险理赔以及责任人赔偿后的余额，应依据以下证据材料确认：

①存货计税成本的确定依据；

②向公安机关的报案记录；

③涉及责任人和保险公司赔偿的，应有赔偿情况说明等。

（5）固定资产盘亏、丢失损失，为其账面净值扣除责任人赔偿后的余额，应依据以下证据材料确认：

①企业内部有关责任认定和核销资料；

②固定资产盘点表；

③固定资产的计税基础相关资料；

④固定资产盘亏、丢失情况说明；

⑤损失金额较大的，应有专业技术鉴定报告或法定资质中介机构出具的专项报告等。

（6）固定资产报废、毁损损失，为其账面净值扣除残值和责任人赔偿后的余额，应依据以下证据材料确认：

①固定资产的计税基础相关资料；

②企业内部有关责任认定和核销资料；

③企业内部有关部门出具的鉴定材料；

④涉及责任赔偿的，应当有赔偿情况的说明；

⑤损失金额较大的或自然灾害等不可抗力原因造成固定资产毁损、报废的，应有专业技术鉴定意见或法定资质中介机构出具的专项报告等。

（7）固定资产被盗损失，为其账面净值扣除责任人赔偿后的余额，应依据以下证据材料确认：

①固定资产计税基础相关资料；

②公安机关的报案记录，公安机关立案、破案和结案的证明材料；

③涉及责任赔偿的，应有赔偿责任的认定及赔偿情况的说明等。

（8）在建工程停建、报废损失，为其工程项目投资账面价值扣除残值后的余额，应依据以下证据材料确认：

①工程项目投资账面价值确定依据；

②工程项目停建原因说明及相关材料；

③因质量原因停建、报废的工程项目和因自然灾害和意外事故停建、报废的工程项目，应出具专业技术鉴定意见和责任认定、赔偿情况的说明等。

（9）工程物资发生损失，可比照《企业资产损失所得税税前扣除管理办法》中存货损失的规定确认。

（10）生产性生物资产盘亏损失，为其账面净值扣除责任人赔偿后的余额，应依据以下证据材料确认：

①生产性生物资产盘点表；

②生产性生物资产盘亏情况说明；

③生产性生物资产损失金额较大的，应有专业技术鉴定意见和责任认定、赔偿情况的说明等。

（11）因森林病虫害、疫情、死亡而产生的生产性生物资产损失，为其账面净值扣除残值、保险赔偿和责任人赔偿后的余额，应依据以下证据材料确认：

①损失情况说明；

②责任认定及其赔偿情况的说明；

③损失金额较大的，应有专业技术鉴定意见。

（12）对被盗伐、被盗、丢失而产生的生产性生物资产损失，为其账面净值扣除保险赔偿以及责任人赔偿后的余额，应依据以下证据材料确认：

①生产性生物资产被盗后，向公安机关的报案记录或公安机关立案、破案和结案的证明材料；

②责任认定及其赔偿情况的说明。

（13）企业由于未能按期赎回抵押资产，使抵押资产被拍卖或变卖，其账面净值大于变卖价值的差额，可认定为资产损失，按以下证据材料确认：

①抵押合同或协议书；

②拍卖或变卖证明、清单；

③会计核算资料等其他相关证据材料。

（14）被其他新技术所代替或已经超过法律保护期限，已经丧失使用价值和转让价值，尚未摊销的无形资产损失，应提交以下证据备案：

①会计核算资料；

②企业内部核批文件及有关情况说明；

③技术鉴定意见和企业法定代表人、主要负责人和财务负责人签章证实无形资产已无使用价值或转让价值的书面申明；

④无形资产的法律保护期限文件。

七、投资损失的确认

（1）企业投资损失包括债权性投资损失和股权（权益）性投资损失。

（2）企业债权投资损失应依据投资的原始凭证、合同或协议、会计核算资料等相关证据材料确认。下列情况导致债权投资损失的，还应出具相关证据材料：

①债务人或担保人依法被宣告破产、关闭、被解散或撤销、被吊销营业执照、失踪或者死亡等，应出具资产清偿证明或者遗产清偿证明。无法出具资产清偿证明或者遗产清偿证明，且上述事项超过三年以上的，或债权投资（包括信用卡透支和助学贷款）余额在三百万元以下的，应出具对应的债务人和担保人破产、关闭、解散证明、撤销文件、市场监督管理部门注销证明或查询证明以及追索记录等（包括司法追索、电话追索、信件追索和上门追索等原始记录）。

②债务人遭受重大自然灾害或意外事故，企业对其资产进行清偿和对担保人进行追偿

后，未能收回的债权，应出具债务人遭受重大自然灾害或意外事故证明、保险赔偿证明、资产清偿证明等。

③债务人因承担法律责任，其资产不足归还所借债务，又无其他债务承担者的，应出具法院裁定证明和资产清偿证明。

④债务人和担保人不能偿还到期债务，企业提出诉讼或仲裁的，经人民法院对债务人和担保人强制执行，债务人和担保人均无资产可执行，人民法院裁定终结或终止（中止）执行的，应出具人民法院裁定文书。

⑤债务人和担保人不能偿还到期债务，企业提出诉讼后被驳回起诉的、人民法院不予受理或不予支持的，或经仲裁机构裁决免除（或部分免除）债务人责任，经追偿后无法收回的债权，应提交法院驳回起诉的证明，或法院不予受理或不予支持证明，或仲裁机构裁决免除债务人责任的文书。

⑥经国务院专案批准核销的债权，应提供国务院批准文件或经国务院同意后由国务院有关部门批准的文件。

（3）企业股权投资损失应依据以下相关证据材料确认：

①股权投资计税基础证明材料；

②被投资企业破产公告、破产清偿文件；

③市场监督管理部门注销、吊销被投资单位营业执照文件；

④政府有关部门对被投资单位的行政处理决定文件；

⑤被投资企业终止经营、停止交易的法律或其他证明文件；

⑥被投资企业资产处置方案、成交及入账材料；

⑦企业法定代表人、主要负责人和财务负责人签章证实有关投资（权益）性损失的书面申明；

⑧会计核算资料等其他相关证据材料。

（4）被投资企业依法宣告破产、关闭、解散或撤销、吊销营业执照、停止生产经营活动、失踪等，应出具资产清偿证明或者遗产清偿证明。

上述事项超过三年以上且未能完成清算的，应出具被投资企业破产、关闭、解散或撤销、吊销等的证明以及不能清算的原因说明。

（5）企业委托金融机构向其他单位贷款，或委托其他经营机构进行理财，到期不能收回贷款或理财款项，按照上述债权投资损失有关规定进行处理。

（6）企业对外提供与本企业生产经营活动有关的担保，因被担保人不能按期偿还债务而承担连带责任，经追索，被担保人无偿还能力，对无法追回的金额，比照《企业资产损失所得税税前扣除管理办法》规定的应收款项损失进行处理。

与本企业生产经营活动有关的担保是指企业对外提供的与本企业应税收入、投资、融资、材料采购、产品销售等生产经营活动相关的担保。

(7) 企业按独立交易原则向关联企业转让资产而发生的损失，或向关联企业提供借款、担保而形成的债权损失，准予扣除，但企业应做专项说明，同时出具中介机构出具的专项报告及其相关的证明材料。

(8) 下列股权和债权不得作为损失在税前扣除：

①债务人或者担保人有经济偿还能力，未按期偿还的企业债权；

②违反法律、法规的规定，以各种形式、借口逃废或悬空的企业债权；

③行政干预逃废或悬空的企业债权；

④企业未向债务人和担保人追偿的债权；

⑤企业发生非经营活动的债权；

⑥其他不应当核销的企业债权和股权。

八、其他资产损失的确认

(1) 企业将不同类别的资产捆绑（打包），以拍卖、询价、竞争性谈判、招标等市场方式出售，其出售价格低于计税成本的差额，可以作为资产损失并准予在税前申报扣除，但应出具资产处置方案、各类资产作价依据、出售过程的情况说明、出售合同或协议、成交及入账证明、资产计税基础等确定依据。

(2) 企业正常经营业务因内部控制制度不健全而出现操作不当、不规范或因业务创新但政策不明确、不配套等原因形成的资产损失，应由企业承担的金额，可以作为资产损失并准予在税前申报扣除，但应出具损失原因证明材料或业务监管部门定性证明、损失专项说明。

(3) 企业因刑事案件原因形成的损失，应由企业承担的金额，或经公安机关立案侦查两年以上仍未追回的金额，可以作为资产损失并准予在税前申报扣除，但应出具公安机关、人民检察院的立案侦查情况或人民法院的判决书等损失原因证明材料。

九、资产损失申报管理

企业向税务机关申报扣除资产损失，仅需填报企业所得税年度纳税申报表《资产损失税前扣除及纳税调整明细表》，不再报送资产损失相关资料。相关资料由企业留存备查。

企业应当完整保存资产损失相关资料，保证资料的真实性、合法性。

第三节　以企业自有资产抵偿债务

一、增值税

以非货币资产清偿债务，应当分解为转让相关非货币性资产、按非货币性资产公允价值清偿债务两项业务，以非货币性资产公允价值确认含税销售额进行价税分离缴纳增值税。

二、企业所得税

（1）以非货币资产清偿债务，应当分解为转让相关非货币性资产、按非货币性资产公允价值清偿债务两项业务，确认相关资产的所得或损失。

（2）发生债权转股权的，应当分解为债务清偿和股权投资两项业务，确认有关债务清偿所得或损失。

（3）债务人应当按照支付的债务清偿额低于债务计税基础的差额，确认债务重组所得；债权人应当按照收到的债务清偿额低于债权计税基础的差额，确认债务重组损失。

（4）债务人的相关所得税纳税事项原则上保持不变。

第四节　接收政府和股东投入资产

一、企业接收政府划入资产的企业所得税处理

（1）《国家税务总局关于企业所得税应纳税所得额若干问题的公告》（国家税务总局公告2014年第29号）第一条第一款规定：“县级以上人民政府（包括政府有关部门，下同）将国有资产明确以股权投资方式投入企业，企业应作为国家资本金（包括资本公积）处理。该项资产如为非货币性资产，应按政府确定的接收价值确定计税基础。”另外，在实务中，如县级以上人民政府将国有资产明确以资本金方式投入企业但不占股份的，企业应作为资本公积处理，以接收的货币资金或者结算金额确定计税基础计算不征税收入。

（2）县级以上人民政府将国有资产无偿划入企业，凡指定专门用途并按《财政部 国家税务总局关于专项用途财政性资金企业所得税处理问题的通知》（财税〔2011〕70号）规定进行管理的，企业可作为不征税收入进行企业所得税处理。其中，该项资产属于非货币性资产的，应按政府确定的接收价值计算不征税收入。

（3）县级以上人民政府将国有资产无偿划入企业，属于上述（1）（2）项以外情形的，应按政府确定的接收价值计入当期收入总额计算缴纳企业所得税。政府没有确定接收价值的，按资产的公允价值计算确定应税收入。

二、企业接收股东划入资产的企业所得税处理

（1）企业接收股东划入资产（包括股东赠予资产、上市公司在股权分置改革过程中接收原非流通股股东和新非流通股股东赠予的资产、股东放弃本企业的股权，下同），凡合同、协议约定作为资本金（包括资本公积）且在会计上已做实际处理的，不计入企业的

收入总额，企业应按公允价值确定该项资产的计税基础。

（2）企业接收股东划入资产，凡作为收入处理的，应按公允价值计入收入总额，计算缴纳企业所得税，同时按公允价值确定该项资产的计税基础。

第五节　公益性捐赠

企业发生的公益性捐赠支出，在年度利润总额12%以内的部分，准予在计算应纳税所得额时扣除；超过年度利润总额12%的部分，准予结转以后三年内在计算应纳税所得额时扣除。

公益慈善事业，应当符合《中华人民共和国公益事业捐赠法》第三条对公益事业范围的规定或者《中华人民共和国慈善法》第三条对慈善活动范围的规定。

公益性社会组织，包括依法设立或登记并按规定条件和程序取得公益性捐赠税前扣除资格的慈善组织、其他社会组织和群众团体。

公益性社会组织、县级以上人民政府及其部门等国家机关在接受捐赠时，应当按照行政管理级次分别使用由财政部或省（自治区、直辖市）财政部门监（印）制的公益事业捐赠票据，并加盖本单位的印章。企业或个人将符合条件的公益性捐赠支出进行税前扣除，应当留存相关票据备查。

第六节　跨地区经营税务管理

一、跨地区经营汇总纳税增值税处理

固定业户的总分支机构不在同一县（市），但在同一省（自治区、直辖市）范围内的，经省（自治区、直辖市）财政厅（局）、国家税务总局审批同意，可以由总机构汇总向总机构所在地的主管税务机关申报缴纳增值税。

二、跨地区经营房产税及城镇土地使用税处理

房产不在一地的经营单位，房产税应在房产所在地的税务机关缴纳。经营单位使用的土地不属于同一市（县）范围内的，由经营单位分别向土地所在地的税务机关申报缴纳。

三、跨地区经营汇总纳税企业所得税处理

（一）基本原则和使用范围

跨省市总分机构企业是指跨省（自治区、直辖市和计划单列市，下同）设立不具有法人资格分支机构的居民企业。

汇总纳税企业实行统一计算、分级管理、就地预缴、汇总清算、财政调库的企业所得税征收管理：

统一计算，是指居民企业应统一计算包括各个不具有法人资格营业机构在内的企业全部应纳税所得额、应纳税额。总机构和分支机构适用税率不一致的，应分别按适用税率计算应纳所得税额。

分级管理，是指居民企业总机构、分支机构，分别由所在地主管税务机关属地进行监督和管理。

就地预缴，是指居民企业总机构、分支机构，应按规定的比例分别就地按月或者按季向所在地主管税务机关申报、预缴企业所得税。

汇总清算，是指在年度终了后，总分机构企业根据统一计算的年度应纳税所得额、应纳所得税额，抵减总机构、分支机构当年已就地分期预缴的企业所得税款后，多退少补。

财政调库，是指财政部定期将缴入中央总金库的跨省市总分机构企业所得税待分配收入，按照核定的系数调整至地方国库。

（二）总分机构分摊税款的计算

总机构在每月或每季终了之日起十日内，按照上年度各省市分支机构的营业收入、职工薪酬和资产总额三个因素，将统一计算的企业当期应纳税额的50%在各分支机构之间进行分摊（总机构所在省市同时设有分支机构的，同样按三个因素分摊），各分支机构根据分摊税款就地办理缴库，所缴纳税款收入由中央与分支机构所在地按60∶40分享。分摊时三个因素权重依次为0.35、0.35和0.3。当年新设立的分支机构第二年起参与分摊，当年撤销的分支机构自办理注销税务登记之日起不参与分摊。

各分支机构分摊预缴额按下列公式计算：

各分支机构分摊预缴额＝所有分支机构应分摊的预缴总额×该分支机构分摊比例

所有分支机构应分摊的预缴总额＝统一计算的企业当期应纳所得税额×50%

该分支机构分摊比例＝（该分支机构营业收入/各分支机构营业收入之和）×0.35＋（该分支机构职工薪酬/各分支机构职工薪酬之和）×0.35＋（该分支机构资产总额/各分支机构资产总额之和）×0.30

（三）税款预缴和汇算清缴

汇总纳税企业预缴税款和汇算清缴补缴及应退的税款均按照预缴的分配比例，50%由各分支机构就地办理缴库或退库，25%由总机构就地办理缴库或退库，其余25%部分就地全额缴入中央国库或退库。企业所得税分月或者分季预缴，由总机构所在地主管税务机关具体核定。

总机构和分支机构的企业所得税预缴额，分别由总机构和分支机构就地预缴；在规定期限内按实际利润额预缴有困难的，也可以按照上一年度应纳税所得额的1/12或1/4，按照规定的预缴分摊方法计算总机构和分支机构的企业所得税预缴额，分别由总机构和分支机构就地预缴。预缴方法一经确定，当年度不得变更。

总机构应将本期企业应纳所得税额的50%部分，在每月或季度终了后15日内就地申报预缴。总机构应将本期企业应纳所得税额的另外50%部分，按照各分支机构应分摊的比例，在各分支机构之间进行分摊，并及时通知到各分支机构；各分支机构应在每月或季度终了之日起15日内，就其分摊的所得税额就地申报预缴。

汇总纳税企业应当自年度终了之日起5个月内，由总机构汇总计算企业年度应纳所得税额，扣除总机构和各分支机构已预缴的税款，计算出应缴应退税款，按照规定计算总机构和分支机构的企业所得税应缴应退税款，分别由总机构和分支机构就地办理税款缴库或退库。

汇总纳税企业汇算清缴时，总机构除报送企业所得税年度纳税申报表和年度财务报表外，还应报送汇总纳税企业分支机构所得税分配表、各分支机构的年度财务报表和各分支机构参与企业年度纳税调整情况的说明；分支机构除报送企业所得税年度纳税申报表（只填列部分项目）外，还应报送经总机构所在地主管税务机关受理的汇总纳税企业分支机构所得税分配表、分支机构的年度财务报表（或年度财务状况和营业收支情况）和分支机构参与企业年度纳税调整情况的说明。

第七节　企业政策性搬迁

一、企业政策性搬迁范围

企业政策性搬迁，是指由于社会公共利益的需要，在政府主导下企业进行整体搬迁或部分搬迁。企业由于下列需要之一，提供相关文件证明资料的，属于政策性搬迁：

（1）国防和外交的需要；

（2）由政府组织实施的能源、交通、水利等基础设施建设的需要；

（3）由政府组织实施的科技、教育、文化、卫生、体育、环境和资源保护、防灾减灾、文物保护、社会福利、市政公用等公共事业的需要；

（4）由政府组织实施的保障性安居工程建设的需要；

（5）由政府依照《中华人民共和国城乡规划法》有关规定组织实施的对危房集中、基础设施落后等地段进行旧城区改建的需要；

（6）法律、行政法规规定的其他公共利益的需要。

二、核算和管理

政策性搬迁过程中涉及的搬迁收入、搬迁支出、搬迁资产税务处理、搬迁所得等所得税征收管理事项，单独进行税务管理和核算。不能单独进行税务管理和核算的，应视为企业自行搬迁或商业性搬迁等非政策性搬迁进行所得税处理。

三、搬迁收入

（1）企业的搬迁收入，包括搬迁过程中从本企业以外（包括政府或其他单位）取得的搬迁补偿收入，以及本企业搬迁资产处置收入等。

（2）企业取得的搬迁补偿收入，是指企业由于搬迁取得的货币性和非货币性补偿收入。具体包括：

①对被征用资产价值的补偿；

②因搬迁、安置而给予的补偿；

③对停产停业形成的损失而给予的补偿；

④资产搬迁过程中遭到毁损而取得的保险赔款；

⑤其他补偿收入。

（3）企业搬迁资产处置收入，是指企业由于搬迁而处置企业各类资产所取得的收入。企业由于搬迁处置存货而取得的收入，应按正常经营活动取得的收入进行所得税处理，不作为企业搬迁收入。

四、搬迁支出

（1）企业的搬迁支出，包括搬迁费用支出以及由于搬迁所发生的企业资产处置支出。

（2）搬迁费用支出，是指企业搬迁期间所发生的各项费用，包括安置职工实际发生的费用、停工期间支付给职工的工资及福利费、临时存放搬迁资产而发生的费用、各类资产搬迁安装费用以及其他与搬迁相关的费用。

（3）资产处置支出，是指企业由于搬迁而处置各类资产所发生的支出，包括变卖及处置各类资产的净值、处置过程中所发生的税费等支出。

（4）企业由于搬迁而报废的资产，如无转让价值，其净值作为企业的资产处置支出。

五、搬迁资产税务处理

（1）企业搬迁的资产，简单安装或不需要安装即可继续使用的，在该项资产重新投入使用后，就其净值按《中华人民共和国企业所得税法》及其实施条例规定的该资产尚未折旧或摊销的年限，继续计提折旧或摊销。

（2）企业搬迁的资产，需要进行大修理后才能重新使用的，应就该资产的净值，加上大修理过程所发生的支出，为该资产的计税成本。在该项资产重新投入使用后，按该资产尚可使用的年限，计提折旧或摊销。

（3）企业搬迁中被征用的土地，采取土地置换的，换入土地的计税成本按被征用土地的净值，以及该换入土地投入使用前所发生的各项费用支出，为该换入土地的计税成本，在该换入土地投入使用后，按《中华人民共和国企业所得税法》及其实施条例规定年限摊销。

（4）企业搬迁期间新购置的各类资产，应按《中华人民共和国企业所得税法》及其实施条例等有关规定，计算确定资产的计税成本及折旧或摊销年限。企业发生的购置资产支出，不得从搬迁收入中扣除。

六、应税所得

（1）企业在搬迁期间发生的搬迁收入和搬迁支出，可以暂不计入当期应纳税所得额，而在完成搬迁的年度，对搬迁收入和支出进行汇总清算。

（2）企业的搬迁收入，扣除搬迁支出后的余额，为企业的搬迁所得。企业应在搬迁完成年度，将搬迁所得计入当年度企业应纳税所得额计算纳税。

（3）下列情形之一的，为搬迁完成年度，企业应进行搬迁清算，计算搬迁所得：

①从搬迁开始，5 年内（包括搬迁当年度）任何一年完成搬迁的；

②从搬迁开始，搬迁时间满 5 年（包括搬迁当年度）的年度。

（4）企业搬迁收入扣除搬迁支出后为负数的，应为搬迁损失。搬迁损失可在下列方法中选择其一进行税务处理：

①在搬迁完成年度，一次性作为损失进行扣除；

②自搬迁完成年度起分 3 个年度，均匀在税前扣除；

③上述方法由企业自行选择，但一经选定，不得改变。

（5）企业同时符合下列条件的，视为已经完成搬迁：

①搬迁规划已基本完成；

②当年生产经营收入占规划搬迁前年度生产经营收入 50% 以上。

（6）企业边搬迁边生产的，搬迁年度应从实际开始搬迁的年度计算。

（7）企业以前年度发生尚未弥补的亏损的，凡企业由于搬迁停止生产经营无所得的，从搬迁年度次年起，至搬迁完成年度前一年度止，可作为停止生产经营活动年度，从法定亏损结转弥补年限中减除；企业边搬迁边生产的，其亏损结转年度应连续计算。

七、征收管理

（1）企业应当自搬迁开始年度，至次年 5 月 31 日前，向主管税务机关（包括迁出地和迁入地）报送政策性搬迁依据、搬迁规划等相关材料。逾期未报的，除特殊原因并经主管税务机关认可外，按非政策性搬迁处理，不得执行《企业政策性搬迁所得税管理办法》的规定。

（2）企业应向主管税务机关报送的政策性搬迁依据、搬迁规划等相关材料，包括：

①政府搬迁文件或公告；

②搬迁重置总体规划；

③拆迁补偿协议；

④资产处置计划；

⑤其他与搬迁相关的事项。

（3）企业迁出地和迁入地主管税务机关发生变化的，由迁入地主管税务机关负责企业搬迁清算。

（4）企业搬迁完成当年，其向主管税务机关报送企业所得税年度纳税申报表时，应同时报送《企业政策性搬迁清算损益表》及相关材料。

第六部分　税务风险管控及应对

第一章 日常自查

第一节 日常自查概述

为了进一步加强税收管理的系统化、科学化，以及预防重大税收风险的发生，快速了解企业存在的与税务管理相关的重大风险点，以便对企业展开更有针对性的例行检查或不定期检查，提升内部监管机构的检查效率和效果，特制定本章内容。

第二节 通用事项检查内容及注意事项

一、增值税

（一）一般纳税人登记检查

（1）检查一般纳税人的登记手续是否完备；

（2）检查申请登记为一般纳税人是否符合条件；

（3）检查年销售额超过规定标准的纳税人是否按规定办理登记。

（二）征税范围检查

（1）检查是否属于境内应税行为；

（2）检查是否属于经营活动；

（3）检查是否为他人提供应税行为；

（4）检查应税行为是否属于有偿的；

（5）检查视同销售货物行为（是否存在自产货物或委托加工货物用于投资、捐赠、分红和用于职工福利或个人消费行为）；

（6）检查视同销售服务、无形资产或者不动产行为（是否存在无偿提供服务、转让无形资产或不动产行为）。

（三）计税方法检查

（1）检查选择简易计税方法的应税行为是否符合财政部和国家税务总局规定；

（2）检查是否按规定办理计税方法的备案手续。

（四）销项税额检查

（1）检查销售收入的结算方式，是否存在结算期内的应税销售额未申报纳税的情况：

①检查赊销、分期收款结算方式销售货物；

②检查预收货款结算方式；

③检查托收承付或委托收款方式销售货物。

（2）检查纳税人在申报时应税销售额金额是否准确：

①检查发生应税行为收取的价外费用是否计入应税销售额；

②检查销售残次品（废品）、半残品、副产品和下脚料等取得的收入是否并入应税销售额；

③检查采取以旧换新方式销售货物，确认计算缴纳增值税的应税销售额是否准确；

④检查还本方式销售货物，是否从应税销售额中减除了还本支出，造成少计应税销售额；

⑤检查采取折扣方式发生应税行为，将折扣额另开发票的，是否从应税销售额中减除了折扣额，造成少计应税销售额；

⑥检查因销售货物而出租、出借包装物收取、因逾期不再退还的押金是否已并入应税销售额，并按所包装货物的适用税率计算纳税；

⑦检查将资产或委托加工的货物用于计提福利、个人消费的，是否视同销售将其金额并入应税销售额；

⑧检查将自产、委托加工或购买的货物对外投资，分配给股东、投资者，无偿赠送他人，是否按规定视同销售将其金额并入应税销售额；

⑨检查将货物交付他人代销是否按规定视同销售将其净额并入应税销售额；

⑩检查已送货物用于销售是否按规定视同销售将其金额并入应税销售额；

⑪检查企业对外提供有偿加工货物的应税劳务，是否按规定将收入并入应税销售额；

⑫检查以物易物或用应税货物抵偿债务，是否并入应税销售额；

⑬检查销售退回或销售折让、服务中止或折让，当期计算增值税扣减的销售额和扣减的销项税额，是否符合增值税政策和增值税发票管理规定；

⑭发生应税行为价格明显偏低或偏高且无正当理由，视同销售货物、服务、无形资产或者不动产而无销售额的，检查其计税销售额是否正确；

⑮检查收到的税务机关返还的代扣代缴个人所得税手续费是否已申报增值税。

（五）应税销售额扣除检查

对于金融商品转让，重点检查金融商品的买入价，有无将买入或销售过程中的税费计入买入价款中；对多次购买的金融商品进行买入价核算时选择的加权平均法或者移动加权平均法，是否在36个月内发生变动。对于转让金融商品出现的正负差，检查有无在年度内结转下期抵减，有无出现跨年度结转正负差相抵情况。检查有无将金融商品转让开具增值税专用发票。

（六）适用税率或征收率检查

（1）检查增值税税率或征收率运用是否正确，是否扩大了低税率或征收率货物、应税劳务或者应税服务的适用范围。

（2）检查增值税税率或征收率已发生变动的应税行为是否按照税率或征收率变动的规定执行日期计算缴纳增值税。

（3）检查兼营不同税率或征收率的应税行为，未分别核算销售额的，是否从高适用增值税税率或征收率计算缴纳增值税。

（七）进项税额检查

（1）检查外部人员交通费、业务招待费的增值税进项税是否进行抵扣。

（2）检查差旅费报销金额低于票面金额时，是否按照全额抵扣进项税。

（3）检查会议费中包含的餐饮费是否已做进项税转出处理。

（4）检查用于集体福利及个人销售的购进货物是否已做进项税额转出。

（5）检查是否存在无法认证的专用发票，纳税人识别号认证不符的专用发票，专用发票代码、号码认证不符的专用发票。

二、企业所得税

（1）检查税务系统是否提示当年收入与往年收入变动比率异常。

（2）不在岗、离岗、挂职等职工无上年收入，仍为其缴纳社保的，相关费用不得在企业所得税税前扣除。

（3）应按政策设置辅助科目对研发项目相关成本进行归集并按照相关的法规备查资料。

（4）向保险公司购买的补充医疗保险，以及为全体员工购买的补充医疗保险超过工资总额5%的部分，应代扣代缴个人所得税；为全体员工购买的补充医疗保险超过工资总额5%的部分，不予在计算应纳税所得额时扣除。

（5）补充养老保险、补充医疗报销属于研发支出的其他费用的总额不得超过可加计扣除研发费用总额的10%，超过部分在计算应纳税所得额时不允许扣除。

（6）不征税收入形成的成本费用不可以在企业所得税税前扣除。

（7）确认境外税收是否应取得对应完税依据。

三、其他税种

（1）应及时取得全部合同，并按规定税率计算缴纳印花税。

(2) 没有明确合同金额的，根据《中华人民共和国印花税法》第六条规定："应税合同、产权转移书据未列明金额的，印花税的计税依据按照实际结算的金额确定。计税依据按照前款规定仍不能确定的，按照书立合同、产权转移书据时的市场价格确定；依法应当执行政府定价或者政府指导价的，按照国家有关规定确定。"

(3)《中华人民共和国印花税法》中明确的应税凭证，是指所附《印花税税目税率表》列明的合同、产权转移书据和营业账簿，与《中华人民共和国印花税暂行条例》相比，删除了"合同性质的凭证"这一表述。《中华人民共和国印花税法》中所称证券交易，是指转让在依法设立的证券交易所、国务院批准的其他全国性证券交易场所交易的股票和以股票为基础的存托凭证。因此，除产权转移、证券交易及营业账簿外，税目税率表所列其他应税项目均以书面合同作为计税依据。

(4) 提供各类补贴、报销探亲费，需要代扣代缴个人所得税。

(5) 支付劳务报酬取得的发票，应为不含个税金额。

(6) 个人公积金缴纳基础超过当地标准，应代扣代缴个人所得税。

(7) 房产税申报从价计征房产原值与财务报表中房屋固定资产原值应一致。为了维持和增加房屋的使用功能或使房屋满足设计要求，凡以房屋为载体、不可随意移动的附属设备和配套设施，如给排水、采暖、消防、中央空调、电气及智能化楼宇设备等，无论在会计核算中是否单独记账与核算，都应计入房产原值，计征房产税。对于更换房屋附属设备和配套设施的，在将其价值计入房产原值时，可扣减原来相应设备和设施的价值；对附属设备和配套设施中易损坏、需要经常更换的零配件，更新后不再计入房产原值。

(8) 按规定申报残疾人就业保障金。

(9) 为职工建立的年金，为职工购买的各种商业保险，超标准为职工支付的养老、失业和医疗保险，超标准为职工缴存的住房公积金，以报销发票形式向职工支付的各种个人收入，应依法扣缴个人所得税。

(10) 对于车改补贴、通信补贴，在标准限额内的部分可免予征收个人所得税，在标准外以发票方式为职工报销费用的，计入当月个人收入征税；未明确税前扣除标准的，应合理确定补贴中因私用形成的个人收入部分，扣缴个人所得税。

(11) 为职工所有的房产支付的暖气费、物业费应依法扣缴个人所得税。

四、发票及其凭证管理

(一) 发票的开具

(1) 对于采取销售折扣的模式促销的情况，应将销售额和折扣额在同一张发票上的"金额"栏分别注明。

(2) 对于招投标服务收入以及在招标服务过程中一并提供的标书服务的收入，如果投标单位未要求开具发票，招标单位应在取得收入的当期申报"未开票收入"并相应缴纳增值税。

（二）增值税专用发票的抵扣

（1）货物贸易中涉及材料运输费用的业务，收到有关运输费增值税专用发票，需要在备注栏注明起运地、到达地、车种车号以及货物信息等内容，未写明上述信息，不得做进项税额抵扣，已抵扣的做进项税额转出。取得建筑服务有关的增值税专用发票，应在发票的备注栏注明建筑服务发生地县（市、区）名称及项目名称；取得不动产销售发票及租赁发票，应在备注栏注明不动产详细地址。

（2）取得供应商开具的增值税发票时，应要求供应商提供合规的《销售货物或者提供应税劳务清单》。

（3）取得的增值税专用发票，应取得相应的业务材料证明，证明业务实质及真实性。

（4）对于多方签订合同、付款、开票的情况，应通过签订三方协议或补充协议，将现金流、业务流及发票流统一。

（5）“商品和服务税收分类编码简称”与“货物或应税劳务、服务名称”要相符。

（6）不能向非增值税一般纳税人开具增值税专用发票。

（7）应取得手续费增值税专用发票作为进项税抵扣凭证及企业所得税税前扣除凭证，取得利息增值税普通发票作为企业所得税税前扣除凭证。

（8）聘请外部专家的培训费，应及时取得相关发票以在企业所得税税前据实扣除。

（9）从外部企业购买标书时，应及时取得发票以在企业所得税税前据实扣除。

（10）业务人员在报销会议费时，要获取符合要求的增值税发票、会议简介、会议材料以及会议花费明细单据。

（11）企业的退票支出应取得“其他现代服务”税目的发票，作为企业所得税税前扣除凭证。

（12）建筑企业因临时用工，雇用临时工、季节工等，双方签订作业分包协议或临时用工协议，向施工人员支付的劳务报酬，应为施工人员预扣预缴劳务报酬个人所得税，还需取得主管税务机关代开的增值税发票，作为企业所得税税前扣除凭证。

（三）其他抵扣凭证的抵扣

1. 应证明取得凭证的合法性和有效性

（1）项目劳务、机械（除职工薪酬）成本支出应取得发票，不能无发票、取得假发票或仅以结算单等入账。

（2）培训费、广告宣传费、监理费等间接费用应取得发票，不能无发票或仅以收据入账。

（3）应由个人负担的费用作为企业发生费用列支，应做纳税调整。

（4）为非单位职工发放工资和相关附加费用提取等，应做纳税调整。

（5）支付外部董事会费及开展董事会费，应取得合规票据。

（6）取得的发票单据不出现“预付、充值”字眼。

（7）报销差旅费补助应有对应的行程单据。

2. 旅客运输类、通行费电子发票

（1）针对通行费，应取得增值税普通发票或通行费增值税电子普通发票抵扣相应进项税。

（2）针对旅客运输支出，应取得增值税发票或注明旅客身份信息的电子客票行程单、铁路车票或其他客票计算相应进项税。

（四）丢失增值税专用发票或机动车销售统一发票的处理

（1）丢失已开具增值税专用发票或机动车销售统一发票的发票联和抵扣联，可以加盖销售方发票专用章的相应发票记账联复印件作为增值税进项税额的抵扣凭证、退税凭证或记账凭证。

（2）丢失已开具增值税专用发票或机动车销售统一发票的抵扣联，可以相应发票的发票联复印件作为增值税进项税额的抵扣凭证或退税凭证。

第三节　专项业务税务风险自查

一、基础设施建设业务税务风险事项

（一）增值税

（1）建筑服务应按增值税纳税义务发生时间申报纳税。

（2）跨多地区的施工项目在施工当地进行跨区报验。

（3）跨多个区县的项目，应合理划分各地项目部收入预交税款。

（4）混合销售、兼营使用不同税率应分别核算。

（5）劳务分包应及时取得相关发票，进行增值税进项税抵扣。严格检查利用劳务分包虚列成本费用或者购买劳务费用增值税发票。

（6）收回的投标保证金利息应确认收入并申报增值税。

（7）用于简易计税项目的固定资产，在内部公司调拨时，应按照固定资产净值计算应当转出的进项税额。

（8）发包方扣押的质保金、保证金不能提前开票。

（9）简易计税项目进行废旧物资处理应及时申报开票收入。

（10）项目预缴增值税时分包发票不能重复扣除。

（11）针对涉及多方签订合同、付款、开票的情况，应通过签订三方协议或补充协议，将现金流、业务流及发票流统一，明确各方主体的权利和义务。

（12）项目部取得外部单位临时用水用电收入，应缴纳相应增值税。

（二）企业所得税

（1）异地项目核定征收代扣代缴个人所得税不得税前扣除。

（2）工程施工企业收取的长期挂账的应付款，按其性质确认收入，申报企业所得税。

（三）其他税种

（1）建设施工合同、分包机械租赁合同重新签订的，印花税不需重复缴纳。

（2）跨纳税主体发放薪酬、奖金时，应及时通知新调入单位，进行合并扣税。

（3）环保税申报的施工面积与产值应匹配。

（4）临时用地未超过一年的复垦应申报缴纳耕地占用税。

二、房地产开发业务税务风险事项

（一）增值税

1. 售楼处促销活动赠送物品

（1）视同销售：应将购进物品按照取得的金额及适用税率计算缴纳增值税，进项税额可以抵扣。

（2）混合销售：由于购房者统一支付对价，按销售不动产适用税率计算缴纳增值税，进项税额可以抵扣。

2. 销售房屋时赠送无产权的车位

（1）按照分别销售房屋和车位与购房者签订合同，合同上分别明确约定房屋价格和车位价格，并分别开具销售房屋和车位的增值税发票。

（2）对于赠送的车位签订补充协议，即补充说明房屋价格和车位价格的，约定车位不办理产权证书，购房者仅拥有使用权，开具发票时将房屋价格和车位价格合并开具，并备注赠送车位使用权；或在一张发票上注明房屋金额、车位使用权金额以及折扣金额。

（3）接受混合销售货物和劳务，在合同中应明确约定设备和服务的销售额，并明确采购的设备是否属于销售方自产，按不同业务适用不同税率。

3. 收到违约金

（1）如果合同成立后客户违约，该笔违约金应计算销项税额。

（2）如果合同不履行，取得客户违约金收入，该笔违约金不计算销项税额。

（二）企业所得税

（1）房地产开发企业在年度汇算清缴调整预计毛利率和实际毛利率之间的差额，即对收入进行调整时，应区分以下不同情况：

①销售未完工开发产品取得收入的纳税调整；

②销售未完工产品转完工产品，完工当年会计上确认销售收入的纳税调整。

(2) 以下几项费用可以进行预提，其他费用均应为实际发生的成本：

①出包工程未最终办理结算而未取得全额发票的，在证明资料充分的前提下，其发票不足全额可以预提，但最高不得超过合同总金额的10%；

②公共配套设施尚未建造或尚未完工的，可以按预算造价合理预提建造费用；

③应向政府上交但尚未上交的报批报建费用、物业完善费用可以预提。

(3) 不属于不征税收入的政府补助，应当计算缴纳企业所得税。

(4) 红线外配建住宅商业基础设施等成本，应取得政府相关文件、决议等证明资料，并取得合规票据。

(三) 土地增值税

(1) 预缴土地增值税的计税依据应为不含增值税收入。

(2) 利息支出若不能提供金融机构证明资料，应当获取与税务局沟通的利息支出的扣除方式。

(3) 房地产开发公司支付拆迁补偿费，在进行扣除时，应取得以下资料作为支付款项的原始凭证，并与支付给个人的拆迁补偿款、拆迁（回迁）合同和签收花名册或签收凭证一一核对：

①房地产开发企业通过银行转账方式向被拆迁单位或个人支付拆迁补偿费用的转账付款单据；

②房地产开发企业与被拆迁单位或个人签订的拆迁协议；

③被拆迁单位或个人通过银行账户（户名应与拆迁协议上的被拆迁单位或个人名称相同）收取房地产开发企业拆迁补偿费用的转账收款凭证，需要签名、加盖公章或手印；

④房地产开发企业和被拆迁单位或个人通过拆迁协议约定以实物兑付方式支付拆迁补偿费用的（须在拆迁协议中注明拆迁补偿费用标准和实物作价），应提供实物移交的相关凭据；

⑤被拆迁人原房屋产权证复印件、被拆迁人身份证复印件、联系电话等。

(4) 进行土地增值税成本清算时，应及时取得相关发票。

(5) 房地产开发企业在取得建筑安装服务发票时需要关注以下方面的内容，否则取得的发票金额在土地增值税清算时无法扣除：

①备注栏是否按照税法要求填写，具体要求为应在发票的备注栏注明建筑服务发生地县（市、区）名称及项目名称；

②取得发票的税率是否符合采购服务的性质，如甲供工程中的提供服务部分应取得税率为3%的发票。

(6) 房地产开发企业在办理工程结算时，质保金应提前开票。

（四）其他税种

（1）应当根据当月实际签约的应税合同缴纳印花税，合同需要载明签约时间，内容尽量要写明价税分离。

（2）在计算缴纳契税前，应缴纳城市基础配套费，并将其计入契税计算基数。

（3）若以《土地移交通知书》出具时间作为城镇土地使用税纳税申报时间依据，需取得税务机关的认可，否则按照合同约定的交付土地的次月进行纳税申报，合同未约定的，按照合同签订的次月进行纳税申报。

（4）样板房、售楼处均应按规定缴纳房产税、城镇土地使用税。

（5）房地产开发企业将开发完工的房产自用或出租，应缴纳房产税。

（6）支付的“老带新”客户奖励应代扣代缴个人所得税。

三、金融业务税务风险事项

（一）增值税

取得的增值税发票应及时认证，并进行进项税转出，不能在增值税发票综合管理平台产生滞留票。

（二）企业所得税

（1）在发行资产证券化产品时，将开具发票作为合同条款之一列明，若无法取得利息支出发票，应留存相关证明利息支出的凭证及其他资料，以向税务机关证明相应利息支出的真实性。

（2）发行资产证券化产品时，在扣除损失的情况下，需要完整保存资产损失相关资料，保证该项损失的真实性、合法性，并在必要的情况下准备中介机构出具的专项报告，以应对税务机关的检查。

（3）同一业务签订多份合同，应按照实质重于形式原则来判断，如实质取得的是保本、保收益的利息收入，需要缴纳增值税，同时缴纳企业所得税。

（4）子公司、集团公司与金融服务提供方签订三方协议，应在协议中明确各方职责，并约定由服务提供方直接将发票开给子公司，作为在企业所得税税前扣除凭证。

（三）其他税种

授信协议借款合同，不属于印花税征税范围，在签订授信协议时无须贴花。分次提款时单独签订借款合同，同时缴纳印花税。

四、贸易业务税务风险事项

（一）增值税

（1）根据物资采购种类，在获取进项发票前，应及时同供应商确认待开具的增值税进项发票税目，确保准确开具相关发票。在开具销项发票时，财务人员应核对相关进项发票的税目内容，确保发票进销项税目一致。

（2）财务人员应每月及时开具销售发票，并向业务部门了解购销情况。

（3）物资贸易中涉及材料运输费用的业务，收到有关运输费增值税专用发票，需要在备注栏注明起运地、到达地、车种车号以及货物信息等内容，未写明上述信息，不得做进项税额抵扣，已抵扣的做进项税额转出。

（二）企业所得税

出口但未计外销销售收入的样品、展品应适用免税政策，需在报关出口后次月申报增值税免税收入，并做进项税额转出处理。此外，出口货样广告品应在企业所得税层面做视同销售处理。

五、集团统借统还业务税务风险事项

（1）统借方为集团或核心企业。

（2）资金来源于金融机构借款或对外发行债券。

（3）资金只限于分拨一层，统借统还资金通过集团中间层级划拨给资金使用单位，中间层级收取的利息收入需缴纳增值税。在无法适用统借统还增值税免税政策的情况下，取得借款利息收入的单位应就利息收入缴纳增值税，并向借款方开具增值税发票，以进行企业所得税税前扣除。

（4）集团内贷款利息必须小于等于取得金融机构的贷款的利息或者支付的债券票面利息。

（5）资金必须由统借方统一归还。

第四节　日常自查报告要求

一、资料收集

检查人员应根据检查目标和工作计划，向被检查单位提出资料需求，检查人员充分收集被检查单位的相关资料。

检查人员应向被检查单位收集的涉税资料包括：

（1）被检查单位的纳税信用等级情况；

（2）被检查单位的纳税申报及税款计算资料；

（3）被检查单位的税款缴纳资料；

（4）被检查单位的税收优惠文件资料；

（5）税务机关对被检查单位进行检查的资料；

(6) 其他涉税资料。

检查人员应向被检查单位收集的业务资料包括：

(1) 被检查单位生产及销售、提供服务、进行投资的模式及流程；

(2) 被检查单位的人员数量及构成情况；

(3) 被检查单位的财务报表、账簿凭证、历年审计报告；

(4) 被检查单位的重大或特定经济业务合同；

(5) 被检查单位的对外投、融资文件及合同；

(6) 被检查单位的重大资产权属证明文件；

(7) 被检查单位的关联交易清单及定价原则；

(8) 其他业务资料。

二、自查方法

检查人员在实施日常自查工作的过程中，可采用观察、审阅、询问、核对、复算等方法。

(1) 观察被检查单位的生产经营状态、资产的管理和使用、内部控制制度的执行等，验证获取的书面资料信息是否真实、全面。

(2) 审阅被检查单位的财务报表、账簿凭证、报告、合同等资料的内容，以检查相关涉税处理是否合规、资料是否真实。

(3) 询问被检查单位存疑的事项和问题，通过口头或书面方式，向经办人员了解、核实检查事项的相关情况。采取口头询问的方式应形成询问记录。

(4) 核对被检查单位的相关资料中两处以上的同一信息，验证内容是否一致、计算是否正确。

(5) 复算被检查单位各税种的判断和税款计算流程、纳税申报表及计算资料的数据，通过对特定数据的复算，检查特定事项的涉税处理是否合规、审慎。

三、关注事项

检查人员应充分关注被检查单位日常生产、经营的涉税处理的合规性，包括：

(1) 梳理被检查单位生产流程、销售和提供服务的模式，关注不同销售模式或服务种类中的涉税处理是否合规、审慎。

(2) 梳理被检查单位投、融资业务模式，关注不同模式投融资业务中的涉税处理是否合规、审慎。

(3) 分析被检查单位资产购入、管理、处置等环节，关注各环节的涉税处理是否合规、审慎。

(4) 分析被检查单位人员和薪酬的构成情况，关注相关涉税处理是否合规、审慎。

（5）分析被检查单位获得利得的情况，包括收入、成本、费用、接受捐赠、税收返还、诉讼、担保或仲裁等情况，关注相关涉税处理是否合规、审慎。

（6）重点关注被检查单位选择适用的税收优惠政策是否合规、审慎，享受的税收优惠事项是否按规定进行申报或备案（查）。

检查人员应充分关注被检查单位重大经济事项涉税处理的合规性，包括：

（1）重点关注被检查单位的重大并购或重组业务方案和合同，特别是重组业务选择适用特殊性税务处理是否合规、审慎；对商业事务涉及并购的，重点关注并购后目标对象适用税收政策的变化，特别是优惠政策。

（2）重点关注被检查单位的关联交易类型和业务流程，检查相关涉税处理是否合规、审慎。

（3）重点关注被检查单位的重大资产确认、管理、处置等环节的相关情况，检查相关涉税处理是否合规、审慎。

（4）重点关注被检查单位的重大投资业务初始投资、取得投资收益、投资处置等环节的相关情况，检查相关涉税处理是否合规、审慎；对商业事务涉及投资的，重点关注商业事务达成对被检查单位以前年度重大事项税务处理的影响。

（5）重点关注被检查单位的重大经济业务合同，包括影响重大或金额重大的经济业务合同，检查相关涉税处理是否合规、审慎。

（6）重点关注被检查单位境外投资情况，检查对境外所得及亏损等事项的涉税处理是否合规、审慎。

四、自查报告

自查报告应包含被检查单位的基本情况、涉税风险及附件等信息。

（一）基本情况

被检查单位的基本情况包括行业、注册地、法人等基本信息，所涉及的财务和经营情况，以及纳税情况及税务处理方法，如基本的税收政策，主要税种、计税依据、税率（征收率），适用的税收优惠政策等。

（二）涉税风险

涉税风险包括但不限于事项描述、政策依据、分析结论、改进建议。

（三）其他事项

检查人员按实际情况增加其他事项。

（四）附件

附件信息包括检查过程中发现的问题的原始资料。

第二章 税务检（稽）查风险应对

第一节 税务局日常调研检查应对措施

一、税务局日常调研检查目的

税务局进行一般调研的主要目的是敦促企业税务管理人员更多地了解企业业务，多与企业其他部门进行沟通。这样做的好处是可以在日常就排除企业一些明显的税务违法违规行为，避免企业出现大的税务问题而导致产生较大的风险。

二、应对措施

（一）下属子公司应对日常调研检查准备

（1）税务局到场进行调研前，财务及办税人员应提前对涉税业务基本状况进行梳理，包括涉及的税种、税率、目前可享受的税收优惠及对应的优惠政策等。

（2）将账簿、报告等进行整理，并进行分类，以便在接受调研的过程中使用。

（3）安排熟悉税务、财务或业务的人员迎接检查。

（4）根据日常自查发现的问题准备应对策略，避免在与税务机关进行沟通的过程中被询问时无法及时处理。

（5）根据日常遇到的税务相关问题及疑惑列出备忘录，在接受调研的过程中适时地进行提问，以寻求税务机关的指导；面对新出台的税收政策，可请求税务机关进行讲解。对于特殊业务或事项是否应按规定纳税及适用税率等问题，可以及时向税务局申请指导，必要时应根据税务局的回复争取获得纸质文件，在未来接受税务稽查并发生异议时作为纳税的有利依据。

（二）税务风险日常管理流程

1. 税务风险汇报

1）撰写税务风险报告书

具体内容：下属公司收到税务局的涉税通知书或者税务风险提示时，就其发现的税务风险进行详细记录。

关键控制点：确保涉税事项记录准确、完整。

2）收集相关的法律法规，分析税务风险

具体内容：下属二级子公司税务管理专岗于收到税务风险报告书后，根据报告书中对税务风险的描述收集相关的法律法规，在充分理解相关法律法规的基础上，对下属子公司出现的税务风险进行分析。

关键控制点：确保相关法律法规已经收集齐全且现行有效。

3）存在明确规定的税务风险的处理

具体内容：对于存在明确规定的税务风险，二级子公司应要求下属子公司按照税法规定严格处理，以避免税务检查可能带来的处罚。下属子公司应及时将处理情况上报二级子公司税务管理人员。

关键控制点：二级子公司税务管理人员对下属子公司处理结果进行跟踪审核。

4）尚无明确规定的税务风险的处理

具体内容：对于税法尚无明确规定的税务风险，二级子公司税务管理人员应及时与当地主管税务机关沟通，并争取取得明确的税务处理意见。如果没有取得明确的税务处理意见，则二级子公司应及时上报集团公司税务管理部。

关键控制点：对与税务机关的沟通及时进行记录存档。

5）报告书的分类存档

具体内容：二级子公司在上报报告书的同时，应区别税法是否明确规定将报告书分类存档。

关键控制点：二级子公司财务部主管审核报告书分类是否正确，集团税务管理部负责按时催收报告书。

6）已经明确规定的税务风险的处理

具体内容：集团税务管理人员应将有明确规定的税务风险的汇总表下发给各二级子公司，并要求其参照税法规定执行。

关键控制点：税务管理人员及时整理税务风险汇总表，经主管审核后下发给各二级子公司。各二级子公司应及时反馈执行情况。

7）未决税务风险的处理

具体内容：集团公司税务管理人员应及时与国家税务总局就没有明确规定的税务风险进行沟通，并争取取得明确的税务处理意见。如果未能取得明确的税务处理意见，可以由税务管理人员根据沟通情况，拟定合法有利的、统一的处理意见，并要求各二级子公司按照统一的方式进行相关处理。

关键控制点：将与税务总局沟通的情况及时记录存档；根据沟通情况拟定的税务处理意见应经主管审核批准；各二级子公司如有不同意见或执行困难应立即向集团税务管理人员汇报。

2. 税务风险分析

1）下属子公司完成纳税情况分析表

具体内容：下属子公司办税人员根据税务局的涉税通知书或者税务风险提示完成纳税情况分析表。

关键控制点：确保表中金额正确无误。

2）二级子公司税务管理专岗的指标分析

具体内容：二级子公司税务管理专岗根据各个下属子公司上报的纳税情况分析表生成各项分析指标，并分横向和纵向比较指标的差异。

关键控制点：确保无重大异常。

3）二级子公司税务管理专岗督导下属子公司解释重大指标差异的原因

具体内容：二级子公司税务管理专岗责令并监督下属子公司对差异原因进行说明，必要时可以要求下属子公司提供书面证明材料。

关键控制点：确保差异原因得到合理可信的解释。

4）二级子公司税务管理专岗对产生差异的原因的处理

具体内容：如果是由于正常原因产生的差异，则二级子公司税务管理专岗需要将差异原因在分析表中注明，并将分析汇总表上报集团公司税务管理人员；如果是由于下属子公司的办税人员对税法理解有误或者计算错误等原因产生的差异，则二级子公司税务管理专岗需要完成以下工作：纠正该下属子公司已经存在的错误，并据此完成税务风险报告书；通知其他下属子公司对类似事项进行自查，防止发生类似的错误。

关键控制点：确保各个下属子公司对同样业务的税务处理均符合税法规定。

5）二级子公司完成分析汇总表

具体内容：二级子公司税务管理人员依据各个下属子公司的分析表以及指标差异原因完成分析汇总表，经二级子公司财务部经理和总会计师签字确认后上报集团公司税务管理人员。

关键控制点：确保分析汇总表中的金额准确、差异原因合理可信。

6）集团公司税务管理人员的指标分析

具体内容：集团公司税务管理人员根据各二级子公司上报的分析汇总表生成集团公司层面的汇总表，并分横向和纵向比较指标的差异。

关键控制点：确保无重大异常。

7）集团公司税务管理人员督导二级子公司发现重大指标差异的原因

具体内容：集团公司税务管理人员责令并监督二级子公司对差异原因进行说明，必要时可以要求其提供书面证明材料。

关键控制点：确保差异原因得到合理可信的解释。

8）集团公司税务管理人员对产生差异的原因的处理

具体内容：如果是由于正常原因产生的差异，则集团公司税务管理人员需要将差异原因在集团层面的分析汇总表中注明并存档；如果是由于二级子公司税务管理专岗对税法理解有误或者计算错误等原因产生的差异，则集团公司税务管理人员需要完成以下工作：纠正该二级子公司已经存在的错误，并据此要求其完成税务风险报告书；通知其他二级子公司对类似事项进行自查，防止发生类似的错误。

关键控制点：确保各个二级子公司对同样业务的税务处理均符合税法规定。

3. 新法规导读

集团公司税务管理人员需要认真学习税法的相关规定，及时研究新发布的与公司有关的税收法规，并完成关于新法规的导读手册（简称“导读”）。导读内容应该包括新法规的全文、法规中具体条文的解释、新法规对公司有哪些影响、办税人员在实际业务中应如何遵从新法规的规定等。

二级子公司税务管理专岗需要认真学习集团下发的导读，并及时研究各地区新发布的与公司有关的税收规定，对导读进行适当补充。每月二级子公司需将财务部经理签字确认后的导读下发给各个下属子公司学习，同时抄送集团公司税务管理人员。下属子公司需认真及时地学习导读，检查下属子公司是否存在违背新法规的事项。

第二节　识别税务稽查诈骗风险

一、税务稽查概述

税务稽查指税务机关依法对纳税人、扣缴义务人履行纳税义务、扣缴税款义务及其他税法义务的情况进行检查和处理的全部活动。

二、税务稽查诈骗风险识别

由于税务稽查在常见的外部检查中具有特殊性，容易让公司财务人员产生紧张感，因此容易对所谓的“税务稽查”言听计从，从而上当受骗。以下将对如何识别税务稽查诈骗风险展开阐述。

（一）常见诈骗手段

（1）不法分子首先使用网络虚拟电话等（如171开头的号码）与企业联系，拨打财务办公电话谎称是税务局工作人员要进行税务检查，需要添加公司财务的QQ或微信好友，添加完成后，发送《关于税务稽查随机抽查工作的通知》及材料清单，要求财务人员提供财务报表等公司信息；

（2）不法分子一般会将财务人员拉入QQ群或微信群，并以公司名称命名，群里有假冒的公司领导先假装询问财务人员“是否有税务局的同志联系财务”，如财务人员回答“有”，则“公司领导”会要求财务人员积极配合相关工作，“税务局人员”及“公司领导”相互配合寒暄，以此让财务人员对“领导”身份不加怀疑，随后继续询问财务人员关于公司的财务状况（银行卡余额）等，并以“事情重大”为由要求将“税务稽查”事宜暂时保密；

(3) 待时机成熟后，假冒的“公司领导”将会在群里要求财务人员向陌生账户转账，从而最终实施诈骗。

（二）税务局进行税务稽查的流程

为避免上当受骗，财务人员应熟知税务稽查的一般流程，如发现流程不符合相关规定，应保持警惕。税务局进行税务稽查的一般流程如下：

稽查人员确定稽查要求→查阅被查对象资料，了解政策→拟定稽查提纲，确定稽查重点→发出《税务事项通知书》《税务检查通知书》→现场检查：检查账簿凭证资料、实地调查、责令提供相关资料、询问有关情况、检查存款账户、异地协查、记录证人证言、采取税收保全措施→整理汇总检查资料→与被查单位交换意见→制作稽查报告→审理→发出《税务处理决定书》《行政处理决定书》并进行公告。

在上述流程中，税务稽查部门正常开展随机抽查工作时，一般会先组织企业开展自查，并书面送达《税务事项通知书》明确自查要求；如立案检查，检查人员将送达《税务检查通知书》并现场出示税务检查证，证件齐全后方能展开工作。相关规定如下：

《税务稽查案件办理程序规定》（国家税务总局令 2021 年第 52 号）第十五条规定：“检查前，稽查局应当告知被查对象检查时间、需要准备的资料等，但预先通知有碍检查的除外。检查应当由两名以上具有执法资格的检查人员共同实施，并向被查对象出示税务检查证件、出示或者送达税务检查通知书，告知其权利和义务。”

第十八条规定：“调取账簿、记账凭证、报表和其他有关资料时，应当向被查对象出具调取账簿资料通知书，并填写调取账簿资料清单交其核对后签章确认。”

第二十条规定：“询问应当由两名以上检查人员实施。除在被查对象生产、经营、办公场所询问外，应当向被询问人送达询问通知书。”

（三）主动识别诈骗风险

财务人员在收到稽查通知时，应做好防范，主动识别是否存在诈骗风险，不应盲目听信所谓“税务局人员”的操作要求。根据上述规定，稽查人员在开展工作时均应出示书面文件及相关证件，不会使用电话、微信、QQ 等方式通知纳税人。仍不能辨别真假时，可致电当地主管税务机关核实。

公司要加强对全体员工，特别是财务人员的防诈骗宣传，在进行任何转账操作前，一定要再三核实，特别是在 QQ、微信等网络社交平台上接收转账指令的，务必当面或通过电话等多种途径向公司负责人核实，谨防上当受骗。

第三节　税务稽查的应对措施

一、被稽查子公司税务管理人员准备工作

企业涉税人员应熟知稽查流程，以自如应对，同时应制定以下准备措施。

（一）办税人员

办税人员应熟悉相关税收政策及全部业务流程所涉及的税种、纳税时间、本企业税费缴纳情况等，并形成备忘录，以便在面对税务稽查的询问时能够及时应对。

（二）查前做好自查自纠工作，尽早排除涉税风险

在接受税务检查之前，相关人员应根据企业自身的生产经营特点判断企业是否属于重点稽查行业或存在重点稽查业务，并根据财务核算情况和纳税申报情况，依据有关税收法律、法规的规定，认真排查企业可能存在的涉税风险点，积极做好自查自纠工作，尽量采取补救措施，提前排除有关涉税风险。

（三）将账簿等资料整理备查

在接受稽查前，应根据税务机关下发的《税务事项通知书》准备相关资料，将账簿打印成册并装订，以备查验。

（四）审查税务检查的合法性，要求有利害关系的检查人员回避检查

税务机关在对企业进行检查时，都要依法向企业下达正规的《税务检查通知书》，检查应当由两名以上检查人员共同实施，并向被查对象出示税务检查证。因此，如果检查人员没有依法下达《税务检查通知书》，或者没有出示税务检查证，企业就可以拒绝检查，以防止个别人员滥用检查权力，损害企业的利益。

如果被查企业与检查人员存在利害关系，担心检查人员滥用职权、趁机对企业进行打击报复，被查企业可以向该税务稽查局要求相关检查人员回避。尽管是否回避的最终决定权在稽查局局长，但是如果有利害关系的检查人员没有回避，并且检查人员存在滥用职权、故意打击报复的行为，给企业造成了经济损失，被查企业可以收集相关证据，以备将来依法行使陈述申辩、听证、复议和诉讼的权利，维护自己的合法权益。

（五）积极陈述申辩，提供有关资料，尽早澄清事实

被查企业通常都是在收到《税务行政处罚事项告知书》之后才进行陈述申辩，其实在税务机关作出处罚决定之前，随时都可以陈述申辩，不仅可以在查后对拟处罚决定进行陈述申辩，而且在查中就可以对涉税问题进行陈述申辩。被查企业如果对检查人员认定的某项违法事实有异议，应当尽可能同时提供不同的证据和依据，争取双方在将案件移交到审理环节之前就澄清事实，尽早避免错案发生，减少经济损失。另外，被查企业如果对既成

偷税行为不是主观故意，也可以在陈述申辩的时候讲明情况，请求税务机关能够给予最低额度的罚款，以便争取将损失降到最低程度。

二、下属子公司被税务稽查时的信息传递

（一）下属子公司将税务稽查事项上报二级子公司

具体内容：下属子公司在接受税务稽查时，办税人员应及时了解税务机关的质疑和下属子公司的实际情况，与二级子公司税务管理专岗沟通并达成共识，同时完成税务稽查报告书（简称“报告书”）。报告书的内容应该包括税务机关的质疑、下属子公司的实际情况等。报告书经下属子公司财务经理签字确认后，上报二级子公司。

关键控制点：确保将税务机关的意见和要求及时、完整、清晰地转达给二级子公司。

（二）二级子公司对稽查问题的分析

具体内容：二级子公司税务管理专岗在收到下属子公司上报的报告书后，应根据对相关税收法规和下属子公司业务的理解对主管税务机关的质疑进行分析。

关键控制点：在全面了解相关法规和公司业务的基础上进行分析。

（三）对分析结果的分类

具体内容：经二级子公司税务管理专岗的分析，税务机关的质疑可能存在如下三种情况：①下属子公司的税务处理是错误的；②下属子公司的税务处理是正确的；③对于下属子公司的税务处理税法目前没有明确的规定。

关键控制点：分析结果应经过财务部经理和总会计师的审核确认。

（四）二级子公司对分析结果的处理

具体内容：针对不同的分析结果，二级子公司应采取不同的处理措施：①如下属子公司的税务处理是错误的，则要求下属子公司及时纠正，并争取税务机关的从轻处罚；②如下属子公司的税务处理是正确的，则二级子公司应对接受税务稽查的下属子公司予以帮助，包括指导下属子公司准备相关材料、协助下属子公司与其主管税务机关沟通等；③如税法对下属子公司的税务处理没有明确的规定，则二级子公司税务管理专岗应指导下属子公司及时与主管税务机关沟通，并积极争取有利于公司的解决办法。

关键控制点：处理措施应经过财务部经理的审核确认。

（五）二级子公司上报税务稽查事项

具体内容：如果发生以下情况，二级子公司应该及时将税务稽查事项向集团公司税务管理人员汇报，同时完成税务风险报告书，请财务部经理签字确认后上报集团公司税务管理人员：①与税务机关沟通后还是没有解决税务稽查中的分歧；②税务稽查事项影响金额重大、影响范围广泛。

关键控制点：税务风险报告书应由财务部经理和总会计师审核确认。

（六）集团公司对接受税务稽查的二级子公司的指导和协助

具体内容：集团公司税务管理人员应对接受税务稽查的二级子公司给予指导和协助，必要时与其主管税务机关沟通，争取有利于公司的解决办法。

关键控制点：对于二级子公司上报的情况，税务管理人员应及时以书面文件的形式下发指导意见。

三、税务稽查后信息管理的具体说明

（一）下属子公司撰写税务稽查报告书

具体内容：下属子公司于每次税务稽查后撰写税务稽查报告书（以下简称“报告书”），详细说明税务稽查的事项、涉及的法规、涉及的金额、税务机关的最终处理意见，经财务部经理签字确认后，上报二级子公司财务部。

关键控制点：财务部经理签字确认。

（二）二级子公司税务管理专岗将报告书分类汇总

具体内容：二级子公司税务管理专岗将各个下属子公司上报的报告书按照税种、事项进行分类汇总，存档备查。

关键控制点：确保分类符合集团统一标准。

（三）报告书的上传下达

具体内容：二级子公司税务管理专岗应将财务部经理和总会计师签字确认后的报告书上报集团公司税务管理人员，同时下发给其他下属子公司，并要求其他下属子公司根据报告书中的内容进行自查。

关键控制点：财务部经理和总会计师应对报告书的流转进行审核确认。

（四）其他下属子公司根据二级子公司下发的报告书进行自查

具体内容：其他下属子公司应根据二级子公司下达的报告书进行自查，如果存在类似税务问题，则应尽快纠正，并完成税务风险报告书。税务风险报告书经财务部经理签字确认后上报二级子公司。

关键控制点：财务部经理确保报告书的内容完整、描写准确。

（五）报告书的下达

具体内容：集团公司税务管理人员应将分类汇总的报告书发送给各个二级子公司，并要求二级子公司根据报告书中的内容进行自查。同时，集团公司税务管理人员应将上述报告书存档备查。

关键控制点：税务管理主管对下发的文件进行审核确认。

（六）其他二级子公司根据集团公司下发的报告书进行自查

具体内容：二级子公司应根据集团公司下发的报告书进行自查，如果存在类似税务问题，则应尽快纠正，并完成税务风险报告书。税务风险报告书经财务部经理签字确认后上报集团公司。

关键控制点：财务部经理确保报告书的内容完整、描写准确。

（七）集团公司税务管理人员将报告书分类汇总

具体内容：集团公司税务管理人员将各个二级子公司上报的报告书按照税种、事项进行分类汇总，存档备查。

关键控制点：编制档案台账，确保资料的完整性。

第四节　税务风险自查评估关注指标

一、增值税各关键指标

（一）增值税实际税负率

增值税实际税负率需要结合行业平均税负率、企业历史平均增值税税负率、销售额变动率等指标进行对比分析。增值税实际税负率产生较大波动时，在排除进项和销项的变化因素后，应确认是否存在未及时、未足额缴纳税款的风险。可能的因素有国家税收优惠政策影响、采购成本无进项税发票、销项增长远大于进项、进项抵扣范围扩大、未及时申报应税销售收入等情况。

（二）增值税申报表收入与企业所得税申报表收入、利润表收入、现金流量表经营性现金流入对比

相关比率如下：

（1）增值税申报表收入总额（包括一般计税收入、简易计税收入、免抵退税收入和免税收入）÷当期企业所得税申报表收入总额（包括主营业务收入、其他业务收入、营业外收入、其他收益、视同销售收入等）

（2）增值税申报表收入总额÷当期利润表收入总额（包括营业收入和营业外收入）

（3）增值税申报表收入总额÷当期现金流量表经营性现金流入总额

排除非增值税应税业务的影响后，若上述比率偏离1的幅度较大，应结合具体原因以确认是否存在未足额申报增值税未开票收入的情况。与现金流量表进行对比分析时应考虑公司的应收账款平均账期的影响，以排除现金流入时点与收入确认时点和开票时点的差异的影响。

（三）增值税实际税负率变动率

若增值税税负率变动率出现较大波动，需要进一步分析进项和销项的匹配程度。

（四）增值税税负变动率与主营业务毛利率变动率弹性系数

增值税税负变动率与主营业务毛利率变动率弹性系数＝增值税税负变动率÷主营业务毛利率变动率

其中，主营业务毛利率变动率＝（当期主营业务毛利率－上期主营业务毛利率）÷上期主营业务毛利率

主营业务毛利率＝（主营业务收入－主营业务成本）÷主营业务收入

增值税税负变动率和主营业务毛利率变动率基本应同向变动，弹性系数应接近1。若企业增值税税负变动率较大，但主营业务毛利率变动率未同向变动，则企业的增值税税负变动率与主营业务盈利能力变化的关系较小，增值税管理存在问题的可能性较大，应进一步分析进项和销项的合理性，查找增值税管理漏洞和风险。

（五）销项税额变动率

如果销项税额变动异常，说明本期销售产品的价格或数量增加幅度较大，或本期销售产品的价格或数量下降幅度较大。

（六）未开具发票销售额变动率

若未开具发票销售额较上期同比增长较大，可能的原因包括未按照税收法律法规及时开具销项发票、营业外收入增加等。若企业的营业收入涉及稳定的不需要开票的业务，则该变动率较稳定。若企业的营业收入主要是基础设施建设、大型装备制造等长周期业务收入，则该变动率不显著。

（七）未开具发票销售额占比变动率

企业可结合自身的客户情况，使用该指标分析未开具发票的销售额呈现的情况是否准确以及企业是否依法纳税。

若当期未开票销售额占全部销售额的比例较过去12个月的平均数有较大差异，应关注企业未开票收入产生的具体原因。

（八）进项税额变动率

若进项税额变动异常，说明本期购进价格或数量变动幅度较大。

（九）进销项税额弹性系数

进销项税额弹性系数＝当期进项税额变动率÷当期销项税额变动率

（1）若弹性系数远大于1，则说明进项税额变动率大于销项税额变动率，有可能存在进项税额多抵扣或销项税额隐瞒的情况。

（2）若弹性系数远小于1，则说明销项税额变动率大于进项税额变动率，可能存在提前抵扣进项而未来期间有收入时无进项可抵扣的情况。

（3）若弹性系数接近1，则说明进项税额变动与销项税额变动同步，情况正常。

（十）进项认证配比率

进项认证配比率 = 近 12 个月已认证进项税额 ÷ 近 12 个月取得的进项发票税额

该比率需要结合历史数据进行分析比较，建议以历史数据为基准设置正负 10% 的阈值。一般情况下该比率应接近 1。若该比率远小于 1，企业可能存在未及时认证进项发票的情况，导致未及时抵扣销项税。

（十一）预缴分包扣除率

预缴分包扣除率 = 办理增值税预缴时已扣除的分包款发票金额 ÷ 实际已取得的分包款发票金额

若实际已取得的分包款发票金额已经全部在预缴时扣除，则该扣除率应等于 1。若该扣除率小于 1，则说明企业在增值税预缴时未及时足额扣除分包款。

二、企业所得税各关键指标

（一）企业所得税名义税负率

企业所得税名义税负率 = 当期所得税费用 ÷ 当期会计利润总额

该指标从企业所得税名义负担水平与所处行业的水平的比较中帮助企业发现税负异常情况。企业所得税名义负担水平与阈值范围存在较大差异时，结合本期经营活动的重大变化，可进一步从利润总额变动及各项永久性差异变动等方面进行分析。

（二）企业所得税实际税负率

企业所得税实际税负率 = 当期申报的实际纳税额 ÷ 当期会计利润总额

该指标从企业所得税实际负担水平与所处行业的水平的比较中帮助企业发现税收负担异常的情况，同时考虑永久性差异和时间性差异的影响。企业所得税实际负担水平与阈值范围存在较大差异时，可进一步从利润总额变动、各纳税调整项目变动、实际弥补的以前年度亏损额变动和股息红利免税收入变动以及本期经营活动的重大变化等方面进行分析。

（三）纳税调整金额比率变动率

纳税调整金额比率变动率 = （本期纳税调整金额比率 - 上期纳税调整金额比率） ÷ 上期纳税调整金额比率

纳税调整金额比率 = 申报表纳税调整金额 ÷ 会计利润总额

当变动率较大时，可能导致本期税费增多，下一年度调整项金额过大，从而造成长期税费金额波动不稳。应进一步分析永久性差异和时间性差异，并对纳税调整金额较大的事项进行复核，对纳税调整金额较大的时间性差异进行持续管理。

（四）企业所得税实际税负变动率与营业收入变动弹性

企业所得税实际税负变动率与营业收入变动弹性 = 企业所得税实际税负变动率 ÷ 营业

收入变动率

企业所得税实际税负变动率＝（当期企业所得税实际税负率－上期企业所得税实际税负率）÷上期企业所得税实际税负率

营业收入变动率＝（当期营业收入－上期营业收入）÷上期营业收入

本指标为重要的稽查指标，其异常可能引起税务稽查机关的关注，使企业被选为稽查对象。企业需分析异常产生的原因，提前做好应对准备，以降低相关风险。

（五）所得税贡献率

所得税贡献率＝应纳税所得额÷营业收入

税务机关通常将当地同行业与本企业所得税贡献率相比较，低于标准值会被视为异常，企业可提前进行自查。所得税贡献率低，说明企业可能存在多列成本费用、扩大税前扣除范围等问题。

（六）应收账款与营业收入匹配率

应收账款与营业收入匹配率＝应收账款当期累计借方发生额÷当期申报所得税的营业收入

如果该指标大于1，说明企业当期应收账款发生额大于申报收入，应进一步分析具体原因。如果存在融资租赁（租赁期开始日确认应收融资租赁款，并按实际利率法对应收融资租赁款中的利息部分确认主营业务收入，导致应收款项远大于主营业务收入）等基于业务相应的会计核算要求导致的正常差异，可以排除相关影响后进一步分析。

（七）永久性差异纳税调整变动率

永久性差异纳税调整变动率＝（当年申报表永久性差异纳税调整金额－上年申报表永久性差异纳税调整金额）÷上年申报表永久性差异纳税调整金额

该指标用于比较永久性差异调整变动情况，一般情况下该指标较小，相对稳定，当该指标较大时，需考虑当期是否存在国家新出台减税降费政策、企业发生重大经营变动或非经营性事项导致的永久性差异。

（八）罚没支出调整比率

罚没支出调整比率＝当年申报表罚没损失调整金额÷当年科目余额表营业外支出罚没金额

该指标主要用来识别企业是否充分将滞纳金和罚款导致的损失进行了纳税调整。如发现该指标小于1，应结合实际情况具体分析，可能存在因未充分考虑而发生的罚没损失。

（九）成本变动率与收入变动率匹配率

成本变动率与收入变动率匹配率＝（当期成本总额÷上期成本总额－1）÷（当期收入总额÷上期收入总额－1）

当成本变动与收入变动匹配度较高时，该匹配率应接近1。

若匹配率大于1，则说明成本波动率大于收入波动率，如收入为正向变动，则可能存在虚列成本的情况。若匹配率小于1且大于0，则说明成本波动率小于收入波动率，如收入为负向变动，则可能存在当期未足额申报收入的情况。若匹配率小于0，则收入和成本呈反向变动，需重点关注企业的实际经营情况和成本、收入填报的准确性。

（十）与取得收入无关的支出变动率

与取得收入无关的支出变动率 =（当年申报表填列的与取得收入无关的支出纳税调整金额 - 上年申报表填列的与取得收入无关的支出纳税调整金额）÷上年申报表填列的与取得收入无关的支出纳税调整金额

当企业与取得收入无关的支出变动率超出合理范围时，应结合当期经营活动的重大变化进行分析。

（十一）利息支出纳税调整变动率

利息支出纳税调整变动率 =（当年申报表填列的利息支出纳税调整金额 - 上年申报表填列的利息支出纳税调整金额）÷上年申报表填列的利息支出纳税调整金额

当企业利息支出纳税调整金额超出合理范围时，应结合当期经营活动的重大变化进行分析。

（十二）管理费用申报比率

管理费用申报比率 = 当年申报表管理费用 ÷ 当年科目余额表管理费用

该比率主要用于考查纳税申报口径是否完整。当该比率偏离1的幅度较大时，企业很可能未准确地核算当期企业所得税申报中的管理费用口径。

（十三）销售费用申报比率

销售费用申报比率 = 当年申报表销售费用 ÷ 当年科目余额表销售费用

该指标主要用于考查纳税申报口径是否完整。当该比率偏离1的幅度较大时，企业很可能未准确地核算当期企业所得税申报中的销售费用口径。

三、其他税种各关键指标

从重要性角度出发，其他税种仅列举印花税、房产税、城镇土地使用税、土地增值税、耕地占用税、附加税费的指标，其他小税种税务风险指标未做列举。

（一）印花税各关键指标

1. 印花税比率

印花税比率 = 当期印花税申报表应纳税额 ÷ 当期科目余额表营业收入

若企业经营稳定，该比率应稳定在一定范围区间，若超出合理范围，则可能表示印花税缴纳存在问题或者企业经营环境发生了变化，需结合其他情形综合判定。

2. 印花税与所得税申报表数据比

印花税与所得税申报表数据比 = 当年印花税申报纳税总额∶根据所得税汇算清缴申报表数据测算的印花税理论额

根据所得税汇算清缴申报表数据测算的印花税理论额 = 收入（货物销售或施工）× 0.3‰ + 成本 ×0.3‰ + 租赁费 ×1‰ + 仓储费 ×1‰ + 运费 ×0.3‰ + 利息支出 ÷5%（假定借款年利率按5%折算）×0.05‰

若该比率测算结果小于1的幅度较大，则提示企业可能存在印花税申报不足的风险。以上按照企业所得税汇算清缴申报表和年度财务报表各科目数字推算的印花税申报理论额，可能与实际应纳印花税税额存在一定的合理差异，包括合同签订和收入、成本的账面确认存在时间差异，借款利息支出可能为非金融机构借款利息支出等。如发现指标异常，企业应根据自身实际经营情况进一步分析可能存在的问题，并对指标异常情况做好解释预案。

3. 印花税变动率

若企业经营稳定，其印花税税额应较为稳定。若变动幅度较大，则可能表示印花税缴纳存在问题或者企业经营环境发生了变化，企业需要结合当期的营业收入变动率以及其他指标综合分析。

4. 印花税营业账簿申报比率

印花税营业账簿申报比率 = 申报表记载的营业账簿印花税应补退税额 ÷（当期实收资本和资本公积增加额 × 适用税率）

如该比率测算结果小于1，则提示企业可能存在本期的实收资本和资本公积总额发生变动而未对增加的部分按规定补充申报的风险。

（二）房产税各关键指标

1. 房产税变动率

房产税变动率 =（本期应纳房产税税额 - 上年同期应纳房产税税额）÷上年同期应纳房产税税额

或（本期应纳房产税税额 - 上期应纳房产税税额）÷上期应纳房产税税额

若房产税变动率波动异常，企业应结合当期的不动产购置、处置和出租情况进行综合分析。

2. 房产税从价计征依据与不动产原值比例的变动率

房产税从价计征依据与不动产原值比例的变动率 =（当期房产税申报表从价计征依据 ÷ 当期财务报表/企业所得税申报表不动产原值）÷（上期房产税申报表从价计征依据 ÷ 上期财务报表/企业所得税申报表不动产原值）

若该比率波动较大，则表示企业可能存在房产税从价计征的房屋原值未充分申报的风险，应确定当期是否存在不动产出租、新增或减少的情况：若当期出租的不动产增加，则该变动率应小于1；若当期出租的不动产减少，则该变动率应大于1。

3. 房产税从租计征依据与开票租金比例

房产税从租计征依据与开票租金比例 = 当期房产税申报表从租计征依据 ÷ 当期开具增值税发票的租金收入

若该比例小于1，则表示企业可能存在从租计征的房屋租金未充分申报的风险，应结合租金的支付条款和开票期间进一步分析。如存在提前收取租金和开具发票的情况，则申报房产税的租金收入小于开票金额为正常情况。相应地，如当期申报从租计征的租金收入为前期已开票收款的收入，则当期申报房产税的租金收入大于开票金额为正常情况。

（三）城镇土地使用税各关键指标

1. 城镇土地使用税变动率

城镇土地使用税变动率 = （本期应纳城镇土地使用税税额 - 上年同期应纳城镇土地使用税税额） ÷ 上年同期应纳城镇土地使用税税额

或（本期应纳城镇土地使用税税额 - 上期应纳城镇土地使用税税额） ÷ 上期应纳城镇土地使用税税额

若城镇土地使用税税额波动异常，企业应结合当期不动产和土地使用权购置与处置情况进行综合分析。

2. 城镇土地使用税变动率与城镇土地使用权原值变动率匹配率

城镇土地使用税变动率与城镇土地使用权原值变动率匹配率 = 城镇土地使用税变动率 ÷ 城镇土地使用权原值变动率

城镇土地使用权原值变动率 = （本期资产负债表城镇土地使用权原值 - 上期资产负债表城镇土地使用权原值） ÷ 上期资产负债表城镇土地使用权原值

排除城镇土地使用权评估增值的影响后，若城镇土地使用税变动率与城镇土地使用权原值变动率不匹配，则表示企业存在城镇土地使用税申报不足的风险。

（四）土地增值税各关键指标

房地产开发企业预售收入土地增值税预征计税依据与增值税含税预收款金额比率比例应等于（1 + 增值税适用税率或征收率 - 3%） ÷ （1 + 增值税适用税率或征收率）。如大于该值，则可能存在增值税预缴申报收入不完整的风险；如小于该值，则可能存在土地增值税预征计税依据不完整的风险。

（五）耕地占用税各关键指标

耕地占用税实际计征比率 = 耕地占用税税额 ÷ （临时土地使用证面积 + 规划用地许可证面积）

耕地占用税实际计征比率应等于实际占用耕地的适用税率，若该比率小于耕地适用税率，则可能存在少计征耕地占用税的风险；若该比率大于耕地适用税率，则需确认是否多计征应申请退税。

（六）附加税费各关键指标

附加税费实际计征比率：

（1）城市维护建设税税额 ÷（增值税实际计征税额 + 消费税实际计征税额）

（2）教育费附加金额 ÷（增值税实际计征税额 + 消费税实际计征税额）

（3）地方教育费附加金额 ÷（增值税实际计征税额 + 消费税实际计征税额）

三项指标比率应等于其各项附加税费的税率。如果比率大于税率，则需要查看是否存在增值税和消费税的先征后返、先征后退、即征即退、留抵退税的情况，排除后可再查看是否存在其他申请退税的情况。如果比率小于税率，则需要检查是否存在少计征附加税费的情况。

（七）各税种间勾稽关系核对

1. 增值税与所得税关联

增值税申报表收入总额 ÷ 企业所得税收入总额

2. 增值税与印花税关联

印花税申报销售合同金额 ÷ 增值税申报表收入总额

3. 增值税与土地增值税关联

增值税申报表收入 ÷ 土地增值税收入（房地产企业适用）

4. 增值税与水利建设基金关联

增值税申报收入 ÷ 水利建设基金申报计税依据

若上述比率偏离 1 的幅度较大，应结合具体原因分析是否存在未足额申报缴纳增值税、水利建设基金、企业所得税等的情况。

5. 所得税费用

当期所得税费用借方发生额 = 应交税费 – 应交企业所得税科目贷方发生额

6. 税金及附加

城市维护建设税、教育费附加、土地使用税等科目借方发生额 = 应交税费 – 城市维护建设税、教育费附加、土地使用税等科目贷方发生额

7. 房产税申报

房产税申报原值 = 企业所得税申报不动产原值

四、税收优惠政策享受条件

（一）高新技术企业研发和技术创新人员比例

关键控制点：企业从事研发和相关技术创新活动的科技人员占企业当年职工总数的比例应不低于 10%，否则不满足高新技术企业认定条件。

（二）高新技术研发费用投入占收入的比例

关键控制点：为满足高新技术企业认定和享受税收优惠的条件，企业近三个会计年度

（实际经营期不满三年的按实际经营时间计算）的研究开发费用总额占同期销售收入总额的比例应符合如下要求：

（1）最近一年销售收入小于5000万元（含）的企业，比例不低于5%；

（2）最近一年销售收入在5000万元至2亿元（含）的企业，比例不低于4%；

（3）最近一年销售收入在2亿元以上的企业，比例不低于3%。

（三）高新技术境内研发费用占全部研发费用的比例

关键控制点：企业近三个会计年度在中国境内发生的研究开发费用总额（实际经营期不满三年的按实际经营时间计算）占同期全部研究开发费用总额的比例应不低于60%，否则不满足高新技术企业认定条件。

（四）高新技术产品（服务）收入占同期总收入的比例

关键控制点：企业近一年高新技术产品（服务）收入占企业同期总收入的比例应不低于60%，否则不满足高新技术企业认定条件。

（五）西部地区鼓励类产业项目营业收入比率

关键控制点：企业的主营业务为《西部地区鼓励类产业目录》中规定的产业项目，鼓励类产业项目的主营业务收入与企业当年收入总额的比率的适用期间为：

（1）2021年1月1日至2030年12月31日，比率为60%；

（2）2001年1月1日至2020年12月31日，比率为70%。

第七部分　涉税会计处理

第一章　增　值　税

第一节　一般纳税人科目设置

一、“应交税费”中与增值税核算有关的明细科目

“应交税费”中与增值税核算有关的明细科目核算内容见表7-1-1。

“应交税费”中与增值税核算有关的明细科目核算内容　　表7-1-1

二级科目名称	核算内容
应交增值税	明细账内设置“进项税额”“销项税额抵减”“已交税金”“转出未交增值税”“减免税款”“出口抵减内销产品应纳税额”“销项税额”“出口退税”“进项税额转出”“转出多交增值税”等专栏
未交增值税	一般纳税人月度终了从“应交增值税”或“预缴增值税”明细科目转入当月应交未交、多交或预缴的增值税额，以及当月交纳以前期间未交的增值税额
预交增值税	一般纳税人转让不动产、提供不动产经营租赁服务、提供建筑服务、采用预收款方式销售自行开发的房地产项目等，以及其他按现行增值税制度规定应预缴的增值税额
待抵扣进项税额	一般纳税人已取得增值税扣税凭证并经税务机关认证，按照现行增值税制度规定准予以后期间从销项税额中抵扣的进项税额
待认证进项税额	一般纳税人由于未经税务机关认证而不得从当期销项税额中抵扣的进项税额
待转销项税额	一般纳税人销售货物、加工修理修配劳务、服务、无形资产或不动产，已确认相关收入（或利得）但尚未发生增值税纳税义务而需于以后期间确认为销项税额的增值税额
增值税留抵税额	兼有销售服务、无形资产或者不动产的原增值税一般纳税人，截止到纳入营改增试点之日前的增值税期末留抵税额按照现行增值税制度规定不得从销售服务、无形资产或不动产的销项税额中抵扣的增值税留抵税额
简易计税	一般纳税人采用简易计税方法发生的增值税计提、扣减、预缴、缴纳等业务
转让金融商品应交增值税	增值税纳税人转让金融商品发生的增值税额
代扣代缴增值税	纳税人购进在境内未设经营机构的境外单位或个人在境内的应税行为代扣代缴的增值税

二、"应交增值税"专栏设置

"应交增值税"专栏核算内容见表7-1-2。

"应交增值税"专栏核算内容 表7-1-2

二级科目名称	核算内容
进项税额	一般纳税人购进货物、加工修理修配劳务、服务、无形资产或不动产而支付或负担的、准予从当期销项税额中抵扣的增值税额
销项税额抵减	一般纳税人按照现行增值税制度规定因扣减销售额而减少的销项税额
已交税金	一般纳税人当月已交纳的应交增值税额
转出未交增值税	一般纳税人月度终了转出当月应交未交的增值税额
转出多交增值税	一般纳税人月度终了转出当月多交的增值税额
减免税款	一般纳税人按现行增值税制度规定准予减免的增值税额
出口抵减内销产品应纳税额	实行"免、抵、退"办法的一般纳税人按规定计算的出口货物的进项税抵减内销产品的应纳税额
销项税额	一般纳税人销售货物、加工修理修配劳务、服务、无形资产或不动产应收取的增值税额
出口退税	一般纳税人出口货物、加工修理修配劳务、服务、无形资产按规定退回的增值税额
进项税额转出	一般纳税人购进货物、加工修理修配劳务、服务、无形资产或不动产等发生非正常损失以及其他原因而不应从销项税额中抵扣、按规定转出的进项税额

三、小规模纳税人科目设置

小规模纳税人只需在"应交税费"科目下设置"应交增值税"明细科目，不需要设置上述专栏及除"转让金融商品应交增值税""代扣代缴增值税"外的明细科目。

第二节 账务处理

一、取得资产或接受劳务等业务的账务处理

（一）采购等业务进项税额允许抵扣的账务处理（按当月已认证的金额抵扣）

采购等业务进项税额允许抵扣的账务处理见表7-1-3。

采购等业务进项税额允许抵扣的账务处理 表7-1-3

	发生业务公司（一般纳税人）	发生业务公司（小规模纳税人）
借	在途物资/原材料/生产成本/库存商品/在建工程/无形资产/固定资产/销售费用/管理费用等 应交税费—应交增值税—待认证进项税额	在途物资/原材料/生产成本/库存商品/在建工程/无形资产/固定资产/销售费用/管理费用等
贷	银行存款/应付账款/应付票据	银行存款/应付账款/应付票据

（二）采购等业务进项税额当月未认证或不得抵扣的账务处理

采购等业务进项税额当月未认证或不得抵扣的账务处理见表 7-1-4。

采购等业务进项税额当月未认证或不得抵扣的账务处理　　表 7-1-4

发生业务公司	
借	原材料/库存商品/在建工程/销售费用/管理费用等 应交税费—待认证进项税额
贷	银行存款/应付账款
同时转出进项税额	
借	应交税费—待认证进项税额
贷	应交税费—应交增值税（进项税额转出）

（三）购买方作为扣缴义务人的账务处理

购买方作为扣缴义务人的账务处理见表 7-1-5。

购买方作为扣缴义务人的账务处理　　表 7-1-5

发生业务公司	
借	原材料/库存商品/在建工程/销售费用/管理费用等 应交税费—应交增值税—待认证进项税额
贷	银行存款/应付账款 应交税费—代扣代缴增值税

二、销售商品、提供劳务确认销项税额

（一）销售业务的账务处理

销售业务的账务处理见表 7-1-6。

销售业务的账务处理　　表 7-1-6

发生业务公司	
借	银行存款/应收账款/应收票据
贷	营业收入/固定资产清理/工程结算等 应交税费—应交增值税—销项税额

（二）确认收入或利得的时点早于按照增值税制度确认的增值税纳税义务发生时点

确认收入或利得的时点早于按照增值税制度确认的增值税纳税义务发生时点的账务处理见表 7-1-7。

未发生纳税义务的账务处理

表 7-1-7

发生业务公司	
借	银行存款/应收账款
贷	营业收入 应交税费—应交增值税—待转销项税额

发生纳税义务时的账务处理见表 7-1-8。

发生纳税义务时的账务处理

表 7-1-8

发生业务公司	
借	应交税费—应交增值税—待转销项税额
贷	应交税费—应交增值税—销项税额

（三）视同销售的账务处理

视同销售的账务处理见表 7-1-9。

视同销售的账务处理

表 7-1-9

发生业务公司	
借	应付职工薪酬/利润分配/管理费用
贷	应交税费—应交增值税—销项税额

三、差额征税的账务处理

（一）企业发生相关成本费用允许扣减销售额

企业发生相关成本费用允许扣减销售额的账务处理见表 7-1-10。

发生成本费用的账务处理

表 7-1-10

发生业务公司	
借	营业成本/存货/工程施工等
贷	应付账款/应付票据/银行存款

待取得合规增值税扣税凭证且纳税义务发生时的账务处理见表 7-1-11。

销项税额抵减的账务处理

表 7-1-11

发生业务公司	
借	应交税费—应交增值税（销项税额抵减）
贷	营业成本/存货/工程施工等

（二）金融商品转让按规定以盈亏相抵后的余额作为销售额的账务处理

产生转让收益的账务处理见表 7-1-12。

产生转让收益的账务处理　　表 7-1-12

发生业务公司	
借	投资收益等
贷	应交税费—转让金融商品应交增值税

产生转让损失的账务处理见表 7-1-13。

产生转让损失的账务处理　　表 7-1-13

发生业务公司	
借	应交税费—转让金融商品应交增值税
贷	投资收益等

交纳增值税时的账务处理见表 7-1-14。

交纳增值税时的账务处理　　表 7-1-14

发生业务公司	
借	应交税费—转让金融商品应交增值税
贷	银行存款

年末，“应交税费—转让金融商品应交增值税”科目如有借方余额，则借记“投资收益”等科目，贷记“应交税费—转让金融商品应交增值税”科目。

四、出口退税的账务处理

实行免退税办法的一般纳税人出口货物的账务处理见表 7-1-15。

实行免退税办法的一般纳税人出口货物的账务处理　　表 7-1-15

业　　务	账 务 处 理
出口免税	借：应收账款（或应收外汇账款） 贷：主营业务收入
计算应收出口退税额	借：应收出口退税款 贷：应交税费—应交增值税（出口退税）
收到出口退税时	借：银行存款 贷：应收出口退税款
退税额低于购进时取得的增值税专用发票上的增值税额的差额	借：营业成本 贷：应交税费—应交增值税（进项税额转出）

五、出口货物“免、抵、退”税的账务处理

（一）免税

一般贸易、进料加工、来料加工：根据外销出口发票上注明的出口额折合人民币后进行账务处理，见表 7-1-16。

免税出口货物的账务处理 表 7-1-16

发生业务公司	
借	应收外汇账款
贷	主营业务收入——一般贸易出口（进料加工贸易出口、来料加工贸易出口）

（二）抵税

生产企业出口自产货物所耗用的原材料、零部件、燃料、动力等应予退还的进项税额，抵顶内销货物的应纳税额，步骤如下：

1. 计算当期不得免征和抵扣税额

当期不得免征和抵扣税额 = 当期出口货物离岸价格 × 外汇人民币牌价 ×（出口货物征税率 − 出口货物退税率）− 当期不得免征和抵扣税额抵减额

当期不得免征和抵扣税额抵减额 = 当期免税购进原材料价格 ×（出口货物适用税率 − 出口货物退税率）

2. 当期免抵退税额的计算

当期免抵退税额 = 当期出口货物离岸价 × 外汇人民币折合率 × 出口货物退税率 − 当期免抵退税额抵减额

当期免抵退税额抵减额 = 当期免税购进原材料价格 × 出口货物退税率

当期免税购进原材料价格包括当期国内购进的无进项税额且不计提进项税额的免税原材料的价格和当期进料加工保税进口料件的价格，其中当期进料加工保税进口料件的价格为组成计税价格。

当期进料加工保税进口料件的组成计税价格 = 当期进口料件到岸价格 + 海关实征关税 + 海关实征消费税

（1）采用"实耗法"的，当期进料加工保税进口料件的组成计税价格为当期加工出口货物耗用的进口料件组成计税价格。

当期进料加工保税进口料件的组成计税价格 = 当期进料加工出口货物离岸价 × 外汇人民币折合率 × 计划分配率

计划分配率 = 计划进口总值 ÷ 计划出口总值 × 100%

（2）采用"购进法"的，当期进料加工保税进口料件的组成计税价格为当期实际购进的进料加工进口料件的组成计税价格。

3. 当期应退税额和免抵退税额的计算

（1）当期期末留抵税额≤当期免抵退税额，则：

当期应退税额 = 当期期末留抵退税额

当期免抵税额 = 当期免抵退税额 − 当期应退税额

（2）当期期末留抵税额 > 当期免抵退税额，则：

当期应退税额 = 当期免抵退税额

当期免抵税额 = 0

当期抵税的账务处理见表 7-1-17。

当期抵税的账务处理 表 7-1-17

发生业务公司	
借	营业成本（红字）
贷	应交税费—应交增值税（进项税额转出）（红字）

当期不得免征和抵扣税额的账务处理见表 7-1-18。

当期不得免征和抵扣税额的账务处理 表 7-1-18

发生业务公司	
借	营业成本
贷	应交税费—应交增值税（进项税额转出）

若以到岸价格成交，应按运保佣的金额与征退税率之差冲减“当期免抵退税不得免征和抵扣税额”，具体账务处理见表 7-1-19。

当期免抵退税不得免征和抵扣税额的账务处理 表 7-1-19

发生业务公司	
借	营业成本（红字）
贷	应交税费—应交增值税（进项税额转出）（红字）

（三）退税

生产企业出口的自产货物在当月内应抵顶的进项税额大于应纳税额时，对未抵顶完的部分予以退税——有期末留抵税额时，才会出现退税，步骤如下：

1. 计算免抵退税额抵减额

（1）免抵退税额抵减额 = 免税购进原材料价格 × 出口货物退税率

（2）账务处理上不体现此步骤。

2. 计算免抵退税额

（1）免抵退税额 = 出口货物离岸价 × 外汇人民币牌价 × 出口货物退税率 − 免抵退税额抵减额 = 净出口额 × 出口货物退税率

（2）免抵退税额是退税的最高限额，而不是真正退还给企业的税款。

（3）账务处理：按免抵退税额贷记“应交税费—应交增值税（出口退税）”。

3. 比较确定应退税额

（1）将期末留抵税额与当期免抵退税额进行比较，哪个小按哪个退。

（2）退税的前提：当期期末有留抵税额。

退税的账务处理见表 7-1-20。

退税的账务处理　表 7-1-20

发生业务公司	
借	应收出口退税款—增值税（按期末留抵税额与免抵退税额较小的一方记账） 应交税费—应交增值税（出口抵减内销产品应纳税额，金额等于免抵税额）
贷	应交税费—应交增值税（出口退税，金额等于免抵退税额）

收到出口退税的账务处理见表 7-1-21。

收到出口退税的账务处理　表 7-1-21

发生业务公司	
借	银行存款
贷	应收出口退税款—增值税

六、进项税额转出

进项税额转出的账务处理见表 7-1-22。

进项税额转出的账务处理　表 7-1-22

发生业务公司	
借	待处理财产损益/应付职工薪酬/固定资产/管理费用等
贷	应交税费—应交增值税—进项税额转出

原不得抵扣且未抵扣进项税的固定资产、无形资产等，因改变用途等用于允许抵扣进项税额的项目，借记“应交税费—应交增值税（进项税额）”科目，贷记“固定资产”“无形资产”等科目。固定资产、无形资产等经上述调整后，应按调整后的账面价值在剩余尚可使用年限内计提折旧或摊销。因改变用途进项税额允许抵扣的具体账务处理见表 7-1-23。

因改变用途进项税额允许抵扣的账务处理　表 7-1-23

发生业务公司	
借	应交税费—应交增值税（进项税额）
贷	固定资产/无形资产等

（一）月末增值税结转

月末增值税结转的账务处理见表 7-1-24。

月末增值税结转的账务处理　表 7-1-24

发生业务公司	
借	应交税费—应交增值税
贷	应交税费—未交增值税
对于当月多交的增值税，借记“应交税费—未交增值税”，贷记“应交税费—应交增值税（转出多交增值税）” 核算时点：月末 核算依据：应交增值税明细统计记录等	

（二）交纳增值税

1. 交纳当月应交增值税的账务处理

交纳当月应交增值税的账务处理见表 7-1-25。

交纳当月应交增值税的账务处理　　表 7-1-25

发生业务公司	
借	应交税费—应交增值税（已交税金）
贷	银行存款

交纳以前期间未交增值税的账务处理见表 7-1-26。

交纳以前期间未交增值税的账务处理　　表 7-1-26

发生业务公司	
借	应交税费—未交增值税
贷	银行存款

2. 预缴增值税的账务处理

预缴增值税的账务处理见表 7-1-27。

预缴增值税的账务处理　　表 7-1-27

发生业务公司	
借	应交税费—预缴增值税
贷	银行存款

3. 发生纳税义务时的账务处理

发生纳税义务时的账务处理见表 7-1-28。

发生纳税义务时的账务处理　　表 7-1-28

发生业务公司	
借	应交税费—未交增值税
贷	应交税费—预缴增值税

（三）增值税税控系统专用设备和技术维护费用抵减增值税额

增值税税控系统专用设备和技术维护费用抵减增值税额的账务处理见表 7-1-29。

减免税款的账务处理　　表 7-1-29

发生业务公司	
借	应交税费—应交增值税（减免税款）
贷	管理费用（红字）等

七、“税金及附加”科目——损益类科目

“税金及附加”科目核算企业经营活动发生的消费税、城市维护建设税、资源税、教育

费附加、房产税、城镇土地使用税、车船税、印花税等相关税费——与营业收入相关的税金及附加。

注意事项：

（1）房地产企业销售开发产品应缴纳的土地增值税也在此科目中核算；

（2）本科目不含增值税，因为增值税为价外税；

（3）期末将本科目余额转入“本年利润”科目，结转后本科目应无余额。

第二章　附 加 税 费

纳税人应以实际缴纳的增值税、消费税税额为计税依据，依法计征“城市维护建设税”“教育费附加”及“地方教育费附加”。

计提税金及附加的账务处理见表7-2-1。

计提税金及附加的账务处理　　表7-2-1

	发生业务公司
借	税金及附加—城市维护建设税 —教育费附加 —地方教育费附加
贷	应交税费—城市维护建设税 —教育费附加 —地方教育费附加

缴纳税款时的账务处理见表7-2-2。

缴纳税款时的账务处理　　表7-2-2

	发生业务公司
借	应交税费—城市维护建设税 —教育费附加 —地方教育费附加
贷	银行存款

第三章　印　花　税

印花税是对经济活动和经济交往中订立、领受具有法律效力的凭证的行为所征收的税。

计提印花税时的账务处理见表7-3-1。

计提印花税时的账务处理　　表7-3-1

发生业务公司	
借	税金及附加—印花税
贷	应交税费—印花税

向税务局缴纳印花税时的账务处理见表7-3-2。

缴纳印花税时的账务处理　　表7-3-2

发生业务公司	
借	应交税费—印花税
贷	银行存款

第四章　房　产　税

房产税是以房屋为征税对象，以房屋的计税余值或租金收入为计税依据，向产权所有人征收的财产税。

计提房产税时的账务处理见表7-4-1。

计提房产税时的账务处理　　表7-4-1

发生业务公司	
借	税金及附加—房产税
贷	应交税费—房产税
核算时点：按照税法规定达到应纳房产税时	

向税务局缴纳房产税时的账务处理见表7-4-2。

缴纳房产税时的账务处理　　表7-4-2

发生业务公司	
借	应交税费—房产税
贷	银行存款
核算时点：向税务局缴纳房产税税款时 核算依据：房产税纳税申报表、银行付款回单等	

第五章　土地增值税

土地增值税是指以转让国有土地使用权、地上的建筑物及其附着物所取得的收入减去法定扣除项目金额后的增值额为计税依据缴纳的税。

计提土地增值税时的账务处理见表7-5-1。

计提土地增值税时的账务处理　　表7-5-1

发生业务公司	
借	税金及附加—土地增值税
贷	应交税费—土地增值税

向税务局（预）缴纳土地增值税时的账务处理见表7-5-2。

（预）缴纳土地增值税时的账务处理　　表7-5-2

发生业务公司	
借	应交税费—土地增值税
贷	银行存款

注：房地产企业销售开发产品预缴的土地增值税不需计提。

第六章　城镇土地使用税

城镇土地使用税是指国家在城市、县城、建制镇、工矿区范围内，对使用土地的单位和个人，以其实际占用的土地面积为计税依据，按照规定的税额计算征收的税。

计提城镇土地使用税时的账务处理见表7-6-1。

计提城镇土地使用税时的账务处理　　表7-6-1

发生业务公司	
借	税金及附加—城镇土地使用税
贷	应交税费—城镇土地使用税

向税务局缴纳城镇土地使用税时的账务处理见表7-6-2。

缴纳城镇土地使用税时的账务处理　　表7-6-2

发生业务公司	
借	应交税费—城镇土地使用税
贷	银行存款

第七章 车 船 税

车船税是指在中华人民共和国境内的车辆、船舶的所有人或者管理人按照中华人民共和国车船税法应缴纳的税。

计提车船税时的账务处理见表7-7-1。

计提车船税时的账务处理 表7-7-1

发生业务公司	
借	税金及附加—车船税
贷	应交税费—车船税

向税务局缴纳车船税时的账务处理见表7-7-2。

缴纳车船税时的账务处理 表7-7-2

发生业务公司	
借	应交税费—车船税
贷	银行存款

第八章　契　　税

计提契税时的账务处理见表7-8-1。

计提契税时的账务处理　　　　表7-8-1

发生业务公司	
借	存货—开发成本/无形资产/固定资产
贷	应交税费—契税

向税务局缴纳契税时的账务处理见表7-8-2。

缴纳契税时的账务处理　　　　表7-8-2

发生业务公司	
借	应交税费—契税
贷	银行存款

第九章 关 税

关税是引进出口商品经过一国关境时，由政府所设置的海关向其引进出口商所征收的税。

第一节 确认关税

进口关税的账务处理见表 7-9-1。

进口关税的账务处理 表 7-9-1

发生业务公司	
借	原材料/库存商品等
贷	应交税费—关税

出口关税的账务处理见表 7-9-2。

出口关税的账务处理 表 7-9-2

发生业务公司	
借	税金及附加—关税
贷	应交税费—关税

第二节 缴纳关税

向税务局缴纳关税时的账务处理见表 7-9-3。

缴纳关税时的账务处理 表 7-9-3

发生业务公司	
借	应交税费—关税
贷	银行存款

第十章 资 源 税

资源税是以各种应税自然资源为课税对象、为了调节资源级差收入并体现国有资源有偿使用而征收的一种税。

计提资源税时的账务处理见表7-10-1。

计提资源税时的账务处理 表7-10-1

发生业务公司	
借	生产成本/税金及附加—资源税
贷	应交税费—资源税

向税务局缴纳资源税时的账务处理见表7-10-2。

缴纳资源税时的账务处理 表7-10-2

发生业务公司	
借	应交税费—资源税
贷	银行存款

第十一章　企业所得税

企业所得税是对我国境内的企业和其他取得收入的组织的生产经营所得和其他所得征收的一种所得税。

第一节　当期所得税

计提当期所得税费用时的账务处理见表7-11-1。

计提当期所得税费用时的账务处理　　表7-11-1

发生业务公司	
借	所得税费用—当期所得税费用
贷	应交税费—企业所得税

向税务局缴纳当期所得税费用时的账务处理见表7-11-2。

缴纳当期所得税费用时的账务处理　　表7-11-2

发生业务公司	
借	应交税费—企业所得税
贷	银行存款

房地产企业预缴企业所得税时不计提所得税费用，不确认暂时性差异。

第二节　递延所得税费用

会计与税法的差异分为永久性差异和暂时性差异。暂时性差异，是指资产或负债的账面价值与其计税基础之间的差额；未作为资产和负债确认的项目，按照税法规定可以确定其计税基础的，该计税基础与其账面价值之间的差额也属于暂时性差异。暂时性差异按照其对未来期间应税金额的影响，分为应纳税暂时性差异和可抵扣暂时性差异，分类明细见表7-11-3。

会计与税法的差异分类明细　　表7-11-3

永久性差异	对企业所得税的影响不体现在“递延所得税资产或负债”	
所得税费用＝当期所得税＋递延所得税		
递延所得税＝(递延所得税负债的期末余额－递延所得税负债的期初余额)－ (递延所得税资产的期末余额－递延所得税资产的期初余额)		
暂时性差异	可抵扣暂时性差异	形成递延所得税资产
	应纳税暂时性差异	形成递延所得税负债

一、确认暂时性差异的会计核算

确认暂时性差异的账务处理见表 7-11-4。

确认暂时性差异的账务处理 表 7-11-4

差异类型	会计处理
可抵扣暂时性差异	借：递延所得税资产 贷：所得税费用—递延所得税费用
应纳税暂时性差异	借：所得税费用—递延所得税费用 贷：递延所得税负债

二、转回暂时性差异的会计核算

转回暂时性差异的账务处理见表 7-11-5。

转回暂时性差异的账务处理 表 7-11-5

差异类型	会计处理
可抵扣暂时性差异	借：所得税费用—递延所得税费用 贷：递延所得资产
应纳税暂时性差异	借：递延所得税负债 贷：所得税费用—递延所得税费用

附　　录

附录一　日常涉税事项办理流程示意图

一、税务登记

（一）增值税一般纳税人登记办理流程

进入税务系统，点击首页“我要办税”（附图 1-1）。

附图 1-1

填写【综合信息报告】—【资格信息报告】—【增值税一般纳税人登记】进入《增值税一般纳税人登记表》页面（附图 1-2）。

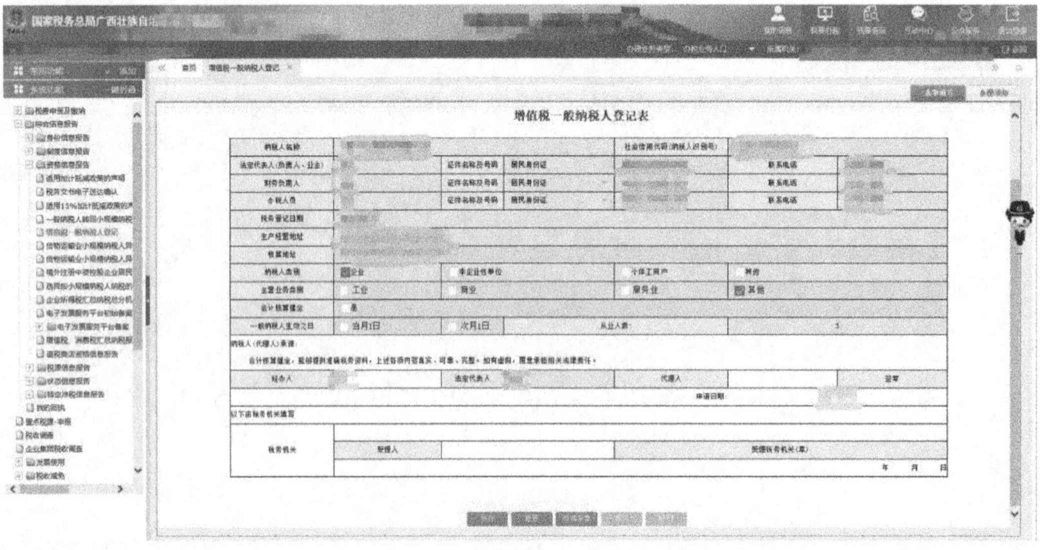

附图 1-2

按页面上方提示填写表单，点击【保存】按钮，待页面弹出“保存成功”对话框（附图 1-3）。

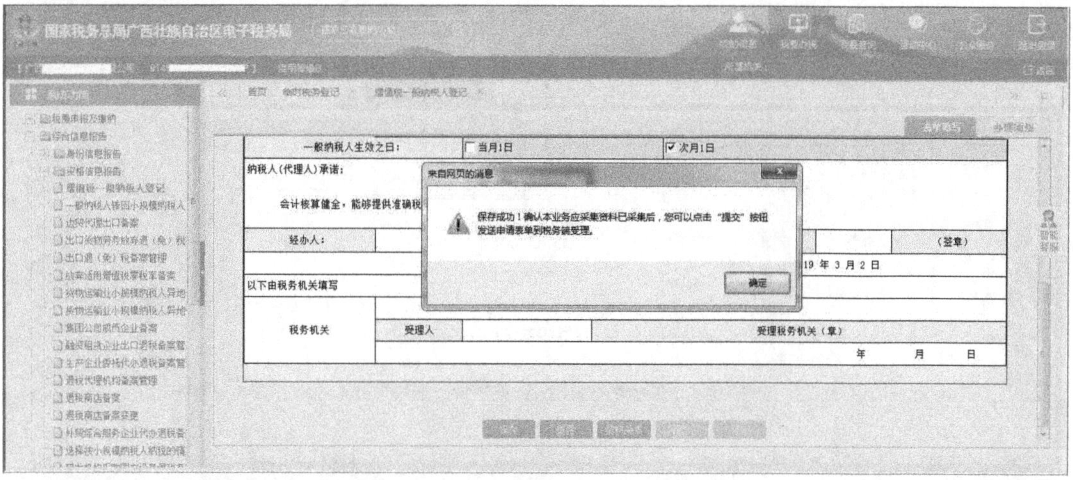

附图 1-3

点击【确定】按钮，表单填写的内容被保存。

点击页面下方【档案采集】，进入档案采集页面（附图 1-4）。

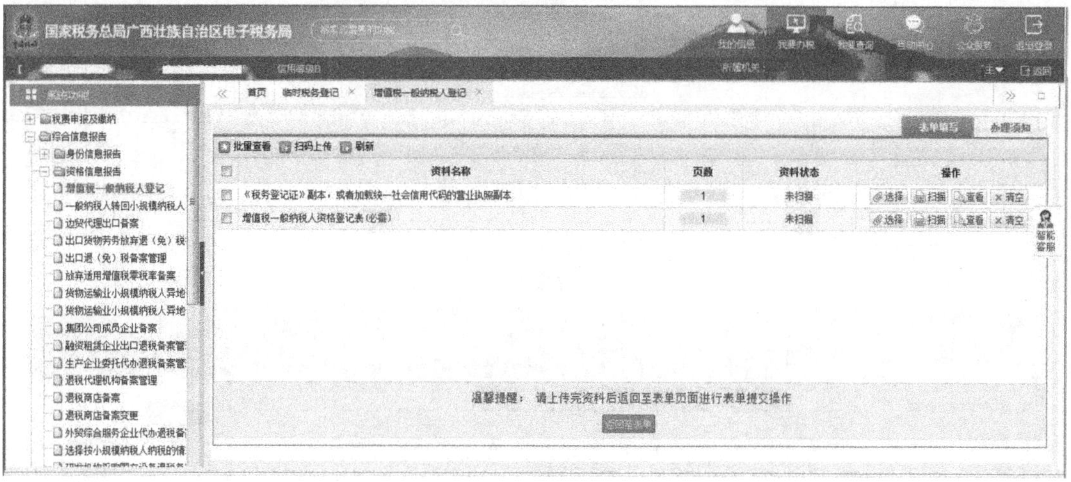

附图 1-4

点击【选择】/【扫描】/【扫码上传】按钮，从本地选择一张图片，点击【上传图片】，待页面提示“上传完成”后，点击【确定】，即完成档案采集（附图 1-5）。

点击【返回至表单】，页面跳转至表单页面；确认填写无误后，点击【提交】按钮（附图 1-6）。

待页面提示“提交成功”后，点击【确定】，页面跳转至办税进度及结果信息查询界面（附图 1-7）。

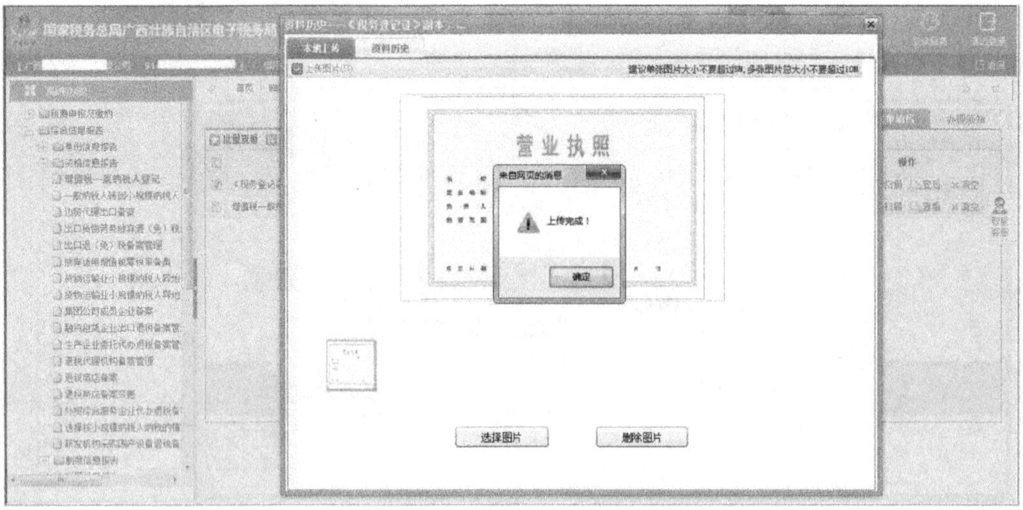

附图 1-5

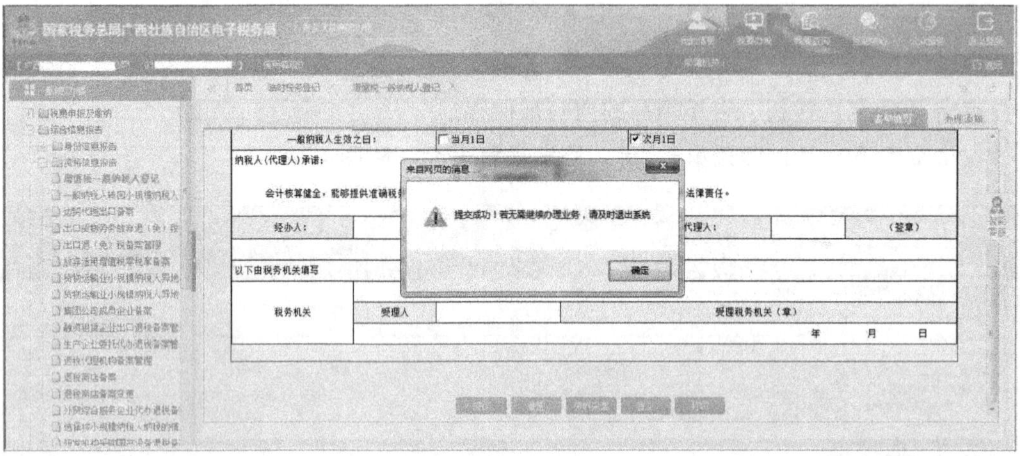

附图 1-6

附图 1-7

（二）税务变更登记

进入税务系统，点击【我要办税】。

进入页面后点击左侧【综合信息报告】—【身份信息报告】—【税务登记信息变更】（附图 1-8）。

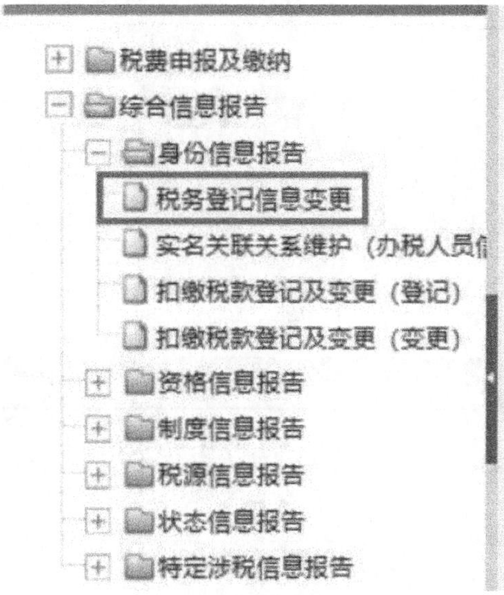

附图 1-8

根据提示选择变更项目信息，填写表单后保存（附图 1-9）。

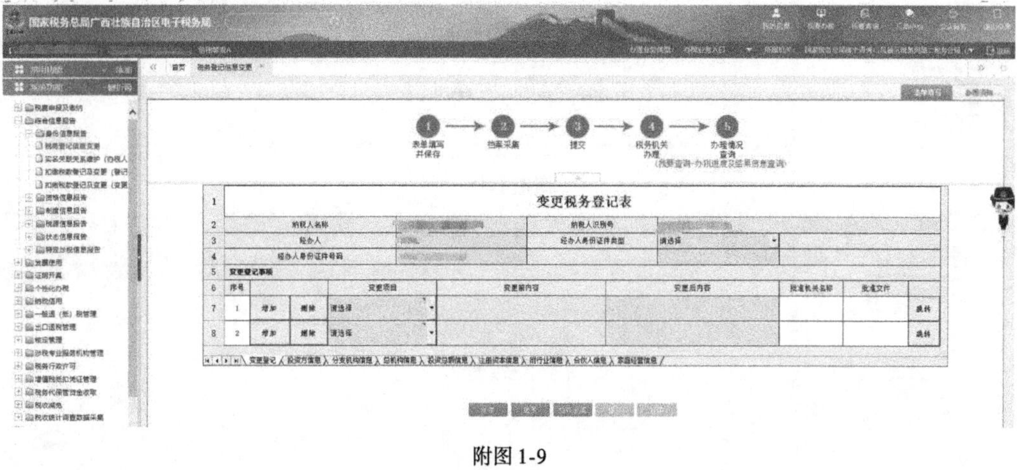

附图 1-9

点击页面下方【档案采集】按钮，进入档案采集页面（附图 1-10）。

按页面要求上传所需资料：点击【选择】/【扫描】/【扫码上传】按钮，从本地选择一张图片，点击【上传图片】（附图 1-11）。

待页面提示“上传完成”后，点击【确定】，即完成档案采集（附图 1-12）。

点击【返回至表单】，页面跳转至表单页面；确认填写无误后，点击【提交】按钮（附图 1-13）。

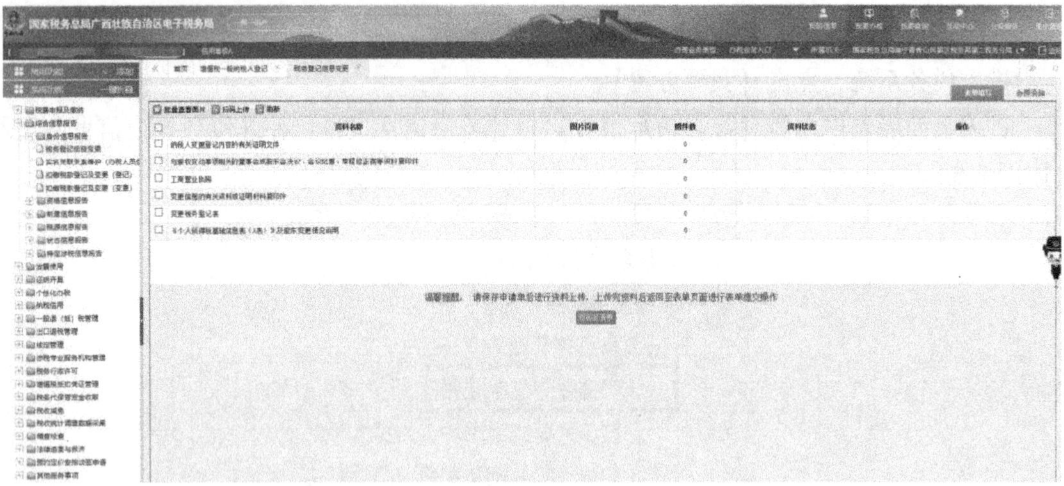

附图 1-10

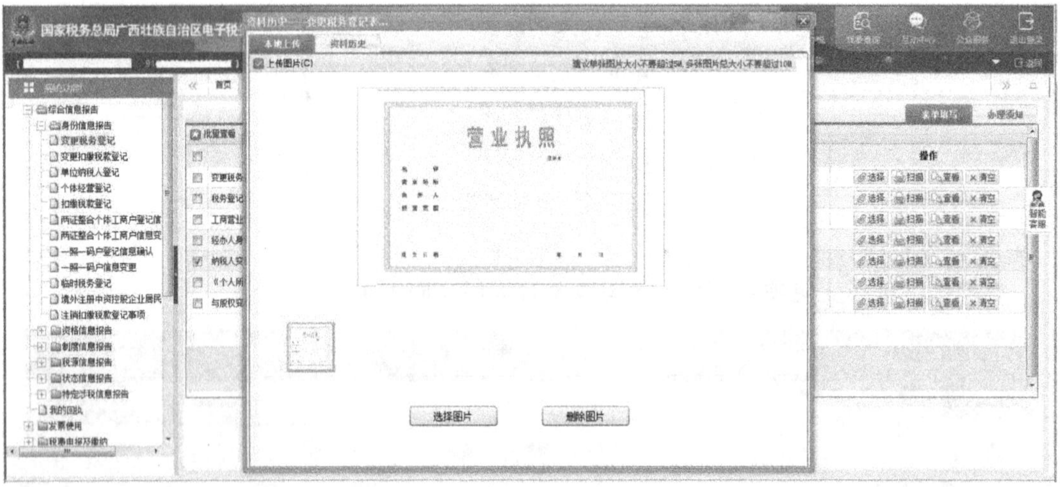

附图 1-11

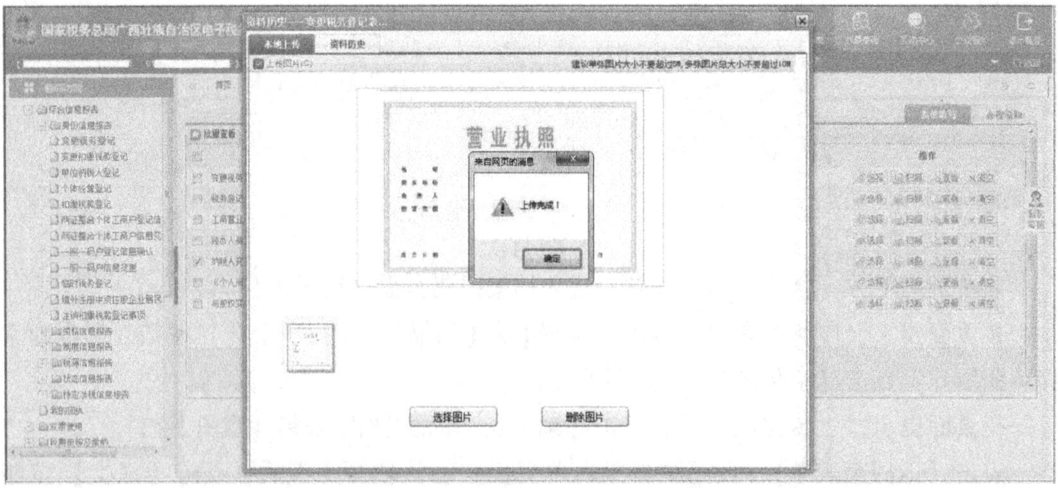

附图 1-12

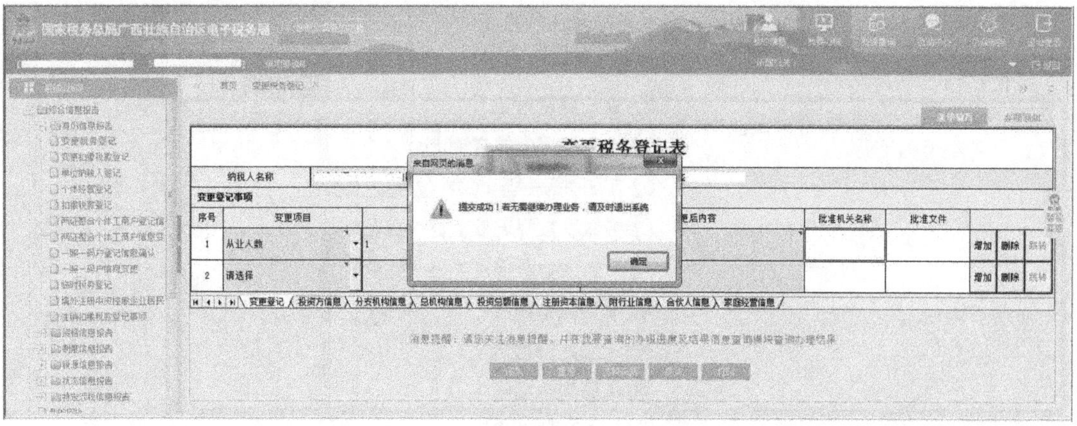

附图 1-13

待页面提示“提交成功”后，点击【确定】，页面跳转至办税进度及结果信息查询界面，可通过右上角【我要查询】—【办税进度及结果信息查询】，查看该业务办理进度及状态（附图 1-14）。

附图 1-14

（三）“一照一码”户信息变更

进入税务系统，点击【我要办税】。

进入页面后点击左侧【综合信息报告】—【身份信息报告】—【税务登记信息变更】（附图 1-15）。

根据提示选择变更项目信息，填写表单后保存（附图 1-16）。

点击【资料采集】，进入资料采集页面（附图 1-17）。

点击【选择】/【扫描】/【扫码上传】按钮，从本地选择一张图片，点击【上传图片】。上传完成后，点击【确定】，即完成档案采集。

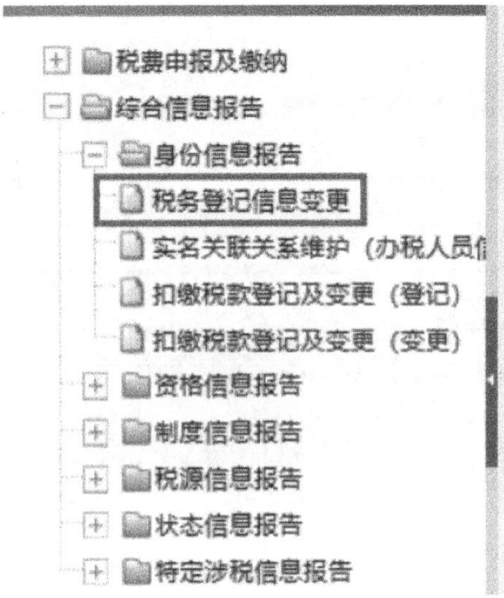

附图 1-15

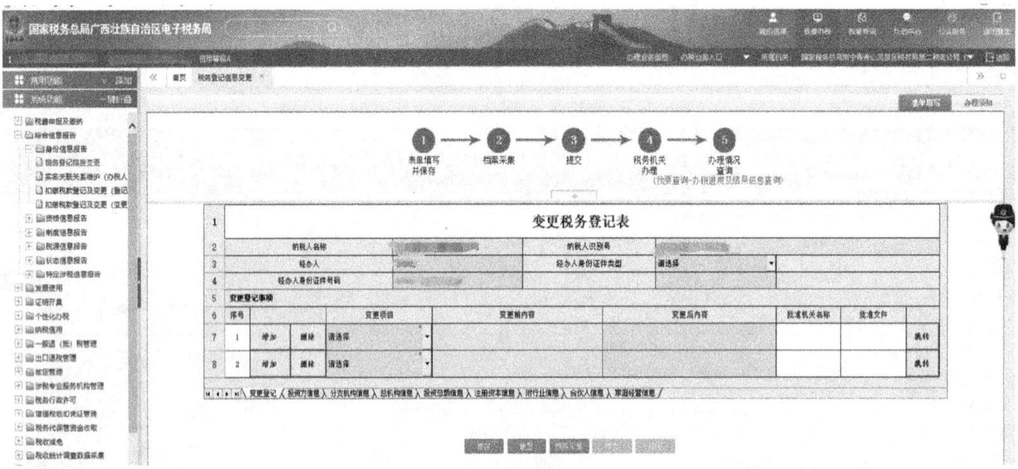

附图 1-16

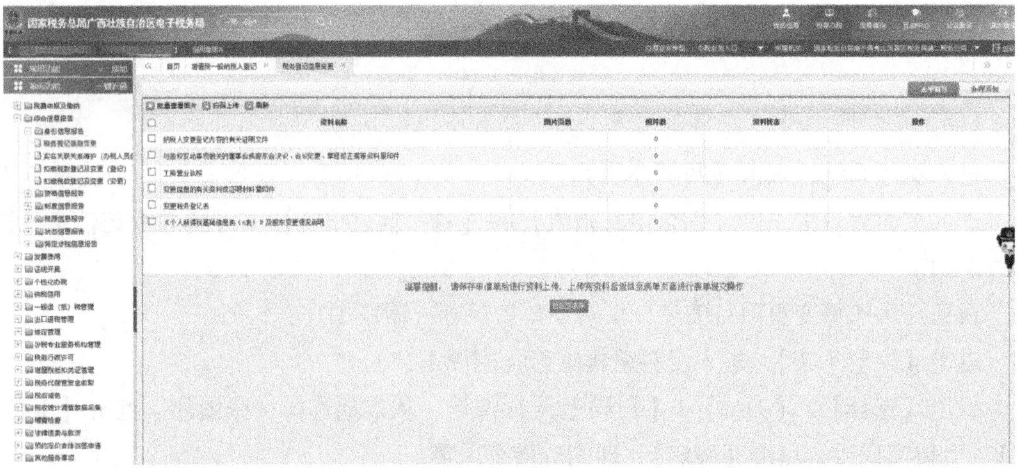

附图 1-17

（四）跨地区税源登记

进入税务系统，点击【我要办税】。

点击【综合信息报告】—【税源信息报告】—【跨区域涉税事项报告】，进入《跨区域涉税事项报告表》填写界面；点击下方【档案采集】按钮，按系统提示上传所需资料（附图 1-18）。

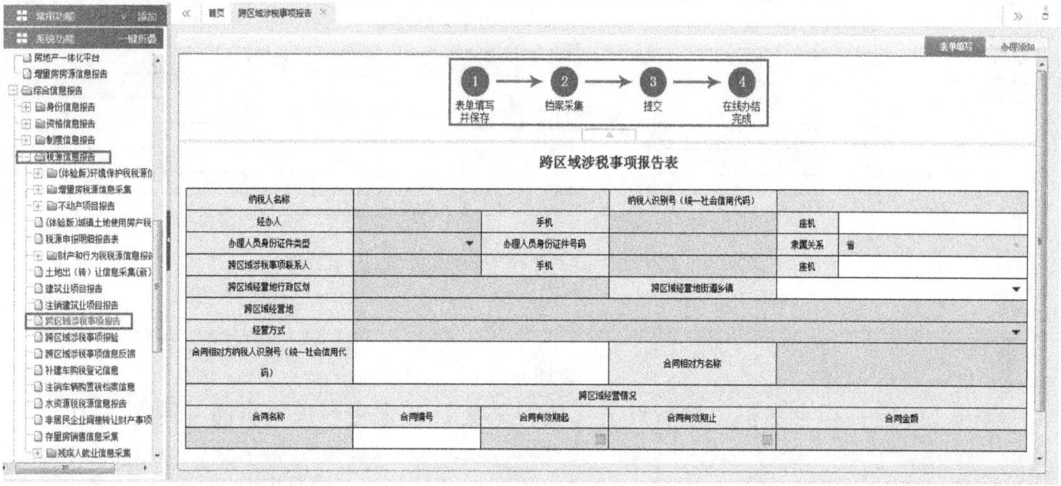

附图 1-18

二、发票管理

（一）发票领用

填写《电子发票领用》表，发票领用应根据已核定的票种进行选择，本次发票申领数量 = 核定数量 - 纳税人结存数量。若需增行或减行，点击操作中的【添加】或【删除】（附图 1-19）。应注意，发票领用前购票员应先就相关信息到税务机关进行备案登记。

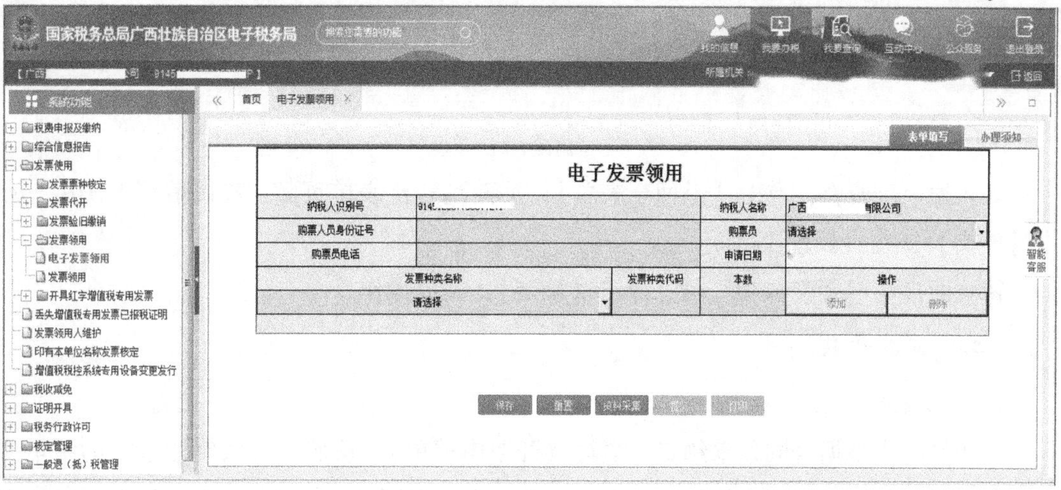

附图 1-19

选择“发票种类名称”，核对“发票种类代码”“本数”后点击【保存】按钮（附图 1-20）。

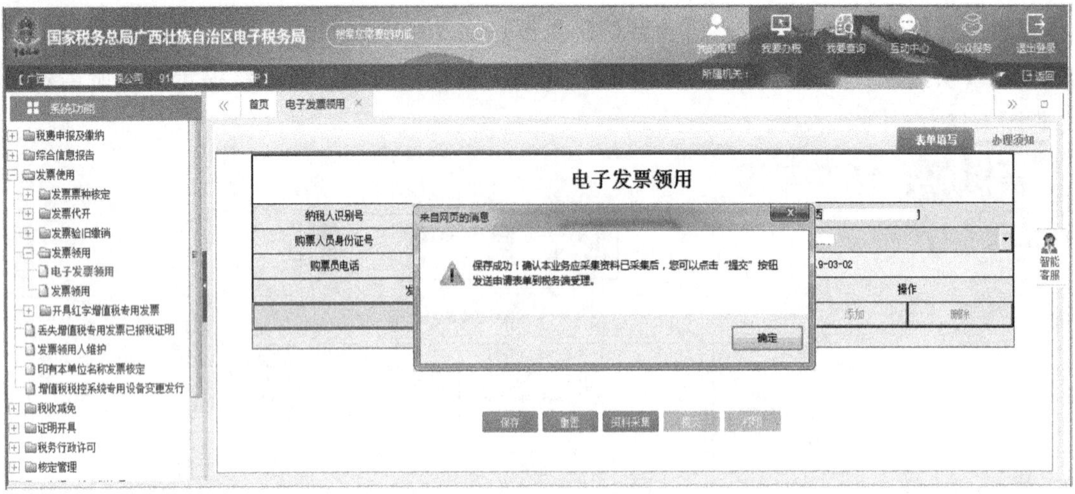

附图 1-20

点击【确定】保存数据，然后点击【资料采集】进入资料采集页面（附图 1-21）。

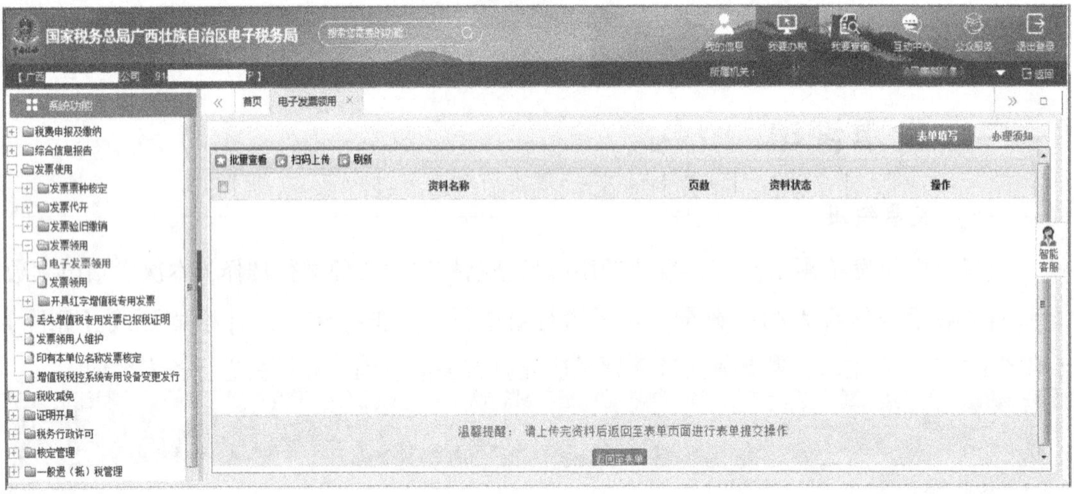

附图 1-21

如无须上传资料，点击【返回至表单】，页面跳转至表单页面；确认填写无误后，点击【提交】按钮（附图 1-22）。

待页面提示“提交成功”后，点击【确定】，完成操作。

（二）发票开具

1. 一般流程

业务经办人根据合同条款约定，填写《开票申请单》，按照《开票申请单》的签审要求进行签字审批后，登记增值税发票管理台账（发票领用日期、开具日期、开具对象、金额)，再向发票保管人领用空白发票进行开具。通行费类的冠名发票需根据用票情况至少提前一个月申领。

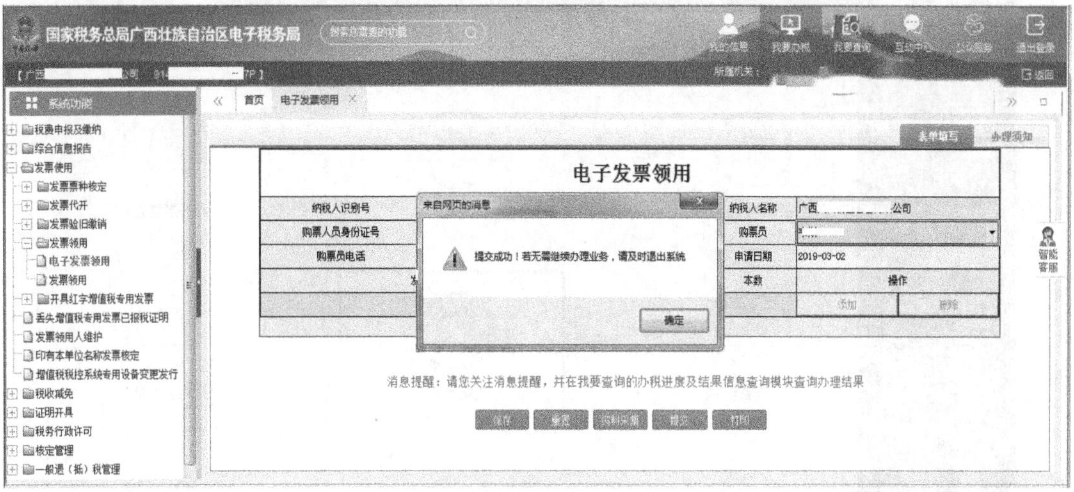

附图 1-22

2. 网办流程

1）税务 Ukey 开票流程

启动开票系统，正确输入税务 UKey 密码（如勾选“记住密码”，则不必每次登录系统都输入税务 UKey 密码）后，进入系统登录界面（附图 1-23）。

附图 1-23

点击【发票管理】—【发票填开】(附图 1-24)。

附图 1-24

点击【正数发票填开】—【增值税电子普通发票】(附图 1-25)。

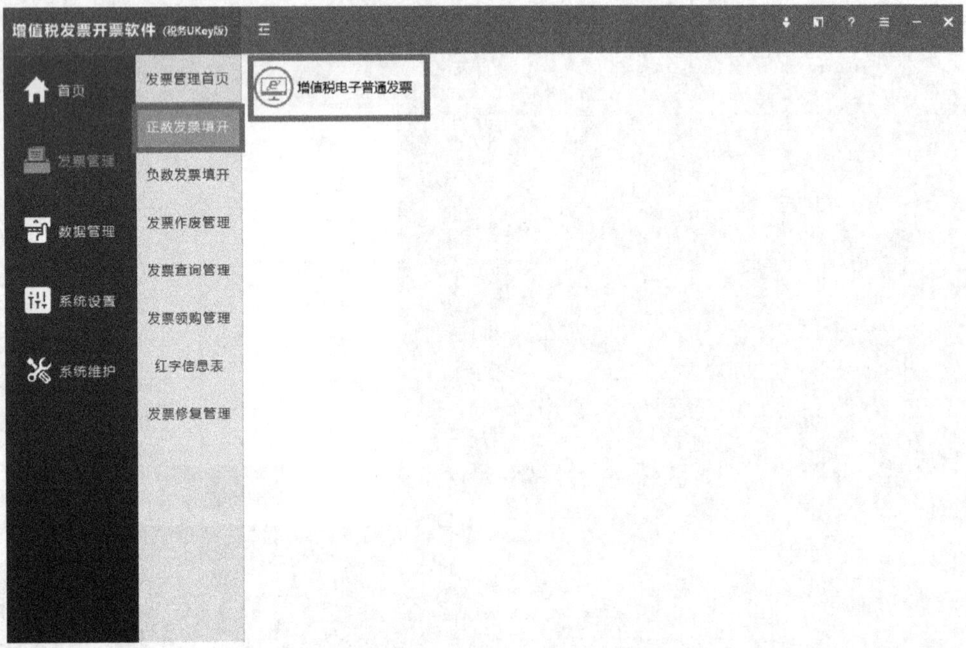

附图 1-25

进入页面后，在左上方选择开票类型，并填写购买方信息（附图 1-26）。

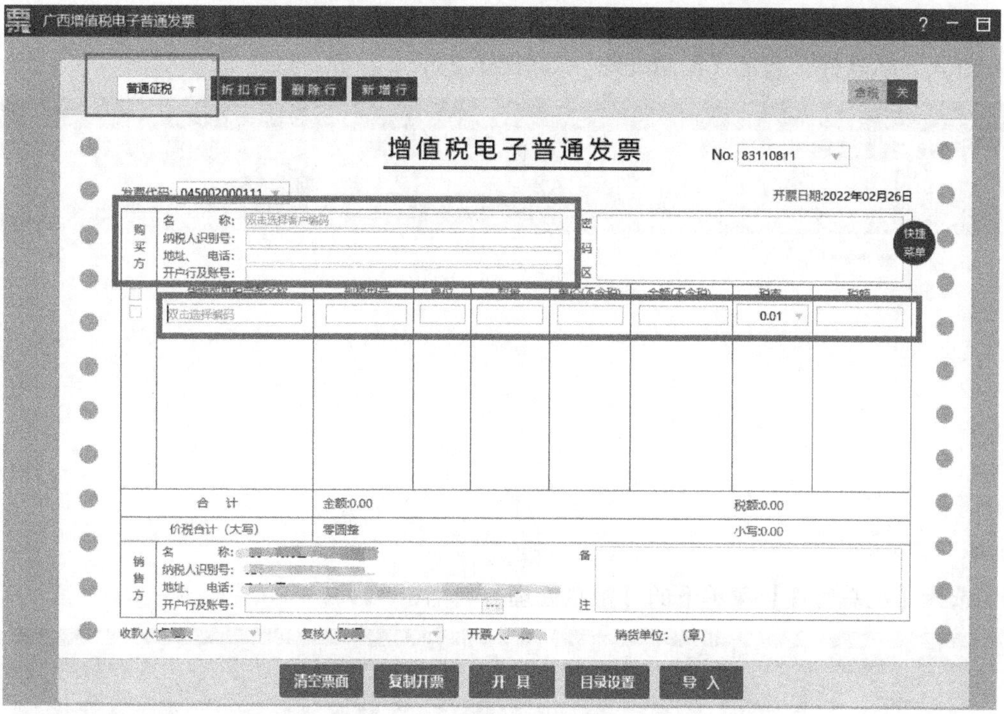

附图 1-26

填写货物信息，核对无误后在正下方点击【开具】，即完成开票（附图 1-27）。

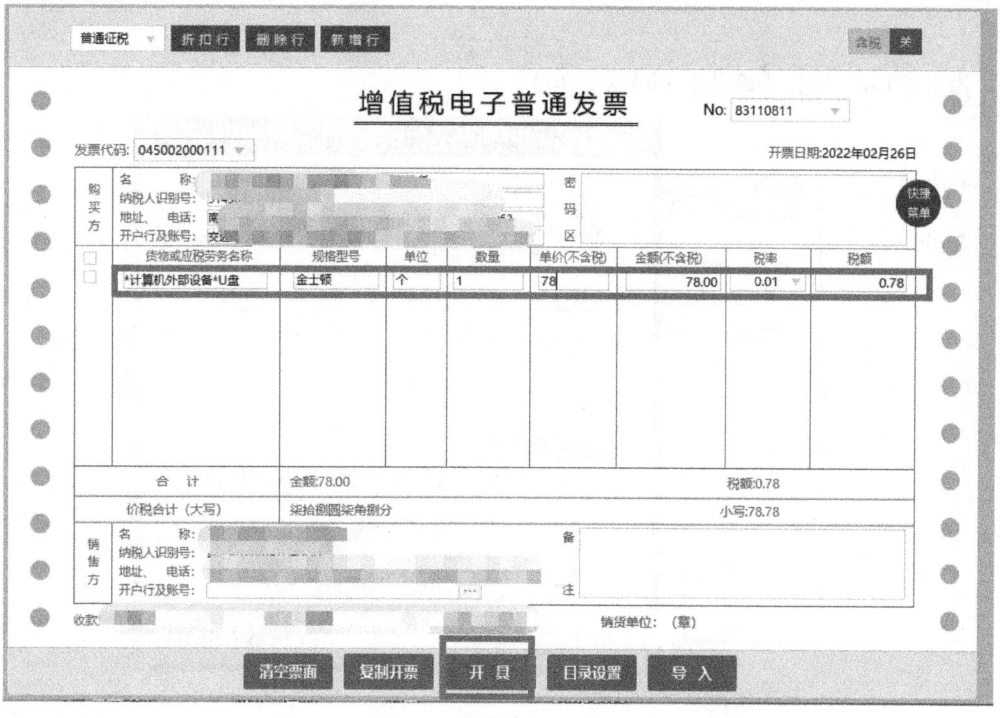

附图 1-27

2）增值税发票税控开票软件（金税盘版）操作流程

（1）汇总处理。

进入开票软件，点击【汇总处理】（附图1-28）。

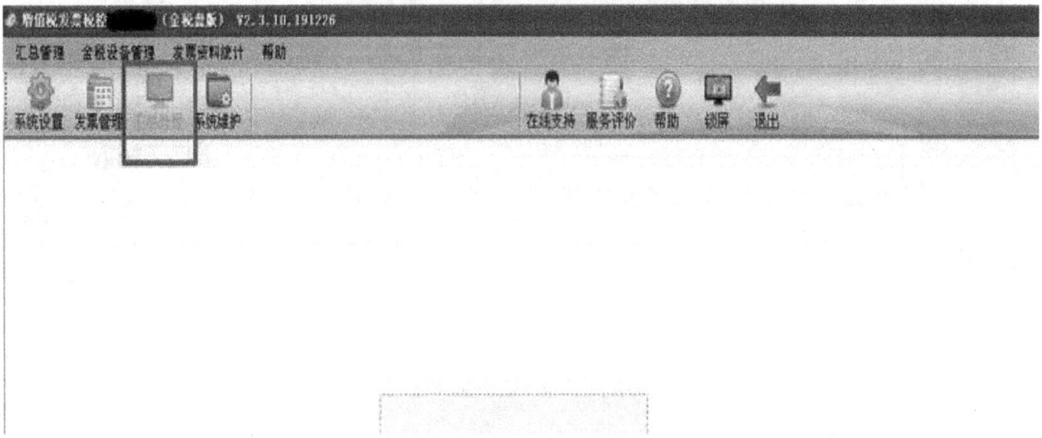

附图1-28

选择【汇总管理】菜单下的【汇总处理】（附图1-29）。

附图1-29

弹出窗口，点击【确认】（附图1-30）。

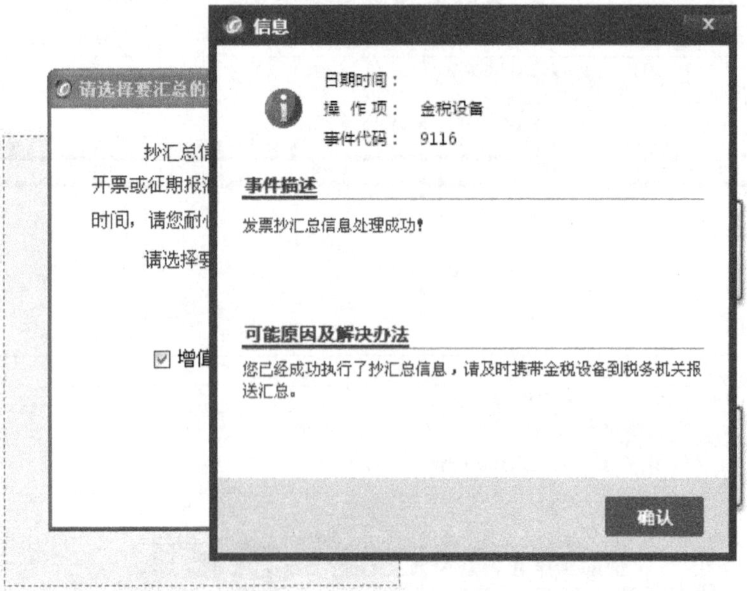

附图1-30

点击【汇总管理】菜单下的【汇总资料传出】（附图1-31）。

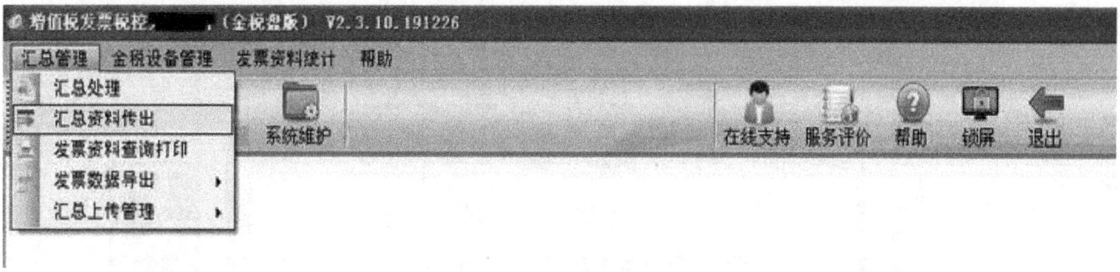

附图1-31

弹出对话框，选择传出月份，然后点击【浏览】（附图1-32）。

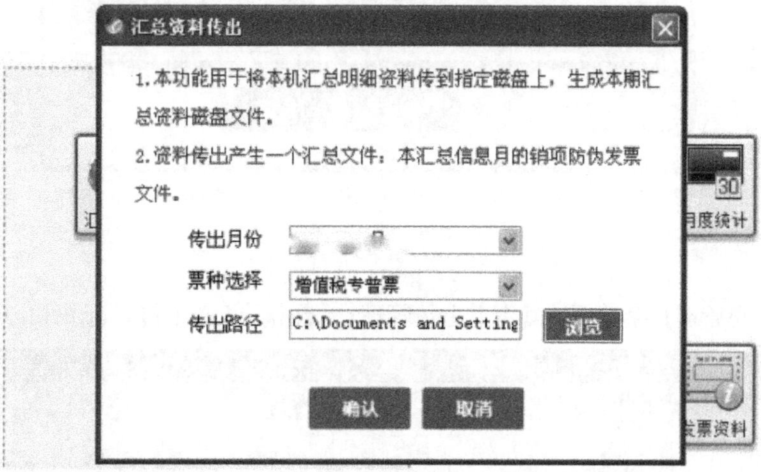

附图1-32

等待出现提示对话框时选择【桌面】，然后点击【确定】（附图1-33）。

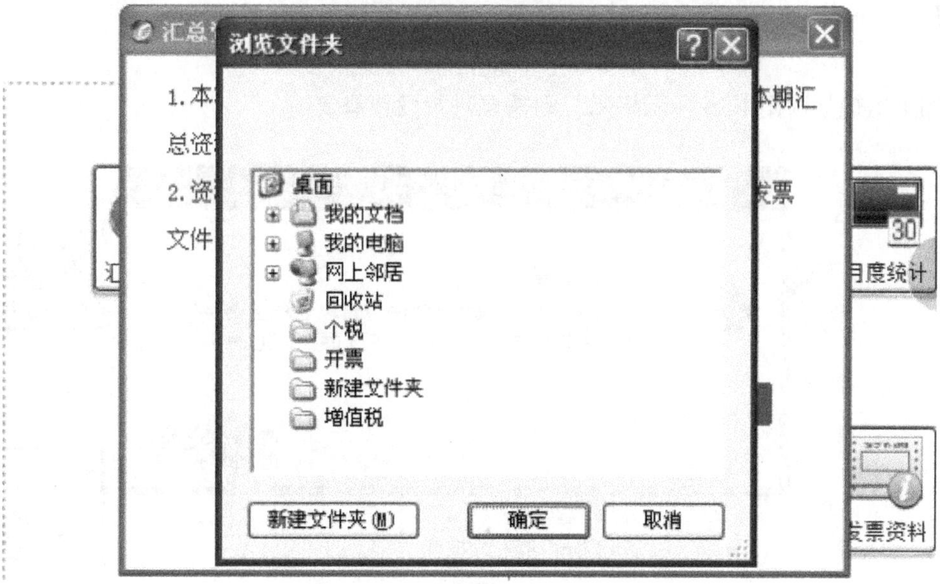

附图1-33

弹出提示对话框后点击【确认】（附图1-34）。

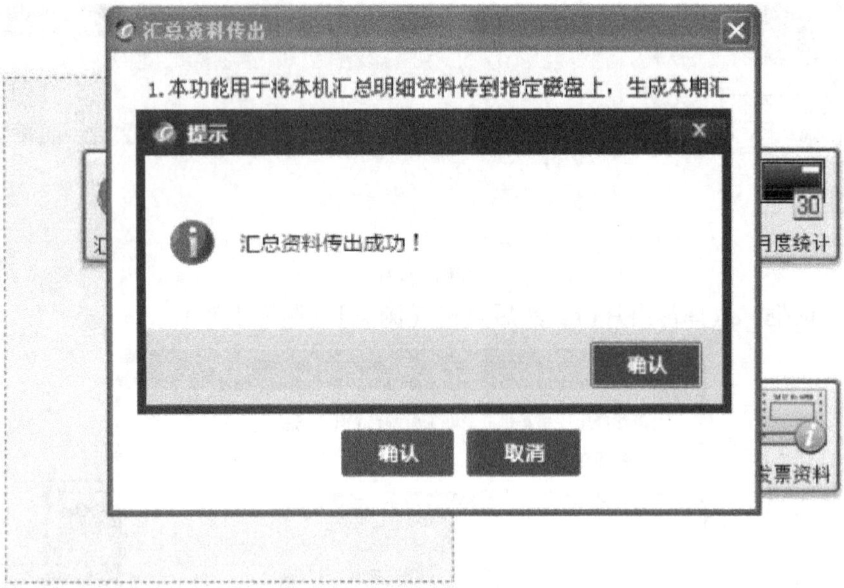

附图1-34

点击【汇总管理】菜单下的【汇总上传管理】，点击【汇总上传】（附图1-35）。

附图1-35

如果出现如附图1-36所示提示，则需要进行发票修复。

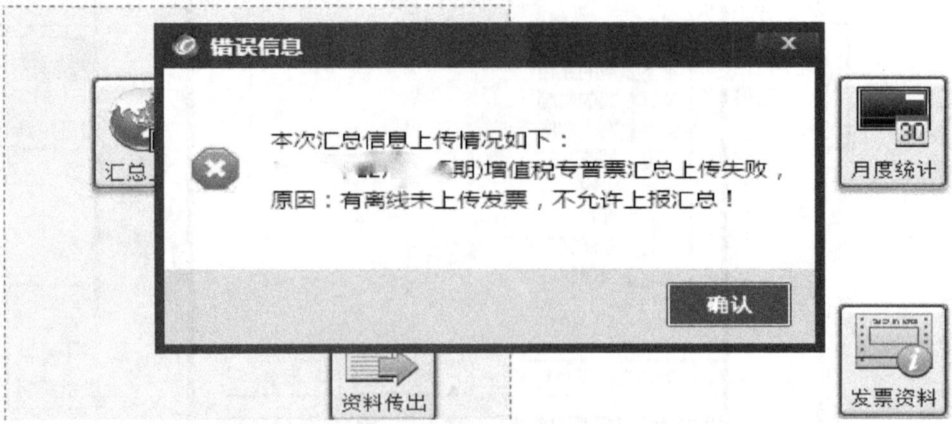

附图1-36

点击【发票管理】(附图1-37)。

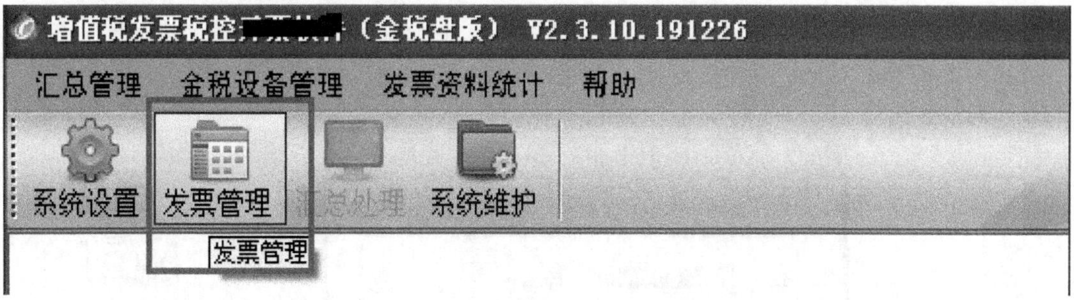

附图1-37

点击【发票修复】(附图1-38)。

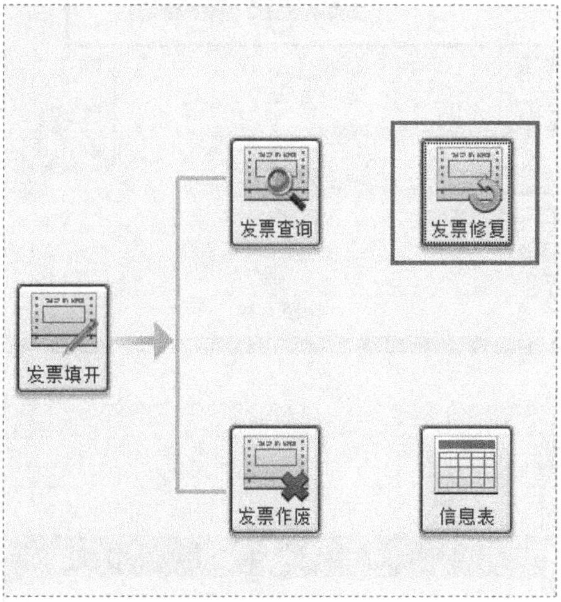

附图1-38

弹出对话框后选择上一属期时间(附图1-39)。

弹出提示后，点击【确认】(附图1-40)。

点击【汇总处理】(附图1-41)。

点击【汇总管理】—【汇总上传管理】—【汇总上传】(附图1-42)。

弹出对话框后点击【确认】(附图1-43)。

(2)网上申报(处于报税期的纳税人需要做此步)。

通过网上税务局或第三方申报软件进行【网上申报】(扣款成功)时，纳税人应注意每个税种申报完毕后都需要检查是否申报成功。

(3)远程清卡。

点击【汇总管理】—【汇总上传管理】—【远程清卡】(附图1-44)。

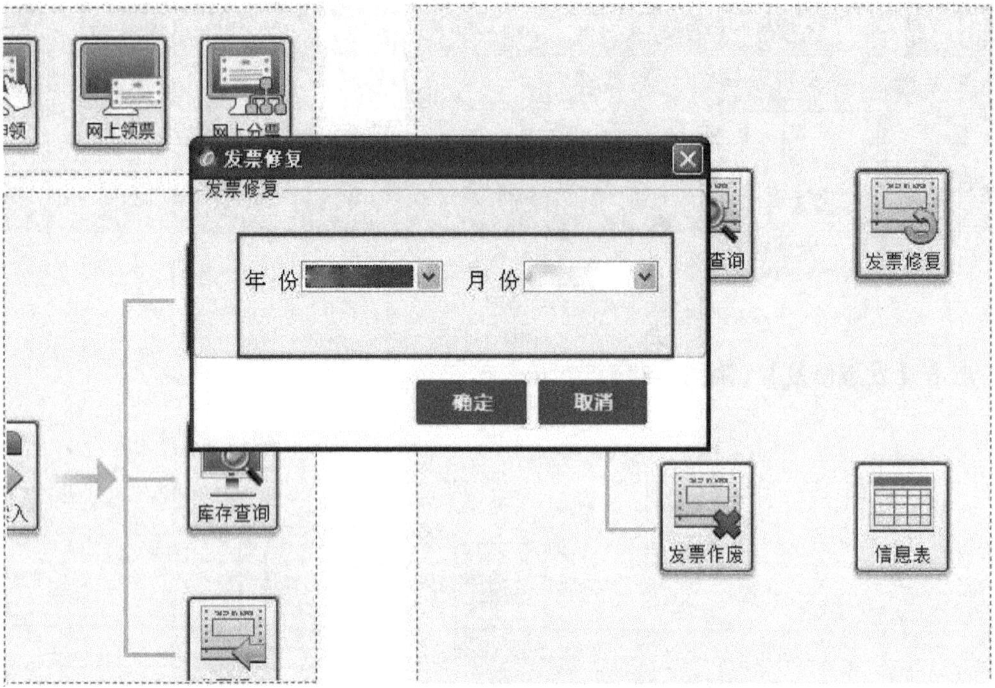
网上领票
网上分票
发票修复
发票修复
年 份
月 份
确定
取消
查询
发票修复
库存查询
发票作废
信息表

附图 1-39

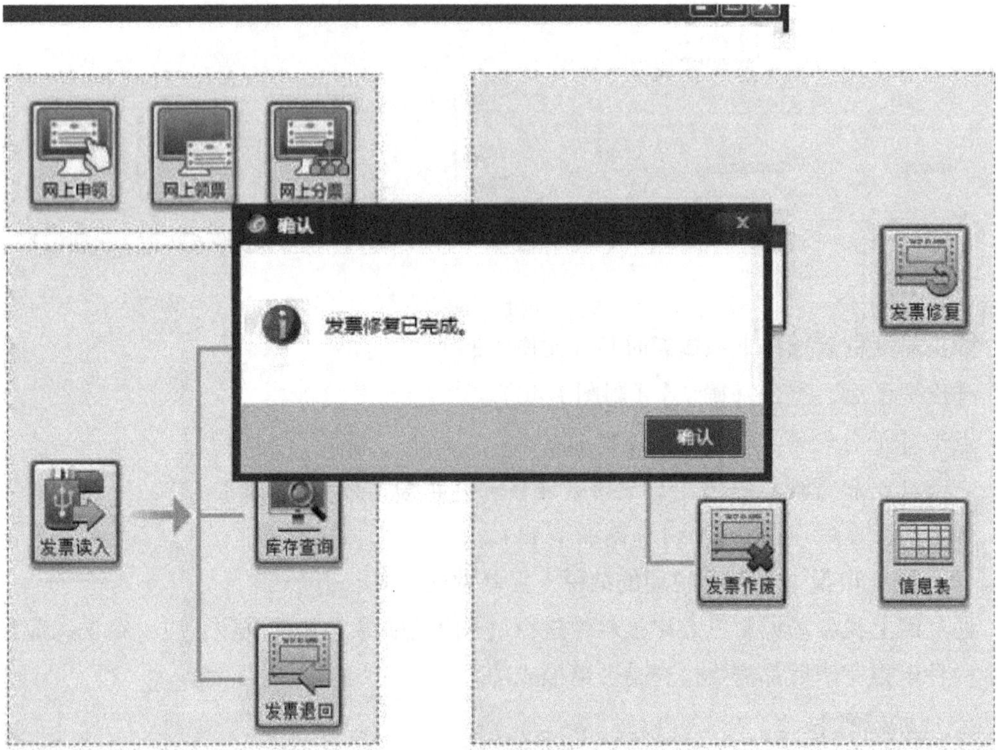
网上申领
网上领票
网上分票
确认
发票修复已完成。
确认
发票修复
发票读入
库存查询
发票作废
信息表
发票退回

附图 1-40

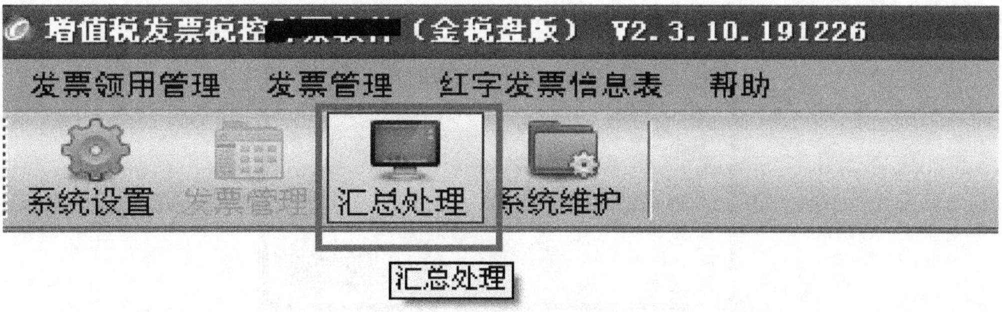

附图 1-41

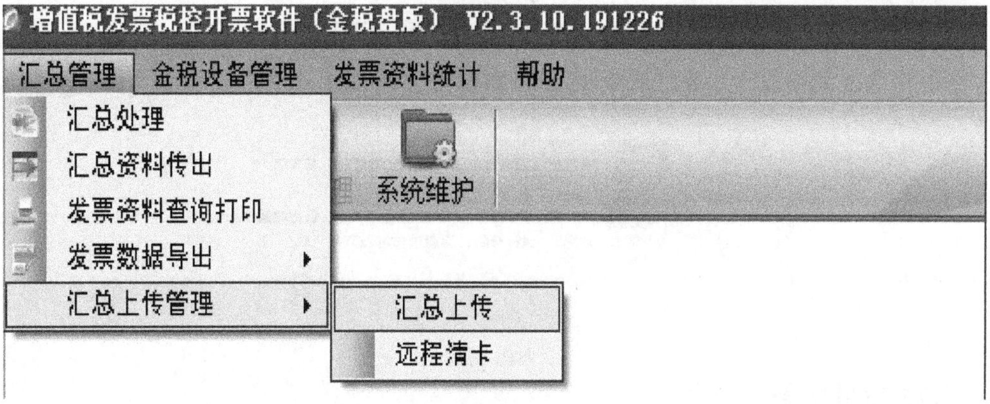

附图 1-42

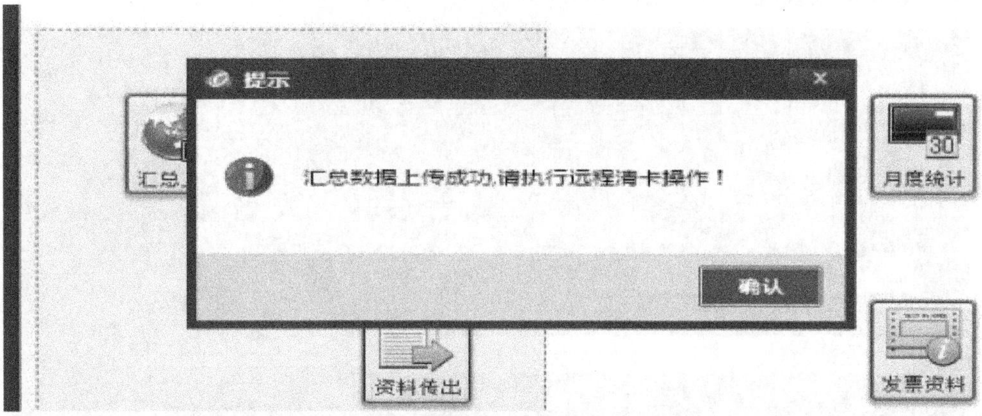

附图 1-43

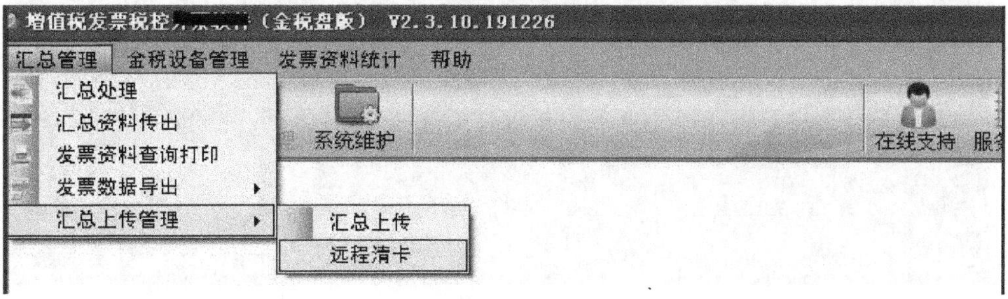

附图 1-44

如弹出附图 1-45 所示对话框，则清卡成功。

附图 1-45

3）增值税发票税控开票软件票字版（税控盘版）操作流程

将税控盘插到电脑上，双击图标打开开票软件（附图 1-46）。

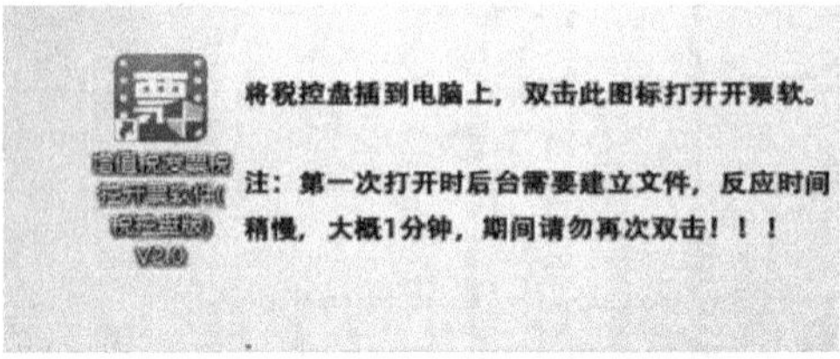

附图 1-46

双击之后耐心等待：

首次登录需要设置密码（附图 1-47）。

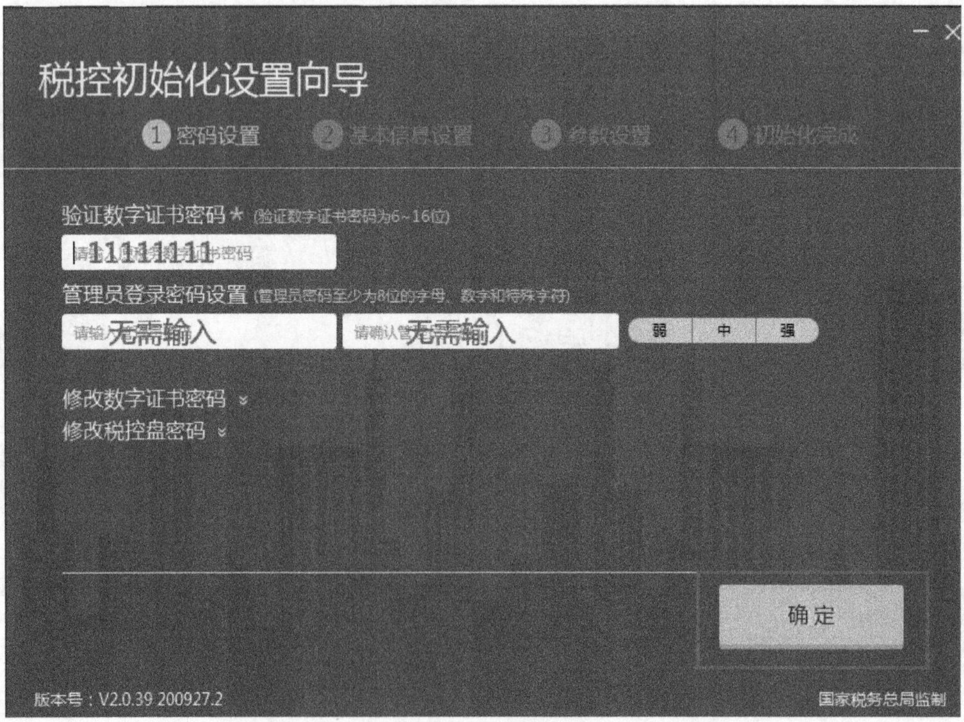

附图 1-47

设置密码后，点击【确定】，随后填写基本信息（注意：基本信息的内容都会打印到发票上），填写完成后点击【下一步】（附图 1-48）。

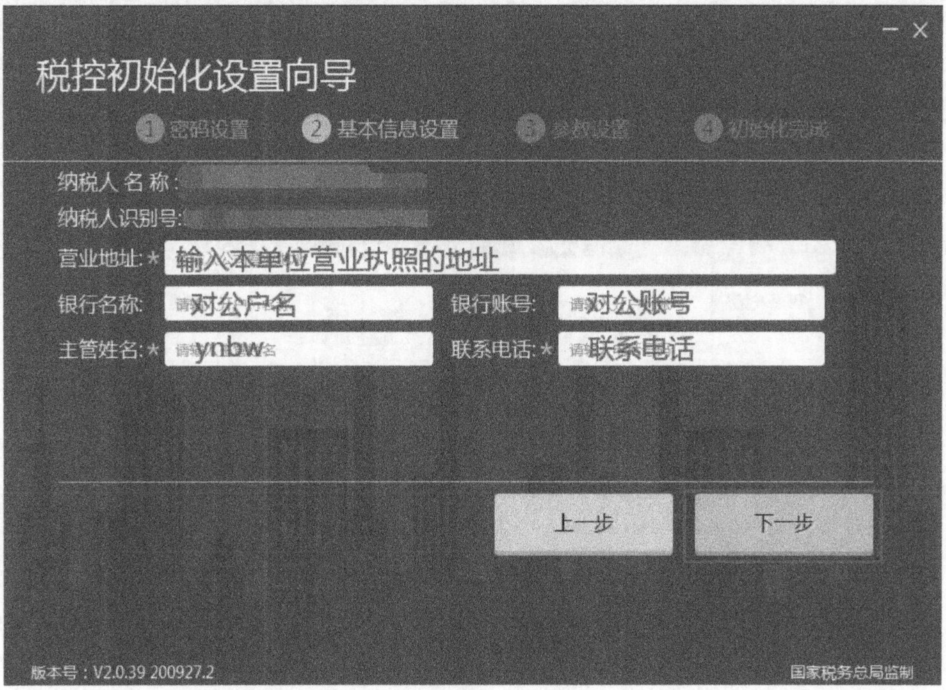

附图 1-48

用户密码无须输入，证书密码为 11111111（附图 1-49）。

附图 1-49

阅读内容后点击【确定】(附图 1-50)。

附图 1-50

点击【发票填开】，并选择想要开具的发票种类，如果盘内有其他税种，会在页面中并排显示，点击选择即可（附图 1-51）。

点击【增值税普通发票填开】后，进入页面，并在左上角选择需要开票的类型，如选择【普通征税】，并根据下图的提示填写相关信息（附图 1-52）。

如需要开具发票的商品为新商品，则开具发票前，应先新增商品，点击【系统设置】—【客户编码】即可新增客户编码（附图 1-53）。

进入页面后，选择需要开具的发票的商品编码类别（附图 1-54）。

选择商品编码类别后，先点击右侧【新增商品】，并在下面的空格中填写商品名称、规格、单位、单价等信息，确认无误后点击【完成】(附图 1-55)。

点击【完成】后，商品会移动到最下方，此时选择需要开票的商品，并点击上方【智能赋码】(附图 1-56)。

出现商品税收编码后，注意查看“税收分类名称”是否符合所开票商品的实质，并注意查看“匹配度”，绿色的一般不会有错，黄色的需要自行判断，灰色的有很大概率是错误的（附图 1-57）。

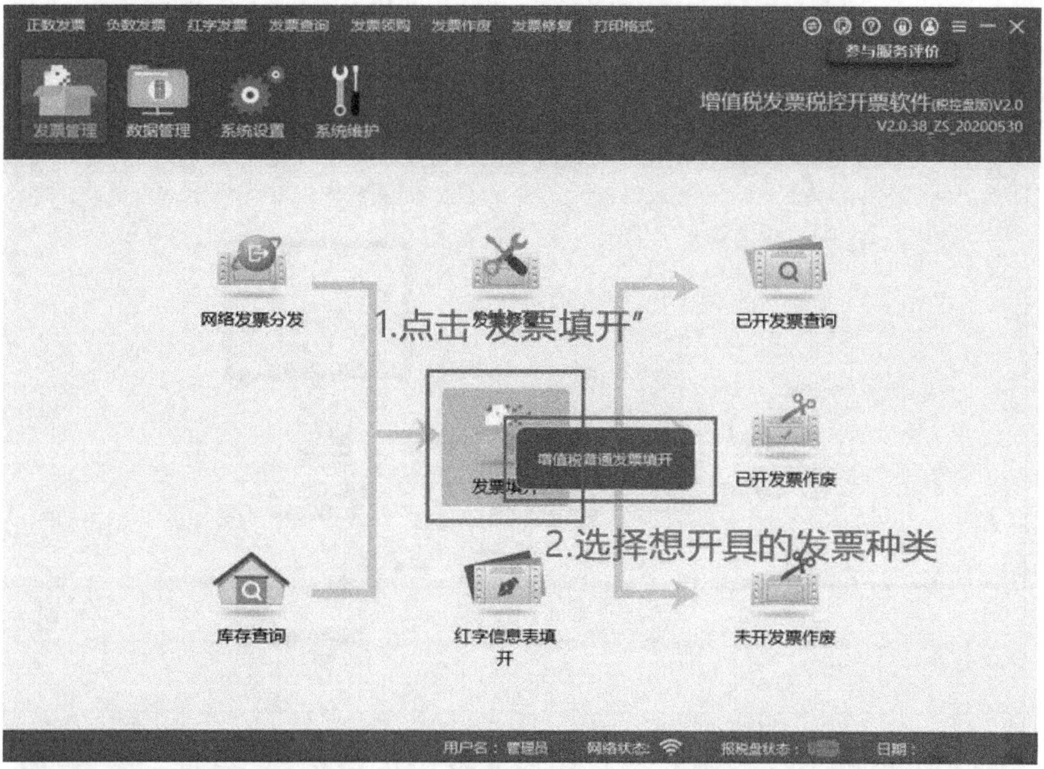

正数发票
负数发票
红字发票
发票查询
发票领购
发票作废
发票修复
打印格式
参与服务评价
发票管理
数据管理
系统设置
系统维护
增值税发票税控开票软件(税控盘版)V2.0
V2.0.38_ZS_20200530
网络发票分发
1.点击"发票填开"
已开发票查询
增值税普通发票填开
已开发票作废
2.选择想开具的发票种类
库存查询
红字信息表填开
未开发票作废
用户名：管理员
网络状态：
报税盘状态：
日期：

附图 1-51

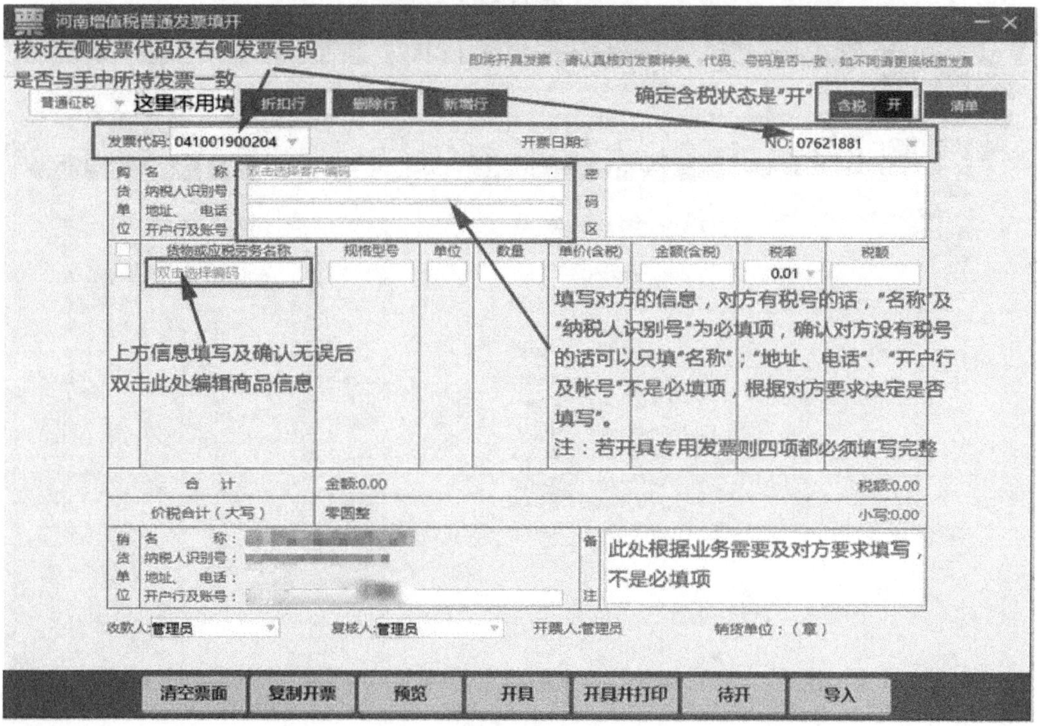

河南增值税普通发票填开
核对左侧发票代码及右侧发票号码是否与手中所持发票一致
即将开具发票，请认真核对发票种类、代码、号码是否一致，如不同请更换纸质发票
普通征税
这里不用填
折扣行
删除行
新增行
确定含税状态是"开"
含税
开
清单
发票代码: 041001900204
开票日期:
NO: 07621881
购货单位
名称
纳税人识别号
地址、电话
开户行及账号
密码区
货物或应税劳务名称
规格型号
单位
数量
单价(含税)
金额(含税)
税率
税额
0.01
双击选择编码
填写对方的信息，对方有税号的话，"名称"及"纳税人识别号"为必填项，确认对方没有税号的话可以只填"名称"；"地址、电话"、"开户行及帐号"不是必填项，根据对方要求决定是否填写"。
注：若开具专用发票则四项都必须填写完整
上方信息填写及确认无误后双击此处编辑商品信息
合计
金额:0.00
税额:0.00
价税合计（大写）
零圆整
小写:0.00
销货单位
备注
此处根据业务需要及对方要求填写，不是必填项
收款人:管理员
复核人:管理员
开票人:管理员
销货单位：（章）
清空票面
复制开票
预览
开具
开具并打印
待开
导入

附图 1-52

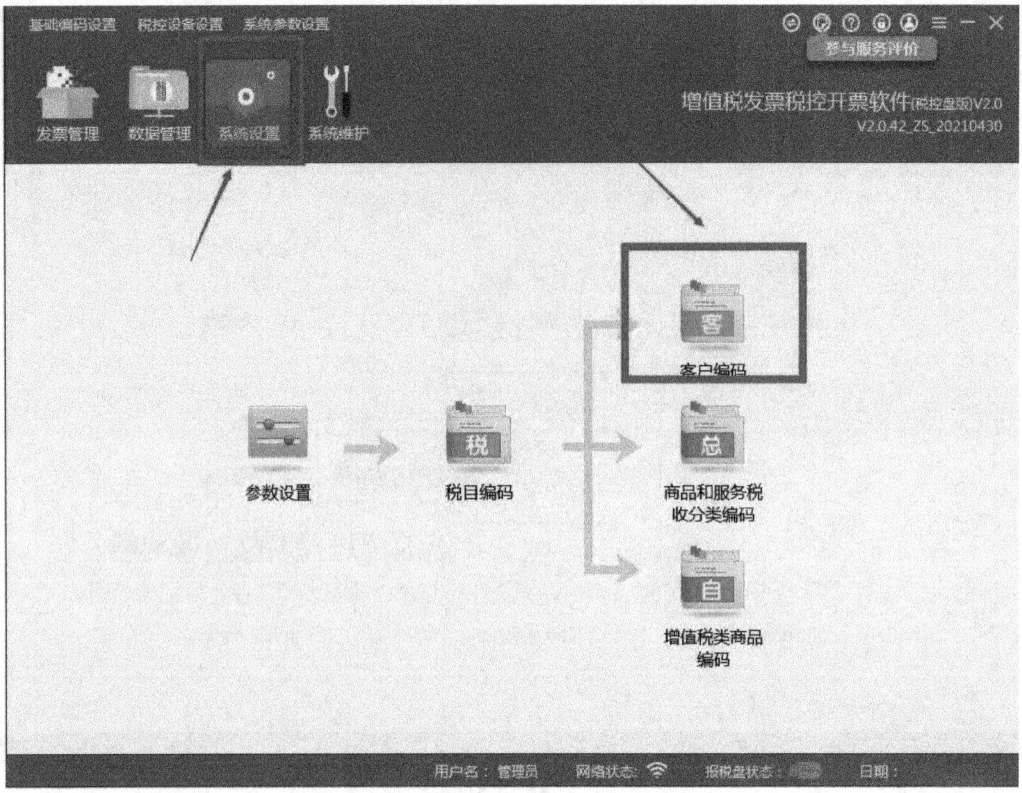
基础编码设置
税控设备设置
系统参数设置
参与服务评价
发票管理
数据管理
系统设置
系统维护
增值税发票税控开票软件(税控盘版)V2.0
V2.0.42_ZS_20210430
客户编码
参数设置
税目编码
商品和服务税收分类编码
增值税类商品编码
用户名：管理员
网络状态：
报税盘状态：
日期：

附图 1-53

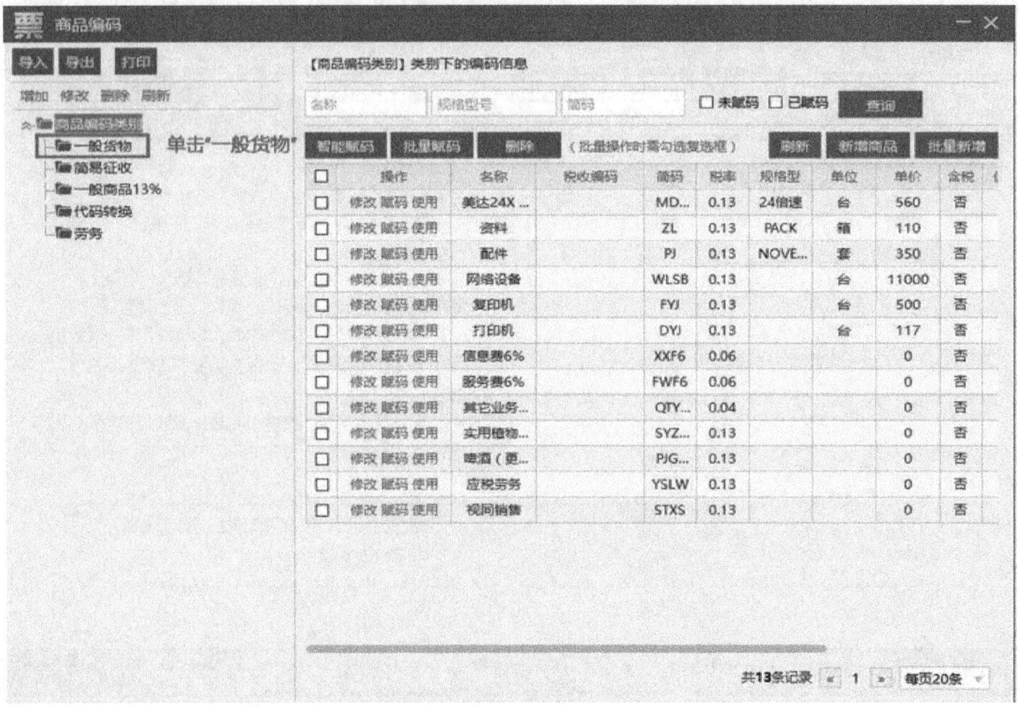
商品编码
导入 导出 打印
增加 修改 删除 刷新
商品编码类别
一般货物
单击"一般货物"
简易征收
一般商品13%
代码转换
劳务
【商品编码类别】类别下的编码信息
名称 规格型号 简码
未赋码 已赋码 查询
智能赋码 批量赋码 删除 （批量操作时需勾选复选框）
刷新 新增商品 批量新增
操作 名称 税收编码 简码 税率 规格型 单位 单价 含税
修改 赋码 使用 美达24X... MD... 0.13 24倍速 台 560 否
修改 赋码 使用 资料 ZL 0.13 PACK 箱 110 否
修改 赋码 使用 配件 PJ 0.13 NOVE... 套 350 否
修改 赋码 使用 网络设备 WLSB 0.13 台 11000 否
修改 赋码 使用 复印机 FYJ 0.13 台 500 否
修改 赋码 使用 打印机 DYJ 0.13 台 117 否
修改 赋码 使用 信息费6% XXF6 0.06 0 否
修改 赋码 使用 服务费6% FWF6 0.06 0 否
修改 赋码 使用 其它业务... QTY... 0.04 0 否
修改 赋码 使用 实用植物... SYZ... 0.13 0 否
修改 赋码 使用 啤酒（更... PJG... 0.13 0 否
修改 赋码 使用 应税劳务 YSLW 0.13 0 否
修改 赋码 使用 视同销售 STXS 0.13 0 否
共13条记录 1 每页20条

附图 1-54

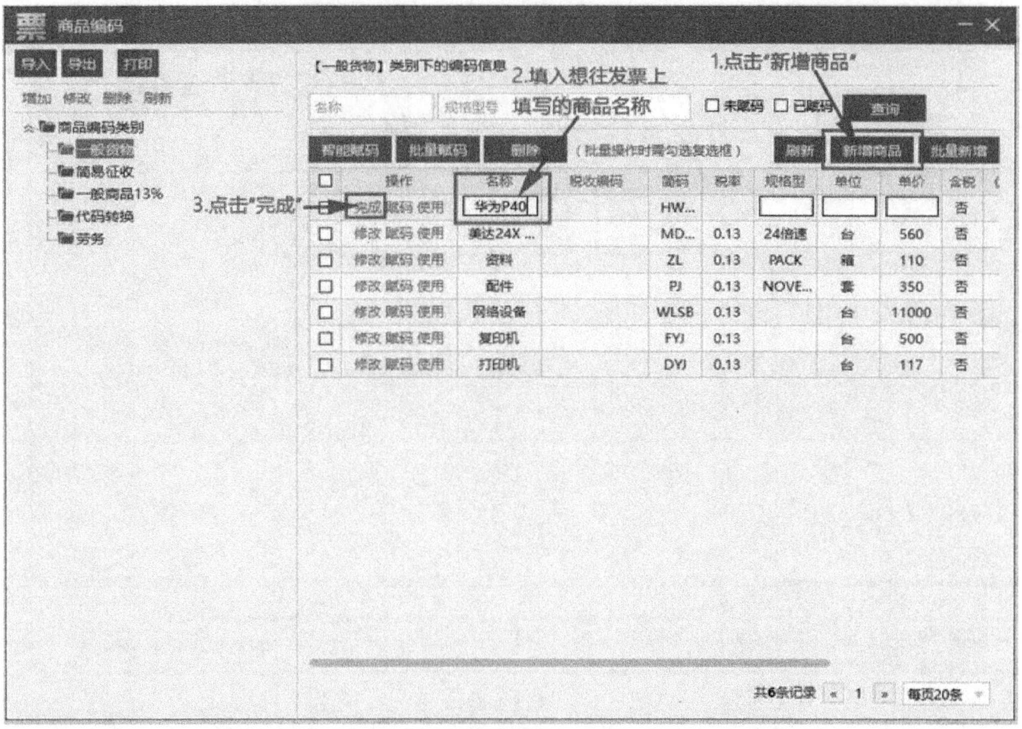
商品编码
导入
导出
打印
增加 修改 删除 刷新
商品编码类别
一般货物
简易征收
一般商品13%
代码转换
劳务
【一般货物】类别下的编码信息
1.点击"新增商品"
2.填入想往发票上
填写的商品名称
3.点击"完成"
名称
规格型号
未赋码
已赋码
查询
智能赋码
批量赋码
删除
（批量操作时需勾选复选框）
刷新
新增商品
批量新增
操作
名称
税收编码
简码
税率
规格型
单位
单价
含税
完成 赋码 使用
华为P40
HW...
否
修改 赋码 使用
美达24X ...
MD...
0.13
24倍速
台
560
否
资料
ZL
0.13
PACK
箱
110
配件
PJ
0.13
NOVE...
套
350
网络设备
WLSB
0.13
11000
复印机
FYJ
0.13
500
打印机
DYJ
0.13
117
共6条记录
1
每页20条

附图 1-55

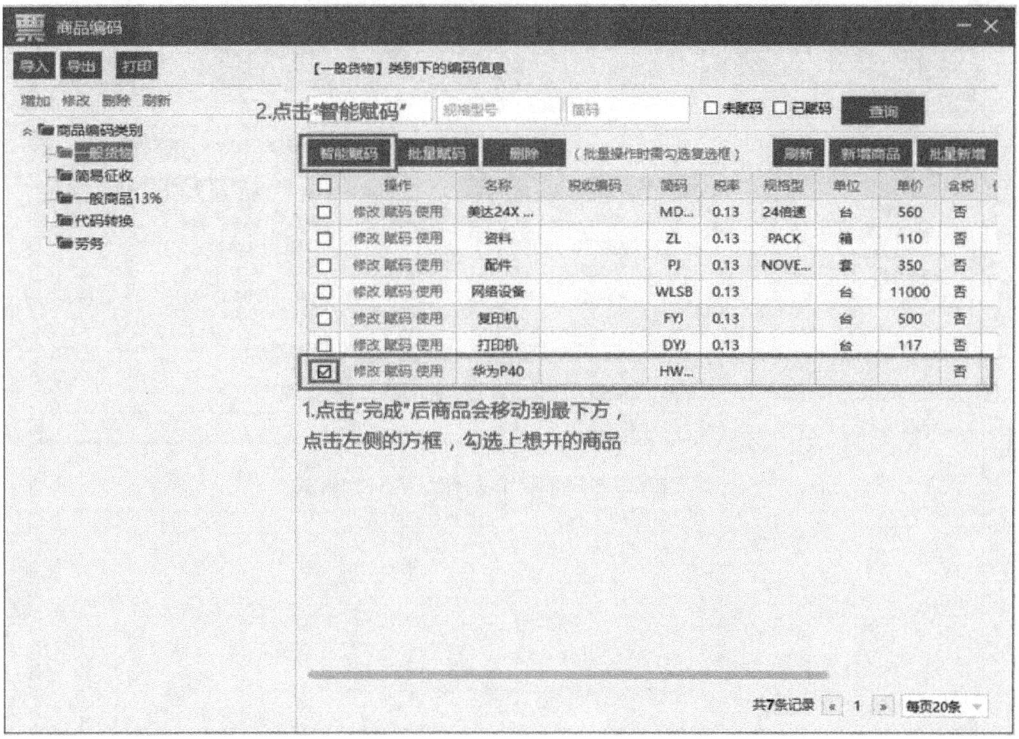
商品编码
导入
导出
打印
增加 修改 删除 刷新
商品编码类别
一般货物
简易征收
一般商品13%
代码转换
劳务
【一般货物】类别下的编码信息
2.点击"智能赋码"
规格型号
简码
未赋码
已赋码
查询
智能赋码
批量赋码
删除
（批量操作时需勾选复选框）
刷新
新增商品
批量新增
操作
名称
税收编码
简码
税率
规格型
单位
单价
含税
修改 赋码 使用
美达24X ...
MD...
0.13
24倍速
台
560
否
资料
ZL
0.13
PACK
箱
110
配件
PJ
0.13
NOVE...
套
350
网络设备
WLSB
0.13
11000
复印机
FYJ
0.13
500
打印机
DYJ
0.13
117
华为P40
HW...
1.点击"完成"后商品会移动到最下方，
点击左侧的方框，勾选上想开的商品
共7条记录
1
每页20条

附图 1-56

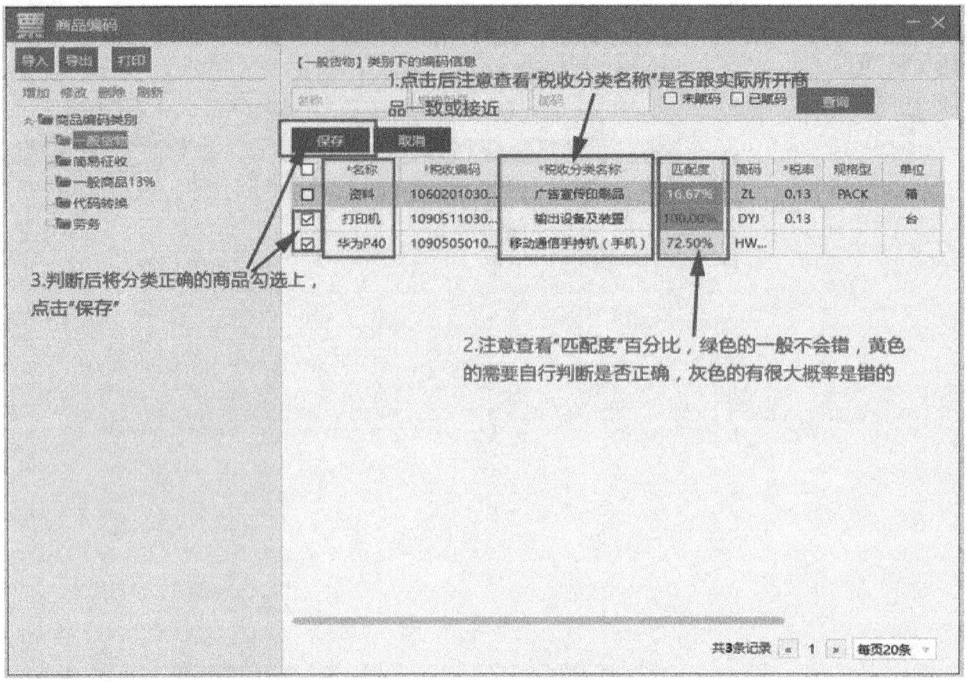

附图 1-57

如果智能赋码推荐的编码不对，应手动搜索，点击【赋码】，进入搜索界面（附图 1-58）。

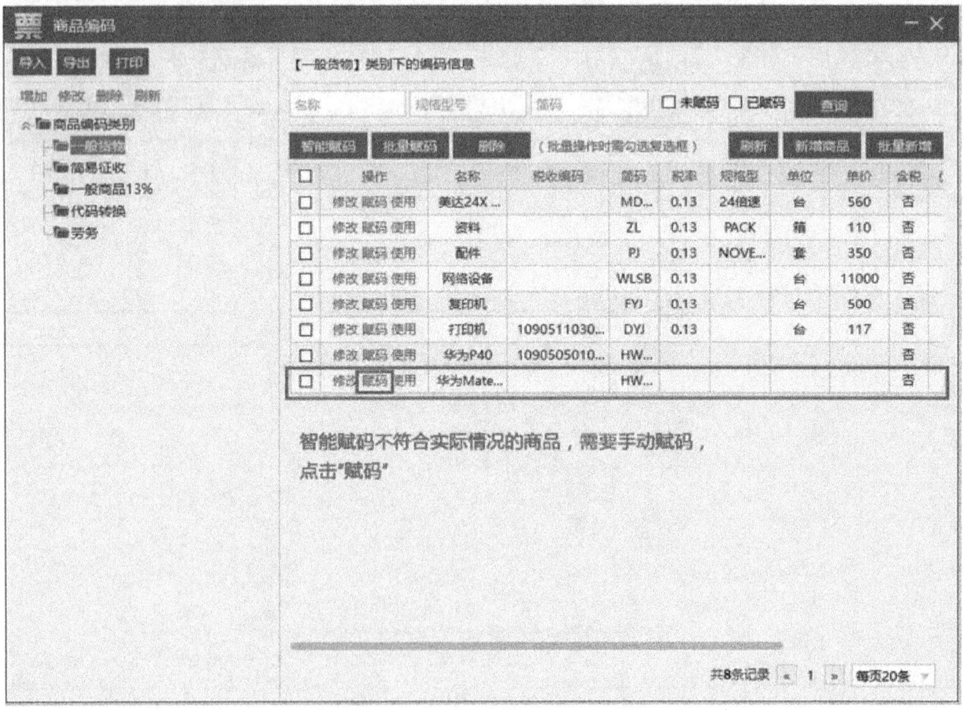

附图 1-58

在上方的搜索框中输入与商品根本性质相关的关键字，如想要开具办公桌的发票，则输入“家具”，并点击【搜索】；在搜索结果中选择正确的分类，点击查看说明，确认是否与所开票商品相符；相符后选择税率，核对无误后点击【确定】（附图 1-59）。

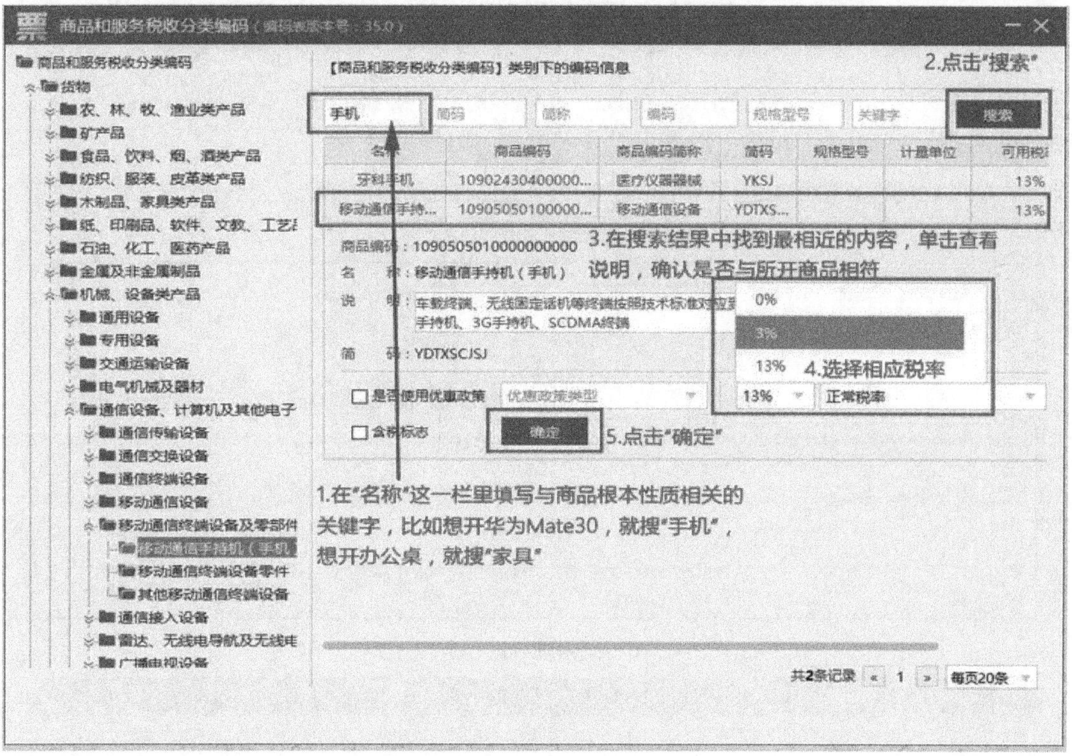

附图 1-59

赋码成功后，双击想要开具发票的商品（附图 1-60）。

仅点击【预览】发票不会被开出来，仅点击【开具】发票不会被打印（附图 1-61）。

将相应的发票放入打印机，点击左上角图标，开始打印发票，即开票成功（附图 1-62）。

4）临时开票权限

根据《国家税务总局关于国内旅客运输服务进项税抵扣等增值税征管问题的公告》（国家税务总局公告 2019 年第 31 号）第十三条规定，增值税税率下调以后，企业需要开具原税率发票的，应当向主管税务机关申请办理临时开票权限。办理流程如下：

登录电子税务局，点击【我要办税】—【发票使用】（附图 1-63）。

进入页面后，应注意点击正上方【办理业务类型】，切换至“发票业务入口”界面（附图 1-64）。

点开左侧【发票使用】，选择【临时开票权限办理】（附图 1-65）。

点击【继续办理】（附图 1-66）。

填写申请表，选择需要临时开票权限的原因及经办人，确认选择无误后点击【提交】。

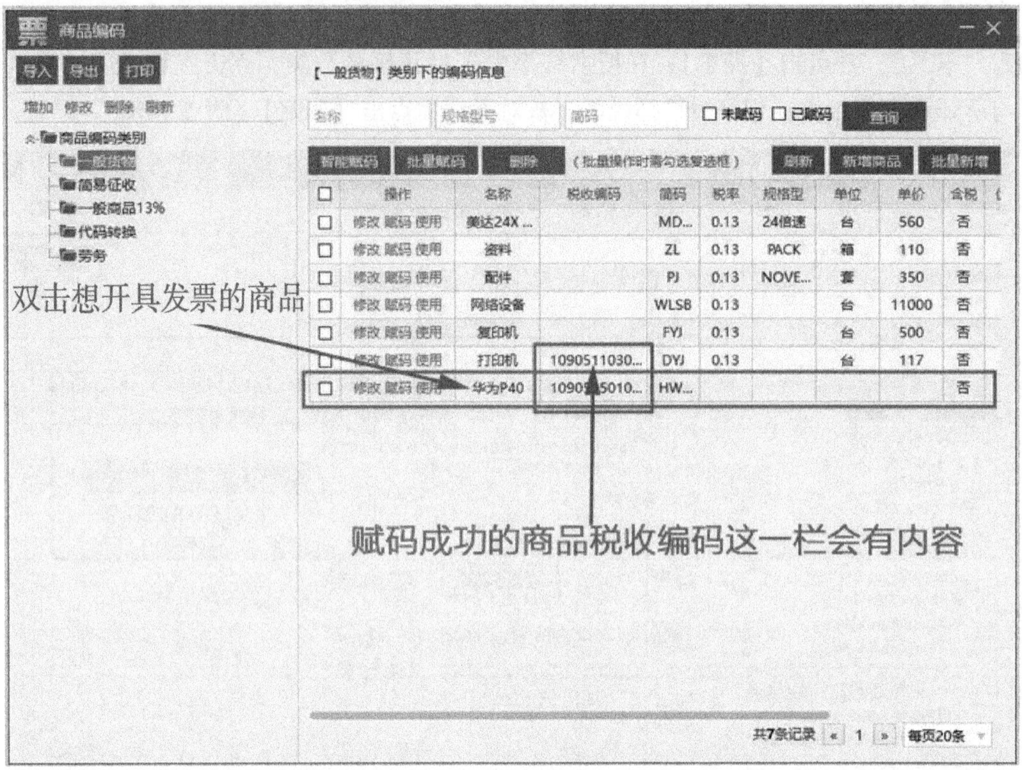

商品编码
双击想开具发票的商品
赋码成功的商品税收编码这一栏会有内容

附图 1-60

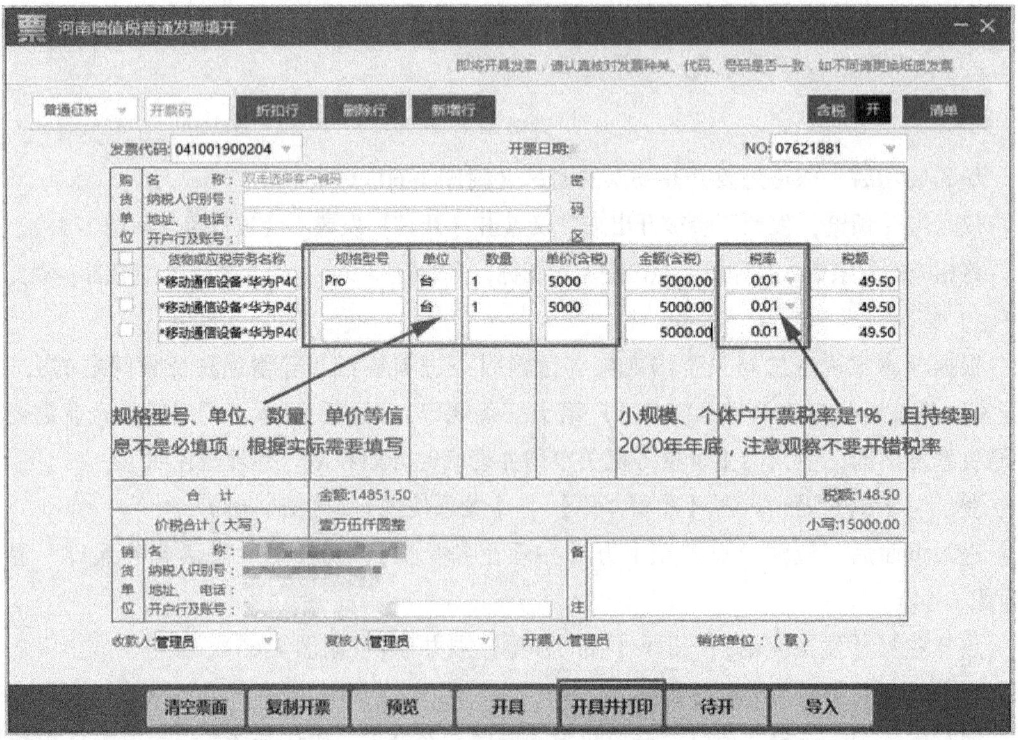

河南增值税普通发票填开
规格型号、单位、数量、单价等信息不是必填项，根据实际需要填写
小规模、个体户开票税率是1%，且持续到2020年年底，注意观察不要开错税率

附图 1-61

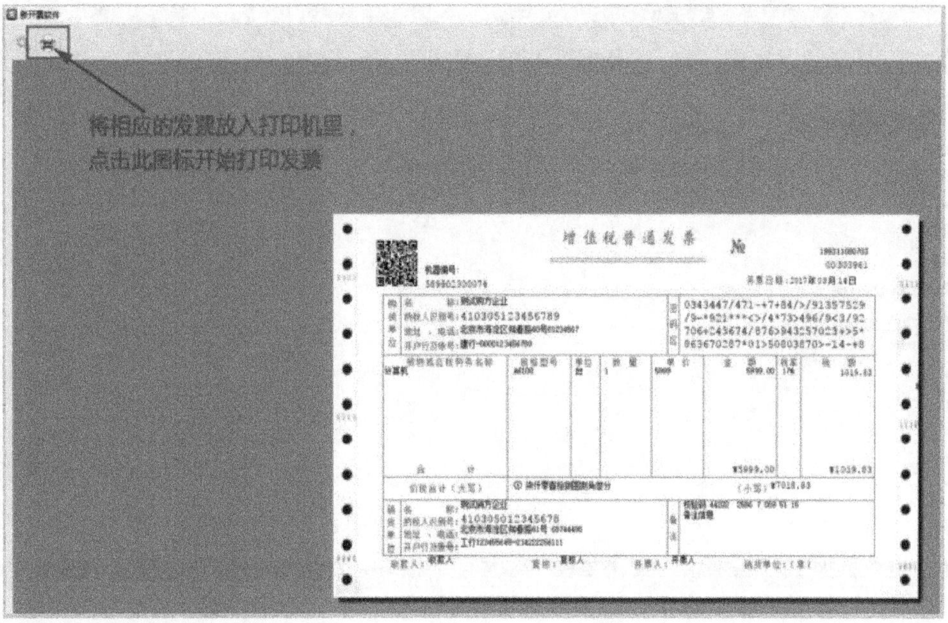

附图 1-62

附图 1-63

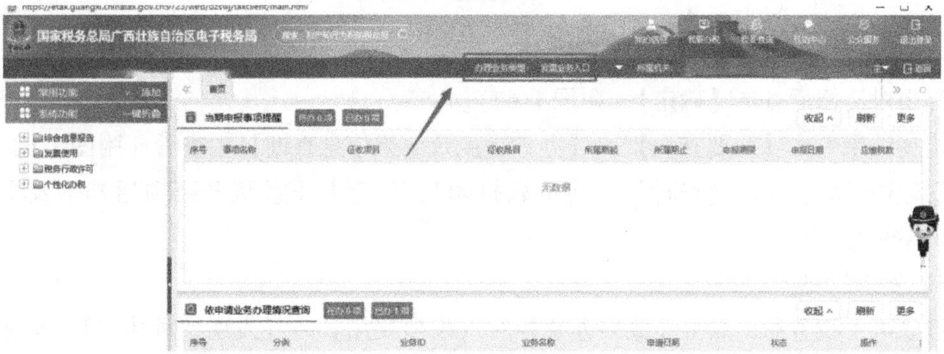

附图 1-64

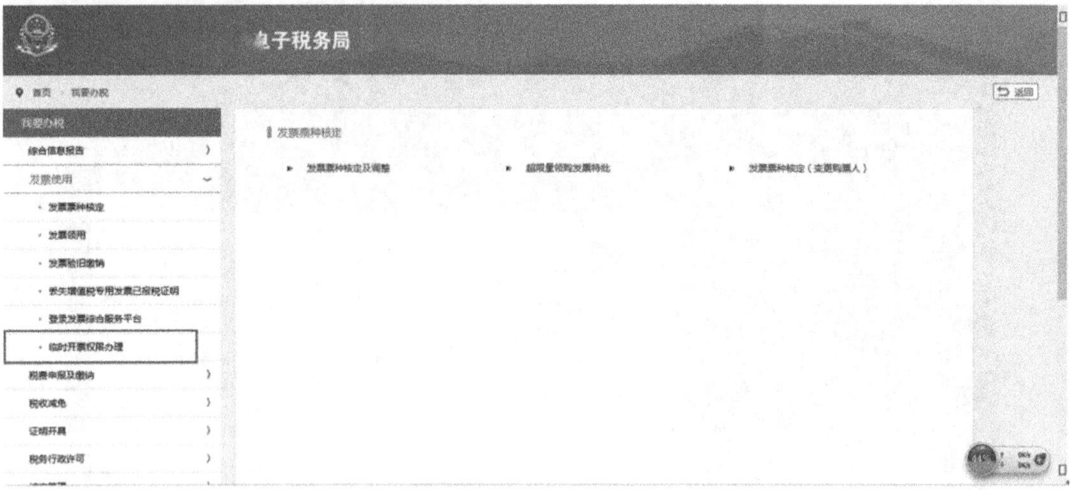

附图 1-65

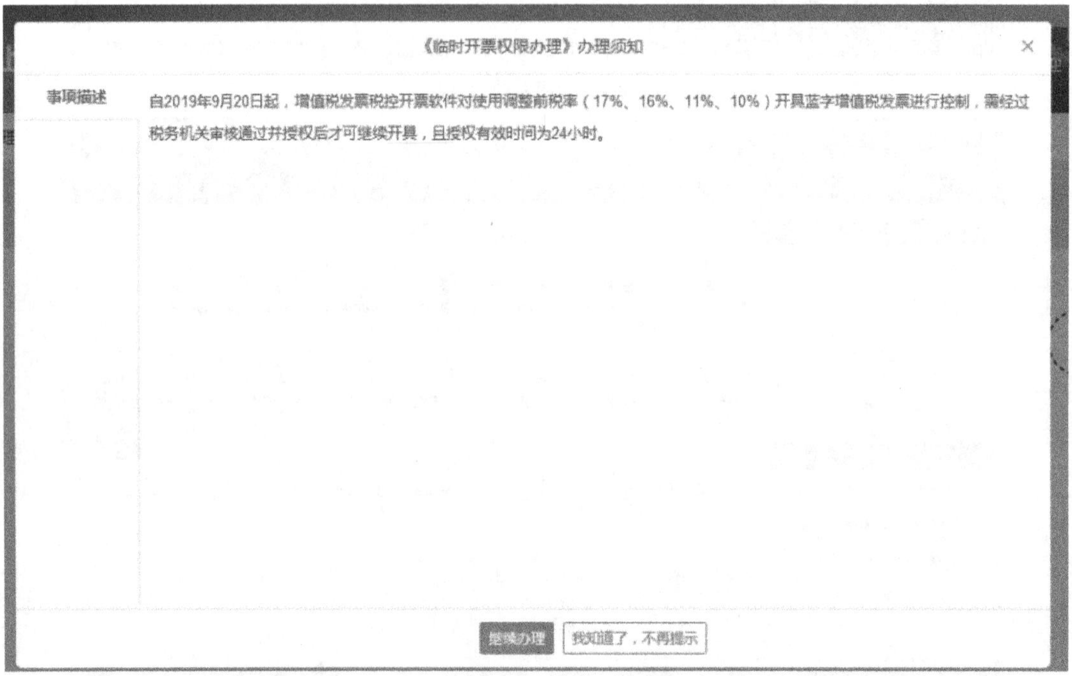

附图 1-66

弹出对话框后点击【确定】（附图 1-67）。

申请结果可在【我要查询】—【办理进度及结果信息查询】中查看（附图 1-68）。

受理通过后，点击【查看】—【下载打印】，保存并下载税务事项通知书及承诺书（附图 1-69）。

5）发票增量

登录电子税务局，点击【我要办税】—【发票使用】—【发票票种核定】，进入票种核定主界面，勾选需要增量的发票类型，在下拉框选项中点击【变更】。

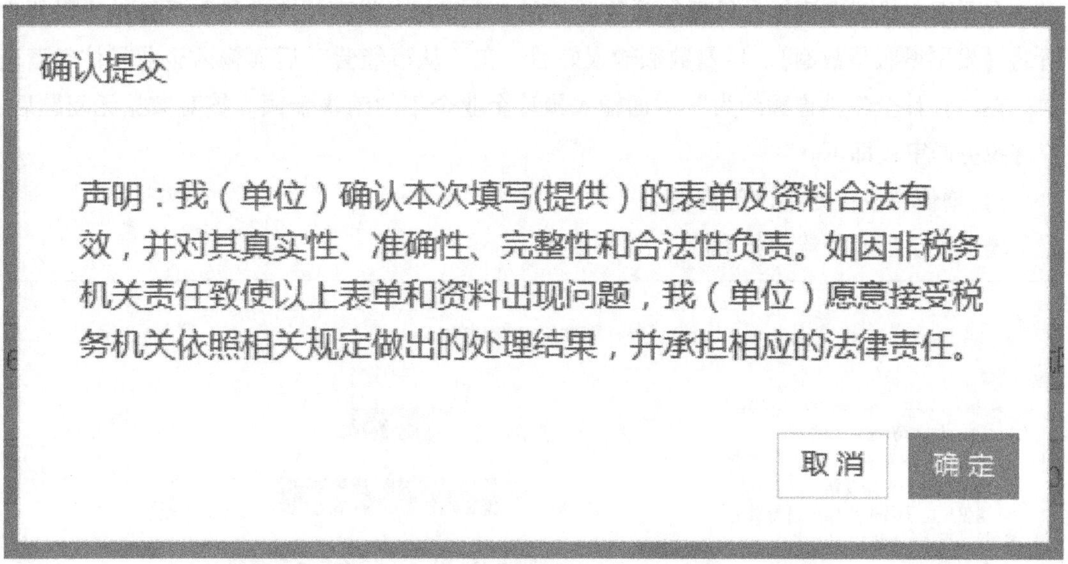

附图 1-67

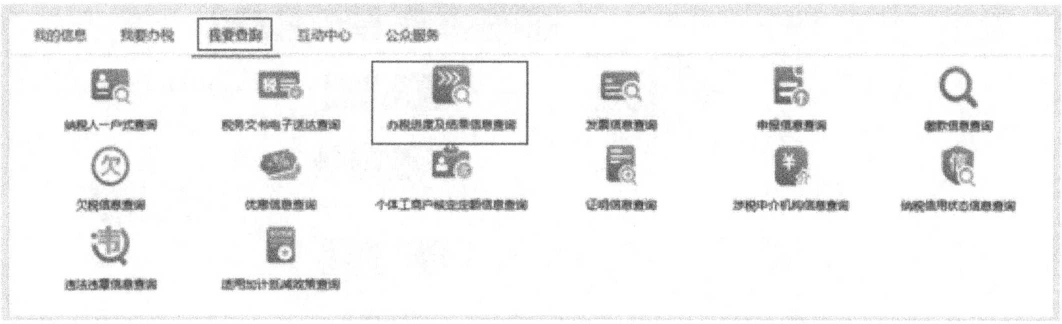

附图 1-68

附图 1-69

在页面中找到申请每月最高领票数量，在“申请每月最高领票数量”后面输入需要申请的【发票增版量数额】。增量数额输入好后，在“从事经营”后面输入企业具体经营范围；在“预计全年销售额约为”后面输入预计企业全年的销售金额。核对数据无问题后，等待税务局审核即可。

6）增值税税控专用设备管理

增值税认证操作流程如附图 1-70 所示。

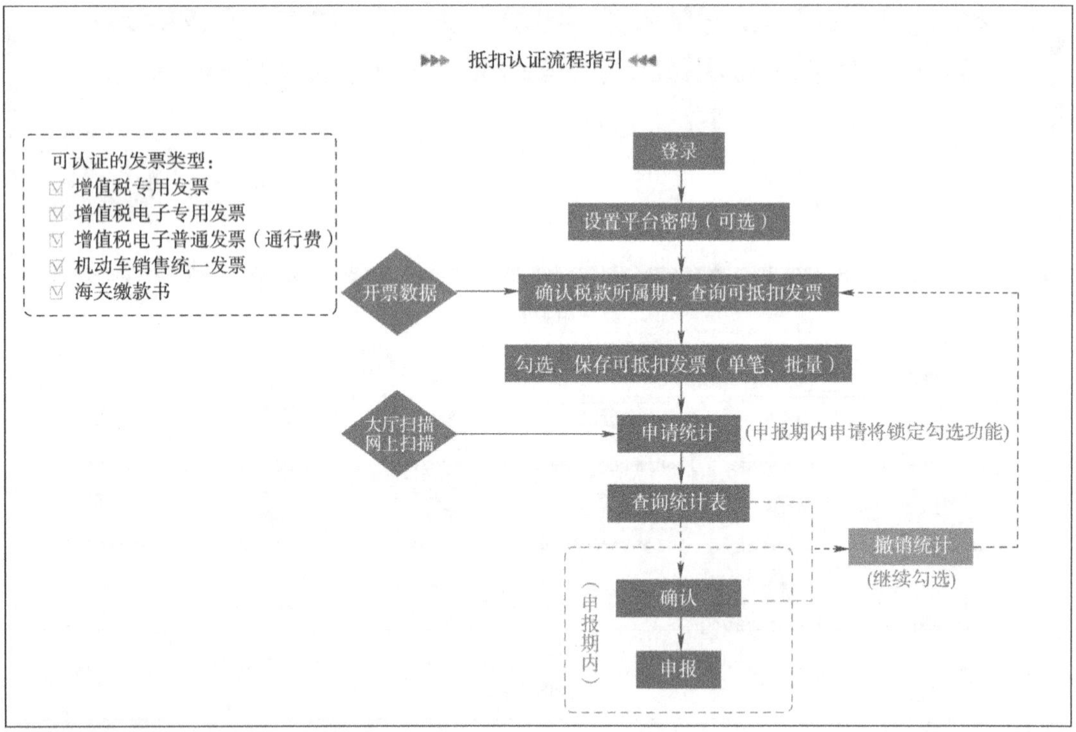

附图 1-70

7）金税盘（白盘）抄报清卡流程

（1）上报汇总。

①自动上报汇总。

操作流程：【报税处理】—【网上抄报】—【上报汇总】（月初打开软件，在网络通畅、服务器地址连接正确的情况下，开票软件会自动上报汇总。）

②未自动上报汇总。

如果未自动上报汇总，可以进行手动操作，操作流程如下：

点击进入开票软件。

点击【发票管理】—【发票修复】（附图 1-71）。

在弹出的窗口中点击【确定】（附图 1-72）。

点击【报税处理】，然后点击【上报汇总】（附图 1-73）。

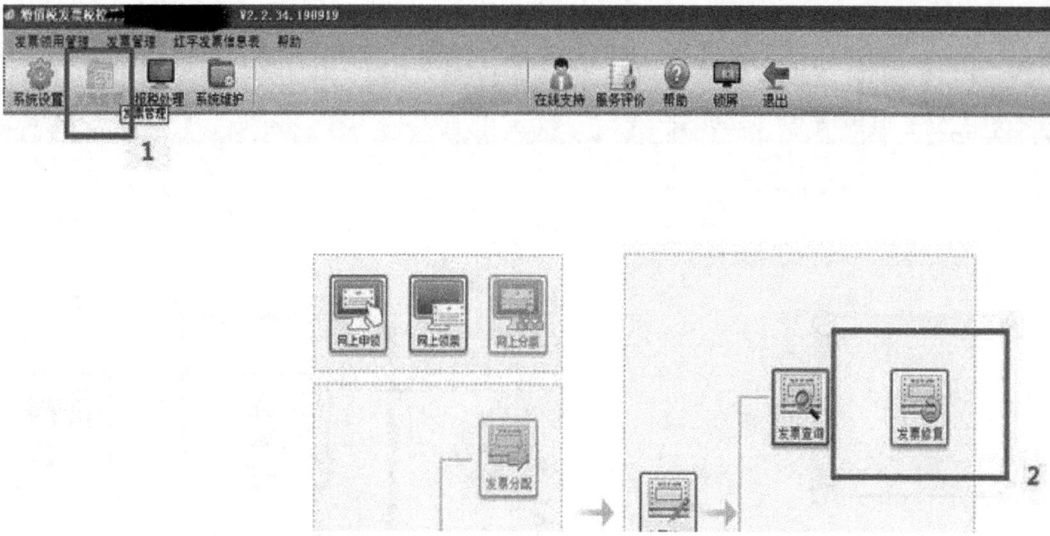
V2.2.34.190919
发票领用管理　发票管理　红字发票信息表　帮助
系统设置
报税处理
系统维护
在线支持　服务评价　帮助　锁屏　退出
发票管理
1
网上申领　网上领票　网上分票
发票分配
发票查询
发票修复
2

附图 1-71

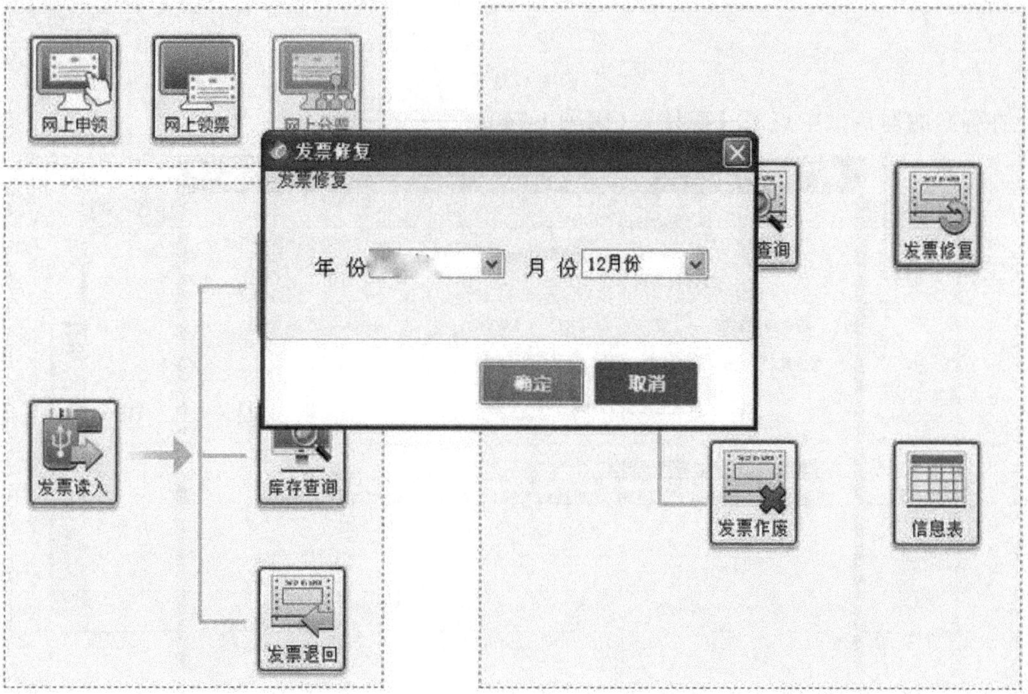
网上申领　网上领票
发票修复
年 份
月 份 12月份
确定　取消
发票修复
发票读入
库存查询
发票作废
信息表
发票退回

附图 1-72

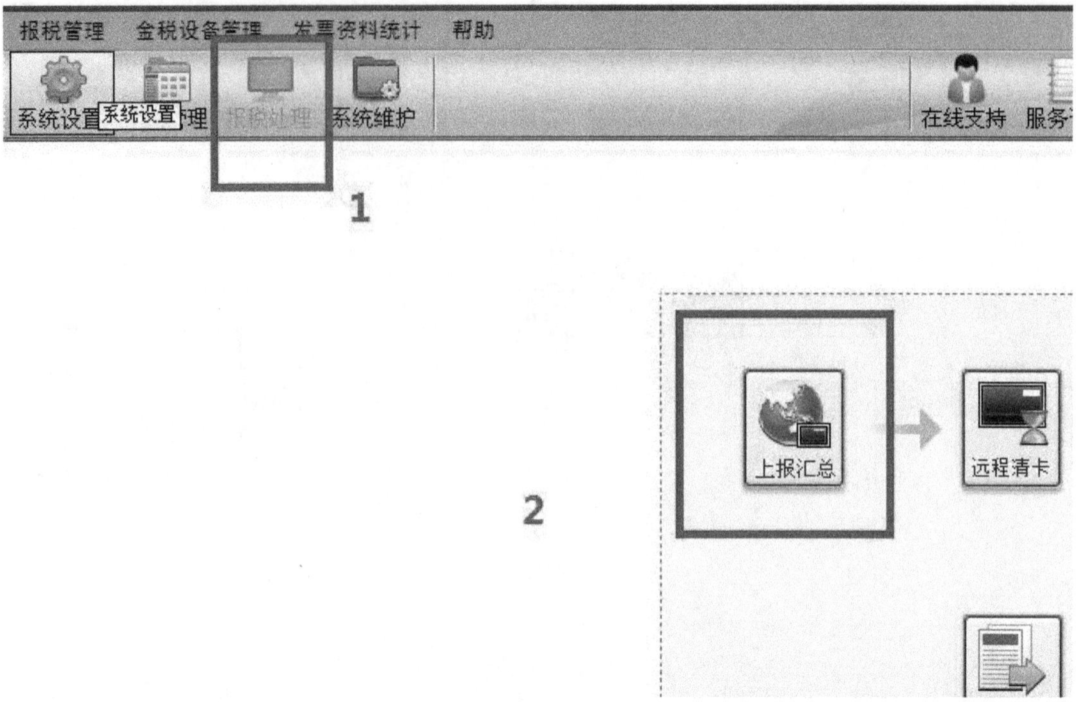

附图 1-73

在弹出的对话框中点击【确认】(附图 1-74)。

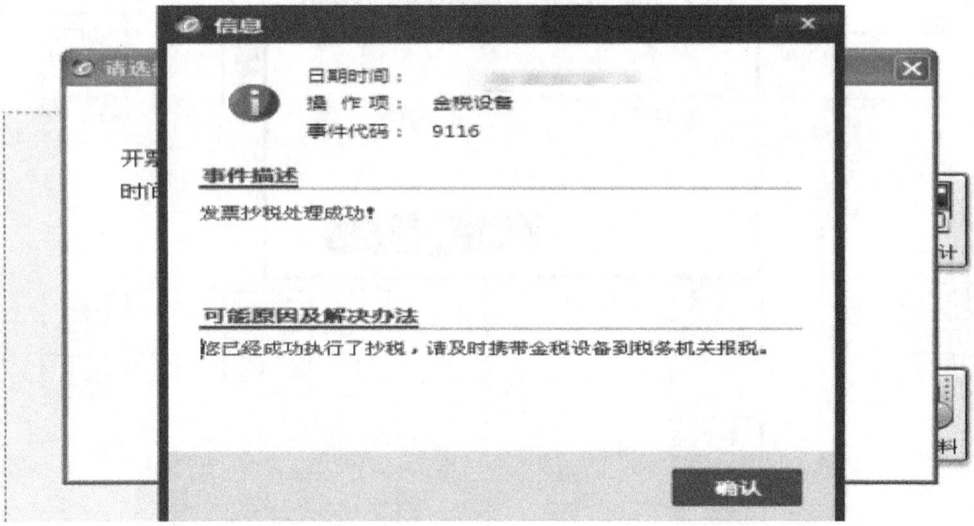

附图 1-74

待出现“抄报数据上传成功，请执行远程清卡操作!”提示时上报汇总（附图 1-75)。

(2）网上申报。

操作流程：通过网上税务局或第三方申报软件进行网上申报（扣款成功)，请注意每个税种申报完毕后，都需要检查是否申报成功。

附图 1-75

(3) 远程清卡。

点击【报税处理】—【远程清卡】(附图 1-76)。

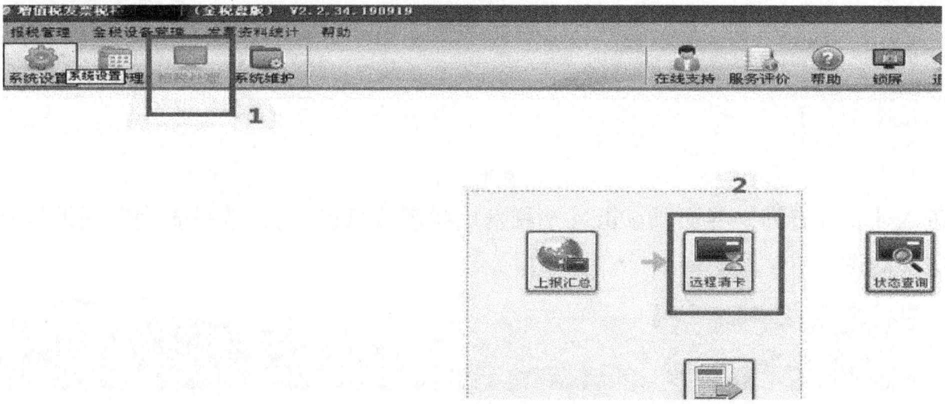

附图 1-76

如果未进行报税则会出现附图 1-77 所示提示，需进行网上申报之后再清卡。

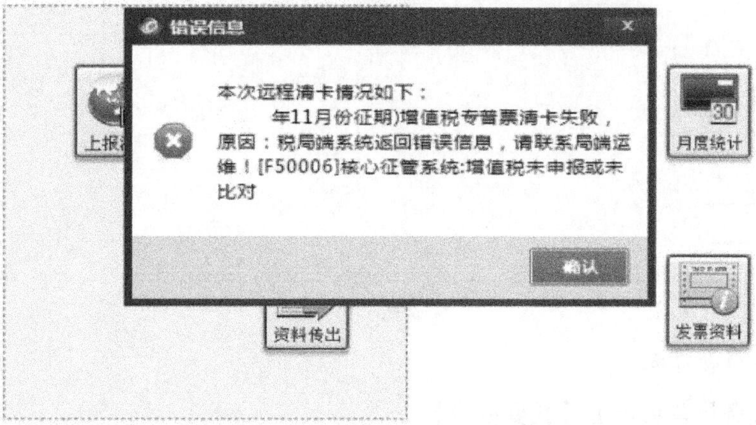

附图 1-77

三、企业纳税信用等级管理

（一）信用评价结果自我查询

纳税人可在每年 4 月份税务机关发布信用评价结果后，登录电子税务局，点击【我要查询】（附图 1-78）。

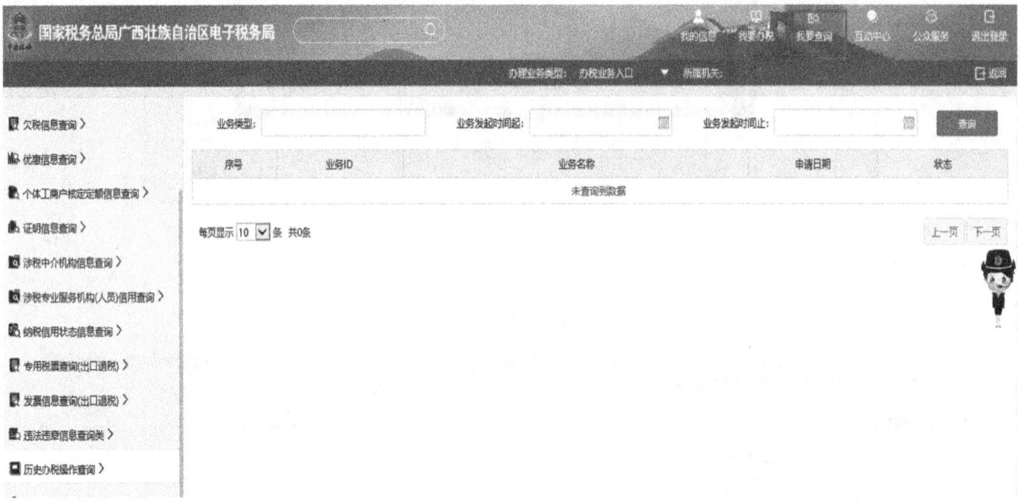

附图 1-78

进入【我要查询】界面，点击【纳税信用状态信息查询】，选择查询期间即可查询信用等级（附图 1-79）。

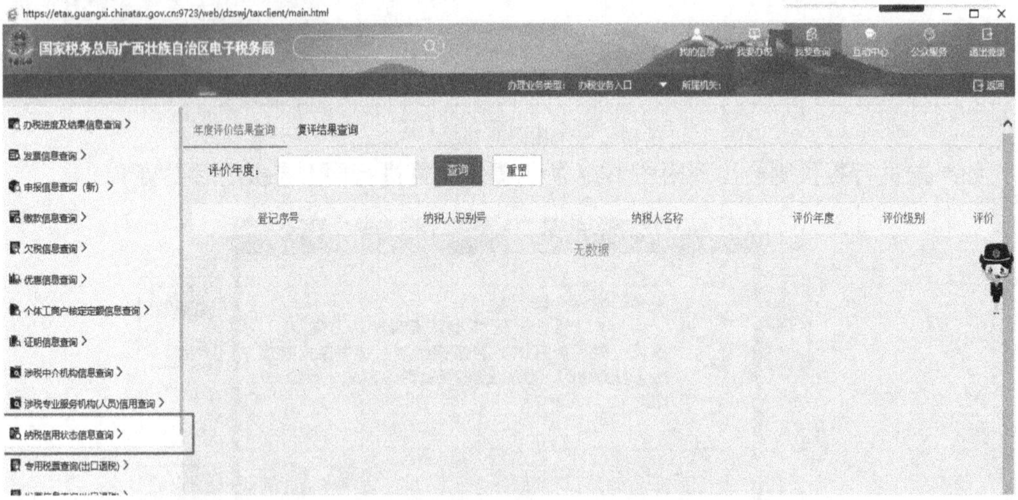

附图 1-79

（二）信用补评级

在电子税务局首页点击【我要办税】。

点击【纳税信用】—【纳税信用补评】（附图 1-80）。

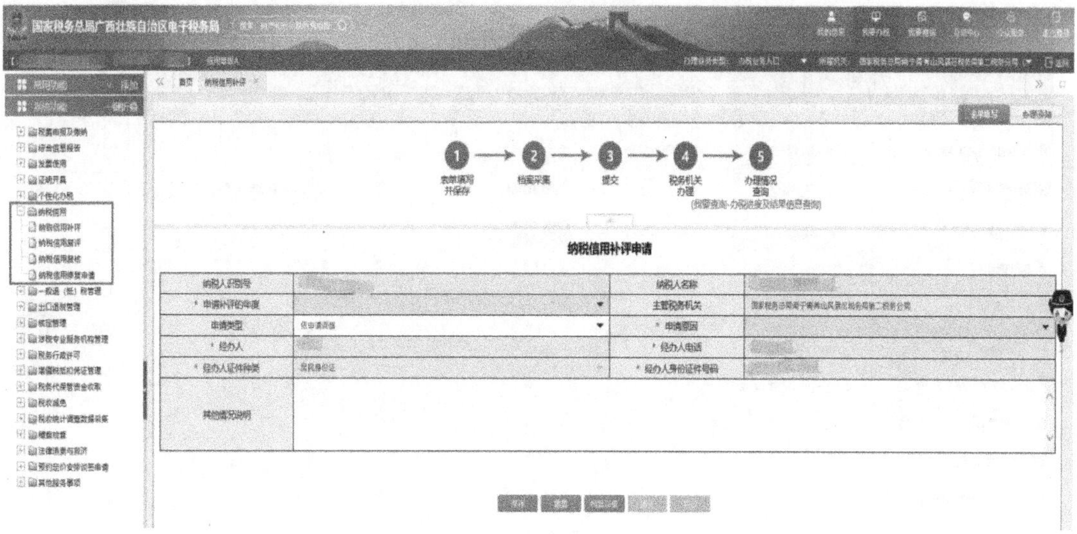

附图 1-80

根据提示依次填写表单。

点击页面下方【档案采集】，根据提示要求上传资料（附图 1-81）。

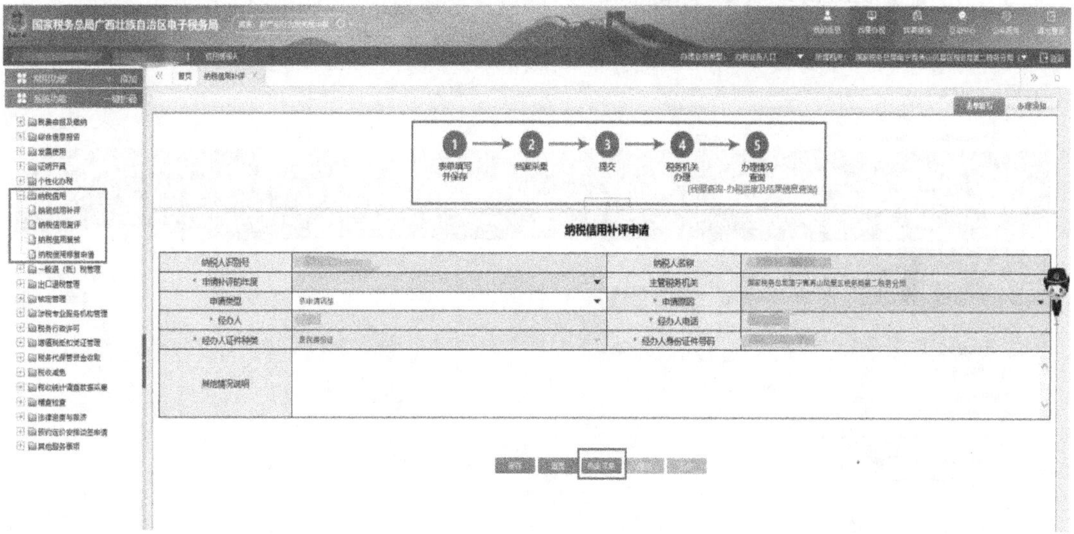

附图 1-81

档案采集所需资料见附表 1-1。

档案采集所需资料明细　　附表 1-1

序　　号	资　　料
1	《纳税信用补评申请表》

业务提交后，可通过右上角【我要查询】—【办税进度及结果信息查询】，查看该业务办理进度及状态（附图 1-82）。

附图 1-82

四、增值税及附加税费申报操作

（一）增值税及附加税费申报

点击【增值税及附加税费申报】，进入申报界面后点击对应表格进行填报（附图 1-83）。

附图 1-83

点击【生成主报表】（附图 1-84）。

（二）增值税就地预缴

登录电子税务局，点击【我要办税】—【税费申报及缴纳】—【增值税及附加税费申报】—【增值税及附加税（费）预缴申报】（附图 1-85）。

附图 1-84

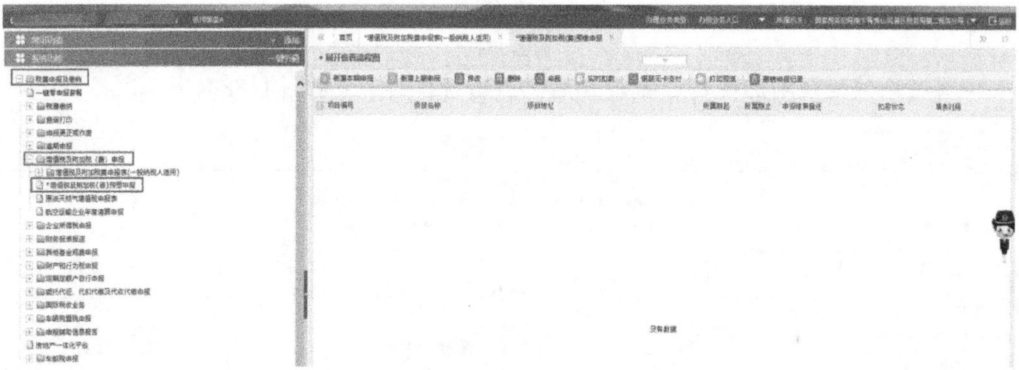

附图 1-85

报验户登录电子税务局，进入【我要办税】—【跨区域涉税事项】—【增值税及附加税费预缴表】（附图 1-86）。

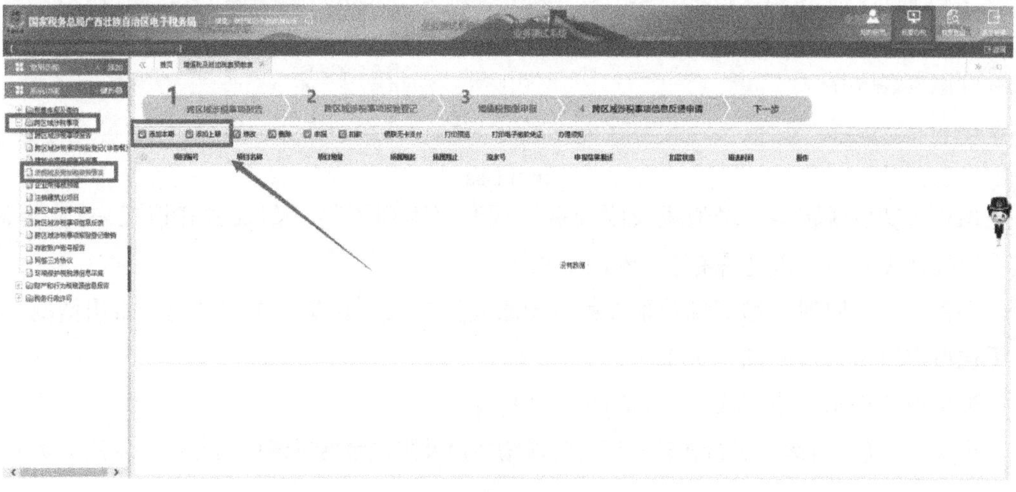

附图 1-86

添加表单（附图 1-87）。

附图 1-87

填写《增值税及附加税费预缴表》后，点击【保存】（附图 1-88）。

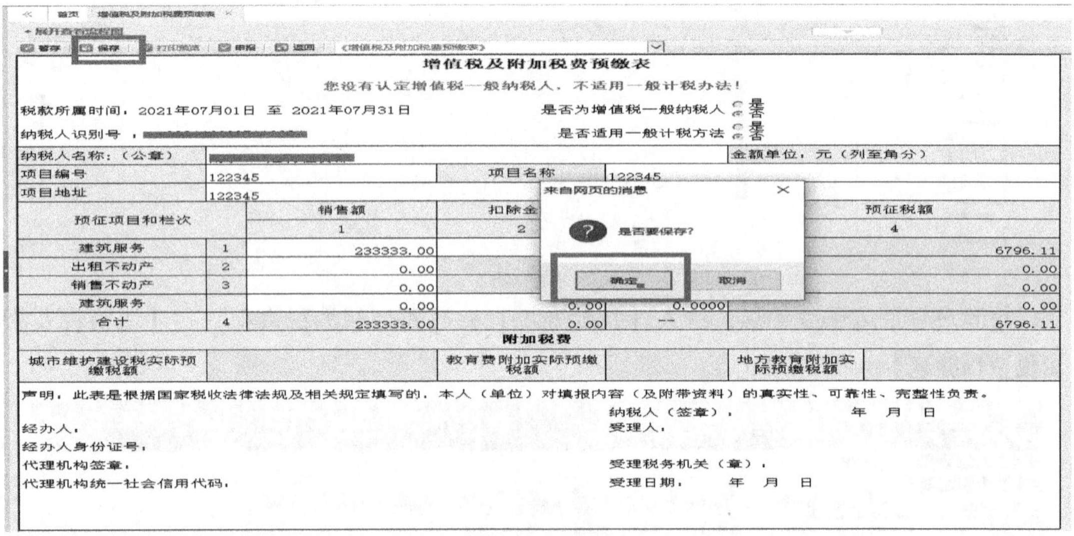

附图 1-88

保存成功后跳转至《增值税及附加税费预缴表附列资料（附加税费情况表）》界面。填写完确认无误后点击【保存】（附图 1-89）。

保存成功后回到《增值税及附加税费预缴表》界面，核实表中附加税费带出情况，确认无误后进行申报（附图 1-90）。

弹出窗口提示“申报成功”（附图 1-91）。

申报完成返回列表，进行扣款，即可完成增值税及附加税费预缴申报流程（附图 1-92）。

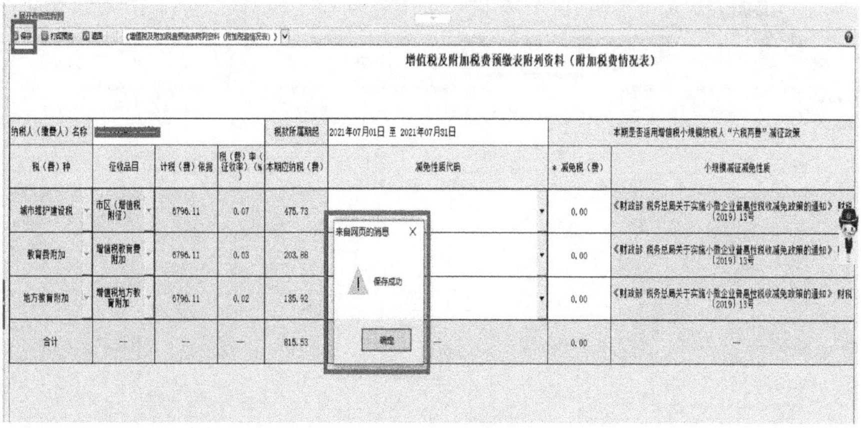
保存　打印预览　退出　《增值税及附加税费预缴表附列资料（附加税费情况表）》

增值税及附加税费预缴表附列资料（附加税费情况表）

纳税人（缴费人）名称	[redacted]			税款所属期起	2021年07月01日 至 2021年07月31日		本期是否适用增值税小规模纳税人“六税两费”减征政策
税（费）种	征收品目	计税（费）依据	税（费）率（征收率）（%）	本期应纳税（费）	减免性质代码	＊减免税（费）	小规模减征减免性质
城市维护建设税	市区（增值税附征）	6796.11	0.07	475.73		0.00	《财政部 税务总局关于实施小微企业普惠性税收减免政策的通知》财税〔2019〕13号
教育费附加	增值税教育费附加	6796.11	0.03	203.88		0.00	《财政部 税务总局关于实施小微企业普惠性税收减免政策的通知》财税〔2019〕13号
地方教育附加	增值税地方教育附加	6796.11	0.02	135.92		0.00	《财政部 税务总局关于实施小微企业普惠性税收减免政策的通知》财税〔2019〕13号
合计	—	—	—	815.53	—	0.00	—

来自网页的消息
保存成功
确定

附图 1-89

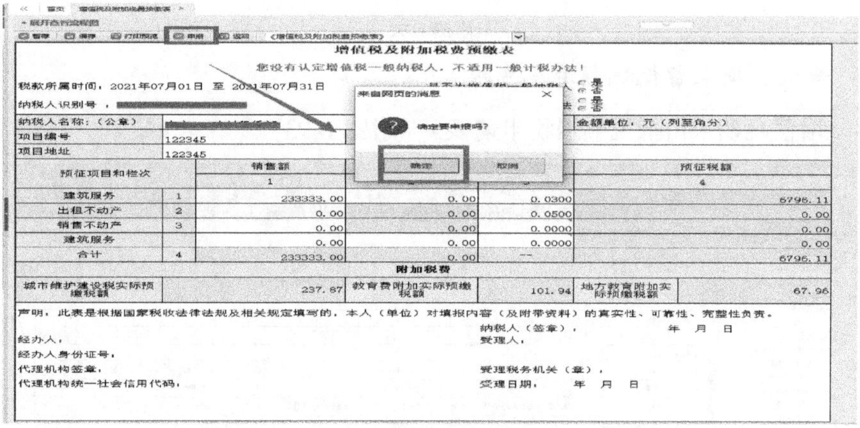
暂存　保存　打印预览　申报　退回　《增值税及附加税费预缴表》

来自网页的消息
确定要申报吗？
确定　取消

附图 1-90

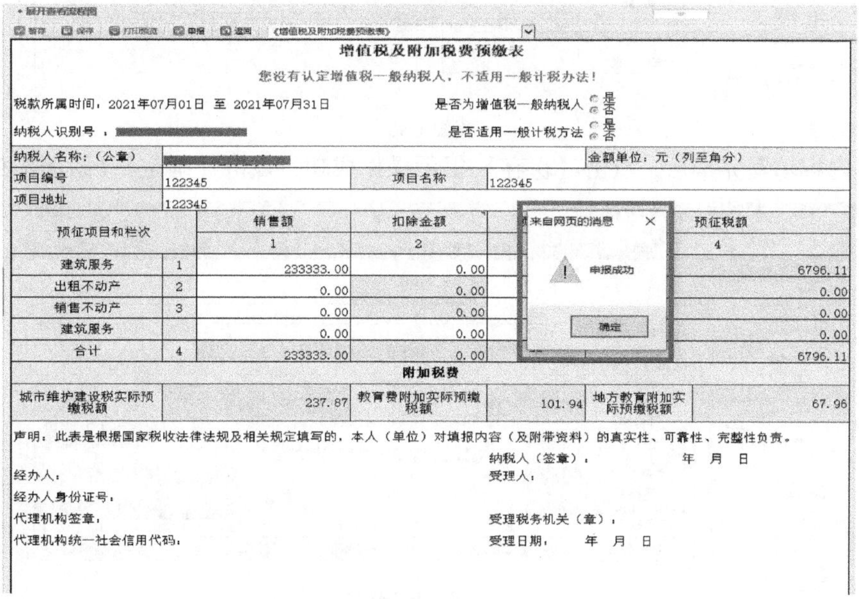
暂存　保存　打印预览　申报　退回　《增值税及附加税费预缴表》

增值税及附加税费预缴表

您没有认定增值税一般纳税人，不适用一般计税办法！

税款所属时间：2021年07月01日 至 2021年07月31日　　是否为增值税一般纳税人 ○是 ◉否

纳税人识别号：[redacted]　　是否适用一般计税方法 ○是 ◉否

纳税人名称：（公章）	[redacted]			金额单位：元（列至角分）
项目编号	122345	项目名称	122345	
项目地址	122345			
预征项目和栏次		销售额	扣除金额	预征税额
		1	2	4
建筑服务	1	233333.00	0.00	6796.11
出租不动产	2	0.00	0.00	0.00
销售不动产	3	0.00	0.00	0.00
建筑服务		0.00	0.00	0.00
合计	4	233333.00	0.00	6796.11

附加税费

城市维护建设税实际预缴税额	237.87	教育费附加实际预缴税额	101.94	地方教育附加实际预缴税额	67.96

声明：此表是根据国家税收法律法规及相关规定填写的，本人（单位）对填报内容（及附带资料）的真实性、可靠性、完整性负责。

纳税人（签章）：　　年　月　日

经办人：　　受理人：

经办人身份证号：

代理机构签章：　　受理税务机关（章）：

代理机构统一社会信用代码：　　受理日期：　年　月　日

来自网页的消息
申报成功
确定

附图 1-91

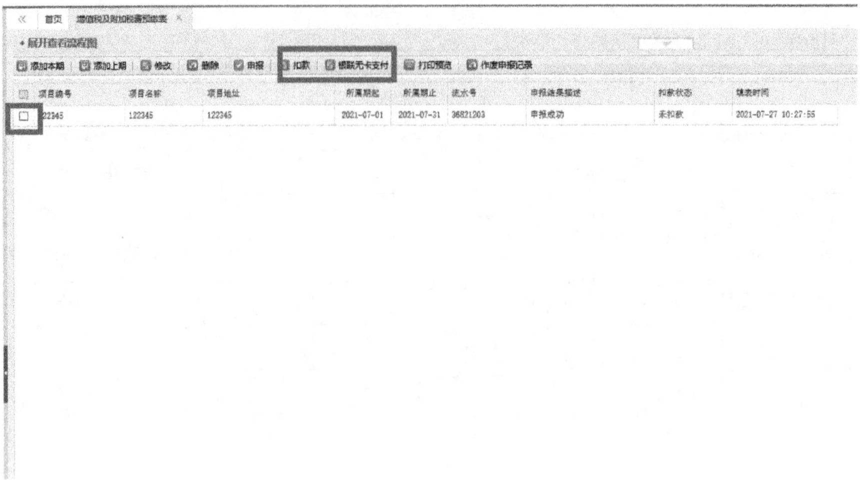

附图 1-92

（三）增值税期末留抵税额退税申报

填写《增值税期末留抵税额退税申请表》（附图 1-93）。

附图 1-93

表单内容填写完毕后，点击【保存】提示操作成功，点击【确定】（附图 1-94）。

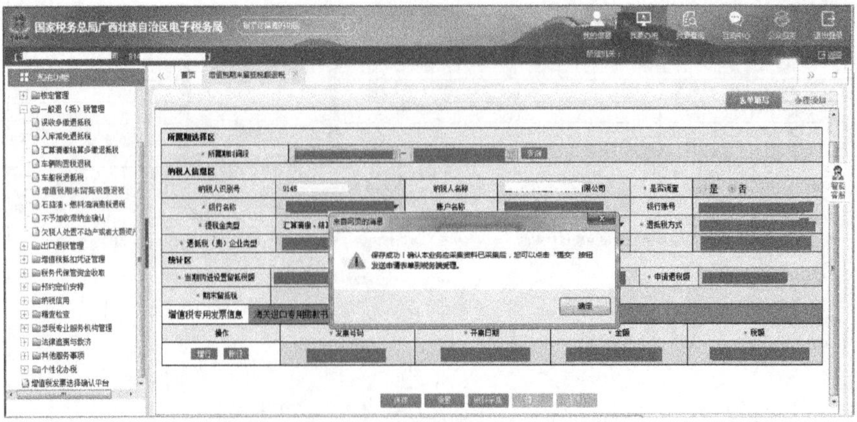

附图 1-94

点击【资料采集】，进入资料采集页面（附图1-95）。

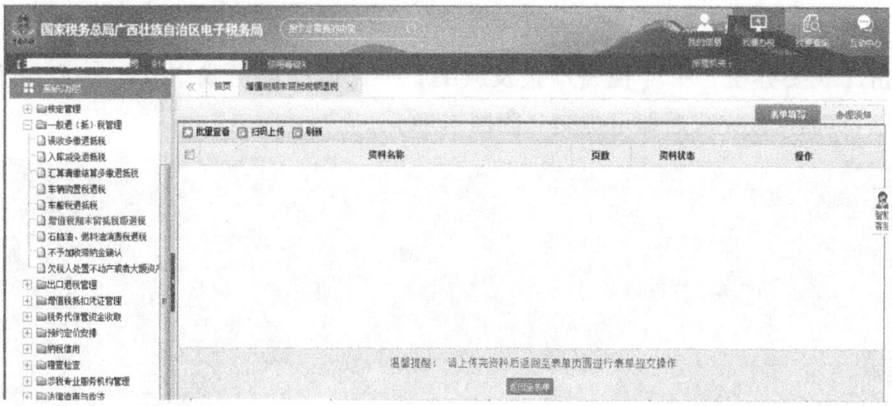

附图1-95

如无须上传资料，点击【返回至表单】，跳转至表单页面；确认填写无误后，点击【提交】（附图1-96）。

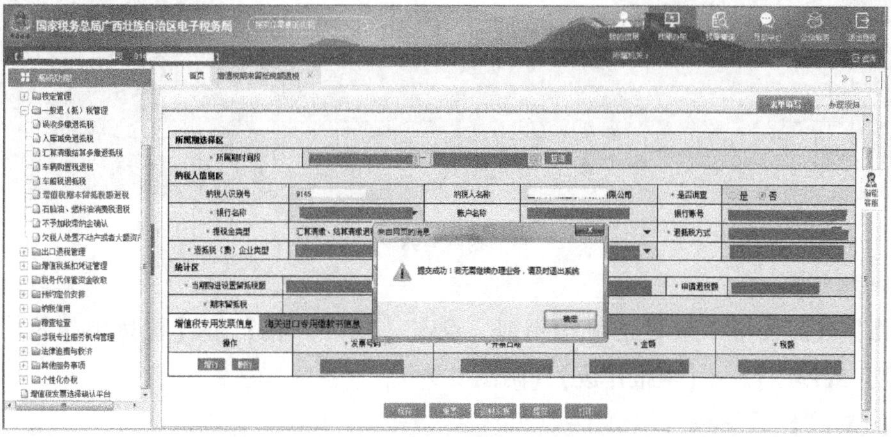

附图1-96

待页面提示“提交成功！若无须继续办理业务，请及时退出系统”后，点击【确定】，跳转至办税进度及结果信息查询页面。

业务提交后，可通过右上角【我要查询】—【办税进度及结果信息查询】，查看该业务办理进度及状态（附图1-97）。

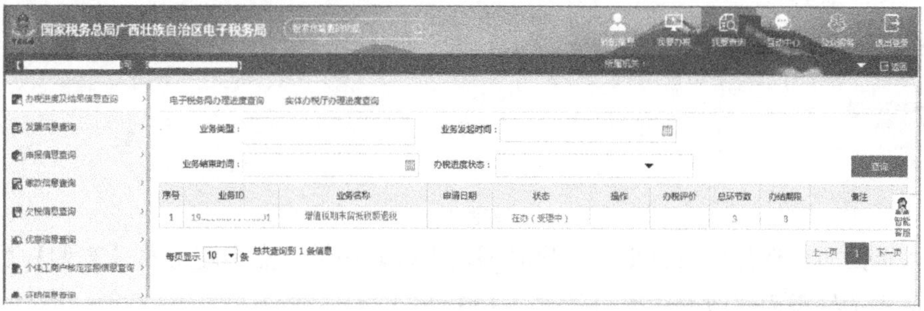

附图1-97

（四）申报更正或作废

1. 申报更正

点击【我要办税】—【税费申报及缴纳】—【申报更正或作废】—【申报错误更正】，进入页面修改完成后即可提交（附图 1-98）。

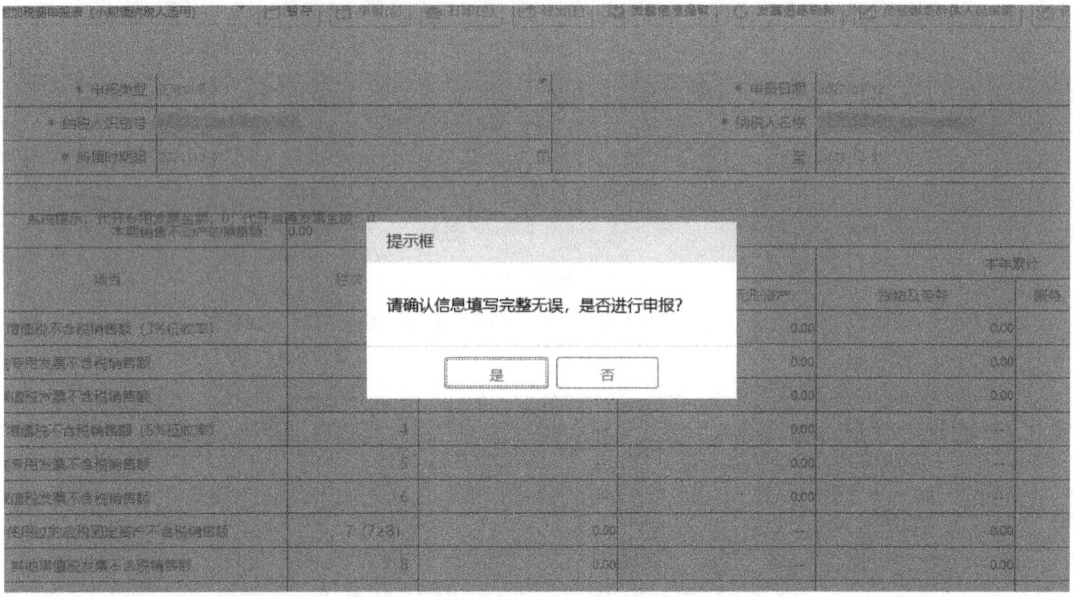

附图 1-98

2. 申报作废

申报作废流程与申报更正流程相似，点击【我要办税】—【税费申报及缴纳】—【申报更正或作废】—【申报作废】（附图 1-99）。

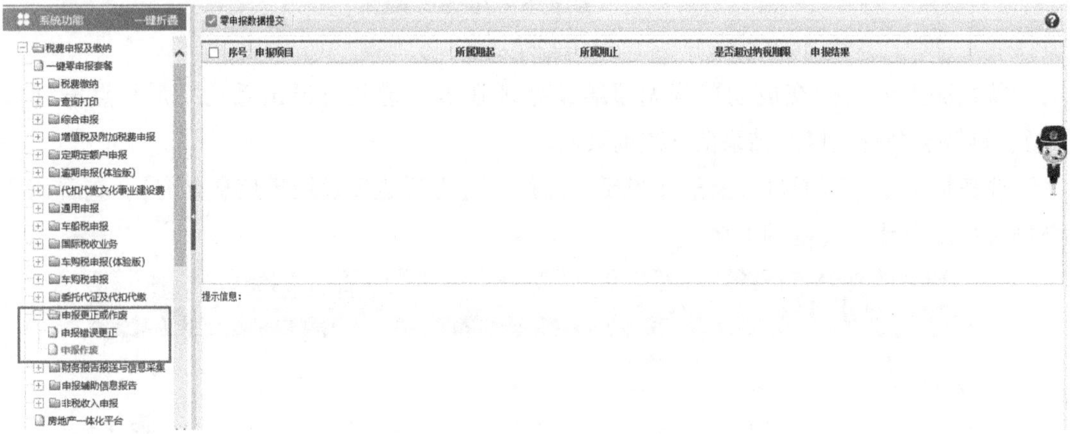

附图 1-99

进入页面后，选择申报日期、所属时期及申报表种类，点击左上角【查询】后，在弹出的页面中选择需要修改的内容（附图 1-100）。

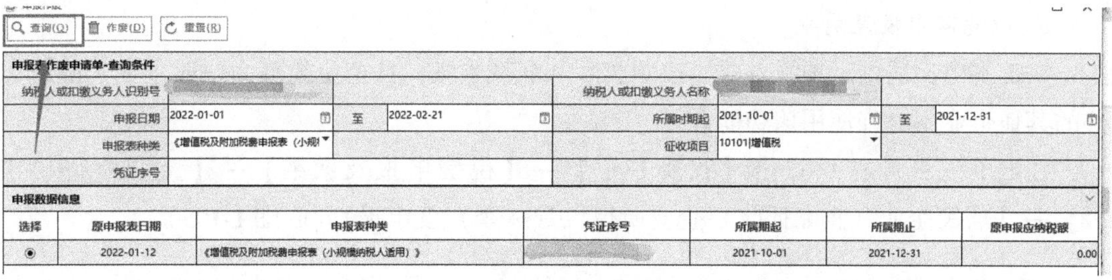

附图 1-100

点击左上角【作废】（附图 1-101）。

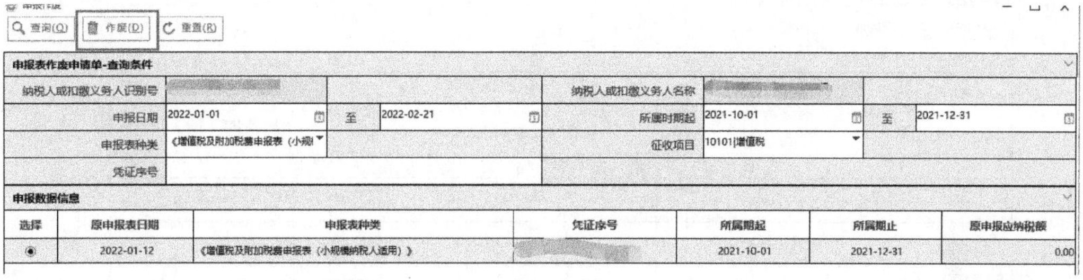

附图 1-101

在弹出的“是否作废”窗口中选择【是】，即作废成功。

五、所得税申报操作

（一）企业所得税月度/季度/年度申报

1. 一般流程

在电子税务局首页点击【我要办税】—【税费申报及缴纳】—【企业所得税申报】—【居民企业（查账征收）企业所得税月（季）度申报】（附图 1-102）。

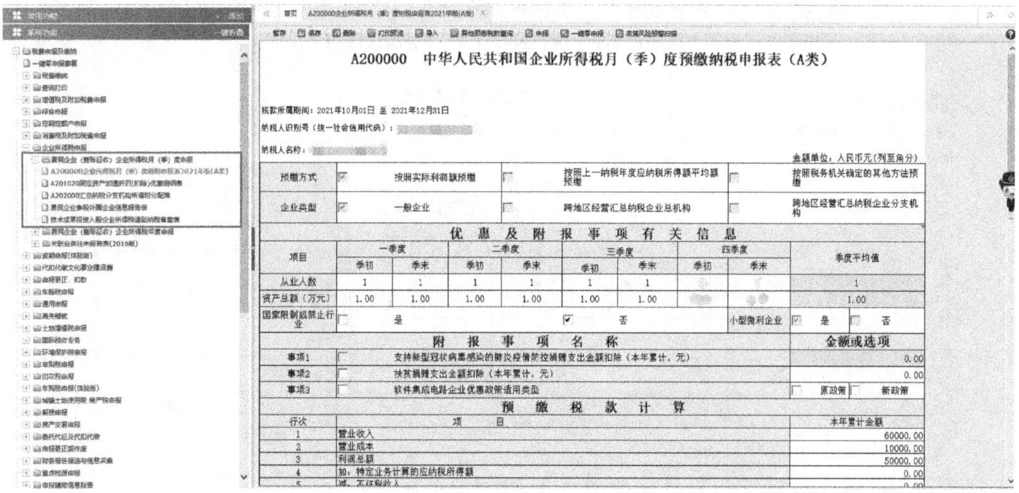

附图 1-102

2. 一键零申报说明

一键零申报适用于预缴方式为按照实际利润额预缴，且企业类型为一般企业。除此以外的其他企业不允许使用该功能。

在电子税务局首页点击【我要办税】—【税费申报及缴纳】—【企业所得税申报】—【居民企业（查账征收）企业所得税月（季）度申报】（附图 1-103）。

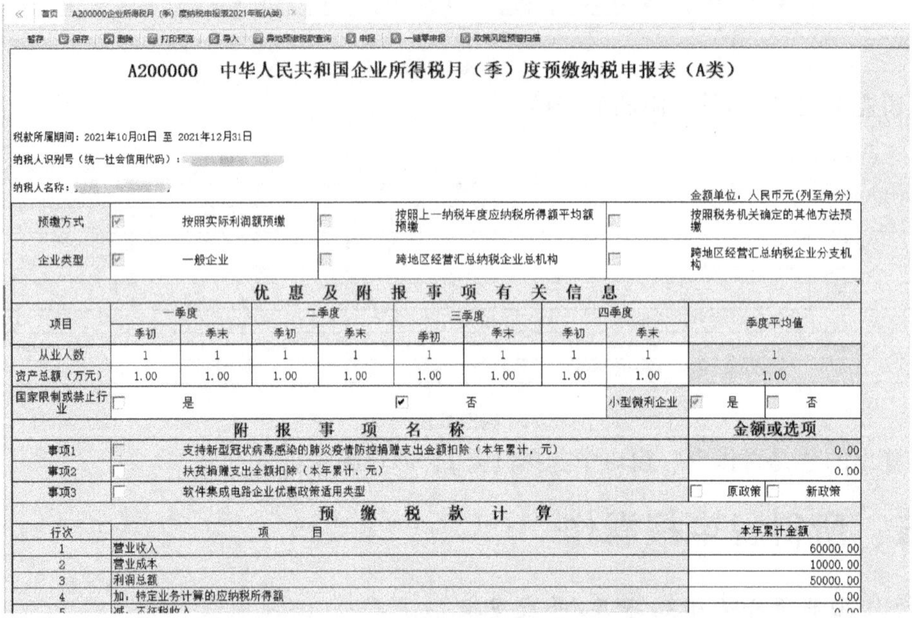
首页　A200000企业所得税月（季）度纳税申报表2021年版(A类)

暂存　保存　删除　打印预览　导入　异地预缴税款查询　申报　一键零申报　政策风险预警扫描

A200000　中华人民共和国企业所得税月（季）度预缴纳税申报表（A类）

税款所属期间：2021年10月01日 至 2021年12月31日

纳税人识别号（统一社会信用代码）：[redacted]

纳税人名称：[redacted]

金额单位：人民币元(列至角分)

预缴方式	☑ 按照实际利润额预缴			☐ 按照上一纳税年度应纳税所得额平均额预缴			☐ 按照税务机关确定的其他方法预缴		
企业类型	☑ 一般企业			☐ 跨地区经营汇总纳税企业总机构			☐ 跨地区经营汇总纳税企业分支机构		
优惠及附报事项有关信息									
项目	一季度		二季度		三季度		四季度		季度平均值
	季初	季末	季初	季末	季初	季末	季初	季末	
从业人数	1	1	1	1	1	1	1	1	1
资产总额（万元）	1.00	1.00	1.00	1.00	1.00	1.00	1.00	1.00	1.00
国家限制或禁止行业	☐ 是			☑ 否			小型微利企业	☑ 是	☐ 否
附报事项名称									金额或选项
事项1	☐ 支持新型冠状病毒感染的肺炎疫情防控捐赠支出全额扣除（本年累计，元）								0.00
事项2	☐ 扶贫捐赠支出全额扣除（本年累计，元）								0.00
事项3	☐ 软件集成电路企业优惠政策适用类型								☐ 原政策 ☐ 新政策
预缴税款计算									
行次	项目								本年累计金额
1	营业收入								60000.00
2	营业成本								10000.00
3	利润总额								50000.00
4	加：特定业务计算的应纳税所得额								0.00
5	减：不征税收入								0.00

附图 1-103

按月（季）度填报信息后，点击【保存】按钮，待页面弹出“保存成功”，点击【确定】按钮，表单填写的内容即被保存（附图 1-104）。

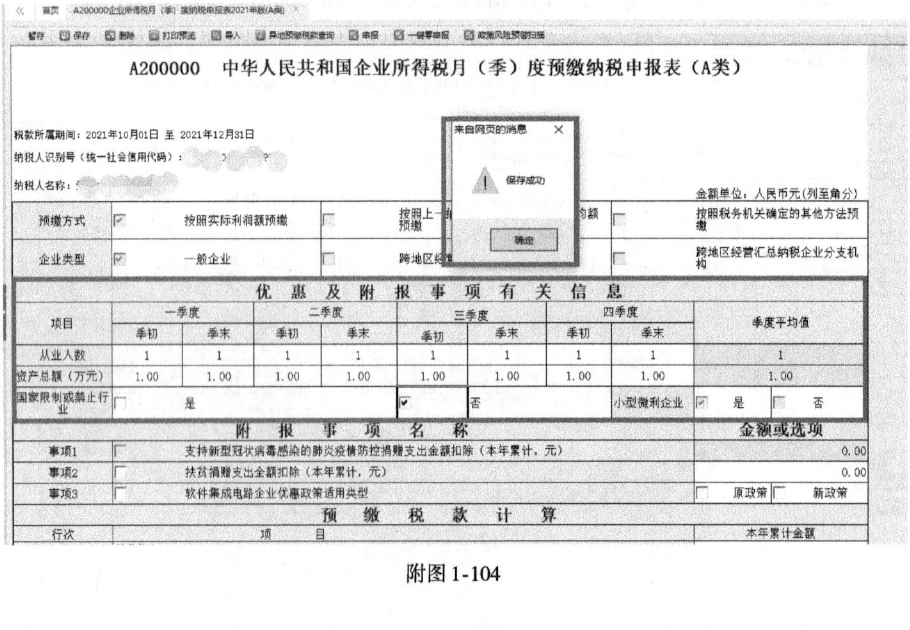
首页　A200000企业所得税月（季）度纳税申报表2021年版(A类)

暂存　保存　删除　打印预览　导入　异地预缴税款查询　申报　一键零申报　政策风险预警扫描

A200000　中华人民共和国企业所得税月（季）度预缴纳税申报表（A类）

税款所属期间：2021年10月01日 至 2021年12月31日

纳税人识别号（统一社会信用代码）：[redacted]

纳税人名称：[redacted]

来自网页的消息

保存成功

确定

金额单位：人民币元(列至角分)

预缴方式	☑ 按照实际利润额预缴			☐ 按照上一纳税年度应纳税所得额平均额预缴			☐ 按照税务机关确定的其他方法预缴		
企业类型	☑ 一般企业			☐ 跨地区经营汇总纳税企业总机构			☐ 跨地区经营汇总纳税企业分支机构		
优惠及附报事项有关信息									
项目	一季度		二季度		三季度		四季度		季度平均值
	季初	季末	季初	季末	季初	季末	季初	季末	
从业人数	1	1	1	1	1	1	1	1	1
资产总额（万元）	1.00	1.00	1.00	1.00	1.00	1.00	1.00	1.00	1.00
国家限制或禁止行业	☐ 是			☑ 否			小型微利企业	☑ 是	☐ 否
附报事项名称									金额或选项
事项1	☐ 支持新型冠状病毒感染的肺炎疫情防控捐赠支出全额扣除（本年累计，元）								0.00
事项2	☐ 扶贫捐赠支出全额扣除（本年累计，元）								0.00
事项3	☐ 软件集成电路企业优惠政策适用类型								☐ 原政策 ☐ 新政策
预缴税款计算									
行次	项目								本年累计金额

附图 1-104

保存后点击【一键零申报】按钮，进行申报，成功后会弹出申报成功信息（附图 1-105）。

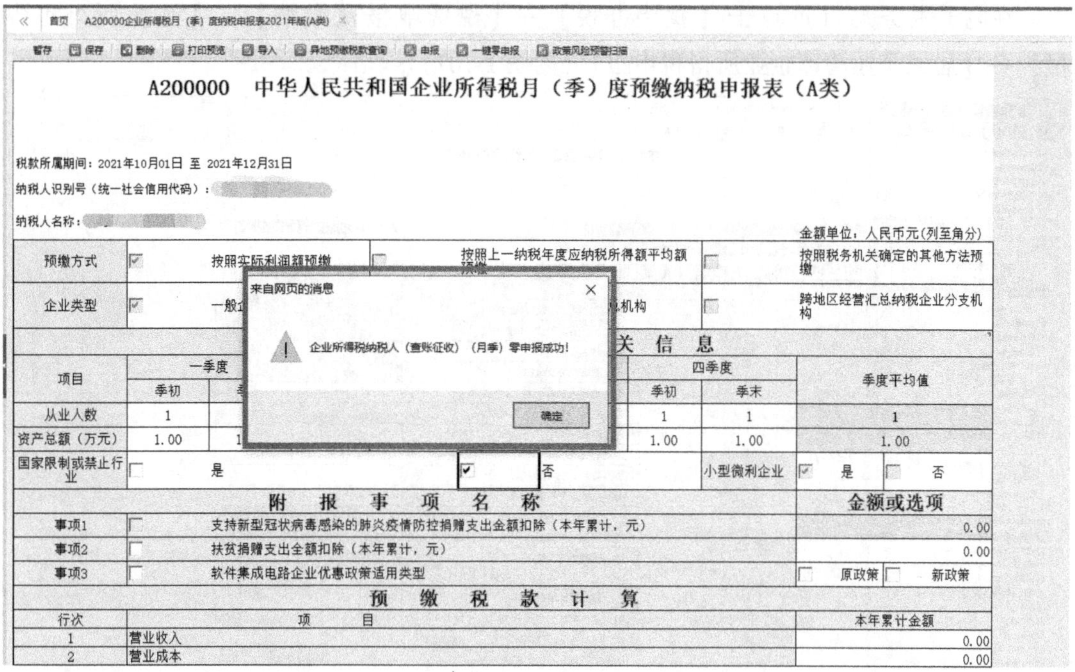

首页　A200000企业所得税月（季）度纳税申报表2021年版(A类)

暂存　保存　删除　打印预览　导入　异地预缴税款查询　申报　一键零申报　政策风险预警扫描

A200000　中华人民共和国企业所得税月（季）度预缴纳税申报表（A类）

税款所属期间：2021年10月01日 至 2021年12月31日

纳税人识别号（统一社会信用代码）：

纳税人名称：

金额单位：人民币元(列至角分)

来自网页的消息

企业所得税纳税人（查账征收）（月季）零申报成功!

确定

预缴方式	☑	按照实际利润额预缴	☐	按照上一纳税年度应纳税所得额平均额预缴	☐	按照税务机关确定的其他方法预缴
企业类型	☑	一般企业		总机构	☐	跨地区经营汇总纳税企业分支机构

项目	一季度 季初	一季度 季末	…	四季度 季初	四季度 季末	季度平均值
从业人数	1			1	1	1
资产总额（万元）	1.00	1		1.00	1.00	1.00
国家限制或禁止行业	☐ 是		☑ 否	小型微利企业	☑ 是	☐ 否

附报事项名称		金额或选项
事项1	☐ 支持新型冠状病毒感染的肺炎疫情防控捐赠支出全额扣除（本年累计，元）	0.00
事项2	☐ 扶贫捐赠支出全额扣除（本年累计，元）	0.00
事项3	☐ 软件集成电路企业优惠政策适用类型	☐ 原政策 ☐ 新政策

预缴税款计算

行次	项目	本年累计金额
1	营业收入	0.00
2	营业成本	0.00

附图 1-105

3. 居民企业（核定征收）企业所得税月（季）度申报

在电子税务局首页点击【我要办税】—【税费申报及缴纳】—【企业所得税申报】—【居民企业（核定征收）企业所得税月（季）度申报】（附图 1-106）。

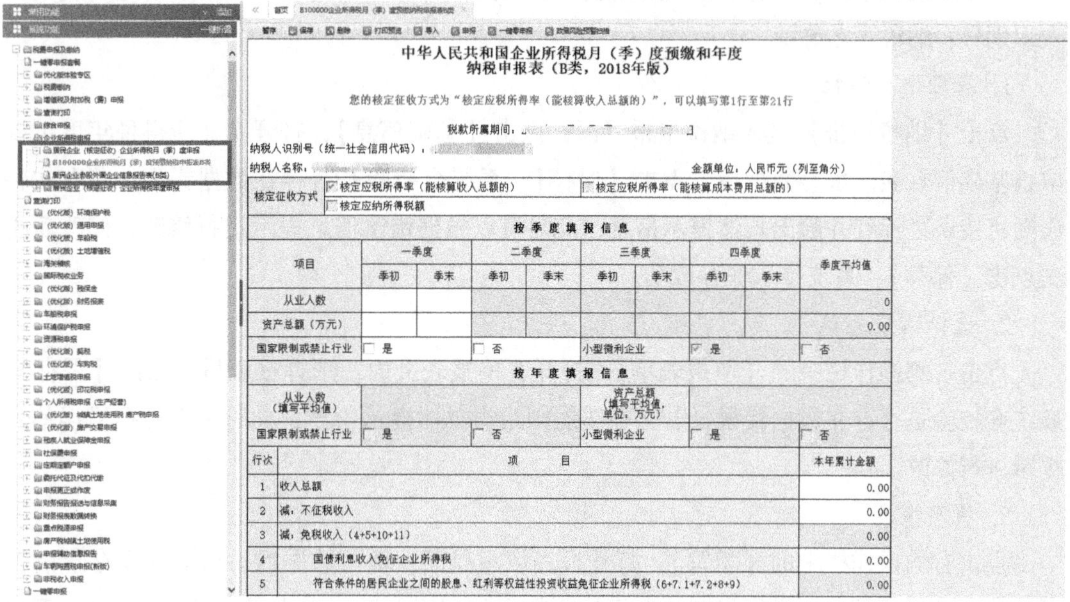

中华人民共和国企业所得税月（季）度预缴和年度纳税申报表（B类，2018年版）

您的核定征收方式为“核定应税所得率（能核算收入总额的）”，可以填写第1行至第21行

税款所属期间：

纳税人识别号（统一社会信用代码）：

纳税人名称：

金额单位：人民币元（列至角分）

核定征收方式	☑ 核定应税所得率（能核算收入总额的）	☐ 核定应税所得率（能核算成本费用总额的）
	☐ 核定应纳所得税额	

按季度填报信息

项目	一季度 季初	一季度 季末	二季度 季初	二季度 季末	三季度 季初	三季度 季末	四季度 季初	四季度 季末	季度平均值
从业人数									0
资产总额（万元）									0.00
国家限制或禁止行业	☐ 是		☐ 否		小型微利企业		☑ 是		☐ 否

按年度填报信息

从业人数（填写平均值）		资产总额（填写平均值，单位：万元）		
国家限制或禁止行业	☐ 是	☐ 否	小型微利企业	☐ 是 ☐ 否

行次	项目	本年累计金额
1	收入总额	0.00
2	减：不征税收入	0.00
3	减：免税收入（4+5+10+11）	0.00
4	国债利息收入免征企业所得税	0.00
5	符合条件的居民企业之间的股息、红利等权益性投资收益免征企业所得税（6+7.1+7.2+8+9）	0.00

附图 1-106

4. 居民企业清算企业所得税申报

在电子税务局首页点击【我要办税】—【税费申报及缴纳】—【企业所得税申报】—【居民企业清算企业所得税申报】（附图 1-107）。

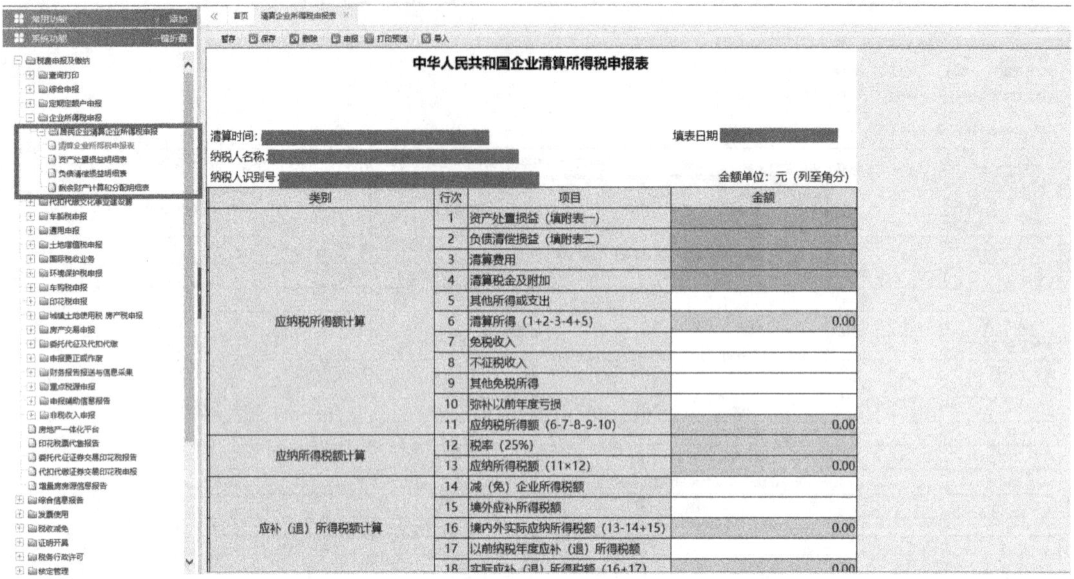

附图 1-107

（二）年度汇算清缴申报

纳税人登录电子税务局点击【我要办税】—【税费申报及缴纳】—【××年度企业所得税年度纳税申报】，进入汇算清缴界面后，系统自动显示纳税人的基本信息，如纳税人识别号、纳税人名称等。

1. 基础信息填报

点击【纳税申报】进入纳税申报界面，点击【基础信息】，打开企业所得税年度纳税申报基础信息表。填写数据后，点击【保存】，系统会校验是否存在数据错误，若存在错误则将错误栏标红并给出具体提示信息，此时可以根据错误信息提示进行修改，修改后再次点击【保存】，系统提示保存成功。

2. 选择填报表单

点击右侧操作栏中的【填报表单】，打开表单报表页面，选择报表后，点击【保存】，系统会校验是否存在数据错误，若存在错误则给出具体提示信息，此时可以根据错误信息提示进行修改。

3. 填写报表

点击右侧操作栏中的【填写】，打开报表填写界面，填写数据后，点击【保存草稿】，系统将对已填写的数据进行保存，但不校验数据的逻辑关系；点击【校验并保存】，系统会校验是否存在数据错误，若存在错误则将错误栏标红并给出具体提示信息，此时可以根据错误信息提示进行修改。

4. 网上申报

点击报表操作栏中的【申报】，点击【确定】，即可发送报表。

（三）关联业务往来年度报告申报

登录电子税务局，点击【我要办税】—【税费申报及缴纳】—【企业所得税申报】—【关联业务往来报告表】，进入附图 1-108 所示界面。

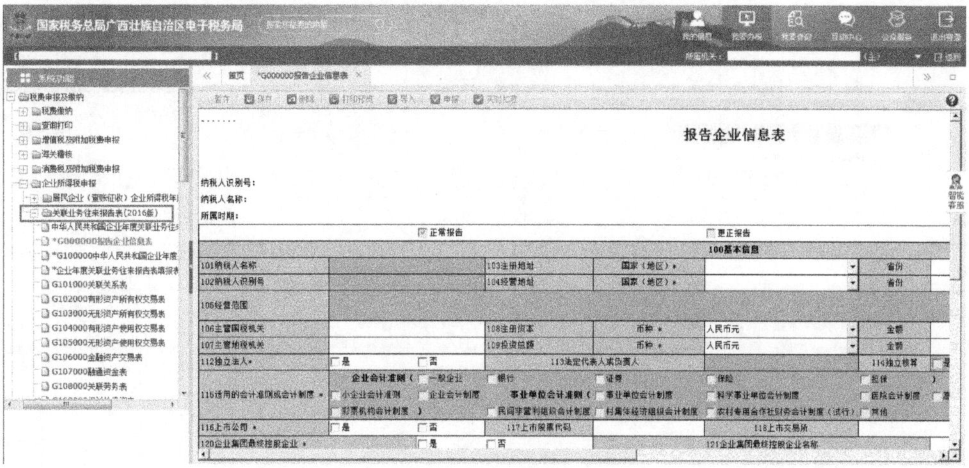

附图 1-108

六、个人所得税申报操作

（一）个人所得税申报

登录自然人电子税务局（扣缴端），选择税款所属期，点击【人员信息采集】，录入人员信息，点击【报送】（附图 1-109）。

附图 1-109

点击【综合所得申报】，进行收入及减除填写（附图 1-110）。

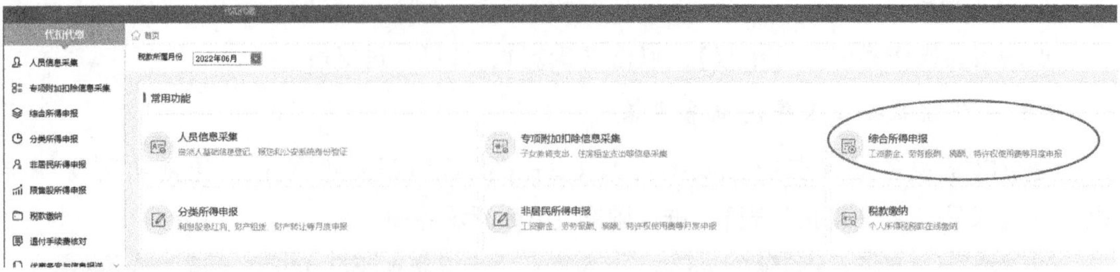

a)

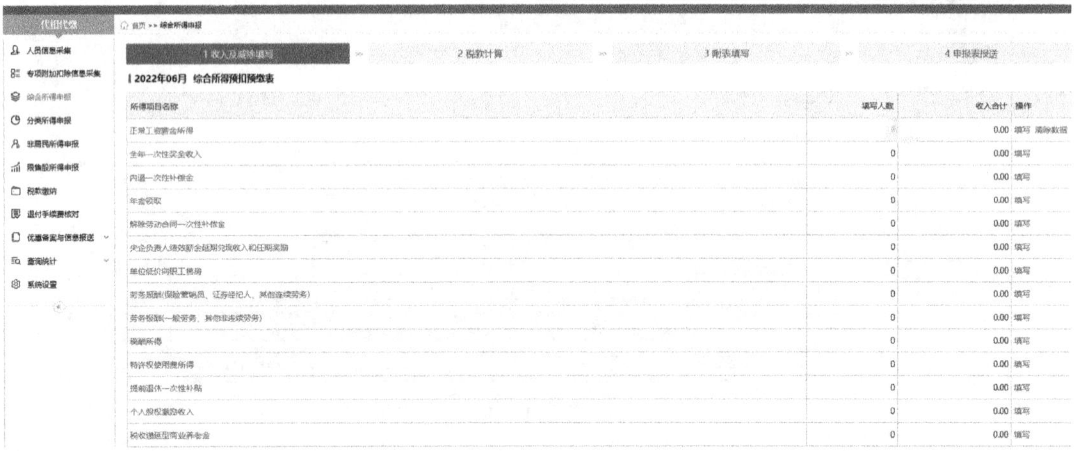

b)

附图 1-110

点击【税款计算】—【附表填写】—【申报表报送】(附图 1-111)。

a)

附图 1-111

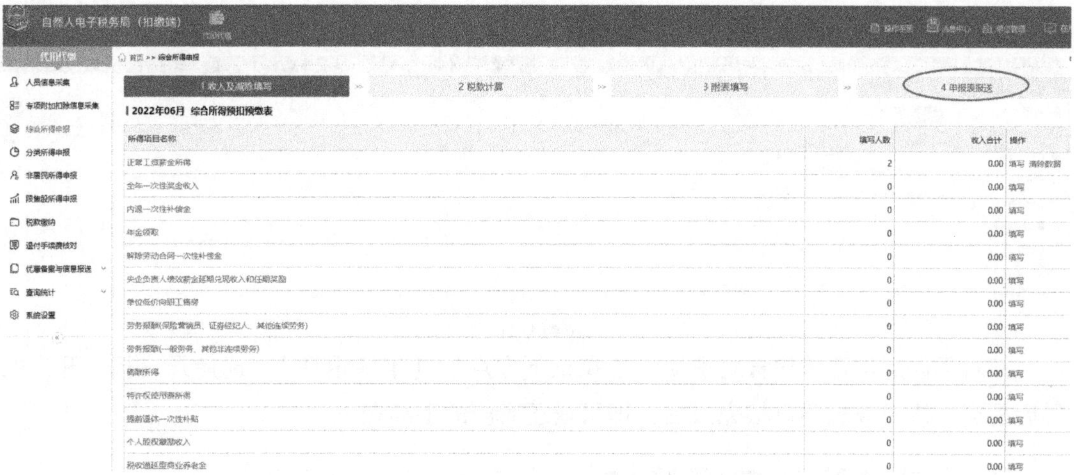

b)

附图 1-111

申报后点击【扣款】即可。

（二）个人所得税手续费返还

登录自然人电子税务局（扣缴端），点击【退付手续费核对】（附图 1-112）。

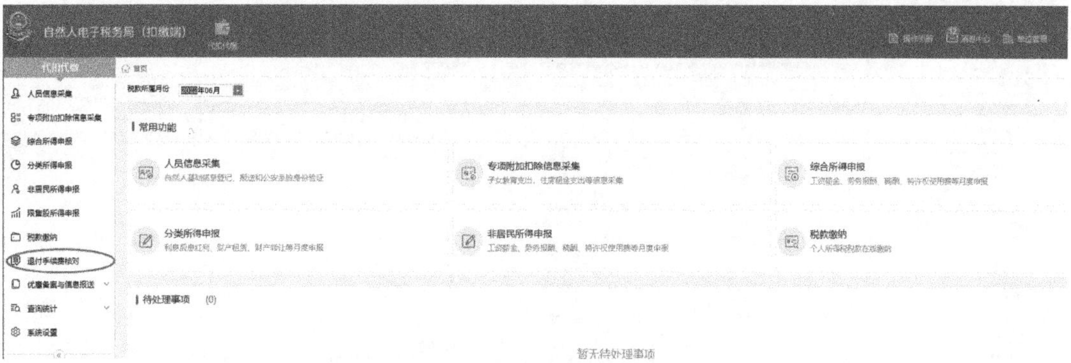

附图 1-112

点击【获取结报单】，通过结报单和单户核对清册，分别查看核对上一年度本单位个人所得税扣缴汇总与明细申报记录（附图 1-113）。

附图 1-113

点击【确认结报单】(附图1-114)。

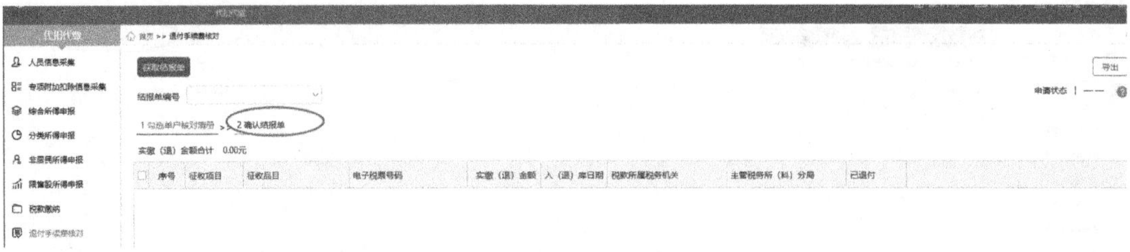

附图 1-114

核对无误后勾选单户核对清册，并在正下方点击【申请退库】，选择开户行、开户账号后提交，待税务机关审核完成后，即可退还对应的手续费。

七、其他税种申报操作

(一) 财产和行为税合并纳税申报

登录电子税务局，进入首页，点击【综合申报】—【财产和行为税纳税申报】进入页面（附图1-115）。

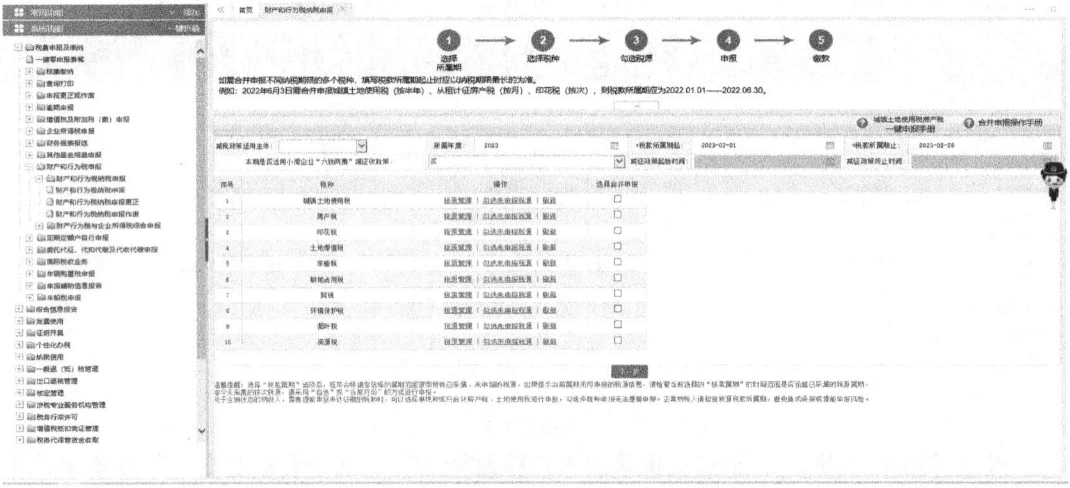

附图 1-115

选择申报期限后，根据需要申报的税种点击右侧【税源信息采集】，进入信息采集页面（附图1-116）。

以房产税及城镇土地使用税为例，点击右上角【新增房产】或【新增城镇土地】，对于曾经做过税源采集的房产或土地，维护应税信息即可前往申报，不需要重复采集（附图1-117）。

新增后填写基本信息，并上传相关资料，核对无误后点击【提交】，在线办理业务完成（附图1-118）。

附图 1-116

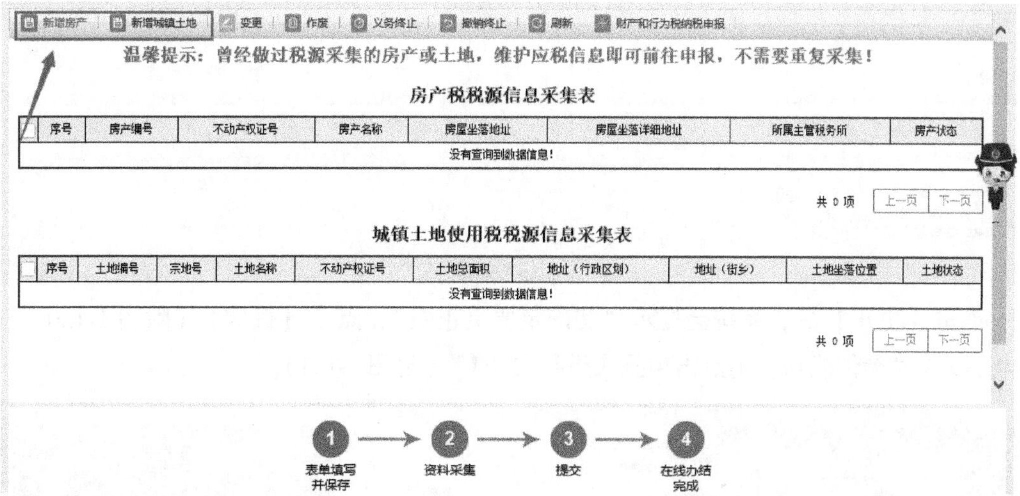

附图 1-117

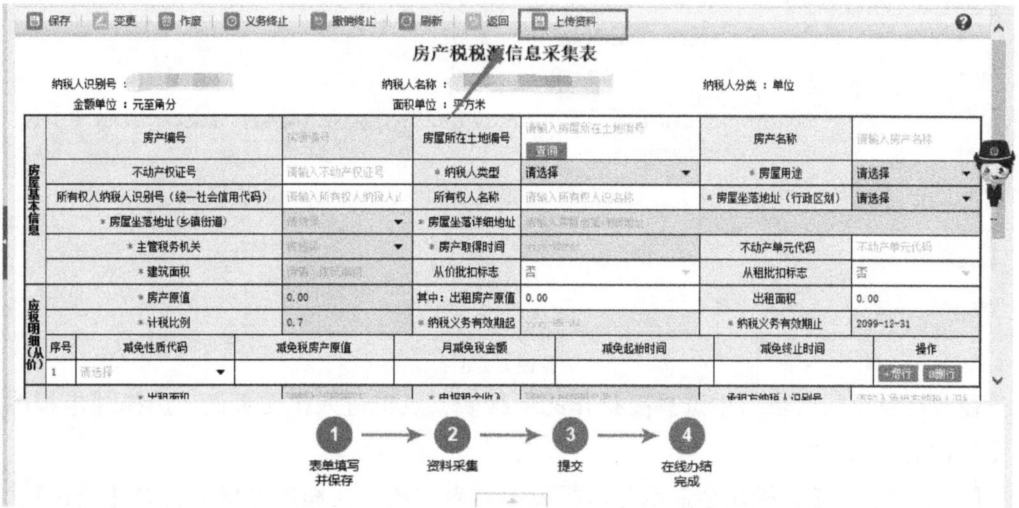

附图 1-118

（二）财产和行为税纳税申报表更正及作废

1. 更正申报信息

登录电子税务局，点击【我要办税】—【税费申报及缴纳】—【更正申报】，进入申报更正界面，选择可更正的列表，点击【更正】（附图 1-119）。

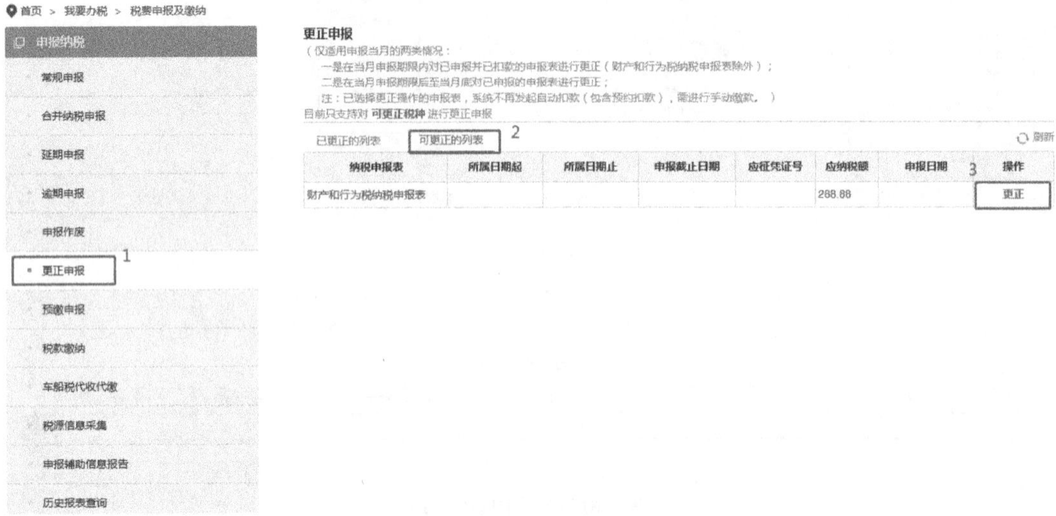

附图 1-119

点击【更正】后，系统会提示“您确定要更正吗”，点击【确定】（附图 1-120），系统将提示：“操作成功，请点击申报表进行更正！”（附图 1-121）。

附图 1-120

在“已更正的列表”中选择要操作的申报表，点击进入操作页面，选择【申报明细更正】（附图 1-122）。

【申报明细更正】模块会显示已申报税源列表信息，在操作类型中点击【更正】，选中要修改的报表，点击【修改】（附图 1-123）。

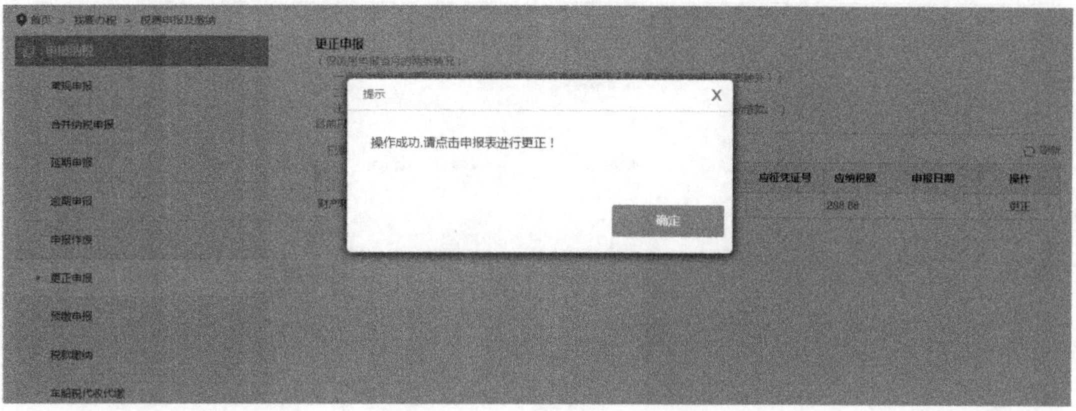

附图 1-121

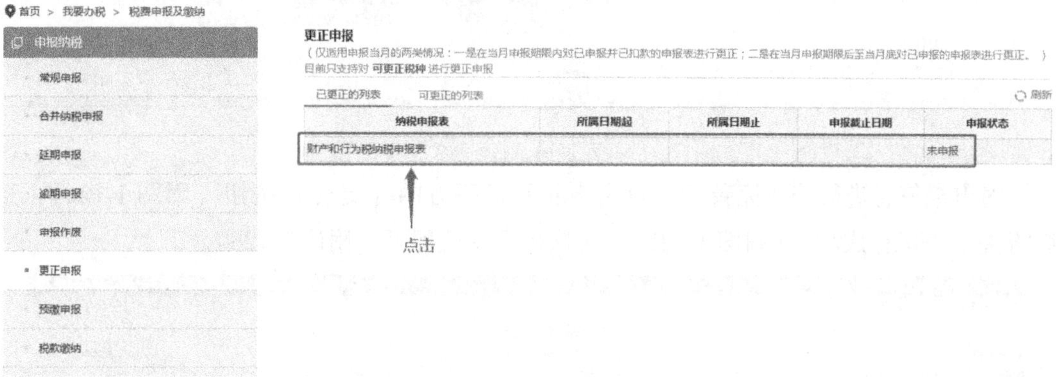

a)

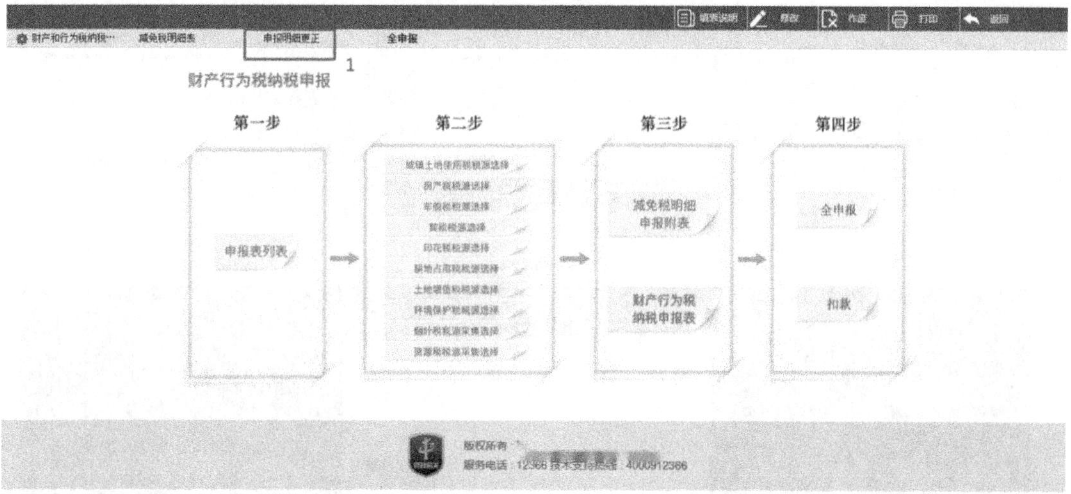

b)

附图 1-122

附图 1-123

对申报信息进行修改完善后，点击申报页面下方的【提交】按钮（附图 1-124），系统将提示“保存成功”（附图 1-125），再次确认提交即可（附图 1-126）。

附图 1-124

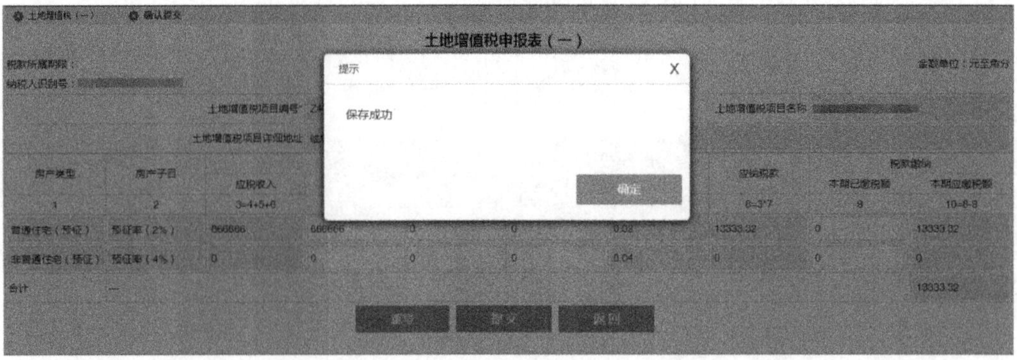

附图 1-125

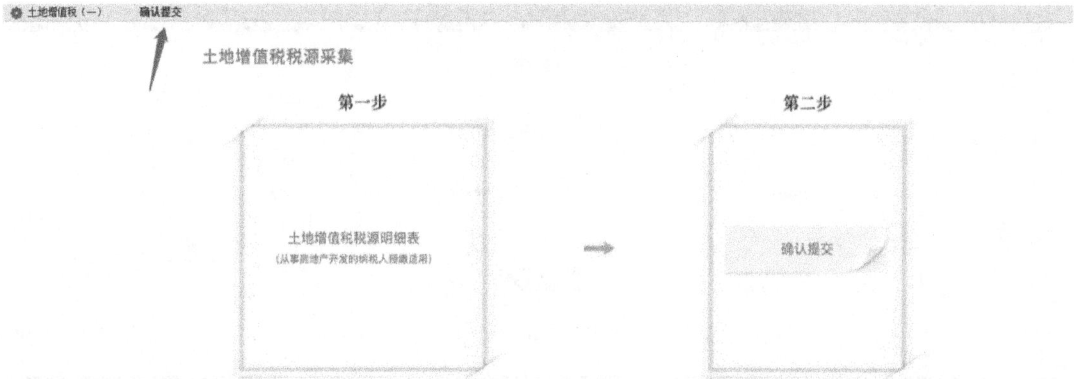

a)

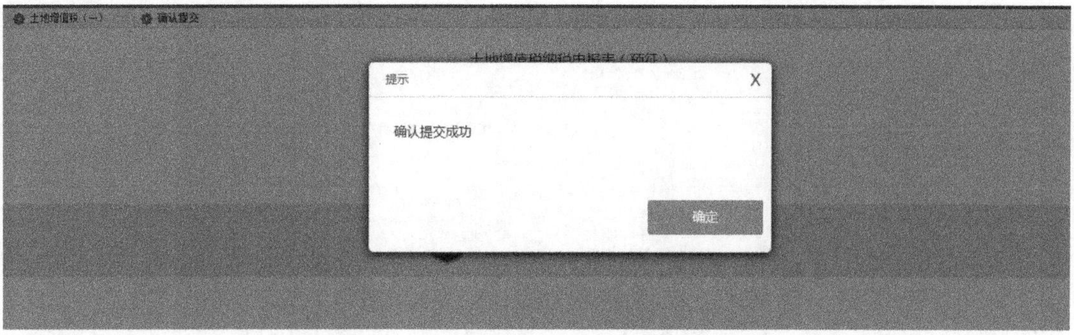

b)

附图 1-126

在修改后的税源更正状态变成“已更正已导入”的情况下（附图 1-127），点击页面右上角【修改】或【作废】（附图 1-128），对原先已保存的《财产和行为税纳税申报表》进行更新，重新保存（附图 1-129）。如原先已申报信息涉及减免税明细表的，也需通过【修改】或【作废】进行更新操作，重新保存。（注：房产税、城镇土地使用税及车船税修改后的税源更正状态为“已更正”）

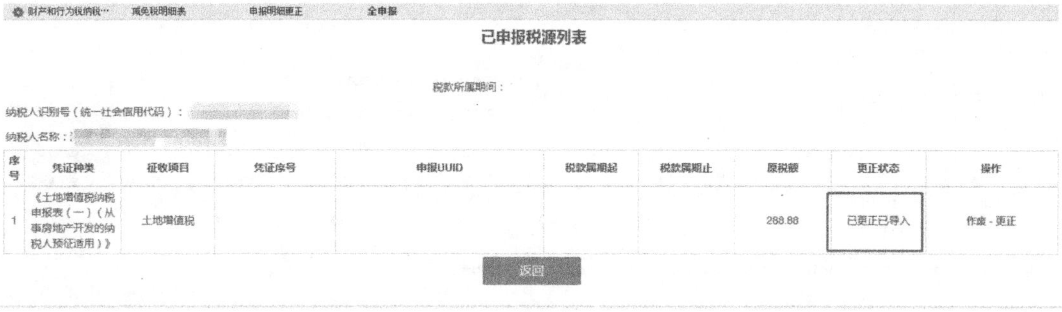

序号	凭证种类	征收项目	凭证序号	申报UUID	税款属期起	税款属期止	原税额	更正状态	操作
1	《土地增值税纳税申报表（一）（从事房地产开发的纳税人预征适用）》	土地增值税					288.88	已更正已导入	作废 - 更正

附图 1-127

申报表重新保存后，点击【全申报】，待申报状态变成“已申报已导入”即可（附图 1-130）。

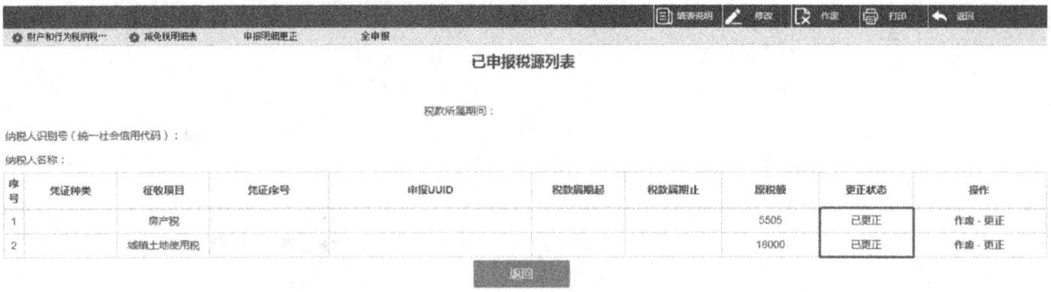

填表说明　修改　作废　打印　返回

财产和行为税纳税…　减免税明细表　申报明细更正　全申报

已申报税源列表

税款所属期间：

纳税人识别号（统一社会信用代码）：

纳税人名称：

序号	凭证种类	征收项目	凭证序号	申报UUID	税款属期起	税款属期止	原税额	更正状态	操作
1		房产税					5505	已更正	作废 - 更正
2		城镇土地使用税					18000	已更正	作废 - 更正

返回

a)

b)

附图 1-128

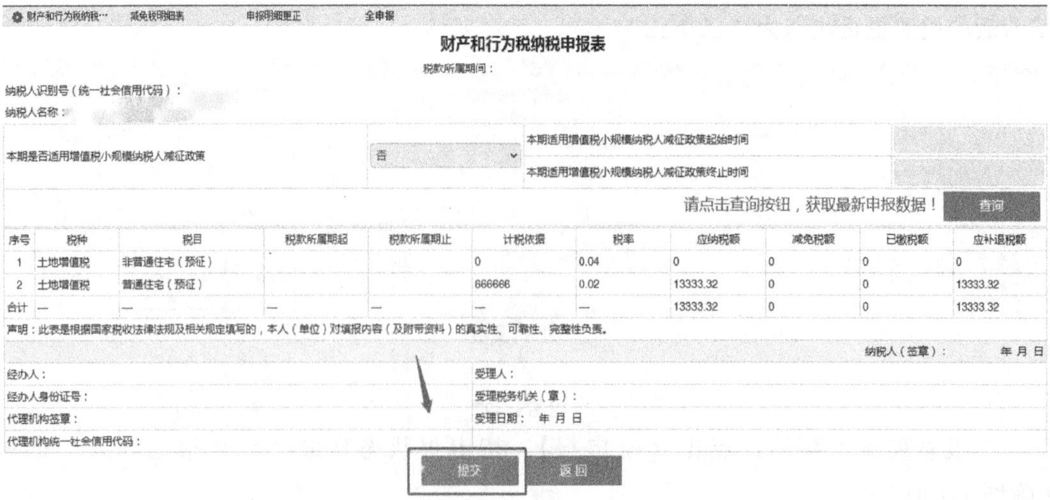

财产和行为税纳税…　减免税明细表　申报明细更正　全申报

财产和行为税纳税申报表

税款所属期间：

纳税人识别号（统一社会信用代码）：

纳税人名称：

本期是否适用增值税小规模纳税人减征政策	否	本期适用增值税小规模纳税人减征政策起始时间	
		本期适用增值税小规模纳税人减征政策终止时间	

请点击查询按钮，获取最新申报数据！　查询

序号	税种	税目	税款所属期起	税款所属期止	计税依据	税率	应纳税额	减免税额	已缴税额	应补退税额
1	土地增值税	非普通住宅（预征）			0	0.04	0	0	0	0
2	土地增值税	普通住宅（预征）			666666	0.02	13333.32	0	0	13333.32
合计	—	—	—	—	—	—	13333.32	0	0	13333.32

声明：此表是根据国家税收法律法规及相关规定填写的，本人（单位）对填报内容（及附带资料）的真实性、可靠性、完整性负责。

纳税人（签章）：　　年 月 日

经办人：	受理人：
经办人身份证号：	受理税务机关（章）：
代理机构签章：	受理日期：　年 月 日
代理机构统一社会信用代码：	

提交　返回

附图 1-129

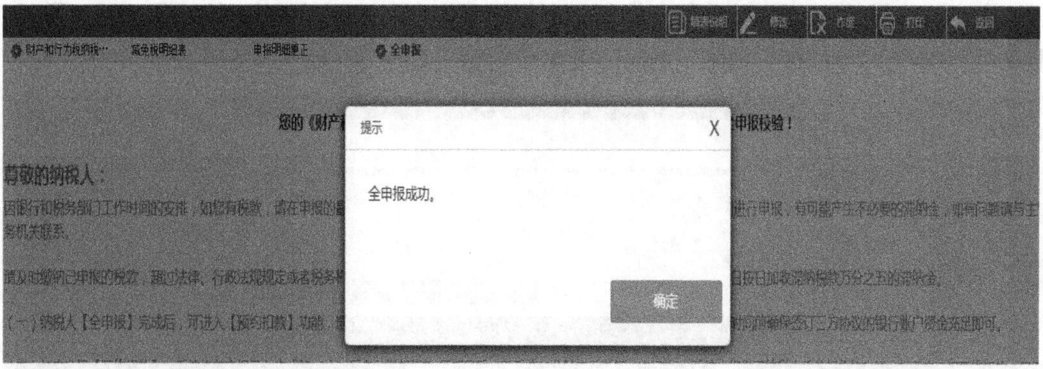

a)

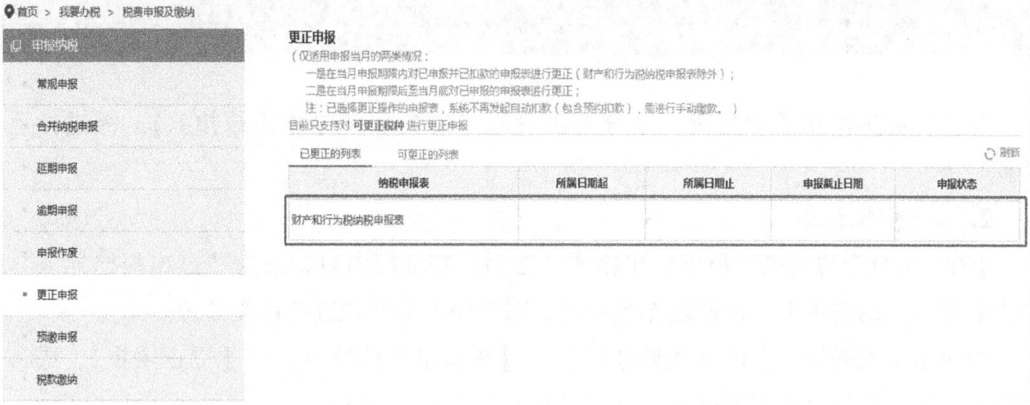

b)

附图 1-130

注意事项：

环保税、印花税、耕地占用税更正时，在税源信息发生变化且更正状态为“已更正已导入”的情况下，必须手动点击对应的【更新】按钮，更新申报信息，再进行全申报导入（附图 1-131）。

附图 1-131

房产税、城镇土地使用税及车船税的申报更正与其他税种有些区别，更正时，需先点击【变更明细】，再点击【确认变更】来更新数据（附图 1-132）。

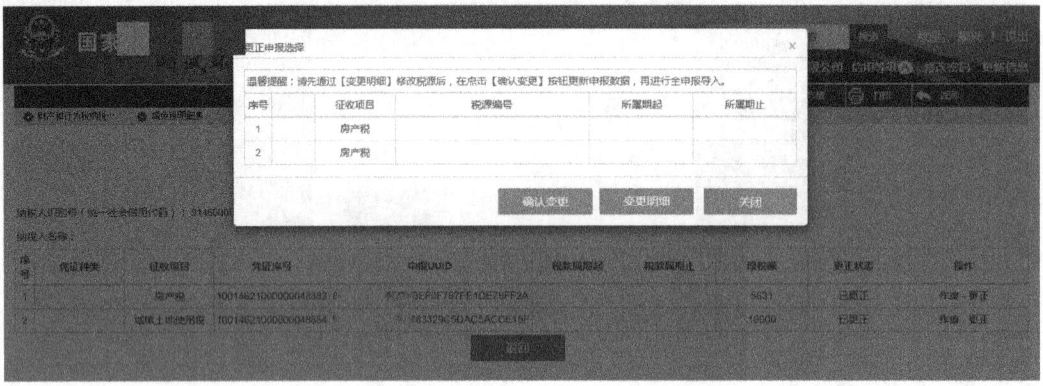

附图 1-132

已选择更正操作的申报表，系统不再发起自动扣款（包含预约扣款），需进行手动缴款。

2. 作废申报信息

《财产和行为税纳税申报表》申报成功之后，在征期内对状态为“已申报已导入”的申报表未扣款的前提下，可通过作废功能，对已申报的数据进行作废处理。

登录电子税务局，点击【我要办税】—【税费申报及缴纳】—【更正申报】，进入申报更正界面，选择可更正的列表，点击【更正】（附图 1-133）。

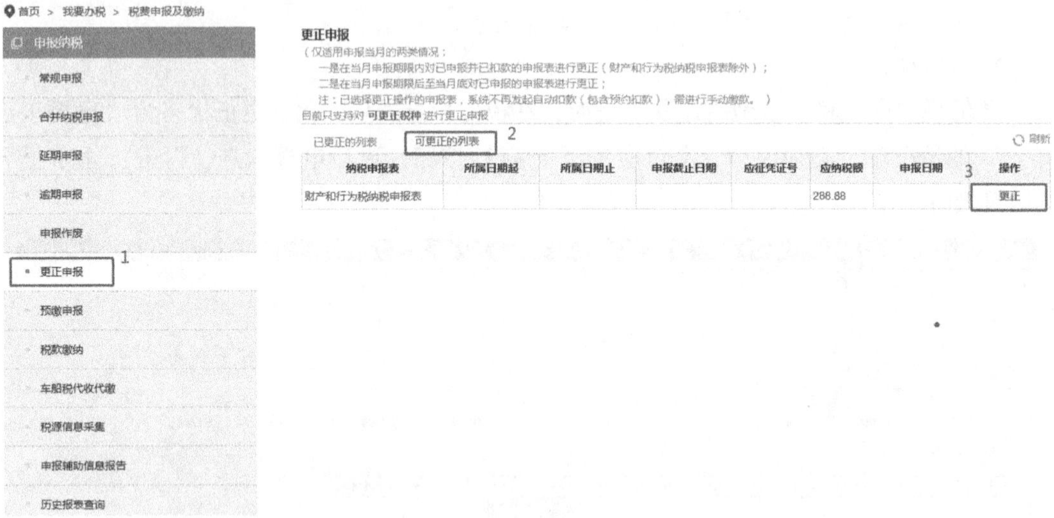

附图 1-133

点击【更正】后，系统会提示：“您确定要更正吗”，点击【确定】（附图 1-134），系统将提示：“操作成功，请点击申报表进行更正！”（附图 1-135）。

在“已更正的列表”中选择要操作的申报表，点击进入操作页面，选择【申报明细更正】（附图 1-136）。

附图 1-134

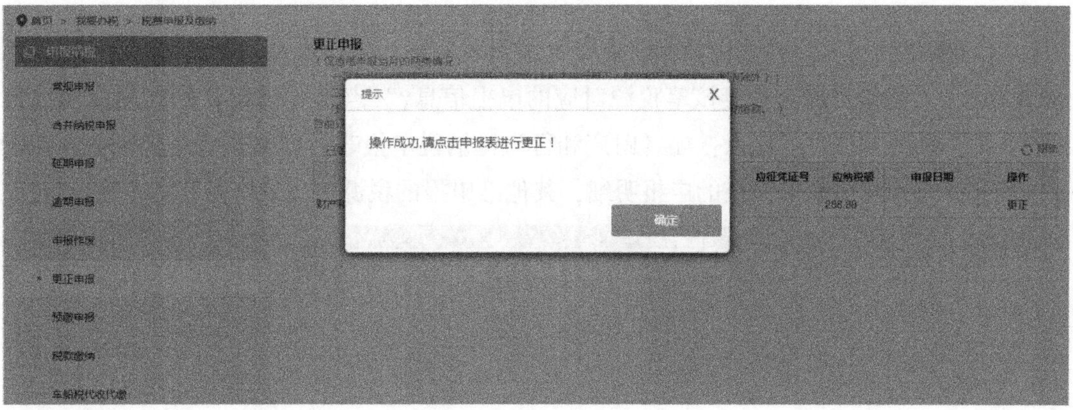

附图 1-135

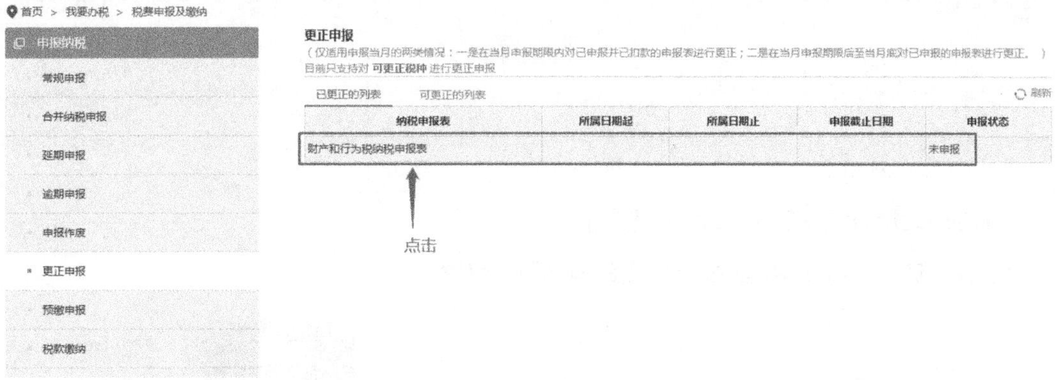

a)

附图 1-136

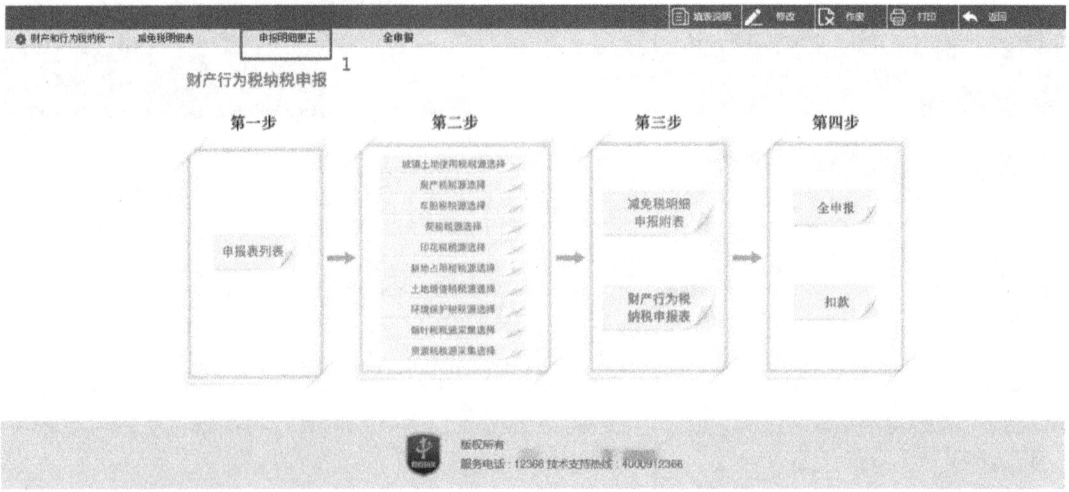

b)

附图 1-136

【申报明细更正】模块会显示已申报税源列表信息，在操作类型中点击【作废】，系统将提示：“您是否确定作废该笔税源对应的申报信息？”点击【确定】则作废成功（附图 1-137、附图 1-138）。注意：如《财产和行为税纳税申报表》同时申报几个税种，点击【作废】只是作废该税源对应的申报明细，其他已申报的税源对应的申报信息不受影响。

附图 1-137

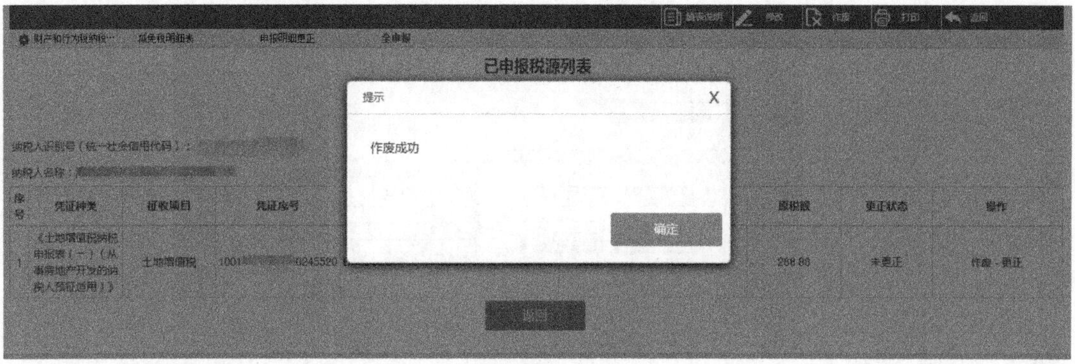

附图 1-138

（三）残疾人就业保障金申报

纳税人登录电子税务局，点击【我要办税】—【税费申报及缴纳】—【残保金】—【残疾人就业保障金】，进入《残疾人就业保障金缴费申报表》界面，填写表单信息，确认无误后点击【保存】（附图 1-139）。

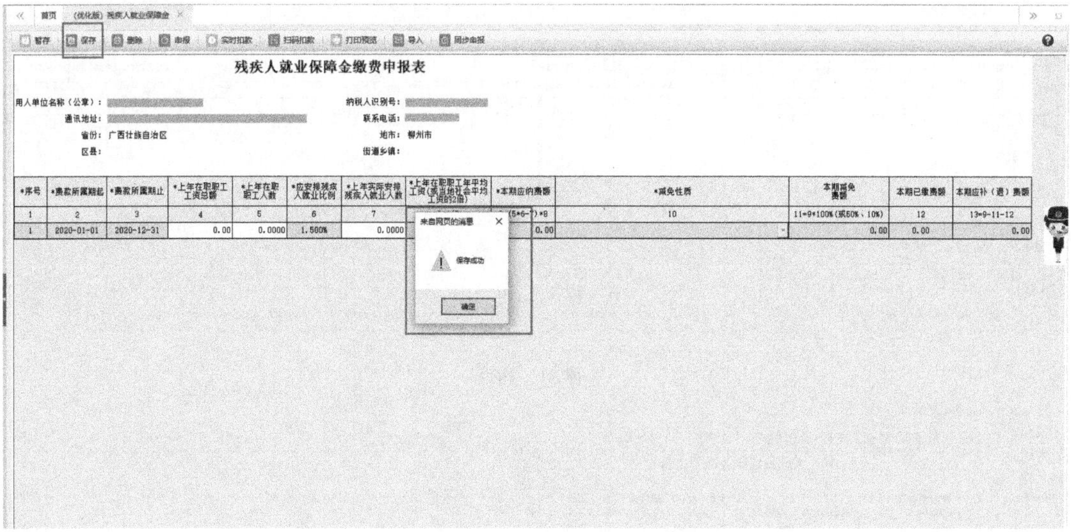

附图 1-139

除了手动填写外，也可以点击【导入】—【下载 Excel 模板】，编辑后选择文档，点击【上传】带出表单数据，进行保存（附图 1-140）。

保存成功后，若要修改申报信息，可直接双击更改内容后保存，或者点击【删除】清空表单数据后重新填表保存（附图 1-141）。

保存成功后，点击【申报】（附图 1-142）。

申报成功后，未进行扣款前，如需作废申报，可点击【删除】按钮（附图 1-143）。

申报成功后，可点击【实时扣款】使用三方协议支付，或者点击【扫码扣款】扫描二维码进行扣款（附图 1-144）。

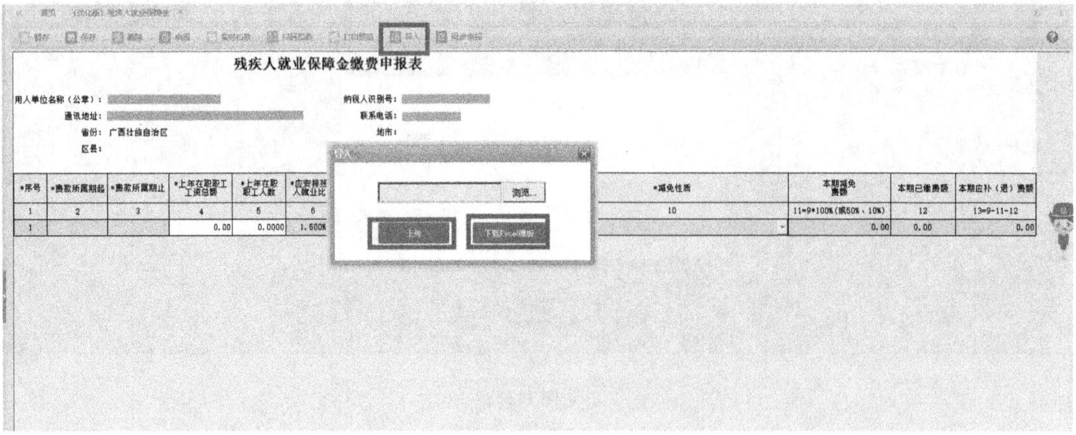

附图 1-140

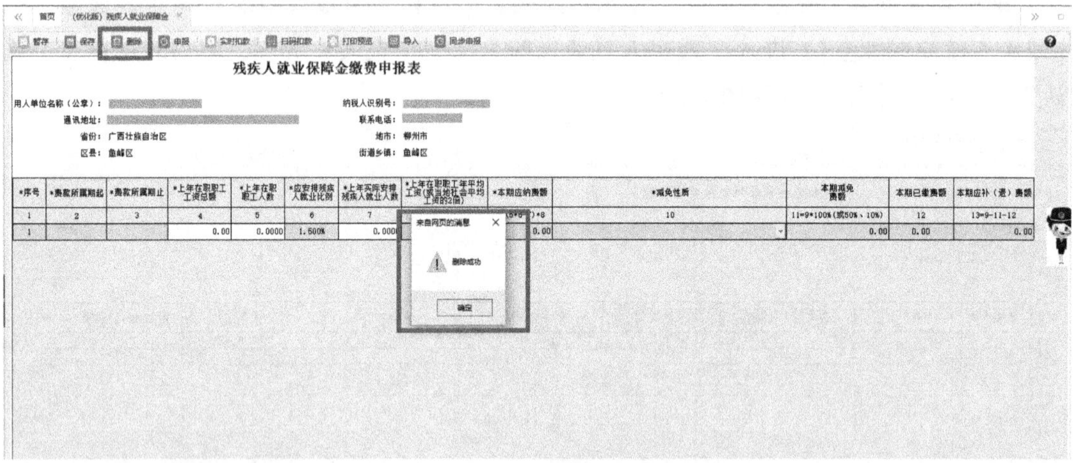

附图 1-141

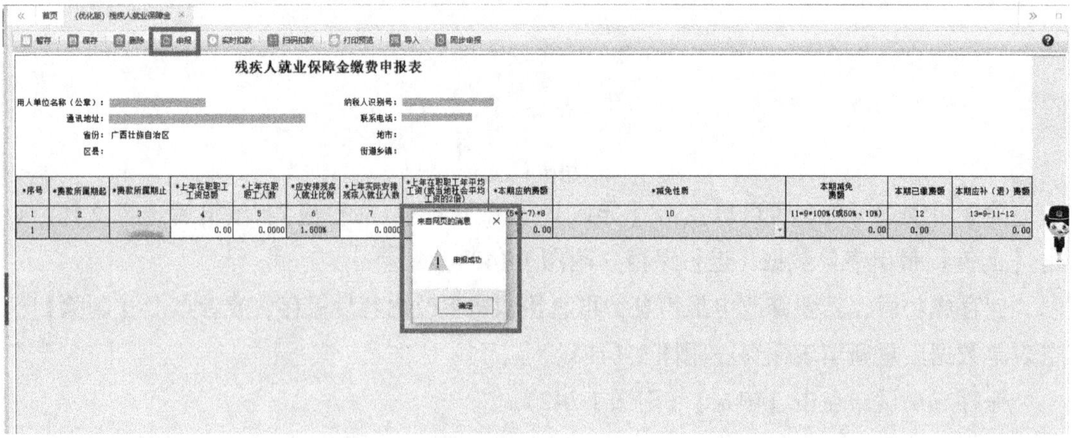

附图 1-142

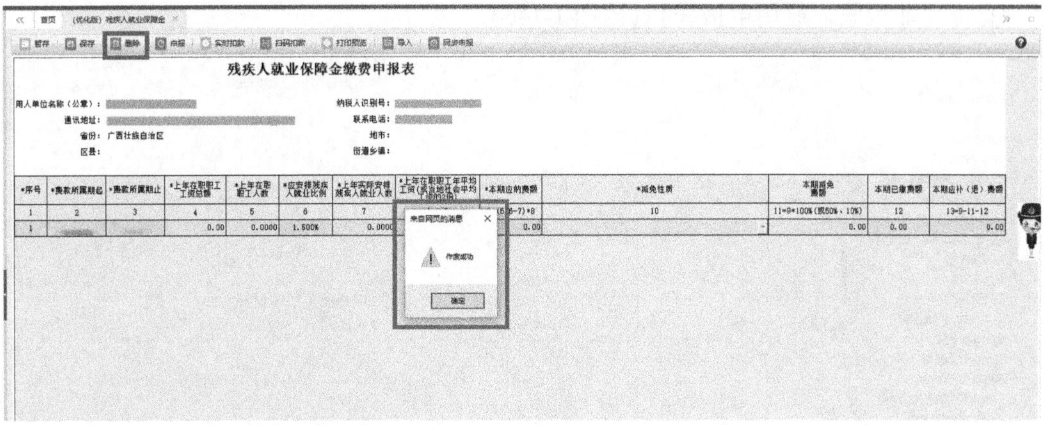

附图 1-143

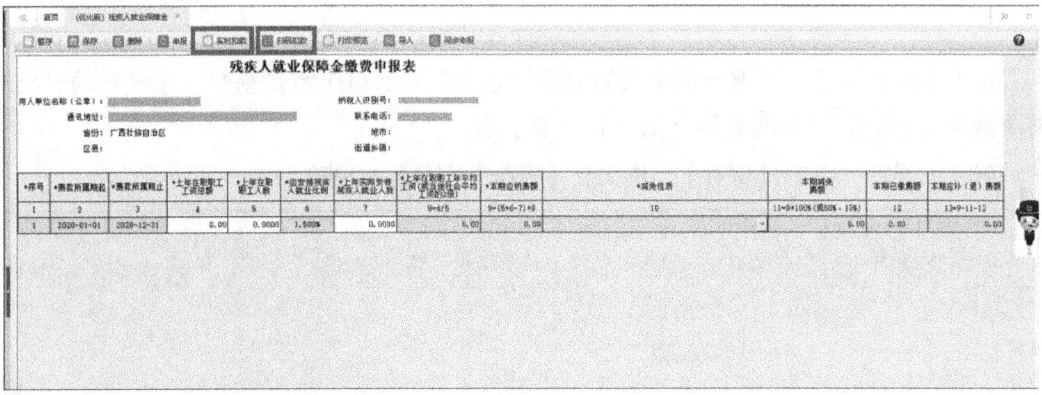

附图 1-144

（四）水利建设基金申报

登录电子税务局，点击【我要办税】—【税费申报及缴纳】，进入申报界面（附图 1-145）。

附图 1-145

点击【非税收入通用申报表】(附图 1-146)。

附图 1-146

进入申报界面后，根据当期申报的增值税应税收入填写应缴费基数，系统自动算出本期应纳税（费）额、本期应补（退）税（费）额。

确认无误后，点击【保存】，并点击【申报】(附图 1-147)。

附图 1-147

申报成功后，可在页面进行“实时扣款”“无卡支付”及“打印预览”操作。如申报的数据有误，可点击【申报作废】，修改数据后重新申报（附图 1-148)。

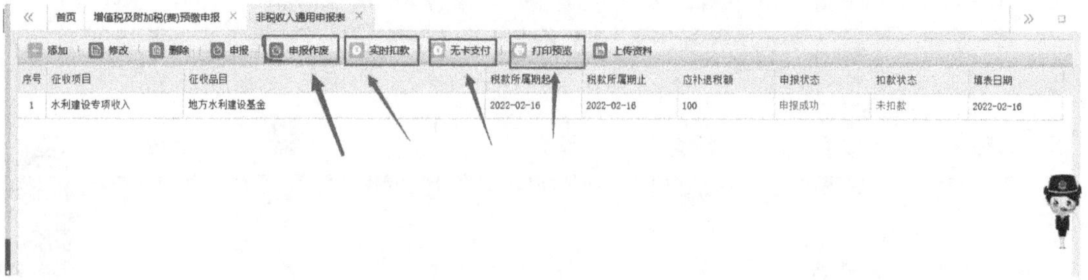

附图 1-148

（五）工会经费申报

登录电子税务局，点击【我要办税】—【税费申报及缴纳】—【其他基金规费申报】—【工会经费申报】(附图 1-149)，进入申报界面（附图 1-150)。

附图 1-149

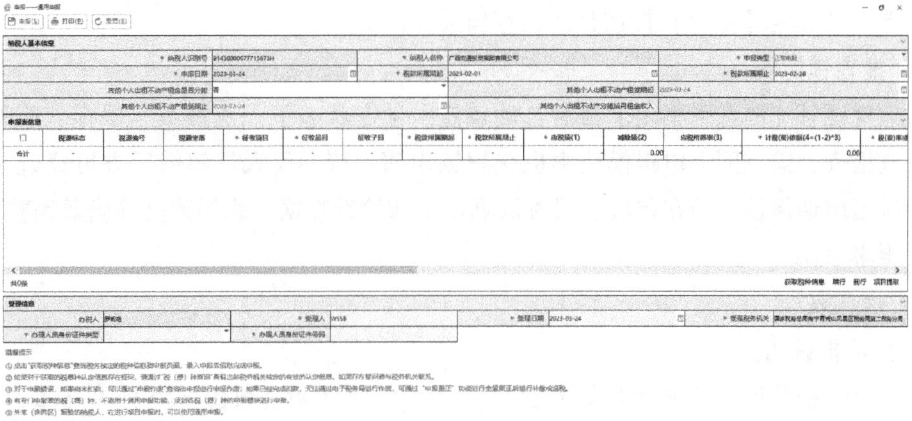

附图 1-150

填写应税项，系统自动算出计税（费）依据、本期应纳税（费）额、本期应补（退）税（费）额。

注意事项：

申报前必须先进行税费种认定，电子税务局只带出征收项目为“其他收入”、纳税期限认定为“月”的征收品目（已成立工会的企业对应的征收品目为“工会经费”）；同一纳税人，同一所属期、同一征收品目不允许重复申报。

八、重点税源纳税申报工作

（一）重点税源企业数据采集

1. 重点税源菜单

重点税源企业数据采集模块下有三个子模块，分别是重点税源（月报）、重点税源（季初报）及申报。重点税源（月报）模块中有三张报表：重点税源企业基本信息表（简称“信息表”）、重点税源企业税收信息补充采集表（B1 表）（简称“税收表”）、重点税源企业景气调查问卷补充采集表（B4 表）（简称“景气表”），需按月报送；重点税源（季初报）模块中有一张报表，即重点税源企业财务信息补充采集表（B3 表）（简称“财务表”），3 月、6 月、9 月、12 月报送；申报模块中的网上申报功能可查看报送记录、办税人员审核意见及回复审核意见。

2. 业务规则

1）上报限制

为确保申报数据质量，重点税源补充信息采集表在增值税、消费税、企业所得税申报完成后方可上报（延期申报除外）。上述主税种未完成申报前，重点税源补充信息采集表各表单可填写及保存，但不允许上报。

2）数据保存

报表提供定时保存功能，在报表界面打开状态下，每 10 分钟保存一次；各表需分别保存，点击工具栏【保存】按钮只能保存当前页面。

3）报表锁定

重点税源补充信息采集表上报后自动锁定，锁定状态下无法修改、保存、删除报表。若要修改报表，需在网上申报模块中提交解锁申请，待办税人员解锁后方可修改及上报。为避免频繁申请解锁，请在首次上报时认真填报和检查数据，确保数据准确及完整。

3. 填报流程

1）信息表

（1）填报说明。

登录电子税务局，点击【我要办税】—【税收统计调查数据采集】—【重点税源企业数据采集】—【重点税源（月报）】—【重点税源企业基本信息表】，进入信息表填写界面（附图 1-151）。

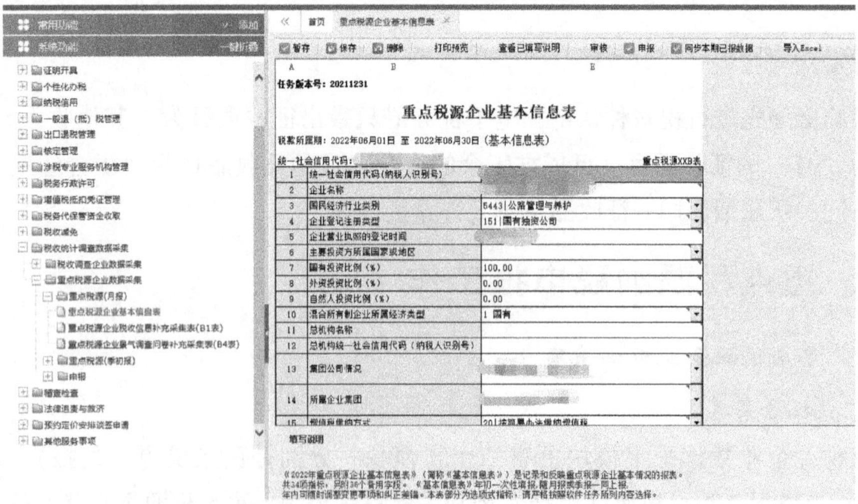

附图 1-151

空白单元格为手工录入单元格，可双击单元格编辑填写；带▼的单元格是下拉选项单元格，点击▼打开下拉菜单进行选择，有多层节点的需展开至最底层选择最底层选项；灰色单元格为不可编辑单元格。

信息表是记录和反映重点税源企业基本情况的报表，年初一次性填报，年中若有信息变更，需及时调整。

（2）数据初始化。

年初首次打开信息表，系统将根据金三税务登记信息带出部分指标数据，纳税人按照实际情况补充填报其余数据。2—12 月打开信息表，系统将自动带出上期填写上报的信息数据。

（3）数据填报。

①手工填报模式。

在编辑单元格内双击鼠标左键进行编辑（附图 1-152）。

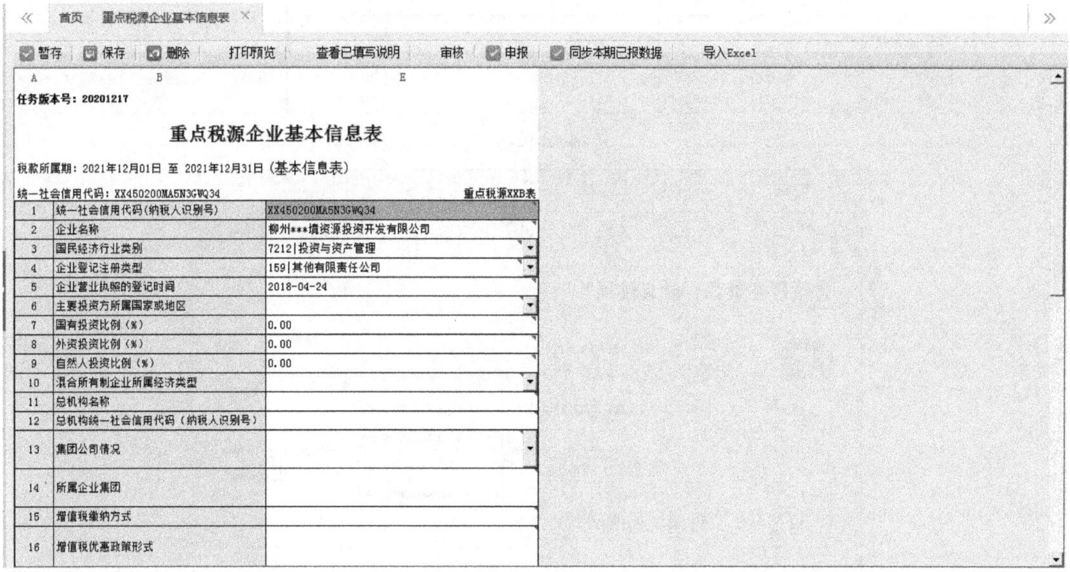
首页 重点税源企业基本信息表

暂存 保存 删除 打印预览 查看已填写说明 审核 申报 同步本期已报数据 导入Excel

任务版本号：20201217

重点税源企业基本信息表

税款所属期：2021年12月01日 至 2021年12月31日（基本信息表）

统一社会信用代码：XX450200MA5N3GWQ34 重点税源XXB表

1	统一社会信用代码(纳税人识别号)	XX450200MA5N3GWQ34
2	企业名称	柳州***墳资源投资开发有限公司
3	国民经济行业类别	7212|投资与资产管理
4	企业登记注册类型	159|其他有限责任公司
5	企业营业执照的登记时间	2018-04-24
6	主要投资方所属国家或地区	
7	国有投资比例（%）	0.00
8	外资投资比例（%）	0.00
9	自然人投资比例（%）	0.00
10	混合所有制企业所属经济类型	
11	总机构名称	
12	总机构统一社会信用代码（纳税人识别号）	
13	集团公司情况	
14	所属企业集团	
15	增值税缴纳方式	
16	增值税优惠政策形式	

附图 1-152

②导入模式。

下载模板：点击工具栏【导入 Excel】，在弹出的“导入”对话框中点击【下载 Excel 模板】下载重点税源报表压缩包（附图 1-153）。提醒：上传的数据将会覆盖在线报表中的数据，请谨慎使用导入模式。

保存模板：点击【保存】按钮将模板保存到本地（附图 1-154）。

解压模板：解压 sb_ zdsy. zip 文件，共有四份电子表格，分别对应重点税源补充采集的四张表，表名第三小节为各报表简称的首字母（附图 1-155）。

填报模板数据并保存（附图 1-156）。

导入模板数据：在信息表界面点击【导入 Excel】，在弹出窗口查找 SB_ ZDSY_

QYJBXX 表文件，点击【上传】按钮导入数据（附图 1-157）。

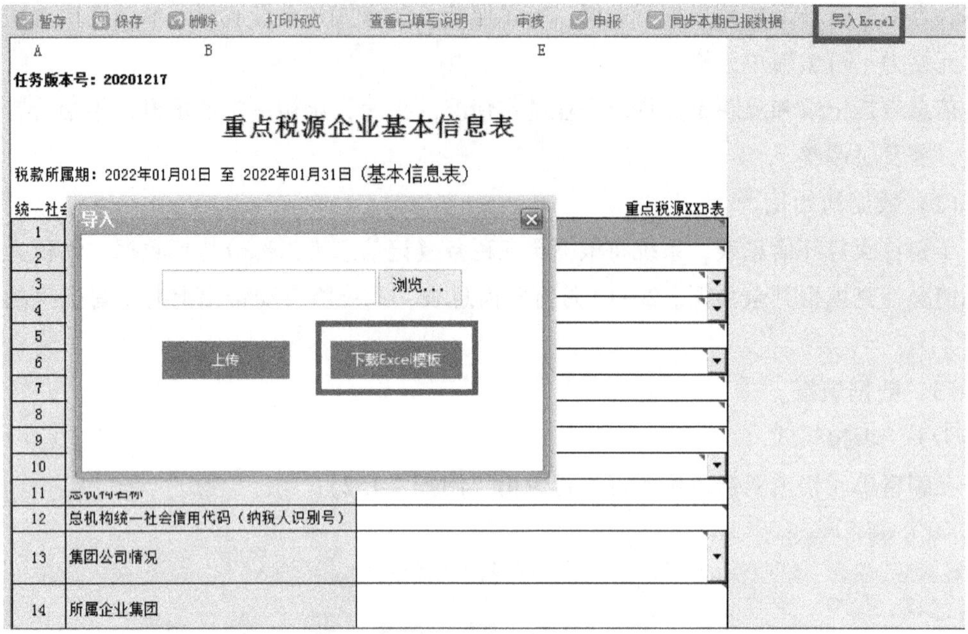

附图 1-153

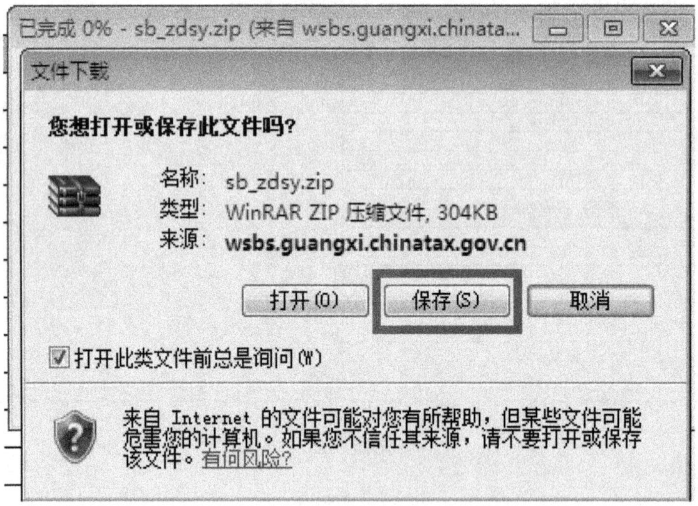

附图 1-154

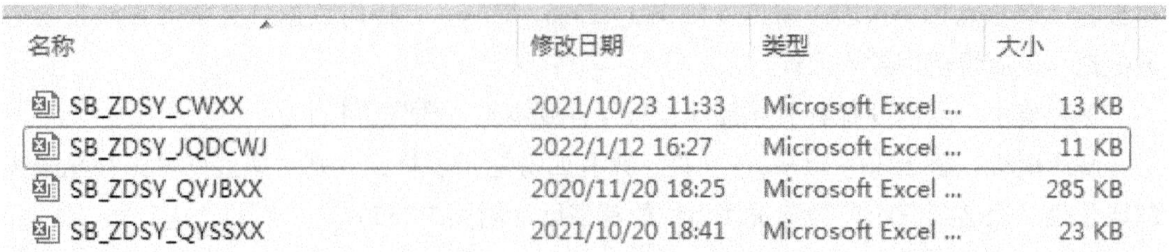

附图 1-155

重点税源企业信息表

（基本信息表）

统一社会信用代码： 重点税源XXB表

1	统一社会信用代码(纳税人识别号)	XX450000000000003
2	企业名称	测试用户一
3	国民经济行业类别	5232|服装零售
4	企业登记注册类型	159|其他有限责任公司
5	企业营业执照的登记时间	2013-6-1
6	主要投资方所属国家或地区	
7	国有投资比例（%）	100.00
8	外资投资比例（%）	0.00
9	自然人投资比例（%）	0.00
10	混合所有制企业所属经济类型	2|民营
11	总机构名称	
12	总机构统一社会信用代码（纳税人识别号）	
13	集团公司情况	1|非集团隶属关系的一般企业
14	所属企业集团	
15	增值税缴纳方式	11|一般纳税人独立缴纳增值税
16	增值税优惠政策形式	01000000|不享受增值税优惠政策
17	增值税出口退税方式	0|未实行出口退税的纳税人
18	增值税申报周期	4|月报
19	消费税缴纳方式	0|不缴纳消费税
20	消费税主要品目	
21	企业所得税缴纳方式	11|独立预缴企业所得税
22	企业所得税优惠政策形式	
23	企业所得税申报周期	2|按季申报

附图 1-156

完成数据导入（附图 1-158）。

提示：“导入 Excel” 功能不支持批量导入，导入模板数据时一次只能导入一张表，且只能导入当前页面的模板数据。如附图 1-159，当前页面是信息表，在此页面导入 SB_ ZDSY_ QYSSXX 表和 SB_ ZDSY_ JQDCWJ 表无效。

点击【删除】可清除已填报数据，恢复表单初始信息；点击【审核】可对表内、表间数据进行校验，如存在不符合校验逻辑的数据会在页面下方弹出“数据审核”对话框，双击审核公式，光标将跳转至被校验的数据指标（颜色标红），然后根据审核公式内容检查数据是否有误，如有误则修改，如无误则在“填写说明”栏填写情况说明，并点击“单条保存”栏的⬇图标逐条保存审核说明（附图 1-160）。填写的审核说明保存成功后，对应审核提示信息在“数据审核”对话框中消失。

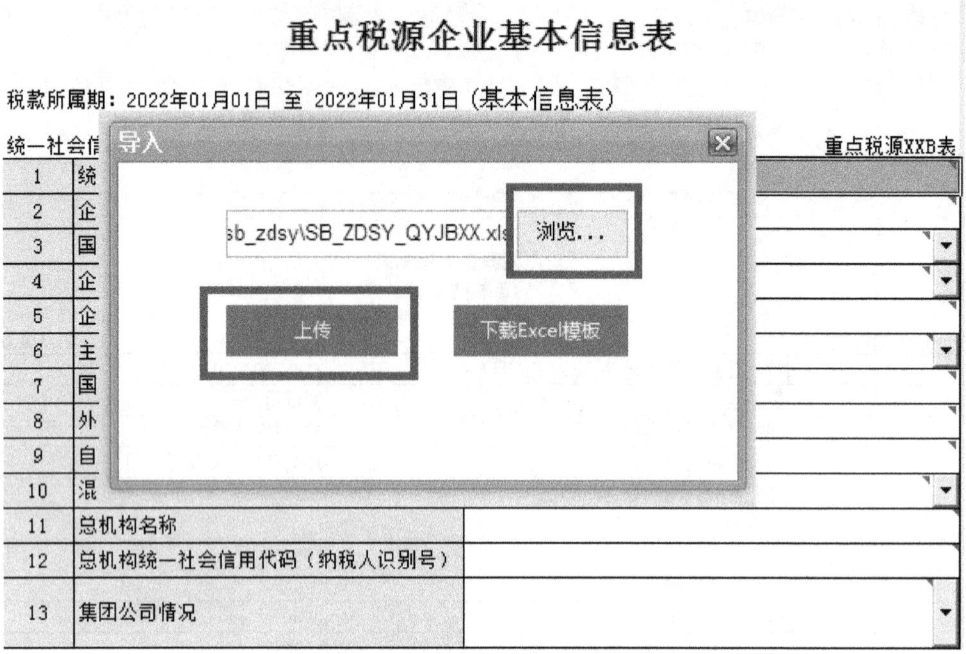

附图 1-157

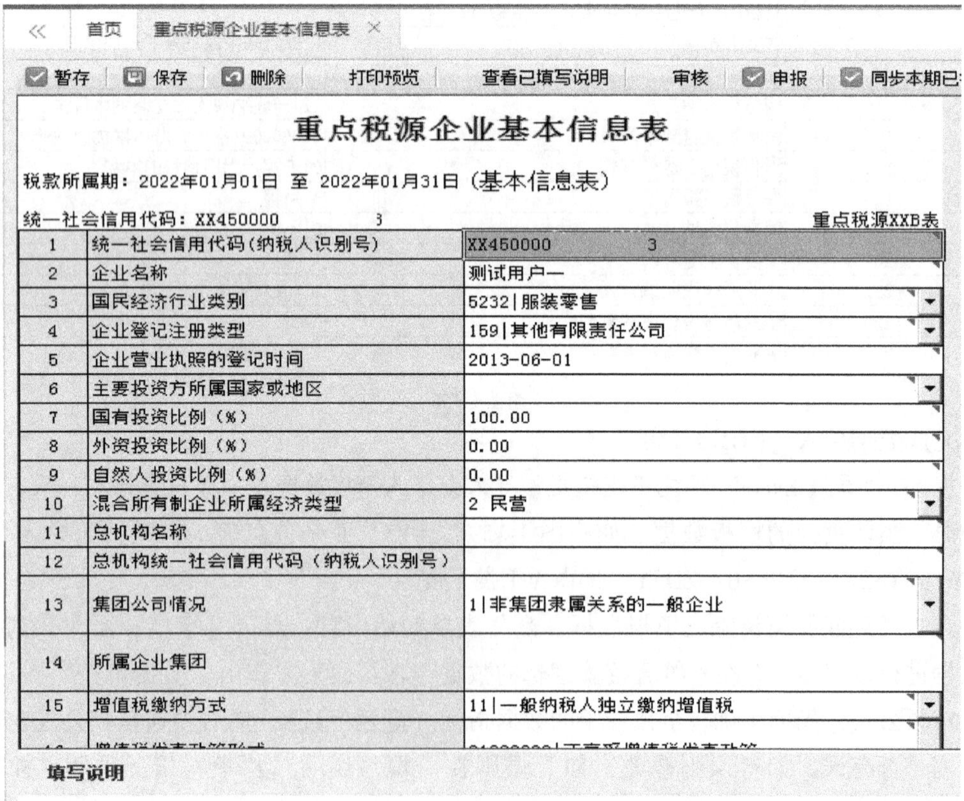

附图 1-158

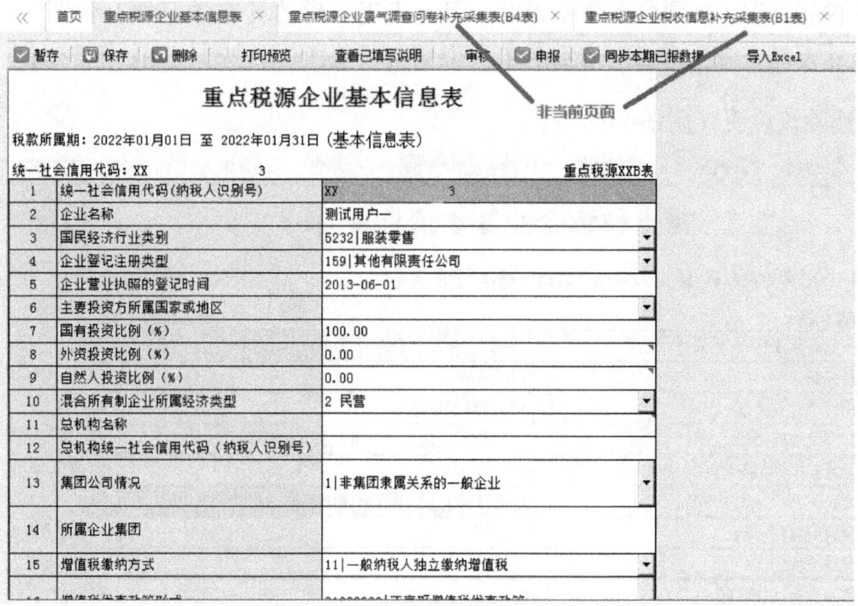

重点税源企业基本信息表

税款所属期：2022年01月01日 至 2022年01月31日（基本信息表）

统一社会信用代码：XX　　3　　重点税源XXB表

1	统一社会信用代码(纳税人识别号)	XX　　3
2	企业名称	测试用户一
3	国民经济行业类别	5232|服装零售
4	企业登记注册类型	159|其他有限责任公司
5	企业营业执照的登记时间	2013-06-01
6	主要投资方所属国家或地区	
7	国有投资比例（%）	100.00
8	外资投资比例（%）	0.00
9	自然人投资比例（%）	0.00
10	混合所有制企业所属经济类型	2 民营
11	总机构名称	
12	总机构统一社会信用代码（纳税人识别号）	
13	集团公司情况	1|非集团隶属关系的一般企业
14	所属企业集团	
15	增值税缴纳方式	11|一般纳税人独立缴纳增值税

附图 1-159

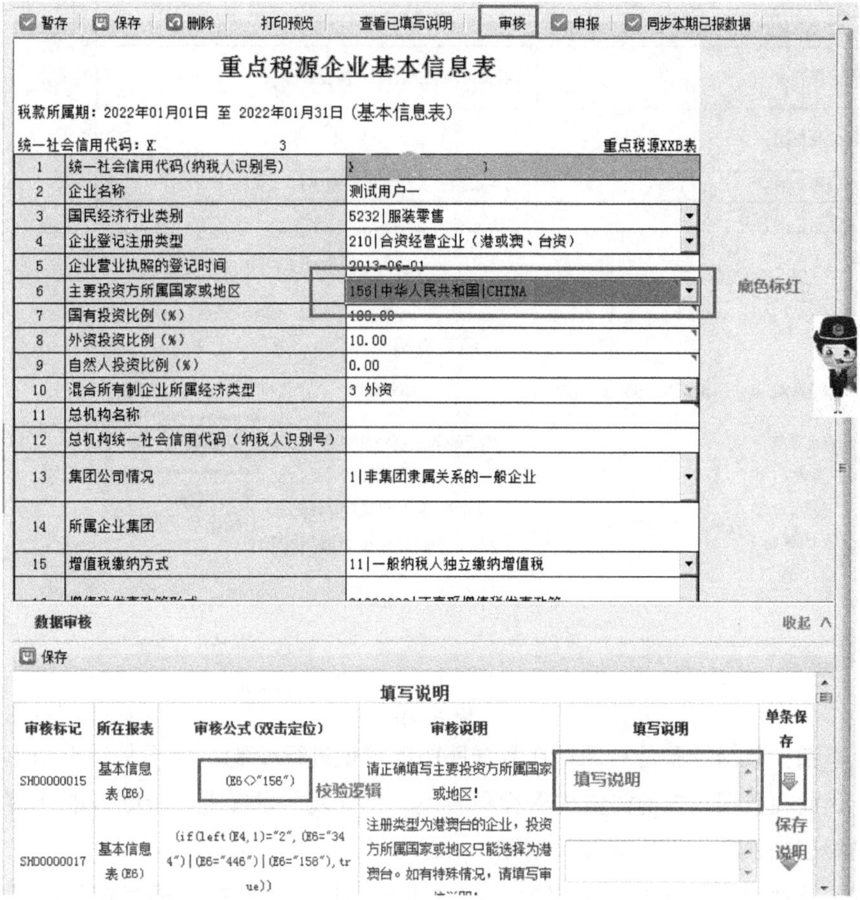

重点税源企业基本信息表

税款所属期：2022年01月01日 至 2022年01月31日（基本信息表）

统一社会信用代码：X　　3　　重点税源XXB表

1	统一社会信用代码(纳税人识别号)	X　　3
2	企业名称	测试用户一
3	国民经济行业类别	5232|服装零售
4	企业登记注册类型	210|合资经营企业（港或澳、台资）
5	企业营业执照的登记时间	2013-06-01
6	主要投资方所属国家或地区	156|中华人民共和国|CHINA
7	国有投资比例（%）	100.00
8	外资投资比例（%）	10.00
9	自然人投资比例（%）	0.00
10	混合所有制企业所属经济类型	3 外资
11	总机构名称	
12	总机构统一社会信用代码（纳税人识别号）	
13	集团公司情况	1|非集团隶属关系的一般企业
14	所属企业集团	
15	增值税缴纳方式	11|一般纳税人独立缴纳增值税

数据审核　　收起

保存

填写说明

审核标记	所在报表	审核公式(双击定位)	审核说明	填写说明	单条保存
SH00000015	基本信息表(E6)	(E6<>"156") 校验逻辑	请正确填写主要投资方所属国家或地区!	填写说明	
SH00000017	基本信息表(E6)	(if(left(E4,1)="2", (E6="344")|(E6="446")|(E6="158"), true))	注册类型为港澳台的企业，投资方所属国家或地区只能选择为港澳台。如有特殊情况，请填写审…		保存说明

附图 1-160

审核说明修改：如要修改审核说明，可点击工具栏的【查看已填写说明】，已填写说明将显示在页面下方，可对已填写的审核说明进行修改，修改后点击【保存】，或者点击⊖按钮删除该说明（附图 1-161）。

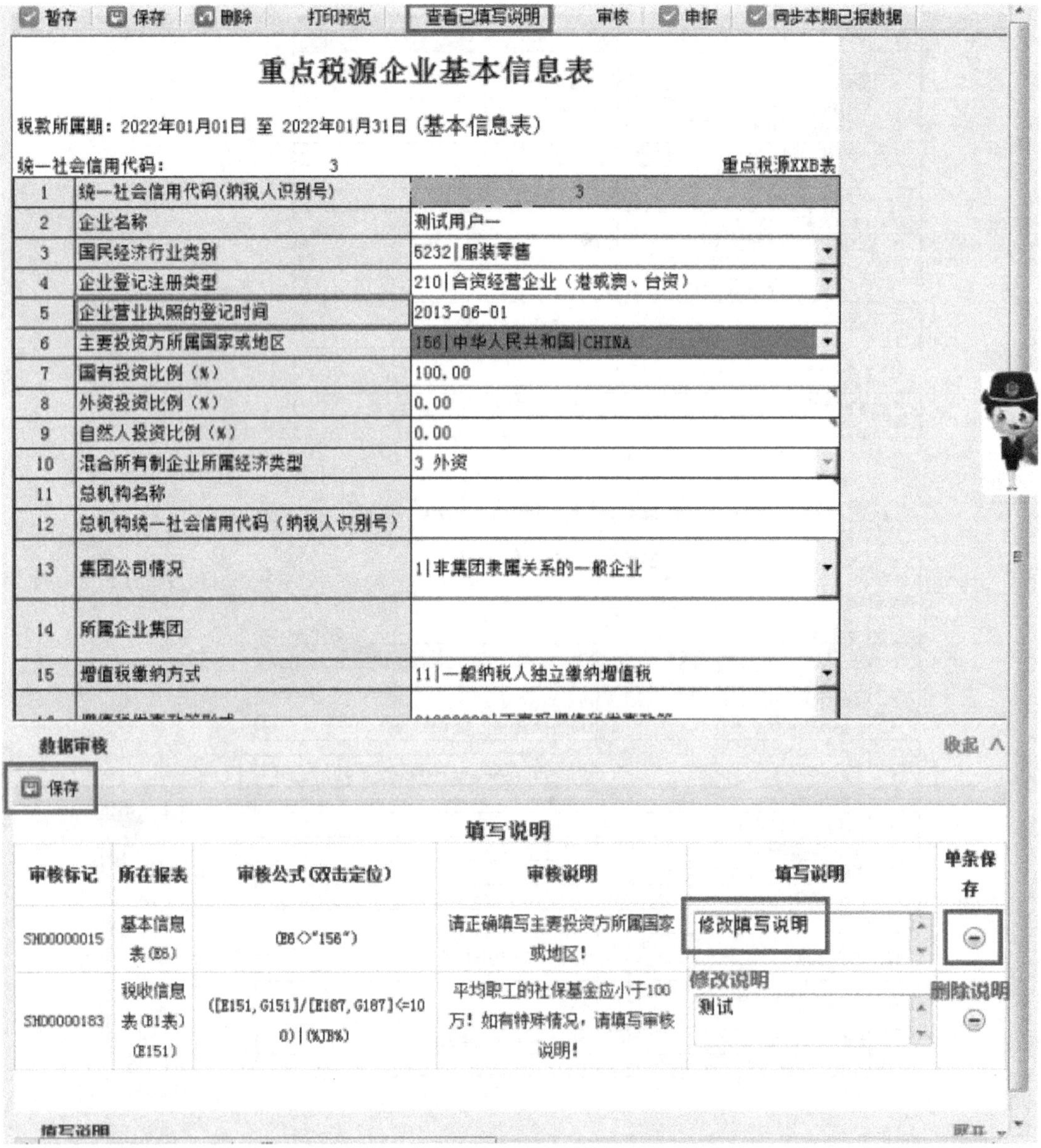

附图 1-161

注意事项：数据校验是对保存在数据库中的数据进行校验，而不是对页面上的数据进行校验，因此在数据审核前需要先保存税收表、财务表、景气表，否则点击【审核】会提示相应的报表未保存，无法审核（附图 1-162）。

数据审核通过后，点击【申报】上报重点税源报表。若有未通过审核的数据，点击

【申报】会弹出“数据审核”对话框，需修正数据或填写说明，通过审核后方可上报。

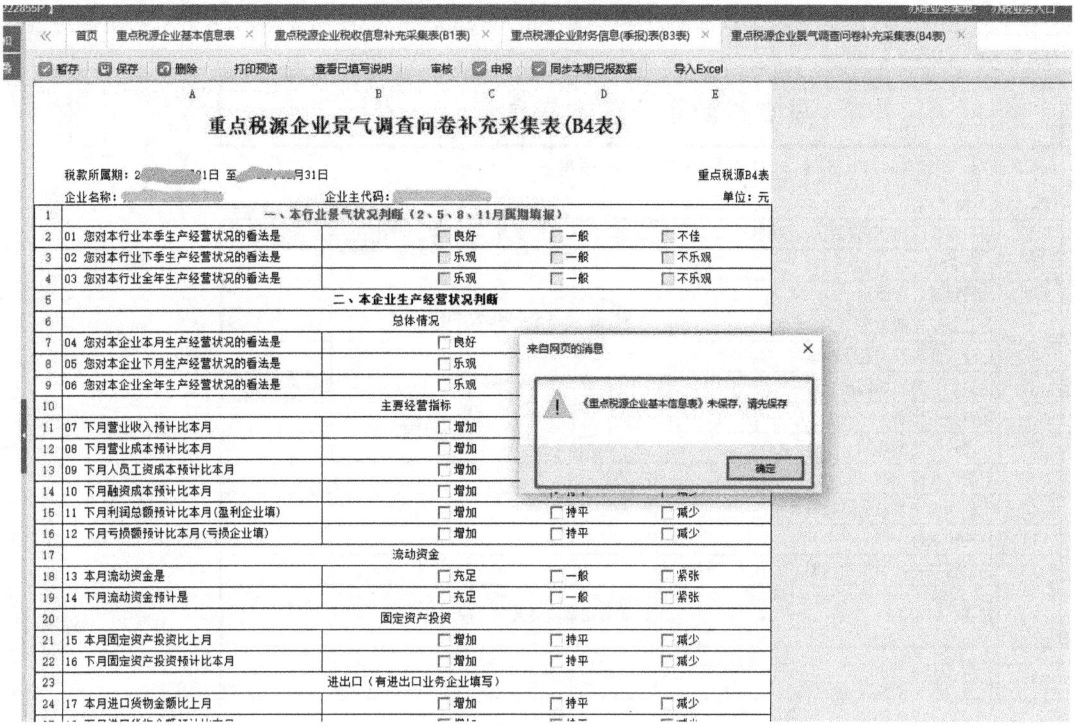

附图 1-162

数据上报成功后，表单自动锁定，各表单不可进行保存、删除、审核、上报等操作。若要修改数据，需在“网上申报”模块点击【申请解锁】，经办税人员解锁后，方可重新修改表单数据及上报。

本期已填报数据抽取：如需重新获取本期已上报的数据，可在工具栏点击【同步本期已报数据】—【确定】，将已报重点税源数据刷新到当前表单中（附图 1-163）。

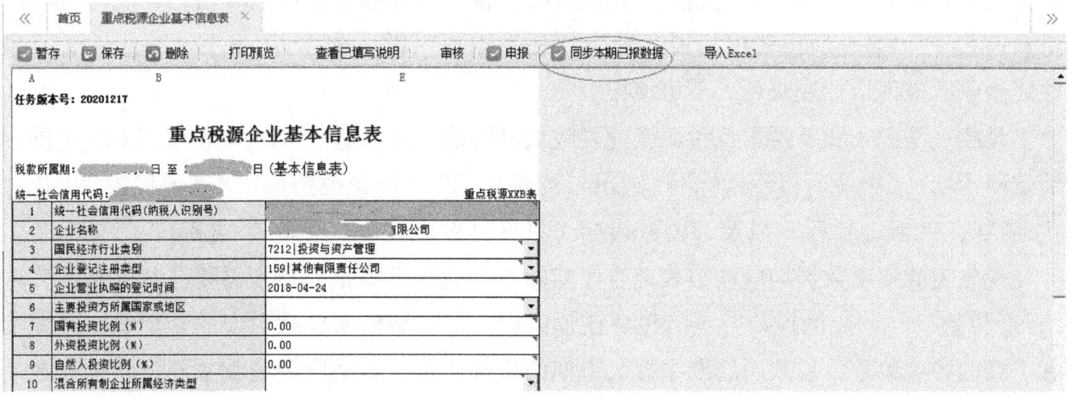

附图 1-163

申报：点击工具栏【申报】按钮，在弹出的对话框中点击【确定】（附图 1-164）。

附图 1-164

点击【确定】后弹出“申报成功!”的提示，即完成申报。

2）税收表

（1）填表说明。

税收表按月填报，金额单位为元。

空白单元格为手工录入单元格，可双击单元格编辑填写；灰色单元格不可填写。税收表与信息表有关联，当信息表满足一定条件时，税收表某些单元格会“由白转灰”。例如，信息表23栏“企业所得税申报周期”为“按季申报”时，非3月、6月、9月、12月税收表企业所得税指标变灰色，不可填报。

税收表是记录和反映重点税源企业税收信息的统计表。分“国内增值税指标”“国内消费税指标”“企业所得税指标”“进出口税收指标”“印花税指标”“其他税收”“代扣代缴税收”“其他指标”以及“财务指标（只填写累计或期末余额）”九部分。

税收表的各项数据均应按报表期企业实际发生的数额填报。特别需要注意的是，表中“已缴税款”与“应缴税款”均为税务征收口径，即本期已缴税款对应的是企业在本期实际上缴的各项税款，税款所属期主要为上期的应缴税款；本期应缴税款主要反映企业本期生产经营活动所产生的应缴纳税款，该税款一般在下期申报缴库。

税收表中，与金三系统各类申报表、入库数相同口径的指标数据，系统自动从金三获取；非手工填报的各项指标累计数由系统自动计算。

（2）填写报表。

①填报限制。

填写税收表之前需要先填写并保存信息表。所属期为 3 月、6 月、9 月、12 月，税收表财务指标（193 ~ 204 行）不可录入，直接取自财务表对应指标，因此建议先填写财务表，再填写税收表。若报表未出，193 ~ 204 行按预估数填报。

“期初未缴”“上期留抵”指标在年初首次填报时可编辑，第二个月起变为锁定状态，数据自动提取上个月的“期末未缴”和“期末留抵”指标。如上述四个指标有误，需检查之前月份的相关计算指标并在数据错误当期修正。

②金三数据提取。

自动提取：打开税收表，表单中与金三系统各类申报表、入库数、财务报表同口径的指标，系统会自动从金三系统提取并加载至页面。

手动提取：如有需要（如存在更正申报），也可点击工具栏的【提取金三数据】按钮手动分税种提取金三数据，在弹出对话框中选择税种（默认全选），然后点击【确定】（附图 1-165）。

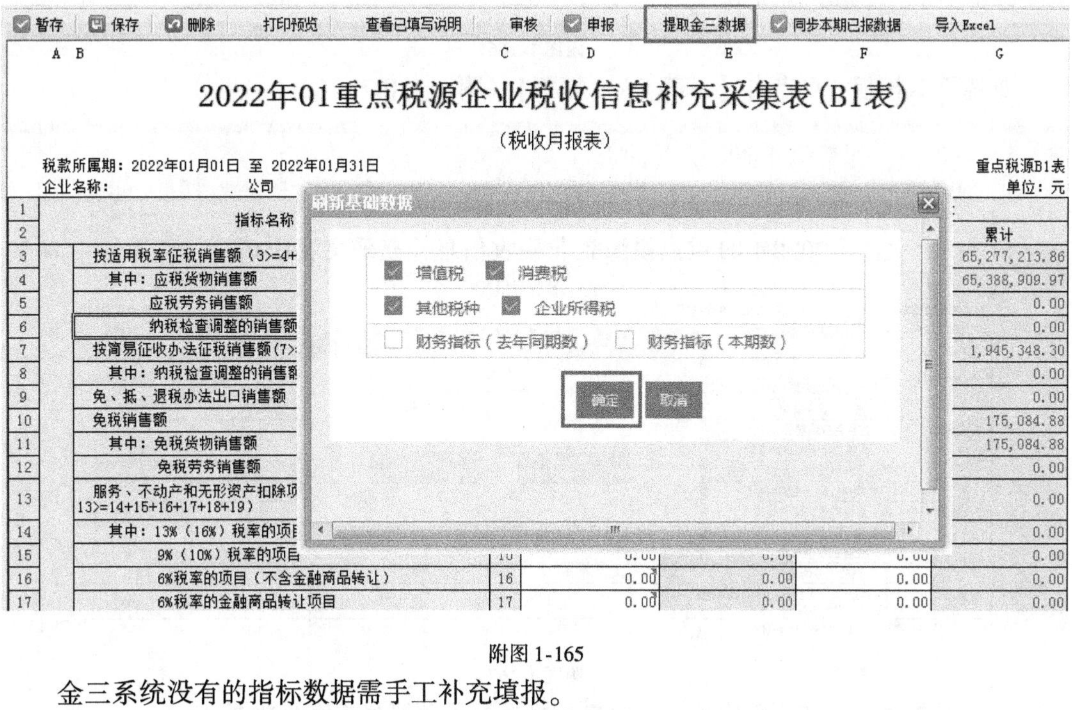

附图 1-165

金三系统没有的指标数据需手工补充填报。

提取金三数据需谨慎，数据加载会覆盖已填报的页面数据（附图 1-166）。

③数据填报。

导入模式：点击【导入 Excel】，在弹出对话框中点击“浏览”选择本地文件夹中填报完整的 SB_ ZDSY_ QYSSXXB 表单，再点击【上传】即可。注意：上传的数据将会覆盖当前页面数据，请谨慎操作。

附图 1-166

如需下载模板，可点击【下载 Excel 模板】（附图 1-167）。

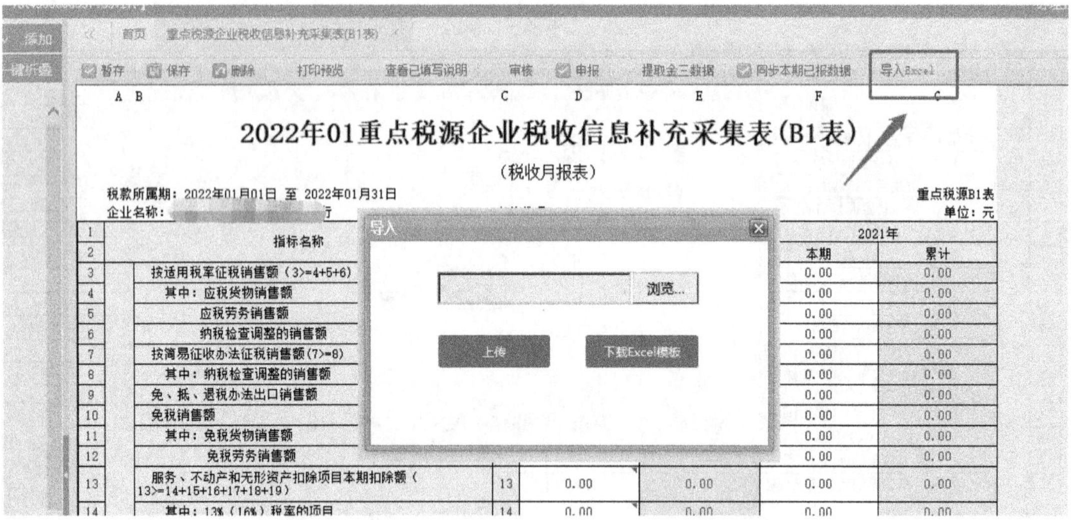

附图 1-167

手工填报模式：在页面中单击空白单元格进行手动填写或修改数据。

④数据删除。

点击【删除】可删除当前页面中的数据，恢复表单初始信息（附图 1-168）。

⑤加载已上报数据。

点击【同步本期已报数据】，可重新获取本期已上报的重点税源数据（附图 1-169）。

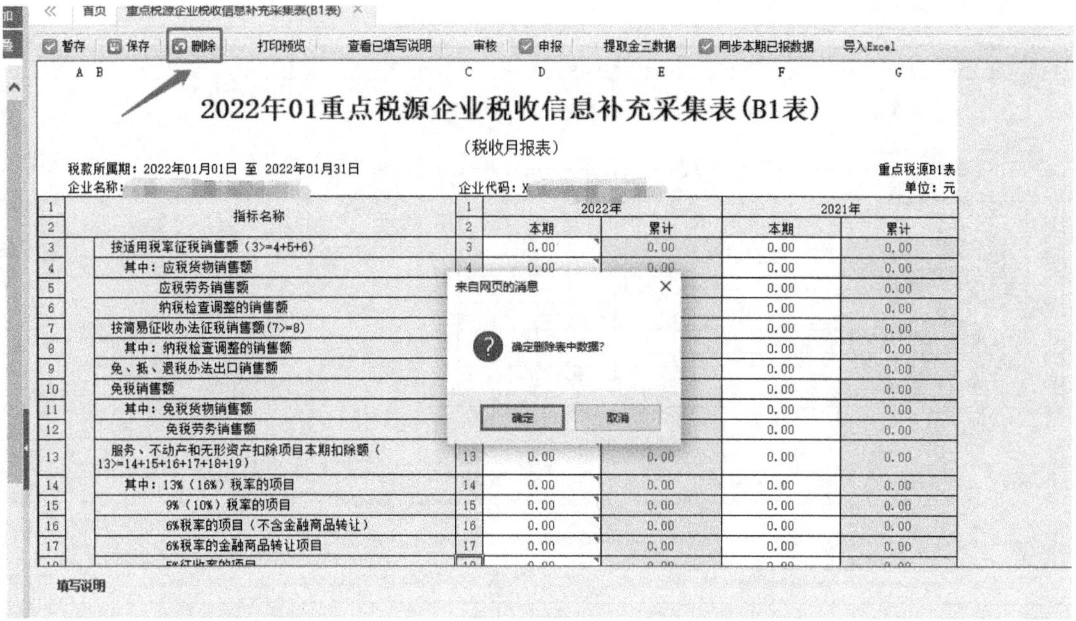

附图 1-168

附图 1-169

⑥数据审核。

税收表填写保存后，在工具栏点击【审核】按钮对填写的表内、表间数据进行校验，若数据审核校验不通过则会弹出“填写说明”对话框，显示具体校验不通过的行次及校验规则信息（附图 1-170）。

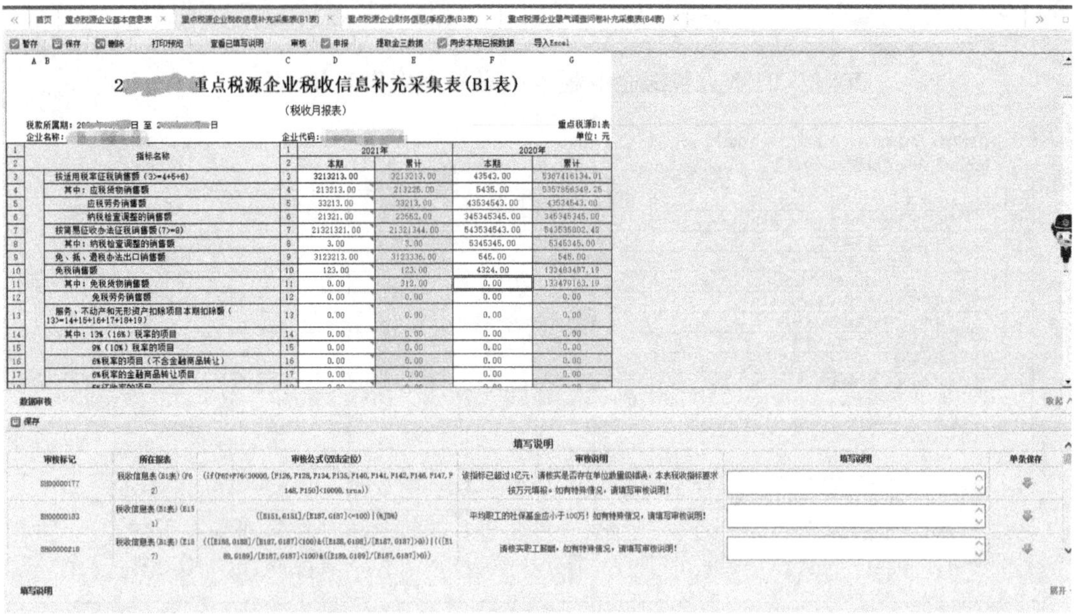

附图 1-170

双击【审核公式（双击定位）】对应的审核公式，光标跳转至相关指标（附图 1-171）。

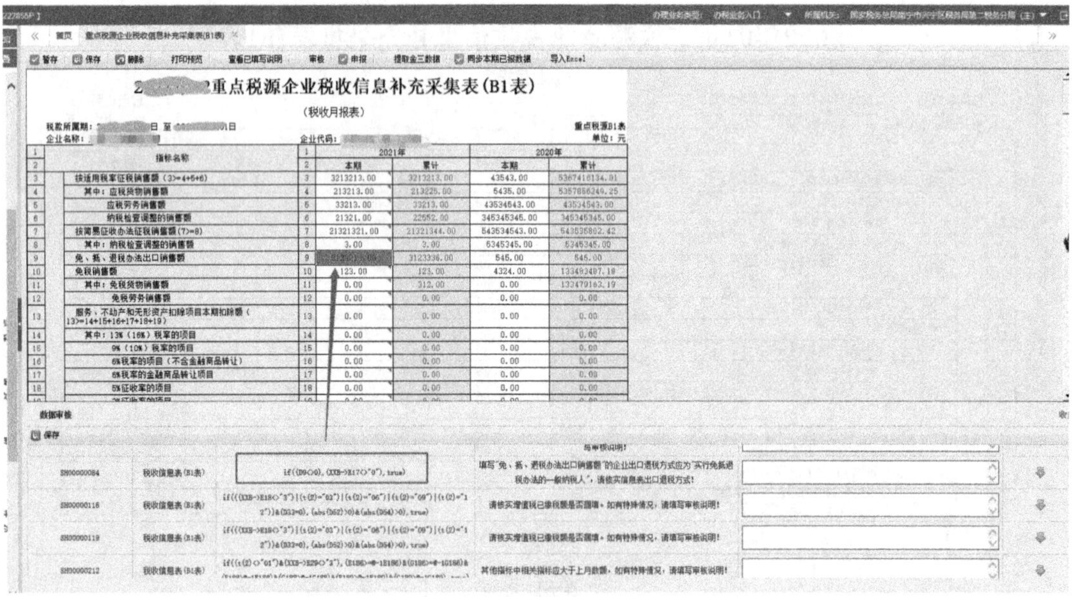

附图 1-171

如数据有误则修改数据并点击【保存】，然后再次点击【审核】，若数据无误，可在“填写说明”对话框中填写相关情况说明，再点击“单条保存”栏的⬇图标保存审核说明（附图 1-172）（提醒：审核说明无法批量保存）。

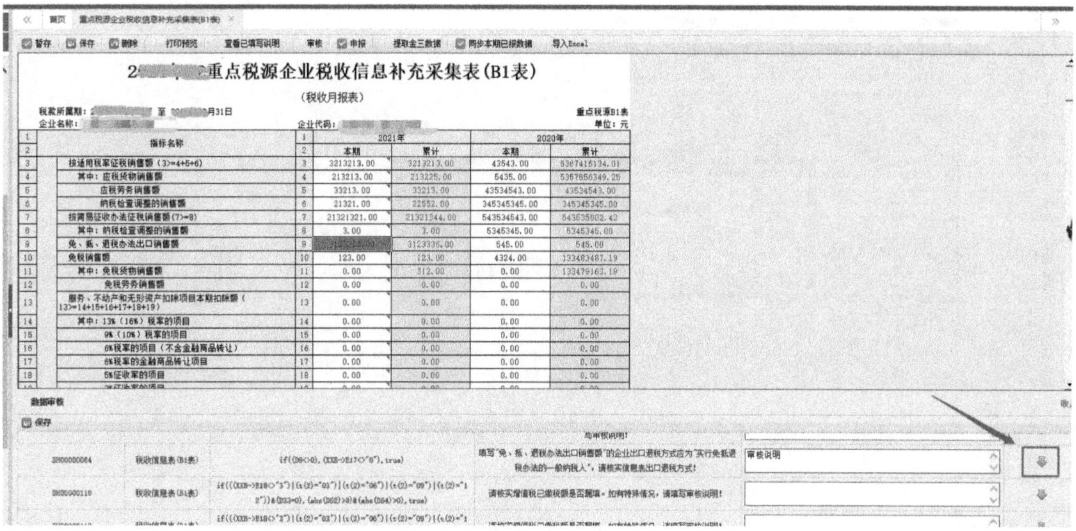

附图 1-172

点击工具栏的【查看已填写说明】，在弹出对话框中点击⊖可删除审核说明（附图 1-173）。

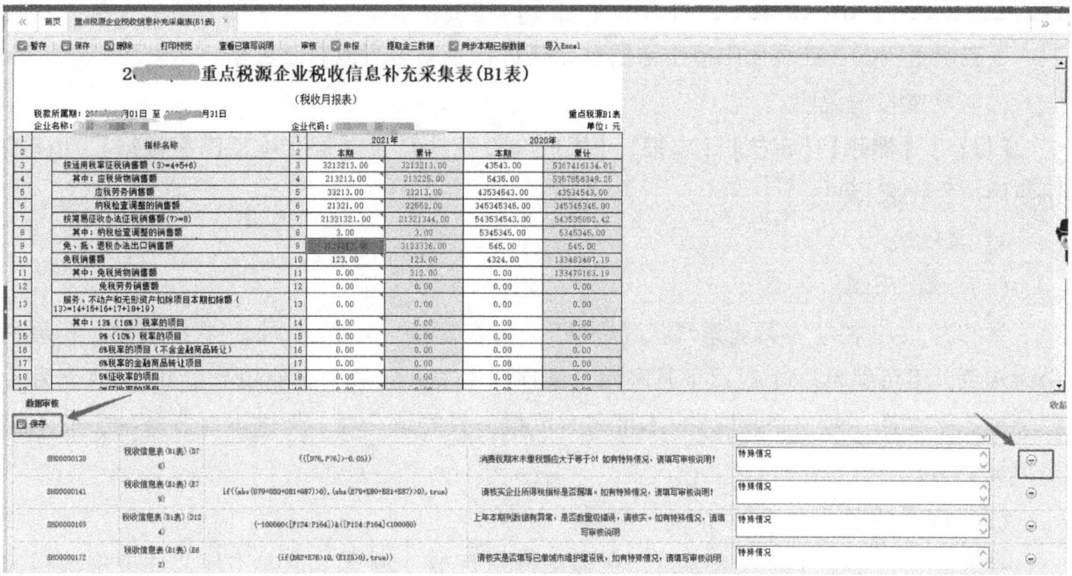

附图 1-173

3）账务表

（1）填报限制。

财务表 G、I 两列年初数，3 月（或年内首次填报时）可填，6 月、9 月、12 月不可填，直接取 3 月对应指标数据。若年中发现年初数有误，则需要返回 3 月报表修改相应数据。

财务表只在 3 月、6 月、9 月、12 月填写，非所属期无法填写，提示如附图 1-174 所示。

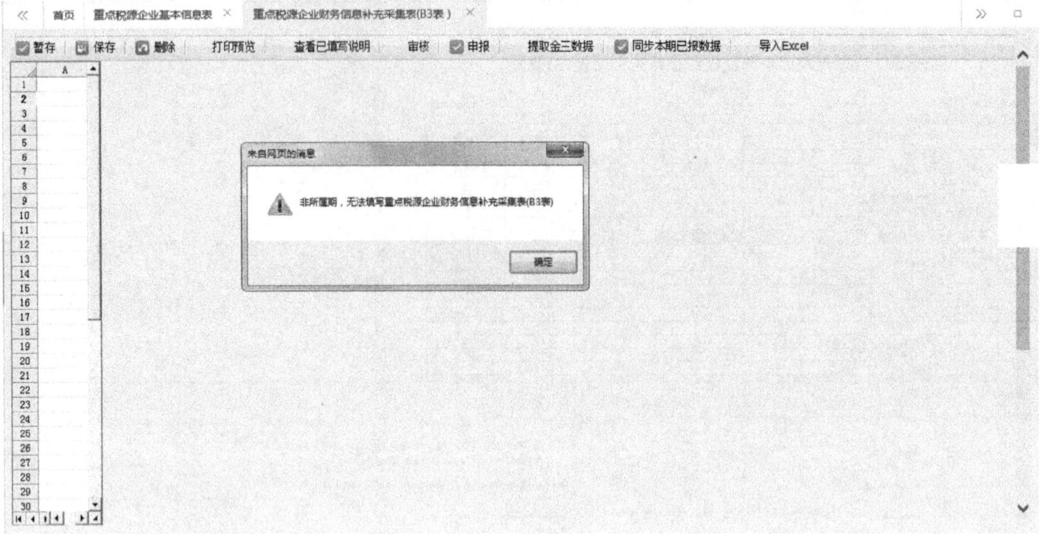

附图 1-174

（2）数据填报。

导入模式：点击【导入 Excel】，在弹出框中点击“浏览”选择本地文件夹中填报完整的 SB_ ZDSY_ CWXX 表单，再点击【上传】即可。

手工填报模式：在页面中单击空白单元格进行手动填写或修改数据。

（3）功能按钮说明。

【保存】【删除】【审核】【申报】【提取金三数据】及【同步本期已报数据】功能按钮使用与税收表相同。

4）景气表

（1）填报限制。

景气表 1 ~3 栏“本行业景气状况判断”，只在 2 月、5 月、8 月、11 月填报，其余月份为灰色，不可编辑。11 栏“下月利润总额预计比本月（盈利企业填)”、12 栏“下月亏损额预计比本月（亏损企业填)”不可同时填报，只能填一项。无进出口业务的企业不需要填报 17 ~20 栏。

（2）数据填报。

导入模式：点击【导入 Excel】，在弹出框中点击“浏览”选择本地文件夹中填报完整的 SB_ ZDSY_ JQDCWJ 表单，再点击【上传】即可（附图 1-175)。

手工填报模式：单击勾选相应选项。注意：灰色背景的选项不可选。

（3）功能按钮说明。

【保存】【删除】【审核】【申报】【提取金三数据】及【同步本期已报数据】功能按钮使用与税收表相同。

（4）网上申报（更正已申报报表)。

“ 网上申报”模块用于查看及更正往期数据。

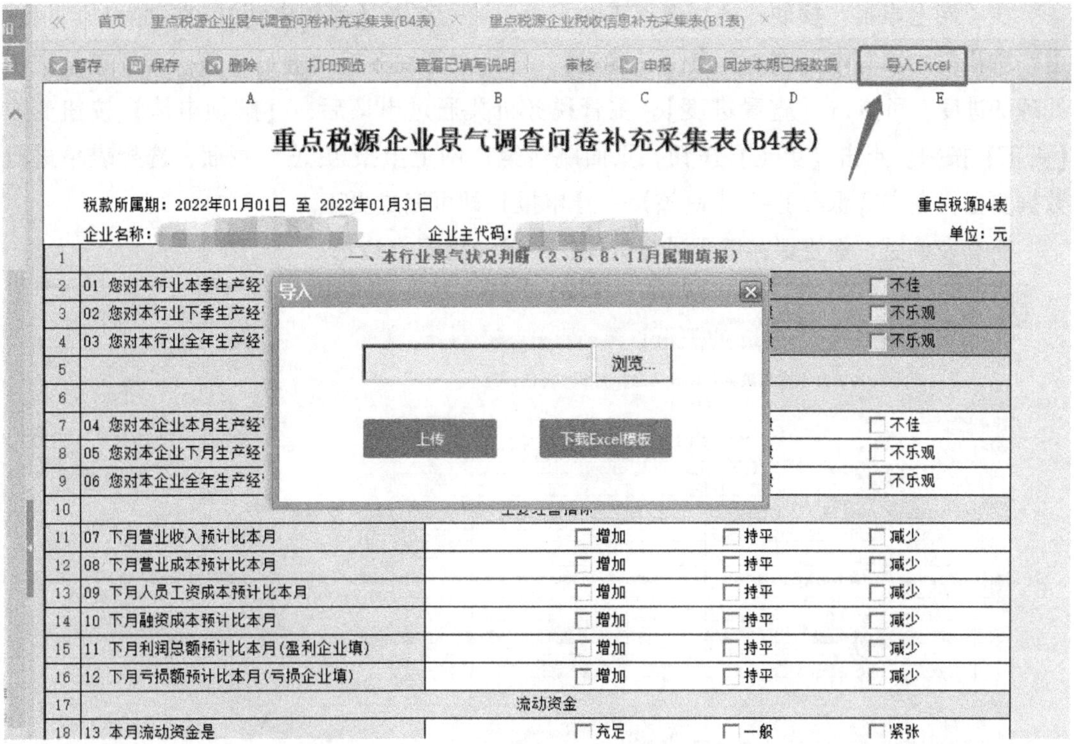

附图 1-175

①查看往期申报数据。

点击【网上申报】，页面显示所有已报送记录；输入“所属期起止”或“申报期起止”后点击【查询】可精确查询某个所属期的已申报数据（附图 1-176）。

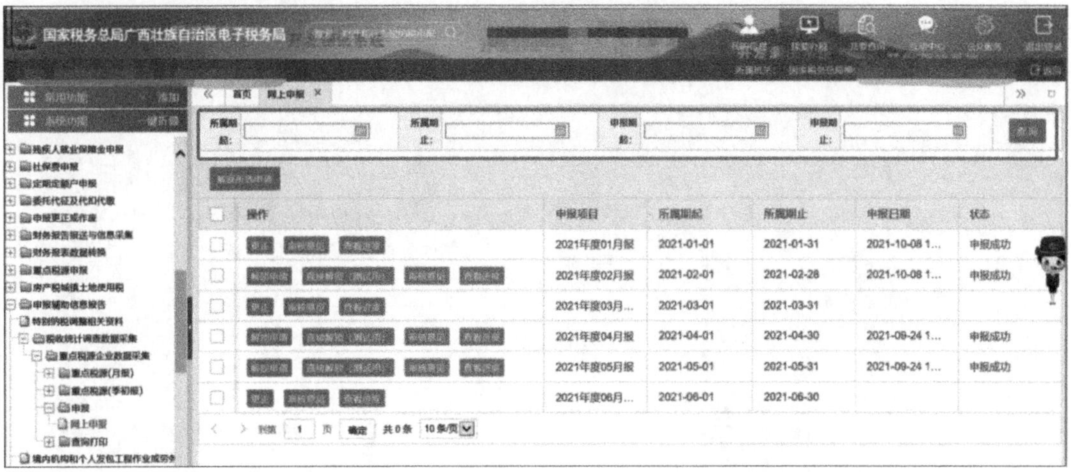

附图 1-176

②更正已报送的报表。

已报送的报表数据处于锁定状态，不允许修改，需要向主管税务局提交“解锁申请”才能进行更正。

在“网上申报”模块，选择要更正的报送记录，点击【解锁申请】，在“解锁申请理由”弹出框中填写申请理由，点击【确定】，等待主管税务机关通过申请。若要查看申请处理的进度，可点击【查看进度】。主管税务机关通过申请后，【解锁申请】按钮变成【更正】按钮。点击【更正】按钮，页面跳转至“网上申报-更正”页面，选择表单进行数据更正，点击【保存】—【审核】—【申报】即可完成更正。

所有表单更正都要保存后再进行审核、申报（附图 1-177）。

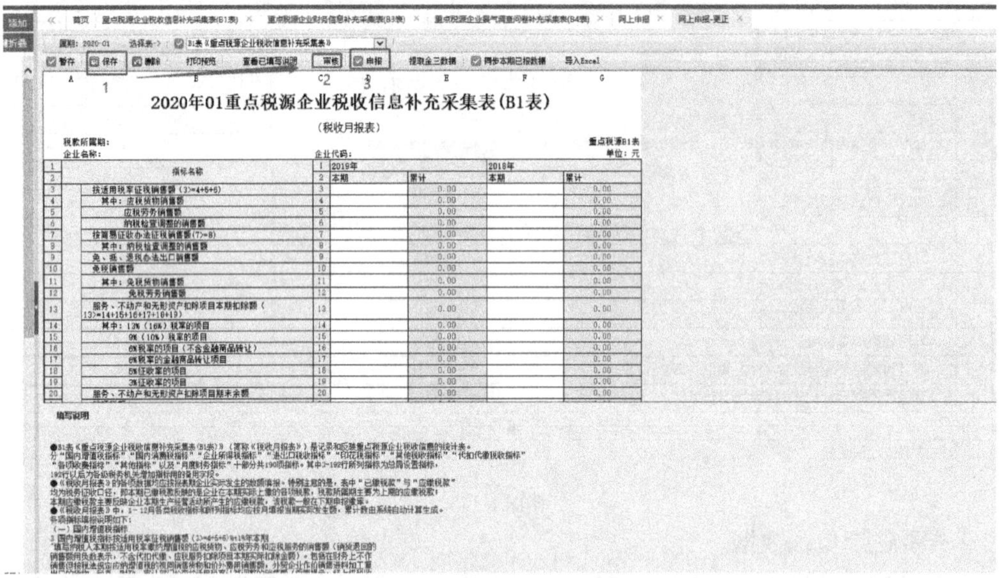

附图 1-177

③按钮说明。

【审核意见】：可查看办税人员审核意见，同时可核实情况后再填写“核实情况及反馈”回复办税人员（附图 1-178）。

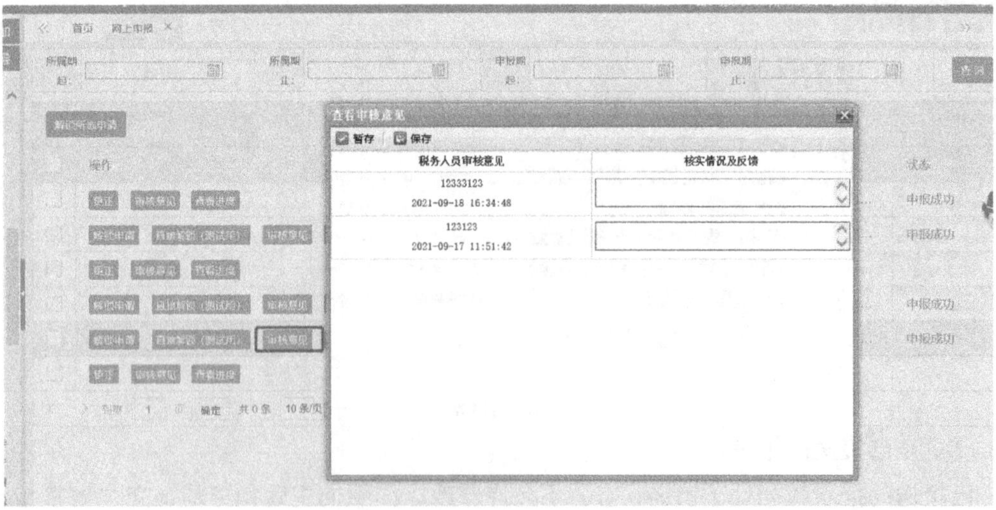

附图 1-178

【解锁申请】：如当期已报送报表为已申报不允许修改状态，可点击该按钮发起解锁申请；弹出对话框包含“申请理由”、【确定】及【取消】按钮，办税人员通过申请后才可重新修改上报数据（附图 1-179）。

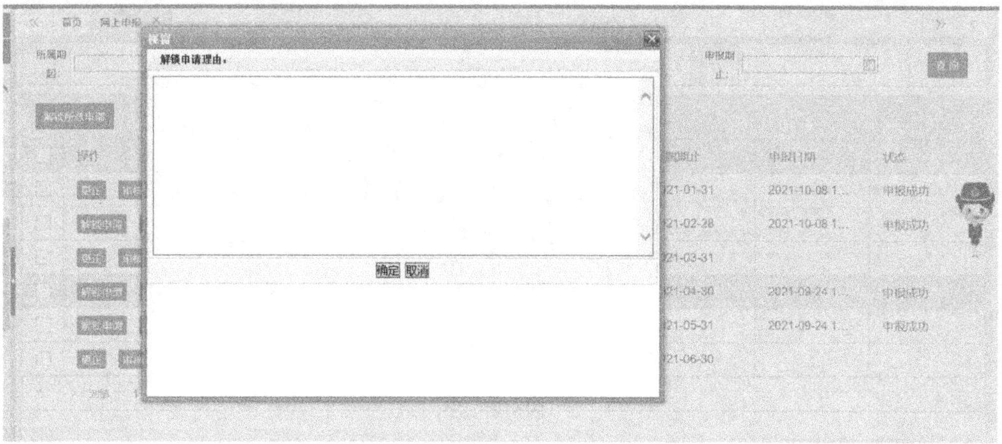

附图 1-179

【查看进度】：点击该按钮，可查看该所属期解锁申请、提前申报申请的进度情况（附图 1-180）。

附图 1-180

【更正】：若要更正当期及往期已报送的数据，可点击此按钮（更正已申报数据的前提是办税人员已通过解锁申请）。

【查询打印】：可选择需要的所属期内的报表进行查询并打印，只能查询到在该模块申报的数据（附图 1-181）。

（二）重点税源企业数据采集注意事项

1. 填报时间

每月具体填报截止时间以主管税务机关通知为准，为避免临近报送截止日期因网络拥挤影响上报，应尽早完成填报。

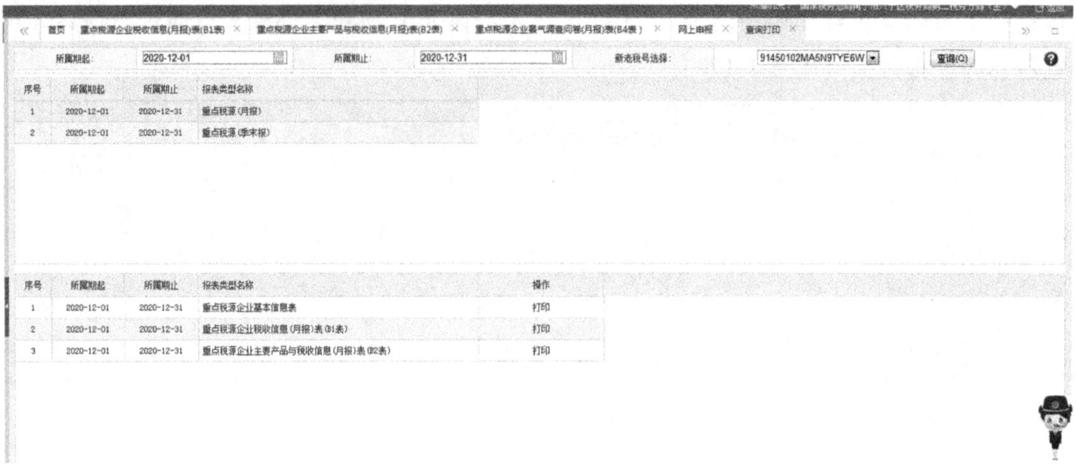

附图 1-181

2. 数量级的使用

城镇土地使用税相关指标中，占用土地面积（138 栏）单位为平方米。

3. 其他注意事项

如年内停业、注销，须及时向税务机关报告。

附录二　主要涉税业务备查备案资料清单

一、日常涉税事项

企业所得税留存备查资料明细见附表2-1。

企业所得税留存备查资料明细表　　附表2-1

序号	优惠事项名称	政策概述	主要政策依据	主要留存备查资料	备案时点
1	国债利息收入免征企业所得税	企业持有国务院财政部门发行的国债取得的利息收入免征企业所得税	①《中华人民共和国企业所得税法》第二十六条第一项； ②《中华人民共和国企业所得税法实施条例》第八十二条； ③《国家税务总局关于企业国债投资业务企业所得税处理问题的公告》（国家税务总局公告2011年第36号）	①国债净价交易交割单； ②购买、转让国债的证明，包括持有时间、票面金额、利率等信息的相关材料； ③应收利息（投资收益）科目明细账或按月汇总表； ④减免税计算过程的说明	①初始投资日； ②持有期间
2	取得的地方政府债券利息收入免征企业所得税	企业取得的地方政府债券利息收入（所得）免征企业所得税	①《财政部 国家税务总局关于地方政府债券利息所得免征所得税问题的通知》（财税〔2011〕76号）； ②《财政部 国家税务总局关于地方政府债券利息免征所得税问题的通知》（财税〔2013〕5号）	①购买地方政府债券证明，包括持有时间、票面金额、利率等信息的相关材料； ②应收利息（投资收益）科目明细账或按月汇总表； ③减免税计算过程的说明	①初始投资日； ②持有期间

续上表

序号	优惠事项名称	政策概述	主要政策依据	主要留存备查资料	备案时点
3	符合条件的居民企业之间的股息、红利等权益性投资收益免征企业所得税	居民企业直接投资于其他居民企业取得的权益性投资收益免征企业所得税。所称股息、红利等权益性投资收益，不包括连续持有居民企业公开发行并上市流通的股票不足12个月取得的投资收益	①《中华人民共和国企业所得税法》第二十六条第二项； ②《中华人民共和国企业所得税法实施条例》第十七条、第八十三条； ③《财政部 国家税务总局关于执行企业所得税优惠政策若干问题的通知》（财税〔2009〕69号）； ④《国家税务总局关于贯彻落实企业所得税法若干税收问题的通知》（国税函〔2010〕79号）	①被投资企业的最新公司章程（企业在证券交易市场购买上市公司股票获得股权的，提供相关记账凭证、本公司持股比例以及持股时间超过12个月情况说明）； ②被投资企业股东会（或股东大会）利润分配决议或公告、分配表； ③被投资企业进行清算所得税处理的，留存被投资企业填报的加盖主管税务机关受理章的《中华人民共和国清算所得税申报表》及附表三《剩余财产计算和分配明细表》复印件； ④投资收益、应收股利科目明细账或按月汇总表	①初始投资日； ②持有期间； ③退出投资日
4	取得铁路债券利息收入减半征收企业所得税	企业持有铁路债券取得的利息收入，减半征收企业所得税	①《财政部 国家税务总局关于铁路建设债券利息收入企业所得税政策的通知》（财税〔2011〕99号）； ②《财政部 国家税务总局关于2014、2015年铁路建设债券利息收入企业所得税政策的通知》（财税〔2014〕2号）； ③《财政部 国家税务总局关于铁路债券利息收入所得税政策问题的通知》（财税〔2016〕30号）	①购买铁路债券证明资料，包括持有时间、票面金额、利率等信息的相关资料； ②应收利息（投资收益）科目明细账或按月汇总表； ③减免税计算过程的说明	①初始投资日； ②持有期间

续上表

序号	优惠事项名称	政策概述	主要政策依据	主要留存备查资料	备案时点
5	安置残疾人员所支付的工资加计扣除	企业安置残疾人员的，在按照支付给残疾职工工资据实扣除的基础上，按照支付给残疾职工工资的 100% 加计扣除。残疾人员的范围适用《中华人民共和国残疾人保障法》的有关规定	①《中华人民共和国企业所得税法》第三十条； ②《中华人民共和国企业所得税法实施条例》第九十六条； ③《财政部 国家税务总局关于安置残疾人员就业有关企业所得税优惠政策问题的通知》（财税〔2009〕70 号）	①为安置的每位残疾人按月足额缴纳企业所在区县人民政府根据国家政策规定的基本养老保险、基本医疗保险、失业保险和工伤保险等社会保险证明资料； ②通过非现金方式支付工资薪酬的证明； ③安置残疾职工名单及其《残疾人证》或《残疾军人证》； ④与残疾人员签订的劳动合同或服务协议	①实际支付费用时； ②劳动合同签订日
6	从事国家重点扶持的公共基础设施项目投资经营的所得定期减免企业所得税	企业从事《公共基础设施项目企业所得税优惠目录》规定的港口码头、机场、铁路、公路、城市公共交通、电力、水利等项目的投资经营的所得，自项目取得第一笔生产经营收入所属纳税年度起，第一年至第三年免征企业所得税，第四年至第六年减半征收企业所得税；企业承包经营、承包建设和内部自建自用的项目，不得享受上述规定的企业所得税优惠。饮水工程运营管理单位从	①《中华人民共和国企业所得税法》第二十七条第二项； ②《中华人民共和国企业所得税法实施条例》第八十七条、第八十九条； ③《财政部 国家税务总局关于执行公共基础设施项目企业所得税优惠目录有关问题的通知》（财税〔2008〕46 号）； ④《财政部 国家税务总局 国家发展改革委关于公布公共基础设施项目企业所得税优惠目录（2008 年版）的通知》（财税〔2008〕116 号）； ⑤《财政部 国家税务总局关于公共基础设施项目和环境保护 节能节水项目企业所得税优惠政策问题的通知》（财税〔2012〕10 号）；	①有关部门批准该项目的文件； ②公共基础设施项目建成并投入运行后取得的第一笔生产经营收入凭证（原始凭证及账务处理凭证）； ③公共基础设施项目完工验收报告； ④项目权属变动情况及转让方已享受优惠情况的说明及证明资料（优惠期间项目权属发生变动的）；	①项目立项批准日； ②取得第一笔收入时； ③竣工验收日

续上表

序号	优惠事项名称	政策概述	主要政策依据	主要留存备查资料	备案时点
6	从事国家重点扶持的公共基础设施项目投资经营的所得定期减免企业所得税	事《公共基础设施项目企业所得税优惠目录》规定的饮水工程新建项目投资经营的所得，自项目取得第一笔生产经营收入所属纳税年度起，第一年至第三年免征企业所得税，第四年至第六年减半征收企业所得税	⑥《财政部 国家税务总局关于公共基础设施项目享受企业所得税优惠政策问题的补充通知》（财税〔2014〕55号）； ⑦《财政部 国家税务总局关于继续实行农村饮水安全工程建设运营税收优惠政策的通知》（财税〔2016〕19号）； ⑧《国家税务总局关于实施国家重点扶持的公共基础设施项目企业所得税优惠问题的通知》（国税发〔2009〕80号）； ⑨《国家税务总局关于电网企业电网新建项目享受所得税优惠政策问题的公告》（国家税务总局公告2013年第26号）	⑤公共基础设施项目所得分项目核算资料，以及合理分摊期间共同费用的核算资料； ⑥符合《公共基础设施项目企业所得税优惠目录》规定范围、条件和标准的情况说明及证据资料	①项目立项批准日； ②取得第一笔收入时； ③竣工验收日
7	符合条件的技术转让所得减免征收企业所得税	一个纳税年度内，居民企业技术转让所得不超过500万元的部分，免征企业所得税；超过500万元的部分，减半征收企业所得税	①《中华人民共和国企业所得税法》第二十七条第四项； ②《中华人民共和国企业所得税法实施条例》第九十条； ③《财政部 国家税务总局关于居民企业技术转让有关企业所得税政策问题的通知》（财税〔2010〕111号）； ④《财政部 国家税务总局关于将国家自主创业示范区有关税收试点政策推广到全国范围实施的通知》（财税〔2015〕116号）；	①所转让的技术产权证明。 ②企业发生境内技术转让： a. 技术转让合同（副本）； b. 技术合同登记证明； c. 技术转让所得归集、分摊、计算的相关资料； d. 实际缴纳相关税费的证明资料。 ③企业向境外转让技术： a. 技术出口合同（副本）； b. 技术出口合同登记证书或技术出口许可证；	①取得技术产权证明时点； ②技术转让时

续上表

序号	优惠事项名称	政策概述	主要政策依据	主要留存备查资料	备案时点
7	符合条件的技术转让所得减免征收企业所得税	一个纳税年度内，居民企业技术转让所得不超过500万元的部分，免征企业所得税；超过500万元的部分，减半征收企业所得税	⑤《国家税务总局关于技术转让所得减免企业所得税有关问题的通知》（国税函〔2009〕212号）； ⑥《国家税务总局关于技术转让所得减免企业所得税有关问题的公告》（国家税务总局公告2013年第62号）； ⑦《国家税务总局关于许可使用权技术转让所得企业所得税有关问题的公告》（国家税务总局公告2015年第82号）	c. 技术出口合同数据表； d. 技术转让所得归集、分摊、计算的相关资料； e. 实际缴纳相关税费的证明资料； f. 有关部门按照商务部、科技部发布的《中国禁止出口限制出口技术目录》出具的审查意见。 ④转让技术所有权的，其成本费用情况；转让使用权的，其无形资产费用摊销情况。 ⑤技术转让年度转让双方股权关联情况	①取得技术产权证明时点； ②技术转让时
8	国家需要重点扶持的高新技术企业减按15%的税率征收企业所得税	国家需要重点扶持的高新技术企业，减按15%的税率征收企业所得税。国家需要重点扶持的高新技术企业，是指拥有核心自主知识产权、产品（服务）属于国家重点支持的高新技术领域规定的范围、研究开发费用占销售收入的比例不低于规定比例、高新技术产品（服务）收入占企业总收入的比例不低于规定比例、科	①《中华人民共和国企业所得税法》第二十八条； ②《中华人民共和国企业所得税法实施条例》第九十三条； ③《关于高新技术企业境外所得适用税率及税收抵免问题的通知》（财税〔2011〕47号）； ④《财政部 海关总署 国家税务总局关于继续实施支持文化企业发展若干税收政策的通知》（财税〔2014〕85号）； ⑤《科技部 财政部 国家税务总局关于修订印发〈高新技术企业认定管理办法〉的通知》（国科发火〔2016〕32号）；	①高新技术企业资格证书； ②高新技术企业认定资料； ③知识产权相关材料； ④年度主要产品（服务）发挥核心支持作用的技术属于《国家重点支持的高新技术领域》规定范围的说明，高新技术产品（服务）及对应收入资料；	①取得高新技术企业资格证书时； ②实际发生研发费用支出时

续上表

序号	优惠事项名称	政策概述	主要政策依据	主要留存备查资料	备案时点
8	国家需要重点扶持的高新技术企业减按15%的税率征收企业所得税	技人员占企业职工总数的比例不低于规定比例以及高新技术企业认定管理办法规定的其他条件的企业。对从事文化产业支撑技术等领域的文化企业，按规定认定为高新技术企业的，减按15%的税率征收企业所得税	⑥《科技部 财政部 国家税务总局关于修订〈高新技术企业认定管理工作指引〉的通知》（国科发火〔2016〕195号）； ⑦《国家税务总局关于实施高新技术企业所得税优惠有关问题的通知》（国税函〔2009〕203号）； ⑧《国家税务总局关于实施高新技术企业所得税优惠政策有关问题的公告》（国家税务总局公告2017年第24号）	⑤年度职工和科技人员情况证明材料； ⑥当年和前两个会计年度研发费用总额及其占同期销售收入的比例、研发费用管理资料、研发费用辅助账以及研发费用结构明细表	①取得高新技术企业资格证书时； ②实际发生研发费用支出时
9	扶持自主就业退役士兵创业就业企业限额减征企业所得税	企业招用自主就业退役士兵，与其签订1年以上期限劳动合同并依法缴纳社会保险费的，自签订劳动合同并缴纳社会保险当月起，在3年内按实际招用人数予以定额依次扣减增值税、城市维护建设税、教育费附加、地方教育费附加和企业所得税。定额标准为每人每年6000元，最高可上浮50%。纳税年度终了，如果企业实际减免的增值税、城市维	①《财政部 税务总局 退役军人部关于进一步扶持自主就业退役士兵创业就业有关税收政策的通知》（财税〔2019〕21号）；	①所招用的自主就业退役士兵的《中国人民解放军义务兵退出现役证》《中国人民解放军士官退出现役证》或《中国人民武装警察部队义务兵退出现役证》《中国人民武装警察部队士官退出现役证》；	招用退伍士兵日

续上表

序号	优惠事项名称	政策概述	主要政策依据	主要留存备查资料	备案时点
9	扶持自主就业退役士兵创业就业企业限额减征企业所得税	护建设税、教育费附加和地方教育费附加小于核算减免税总额，则企业可在企业所得税汇算清缴时以差额部分扣减企业所得税。当年扣减不完的，不再结转以后年度扣减	②《财政部 税务总局关于延长部分税收优惠政策执行期限的公告》（财政部 税务总局公告2022年第4号）	②企业与所招用的自主就业退役士兵签订的劳动合同（副本），为职工缴纳社会保险费的记录； ③自主就业退役士兵本年度在企业工作的时间表	招用退伍士兵日
10	设在西部地区的鼓励类产业企业减按15%的税率征收企业所得税	对设在西部地区的鼓励类产业企业减按15%的税率征收企业所得税。湖南省湘西土家族苗族自治州、湖北省恩施土家族苗族自治州、吉林省延边朝鲜族自治州和江西省赣州市，可以比照西部地区的企业所得税政策执行。 2010年12月31日前新办的符合规定的交通、电力、水利、邮政、广播电视企业，执行原政策到期满为止	①《国家税务总局关于深入实施西部大开发战略有关企业所得税问题的公告》（国家税务总局公告2012年第12号）； ②《西部地区鼓励类产业目录（2020年本）》（中华人民共和国国家发展和改革委员会令第40号）； ③《财政部 税务总局 国家发展改革委关于延续西部大开发企业所得税政策的公告》（财政部 税务总局 国家发展改革委公告2020年第23号）	①主营业务属于《西部地区鼓励类产业目录（2020年本）》中的具体项目的相关证明材料； ②符合上述目录的主营业务收入占企业收入总额60%以上的说明	①企业设立时； ②取得收入时

续上表

序号	优惠事项名称	政策概述	主要政策依据	主要留存备查资料	备案时点
11	从事符合条件的环境保护、节能节水项目的所得定期减免企业所得税	企业从事《环境保护、节能节水项目企业所得税优惠目录》所列项目的所得，自项目取得第一笔生产经营收入所属纳税年度起，第一年至第三年免征企业所得税，第四年至第六年减半征收企业所得税	①《中华人民共和国企业所得税法》第二十七条第三项； ②《中华人民共和国企业所得税法实施条例》第八十八条、第八十九条； ③《财政部等四部门关于公布〈环境保护、节能节水项目企业所得税优惠目录（2021年版）〉以及〈资源综合利用企业所得税优惠目录（2021年版）〉的公告》（财政部 税务总局 发展改革委 生态环境部公告2021年第36号）	①符合《环境保护、节能节水项目企业所得税优惠目录（2021年版）》规定范围、条件和标准的情况说明及证据资料； ②环境保护、节能节水项目取得的第一笔生产经营收入凭证（原始凭证及账务处理凭证）； ③环境保护、节能节水项目所得分项目核算资料，以及合理分摊期间共同费用的核算资料； ④项目权属变动情况及转让方已享受优惠情况的说明及证明资料（优惠期间项目权属发生变动的）	①取得第一笔收入时； ②实际发生成本费用时
12	投资于未上市的中小高新技术企业的创业投资企业按投资额的一定比例抵扣应纳税所得额	创业投资企业采取股权投资方式投资于未上市的中小高新技术企业2年以上的，可以按照其投资额的70%在股权持有满2年的当年抵扣该创业投资企业的应纳税所得额；当年不足抵扣的，可以在以后纳税年度结转抵扣	①《中华人民共和国企业所得税法》第三十一条； ②《中华人民共和国企业所得税法实施条例》第九十七条； ③《财政部 国家税务总局关于执行企业所得税优惠政策若干问题的通知》（财税〔2009〕69号）； ④《国家税务总局关于实施创业投资企业所得税优惠问题的通知》（国税发〔2009〕87号）	①发展改革或证监部门出具的符合创业投资企业条件的年度证明材料； ②中小高新技术企业投资合同（协议）、章程、实际出资等相关材料； ③由省、自治区、直辖市和计划单列市高新技术企业认定管理机构出具的中小高新技术企业有效的高新技术企业证书复印件（注明“与原件一致”，并加盖公章）； ④中小高新技术企业基本情况［包括企业职工人数、年销售（营业）额、资产总额、未上市等］说明	①取得监管部门证明时； ②投资日； ③高新技术企业认定日

续上表

序号	优惠事项名称	政策概述	主要政策依据	主要留存备查资料	备案时点
13	固定资产加速折旧或一次性扣除	对生物药品制造业，专用设备制造业，铁路、船舶、航空航天和其他运输设备制造业，计算机、通信和其他电子设备制造业，仪器仪表制造业，信息传输、软件和信息技术服务业，轻工、纺织、机械、汽车等行业企业新购进的固定资产，可缩短折旧年限或采取加速折旧的方法。 对所有行业企业新购进的专门用于研发的仪器、设备，单位价值不超过100万元的，允许一次性计入当期成本费用在计算应纳税所得额时扣除，不再分年度计算折旧；单位价值超过100万元的，可缩短折旧年限或采取加速折旧的方法。 对所有行业企业持有的单位价值不超过5000元的固定资产，允许一次性计入当期成本费用在计	①《财政部 国家税务总局关于完善固定资产加速折旧企业所得税政策的通知》（财税〔2014〕75号）； ②《财政部 国家税务总局关于进一步完善固定资产加速折旧企业所得税政策的通知》（财税〔2015〕106号）； ③《国家税务总局关于固定资产加速折旧税收政策有关问题的公告》（国家税务总局公告2014年第64号）；	①企业属于重点行业、领域企业的说明材料［以某重点行业业务为主营业务，固定资产投入使用当年主营业务收入占企业收入总额50%（不含）以上］；	固定资产加速折旧当期

续上表

序号	优惠事项名称	政策概述	主要政策依据	主要留存备查资料	备案时点
13	固定资产加速折旧或一次性扣除	算应纳税所得额时扣除，不再分年度计算折旧。 对所有行业企业新购进的设备、器具，单位价值不超过500万元的，允许一次性计入当期成本费用在计算应纳税所得额时扣除，不再分年度计算折旧；单位价值超过500万元的，仍按企业所得税法实施条例、财税〔2014〕75号、财税〔2015〕106号等的相关规定执行	④《财政部 税务总局关于设备 器具扣除有关企业所得税政策的通知》（财税〔2018〕54号）； ⑤《财政部 税务总局关于延长部分税收优惠政策执行期限的公告》（财政部 税务总局公告2021年第6号）	②购进固定资产的发票、记账凭证（购入已使用过的固定资产，应提供已使用年限的相关说明）； ③核算有关资产税法与会计差异的台账	固定资产加速折旧当期

增值税留存备查资料明细见附表2-2。

增值税留存备查资料明细表

附表2-2

序号	优惠事项名称	政策概述	主要政策依据	主要留存备查资料	备案时点
1	有形动产融资租赁服务增值税即征即退	经人民银行、银保监会或者商务部批准从事融资租赁业务的试点纳税人中的一般纳税人，提供有形动产融资租赁服务和有形动产融资性售后回租服务，对其增值税实际税负超过3%的部分实行增值税即征即退政策	《财政部 国家税务总局关于全面推开营业税改征增值税试点的通知》（财税〔2016〕36号）附件3《营业税改征增值税试点过渡政策》第二条	①有形动产融资租赁服务业务合同复印件； ②中国人民银行、银保监会、商务部及其授权部门批准经营融资租赁业务证明原件及复印件	①签订租赁合同日； ②获批经营融资租赁业务日

续上表

序号	优惠事项名称	政策概述	主要政策依据	主要留存备查资料	备案时点
2	小额贷款公司取得的农户小额贷款利息收入免征增值税	对经省级金融管理部门（金融办、局等）批准成立的小额贷款公司取得的农户小额贷款利息收入，免征增值税	①《财政部 税务总局关于小额贷款公司有关税收政策的通知》（财税〔2017〕48号）； ②《财政部 税务总局关于延续实施普惠金融有关税收优惠政策的公告》（财政部 税务总局公告2020年第22号）	①乡镇出具的农户居住证明； ②金融机构与农户签订的小额贷款合同（查验）	签订合同日
3	购置增值税税控系统专用设备抵减增值税	初次购买增值税税控系统专用设备（包括分开票机）支付的费用，可凭购买增值税税控系统专用设备取得的增值税专用发票，在增值税应纳税额中全额抵减（抵减额为价税合计额），不足抵减的可结转下期继续抵减	《财政部 国家税务总局关于推广税控收款机有关税收政策的通知》（财税〔2004〕167号）	购买增值税税控系统专用设备取得的增值税专用发票或技术维护费发票原件及复印件	购置时点
4	纳税人提供技术转让、技术开发和与之相关的技术咨询、技术服务免征增值税	纳税人提供技术转让、技术开发和与之相关的技术咨询、技术服务免征增值税	《财政部 国家税务总局关于全面推开营业税改征增值税试点的通知》（财税〔2016〕36号）附件3《营业税改征增值税试点过渡政策》第一条	①技术转让或技术开发合同复印件； ②科技主管部门审核意见证明文件（查验）	签订技术转让合同日

续上表

序号	优惠事项名称	政策概述	主要政策依据	主要留存备查资料	备案时点
5	软件产品增值税即征即退	增值税一般纳税人销售其自行开发生产的软件产品，按13%的税率征收增值税后，对其增值税实际税负超过3%的部分实行即征即退政策	《财政部 国家税务总局关于软件产品增值税政策的通知》（财税〔2011〕100号）	①省级软件产业主管部门认可的软件检测机构出具的检测证明材料原件及复印件； ②软件产业主管部门颁发的《软件产品登记证书》或著作权行政管理部门颁发的《计算机软件著作权登记证书》原件及复印件	取得检测证明材料日

财产行为税留存备查资料明细见附表2-3。

财产行为税留存备查资料明细表　　附表2-3

序号	优惠事项名称	政策概述	主要政策依据	主要留存备查资料	备案时点
1	对金融机构与小型企业、微型企业签订借款合同免征印花税	对金融机构与小型企业、微型企业签订借款合同免征印花税	①《财政部 国家税务总局关于金融机构与小型微型企业签订借款合同免征印花税的通知》（财税〔2014〕78号）第一条； ②《财政部 税务总局关于支持小微企业融资有关税收政策的通知》（财税〔2017〕77号）； ③《财政部 税务总局关于延长部分税收优惠政策执行期限的公告》（财政部 税务总局公告2021年第6号）	①借款合同的原件及复印件； ②借款人属于小型、微型企业的资质证明材料	合同签订日
2	农产品批发市场、农贸市场用地免征城镇土地使用税	对专门经营农产品的农产品批发市场、农贸市场使用（包括自有和承租，下同）的土地暂免征收城镇土地使用税。对同时经营其他产品的农产品批发市场和农贸市	①《财政部 税务总局关于继续实行农产品批发市场 农贸市场房产税 城镇土地使用税优惠政策的通知》（财税〔2019〕12号）；	①土地权属证书或其他证明纳税人使用土地的文件原件及复印件；	取得产权证明时

续上表

序号	优惠事项名称	政策概述	主要政策依据	主要留存备查资料	备案时点
2	农产品批发市场、农贸市场用地免征城镇土地使用税	场使用的土地按其他产品与农产品交易场地面积的比例确定征免城镇土地使用税	②《财政部 税务总局关于延长部分税收优惠政策执行期限的公告》（财政部 税务总局公告2022年第4号）	②农产品批发市场和农贸市场经营主体的相关证明，同时经营其他产品的农产品批发市场和农贸市场，应提供面积比例专项说明	取得产权证明时
3	地下建筑用地暂按50%征收城镇土地使用税	地下建筑用地暂按应征税款的50%征收城镇土地使用税	《财政部 国家税务总局关于房产税 城镇土地使用税有关问题的通知》（财税〔2009〕128号）第四条	①地下建筑用地相关证明材料； ②土地权属证书或其他证明纳税人使用土地的文件原件及复印件	取得产权证明时
4	农产品批发市场、农贸市场使用的房产免征房产税	①对专门经营农产品的农产品批发市场、农贸市场使用（包括自有和承租，下同）的房产，免征房产税。对同时经营其他产品的农产品批发市场和农贸市场使用的房产，按其他产品与农产品交易场地面积的比例确定征免房产税； ②农产品批发市场和农贸市场，是指经工商登记注册，供买卖双方进行农产品及其初加工品现货批发或零售交易	①《财政部 税务总局关于继续实行农产品批发市场 农贸市场房产税 城镇土地使用税优惠政策的通知》（财税〔2019〕12号）；	①房屋产权证原件及复印件； ②证明房产原值的资料； ③农产品批发市场和农贸市场经营主体的相关证明材料；	取得产权证明时

续上表

序号	优惠事项名称	政策概述	主要政策依据	主要留存备查资料	备案时点
4	农产品批发市场、农贸市场使用的房产免征房产税	的场所。农产品包括粮油、肉禽蛋、蔬菜、干鲜果品、水产品、调味品、棉麻、活畜、可食用的林产品以及由省（自治区、直辖市）财税部门确定的其他可食用的农产品； ③享受本税收优惠的房产，是指农产品批发市场、农贸市场直接为农产品交易提供服务的房产	②《财政部 税务总局关于延长部分税收优惠政策执行期限的公告》（财政部 税务总局公告2022年第4号）	④同时经营其他产品的农产品批发市场和农贸市场，应提供面积比例专项说明	取得产权证明时
5	交通运输设施占用耕地减征耕地占用税	铁路线路、公路线路、飞机场跑道、停机坪、港口、航道占用耕地，减按每平方米2元的税额征收耕地占用税。根据实际需要，国务院财政、税务主管部门商国务院有关部门并报国务院批准后，可以对此规定的情形免征或者减征耕地占用税	《中华人民共和国耕地占用税法》（中华人民共和国主席令第十八号）	铁路线路、公路线路、飞机场跑道、停机坪、港口、航道占用耕地的证明材料	取得项目立项批文时

续上表

序号	优惠事项名称	政策概述	主要政策依据	主要留存备查资料	备案时点
6	公司分立后承受原公司土地、房屋权属免征契税	公司依据法律规定、合同约定分立为两个或两个以上与原公司投资主体相同的公司，对分立后公司承受原公司土地、房屋权属，免征契税	《财政部 税务总局关于继续执行企业 事业单位改制重组有关契税政策的公告》（财政部 税务总局公告 2021 年第 17 号）	①批准改制重组文件（国有、集体企业、事业单位提供）； ②董事会或股东大会决议等文件（其他企业提供）； ③合同等合法有效文书、原国有土地使用权证、房屋所有权证或不动产登记证（能够通过信息获取的可取消复印件的报送）； ④国家法律、法规规定有权部门出具的资产评估报告或国家承认有评估资产资质的第三方出具的评估报告（承受转让土地、房屋需提供）； ⑤相关资料，如工商部门企业档案信息卡	①改制批文获准日； ②董事会决议日； ③工商登记变更日
7	承受行政性调整、划转土地、房屋权属免征契税	对承受县级以上人民政府或国有资产管理部门按规定进行行政性调整、划转国有土地、房屋权属的单位，免征契税	《财政部 税务总局关于继续执行企业 事业单位改制重组有关契税政策的公告》（财政部 税务总局公告 2021 年第 17 号）	①批准改制重组文件（国有、集体企业、事业单位提供）； ②董事会或股东大会决议等文件（其他企业提供）； ③合同等合法有效文书、原国有土地使用权证、房屋所有权证或不动产登记证（能够通过信息获取的可取消复印件的报送）； ④国家法律、法规规定有权部门出具的资产评估报告或国家承认有评估资产资质的第三方出具的评估报告（承受转让土地、房屋需提供）； ⑤相关资料，如工商部门企业档案信息卡	①改制批文获准日； ②董事会决议日； ③工商登记变更日

续上表

序号	优惠事项名称	政策概述	主要政策依据	主要留存备查资料	备案时点
8	合作建房自用的土地增值税减免	对于一方出地，一方出资金，双方合作建房，建成后按比例分房自用的，暂免征收土地增值税	《财政部 国家税务总局关于土地增值税一些具体问题规定的通知》（财税字〔1995〕48号）	①房屋产权证、土地使用权证明原件及复印件； ②合作建房合同（协议）原件及复印件； ③房产分配方案相关材料； ④其他减免税相关资料	①取得产权证明日； ②合同签订日； ③分配方案决议日
9	因国家建设需要依法征用、收回的房地产免征土地增值税	因国家建设需要依法征用、收回的房地产，免征土地增值税	《中华人民共和国土地增值税暂行条例》（中华人民共和国国务院令第138号）第八条第（二）项	①减免税申请报告； ②土地使用权证明复印件； ③政府依法征用、收回土地使用权文件原件及复印件； ④政府征用、收回土地使用权补偿协议复印件	取得征用、收回文件日
10	转让旧房作为保障性住房且增值额未超过扣除项目金额20%的免征土地增值税	企事业单位、社会团体以及其他组织转让旧房作为改造安置住房房源且增值额未超过扣除项目金额20%的，免征土地增值税	《财政部 国家税务总局关于棚户区改造有关税收政策的通知》（财税〔2013〕101号）第二条	①房屋产权证、土地使用权证明复印件； ②房地产转让合同（协议）复印件； ③扣除项目金额证明材料（如评估报告、发票等）； ④政府部门将有关旧房转为改造安置住房的证明材料	①取得产权证明资料日； ②合同签订日； ③获取评估报告日

企业日常经营业务留存备查资料包括但不限于以上列举的明细资料，应结合自身业务特点增加相关内控管理及外部证明资料。

二、特殊税务事项

特殊税务事项备案留存备查资料明细见附表2-4。

特殊税务事项备案留存备查资料明细表　　附表 2-4

重组类型	资料提供方	申报资料
债务重组	当事各方	①债务重组的总体情况说明，包括债务重组方案、基本情况、债务重组所产生的应纳税所得额，并逐条说明债务重组的商业目的；以非货币资产清偿债务的，还应包括企业当年应纳税所得额情况。 ②清偿债务或债权转股权的合同（协议）或法院裁定书，需有权部门（包括内部和外部）批准的，应提供批准文件。 ③债权转股权的，提供相关股权评估报告或其他公允价值证明；以非货币性资产清偿债务的，提供相关资产评估报告或其他公允价值证明。 ④重组当事各方一致选择特殊性税务处理并加盖当事各方公章的证明资料。 ⑤债权转股权的，还应提供工商管理部门等有权机关登记的相关企业股权变更事项的证明材料，以及债权人 12 个月内不转让所取得股权的承诺书。 ⑥重组前连续 12 个月内有无与该重组相关的其他股权、资产交易，与该重组是否构成分步交易、是否作为一项企业重组业务进行处理情况的说明。 ⑦按会计准则规定当期应确认资产（股权）转让损益的，应提供按税法规定核算的资产（股权）计税基础与按会计准则规定核算的相关资产（股权）账面价值的暂时性差异专项说明
股权收购	当事各方	①股权收购业务总体情况说明，包括股权收购方案、基本情况，并逐条说明股权收购的商业目的。 ②股权收购、资产收购业务合同（协议），需有权部门（包括内部和外部）批准的，应提供批准文件。 ③相关股权评估报告或其他公允价值证明。 ④12 个月内不改变重组资产原来的实质性经营活动、原主要股东不转让所取得股权的承诺书。 ⑤工商管理部门等有权机关登记的相关企业股权变更事项的证明材料。 ⑥重组当事各方一致选择特殊性税务处理并加盖当事各方公章的证明资料。 ⑦涉及非货币性资产支付的，应提供非货币性资产评估报告或其他公允价值证明。 ⑧重组前连续 12 个月内有无与该重组相关的其他股权、资产交易，与该重组是否构成分步交易、是否作为一项企业重组业务进行处理情况的说明。 ⑨按会计准则规定当期应确认资产（股权）转让损益的，应提供按税法规定核算的资产（股权）计税基础与按会计准则规定核算的相关资产（股权）账面价值的暂时性差异专项说明

续上表

重组类型	资料提供方	申报资料
资产收购	当事各方	①资产收购业务总体情况说明，包括资产收购方案、基本情况，并逐条说明资产收购的商业目的。 ②资产收购业务合同（协议），需有权部门（包括内部和外部）批准的，应提供批准文件。 ③相关资产评估报告或其他公允价值证明。 ④被收购资产原计税基础的证明。 ⑤ 12 个月内不改变资产原来的实质性经营活动、原主要股东不转让所取得股权的承诺书。 ⑥工商管理部门等有权机关登记的相关企业股权变更事项的证明材料。 ⑦重组当事各方一致选择特殊性税务处理并加盖当事各方公章的证明资料。 ⑧涉及非货币性资产支付的，应提供非货币性资产评估报告或其他公允价值证明。 ⑨重组前连续 12 个月内有无与该重组相关的其他股权、资产交易，与该重组是否构成分步交易、是否作为一项企业重组业务进行处理情况的说明。 ⑩按会计准则规定当期应确认资产（股权）转让损益的，应提供按税法规定核算的资产（股权）计税基础与按会计准则规定核算的相关资产（股权）账面价值的暂时性差异专项说明
合并	当事各方	①企业合并的总体情况说明，包括合并方案、基本情况，并逐条说明企业合并的商业目的。 ②企业合并协议或决议，需有权部门（包括内部和外部）批准的，应提供批准文件。 ③企业合并当事各方的股权关系说明，若属同一控制下且不需支付对价的合并，还需提供在企业合并前，参与合并各方受最终控制方的控制在 12 个月以上的证明材料。 ④被合并企业净资产、各单项资产和负债的账面价值和计税基础等相关资料。 ⑤12 个月内不改变资产原来的实质性经营活动、原主要股东不转让所取得股权的承诺书。 ⑥工商管理部门等有权机关登记的相关企业股权变更事项的证明材料。 ⑦合并企业承继被合并企业相关所得税事项（包括尚未确认的资产损失、分期确认的收入和尚未享受期满的税收优惠政策等）情况说明。 ⑧涉及可由合并企业弥补被合并企业亏损的，需要提供其合并日净资产公允价值证明材料及主管税务机关确认的亏损弥补情况说明。 ⑨重组当事各方一致选择特殊性税务处理并加盖当事各方公章的证明资料。 ⑩涉及非货币性资产支付的，应提供非货币性资产评估报告或其他公允价值证明。 ⑪重组前连续 12 个月内有无与该重组相关的其他股权、资产交易，与该重组是否构成分步交易、是否作为一项企业重组业务进行处理情况的说明。 ⑫按会计准则规定当期应确认资产（股权）转让损益的，应提供按税法规定核算的资产（股权）计税基础与按会计准则规定核算的相关资产（股权）账面价值的暂时性差异专项说明

续上表

重组类型	资料提供方	申报资料
分立	当事各方	①企业分立的总体情况说明，包括分立方案、基本情况，并逐条说明企业分立的商业目的。 ②被分立企业董事会、股东会（股东大会）关于企业分立的决议，需有权部门（包括内部和外部）批准的，应提供批准文件。 ③被分立企业的净资产、各单项资产和负债账面价值和计税基础等相关资料。 ④12个月内不改变资产原来的实质性经营活动、原主要股东不转让所取得股权的承诺书。 ⑤工商管理部门等有权机关认定的分立和被分立企业股东股权比例证明材料；分立后，分立和被分立企业工商营业执照复印件。 ⑥重组当事各方一致选择特殊性税务处理并加盖当事各方公章的证明资料。 ⑦涉及非货币性资产支付的，应提供非货币性资产评估报告或其他公允价值证明。 ⑧分立企业承继被分立企业所分立资产相关所得税事项（包括尚未确认的资产损失、分期确认的收入和尚未享受期满的税收优惠政策等）情况说明。 ⑨若被分立企业尚有未超过法定弥补期限的亏损，应提供亏损弥补情况说明、被分立企业重组前净资产和分立资产公允价值的证明材料。 ⑩重组前连续12个月内有无与该重组相关的其他股权、资产交易，与该重组是否构成分步交易、是否作为一项企业重组业务进行处理情况的说明。 ⑪按会计准则规定当期应确认资产（股权）转让损益的，应提供按税法规定核算的资产（股权）计税基础与按会计准则规定核算的相关资产（股权）账面价值的暂时性差异专项说明

以上资料仅供参考，企业办理相关业务时需以主管税务机关要求提供的资料为准。

附录三　税目税率表

一、增值税

一般纳税人适用增值税税目税率见附表3-1。

一般纳税人适用增值税税目税率表　　附表3-1

税　　目	子　　目	税　　率
销售或者进口货物	①粮食等农产品、食用植物油、食用盐； ②自来水、暖气、冷气、热水、煤气、石油液化气、天然气、二甲醚、沼气、居民用煤炭制品； ③图书、报纸、杂志、音像制品、电子出版物； ④饲料、化肥、农药、农机、农膜； ⑤国务院规定的其他货物	9%
	除以上列举货物	13%
销售劳务	加工、修理修配劳务	13%
销售无形资产	技术、商标、著作权、商誉、自然资源使用权和其他权益性无形资产	6%
销售不动产	转让建筑物、构筑物不动产所有权等	9%
交通运输服务	陆路运输服务	9%
	水路运输服务	9%
	航空运输服务	9%
	管道运输服务	9%
邮政服务	邮政普遍服务	9%
	邮政特殊服务	9%
	其他邮政服务	9%
电信服务	基础电信服务	9%
	增值电信服务	6%
建筑服务	工程服务	9%
	安装服务	9%
	修缮服务	9%
	装饰服务	9%
	其他建筑服务	9%

续上表

<table>
<tr><th>税目</th><th>子目</th><th>税率</th></tr>
<tr><td rowspan="4">金融服务</td><td>贷款服务</td><td>6%</td></tr>
<tr><td>直接收费金融服务</td><td>6%</td></tr>
<tr><td>保险服务</td><td>6%</td></tr>
<tr><td>金融商品转让</td><td>6%</td></tr>
<tr><td rowspan="9">现代服务</td><td>研发和技术服务</td><td>6%</td></tr>
<tr><td>信息技术服务</td><td>6%</td></tr>
<tr><td>文化创意服务</td><td>6%</td></tr>
<tr><td>物流辅助服务</td><td>6%</td></tr>
<tr><td>租赁服务</td><td>6%</td></tr>
<tr><td>鉴证咨询服务</td><td>6%</td></tr>
<tr><td>广播影视服务</td><td>6%</td></tr>
<tr><td>商务辅助服务</td><td>6%</td></tr>
<tr><td>其他现代服务</td><td>6%</td></tr>
<tr><td rowspan="6">生活服务</td><td>文化体育服务</td><td>6%</td></tr>
<tr><td>教育医疗服务</td><td>6%</td></tr>
<tr><td>旅游娱乐服务</td><td>6%</td></tr>
<tr><td>餐饮住宿服务</td><td>6%</td></tr>
<tr><td>居民日常服务</td><td>6%</td></tr>
<tr><td>其他生活服务</td><td>6%</td></tr>
<tr><td rowspan="4">出口货物、服务、无形资产</td><td>出口货物（除国务院另有规定以外）</td><td rowspan="2">0%</td></tr>
<tr><td>跨境销售国务院规定范围内的服务、无形资产</td></tr>
<tr><td>销售货物、劳务，提供跨境应税行为，符合免税条件</td><td>免税</td></tr>
<tr><td colspan="2">销售适用增值税零税率的服务或无形资产的，可以放弃适用增值税零税率，选择免税或按规定缴纳增值税。放弃适用增值税零税率后，36 个月内不得再申请适用增值税税率</td></tr>
<tr><td rowspan="2">农产品</td><td>购进农产品</td><td>扣除率 9%</td></tr>
<tr><td>购进用于生产或委托加工 13% 税率货物的农产品</td><td>扣除率 10%</td></tr>
</table>

小规模纳税人及简易计税的一般纳税人适用增值税税目税率见附表 3-2。

小规模纳税人及简易计税的一般纳税人适用增值税税目税率表 附表 3-2

<table>
<tr><th>税目</th><th>子目</th><th>税率</th></tr>
<tr><td>小规模纳税人销售应税服务（除另有规定外）</td><td>销售货物，加工、修理修配劳务，无形资产</td><td rowspan="2">3%</td></tr>
<tr><td colspan="2">一般纳税人发生的按规定适用或者可以选择适用简易计税方法的特定应税行为（适用 5% 征收率的除外）</td></tr>
</table>

续上表

税目	子目	税率
销售符合条件的不动产（土地使用权）		5%
转让营改增前取得的土地使用权		
房地产开发企业销售、出租自行开发的房地产老项目		
符合条件的不动产融资租赁		
选择差额纳税的劳务派遣服务、安全保护服务		
一般纳税人提供的人力资源外包服务		
建筑服务		3%
试点前开工的高速公路车辆通行费		
个体工商户和其他个人出租住房		5%减按1.5%
小规模纳税人、符合规定情形的一般纳税人销售自己使用过的固定资产		3%减按2%
销售旧货		
2020年5月1日—2023年12月31日销售二手车		减按0.5%

增值税预征税率见附表3-3。

增值税预征税率表 附表3-3

预征税目	预征率	
	一般计税	简易计税
销售建筑服务	2%	3%
不动产经营租赁（个体工商户和其他个人出租住房按照5%征收率减按1.5%计算）	3%	5%
销售不动产	5%	5%
销售自行开发房地产	3%	3%

二、增值税附加税

增值税附加税税率见附表3-4。

增值税附加税税率表 附表3-4

税种	计税依据	情形	税率
城市维护建设税	纳税人依法实际缴纳的增值税、消费税税额	纳税人所在地在市区的	7%
		纳税人所在地在县城、镇的	5%
		纳税人所在地不在市区、县城或镇的	1%
教育费附加		—	3%
地方教育费附加		—	2%

三、印花税

印花税税目税率见附表 3-5。

印花税税目税率表

附表 3-5

税目		税率	备注
合同（书面合同）	借款合同	借款金额的万分之零点五	指银行业金融机构、经国务院银行业监督管理机构批准设立的其他金融机构与借款人（不包括同业拆借）的借款合同
	融资租赁合同	租金的万分之零点五	—
	买卖合同	价款的万分之三	指动产买卖合同（不包括个人书立的动产买卖合同）
	承揽合同	报酬的万分之三	—
	建设工程合同	价款的万分之三	—
	运输合同	运输费用的万分之三	指货运合同和多式联运合同（不包括管道运输合同）
	技术合同	价款、报酬或者使用费的万分之三	不包括专利权、专有技术使用权转让书据
	租赁合同	租金的千分之一	—
	保管合同	保管费的千分之一	—
	仓储合同	仓储费的千分之一	—
	财产保险合同	保险费的千分之一	不包括再保险合同
产权转移书据	土地使用权出让书据	价款的万分之五	转让包括买卖（出售）、继承、赠与、互换、分割
	土地使用权、房屋等建筑物和构筑物所有权转让书据（不包括土地承包经营权和土地经营权转移）	价款的万分之五	—
	股权转让书据（不包括应缴纳证券交易印花税的）	价款的万分之五	—
	商标专用权、著作权、专利权、专有技术使用权转让书据	价款的万分之三	—

续上表

税目		税率	备注
营业账簿	实收资本（股本）、资本公积	合计金额的万分之二点五	营业账簿
证券交易		成交金额的千分之一	证券交易

四、契税

契税税率见附表3-6。

契税税率表 附表3-6

税种	计税依据	税率	制定依据
契税	土地价款	3%～5%	《中华人民共和国契税法》（中华人民共和国主席令第五十二号）第三条："契税的具体适用税率，由省、自治区、直辖市人民政府在前款规定的税率幅度内提出，报同级人民代表大会常务委员会决定，并报全国人民代表大会常务委员会和国务院备案。"

五、城镇土地使用税

城镇土地使用税税率见附表3-7。

城镇土地使用税税率表 附表3-7

税种	税额	备注
城镇土地使用税	每平方米年税额标准如下： 大城市1.5元至21元； 中等城市1.2元至17元； 小城市0.9元至13元； 县城、建制镇、工矿区0.6元至8元	市、县人民政府应当在规定的税额幅度内，根据市政建设情况、经济繁荣程度及土地使用的不同情况，将本辖区的征税土地划分为若干等级，并确定所辖地区的适用税额标准
	南宁市每平方米年税额如下： 一级土地15元/平方米； 二级土地13元/平方米； 三级土地9.5元/平方米； 四级土地5.5元/平方米； 五级土地3.5元/平方米； 六级土地1.5元/平方米	南宁市适用规定

六、房产税

房产税税率见附表3-8。

房产税税率表

附表3-8

用途	计税方式	计税依据	税率	税款计算
租赁	从租计征	房产租金收入	12%	租金收入×12%
出租兼自用	从价计征	（房产原值－出租房产原值）	1.2%	（房产原值－出租房产原值）×（1－减除比例）×1.2%
住房租赁企业出租住房	从租计征	房产租金收入	4%	租金收入×12%

七、土地增值税

土地增值税税率见附表3-9。

土地增值税税率表

附表3-9

税种	预征率或税率	制定依据
土地增值税	①核定征收率原则上不低于5%。 ②预征率： a. 房地产开发企业开发的保障性住房：暂不预征； b. 房地产开发企业开发的普通住房：预征率为1%； c. 房地产开发企业开发的非普通住房：预征率为2%～3%； d. 房地产开发企业开发的商铺和其他房产：预征率为3%～5%	《国家税务总局广西壮族自治区税务局关于调整土地增值税预征率的公告》（国家税务总局广西壮族自治区税务局公告2018年第3号）

八、水利建设基金

水利建设基金税率见附表3-10。

水利建设基金税率表

附表3-10

税种	计税依据及税率	税款计算	纳税义务发生时间	会计处理
水利建设基金	不含税销售收入，0.1%	不含税销售收入×0.1%	与增值税的纳税义务发生时间一致	计提时 借：税金及附加 贷：应交税费—水利建设基金 缴纳时 借：应交税费—水利建设基金 贷：银行存款

九、企业所得税

企业所得税税率见附表3-11。

企业所得税税率表 附表3-11

税　率	情　形	依　据
25%	法定税率	《中华人民共和国企业所得税法》第四条
20%	对小型微利企业年应纳税所得额不超过100万元的部分，减按12.5%计入应纳税所得额，按20%的税率缴纳企业所得税；对年应纳税所得额超过100万元但不超过300万元的部分，减按50%计入应纳税所得额，按20%的税率缴纳企业所得税（2022年1月1日至2024年12月31日，对小型微利企业年应纳税所得额超过100万元但不超过300万元的部分，减按25%计入应纳税所得额，按20%的税率缴纳企业所得税）	①《中华人民共和国企业所得税法》第二十八条； ②《财政部 税务总局关于实施小微企业普惠性税收减免政策的通知》（财税〔2019〕13号）第二条； ③《国家税务总局关于落实支持小型微利企业和个体工商户发展所得税优惠政策有关事项的公告》（国家税务总局公告2021年第8号）第一条 ④《财政部 税务总局关于进一步实施小微企业所得税优惠政策的公告》（财政部 税务总局公告2022年第13号）
15%	高新技术企业： 国家需要重点扶持的高新技术企业，减按15%的税率征收企业所得税	《中华人民共和国企业所得税法》第二十八条
	技术先进型服务企业： 对经认定的技术先进型服务企业，减按15%的税率征收企业所得税	《财政部 税务总局 商务部 科技部 国家发展改革委关于将技术先进型服务企业所得税政策推广至全国实施的通知》（财税〔2017〕79号）第一条
	西部地区鼓励类产业： ①对设在西部地区以《西部地区鼓励类产业目录》中新增鼓励类产业项目为主营业务，且当年度主营业务收入占企业收入总额70%以上的企业，自2014年10月1日起，可减按15%的税率缴纳企业所得税；	《国家税务总局关于执行〈西部地区鼓励类产业目录〉有关企业所得税问题的公告》（国家税务总局公告2015年第14号）第一条
	②自2021年1月1日至2030年12月31日，对设在西部地区的鼓励类产业企业减按15%的税率征收企业所得税。本条所称鼓励类产业企业是指以《西部地区鼓励类产业目录》中规定的产业项目为主营业务，且其主营业务收入占企业收入总额60%以上的企业	《财政部 税务总局 国家发展改革委关于延续西部大开发企业所得税政策的公告》（财政部 税务总局 国家发展改革委公告2020年第23号）第一条
10%	非居民企业： ①非居民企业取得企业所得税法第二十七条第（五）项规定的所得，减按10%的税率征收企业所得税；	《中华人民共和国企业所得税法实施条例》第九十一条

续上表

税率	情形	依据
10%	②非居民企业在中国境内未设立机构、场所的，或者虽设立机构、场所但取得的所得与其所设机构、场所没有实际联系的，应当就其来源于中国境内的所得缴纳企业所得税	《中华人民共和国企业所得税法实施条例》第九十一条
9%	注册在南宁、防城港、钦州、玉林和崇左6个设区市所辖行政区域经认定为高新技术企业或符合享受国家西部大开发企业所得税税收优惠政策条件的企业，自其取得第一笔主营业务收入所属纳税年度起，免征属于地方分享部分的企业所得税5年；符合享受国家促进集成电路产业和软件产业高质量发展企业所得税税收优惠政策条件的企业，在国家规定的减征企业所得税期限内，免征属于地方分享部分的企业所得税	①《关于促进新时代广西北部湾经济区高水平开放高质量发展的若干政策的通知》（桂政发〔2020〕42号）； ②《广西壮族自治区人民政府关于延续和修订促进广西北部湾经济区开放开发若干政策规定的通知》（桂政发〔2014〕5号）

附录四　税收政策目录汇编

一、基本税收政策目录汇编

通用税收政策目录见附表4-1。

通用税收政策目录　　附表4-1

序号	税　　种	文　件　号	文　件　名
1	增值税	中华人民共和国国务院令第134号	《中华人民共和国增值税暂行条例》(2017年修订)
2	增值税	财税〔2016〕36号	《财政部 国家税务总局关于全面推开营业税改征增值税试点的通知》附件2《营业税改征增值税试点有关事项的规定》(部分条款失效)、附件3《营业税改征增值税试点过渡政策的规定》(第一条第二十四款规定的中小企业信用担保增值税免税政策自2018年1月1日起停止执行)
3	增值税	财税〔2016〕74号	《财政部 国家税务总局关于纳税人异地预缴增值税有关城市维护建设税和教育费附加政策问题的通知》
4	增值税	国家税务总局公告2016年第16号	《纳税人提供不动产经营租赁服务增值税征收管理暂行办法》
5	增值税	国家税务总局公告2021年第5号	《国家税务总局关于小规模纳税人免征增值税征管问题的公告》
6	增值税	财税〔2017〕58号	《财政部 税务总局关于建筑服务等营改增试点政策的通知》
7	增值税	中华人民共和国财政部 国家税务总局令第65号	《中华人民共和国增值税暂行条例实施细则》(2011年修订)
8	企业所得税	中华人民共和国主席令第六十三号	《中华人民共和国企业所得税法》(2018年修正)
9	企业所得税	中华人民共和国国务院令第512号	《中华人民共和国企业所得税法实施条例》
10	企业所得税	财税〔2009〕29号	《财政部 国家税务总局关于企业手续费及佣金支出税前扣除政策的通知》(第一条中关于保险企业手续费及佣金税前扣除的政策和第六条废止)

续上表

序号	税　　种	文　件　号	文　件　名
11	企业所得税	财税〔2013〕5号	《财政部 国家税务总局关于地方政府债券利息免征所得税问题的通知》
12	企业所得税	财税〔2009〕57号	《财政部 国家税务总局关于企业资产损失税前扣除政策的通知》
13	企业所得税	国家税务总局公告2018年第28号	《国家税务总局关于发布〈企业所得税税前扣除凭证管理办法〉的公告》
14	企业所得税	国家税务总局公告2011年第25号	《国家税务总局关于发布〈企业资产损失所得税税前扣除管理办法〉的公告》（第十二条废止，第四条、第七条、第八条、第十三条有关资产损失证据资料、会计核算资料、纳税资料等相关资料报送的内容同时废止）
15	企业所得税	财税〔2015〕119号	《财政部 国家税务总局 科技部关于完善研究开发费用税前加计扣除政策的通知》（第二条中“企业委托境外机构或个人进行研发活动所发生的费用，不得加计扣除”的规定废止）
16	企业所得税	国家税务总局公告2017年第40号	《国家税务总局关于研发费用税前加计扣除归集范围有关问题的公告》
17	企业所得税	国税发〔2009〕79号	《国家税务总局关于印发〈企业所得税汇算清缴管理办法〉的通知》
18	企业所得税	国税函〔2008〕875号	《国家税务总局关于确认企业所得税收入若干问题的通知》
19	房产税	财税〔2009〕128号	《财政部 国家税务总局关于房产税 城镇土地使用税有关问题的通知》
20	房产税	财税〔2005〕181号	《财政部 国家税务总局关于具备房屋功能的地下建筑征收房产税的通知》
21	房产税	国家税务总局南宁市税务局公告2019年第4号	《国家税务总局南宁市税务局关于调整南宁市房产税和城镇土地使用税纳税期限的公告》
22	契税	中华人民共和国主席令第五十二号	《中华人民共和国契税法》
23	契税	财政部 税务总局公告2021年第23号	《财政部 税务总局关于贯彻实施契税法若干事项执行口径的公告》
24	印花税	中华人民共和国主席令第八十九号	《中华人民共和国印花税法》
25	印花税	国税地字〔1988〕第25号	《国家税务局关于印花税若干具体问题的规定》（部分有效，第13、20条废止）

续上表

序号	税　　种	文　件　号	文　件　名
26	土地使用税	中华人民共和国国务院令第 17 号	《中华人民共和国城镇土地使用税暂行条例》
27	个人所得税	中华人民共和国主席令第四十八号	《中华人民共和国个人所得税法》
28	个人所得税	中华人民共和国国务院令第 707 号	《中华人民共和国个人所得税法实施条例》
29	个人所得税	国家税务总局广西壮族自治区税务局公告 2018 年第 13 号	《国家税务总局广西壮族自治区税务局关于公务通讯补贴个人所得税有关问题的公告》
30	耕地占用税	中华人民共和国主席令第十八号	《中华人民共和国耕地占用税法》

业务板块税收政策目录见附表 4-2。

业务板块税收政策目录　　附表 4-2

序号	业务板块	税　　种	文　件　号	文　件　名
1	公路板块	增值税	财税〔2016〕47 号	《财政部 国家税务总局关于进一步明确全面推开营改增试点有关劳务派遣服务、收费公路通行费抵扣等政策的通知》
2	公路板块	增值税	国家税务总局公告 2019 年第 20 号	《国家税务总局关于办理增值税期末留抵税额退税有关事项的公告》（第二条废止）
3	公路板块	增值税	财税〔2018〕80 号	《财政部 税务总局关于增值税期末留抵退税有关城市维护建设税 教育费附加和地方教育附加政策的通知》
4	公路板块	增值税	国家税务总局公告 2019 年第 45 号	《国家税务总局关于取消增值税扣税凭证认证确认期限等增值税征管问题的公告》(第三条废止)
5	公路板块	企业所得税	财税〔2011〕70 号	《财政部 国家税务总局关于专项用途财政性资金企业所得税处理问题的通知》
6	公路板块	企业所得税	财税〔2018〕33 号	《财政部 税务总局关于统一增值税小规模纳税人标准的通知》
7	公路板块	耕地占补指标费	桂财税〔2019〕35 号	《广西规范耕地开垦费征收标准和使用管理新政策》
8	公路板块	耕地占补指标费	桂自然资发〔2020〕74 号	《广西壮族自治区自然资源厅 广西壮族自治区发展和改革委员会 广西壮族自治区财政厅 广西壮族自治区交通运输厅关于印发进一步明确重大交通项目落实耕地占补平衡有关措施的通知》

续上表

序号	业务板块	税　种	文 件 号	文 件 名
9	公路板块	耕地占补指标费	桂自然资发〔2020〕41 号	《广西壮族自治区自然资源厅 广西壮族自治区财政厅关于调整广西补充耕地指标交易指导价格的通知》
10	公路板块	耕地占补指标费	桂自然资发〔2019〕49 号	《广西壮族自治区自然资源厅 广西壮族自治区财政厅关于印发自治区补充耕地指标调剂库方案的通知》
11	公路板块	森林植被恢复费	财税〔2015〕122 号	《财政部 国家林业局关于调整森林植被恢复费征收标准引导节约集约利用林地的通知》
12	公路板块	森林植被恢复费	桂财综〔2003〕8 号	《广西壮族自治区森林植被恢复费征收使用管理实施办法》
13	公路板块	森林植被恢复费	财综〔2002〕73 号	《财政部 国家林业局关于印发〈森林植被恢复费征收使用管理暂行办法〉的通知》
14	公路板块	森林植被恢复费	桂财税〔2016〕37 号	《关于印发广西壮族自治区水土保持补偿费征收使用管理实施办法的通知》
15	公路板块	水土保持补偿费	桂价费〔2017〕37 号	《广西壮族自治区物价局 财政厅 水利厅关于调整我区水土保持补偿费征收标准有关问题的通知》
16	公路板块	耕地占用税	中华人民共和国主席令第十八号	《中华人民共和国耕地占用税法》
17	公路板块	耕地占用税	财政部 税务总局 自然资源部 农业农村部 生态环境部公告 2019 年第 81 号	《中华人民共和国耕地占用税法实施办法》
18	公路板块	契税	国税函〔2004〕839 号	《国家税务总局关于房产税部分行政审批项目取消后加强后续管理工作的通知》
19	公路板块	契税	财税〔2016〕23 号	《财政部 国家税务总局 住房城乡建设部关于调整房地产交易环节契税 营业税优惠政策的通知》
20	房地产板块	增值税	国家税务总局公告 2018 年第 42 号	《国家税务总局关于明确中外合作办学等若干增值税征管问题的公告》
21	房地产板块	增值税	财税〔2016〕140 号	《财政部 国家税务总局关于明确金融 房地产开发 教育辅助服务等增值税政策的通知》

续上表

序号	业务板块	税　　种	文　件　号	文　件　名
22	房地产板块	增值税	财税〔2017〕58号	《财政部 税务总局关于建筑服务等营改增试点政策的通知》
23	房地产板块	增值税	国家税务总局公告2016年第18号	《国家税务总局关于发布〈房地产开发企业销售自行开发的房地产项目增值税征收管理暂行办法〉的公告》
24	房地产板块	增值税	国家税务总局公告2016年第53号	《国家税务总局关于营改增试点若干征管问题的公告》（第二条废止）
25	房地产板块	增值税	国家税务总局公告2016年第70号	《国家税务总局关于营改增后土地增值税若干征管规定的公告》
26	房地产板块	企业所得税	国税发〔2009〕31号	《国家税务总局关于印发〈房地产开发经营业务企业所得税处理办法〉的通知》（部分有效，第26条第二款废止）
27	房地产板块	企业所得税	桂政发〔2016〕20号	《广西壮族自治区人民政府关于降低实体经济企业成本若干措施的意见》
28	房地产板块	房产税	财税地字〔1986〕8号	《财政部 税务总局关于房产税若干具体问题的解释和暂行规定》（第七条、第十一条失效，第五条、第七条、第十一条、第十五条、第十八条、第二十条、第二十四条"税务机关审核"的内容废止）
29	房地产板块	土地使用税	国家税务总局广西壮族自治区税务局公告2020年第1号	《国家税务总局广西壮族自治区税务局关于废止〈自治区地方税务局关于房地产企业城镇土地使用税纳税义务终止时间的通知〉的公告》
30	房地产板块	土地使用税	国税发〔2003〕89号	《国家税务总局关于房产税 城镇土地使用税有关政策规定的通知》（第二条第四款失效）
31	房地产板块	土地增值税	国家税务总局广西壮族自治区税务局公告2018年第3号	《国家税务总局广西壮族自治区税务局关于调整土地增值税预征率的公告》
32	房地产板块	土地增值税	中华人民共和国国务院令第138号	《中华人民共和国土地增值税暂行条例》（2011年修订）
33	房地产板块	土地增值税	国税发〔2009〕91号	《国家税务总局关于印发〈土地增值税清算管理规程〉的通知》

续上表

序号	业务板块	税　　种	文　件　号	文　件　名
34	房地产板块	土地增值税	国税发〔2006〕187号	《国家税务总局关于房地产开发企业土地增值税清算管理有关问题的通知》
35	房地产板块	土地增值税	广西壮族自治区地方税务局公告2018年第1号	《广西壮族自治区房地产开发项目土地增值税管理办法（试行）》
36	房地产板块	土地增值税	国税函〔2010〕220号	《国家税务总局关于土地增值税清算有关问题的通知》
37	房地产板块	土地增值税	财税字〔1995〕48号	《财政部 国家税务总局关于土地增值税一些具体问题规定的通知》（第一条、第三条废止）
38	房地产板块	土地增值税	国家税务总局公告2016年第70号	《国家税务总局关于营改增后土地增值税若干征管规定的公告》
39	成品油业务	增值税	国税函〔2001〕882号	《国家税务总局关于加油站一律按照增值税一般纳税人征税的通知》
40	贸易板块	房产税和城镇土地使用税	财税〔2019〕12号	《财政部 税务总局关于继续实施农产品批发市场 农贸市场房产税 城镇土地使用税优惠政策的通知》
41	金融板块	增值税	财税〔2017〕56号	《财政部 税务总局关于资管产品增值税有关问题的通知》
42	金融板块	增值税	财税〔2016〕140号	《财政部 国家税务总局关于明确金融 房地产开发 教育辅助服务等增值税政策的通知》
43	金融板块	增值税	财税〔2017〕48号	《财政部 税务总局关于小额贷款公司有关税收政策的通知》
44	金融板块	增值税	财税〔2017〕58号	《财政部 税务总局关于建筑服务等营改增试点政策的通知》
45	金融板块	企业所得税	国税函〔2010〕79号	《国家税务总局关于贯彻落实企业所得税法若干税收问题的通知》
46	金融板块	企业所得税	国家税务总局公告2011年第34号	《国家税务总局关于企业所得税若干问题的公告》
47	金融板块	企业所得税	财税〔2014〕116号	《财政部 国家税务总局关于非货币性资产投资企业所得税政策问题的通知》
48	金融板块	企业所得税	财政部 税务总局公告2020年第22号	《财政部 税务总局关于延续实施普惠金融有关税收优惠政策的公告》

续上表

序号	业务板块	税　种	文　件　号	文　件　名
49	金融板块	企业所得税	财政部 税务总局公告 2019 年第 85 号	《财政部 税务总局关于金融企业涉农贷款和中小企业贷款损失准备金税前扣除有关政策的公告》
50	金融板块	企业所得税	财政部 税务总局公告 2019 年第 86 号	《财政部 税务总局关于金融企业贷款损失准备金企业所得税税前扣除有关政策的公告》
51	金融板块	企业所得税	财税〔2009〕60 号	《财政部 国家税务总局关于企业清算业务企业所得税处理若干问题的通知》
52	金融板块	企业所得税	国家税务总局公告 2011 年第 34 号	《国家税务总局关于企业所得税若干问题的公告》

特殊税务政策目录见附表 4-3。

特殊税务政策目录　　附表 4-3

序号	文　件　号	文　件　名
1	财税〔2009〕59 号	《财政部 国家税务总局关于企业重组业务企业所得税处理若干问题的通知》[第六条第（二）（三）项有关规定已调整]
2	国税〔2010〕4 号	《国家税务总局关于发布〈企业重组业务企业所得税管理办法〉的公告》（第三条、第七条、第八条、第十六条、第十七条、第十八条、第二十二条、第二十三条、第二十四条、第二十五条、第二十七条、第三十二条、第三十六条废止）
3	国税〔2015〕48 号	《国家税务总局关于企业重组业务企业所得税征收管理若干问题的公告》
4	国税〔2011〕34 号	《国家税务总局关于企业所得税若干问题的公告》
5	国税发〔2009〕2 号	《国家税务总局关于印发〈特别纳税调整实施办法试行〉的通知》（第二章、第三章、第四章、第五章、第六章、第十一章、第十二章、第六十九条、第七十四条、第八十九条和第一百一十一条废止）
6	财税〔2014〕109 号	《财政部 国家税务总局关于促进企业重组有关企业所得税处理问题的通知》
7	财税〔2014〕116 号	《财政部 国家税务总局关于非货币性资产投资企业所得税政策问题的通知》
8	国家税务总局公告 2017 年第 34 号	《国家税务总局关于全民所有制企业公司制改制企业所得税处理问题的公告》

续上表

序号	文件号	文件名
9	国家税务总局公告2015年第33号	《国家税务总局关于非货币性资产投资企业所得税有关征管问题的公告》
10	国家税务总局公告2015年第40号	《国家税务总局关于资产（股权）划转企业所得税征管问题的公告》
11	财税〔2019〕62号	《财政部 税务总局关于企业改制上市资产评估增值企业所得税处理政策的通知》
12	国税函〔2010〕79号	《国家税务总局关于贯彻落实企业所得税法若干税收问题的通知》
13	国家税务总局公告2011年第13号	《国家税务总局关于纳税人资产重组有关增值税问题的公告》
14	国家税务总局公告2012年第55号	《国家税务总局关于纳税人资产重组增值税留抵税额处理有关问题的公告》
15	国家税务总局公告2013年第66号	《国家税务总局关于纳税人资产重组有关增值税问题的公告》
16	财税〔2016〕36号	《财政部 国家税务总局关于全面推开营业税改征增值税试点的通知》（附件3第一条第二十四款废止）
17	财税〔2003〕83号	《财政部 国家税务总局关于企业改制过程中有关印花税政策的通知》
18	财税〔2021〕21号	《财政部 税务总局关于继续实施企业改制重组有关土地增值税政策的公告》
19	财税〔2021〕17号	《财政部 税务总局关于继续执行企业 事业单位改制重组有关契税政策的公告》

二、税收优惠政策目录汇编

普惠性税收优惠政策目录见附表4-4。

普惠性税收优惠政策目录　　附表4-4

序号	税种	文件号	文件名
1	增值税	财政部 税务总局 海关总署公告〔2019〕39号	《财政部 税务总局 海关总署关于深化增值税改革有关政策的公告》
2	增值税	财税〔2011〕100号	《财政部 国家税务总局关于软件产品增值税政策的通知》
3	增值税	国家税务总局公告2016年第53号	《国家税务总局关于营改增试点若干征管问题的公告》（第二条废止）
4	增值税	财政部 税务总局公告2021年第12号	《财政部 税务总局关于实施小微企业和个体工商户所得税优惠政策的公告》

续上表

序号	税　种	文　件　号	文　件　名
5	增值税	财政部 税务总局公告2022年第11号	《财政部 税务总局关于促进服务业领域困难行业纾困发展有关增值税政策的公告》
6	增值税	财政部 税务总局公告2023年第1号	《财政部 税务总局关于明确增值税小规模纳税人减免增值税等政策的公告》
7	增值税	国家税务总局公告2023年第1号	《国家税务总局关于增值税小规模纳税人减免增值税等政策有关征管事项的公告》
8	房产税	国税函〔2004〕839号	《国家税务总局关于房产税部分行政审批项目取消后加强后续管理工作的通知》
9	房产税	财税〔2010〕121号	《财政部 国家税务总局关于安置残疾人就业单位城镇土地使用税等政策的通知》
10	契税	财税〔2016〕23号	《财政部 国家税务总局 住房城乡建设部关于调整房地产交易环节契税 营业税优惠政策的通知》
11	企业所得税	财税〔2009〕69号	《财政部 国家税务总局关于执行企业所得税优惠政策若干问题的通知》（第七条失效，第八条废止）
12	企业所得税	财政部 税务总局公告2019年第57号	《财政部 税务总局关于铁路债券利息收入所得税政策的公告》

特殊优惠政策目录见附表4-5。

特殊优惠政策目录　　附表4-5

序号	税　种	文　件　号	文　件　名
1	增值税	财政部 税务总局公告2021年第15号	《财政部 税务总局关于明确先进制造业增值税期末留抵退税政策的公告》
2	增值税	国家税务总局公告2022年第4号	《国家税务总局关于进一步加大增值税期末留抵退税政策实施力度有关征管事项的公告》
3	增值税	财政部 税务总局公告2022年第14号	《财政部 税务总局关于进一步加大增值税期末留抵退税政策实施力度的公告》
4	增值税	财政部 税务总局公告2022年第17号	《财政部 税务总局关于进一步加快增值税期末留抵退税政策实施进度的公告》
5	增值税	财政部 税务总局公告2022年第19号	《财政部 税务总局关于进一步持续加快增值税期末留抵退税政策实施进度的公告》
6	企业所得税	财政部 税务总局 国家发展改革委公告2020年第23号	《财政部 税务总局 国家发展改革委关于延续西部大开发企业所得税政策的公告》

续上表

序号	税　种	文　件　号	文　件　名
7	企业所得税	财税〔2018〕76 号	《财政部 税务总局关于延长高新技术企业和科技型中小企业亏损结转年限的通知》
8	企业所得税	财政部 税务总局公告 2021 年第 6 号	《财政部 税务总局关于延长部分税收优惠政策执行期限的公告》
9	企业所得税	财政部 税务总局公告 2021 年第 13 号	《财政部 税务总局关于进一步完善研发费用税前加计扣除政策的公告》
10	企业所得税	桂政发〔2012〕58 号	《广西壮族自治区人民政府关于促进小额贷款公司发展的意见》

个人所得税优惠政策目录见附表 4-6。

个人所得税优惠政策目录　　附表 4-6

序号	税　种	文　件　号	文　件　名
1	个人所得税	国家税务总局广西壮族自治区税务局公告 2018 年第 12 号	《国家税务总局广西壮族自治区税务局关于公务交通补贴个人所得税有关问题的公告》
2	个人所得税	广西壮族自治区地方税务局 2014 年第 6 号	《广西壮族自治区地方税务局关于差旅费个人所得税税前扣除限额的公告》
3	个人所得税	广西壮族自治区地方税务局 2015 年第 2 号	《广西壮族自治区地方税务局关于差旅费个人所得税税前扣除限额的补充公告》
4	个人所得税	财税〔2013〕103 号	《财政部 国家税务总局 人力资源和社会保障部关于企业年金 职业年金个人所得税有关问题的通知》（第三条第 1 项和第 3 项废止）
5	个人所得税	财政部 国家税务总局公告 2019 年第 99 号	《财政部 国家税务总局关于公益慈善事业捐赠个人所得税政策的公告》
6	个人所得税	财政部 税务总局公告 2022 年第 34 号	《财政部 税务总局关于个人养老金有关个人所得税政策的公告》